불승인주의
Non-recognition

미국 동아시아 외교정책과 한반도문제

최형익 **지음**

진인진

불승인주의(Non-recognition)
미국 동아시아 외교정책과 한반도문제

초판 1쇄 발행 | 2023년 3월 3일

지은이 | 최형익
편　집 | 배원일, 김민경
발행인 | 김태진
발행처 | 진인진
등　록 | 제25100-2005-000003호
주　소 | 경기도 과천시 별양상가 1로 18 614호(별양동 과천오피스텔)
전　화 | 02-507-3077-8
팩　스 | 02-507-3079
홈페이지 | http://www.zininzin.co.kr
이메일 | pub@zininzin.co.kr

ISBN 978-89-6347-548-6 93300

* 책값은 표지 뒤에 있습니다.

차례

서론

"미국은 물질적인 능력은 갖고 있으나 국제사회에서 책임있는 통치에 필요한 경험과 훈련은 부족하다" 딘 애치슨(Dean Acheson, 1958: 8).

이 글의 가장 큰 문제의식은 '미국은 우리에게 무엇인가'이다. 그런데 이 점을 좀 더 올바르고 사실적으로 이해하기 위해서는 발상의 전환이 필요하다. 그것은 바로 미국에게 우리는 무엇인가로 문제의식을 바꿔 살펴보는 것이다. 이를 통해 그동안 보이지 않던, 혹은 가리어져 있던 100년 동안의 한미관계의 속살이 드러나기 시작한다. 무엇보다 지난 세기, 미국과 한국의 현격한 국제적 위상 차이가 한미관계의 진실에 접근하는 열쇠이다.

한미관계를 한 마디로 압축한다면 그것은 바로 '한미동맹'이다. 한미동맹은 한미상호방위조약을 통해 결성됐다. 한미상호방위조약은 남한에 대한 미국의 안보 공약을 주로 담고 있는 관계로 결코 '상호'적이지 않다. 한미동맹을 불평등 내지 일방적인 종속관계로 규정할 수만은 없겠지만, 미국과 남한이 지니는 국력의 차이로 말미암아 비대칭성을 띠는 것은 당연한 노릇이다. 그 가운데 한미동맹의 비대칭성을 가장 잘 드러내주는 조항이 바로 제4조에 해당한다.

한미상호방위조약 제4조의 내용은 다음과 같다: "상호적 합의에 의하여 미합중국의 육군해군과 공군을 대한민국의 영토 내와 그 부근에 배치하는 권리를 대한민국은 이를 허여하고 미합중국은 이를 수락한다." 해당 조항의 영어 원문은 다음과 같다: "The Republic of Korea grants, and the United States of America accepts, the right to dispose United States land, air and sea forces in and about the territory of the Republic of Korea as determined by mutual agreement."

영어로 작성된 조약 원문과 한글본을 대조해보면 '상호'방위조약이라는 명칭이 무색할 정도로 어색함이 감지된다. 사실, 이 조항은 문안 자체로도 납득하기 어렵지만, 전세계 어느 조약에도 찾아보기 힘든 거의 유일한 내용을 포함한다. 어떻게 자국에 외국군대를 배치할 '권리'를 영토보유국이 허락하고 동맹국이 수락할 수 있단 말인가? 만일 이게 진정 상호적이라고 한다면 한국도 미국에 군대를 배치할 권리를 똑같이 부여받아야 하는 것 아닌가? 이를 재해석하면 한반도에 주한미군을 배치할 권리는 원래는 한국에게 있는데, 이 권리를 한국은 미국에게 허용하고 미국은 그것을 받아들인다는 식이다. 이 문장은 권리라는 용어가 담고 있는 본래 취지에 맞지 않는 화용법일 뿐더러 문법적으로도 앞뒤가 맞지 않는 표현이다.

이 조항이 들어간 역사적 맥락을 살펴보면 그 궁금증이 풀린다. 한미상호방위조약 제4조는 1951년 9월 8일에 체결된, 흔히 구(舊)조약이라 불리는 미일안보조약 제1조를 그대로 베껴 적은 것이다. 미일안보조약 체결 당시 일본은 미군 점령 아래 놓여 있었다. 한마디로 주권을 회복하지 못한 상태에서 체결한 조약이다. 1952년 4월 28일, 샌프란시스코 조약이 발효하면서 점령 종식과 함께 일본은 국권을 회복했다. 따라서 한미상호방위조약은 점령상태의 일본과 한국전쟁 직후의 대한민국이 유사한 지위를 지닌다는 전제 하에 체결된 것이라 해도 지나치지 않다.

한미상호방위조약 제4조는 우리나라 어법체계나 영어식 표현으로도 적합하지 않다. 한미상호방위조약 4조나 미일안보조약 1조를 "미국은 대한민국[일본] 영토와 그 부근에 미군을 배치할 수 있다"로 바꿔 적으면 권리라는 용어를 통해 표현하고자 했던 양국의 의도는 물론 의미를 분명이 드러낼 수 있다. 따라서 위 조항은 행위 주체가 아닌 행위가 가해지는 대상, 곧 객체의 관점에서 주어의 동작을 표현하는 데 익숙한 일본식 어법체계에서나 사용가능한 표현이다.[1]

일본 역시 이 조항의 주권 침해적 요소를 이해했다. 그래서 이를 시정하기 위해 '신(新)조약'으로 불리는 1960년의 '미일안보조약'에서는 관련 조항을 "미국은 그 육군, 공군 및 해군이 일본국에서 시설 및 구역을 사용하는 것이 허용되"며, "상기의 시설 및 구역의 사용 및 일본국에서의 미군의 지위는 1952년 2월 28일에 도쿄에서 서명한 미국과 일본 사이의 안전보장조약

---

1   1951년 체결한 미일안보조약(구조약) 제1조의 내용은 다음과 같다. "평화 조약 및 이 조약의 효력 발생과 동시에, 미 합중국의 육군, 공군 및 해군을 일본 국내 및 그 부근에 배치할 권리를, 일본은, 허락하며, 미 합중국은, 이를 수락한다(平和條約及びこの條約の効力發生と同時にアメリカ合衆國の陸軍·空軍及び海軍を日本國内及びその附近に配備する權利を日本國は許與しアメリカ合衆國はこれを受諾する). 이 군대는, 극동에 있어서의 국제 평화와 안전의 유지에 기여하며, 하나 또는 그 이상의 외부 국가에 의한 교사 또는 간섭에 의해 발생된 일본에 있어서의 대규모 폭동 및 소요를 진압하기 위해 일본국 정부의 명시적 요청에 따라 부여된 원조를 포함하여, 외부로부터의 무력 공격에 대한 일본국의 안전에 기여하기 위해서 사용할 수 있다. Japan grants, and the United States of America accepts, the right, upon the coming into force of the Treaty of Peace and of this Treaty, to dispose United States land, air and sea forces in and about Japan. Such forces may be utilized to contribute to the maintenance of international peace and security in the Far East and to the security of Japan against armed attack from without, including assistance given at the express request of the Japanese Government to put down large scale internal riots and disturbances in Japan, caused through instigation or intervention by an outside power or powers." 미일안보조약 전문으로는 'https://namu.wiki/w/미일안전보장조약' 참조. '구(舊)조약'에서 특기할 점은 일본에서 대규모 폭동 및 소요사태가 발생했을 시, 미군이 치안유지를 위해서 개입할 수 있는 권한을 명기했다는 사실이다. 해당 구절은 국가간국가간의 조약에는 결코 포함될 수 없는 주권침해 조항으로 조약 체결 당시 일본이 미군 점령지였음을 반영한다.

제3조에 기초한 행정협정을 대신하는 별도의 협정 또는 합의된 다른 약속에 의해 규율한다"('신안보조약' 제6조)로 개정했다.

권리(權利)라는 단어의 의미를 살리려면, 한미상호방위조약 4조를 "미국이 자국 군대의 남한 배치를 요청할 경우, 한국정부의 동의하에 그렇게 할 수 있다" 정도로 변경할 수 있다. 조약 4조를 이렇게 고쳐 쓴다면, 미군의 남한 배치는 우리 헌법이 정한 합당한 절차를 거쳐 그렇게 할 수 있을 것이다. 물론, 형식에 그칠 가능성이 높지만, 사실 그게 주권을 행사하는 최소한의 방식이다.

한미상호방위조약 4조에 의거하여 남한정부는 우리 영토에 미군을 배치할 권리를 미국에게 양도했을 뿐만 아니라 미국이 요구할 경우 나라 전체를 미군기지로 사용할 수 있는 '전(全)국토 기지공여주의'마저 수용했다. 남한에 미군을 배치할 권리가 미국에게 있고, 특정지역이 아닌 국토전체를 미군 주둔지로 설정할 수 있다면, 이는 국제법적 조약체계 맥락에서 남한 영토를 미국의 '군사보호령(military protectorate)' 하에 둔 조치로 이해해도 무방하다.

한미동맹을 통해 우리나라의 주권 일부를 미국에게 양도한 일이 발생했다. 그것이 바로 한미상호방위조약 4조가 내포하고 있는 진실이다. 한미관계의 핵심이 주한미군으로 상징되는 한미동맹에 있다고 한다면, 한미관계의 기본성격 또한 1953년의 한미상호방위조약 체결로 대부분 결정 난 것이었다 해도 지나치지 않다. 그 이후부터 지금까지의 한미관계는 한미동맹의 각주에 불과하다.

그런데 보다 중요한 문제는 대한민국은 어째서 자국의 주권행사를 제약하는 방위조약을 체결할 수밖에 없었는가 하는 것이다. 도대체 어떤 급박한 사정이 있었기에 이승만 정부는 안보주권을 미국에 양도한 조약을 체결했을까? 한미상호방위조약이 미국이 아닌 한국측의 강력한 요청에 의해 성사된 것이라는 데 그 답이 있다. 이는 역설적으로 한미동맹은 단순히 주권

문제로만 이해할 수 없으며 국제정치 상의 또 다른 요인이 작용했음을 반증한다. 다시 말해서, 한미동맹은 전후 미국의 국제주의 외교정책 노선에 근거한 새로운 국제질서의 창출과 이로 인한 주권 개념의 변화 없이는 온전히 이해할 수 없다. 한미동맹은 나토만큼이나 미국 외교정책의 극적인 변화를 반영하며 그런 한에서 학술적 연구가치가 지대하다.

당초 미국은 한국과 안보조약을 체결할 의사가 전혀 없었다. 군사동맹이란 주로 정치 현실주의적 관점에서 정의되는 것이다. 조약 당사국들 사이에 힘이 엇비슷하고 목표가 명확할 때 동맹은 성사될 가능성이 높다. 왜냐하면, 동맹은 다른 무엇보다도 상호이익에 기반해야 하기 때문이다. 그런데 미국은 한국과의 동맹을 통해 무엇을 얻을 수 있을까?

미국에서는 꼬리가 몸통을 흔들어 주객이 전도되는 '왝더독(wag the dog)' 현상, 곧 약소국이 강대국에 영향력을 행사할지 모를 상황을 우려하는 목소리가 터져 나왔다. 대표적인 현실주의 이론가인 모겐소(Morgenthau, 1973: 545)는 "동맹을 맺은 약소국이 강대국에게 결정을 행사하도록 허용해서는 안 된다. 강대국의 이익을 약소국 이익에 일치시키는 순간 행동의 자유를 상실할 것이기 때문"이라고 경고했다. 요컨대, 미국은 남한과 같은 약소국가과 동맹 맺는 일에 신중해야 한다는 것이다.

미국은 트루먼, 아이젠하워 행정부 모두 한미동맹 체결에 부정적이었다. 이승만 대통령은 전쟁 중인 1952년 3월 21일, 트루먼 대통령에게 편지를 보내 휴전협정이 효과적으로 지켜지기 위해서는 한미간에 조속히 방위조약 체결 협상을 시작해야 하며 한국군 증강을 위한 계획이 신속히 추진돼야 한다고 촉구했다. 편지를 검토한 애치슨 국무장관은 트루먼(Harry Truman) 대통령에게 현시점에 한미방위조약 체결을 위한 협상은 미국의 국익에 맞지 않음을 지적하며 미국과 유엔이 적정 병력을 한국에 두는 한 방위조약은 필요 없을 것이라고 언급했다. 다만, 한국군의 무력증강은 1951년의 NSC-118/2에 따라 한국의 자체 방어를 위해 신속히 지원해줘야 한다고 권고했다.

　　아이젠하워 행정부 역시 한미방위조약 체결에 부정적이었다. 1953년 4월 8일, 양유찬 주미대사와의 면담에서 덜레스(John Foster Dulles) 국무장관은 한미방위조약을 체결할 경우, 조약에 반드시 포함해야 하는 영토문제가 걸림돌이라고 주장했다. 한국이 침략 당했을 때를 상정하는 방위조약에서 한반도 전체를 한국 영토로 상정할 경우 미국은 적군을 한반도에서 격퇴하기 위해 군사력을 사용할 의무가 발생한다. 그렇다고 남한 만을 영토라고 하자니 한반도 분단을 승인하는 꼴이 되기 때문에 상호방위조약 체결이 원천적으로 불가하다는 입장이었다. 이 외에도 한미 양국이 방위조약을 체결한다면 집단안보 개념 하에 한국전쟁에 참전한 유엔의 역할이 가려지게 되며, 앞서 언급한 영토문제로 인해 미국이 한반도 통일에 관심이 없고 결과적으로 북한공산당의 존재를 인정하는 셈이 될 것이라고 방위조약 불가 이유를 추가적으로 밝혔다(문창극, 1994: 92-97).

　　한미방위조약 체결에 대한 미국 정치권의 부정적 기류와 한미간 압도적 국력 차이를 모를 리 없던 이승만은 미군을 한반도에 남게 하는데 정치생명을 걸었다. 그는 남한의 안보책임을 미국이 지게 할 의도로 나토와 유사한 안보동맹체 결성을 원했다. 이승만은 그것이 가능할 것이라고 확신했다. 이승만은 중국 공산당에 대한 미국의 불승인정책에서 그 뿌리를 보았다. 냉전형 국제주의 사도로 돌변한 미국은, 이익이 아니라 이념과 가치에 기반을 둔 군사동맹을 승인할 것이기 때문이다.

　　한미동맹이라는 목표를 실현하기 위해서 이승만은 북진통일론을 공개적으로 주장하면서 정전협상을 방해했다. 또한 중공군 철수가 선행되지 않은 조건에서 정전협상이 계속된다면 유엔군에서 한국군 부대를 철수시키겠다고 엄포를 놓았고 북한군 포로를 일방적으로 석방하는 등 미국을 끊임없이 괴롭혔다. 그래서 미국은 '에버레디 계획(Plan Everready)'이라는 이름 아래 이승만 제거작전을 비밀리에 수립할 정도였다. 미국은 주미 한국대사를 불러 "미국이 참는 데도 한계가 있다"는 점을 이승만 대통령이 주지하도록 상기시켰다. 화가 머리끝까지 치민 아이젠하워(Dwight D. Eisenhower)는 "미친 노인네", "내부의 적"이라는 격한 표현까지 써가며 이승만의 행위를 비난했다. 그도 그럴 것이 아이젠하워는 한국전쟁의 '명예로운 휴전'을 공약으로 내걸고 대통령에 당선된 인물이었기 때문이다.[2]

한미동맹이 체결된 사실만 놓고 보면, 결과적으로 이승만의 '벼랑 끝 전술(brinkmanship)'이 상당히 통했다고 할 수 있다. 대신 미국은 한국측이 강력히 요청한, 나토 헌장 제5조에 준하는 분쟁 시 미군의 자동개입 조항을 한미방위조약에서 제외함으로써 행동의 자유를 확보했고 남한 전역에 미군 기지를 건설할 수 있는 권리를 얻었다. 미국이 체결한 방위조약 가운데 국토 전체를 미군 기지대상으로 공여한 나라는 대한민국이 유일하다. 전 국토 기지 공여주의로 인해 의도치 않게 우리나라가 미국의 안보 수혜자가 된 것 역시 사실이다. 미국이 군사기지를 한강 이북에 집중 배치한 결과, 주한미군이 안보인질을 의미하는 '인계철선(tripwire)'[3] 역할을 수행함으로써 전쟁 재발을 방지하는 데 상당히 기여했음을 부정할 수만은 없기 때문이다.[4]

---

2 이승만 정권 시기 방위조약 체결과 경제 원조를 둘러싼 한미간 갈등에 대해서는 박태균(2010) 참조

3 '인계철선(tripwire)'이란 적이 공격할 경우 어쩔 수 없이 자동개입 할 수 밖에 없는, 안보인질 성격의 미군의 역할을 상징하는 은유적 표현이다. 대표적으로 주한미군 등 해외주둔 미군이다. 인계철선을 건드리는 순간 폭발물 일종인 부비트랩이 터지는 것처럼 공격을 받는 것과 동시에 자동개입을 이끈다는 유사성 때문에 쓰이는 용어로서 그 뜻이 확장된 것이다. 우리나라에서 이 용어가 주목받게 된 이유는 주한미군이 주로 한강이북에 배치되어 있는 관계로 북한과의 군사 분쟁이 발생했을 때 미군 사상자가 발생할 가능성이 높아지며, 그럴 경우 미군이 한반도 분쟁에의 자동 개입 근거로 작용하기 때문이다. 따라서 '인계철선'은 한강이북에 주둔한 미군의 존재로 말미암아 역설적이게도 한반도의 전쟁억지력이 강화될 수 있다는 의미로 해석된다.

4 대표적으로 레이건 행정부에서 대통령 특별보좌관을 역임한 더그 밴도우(Doug Bandow)의 책 제목 역시 『인계철선』(1996)이다. 그는 현재 미 카토(Cato) 연구소 수석연구원으로 재직 중이며, 주한미군 철수를 일관되게 주장해왔다(Bandow and Carpenter, 2007). 밴도우는 한반도에서 주한

여기까지가 한미방위조약 체결에 관해 한국 입장에서 바라본 사태의 일단이다. 하지만 이것만으로는 미국이 한국과 방위조약을 체결한 이유를 온전히 설명할 수 없다. 한미방위조약을 제대로 이해하려면 미국 입장에서 한미동맹을 체결한 이유를 살펴볼 필요가 있다.

한미방위조약이 미국 상원에서 여유있게 비준되고 미국 유권자들이 별다른 거부감 없이 이를 받아들인 것은 한미동맹을 미국의 전세계적 차원의 외교정책의 관점에서 파악해야 그 전모를 온전히 이해할 수 있음을 반증한다. 미국이 한국과 방위조약을 체결한 이유는 국가이익과 세력균형을 기초로 하는 현실주의 관점에서는 쉽게 설명할 수 없다. 미국은 한반도에 전략적 가치를 부여한 적이 단 한 차례도 없다. 미국의 전통적 외교노선이 특정 나라를 지정학과 세력균형의 관점에서 전략적 가치를 논한 사례가 거의 없기도 하지만, 시어도어 루스벨트(Theodore Roosevelt) 행정부에서처럼 그 점을 우선적으로 고려했을 때조차 미국의 최종 선택은 한반도를 전략적으로 포기하는 입장이었다.

미국이 한국전쟁에 개입하고 방위조약을 체결한 이유는 국제주의라는 미국 특유의 외교문법을 통하지 않고서는 제대로 이해할 수 없다. 국제주의는 잘 알려진 대로 윌슨(Woodrow Wilson) 대통령에 의해 처음 주창된 것으로 이후 미국 외교노선의 근간으로 자리 잡았다. 윌슨주의에 대한 키신저(Henry Kissinger)의 정의를 한마디로 표현하면, '외교혁명'이다. 윌슨은 국가이익과 힘에 기반 한 유럽 국가들의 접근법을 철저히 거부했고, 그 이후 미국의 외교정책은 윌슨의 대외인식에 기반 했다는 게 키신저의 해석이다. 물론, 키신저 자신은 윌슨의 외교적 접근법에 선뜻 동의하지 않을 것임에도

미군을 남북의 군사적 충돌을 방지하는 인간방패로 상정하기 위해 '인계철선'이라는 말을 사용한다. 남한 자체의 군사력 강화에 더해 인도·태평양지역에서 세력균형이 보다 중요해짐에 따라 한반도에서 인계철선으로서의 미군의 역할은 종료된 것으로 간주하여 주한미군 철수를 주장하는 것이다.

불구하고 말이다.

윌슨은 구세계의 규범과 경험으로부터 완전히 벗어나겠다고 선언했다. "세계질서에 대한 윌슨의 관념은 본질적으로 평화로운 인간의 본성과 세계에 내재하는 조화에 대한 확신으로부터 온 것이었다. 미국은 세력균형이라는 관념을 경멸했고, '현실정치'의 수행을 비도덕적인 행위로 간주했다. 미국이 지녔던 국제질서의 기준은 민주주의와 집단안보 그리고 민족자결이었다. 이러한 원칙은 이전 시기에 유럽의 갈등을 해결했던 기준들과 아무런 관련이 없었다"(Kissinger, 1994: 221-222). 요컨대, 윌슨이 제안했던 세계질서는 지정학적 판단이 아니라 도덕에 기초하여 침략행위에 저항하는 질서였다.

이처럼 간략한 실행지침을 제시하면서 그토록 혁명적인 목표를 제시했던 사례를 역사에서 다시 찾기는 힘들 것이라고 키신저(1994: 225)는 말한다. 윌슨이 염두에 두었던 세계는 힘이 아니라 원칙, 이익이 아니라 법을 기반으로 삼았고, 이러한 원칙이 승자와 패자 모두에게 적용되는 세계였다. 달리 말하면, 강대국들의 역사적 경험과 정책 원리를 완전히 뒤집는 것이었다.

따라서 윌슨은 동맹에 대해서도 당연히 비판적이었다. 왜냐하면, 동맹은 보편적 평화가 아니라 동맹국들의 이익과 승리를 추구하기 때문이다. 전쟁에서 그와 미국의 역할에 대한 윌슨의 언급이 이를 상징적으로 보여준다. '동맹(ally)'이라는 말을 혐오했던 윌슨은 미국은 동맹 대신 역사상 가장 잔인했던 전쟁에서의 '한쪽 편(one side)'으로 부르기를 선호했다(Kissinger, 1994: 226).

하지만 이후 역사가 잘 말해주듯 미국은 동맹조약을 기꺼이 체결했다. 2차세계대전 당시에는 영국, 소련 등과 '대동맹(Grand Alliance)'을 결성해 추축국에 맞섰다. 종전 후에는 북대서양조약기구(NATO)를 비롯해서 앤저스(ANZUS)동맹으로 일컫는 오스트레일리아, 뉴질랜드 등 오세아니아 국가들과 체결한 태평양안전보장조약, 동남아시아조약기구(SEATO) 등 세계적 차원의 지역동맹 체제를 구축했다. 큰 틀에서 보았을 때, 미일동맹과 한미 동맹 역시 지역동맹의 일환으로 체결한 것이다.

그렇다면 전후 지역동맹 체제 구축을 미국이 세력균형을 중시하는 현실주의 외교노선으로 전환한 증거로 받아들일 수 있는가? 그렇게 볼 수 없다. 미국이 윌슨주의에서 전후 현실주의 외교노선으로 전환했다기보다 동맹이라는 현실주의 그릇에 윌슨주의 이후 고수해온 가치 중심의 미국식 외교문법을 담아냈다고 보는 게 보다 정확한 해석으로 여겨진다. 한마디로, 국제주의 외교노선은 집단안전보장을 금과옥조로 여기는 윌슨의 이상주의적 국제주의로부터 소련과의 협조노선을 중시한 프랭클린 루스벨트(Franklin Delano Roosevelt)의 협조적 국제주의, 그리고 전세계 차원의 소련 봉쇄를 실현하기 위해서 트루먼의 냉전형 국제주의로 변용 됐다고 보는 게 타당하다.[5]

한미동맹 또한 트루먼독트린에서 비롯한 냉전형 국제주의에 기반 한 것으로 평가할 수 있다. 미국이 현실주의 외교노선을 채택했다면 한미동맹과 같은 '비현실적' 동맹을 체결하지 않았을 것이다. 우리는 그 증거를 미소 긴장완화와 중국정부 승인으로 대표되는 현실주의 외교정책을 채택한 닉슨 행정부가 가장 먼저 손보려 했던 동맹이 한미동맹이었다는 점, 그리고 괌(Guam) 독트린을 통해 주한미군 철수를 기정사실화했던 데서 발견한다.

그런데 중국, 일본을 포함한 동아시아, 한반도문제로 미국의 외교노선

5　케글리(Kegley et, al., 2008: 6)는 "2차세계대전이 미국을 초강대국의 지위로 끌어올렸을 뿐만 아니라 전후 세계의 도전에 대한 미국의 대처방식을 전환하는 계기로 작용했다"고 평가한다. 그에 따라 "고립주의는 역사 한 켠으로 밀려났고 국제주의가 정치지도자들과 미국 국민들의 마음에 자리 잡았다. 그것은 2차세계대전과 함께 그것에 선행했던 국제적 혼란의 경험에서 우러나온 정치적 가설을 함축했다. 이제 윌슨주의적 이상주의는 정치현실주의 원칙과 뒤얽히게 되었는데, 정치현실주의는 이상이 아닌 힘에 초점을 맞췄다."

을 한정한다면, 국제주의 문법의 변형으로만 설명할 수 없는 내용이 포함되어 있음을 이해할 수 있다. 여기에는 국제주의 외교노선의 변주에 더해 미국의 동아시아 정책을 특징짓는 독특한 외교 전략이 포함되어 있다. 보다 정확히 표현하면, 미국의 전후 동아시아 외교정책은 문호개방원칙 및 스팀슨독트린(Stimson Doctrine)으로 대표되는 '불승인주의'와 봉쇄정책으로 상징되는 냉전형 국제주의 노선이 상호영향을 미치며 형성된 것으로 간주할 수 있다.

'문호개방원칙(open-door principles)'과 스팀슨독트린으로 대표되는 '불승인주의(Non-recognition)'는 20세기 시작부터 지금까지 미국의 한반도·동아시아 대외정책을 떠받쳐온 양대 지주였다. 문호개방원칙은 미국 외교정책의 100년지 대계라 할 수 있을 정도로 국제주의 외교문법 수립에 지대한 영향을 미쳤다. 윌슨 대통령이 표방한 국제주의의 기원 역시 문호개방원칙에서 발견할 수 있을 정도이다.

문호개방원칙은 존 헤이(John Hay) 국무장관이 1900년 발송한 두 개의 각서에 시작됐다. 문호개방원칙은 원래 중국에서 미국의 상업적 이익을 실현하기 위한 정책에 불과했다. 그런데 시간이 흐르면서 최혜국 대우 및 관세차별 폐지 등 서구열강이 자국의 세력권 안에서 누리던 특권을 미국 역시 보장받기를 원했던 본래 의도와 달리, 문호개방정책은 중국의 행정적, 영토적 통일성을 보장하는 정치공약(political committment)으로 전환했다.

문제는 문호개방원칙이 분할과 재분할을 통해 중국의 식민지화를 획책하던 서구열강과의 대립에서 점차 중국에서 일본의 이권추구를 가로막는 외교원칙으로 확립되기 시작했다는 점이다. 윌슨주의가 출현하면서 동아시아에서 미국과 일본의 대립은 한층 심화됐다. 1차세계대전 당시, 일본은 연합국 측에 가담하여 참전하는 조건으로 독일의 식민지였던 중국 산둥성(山東省)을 자국의 세력권으로 편입시키는 21개조 요구안을 제출했다. 21개조 요구안은 일본이 조선을 식민지화하기 행했던 조치를 총 망라했다.

영국 등 서구열강은 일본과 비밀협정을 체결하여 21개조 요구안을 승인했다. 중국대표단의 격렬한 반대에도 불구하고 파리평화회의 역시 일본의 21개조 요구안이 합법적임을 인정했다. 하지만 미국은 일본의 산둥성 점령을 인정하지 않았다. 윌슨은 파리평화회의에서 21개조 요구안을 철회할 것을 일본에 종용했으나 뜻을 이루지 못했다. 하지만 미국은 이때의 좌절을 잊지 않았다. 그 기회는 1922년, 워싱턴회의에서 찾아왔다.

워싱턴회의는 5개국군축조약과 9개국문호개방조약을 체결했다. 여기서 문호개방조약이 일본의 발목을 잡았다. 미국이 20년 전 제시한 문호개방원칙은 이제 하나의 국제조약으로 발돋움 한 것이다. 9개국조약은 일본의 21개조요구안을 문호개방에 위배한 것으로 간주했고, 그제야 미국의 의도를 간파한 일본은 눈물을 머금고 산둥성에서 철수할 수밖에 없었다.

미국 내 일본 이민자 문제나 시베리아에서 일본군 철병문제로 미국과 일본이 여러 차례 대립한 것은 사실이지만, 산둥성 철수야말로 일본에게는 국가적 치욕이자 뼈아픈 일로 받아들여졌다. 일본 입장에서 보았을 때 미국 개입의 성격이 국제적 협조주의냐 현실주의냐는 그다지 중요하지 않았다. 왜냐하면, 청일전쟁 직후 일본의 만주진출을 차단할 의도로 독일, 프랑스, 러시아가 연합해서 실행에 옮긴 삼국간섭은 현실주의에 기초한 권력정치의 산물이었기 때문이다.

유럽의 권력정치는 세력분할을 통해 이익의 균형이라도 꾀할 수 있었지만, 윌슨주의는 국가이익과 세력균형 자체를 죄악시했다. 그래서 일본은 윌슨주의를 일본의 국익추구에 대한 중대한 도전이자 침해로 판단했다. 이미 이때부터 일본은 미국을 새로운 숙적으로 간주하여 향후 일전이 불가피할 것으로 판단했다.

일본이 미국과의 일전을 결행하는데 결정적 계기로 작용한 미국의 외교노선이 바로 '스팀슨독트린(Stimson Doctrine)'이었다. 스팀슨독트린은 타오르는 불에 기름을 붓는 격이었다. 스팀슨독트린은 동아시아에서 윌슨주의를 적용한 대표사례라 할 수 있다. 스팀슨독트린은 '불승인주의(不承認主義, Non-recognition)'라는 이름으로 더 잘 알려져 있다. 그 이유는 스팀슨독트린이 일본의 후견아래 건설된 만주국을 괴뢰정부로 간주하여 승인하지 않을 것임을 천명한 미국의 외교원칙이었기 때문이다. 이때도 미국이 내세운 불승인의 핵심 기준은 만주국 수립이 문호개방원칙을 위반했기 때문이라는 것이었다. 결국, 한 세기 이상 지속된 미국의 동아시아, 한반도문제에 대한 접근법은 윌슨식 국제주의와 문호개방원칙, 그리고 불승인주의 등 세 가지 주요 외교원칙의 조합과 변주에서 발견할 수 있다.

불승인주의의 적용은 대단히 이중적이었다. 스팀슨독트린을 공표한 1932년 당시, 정작 미국에서는 고립주의와 중립외교가 절정을 이뤘다. 미국은 유럽에는 중립노선을 적용하여 1차세계대전에 참전한 미군을 모두 철수시켰다. 하지만 아시아는 예외였다. 아시아에서는 윌슨주의가 살아남아 스팀슨독트린으로 부활했고, 태평양전쟁 시기에는 '무조건 항복론'으로 이어졌다.

프랭클린 루스벨트와 트루먼 대통령이 일본에게 내건 '무조건 항복론'은 만주에서의 일본의 군사·외교적 결정뿐만 아니라 메이지(明治) 헌법 체제 하에서 행해진 일체의 정치행위를 부정하는 형태, 곧 '일본 제국 자체의 불승인'으로 이어졌다. 1905년 을사보호조약을 앞장서 승인한 나라가 미국이라는 점을 감안하면 '그때는 맞고 지금은 틀리다'는 식의 윌슨주의에 내재한 이중 기준의 적용이었다. 또한 그런 만큼 놀라운 사태의 반전이기도 했다.

한반도문제가 다시 미국의 시야에 들어온 것은 '무조건 항복론'에 따른 일제에 대한 불승인주의의 자연스런 결과였다. 미국의 이러한 입장변화가 〈카이로선언〉 말미에 "한국인들의 노예상태에 유의하여(mindful of the enslavement of the people of Korea)"란 문구가 담기게 된 대표적 이유라 할 수 있다. 미국의 대일본정책의 급격한 반전은 식민지 조선에게는 당연히 자주적 독립국가 건설이라는 기회의 창을 제공했다.

하지만 국제정치 현실이 식민지에서 갓 해방된 조선을 분단이라는 좌절과 시련으로 몰아넣었다. 그 시작은 '얄타회담(Yalta Conference)'이었다. 미소간에 전후 세계질서를 설계하기 위한 얄타회담에서 한반도의 독립은 주요 의제가 아니었으며, 한 차례 정도 언급됐을 뿐이다. 그 짧은 대화 속에서, 스탈린(Joseph Stalin)은 루스벨트에게 조선을 향후 미국의 보호령으로 삼을 건지 물었다. 루스벨트는 그렇게 하지 않을 것이라고 즉답했다. 그러자 스탈린은 신탁통치를 얼마나 할 건지 질문했고 루스벨트가 40년 정도라고 답하자, 스탈린은 신탁통치는 짧으면 짧을수록 좋겠다는 반응을 보였다. 〈카이로선언〉에서 언급된 "적절한 시기" 혹은 "적절한 방법으로"(in due course)'라는 문구의 실체가 신탁통치였음이 처음으로 모습을 드러낸 순간이었다.

둘 간의 대화를 종합해보면, 전후 한반도문제 해결의 주도권이 미국에게 있음은 스탈린에게조차 비교적 분명한 일로 여겨졌다. 그도 그럴 것이 당시 조선은 일본 식민지로서 국제법상 일본 영토로 간주됐으며 태평양전쟁에서 미국만이 일본과 홀로 대적해 싸우고 있었기 때문이다. 본토에서의 일본의 저항이 예상과 달리 완강해지고, 그에 따라 '무조건 항복'이 지연될 것으로 점쳐지자 미국은 소련의 참전이 절실했다. 당시 소련은 일본과 불가침조약을 체결하고 중립노선을 견지했다. 따라서 소련의 참전을 기정사실화하기 위해서는 그에 따른 반대급부, 곧 승전결과를 나누는 것이 반드시 필요했던 상황이다.

얄타회담은 미국의 국제주의 외교노선과 소련의 현실주의 외교노선이 절충한 이중적 성격을 띠었다. 다시 말해서, 소련의 참전이 지상과제였던 관계로 미국은 세력권 및 세력균형으로 특징 지워지는 권력정치 현실과 일정하게 타협할 수밖에 없었다. 그래서 미국은 동유럽 및 몽고, 만주 등 아시아 접경지에서의 소련의 요구를 상당부분 수용했다. 하지만 미국은 서유럽이 우방으로 굳건히 버텨주고, 종전 후 중국과 일본이 자국의 영향 아래 놓인다면, 얄타회담은 미국 입장에서도 밑질 것이 없는 거래라고 판단했을 일이다. 이럴 경우, 한반도는 미국의 영향권 아래 자동편입 될 것으로 전망됐다.

유럽 상황은 미국의 기대에 그런대로 부합했다. 하지만, 아시아 상황은 미국의 희망 섞인 예측과는 전혀 다르게 흘러갔다. 중국 본토가 공산당 수중에 떨어지는 것이 확실해지자 패전국 일본이 지닌 전략적, 지정학적 가치는 이전과는 비교할 수 없을 정도로 상승했다. 미국은 이러한 전략적 의도를 점령정책과 미일안보조약에 그대로 담아냈다. 그렇다면 종전 후 한반도는 미국에게 어떤 위상을 지녔을까? 미국에게 한반도는 계륵(鷄肋)과 같은 존재였다. 그래서 군사적 점령을 단행했지만, 정치적으로는 사실상 무관심으로 일관했다. 조선의 자주독립 등 한반도문제에 관련하여 구체적 계획은 물론, 별 생각이 없었다고 보는 편이 정확할 것이다.

미국의 한반도문제에 대한 무지와 정치적 무관심은 신탁통치를 식민지조선의 독립방안으로 제시했다는 데서 잘 드러난다. 신탁통치란 위임통치의 다른 표현으로 〈유엔헌장〉 73조에 잘 나와 있듯이 자치능력이 없는 지역 주민들의 복지를 위해 문명국가가 후견한다는 의미를 지닌다. 그런데 미국은 이미 식민지 이전인 1882년 조선과 정식 국교를 수립해서 우리나라를 독립국가로 국제적으로 승인했을 뿐만 아니라 중국이나 일본에 복속되지 않은 채 오랫동안 자치를 누려온 개명된 국가로 간주했다. 따라서 아주 단순하게도 일본에게 강탈당한 국권을 회복시켜 이전 상태로 되돌려놓는다면 한반도문제는 간단히 해결될 수 있는 노릇이었다.

이 모든 기억은 망각의 늪으로 사라졌다. 미국은 한반도를 우선적으로 주권을 회복시킬 지역이 아니라 "제2차세계대전의 결과로서 적국으로부터 분리될 수 있는 지역"(〈유엔헌장〉 77조 1항 b)으로 분류해 신탁통치 대상으로 지정했다. 실제로도 합동참모부의 동의를 얻어서 1946년 10월 24일, 트루먼 대통령이 최종 재가한 〈3부조정위원회 극동소위 보고서(SWNCC 101/4)〉는 한반도를 "일본 통치와 군정의 종식에 따라 국제적 신탁통치제도에 관한 국제연합헌장 규정에 준하여 신탁통치지역으로 설정되어야 할 것"이라고 결론 내렸다.

북위 38도선을 경계로 점령지역을 소련과 분할했을 때부터 이미 조짐이 보였지만, 신탁통치 논란을 통해 확인할 수 있듯이 한반도에 단일정부를 수립하느냐 그렇지 않느냐는 미국의 주요 관심사가 아니었다. 사회주의 체제에 대한 불승인을 주된 특징으로 하는 냉전형 국제주의는, 남한에서만이라도 유엔의 승인을 받은 합법정부가 들어서면 한반도에서 미국의 임무를 완수했다고 믿을만한 알리바이로 작용했다. 바로 이것이 일본점령은 헌법 제정 및 체제개혁을 위해 6년 가까이 지속됐음에도 불구하고 한국은 군정이 3년에 그치고 정부가 수립되자마자 바로 미군 철수를 단행한 이유를 설명해준다.

냉전이 본격화되면서 문호개방과 불승인주의를 핵심으로 하는 미국의 동아시아 정책의 세계화가 진행됐다. 트루먼독트린으로 냉전형 국제주의가 등장했지만, 사실 이는 동아시아에서 행해지던 불승인주의를 전세계적으로 확대한 것에 다름 아니다. 그래서 조지 케넌(George Kennan)이 고안한 봉쇄정책은 불승인주의를 핵심으로 하는 냉전형 국제주의의 상징과도 같았다.

유럽에서와 달리, 동아시아에서 냉전형 국제주의는 새롭게 발생한 정치적 관계를 반영해야 했다. 미국은 중국 공산당 정권을 승인하지 않았지만 대만으로 도주한 장제스(蔣介石) 정권과 점차 거리를 두며 향후 공산당 정권과의 관계 개선을 염두에 뒀다. 애치슨 장관은 아시아에서 미국의 안보 경계(perimeter)를 지칭하는 이른바 '애치슨라인'을 공표함으로써 동아시아에서 공산주의 세력과 공존이 가능할 수 있음을 시사했다. 이는 동아시아에서만큼 도덕과 가치를 중시하는 윌슨주의 외교를 자제하겠다는 신호로 읽혀졌다. 그러자 한반도에서 힘의 공백이 발생했고, 그것은 한국전쟁의 발발로 이어졌다.

　김일성 정권이 오판한 것은 미군철수와 한국전쟁에의 미군의 개입이 전혀 다른 논리에서 실행에 옮겨질 것이라는 점을 제대로 이해하지 못했다는 사실이다. 미국이 '애치슨라인' 발표를 통해서 동아시아에서의 긴장완화를 기대한 것은 사실이지만 그렇다고 미국 외교를 아우르는 일반노선으로서 윌슨주의에 기초한 국제주의를 포기한 것은 아니었기 때문이다.

　한반도에서 무력충돌이 발생하자 트루먼과 애치슨은 경악했다. 그들은 북한 단독으로 전쟁을 결행한 것이 아니라 그 배후에는 소련이 있다고 확신했다. 그들에게 한반도는 또 다른 중국으로 간주됐다. 이대로 내버려두면 공산세력이 한반도 전체를 장악할 것이다. 한국전쟁은 트루먼독트린에 의거하여 자유와 민주주의 가치를 수호하기 위한 전쟁으로 규정됐고 미국은 지상군 파견을 포함한 총력대응에 나섰다. 이번에 경악한 쪽은 평양정권이었음에 틀림없다.

　한국전쟁은 국지전으로 시작됐지만, 속성 상 국제전으로 번져갈 수밖에 없었다. 중국 인민해방군의 개입으로 정전이 이뤄졌고, 결과적으로 동아시아에서 힘의 균형이 회복된 것으로 해석할 수 있다. 하지만 그 대가는 한민족에게는 참혹했다. 지금까지 지속되고 있는 분단의 장기화가 바로 그것이다.

　한국전쟁의 결과, 미국은 남한을 일본과 마찬가지로 냉전형 국제주의가 적용되는 지역으로 새롭게 분류했다. 중국정부에 대한 30년 가깝게 지속된 불승인과 한미동맹은 그러한 정책변화의 자연스런 귀결이었다. 또한 교전국이었던 북한에 대해서는 1953년 휴전 이후부터 지금까지 불승인주의로 일관하고 있다. 영국이 중국에 공산당정부가 들어선 1949년, 그리고 북한과는 2000년에 수교한 점을 감안한다면 미국의 불승인주의가 얼마나 완고한 것인지 이해할 수 있다. 바로 그것이 북한이 비난해 마지않는 대북 적대시 정책의 본질이라 할 수 있다. 그 점에서 문호개방원칙과 불승인주의는 한반도에서 여전히 현재 진행형이다.

1882년 한미수호조약 체결 이후부터 지금까지 한반도문제에 대한 미국의 외교적 접근을 요약하면, 이중적일뿐만 아니라 일관성이 없으며, 다른 무엇보다도 무관심했다는 것이다. 한마디로, 한반도문제에 대해 무지하다고 밖에 할 수 없다. 그런데 미국 입장에서 거꾸로 생각해본다면, 이러한 태도를 이해하지 못할 일도 아니다. 그도 그럴 것이 우리에게 미국은 전부일지 모르지만, 미국은 세계전략의 차원에서 한반도문제에 접근하며, 그럴 때조차 중국이나 일본에 비해 전략적 후순위로 밀릴 수밖에 없기 때문이다. 요컨대, 한국은 미국의 국익이나 세계전략 차원에서 특별히 고려할 만한 나라가 아니었다.

미국 외교정책의 특징을 톺아보면 미세한 조정을 거친 이익균형의 실현에 익숙하지 않으며 '밀고 당기는(tug of war)' 식의 정교한 외교협상을 선호하지 않는다. 그것은 먼로독트린 이래 미국은 자국 외교정책의 판단근거로 작용하는 몇 가지 원칙에 비춰 자신들의 전략적 목표를 설정해왔기 때문에 발생한 외교행태인 동시에 미국이라는 나라가 독립에서 건국, 그리고 강대국으로 등장하기까지 줄곧 지속해온 '예외주의'와 '대륙주의' 전통에 따른 것이라 할 수 있다. 한마디로, 미국은 지정학적으로나 경제적으로나 별로 아쉬울 게 없는 혜택 받은 나라였다.

긍정적 의미에서건 부정적 의미에서건 도덕주의와 법률주의가 미국 외교의 대표적 특징으로 부각되는 것도 바로 이러한 이유 때문이다. '예외주의'와 '대륙주의', 그리고 '법률주의'와 '도덕주의'와 같은 외교 전통이 '미국에게 옳은 것은 세계적으로도 옳다'와 같은 신념을 불러 일으켜, '전쟁'과 '외교'를 분리하여 사고하는 미국 특유의 외교 행태, 즉 아비투스(Habitus)라 할 만 것을 탄생시켰다. 1차세계대전과 2차세계대전 사이에 해당하는 20년의 전간기 동안 미국이 일시적으로 고립주의를 표방한 적도 있지만, 장기적 관점에서 보았을 때 국제주의는 미국의 '명백한 운명'과도 같았다. 문제는 앞으로도 그동안 보여줬던 국제주의에 기반 한 미국식 외교행태를 지속할 수 있느냐 하는 점이다.

한국전쟁 이후 지금까지 미국 외교정책의 향방은 한국의 안보와 직결되는 알파, 오메가의 문제로 다뤄졌다. 한반도와 동아시아에서 냉전형 국제주의가 지속하는 동안, '무장한 달러(weaponed dollars)'를 통해 공산주의를 봉쇄하고 자유시장경제와 민주주의 발전을 추동한다는 미국의 세계전략의 자장 속에서 경제발전과 민주주의를 동시에 실현하는 등 남한이 수혜를 누린 것은 부정할 수 없는 사실이다. 따라서 향후 미국 대외정책의 변화가능성과 한반도문제의 해결 가능성을 전망하는 것은 의미있는 일로 여겨진다.

윌슨형 국제주의가 지속하는 한 분단으로 특징되는 한반도문제 해결은 난망하다고 할 수 있다. 윌슨형 국제주의, 그 가운데 냉전형 국제주의는 한미동맹과 미일동맹을 한편으로 하고 '깡패국가' 또는 '악(惡)의 축'이라는 용어가 상징하듯, 북한에 대한 '불승인주의'를 다른 한편으로 한다. 냉전 종식의 기미가 보이자 남한은 소련과 중국, 베트남 및 기타 공산국가들과 수교했다. 하지만 미국은 북한과 수교하지 않았다. 냉전 이후에도 북한에 대한 불승인주의를 지속하기로 결정한 것이다. 따라서 추론컨대, 북한이 설령 핵을 개발하지 않았다하더라도 미국은 불승인주의로 일관했을 일이다.

결국, 한반도문제의 해결 가능성은 미국이 불승인주의를 특징으로 하는 냉전형 국제주의를 동아시아와 한반도에서의 지속할 것인가 여부에 달려있다. 변수는 미국 국내와 국외 모두에서 주어진다. 중국의 부상이 대표적 국외 변수라면 트럼피즘의 등장과 같은 미국 내 정치지형의 변화가 국내 변수이다. 이 두 가지 변수가 시사하는 공통점은 미국이 지금껏 누려온 패권국의 지위를 더이상 향유할 수 없을 것이라는 사실이다. 이로부터 국제주의 외교노선의 성격변화 가능성을 점칠 수 있다.

미국이 민주주의 가치에 기반한 윌슨주의 외교노선 자체를 포기할 가능성은 희박해 보이지만, 그 강도는 약화될 가능성이 높다. 그럴 경우 북한,

이란, 아프가니스탄 등 대표적인 불승인 대상 국가들과의 관계개선 전망이 열릴 것으로 예상된다. 또한 그럴 때 비로소 우리나라 고유의, 독자적인 외교의 시간 역시 다가올 것이다.

지금까지 약술한 내용이 이 책의 근간을 이룬다. 국제주의, 문호개방 원칙, 그리고 불승인주의가 미국 동아시아 외교정책의 이론적 배경을 이루는 주요 개념이라 할 수 있다. 이어지는 각 장에서는 미국 외교정책의 특징을 일별하고 이에 비춰서 동아시아, 한반도문제를 고찰한다.

제1장에서는 미국의 대외인식과 외교 관념이 형성된 역사를 분석한다. 미국은 독립과 건국 혁명이 동시에 진행된 대표적 국가이다. 이러한 역사적 경험은 국내 정치과정이 대외정책에 투영되어 나타나는 독특한 외교문법을 낳았다. 윌슨이 주창한 가치와 법률에 기반한 국제주의가 그 대표적 사례에 해당한다.

제2장에서는 한반도와 미국이 조우하는 과정에 대해 분석한다. 한국과 미국의 첫 만남은 1871년, 강화도 일원에서 발생한 소규모 전쟁을 통해 시작됐다. 미국은 조선 개항과 조난선원 구조라는 목표를 실현하기 위해 군사력을 동원했지만 뜻을 이루지 못했다. 조미전쟁은 아시아에서 미국의 포함외교가 실패한 유일한 사례로 기록됐다.

제3장에서는 평화적 교섭에 의해 미국이 조선과 수호통상조약을 맺는 과정에 대해 분석한다. 미국과의 수교는 청나라의 영향력 아래 진행된 것이다. 미국과 조약을 교섭한 대표들 역시 청나라 관리들이었다. 미국이 한반도에 발을 디디자 조선은 이전에 중국에 했던 것처럼 이번에는 미국에 외교적으로 의존하는 행태를 보였다. 미국의 이중적 태도와 조선정부의 무기력성이 한미수호통상조약 제1조에 해당하는 '거중조정' 조항의 해석을 둘러싸고 미국에 대한 환상을 낳았다.

제4장에서는 미국이 한반도문제에서 손을 떼고 철수하는 과정에 대해 분석한다. 일본은 청나라와 러시아라는 강대국과의 전쟁에서 연승했을 뿐

만 아니라 영일동맹을 통해 동아시아에서의 외교적 입지를 확고히했다. 그러자 미국은 한반도를 일본에 양도하고 필리핀의 안전을 보장받는 비밀협정을 체결함으로써 동아시아의 세력교체에 대응했다. 한반도에 힘의 공백이 발생했을 때, 민족에게 닥친 시련을 스스로의 힘으로 해결하지 못하면 어떤 비극이 발생하는 가를 보여주는 대표적 사례이다.

　　제5장에서는 러일전쟁 이후 세력균형과 현상유지를 목표로 한 미국의 동아시아 정책이 겪는 혼란상에 대해 분석한다. 미국은 영국과의 협력을 통해 동아시아에 접근하기를 원했지만, 영국은 국익에 기초해서 일본과의 동맹을 선택했다. 그 결과, 동아시아, 태평양에서 일본의 입지는 한층 강화됐다. 미국은 만주에서 자국의 경제적 이권을 보장받기 위해 '달러외교'로 대응했지만, 참담한 실패로 막을 내렸다.

　　제6장에서는 미국이 동아시아에서 겪은 좌절과 외교적 난맥상이 윌슨적 국제주의로 수렴되는 과정에 대해 분석한다. 미국에게 중국문제는 동아시아 정책의 전부라 해도 과언이 아니었다. 이를 위해 미국은 '문호개방원칙'을 공표했고, 워싱턴회의를 통해 일본의 21개조 요구안을 철회시켰다. 그리고 스팀슨독트린을 통해 만주국 수립의 합법성 일체를 부정하는 불승인주의로 대응했다. 윌슨주의는 중국의 영토적 보전과 주권을 둘러싸고 일본의 신외교질서와 대립했으며, 급기야 태평양전쟁으로 폭발하는 도화선으로 작용했다.

　　제7장에서는 태평양전쟁 발발로 인해 미국이 동아시아로 귀환하여 한반도문제에 개입하는 과정에 대해 분석한다. 태평양전쟁이 발생하자 한반도는 역설이게도 일제의 지배로부터 벗어나서 독립할 수 있는 기회를 얻게 됐다. 하지만 이럴 때 조차, 미국의 관심사는 중국과 일본에 집중됐으며, 한반도는 별다른 정치적 관심을 얻지 못했다. 그도 그럴 것이 미국은 을사보호조약으로 서울에서 미국 공사관이 철수한 이래 40년 가까이 한반도문제에 관해서 그 어떤 유의미한 정보도 갖고 있지 못했기 때문이다. 결과적으

로 미국은 한반도문제에 대해 무지했다. 그런 무지와 무관심이 소련과 분할 점령에 동의하고 신탁통치로 상징되는 위임통치 방식을 한반도 독립을 추진하는 유일 방책으로 고집스럽게 고수한 결정적 원인이었다.

제8장에서는 한국전쟁을 둘러싼 미국의 정치·군사적 대응을 고찰한다. 한국전쟁은 미국에게는 예상치 못한 일격이었다. '치안유지(police action)'로 알려진 초기 인식과 달리 한국전쟁은 중공군의 개입으로 국제전 양상마저 띠게 됐다. 핵무기 사용을 불사한 맥아더(Douglas MacArthur)의 중국 침공 발언 등 예상치 못한 사태 전개에 놀란 트루먼은, 휴전이 최선이라는 결론에 도달했다. 정전협상이 체결되자 미국은 한반도에 냉전형 국제주의, 곧 힘의 우위에 입각한 봉쇄전략을 한층 강화했고, 중국과 북한에 대해서는 불승인주의로 일관했다.

제9장에서는 한미상호방위조약 체결 과정과 주한미군을 둘러싼 한미동맹의 전개양상에 대해 분석한다. 휴전 이후부터 지금까지 한미관계는 '한미동맹' 한 단어로 집약된다. 나머지는 사족일 뿐이다. 닉슨 행정부 시기, 미국이 중국정부를 승인하는 정책으로 변경하고 소련과도 긴장완화를 선택하자 한반도에는 다시금 힘의 공백이 발생할지 모른다는 불안이 엄습했다. 주한미군 철수문제를 둘러싸고 한미간 긴장은 최고조에 달했다. 닉슨 행정부가 워터게이트 사건으로 붕괴하자 미국은 다시 냉전형 국제주의로 회귀했다. 그 결과, 대규모로 팀 스피릿(Team Spirit) 한미연합 훈련을 개시하는 등 북한정권에 대한 불승인주의는 강도를 더해갔다.

제10장에서는 국제주의의 최근 버전이라 할 수 있는 "민주평화론"을 비판적으로 고찰한다. "민주평화론"은 국제정치이론의 계보학적 측면에서 칸트(Immanuel Kant)의 '영구평화론'의 후예이다. 하지만 칸트의 그것과 달리 '분리된 평화'라는 내적 한계를 노정한다. 여기서 '분리된 평화'란 민주주의 국가 사이에는 전쟁을 하지 않지만 비민주주의나 권위주의 체제와는 전쟁이 충분히 가능함을 함축한다.

"민주평화론"은 집단안보에 의한 국제평화보다는 현실주의에서처럼 힘의 우위와 동맹을 통한 전쟁억지력을 강조하는 측면이 있다. 이는 '우적관계'에 기초한 냉전형 국제주의의 영향에 더해 미국 외교정책의 대표적 특징인 '불승인주의'가 확대재생산 된 것으로 여겨진다. 따라서 '분리된 평화'에 기초한 "민주평화론"은 진정한 의미에서 국제평화론이라 할 수 없다. '분리된 평화' 문제를 개선하기 위한 대안적 설명으로 롤스(John Rawls)의 '만민법' 논의를 통해 "민주평화론"의 진화가능성에 대해 탐색한다.

끝으로, 결론에서는 미국의 세기가 21세기에도 지속할 것인가의 문제를 고찰한다.

이 책은 친미냐 반미냐 혹은 동맹 우선이냐 자주외교 우선이냐를 따져 묻는 종류의 연구서가 아니다. 무엇보다 미국 외교정책의 본질에 다가가고 싶었으며, 그 선상에서 우리가 지금 현재 어떤 시대에 살고 있는지를 설명하고자 했다. 주지할 분명한 사실은, 한편으로 인류는 핵무기라는 가공할 살상력을 지닌 '공포의 균형시대'에 살고 있다는 점이다. 북한의 핵무기 능력 향상은 우리나라와 일본 등 주변국들의 핵무기 개발 유혹을 부추길 가능성이 높다. 그런 만큼 관련 당사국들 간의 긴밀한 협력과 함께 북한 핵문제를 외교적 협상에 의해 풀어가야 할 필요성이 있다. 그 전제가 북한에 대한 미국의 승인임은 두말할 필요 없다. 다른 한편으로 과거와 같은 미국의 위세가 지속하지 않을 것이라는 점이다. 한마디로, 달러와 막강한 군사력으로 요약되는 미국 패권의 시대는 저물고 있다.

미국 헤게모니가 예전 같지 않다고 해서 미국주도의 세계질서가 중국주도의 세계질서로 급작스럽게 바뀔 것 같지는 않다. 세계는 미국의 상업제국 비전보다 중국의 문화제국 비전을 더 위협적이며 패권적인 것으로 간주한다. 역사적으로 보았을 때, 문화제국은 중심과 주변을 위계적으로 구분지어 지배하려는 경향이 있었기 때문이다. 중화주의가 바로 그 대표적 증거이다. 그럼에도 불구하고 군사적 행동주의와 불승인주의에 길들여진 미국의 외교문법은 변화하는 세계정세에 적합하지 않다. 그에 대신하여 설득의 힘과 세심한 외교력에 입각한 다자간 협력주의가 국제주의의 새로운 모습으로 자리매김 할 필요성이 있다.

미국이 패권적 외교 행태를 고수한다면 동맹세력은 이탈할 것이며, 국제정치의 불안정성은 한층 심화할 것이다. 일례로 전후 한국만큼이나 미국의 압도적 영향력 하에 있었던 사우디아라비아의 최근 외교적 독자노선 추구나 뉴질랜드의 비동맹외교, 트루먼독트린의 최대 수혜자였던 튀르키예의 등거리 외교는 미래 국제질서 향방의 일단을 드러내고 있다. 그런 측면에서 미국이 한 세기 넘게 지속해온 국제주의 외교노선이 이제야 비로소 진정한 시험대에 올랐다고 할 수 있다. 미국은 세계적 차원의 정치·경제·안보 축(軸)의 변화를 반영하여 협조외교로 전환하고 국제평화를 위해서 북한, 이란과 같은 나라들을 포용할 수 있어야 한다. 요컨대, 세계는 미국의 지도적 역할을 여전히 필요로 하지만, 기존 모습 그대로는 안 될 것이라는 점 또한 분명하다.

이 책이 학문적으로 기여한 점 하나를 굳이 꼽는다면 한미군관계사에 주요 이슈 가운데 하나인 구한말 미군 교관파견 문제에 대해서 기존 해석을 뒤집을 만한 새로운 자료를 발견 한 것을 들 수 있다. 기존 연구는 미국이 현역 군사교관을 조선에 파견하지 않은 결정적 이유에 관해 미국 의회의 동의를 구하지 못했기 때문이라고 해석했다. 하지만, 1880년대 미국외교자료 분석을 통해, 미 상원이 현역 군사교관의 조선 파견을 승인하는 법안을 통과시켰다는 사실을 발견했다. 한미관계와 관련한 중요한 역사적 사실을 발견하여 기존 해석을 수정할 수 있었다는 점 하나 만으로도 이 책을 연구하고 저술하는 데 들인 시간과 노력은 전혀 아깝지 않으며, 그 자체로 보람 있는 작업이었다.

제1장

미국의 외교관념과 대외인식

독립혁명과 미국예외주의

미국은 영국과의 전쟁이라는 혁명적 사건으로 출발하여 독립에 성공한 최초의 식민지이자 '최초의 신생국가'라는 점에서 예외적이었다(Lipset, 2006: 14). 미국의 외교관념과 대외인식을 이해하기 위해서는 독립이 혁명으로 연결되는 역사적 맥락과 함께 거기에 내포된 이론적 함의를 이해하는 게 필수적이다. 미국의 외교관념과 대외인식을 포괄적으로 드러내주는 정치문화적 용어가 바로 '미국 예외주의(American Exceptionalism)'이다.[6] 미국 예외주의의 탄생은 독립과 건국시기 미국인들의 독특한 역사적 경험에서 유래한다.[7]

---

6 김기정(2009: 48)에 따르면 "이상주의 대 현실주의, 고립주의 대 국제주의라는 대립적 양면성을 가진 미국 외교가 그들의 대외관계사의 경로에서, 또 국내정치의 변동 속에서 존재할 수 있었던 이유는 나름의 생명력을 유지할 수 있게 만든 미국의 역사문화적 조건에서 기인"하는 바 "외교 영역에 있어 이 양면성의 외교이념을 존속시켜 주었던 하나의 이념이 바로 미국 예외주의"이다.

7 립셋(Lipset 2006: 17)은 미국예외주의에 끼친 프로테스탄티즘의 영향에 대해 다음과 같이 분석한다. "프로테스탄티즘을 통해 고무된 도덕주의는 단순히 전쟁에 대한 반대에만 영향을 미쳤던 것이 아니다. 일반적으로 그것은 대외관계에서 나타나는 미국만의 독특한 양식을 결정했는데, 여기에는 전쟁을 수행하는 방식도 포함했다. 전쟁에 대한 저항과 마찬가지로 전쟁에 대한 지지 역시 도덕주의적이었다. 전쟁을 승인하고, 국민들에게 타 국민을 살해하며 나라를 위해 목숨을 바치라고 요청하기 위해 미국인들은 분쟁에서 자신들이 맡은 역할을 사탄에 대항하여 신의 편에 서는 것—악에 무

요컨대, '미국 예외주의'란 미국이 다른 국가와는 차별성을 가지며 특별한 사명을 지니고 탄생한 국가라는 미국인들의 신념을 의미한다.

미국은 1776년 독립선언을 통해서 구대륙 국가들과는 다른, 새로운 모습의 국가 탄생을 전세계에 알렸다. 그것이 가능했던 이유는 미국은 그 이전 200년 가까이 영국 식민지를 경험하면서 상당한 자치권과 시민적 자유를 이미 향유해 왔기 때문이다. 그 배경에는 바로 영국 국왕의 특허장이 자리하고 있다. 영국 국왕이 식민지에 내린 대표적인 특허장이 바로 1606년 제임스 1세(James Ⅰ)가 미국에 식민지를 건설하기 위해 제정한 '버지니아 제1특허장(The First Charter of Virginia)'이다.[8]

버지니아 제1특허장의 핵심은 식민지 정착민을 내국인에 준해 대우한다는 것이다. 곧 식민지 정착민을 영국신민으로 간주하여, 그에 준해 식민지 영국인들의 권리와 의무, 그리고 본국 정부로부터의 보호 및 안전을 보장한다는 내용이 주요 골자다. 여기서 눈여겨 볼 대목은 영국정부가 식민지 정착민들에게 종교의 자유를 인정하고 정치적 자치권을 일찍부터 승인했다는 사실이다. 독립 전쟁 이전까지 식민지인들은 영국인들과 자신이 동일한 모반에서 태어난 형제, 곧 동포라는 자부심과 긍지를 갖고 신대륙에서의 삶을 영위했다.

평생 독신으로 지낸 엘리자베스 여왕에 착안하여 명명한 버지니아 주에 1607년, 제임스타운이라는 식민지 도시가 처음으로 건설됐다. 제임스타운은 두 세기 가까이 영국과 우호적이며 형제적인 관계를 유지했다. 식민지인들은 자치를 위해 영국법, 특히 대의제를 준용했고, 영국 시민으로 인정

리에 대항하여 도덕을 수호하는 것—으로 정의해야만 한다. 적어도 미국인들은 미국이 물질적 이익을 방어하기 위해서가 아니라 일차적으로 거악에 대항하여 전쟁에 나선다고 인식했다."

8　1606년 제임스 1세가 식민지에 하사한 '버지니아 칙허장'에 대한 자세한 내용은 https://web.archive.org/web/20050301092128/http://www.yale.edu/lawweb/avalon/states/va01.htm 참조

받았다.

식민지인들은 자신의 모국이 영국이라는 사실에 자부심을 느꼈다. 뉴잉글랜드 지역의 보스턴을 중심으로 건설된 도시 이름을 케임브리지, 옥스퍼드와 같은 영국 이름을 그대로 따른 것만 해도 식민지 미국과 모국 영국의 관계가 상당히 우호적이었음을 알 수 있다. 하버드대학(Harvard University, 1636년 설립)이나 예일대학(Yale University, 1701년 설립) 등 아이비리그(Ivy League)에 속한 대학의 역사가 300년이 넘는 것은 식민지 당시, 영국과 미국의 관계가 어떠했는가를 단적으로 드러내 준다.

식민지 시기 미국은 이미 상당한 수준의 사회경제적 발전을 경험했다.[9] 18세기 중반에 이미 미국인들은 영국인들의 생활수준을 뛰어넘었다. 미국 식민지가 경제적으로 발전할 수 있었던 데는 소득세가 존재하지 않았고 시민적 자유와 자치권이 인정되어 폭정 및 억압에 시달리지 않았으며, 다른 무엇보다도 대서양이라는 천혜의 방벽에 힘입어 유럽 국가들의 전쟁에 연루될 가능성이 거의 없었다는 사실에 기인했다.

---

9 "미국 본토 식민지는 대영제국에서 가장 빠르게 발전하여 1750년에는 반세기 만에 500퍼센트나 성장했다. 유럽에서 가장 근대적인 경제를 자랑한 영국의 당시 성장률은 25퍼센트였다. 1700년 미국 본토의 생산량은 영국의 5%에 머물렀으나 1775년에는 5분의 2를 기록했다. 이 기록은 역사상 최고의 성장률이었다. 모든 것이 미국에 유리하게 돌아가는 것처럼 보였다. 영토 확장 속도는 10년마다 40퍼센트 또는 심지어 그 이상을 기록했다. 토지를 손에 넣을 수 있다는 사실은 가구당 면적이 크다는 뜻으로 60에이커 이하는 거의 찾아 볼 수 없었고 100에이커를 넘기는 경우가 많았다. 유럽 기준으로 보면 대지주에 속했다. 남녀는 젊어서 결혼할 수 있었고 40세까지 산 기혼여성은 평균 6-7명의 어린이를 낳았으며 그중 4-5명이 성년을 맞았다. 생활수준은 높았는데, 특히 식량사정이 좋았다. 남자는 한 해에 200파운드 이상의 고기를 먹었고 이처럼 단백질이 풍부한 음식 덕택에 영국인과 비교해 2인치 이상이나 키가 컸다. 양질의 유제품도 섭취했다. 1750년 무렵 코네티컷의 전형적인 농장은 소 10마리, 양 16마리, 돼지 6마리, 일소 한 쌍을 소유했다. 한편 농장에서는 옥수수, 밀, 메귀리 등이 자랐는데, 수확의 5분의 2는 시장에 내다팔아 영국 수입품이나 점점 늘어나는 현지 일용품 구입에 썼다"(Johnson, 2016: 159-160).

"대중정치의 승리는 일상생활에 커다란 한 가지 영향을 미쳤다. 그 결과 미국 본토 식민지는 세계에서 세금이 가장 싼 곳이 되었다. 실제로 식민지 시대의 미국은 역사상 제일 세금이 싼 나라였다고 해도 틀린 말은 아닐 것이다. 정부는 매우 작고 권한이 한정적이고 예산이 적게 들었다. 벌금, 금융기관의 수익, 또는 토지 불하에서 조달되는 예산도 많았다. 뉴햄프셔와 펜실베이니아 정부는 몇 십년간 법정 세금을 전혀 거두지 않았다. 미국의 생활수준이 매우 높았던 이유 가운데 첫째는 사람들이 수입의 거의 전부를 사용했기 때문이었다. 세금은 요금이나, 경우에 따라서는 얼마 안되는 인두세, 무역상이 부담하는 수출관세, 또는 비교적 값비싼 수입품 가격에 붙는 수입 관세에 의존했다. 하지만 모두 액수는 크지 않았다(……)어쨌든 1760년대까지 아메리카 본토 식민지 사람 대부분은 세금 부담을 거의 느끼지 않았다. 아마 세계에서 이미 존재했던 나라들 가운데 제일 세금이 없는 사회에 가까웠을 것이다"(Johnson, 2016: 179-180).

게다가 영국의 막강한 해군력이 식민지를 보호하여 유럽 열강이 영국과의 일전을 각오하지 않는 한 식민지에 함부로 군사공격을 감행할 수 없었다는 사실 또한 식민지 미국의 사회경제 발전에 크게 기여했다. 이 모든 사태를 한 순간에 변화시킨 사건이 영국과 프랑스 사이에 벌어진 7년 전쟁(1756-1763년)이었다. 7년 전쟁은 프랑스가 유럽의 패권 장악을 시도하자 이에 맞서 영국을 위시한 오스트리아, 프로이센, 스페인, 러시아 등이 연합하여 벌인 세력균형 전쟁이었다. 그럼에도 불구하고 7년 전쟁의 영향은 식민지 미국에게까지 미쳤다. 왜냐하면, 7년 전쟁이 미국의 독립전쟁을 유발하는 역사적 계기로 작용했기 때문이다.

7년 전쟁은 미국에서는 '프렌치 인디언 전쟁(French and Indian War)'으로 불렸다. 대부분의 미국인들은 모국인 영국 편을 들어 프랑스와의 전쟁에 가담했다. 토지측량 기사였던 워싱턴은 이 당시 식민지 민병대를 이끌고 영국군에 배속해서 프랑스군을 격퇴했다. 하지만 정작 중요한 정치적 문제는 전쟁이 끝난 직후 발생했다.

지금까지 누려온 영국 식민지의 이점이 7년 전쟁이 끝나자 식민지인들의 자유 및 자치, 경제발전을 저해하는 무기로 돌변했다. 영국정부가 200년간 이어져온 식민지인들의 자치를 철회하고 폭정으로 간주 할 수 있을 정도로 식민지 정책의 급격한 전환을 단행한 것이다. 영국정부가 식민지와의 관계 악화를 감수하면서까지 세금징수를 목적으로 각종 과세입법을 새롭게 제정한 데에는 7년 전쟁시기의 전비조달로 인한 재정악화가 크게 한몫했다. 세수부족 사태를 식민지 미국인들에 대한 과세로 메우려는 발상에서 영국의 폭정이 시작된 것이다.

7년 전쟁은 영국에게는 상처뿐인 영광이었다. 유럽 최강국 프랑스에 맞서 영국의 안정보장은 물론 유럽의 평화를 지켜냈지만, 엄청난 전비로 인해 국가부채가 눈덩이처럼 불어났기 때문이다. 영국의회와 식민지 미국의 법적 소유자였던 조지 3세(George III)는 국가부채를 식민지인들에 대한 과세로 해결하기로 마음먹었다.

1760년대 후반까지 미국에는 세금이 거의 없었다. 다른 미국인과 마찬가지로 워싱턴 역시 그 이전까지 세금을 내지 않았기 때문에 영국정부의 갑작스런 징세 결정에 분노했다. 7년 전쟁은 영국이 이전까지 치른 전쟁 가운데 가장 많은 전비를 소요했다. 전쟁 전만 하더라도 영국의 국채는 6천만 파운드에 머물렀다. 그것이 전쟁이 끝난 직후인 1764년에는 1억 3,300만 파운드로 배 이상 늘어 지불 이자가 거액으로 치솟았다. 영국 재무성은 영국인 1인당 18파운드의 국채를 가진 데 비해 식민지인의 부담 분은 불과 18실링이라고 계산했다. 영국인의 납세액은 1인당 평균 15실링이었으나, 식민지에서는 그것의 50분의 1인인 6펜스에 불과했다(Johnson, 2016: 213-214).

설탕법(Sugar Act, 1764년)을 필두로 인지세법(Stamp Act, 1765년) 등 식민지에 대한 영국의 새로운 과세 결정은 미국인들의 저항을 초래했다. 미국인들은 전비 부채 충당을 위한 세금징수에 있어 본국 시민들과의 차별 대우에 분노했다. 무엇보다 중요한 사실은 영국과 미국의 관계악화는 단순히 세수확대를 목적으로 제정한 식민지 입법에 한정된 문제가 아니었다. 영국이 미국을 바라보는 관점 자체가 변화한 것이다.

미국 독립전쟁에서 크게 활약한 벤저민 프랭클린(Benjamin Franklin)은 독립 전 펜실베이니아 식민지 의회 대표로 런던을 방문했을 때 이미, 사고방식이나 정치체제에서 영국과 미국이 대서양만큼이나 넓은 엄청난 차이가 있다는 사실을 깨달았다. 프랭클린이 '인지세법' 철폐를 위해 면담한 영국 왕의 충복이자 추밀원 의장이던 그렌빌(2nd Earl Granville, John Carteret) 백작은 다음과 같인 놀라운 말을 내뱉었다. "추밀원을 다스리는 국왕이 식민지 입법자이며 국왕의 지시가 바로 그곳의 법입니다."

프랭클린은 그것은 처음 듣는 이야기라고 반박했다. 그에 따르면 "국왕의 특허장에 따라 이해하기로는, 미국의 법은 각 식민지 의회에서 제정되어 국왕 승인을 받기 위해 제출하는 데, 일단 왕의 재가를 받으면 국왕으로서도 폐지도 수정도 할 수 없었다. 또한 식민지 의회가 국왕의 재가를 받지 않고 영구적인 법을 제정할 수 없는 것과 마찬가지로 국왕도 식민지의 동의 없이는 입법할 수 없었다. 이에 대해 그렌빌 경은 전혀 다르게 생각한다고 일축했다"(Johnson, 2016: 222-223).

두 세기 동안 자신들을 영국의 일원으로 간주해온 식민지인들의 배신감은 극에 달했다. 미국인들이 이전에 경험하지 못한 과세 정책에 저항하자 영국의 폭정은 상승작용을 일으키며 급기야 식민지인들이 200년 가까이 누려온 자치와 시민적 자유를 철회하는 법령을 제정했다. 그런 의도로 제정한 대표적 법률이 바로 '타운센드 법(Townshend Acts)'이다.

20세기가 되어서야 등장할 법한 제국주의 정책을 연상케 하는 '선언법

(Declaratory Acts)'은 1766년 영국 의회가 "사정이 어찌되었던 모든 경우에" 식민지를 구속하는 법률을 제정할 권한을 갖고 있다고 선언한 하원결의안에 기초했다(Middlekauff, 2017: 155). '선언법'은 각종 특허장에 근거한 식민지 주 의회의 입법 조치를 영국 의회가 제정한 법령으로 철회 할 수 있는 주권적 결정을 담은 문서였다. 따라서 향후 식민지를 대상으로 한 영국의 각종 입법은 '선언법'에 근거했다. 보스턴 차(茶) 사건 당시, 과세와 정치적 대표권을 연계한, '대표없이 과세없다!(No Representative, No Tax!)'는 구호가 자연스레 터져 나온 것도 바로 '선언법'의 효력정지를 천명한 것에 다름 아니다. 독립이 혁명으로 전환 할 수밖에 없었던 필연적 이유라 하겠다.

선언법에 기초해 영국의회는 식민지 수입물품에 관세를 매긴 타운센드 법(1767년)을 제정했다. 타운센드(Charles Townshend) 재무장관은 미국과 관련한 세 가지 프로그램을 제안했다. 첫째, 영국군대의 미국주둔을 규정한 숙영법을 준수하기로 동의할 때 까지 뉴욕식민지 의회의 기능을 정지한다. 둘째, 식민지는 납, 유리, 종이, 그림물감, 차 등의 품목을 수입할 때 관세를 물어야 한다. 셋째, 각 식민지 주에 본부를 둔 아메리카 관세위원회를 설립한다. 동 제안은 입법으로 구체화됐고, 타운센드 법이라는 이름하에 만장일치로 통과됐다. 이 법안은 식민지에 대한 영국 의회의 우월적 태도를 잘 표현하는 것이었다. 그것은 미국인은 영국 의회에 예속된 존재이기 때문에 철저히 통제해야 한다는 의도로 마련된 입법조치였다(Middlekauff, 2017: 199).

타운센드 법 제정은 식민지들의 대규모 저항을 불러일으켰다. 대표적 사례가 바로 보스턴 항구에서 하역 중이던 동인도 회사 소유의 차(茶)를 바다에 내던진 보스턴 차 사건(Boston Tea Party, 1773)이다. 이것은 식민지 사람들이 저항한 사건 중에서 가장 강력한 방법이었다. 이 사건을 계기로 영국 왕과 의회는 1774년 더욱 더 강력한 식민지 통제법을 시행했다. 식민지 통제법은 영국의회가 제정한 보스턴 항구법, 매사추세츠 통치법, 정의와 불편부당한 시행법으로 이름 부쳐진 재판권 법, 신(新)숙영법, 퀘벡법 등 다섯

개 법률로 이뤄졌다.

영국의회가 새롭게 제정한 위 법률은 식민지인들의 자치와 시민적 자유에 대한 통제와 억압이 주된 목적이었다. 미국인들은 이를 한데 묶어 '참을 수 없는 법(Intolerable Acts 또는 Coercive Acts)'으로 명명했다. 이 법들은 영국 정부가 식민지를 엄격히 통제하려는 목적에서 나온 것이다. 보스턴 항구법에 따라 1774년 6월 15일, 보스턴 차 사건으로 손상된 차를 배상할 때까지 보스턴 시의 모든 해상무역이 중지됐고 식민지 최대 항구였던 보스턴이 폐쇄됐다.

보스턴 차 사건에 대응하는 과정에서 조지 3세는 식민지를 굴복시킬 목적으로 무력을 사용하라고 지시했다. 노스(Frederick North) 총리는 그런 분위기를 정확하게 파악하고 몇 주 후에 다음과 같이 선언했다.

"우리는 역내세와 역외세, 세입의 목적을 위한 세금과 무역 규제를 위한 세금, 대표와 과세 등에 대하여 더이상 논쟁하지 않을 것이다. 이제 우리는 영국정부가 식민지에 권위를 갖고 있는지 아니면 없는지 만을 논의할 것이다"(Middlekauff, 2017: 294).

이전까지 존재하지 않던 각종 악법 및 과세정책에 대한 저항과 함께 미국인들의 감정을 결정적으로 악화시킨 사건이 영국 육군의 보스턴 파병 결정이었다. 영국 육군의 파병은 영국 군대가 민간가옥에 숙영을 요구할 수 있고 해당 민간인은 주거와 식량을 제공해야 한다는 내용의 새로운 숙영법에 기초했다. 이 결정을 미국인들은 자치권 및 시민적 자유를 억압하는 군사통치의 시작으로 간주했다. 영국 육군의 식민지 주둔에 대한 나쁜 기억은 독립 후에도 시민의 세금에 의해 유지되는 상비군에 대한 혐오 등 미국인들의 외교관념과 대외인식에 지속적으로 영향을 미쳤다.

보스턴 차 사건으로 폭발한 미국인들의 저항은 급기야 13개 식민지 자치주들의 연합항쟁으로 확산일로를 걷게 됐다. 식민지 자치주가 연합하여 영국정부의 폭정에 저항하는 사태는 대륙회의(Continental Congress) 개최에 함께 독립선언(Declaration of Independence) 및 연합헌장(Articles of Confederation) 채택으로 미국의 독립을 기정사실화 하는 형국으로 발전했다. 8년에 걸친 독립전쟁이 시작된 것이다. 1782년 파리강화조약 체결로 미국은 영국으로부터 정식으로 독립하여 조만간 북미 대륙 전체를 아우를 연방공화국으로의 첫발을 내딛었다.

1차 대륙회의를 개최할 때 까지만 해도 미국인들은 영국으로부터의 완전 독립과 새로운 국가건설을 목표로 하지 않았다. 1차 대륙회의 결정은 과거 영국 국왕의 특허장에 근거한 식민지들의 자치와 자유를 새롭게 보장하는 청원이 주종을 이뤘다. 하지만 식민지 자치권을 철회하고 직접 통치를 목표로 하는 영국정부의 폭력적인 억압 일변도의 대응이 식민지인들의 대영감정을 급격히 악화시켰다. 그래서 2차 대륙회의에서는 독립선언을 채택하여 대륙국가로의 발전을 천명하는 완전분리로 혁명의 발전 경로를 확정하기에 이르렀다.

독립 결정은 단지 영국정부가 식민지에 대한 유화책을 거부하고 강경노선으로 일관했기 때문에 발생한 사건은 아니었다. 미국인들은 영국의 억압정책에 저항하는 수동적 주체가 아니라 이미 보스턴 차 사건을 경과하며 새로운 정치적 사유를 시작한 능동적 시민주체로의 발전을 도모하기 시작했다. 이러한 의식발전을 상징적으로 보여준 일이 바로 '대표없이 과세없다!'는 구호의 채택이다.

미국인들의 정치의식의 발전을 압축적으로 보여준 '대표없이 과세없다'는 구호는 완전히 새로운 내용은 아니었으며, 이전까지 자신들이 향유했던 정치적 권리를 확인한 것에 지나지 않았다. 하지만 그것을 제기한 역사적 맥락과 함께 독립전쟁을 경과하면서 그 구호가 함축하고 있는 정치적 사유방식 자체가 급격히 변화했다는 사실에 주목할 필요가 있다. 요컨대, '대표없이 과세없다'는 구호 저변에는 독립을 경과하며 향후 미국에서 전개될 주요한 정치 논쟁의 대강이 함축되어 있다. 독립전쟁과 연방헌법 제정이라는 주요 정치적 사건과 함께 동시적으로 진행될 치열한 논쟁 및 숙의과정을 통해 미국인들의 집단기억이 형성되며, 이러한 집단기억이 미국만의 독특한 외교관념 탄생과 대외인식 형성에 깊은 영향을 미쳤다고 할 수 있다.

토머스 페인(Thomas Paine)의 『상식』에 드러난 독립과 미국혁명

영국의 폭정에 대한 저항은 독립전쟁이 됐고, 독립전쟁은 혁명이 됐다. 미국의 외교관념과 대외인식을 이해하기 위해 독립과 혁명의 연계에 대한 이해가 필수적인 이유이다. 보스턴 차(茶) 사건은 단순한 소동으로 끝날 수도 있었다. 하지만 보스턴 차 사건과 함께 식민지에서 새로운 정치적 사유가 진전되고 있음을 영국정부는 간과했다. 미국인들의 대영항쟁과 독립의지에 불을 붙인 것이 바로 새로운 정치적 사유의 등장이었다.

독립을 단언하고 나선 미국은 스스로를 새로운 유형의 세력으로 설정했다. 1787년 출간된 『페더럴리스트 페이퍼(The Federalist Papers)』 첫번째 논문에서 해밀턴(Alexander Hamilton)은, 신생공화국 미국을 "여러 가지 점에서 세계에서 가장 흥미로운 제국"으로 정의하면서 다음과 같이 말했다.

> "인간사회가 성찰과 선택에 의해서 좋은 정부를 설립할 수 있을지, 아니면 우연과 무력에 의존해 정치체제를 만드는 게 인류의 영원히 피할 수 없는 운명일지 여부와 같은 중대한 문제가 이 나라 사람들의 행동과 모범을 통해 결정될 것이라는 점은 익히 알려져 왔다"(Madison, Hamilton and Jay, 1961: 33).

해밀턴은 이러한 주장을 자신의 새로운 해석이 아니라 익히 알려진 '상식'의 문제로 다루었다. 바로 그 '상식'을 체계적으로 처음 주창한 인물이 바로 토머스 페인이다. 페인의『상식』이 미국의 독립전쟁과 건국과정에 미친 사상적 영향은 지대했다. 미국에서 독립은 혁명, 곧 자치 및 시민적 자유를 보장하는 새로운 대표체계를 건설하는 문제와 직접 연계되어 있었다. 따라서『상식』은 미국의 외교관념과 대외인식의 형성에도 상당히 기여했다고 할 수 있다.

미국혁명의 특징을 단적으로 보여주는 사례가 바로 페인은 원래 영국인이었다는 사실이다. 그는 1737년 영국 노퍽 주 쉐퍼드에서 퀘이커 교도의 아들로 태어났다. 그러다가 서른일곱이 되던 해인 1774년 벤저민 프랭클린의 권유로 미국으로 이주했다. 미국으로 이주한 지 2년만인 1776년에 미국 독립선언의 기폭제가 된『상식』을 발간한 걸 감안하면 영국정부의 압제와는 별개로 영국인과 식민지인들의 문화·심리적 거리가 얼마나 가까웠는가를 알 수 있다.

50쪽 남짓의『상식』은 출간 2주 만에 1만부 이상 팔렸다. 1776년 한 해만도 15만부가 판매됐으니 그 명성이 자자했음을 미뤄 짐작할 수 있다. 훗날 미국 초대 대통령이 된 대륙회의 총사령관 조지 워싱턴(George Washington) 장군 역시『상식』이 출간된 지 20일 만인 1776년 1월 31일, 그 글을 탐독하고 지지의사를 밝혔다(Johnson, 2016: 247).

페인은 두 세기 가량 유지되던 영국에 대한 미국인들의 신뢰와 국왕에 대한 충성을 몰상식으로 규탄했다. 반면 이전까지 상상조차 할 수 없는 비상식이던 영국으로부터의 완전한 분리, 곧 독립을 상식으로 전환시키는 사유의 혁명을 달성했다. 페인은 1774년 1차 대륙회의 개최 이후, 독립할 것인가 식민지로 남을 것인가에 대해 찬반으로 갈린 미국 내 여론에 대해 직격탄을 날렸다. 페인은 미국인들이 선택할 수 있는 유일한 결론으로 영국으로부터의 완전한 독립을 주장했다.

페인은 미국 혁명의 특성상 국제정치와 국내정치, 곧 대외인식과 국가건설이 불가분의 관계에 있음을 논증했다. 페인은 1차 대륙회의가 영국 왕

조지에게 보낸 청원서에 나와 있는 식의 "고약한 영국의회와 선량한 국왕"이라는 구분 자체를 인정하지 않았다. 이를 위해 그는 미국인들이 오랫동안 지녀왔던 기존 상식에 심각한 의문을 제기했다.

식민지인들은 자신들의 권리가 오래된 영국의 헌정체제에 뿌리를 두고 있으며, 그들의 이해는 영국과의 전통적인 유대관계에 의해 보호받아 왔다고 확신했다. 페인은 그런 확신을 "환상"으로 일축하면서, 과거의 정치적 진실은 더이상 진실이 아니라고 주장했다. 요컨대, 영국의 헌정체제는 영광스런 문화의 소산이 아니며, "낡은 전제 정치의 비천한 유산인 군주제와 귀족제에 새로운 공화제적 요소와 혼합되어 있는" 괴상한 정체라는 것이다. 따라서 "영국 정체가 서로 견제하는 세 권력의 결합이라고 말하는 것은 어처구니없으며, 그런 말은 전혀 무의미하거나 터무니없는 모순에 지나지 않는다"(Paine, 1995: 8).

대륙회의에 참여한 주 대표들은 영국과의 전쟁이 시작된 후에도 영국 왕과 군주제에 대한 공격만큼은 자제했다. 한 세대 전만 해도 군주제가 상식이었기 때문이다. 그들은 국왕이 비양심적인 내각과 후안무치한 의회의 손아귀에 장악되어 있다고 믿었다. 페인은 이런 주장을 '헛소리'로 경멸했다. 그는 군주제를 "악마가 우상숭배를 위해 세상에 세워 놓은 발명품 중 가장 번창한 제도"(Paine, 1995: 11)로 왕위세습제 역시 자연에 위배되는 관습으로 강력히 비판했다. 페인은 구약성서에 나와 있는 유대민족의 군주제의 역사를 인용하면서, 군주제를 세속적 정당성을 결여한 "교황제 정부(the Popery of government)"(Paine, 1995: 15)로 규정했다.

"우리는 군주제라는 악폐에다 세습이라는 악폐를 더했다. 군주제가 우리 자신의 격하와 왜소화를 의미한다면, 세습은 그것이 권리로 주장될 경우 후손에 대한 모욕이지 기만이다. 왜냐하면 모든 인간은 원래 평등하므로 누구나 출생에 의해 자기 가문을 다른 가문보다 영구히 우월한 지위에 둘 권리를 갖지 못하기 때문이다(……)자연은 세습을 승인하지 않는다. 만약 승인한다면 자연이 사자대신 노새를 인류에게 보내 그처럼 자주 왕위계승권을 웃음거리로 만들지는 않았으리라"(Paine, 1995: 15).

페인의 『상식』은 미국과 영국이 1763년, 곧 영국군 소속으로 프랑스의 대륙침공에 맞서 함께 싸웠던 '프랜치 인디언 전쟁' 이전 시대로 돌아 갈 수 없다는 점을 각성시켰다. 페인의 주장대로라면, 식민지와의 관계와 관련하여 영국 왕도 의회도 영국 국민도 예전의 제도를 유지할 생각이 전혀 없었다. 식민지를 노예화하려는 음모가 진행 중인데, 페인에 따르면, 기존의 영국과 식민지의 관계를 규율하던 영국의 헌정질서 또는 군주제 그 자체가 음모이기 때문에 식민지인들에게는 독립 외에 다른 선택지가 없었다. 그들은 이제 독립을 선언해야 했다. 독립은 '상식'이 되었고, 페인은 이것을 역사 속의 위대한 단절로 이해했다. 미국 예외주의의 원형이 탄생하는 순간이었다.

"우리는 이 세상을 새롭게 시작할 힘을 가지고 있다. 이와 비슷한 상황은 노아의 방주 이후 지금까지 없었다. 새로운 세계의 탄생이 우리 눈앞에 있다"(Paine, 1995: 53).

페인은 독립된 아메리카를 "새로 글을 쓸 수 있는 하얀 종이"에 비유했다. 그는 "아메리카가 하느님을 제외하고 두려워 할 것이 무엇인가?"라고 되물음으로써 "세속의 갈등에서 멀리 떨어진 아메리카는 그 땅을 둘러싼 바다와 그 내륙에 풍부한 개척지와 함께 편안하게 살아갈 수 있다"(Middlekauff, 2017: 404)고 확신했다. 페인은 식민지인들의 대외인식과 관련해서도 기존 상식을 뒤집었다.

"독립만이 우리를 단결하게 하는 유일한 요소이다. 독립을 이뤄야 우리
의 목표를 보게 되고, 음험한 음모와 잔인한 적에게 합법적으로 등을 돌
릴 수 있게 된다. 또한 독립을 이루어야만 우리는 적절한 발판을 딛고서
영국과 상대할 수 있다"(Paine, 1995: 53).

식민지가 독립을 선언한다면 영국과 적대적 관계에 있는 유럽 나라들
이 식민지에 도움을 제공할 가능성이 충분하다. 그의 추론에 의하면, 유럽
국가들은 식민지의 전쟁이 영국과 식민지 13개주 연합에 의해 평화롭게 해
결되는 것을 원하지 않을 것이기 때문이다. 영국과 아메리카는 과거에 힘을
합쳐서 외부의 적과 싸웠지만, 독립을 선언함으로써 유럽 국가들에게 과거
와 같은 영국과 식민지의 연합이 더이상 존재하지 않는다는 것을 확인해주
는 것이다(Paine 1995: 48-49). 특히, 영국에 보복을 다짐하고 있는 프랑스는
크게 안도할 것이다.

실제로 대륙회의 대표들은 프랑스로부터 군자금과 무기를 들여오기를
간절히 바랬다. 대륙회의는 프랭클린과 존 애덤스(John Adams)등을 협상 대
표로 파견하여 1778년 프랑스와의 통상조약 및 동맹조약 체결을 성사시켰
다.[10] 프랑스와의 동맹 결성이 미국 독립혁명의 성패를 좌우한 중대 계기로
작용했음은 물론이다.

『상식』의 핵심 주제는 식민지는 왜 독립해야하는가의 문제임과 동시
에 어떻게 독립을 완수할 것인가의 문제이기도 했다. 이것은 공화정의 관건
인 새로운 대표체계의 건설과 긴밀히 연관되어 있다. 페인은 "독립이 두려
운 참된 이유는 아직 아무런 계획도 마련되어 있지 않기 때문"이라고 말하
면서, 그 계획의 성패가 독립적으로 입법할 수 있는 능력에 달려 있음을 역

---

10 독립전쟁 및 건국기 미국의 외교정책에 대한 페인의 사상적 영향에 대한 분석으로는 김봉중
(2007) 참조

설했다.

　　"영국이 우리에게 적용하기 위해 만든 법률에 우리 스스로 복종해서 노예가 되는 것처럼, 아메리카에서 필요한 법을 스스로 만들지 못하면 우리는 사실상 노예가 된다(……)우리의 번영을 질투하는 권력이 과연 우리를 지배하기에 적당한 권력인가? 이 물음에 대해 '아니다'라고 답하는 사람이면 누구나 '독립주의자'이다. 왜냐하면 '독립'이란 게 다른 게 아니라 우리가 우리 자신의 법을 만들 것인가, 아니면 이 대륙에 현재의 적이자 미래의 적일 수 있는 영국 왕이 우리에게 '내가 바라는 것 외에는 어떠한 법도 있을 수 없다'고 말하도록 내버려 둘 것인가에 달린 문제이기 때문이다"(Paine, 1995: 29).

　　스스로 법을 제정할 수 있는 능력을 지닐 때 독립이 실질적으로 가능하다는 원칙에 의거해 페인은 독립을 달성할 수 있는 세 가지 길을 제시했다.

　　"우리는 차후 미국의 독립이 일어날 수 있는 세 가지 길이 있음을 생각할 수 있다. 그 가운데 하나가 장차 미국의 운명을 가를 것이다. 첫번째는 대륙회의를 통한 인민의 합법적인 의지를 통해서, 두번째는 군사력에 의해, 마지막은 폭도의 위력에 의해서다."

　　페인은 이 가운데 첫번째 경로가 가장 현명하고 바람직하다고 말한다. 다음과 같은 이유에서이다.

　　"우리 군대가 언제나 시민으로 구성되며, 대중이 이성적인 사람들로만 이루어지지는 않을 것이다. 내가 이미 언급했듯이 덕성은 유전적인 것이 아니며, 영원한 것도 아니다. 독립이 첫번째 방식에 의해 일어난다면 세상에서 가장 고귀하고 순수한 헌법을 만들어 낼 수 있는 기회와 자극을 갖게 된다. 우리는 그 길 안에서 세계를 다시 시작할 힘을 가진 다"(Paine, 1995: 52-53).

페인은 새롭게 제정할 헌법의 핵심을 "대규모의 평등한 대표체(large and equal representation)의 건설"로 요약한다. "그것보다 더 정치적 관심을 기울여야 할 정치적 문제는 없다. 유권자와 대의원의 수가 적으면 위험하다. 대의원 수가 적고 불평등할 경우 위험은 배로 늘어난다"(Paine, 1995: 42). 그가 입법권을 보유한 대의제 형성을 혁명의 완성으로 이해했다는 사실은 입법에 대한 그의 태도에서도 잘 드러난다.

"우리가 인정하는 군주제가 있다면, 아메리카에서는 '법이 왕'인 군주제다. 왜냐하면 절대국가에서는 왕이 곧 법이듯이, 자유국가에서는 법이 반드시 왕이어야 하지 다른 것이 왕이어서는 안 되기 때문이다. 그러나 왕관이 앞으로 잘못 사용되는 일이 없도록 의식을 마치면 그 왕관을 깨뜨려 인민들 사이에 뿌리도록 하자. 그렇게 하는 것이 그들 인민의 권리이기 때문이다"(Paine, 1995: 34).

페인은 영국으로부터의 완전한 독립이 새로운 정치체, 곧 정부 건설과 동시적으로 이뤄져야 한다는 점을 분명히 했다. 그는 독립전쟁을 "어느 민족에게든 단 한번 나타나는 시기, 즉 하나의 정부로 자신을 형성하는 특별한 시기"로 규정한다. 하지만 "대부분의 민족이 이런 기회를 흘려보냈기에 스스로 법을 만드는 대신 정복자가 만든 법을 받아들일 수밖에 없었다." 그 이유는 "정부의 규약이나 헌장을 먼저 작성한 다음 그것을 집행할 사람에게 위임했어야 함에도 불구하고, 그들은 왕을 먼저 세운 다음 정부를 형성했기" 때문이다. 그래서 페인은 "올바른 방향에서 정부를 시작하기 위해, 다른 나라의 오류에서 지혜를 배우고, 현재의 기회를 제대로 포착하자"(Paine, 1995: 43)고 설파하는 것이다.

모범조약(The Model Treaty, 1776년)과 프랑스와의 통상·동맹조약(1778년)

대륙회의가 외교적 교섭을 위해 유럽에 파견한 대표단 가운데 1778년 프랭클린을 단장으로 하는 대표단에서 프랑스와의 동맹조약을 체결했다는 낭보가 전해졌다. 프랑스와의 외교교섭은 별도로 마련된 두 개의 조약을 통해 이뤄졌다. 하나는 통상조약이며, 다른 하나는 동맹조약이다. 이 두 조약을 모범조약 안과 비교해 보자.

　1776년 작성된 모범조약은 실제 조약이 아니라 독립선언 직후 대륙회의의 위임을 받아 프랑스와 동맹교섭을 추진하던 존 애덤스가 마련한 조약 시안으로 초기 미국 대외정책의 근거로 자리매김했다. 이 시안은 미국이 프랑스와의 정치적 연계나 프랑스로부터의 군사적 지원을 목표로 하지 않는다는 것을 분명히 했다. 요컨대, 모범조약 안의 대전제는 정치와 경제의 분리 원칙이었다. 조약 안의 핵심 내용으로는 탄약 등 일부 전시금수 품목을 제외한 중립국 물품과 선박의 항행자유의 원칙을 담은 전시중립국의 권리 및 양국 선박과 국민이 상호간 동등한 대우를 받는 것을 골자로 했다. 한마디로, 미국, 프랑스 두 나라 사이의 완전 호혜에 프랑스가 동의해 줄 것을 요망했다.

　그로부터 2년 후 실제 체결된 미국과 프랑스의 1778년 조약은 호혜 및 교역조약과 군사동맹조약 등 두 가지로 구성됐다. 이 가운데 호혜 및 교역조약은 모범조약안의 내용인 완전호혜를 최혜국 대우(Most-Favored-Nation Treatment)로 문구만 수정하여 그대로 반영했다. 하지만 전시중립과 정치적 고립원칙은 포기할 수밖에 없었다. 왜냐하면, 이미 미국 자신이 영국과의 교전국 지위에 있었을 뿐만 아니라, 전시중립 원칙을 조약에 포함시키면 역설적으로 프랑스가 미국을 위해 군사적으로 지원 해줄 수 있는 일이거의 없었기 때문이다. 따라서 미국은 건국 초기부터 대서양이라는 천혜의 요새를 무기삼아 유럽 정치에 연루되지 않은 채 영토와 상업적 확장이라는 자국의 열망을 어떻게 실현시킬 것인가라는 딜레마에 직면했다(Paterson et.al, 1977: 12).

군사동맹 조약은 애덤스가 작성한 모범조약 안과 달리, 정치적 공약을 포함했다. 프랭클린은 프랑스의 동의 없이는 영국과의 평화조약을 체결하지 않는다는 조항에 동의해야만 했다. 나아가 카리브 해 지역에서 프랑스의 정복활동을 승인하고 아메리카에서 프랑스의 영토를 영구히 보장한다는 내용에도 합의했다. 이에 대한 대가로 프랑스는 "미국과 프랑스 동맹의 실질적 목표는 미국의 자유와 주권, 절대적이고 무제한적인 독립을 효과적으로 유지하는 데 있다"는, 사실상 영구동맹에 준하는 안보 공약을 제2조에 포함시켰다(Paterson et.al., 1977: 15).

프랑스와의 군사동맹은 미국인들이 피하고자 했던 유럽정치에 연루되는 사태를 초래했지만, 독립전쟁에서 즉각 효력을 발휘했다. 프랑스의 전비(戰費)는 전쟁 막바지에 이르러 4,800만 루불, 미화로 당시 960만 달러라는 엄청난 액수로 치솟았음에도 프랑스는 7년 전쟁에서 영국에 당한 굴욕적 패배를 만회하는 게 일차 목표였기 때문에 아랑곳 하지 않았다. 특히, 바다에서 프랑스군이 재해권을 장악한 게 승패의 분수령이 됐다.

1781년 여름, 프랑스의 드 그라스(Paul de Grasse) 제독이 서인도제도에서 상비군 함선 20척과 증원부대 3,000명을 이끌고 북상했다. 이를 신호로 워싱턴 장군이 지휘하는 식민지 민병대와 라파예트 (Marquis de Lafay-ette) 후작이 지휘하는 프랑스 육군이 체서피크(Chesapeake) 만에서 제임스(James) 강으로 때맞춰 이동했다. 이리하여 대규모 미국, 프랑스 연합군의 육해군 병력이 콘월리스(Charles Cornwallis) 장군이 지휘하는 영국군 진지 주변으로 총 집결했다. 설상가상으로 뉴포트(New Port)에서 프랑스 지원 함대까지 도착함으로써 영국군은 수세에 몰렸다.

　　요크타운 부근 수역을 프랑스 함대가 지배하자 뉴욕에서 그레이브스 (Thomas Graves) 제독이 파견되어 봉쇄해제를 위한 작전을 펼쳤으나 실패했다. 그레이브스는 뉴욕으로 되돌아갈 수밖에 없었다. 영국은 이제, 대서양 북부에서 바다를 통한 군사력 증강이 불가능해졌다. 이 같은 사실은 작전 전반에 치명적인 영향을 미쳤다. 8,000명 병력의 콘월리스군은 많은 대포를 갖추고, 1만 7,000명에 이르는 미국과 프랑스 연합군을 상대로 싸웠다. 하지만 해상봉쇄로 인해 영국군은 물자 부족에 시달렸으며, 마침내 1781년 10월 19일 바다와 육지에서 가해지는 연합군의 포격을 견디지 못하고 최후까지 저항하던 콘월리스군은 항복했다(Johnson, 2016: 266).

　　요크타운에서 콘월리스 장군의 패배가 미국과 영국의 전쟁 강화를 촉진했다. 영국 국왕 조지3세는 이러한 사태를 받아들이는 것을 거부하고 전쟁계속을 천명했으나, 이미 상황은 협상 쪽으로 기울었다. 프랭클린은 강화교섭을 위해 다시 파리로 파견되어 프랑스 대표 베르젠(Charles Gravier Vergennes), 영국 대표 토마스 그렌빌(Thomas Grenville) 등과 접촉했다. 1782년 7월에 제시한 "4개 조항"이 합의의 기반이었다. 첫째 조건은 미국의 즉각 독립과 영국군의 전면 철수, 둘째는 캐나다의 영국령 잔류와 국경선 확정, 셋째는 모든 13개 주 경계에 관한 합의, 그리고 넷째는 뉴펀들랜드(Newfoundland) 해안에서의 대구 잡이와 관련한 조업권 조정으로, 이는 향후 최초의 국제 어업협정으로 기록될 예정이었다.

　　1782년 11월 30일 최종 서명에 이른 파리평화조약을 계기로 미국과 영국의 관계에 미묘한 변화가 일기 시작했다. 영국은 미국의 완전한 독립과 함께 전쟁의 결과에 따른 현행 국경선을 인정함으로써 미국측에 상당히 유리한 조건에 합의해준 것으로 평가됐다. 프랑스 외무장관인 베르젠은 "영국은 자신들에게 필요한 것 이상으로 평화를 구매했다"(Paterson et.al., 1977: 21)고 놀라움을 표시했다. 이는 영국의 양보가 프랑스가 양국이 합의 가능하다고 판단한 한도를 초과했음을 의미했다.

파리조약(Treaty of Paris, 1783)은 미국외교의 승리였다. 그래서 미국은, 모범조약안에서 표방한 대로 정치와 경제를 분리하여 상업적 교류를 확대하고, 정치적 고립과 중립 원칙을 견지하여 유럽 정치에 연루되지 않은 채 유럽의 양대 강국인 영국, 프랑스와 등거리 외교를 실행해 옮길 수 있는 기반을 확보한 것으로 기대됐다. 미국은 13개 주가 헌법을 비준하여 1789년 연방정부를 구성함으로써 상업 확대와 중립외교를 견지해 나갈 수 있었다. 하지만, 프랑스 혁명과 나폴레옹 전쟁 발발로 정치와 경제를 분리하는 미국의 중립원칙은 다시 시험대에 올랐다.

워싱턴의 '고별연설(Farewell Address, 1796)'에 드러난 외교관념: 중립, 비동맹, 상업적 자유

워싱턴의 '고별연설'은 미국의 외교관념과 대외인식의 원형을 잘 보여준다는 점에서 미국의 외교 전통을 이해하는데 대단히 중요한 문서이다.[11] 워싱턴은 독립과 혁명의 대의[12]에 관해 언급하면서, 연방정부의 존속이 시민적 자유를 보호하고 유지하는 데 반드시 필요하며, 외부 위험으로부터의 안전보장과 함께 국내평화에 대한 외국간섭을 방어해 낼 수 있는 필수조건임을 다음과 같이 역설했다.

"우리나라 같이 광대한 국가에서 공동관심사를 효과적으로 관리하기 위

---

[11] 길버트(Gilbert, 1970: 69)는 워싱턴의 '고별연설'에 영향을 미친 다양한 사상적 기원을 분석하는 가운데, 해당 '연설을 식민지 시대부터 존재했던 정치적 개념들을 다양한 측면에서 재구성한 것이며 외교정책에 대한 미국인들의 기본적인 개념들을 드러내 준 문서로 평가한다.

[12] "여러분의 국민자격을 나타내는 미국인이란 호칭은 언제나 지방의 차이에 기인하는 어떠한 명칭보다도 더 의로운 애국적 긍지를 높여주어야 합니다. 일부 차이는 있으나, 여러분은 동일한 종교와 예절과 관습과 정치의 원칙을 갖고 있습니다. 여러분은 공통의 대의 하에 함께 싸워 승리했습니다." 워싱턴의 '고별연설' 원문은https://web.archive.org/web/20050312092743/http://www.yale.edu/lawweb/avalon/washing.htm 참조.

해서는 자유의 완전한 확보에 적합할 만큼 활력에 찬 정부가 절대로 필
요하다는 점을 특히 명심해야 합니다. 권력이 적절하게 분산되고 조정
되어 있는 정부에서는 자유 자체가 그 정부의 가장 확실한 수호자가 됩
니다."

워싱턴이 추구한 외교노선과 관련하여 중요한 사실은 페인과 마찬가
지로 미국이라는 나라가 지닌 예외주의적 특성을 강조했다는 점이다.

"유럽인들의 주된 관심사는 우리와 전혀 상관이 없거나 있다하더라도
아주 먼 관계에 있습니다. 유럽의 잦은 논쟁거리는 우리의 관심사가 아
닙니다. 우리 스스로 유럽 국가들의 변덕스러운 정치 그리고 복잡하게
얽힌 적과 부자연스럽게 연루되는 것은 현명하지 못한 처사입니다. 유
럽과 분리되고 멀리 떨어진 상황은 우리가 유럽과는 다른 길을 추구하
도록 하며, 그 길을 가능하게 할 것입니다."

미국의 지정학적 이점과 예외적 특성은, 미국인들이 효과적인 연방정
부 아래 하나의 국민으로 단결할 수 있다면, 영국 등 유럽 열강이 아메리카
대륙에 개입할 여지를 그만큼 차단할 수 있게 해줄 것이다.

"효율적인 정부 아래 우리가 하나의 국민으로 존속하는 한, 외세가 우리
한테 끼치는 성가신 물질적 손해를 물리칠 수 있는 날이 멀지 않았습니
다. 또한 그런 조건에서만, 우리가 결정한 중립이 언제든 신중하게 존중
받게끔 만들 태도를 취할 수 있으며, 우리에게 아무 것도 얻을 가능성이
없다는 것을 알기에 교전국들은 우리를 쉽게 도발하는 위험을 기꺼이
감수하지 않을 것입니다. 게다가, 정의가 인도하는 우리 이익이 명하는
바에 따라 전쟁과 평화를 우리 의지대로 선택할 수 있을 것입니다."

위싱턴이 두번째 임기를 시작한 1792년 당시, 유럽은 나폴레옹 전쟁이 발생하는 등 전란의 소용돌이 한 가운데 있었다. 위싱턴 행정부는 미국의 외교노선을 놓고 해밀턴, 제이(John Jay), 존 애덤스 등 친(親) 영국 연방파와 제퍼슨(Thomas Jefferson), 매디슨(James Madison)의 친(親) 프랑스 공화파로 대립했다. 위싱턴은 중간적 입장을 취했지만 큰 틀에서는 프랑스를 경계하는 입장이었다. 그 이유는 프랑스와 1778년 체결한 조약에 프랑스가 동의하지 않으면 동맹 조약을 폐기할 수 없다는, 사실상 영구동맹 조항이 포함되어 있었기 때문이다.

프랑스는 주네(Edmond-Charles Genet) 주미 공사를 통해 미국이 프랑스 편에 서서 유럽전쟁에 참전할 것을 압박함과 동시에 미국 안에서 반영세력을 규합하는 등 내정간섭을 서슴지 않았다. 그럼에도 위싱턴은 유럽의 분쟁에 개입하지 않는 중립의 지혜를 강조했다. 위싱턴 행정부는 영국과의 통상을 재개하기 위해 항행의 자유를 골자로 하는 제이조약(Jay Treaty of 1794)을 체결했다. 이는 사실상 프랑스와의 동맹조약을 폐기하는 조치였다. 미국의 중립노선은 영국과 프랑스 양쪽의 압력을 견뎌내며 외교적 줄타기와 같이 험난하기 그지없는 과정이었다. 이때 경험을 회상하며 위싱턴은 '고별연설'에서 다음과 같이 언급했다.

"외세의 음흉한 농간에 대항하는 자유민의 빈틈없는 경계심은 언제나 유지되어야 합니다. 왜냐하면 역사와 경험은 외세가 공화정치의 가장 유해한 적 가운데 하나임을 입증하기 때문입니다. 그러나 빈틈없는 경계심도 쓸모 있는 것이 되자면 공평무사해야 합니다. 그렇지 않으면 그것은 외세를 막아내지 못하고, 피해야 할 바로 그 외세를 불러들이게 됩니다. 어느 한 외국에 대한 과도한 편애와 다른 어느 외국에 대한 과도한 혐오는 오직 그 전자의 위험만을 보게 하고, 후자에 대한 압력의 술책을 은폐하고 옹호하는 구실을 주게 됩니다."

유럽전역을 휩쓴 프랑스 혁명 전쟁에서 영국과 프랑스 모두에게 동맹을 요구받았지만 신생 공화국 미국은 어느 쪽에도 가담하지 않으며 비동맹·중립노선을 힘겹게 지켜냈다. 워싱턴 행정부에서 프랑스와의 동맹을 주장하며 연방파와 갈등을 빚었던 제퍼슨 역시 대통령이 되고 난 뒤에는 중립원칙이 미국외교의 기본노선 임을 기꺼이 인정했다.

> "우리 미국인들은 프랑스와 영국에 대한 강한 애착으로 분열돼왔습니다. 하지만 이러한 애착과 분열은 우리 안보에 아무런 도움을 주지 못하며, 양국 모두와 절연하는 게 상책입니다"(Paterson et.al., 1977: 52).

워싱턴이 동맹을 무조건 반대한 것은 아니었다. 그는 "평시에 적절한 군비로 만반의 방위태세를 유지하는 데 주의를 기울일 수" 있다면, "비상사태에는 일시적 동맹에 안전하게 의지해도 무방할 것"이라고 역설했다.[13] 하지만, 일반적으로는 특정 국가를 적대하지 않고 가능한 한 전 방위 외교를 추구하면서 "외부세계의 어느 지역과도 항구적인 동맹을 피하는 것이 미국의 진정한 정책"임을 강조했다.

워싱턴 대통령의 외교 노선은 '불간섭', '중립', 그리고 '비동맹'으로 요약할 수 있다. 이러한 워싱턴의 외교노선을 떠받치는 대외인식에는 현실주

---

13 "평시에 적절한 방위태세로 외세가 감히 넘보지 못하게 한다면, 비상시에는 일시적 동맹에 의지해도 무방할 것입니다." 패터슨(Paterson et.al., 1977: 52)이 잘 지적했듯이, 이후 일부 정치인들이 주장한 것처럼 워싱턴 대통령은 대외문제에 미국이 개입하거나 동맹에 참여해서는 안된다고 명시적으로 밝히지 않았다는 사실이다. 이는 워싱턴 대통령이 표명한 외교인식과 관련하여 오해를 불러일으킬 만 요소가 다분히 있다. 김기정(2009: 45)의 다음과 같은 주장 역시 워싱턴 대통령의 고별연설에 대한 오해에 근거한다. "워싱턴은 미국이 유럽의 세력균형 정치판에 뛰어들어 간여하게 된다면 대외적으로는 위험이, 국내적으로는 민주주의적 자유가 실종될 것이라고 경고했다. 또한 부패한 정부와 동맹을 맺게 되면 미국 또한 그들을 닮아가게 될 것이므로 미국은 어느 국가와도 동맹을 맺어서는 안 된다는 점을 분명히 했다."

의와 이상주의가 혼재해 있다. 그것은 예외주의라는 미국 고유의 특성에서 비롯한 것으로, 동시대 유럽국가의 외교정책에서는 발견할 수 없는 국내정치와 외교정책의 긴밀한 관련성, 곧 새로운 민주적 대의제 실현이라는 미국의 건국정신과 외교정책이 맞닿아 있기 때문에 필연적으로 생겨날 수밖에 없었던 혼란으로 평가할 수 있다.

워싱턴은 현실주의적 입장에서 "국가간에 진정한 후의를 기대하거나 예측하는 일보다 더 큰 과오는 있을 수 없다"고 주장함으로써 국제관계가 국가이익에 근거한 냉정한 권력정치에 의해 좌우되고 있다는 견해를 피력한다.

> "다른 나라의 사심 없는 호의를 기대하는 것이 어리석은 짓이라는 것, 다른 나라의 어떤 호의라도 일단 받아들이면 그 대가로 독립의 일부분을 지불해야 한다는 것, 또 그런 호의를 수용하게 되면 이에 상응하는 호의를 우리도 베풀어야 하는 상황이 닥치고, 오히려 왜 그것밖에 베풀지 않느냐는 식의 배은망덕한 비난까지 받는 상황에 처한다는 것을 꾸준히 상기합시다."

동시에 훗날 윌슨(Woodrow Wilson) 대통령이 주창한 이상주의 외교노선의 토대로 여겨질 만한 견해를 제시한다. 미국은 "모든 국가에 대해 선의와 정의를 견지"하고 "모든 국가와의 평화와 화친을 조성"하는 정책을 추구해야 합니다." 이 정책이 "숭고한 정의와 박애 정신에 의해 인도되고 있는 한" 그 과업은 "인류에게 관대하고도 매우 고상한 모범을 제시함으로써 자유롭고 계몽되고 또 머지않아 위대하게 될 한 국민에게 잘 어울리는 일이 될 것입니다."[14]

---

14 권용립(2016: 172-173)은 워싱턴의 '고별연설'을 틈새약소국의 생존을 위한 외교철학을 제

"미덕 또는 도덕이 대중정치의 필요한 원천이 된다는 것은 본질적인 진
실입니다. 도덕은 힘의 강약의 차이는 있을지 모르나 모든 범주의 자유
정부들을 지배합니다. 자유정부의 성실한 동조자라면 누가 이 정부의
기초를 흔들려는 시도를 냉담한 눈으로 볼 수 있겠습니까? 그러므로 일
차적 중요성을 지닌 목적으로서, 지식을 전국적으로 보급하는 제도를
촉진해야 합니다. 정부 구조가 여론으로 하여금 힘을 갖게 하는데 비례
하도록 여론의 계발이 필수적입니다."

위 견해에 근거했을 때, 미국이 추구하는 비동맹, 중립 노선 역시 국가
이익에 기초한 세력균형이 아닌 일련의 의무, 곧 "다른 나라와의 평화 및 우
호가 침해되지 않도록 행동할 자유를 가진 모든 나라들에게 정의와 인류애
가 부과하는 의무"로부터 도출되는 것이다. 정리하면, 예외주의에서 비롯한
미국의 외교적 이상과 힘이 지배하는 국제정치 현실 사이에서 세심하고 사
려 깊은 성찰에 입각해 워싱턴인 제시한 정책적 대안이 바로 '불간섭', '중
립', 그리고 '비동맹'이었다. 이 견해는 키신저(Kissinger, 2014: 239)의 다음
언급을 통해서 잘 확인된다.

"프랑스 혁명 와중인 1796년에 두번째 임기를 마친 워싱턴 대통령은 고
별연설에서 미국이 '어떠한 외세와도 영원한 동맹 관계에 가까이 가지
않는 대신 특별한 위급 상황에서는 일시적인 동맹 관계에 안전하게 의
지해야 한다'고 조언했다. 그는 도덕적 선언문을 발표한 게 아니라 미국
의 상대적 이점을 활용하는 방법에 대해 조심스러운 생각을 제시했다.

시한 보편적 지침서로 간주하며, 여기에 집약된 워싱턴의 외교철학을 현실주의에 기초한 독자주의
(Unilateralism)로 정의한다. 하지만 이러한 해석은 독립전쟁과 혁명, 그리고 건국을 통해 드러난
국내정치와 대외정책 간의 긴밀한 연계라는 미국외교의 예외적 특성을 간과한 것이다.

대양 뒤에서 안전하게 발전하고 있던 미국은 세력균형을 놓고 벌이는 대륙의 논쟁에 스스로 뛰어들 필요가 없었고 그럴 만한 자원도 없었다. 미국은 국제 질서 개념을 보호하기 위해서가 아니라 단지 엄격하게 규정된 국익을 위해 동맹에 가입했다. 유럽의 균형이 유지되는 한 미국은 행동의 자유를 유지하면서 본토에서 세력을 강화하는 전략으로 더 큰 이득을 얻었다."

워싱턴이 보았을 때, 미국이 견지할 외교정책의 대강은 모든 나라와 "협조"하고 "자유로운 외교"를 추구하며 평등한 입장에서 외국과의 통상에 힘쓰는 게 최선이었다. 워싱턴의 '고별연설'을 통해 드러난 외교노선을 '계몽적 현실주의(enlightened realism)'로 명명할 수 있다. 따라서 아래의 인용은 미국의 외교정책과 관련한 워싱턴의 생각을 집약해서 드러낸 결론과도 같다.

> "외국에 대한 우리 행동의 대원칙은 상업관계를 확대하면서 가능한 한 최소한의 정치적 관련을 맺자는 것입니다. 이미 우리가 맺어 놓은 계약들에 한해서는 완전한 신의를 지키고 그 계약들을 수행합시다."

제이조약(Jay Treaty of 1794): 전시 중립의 어려움

예정대로라면 미국은 독립 이전 프랑스와 체결한 동맹조약에 의거하여 나폴레옹 전쟁에서 프랑스 정부를 지원했어야 했다. 제퍼슨 국무장관은 미국이 혁명 전 프랑스 왕정과 체결한 동맹조약은 새롭게 들어선 프랑스 공화국 정부에게도 여전히 유효하다는 원칙을 확인했다. 하지만, 이 언급은 곧 영국과의 전쟁을 의미했다. 당시 미국 정부는 공화파인 제퍼슨 국무장관을 제외하곤 워싱턴 대통령을 포함하여 존 애덤스 부통령, 해밀턴 재무장관, 제이 대법원장 등 연방파가 주도했다. 프랑스 혁명을 지원하기 위해 참전할 것이냐 아니면 영국과의 전쟁방지를 위한 예방외교에 나설 것이냐를 놓고 공화파와 연방파, 특히 해밀턴과 제퍼슨이 격렬히 충돌했다.

해밀턴과 제퍼슨의 갈등은 둘 사이에 오랜 감정 대립도 한 몫 했지만 보다 중요하게는 신생 공화국이 향후 추구할 국가발전 노선의 차이에 기인한 바, 두 세기 가깝게 이어질 공화, 민주 양당 체제의 전조였다. 해밀턴은 연방파의 정치노선을 대표했다. 연방주의적 외교정책의 수립자인 해밀턴은 세계에서 미국의 국력 증진과 자유를 위한 국력행사를 강조하면서 국가적 위대성을 추구하는 행동주의자의 비전을 분명히 말한 최초의 인물이었다.

워싱턴 행정부에서 초대 재무장관을 역임한 해밀턴은 해외에서의 상업적 자유의 활발한 추구 자체를 선으로 여겼다. 또한 미국의 대외활동이 국내 경제성장과 시민적 자유에 대한 촉진제로 작용할 것임을 확신했다. 해밀턴의 세계주의 비전에 입각했을 때, 향후 미국은 해양국가로의 발전을 도모하는 게 상책이었다. 이러한 목표를 실현하기 위해 해밀턴주의자들은 강력한 연방정부를 건설하는 데 힘을 쏟았다. 나아가 해외에서 미국 국력의 행사를 실행에 옮겼는데, 그 범위와 규모는 상공업이 발전하고 부와 권력자원이 증가함에 따라 확대됐다.

공화파의 정치노선을 대표한 인물은 〈독립선언〉을 기초한 제퍼슨이었다. 워싱턴 행정부의 초대 국무장관을 역임한 제퍼슨은 다른 무엇보다도 미국의 외교정책을 놓고 워싱턴 대통령과 대립했다. 제퍼슨은 해밀턴주의자들의 외교노선을 비판했다. 그 이유는 해밀턴 등 상업제국을 지향하는 연방주의자의 정책노선이 국민복지 증진 및 민주주의의 완성이라는 미국 건국의 일차적 임무를 소홀히 한다고 판단했기 때문이다.

제퍼슨은 자영농으로 구성된 주(州, state) 공화국을 이상적 정치체제로 간주했다.[15] 이러한 공화주의적 이상은 상업제국으로의 비전을 지향하는

---

15 브링클리(Brinkley, 2005: 151)는 식민지의 독립을 일찍부터 특징지은 것이 자영농 사상이었

해밀턴의 외교정책에 배치될 수밖에 없었다. 나아가 세계의 변동을 추구하는 개입주의 외교노선을 파괴적 환상으로 간주하여 거부했다. 제퍼슨과 그의 동료 공화주의자들의 주장에 따르면, 미국의 국제적인 역할은 자유를 추구하는 사람들의 수호자가 아니라 자유를 추구하는 사람들에게 모델을 제시하는 것에 그쳐야 한다는 것이었다(Hunt, 1994: 18-19). 이러한 외교적 입장은 미국 예외주의에 의거해서 문자 그대로의 '고립주의'를 추구했다고 볼 수 있다. 1차세계대전 참전 등 미국을 국제정치에 본격적으로 개입시킨 인물이 제퍼슨의 정치적 후예인 윌슨 대통령이었던 점을 감안하면 참으로 아이러니한 일이 아닐 수 없다.

프랑스 혁명이 야기한 외교적 위기와 이를 둘러싼 연방파와 공화파의 고조된 갈등을 해결할 수 있는 인물은 연방파, 공화파 모두에게 존경받는 워싱턴 대통령 밖에 없었다. 독립전쟁 당시 워싱턴 대통령은 대륙회의가 임명한 총사령관으로 영국과의 전쟁을 승리로 이끌었지만, 기본적으로 영국에 우호적인 연방파에 속했다. 마운트 버논(Mount Vernon)으로 불리던 대농장을 운영하던 워싱턴의 정치적 입장은 영국이 유럽에 대한 해상봉쇄를 단행한 사실을 감안했을 때 공화파 쪽으로 기울어야 마땅했다. 왜냐하면, 남부의 대(大)농장주들은 농산품을 유럽대륙에 수출해서 이득을 얻을 수 있었기 때문이다. 하지만 그는 미합중국의 대통령이었다. 개인의 경제적 이익보다는 국익을 우선했다. 그렇게 하려면 독립 전쟁 당시 프랑스와 체결한 동맹조약을 과감히 포기해야 했다.

음을 강조한다. "식민지 경제의 중심은 영국처럼 상업이 아니라 농업이었다. 지역마다 다소 차이가 있긴 했지만 농업은 남부와 북부 할 것 없이 17세기와 18세기 내내 식민지 전역에 걸쳐 지배적인 경제활동이었다. 바로 이것이 유럽 국가들과는 비할 데 없이 새롭고 역동적인 대륙 아메리카의 활력을 제공했던 것이다. 이로부터 독립적인 자영농 사상이 발전하기 시작했으며, 이러한 자영농의 확고한 경제적 독립이념이 대륙주의의 핵심인 제퍼슨주의를 형성하는 물적 토대를 제공했던 것으로 여겨진다."

프랑스 혁명으로 야기된 외교정책 상의 갈등은 헌법 절차에 따라 해결됐다. 대통령은 영국에 특사를 보낼 것을 제안했다. 상원은 표결에 돌입했고 18대 8의 찬성으로 존 제이(John Jay) 대법원장을 영국과의 협상대표에 임명했다.

제이는 영국대표인 그랜빌(William Wyndham Grenville) 외무장관과 1794년 11월 19일, '제이조약(Jay Treaty of 1794)'으로 불리는 '우호·통상 및 항해조약'에 서명했다. 제이조약은 유럽에서 발생한 전쟁에 대한 미국의 중립원칙을 확립한 최초의 조약이었다. 중립국으로서의 미국의 권리를 인정한다거나 영국해군이 미국 선박에 대해 자행하고 있는 탈법행위를 명시적으로 금지한 조항은 없었지만 프랑스와의 영구동맹을 무효화하는 결과를 가져왔다는 측면에서 전쟁당사국인 영국과 프랑스 사이에서 미국의 중립적 지위를 확보한 것으로 평가된다.

제이조약은 미국의 전시중립 원칙을 확인했기 때문에 양 국민의 동등한 대우 및 완전 호혜를 규정한 프랑스와의 통상조약을 위반할 수밖에 없었다. 대표적으로 "미국 배에 선적하여 프랑스로 향하는 식료품은 몰수대상이며, 이에 대해서는 적절한 보상이 제공될 것이다"(Paterson et.al., 1977: 47)와 같은 조항이다. 한마디로, 항행자유 원칙이 상품이동의 자유까지 보장하는 것은 아니라는 사실이다.

제이조약은 미국으로 하여금 통상을 통한 번영과 건실한 국가경제를 건설할 수 있는 토대를 마련할 수 있게 해주었다. 다른 무엇보다, 영국과 전쟁에 돌입할 지도 모를 긴박한 상황을 피하거나 연기할 수 있었다는 데 중대한 의의가 있다. 제이조약에서 영국은 파리평화조약에서 해결하지 못했던 미국의 불만을 수용했다. 그 결과, 파리조약에 따라 진작 철수해야했음에도 불구하고 계속 잔류한 영국군은, 1796년 6월 오대호 근처의 미국령 북서부(Northwest) 주둔지에서 캐나다 영토로 완전 철수했다. 미국에 대한 통상 차별이 폐지됐으며, 최혜국 대우 자격을 획득했음은 물론, 제한적이긴 했지만 영국령 서인도 제도와의 통상기회를 확보했다.

　　제이조약을 통해 정치와 경제의 분리 및 전시 중립원칙을 확립했음에
도 불구하고 미국이 유럽정치에 연루되는 사태를 완전히 방지할 수는 없었
다. 모범조약안은 물론, 제이조약이 해결하지 못한 중립 외교의 딜레마는
영국과의 군사적 위기를 통해 폭발했다.

체서피크호 사건(Chesapeake Affair)과 1812년 전쟁(War of 1812)

1812년 6월 18일, 미 의회는 하원 79대 49, 상원 19대 13의 찬성으로 영국
에 게 선전포고 했다. 제2의 독립전쟁이라 불리는 미영전쟁이 발발한 것이
다. 이 전쟁의 하이라이트는 1814년 8월 24일, 영국군의 공격으로 국회의
사당과 백악관이 불 탄 사건이다.

　　하지만 미영전쟁은 정복전쟁이 아니었다. 영국군은 워싱턴에 방화를
일삼고 하루 만에 철수했다. 게다가 미국과 영국은 워싱턴 공격 이전에 이
미 벨기에의 겐트(Ghent)라는 도시에서 종전협상에 착수해 있었다. 따라서
영국군의 워싱턴 진공은 종전 협상에서 유리한 고지를 점하기 위한 영국식
세력균형 외교의 산물로 간주할 수 있다.

　　미국의 외교정책이라는 관점에서 보았을 때, 1812년 전쟁 자체보다
는 전쟁이 발생한 배경과 전쟁을 종결한 겐트조약(Treaty of Ghent)이 보다
큰 의미를 지닌다. 제이조약 체결을 계기로 미국은, 영국과 평화를 유지하
고 유럽정치에 연루되지 않은 채 통상확대와 전시중립원칙을 더욱 확고히
할 수 있을 것으로 기대했다. 하지만, 나폴레옹 전쟁은 미국의 소망이 순진
한 것임을 여실히 보여줬다. 나폴레옹 전쟁은 신대륙으로까지 전선을 확대
했으며, 미국 또한 예외일 수 없었다. 미국이 유럽정치에 연루될 수밖에 없
는 사건이 1807년, 미국 전함 체서피크호에서 발생했다.

　　1805년 11월, 영국은 '트라팔가 해전(The Battle of Trafalgar)'에서 프랑
스와 스페인 연합함대를 물리치고 대서양에서 재해권을 장악했다. 그로부

터 한 달 후인 1805년 12월, 나폴레옹 1세는 아우스터리츠(Austerlitz)에서 오스트리아·러시아 연합군을 물리치고 유럽대륙을 장악했다. 그야말로 장군명군 식의 전세가 펼쳐진 것이다. 나폴레옹은 영국의 상품 수출이 유럽대륙 내 반(反)나폴레옹 동맹군의 중요한 자금원이라 판단하여, 대륙봉쇄령을 내려 영국제품의 금수조치를 단행했다.

영국은 나폴레옹의 대륙봉쇄에 대응하기 위해 중립국 선박에 관한 긴급 칙령을 통해 해상봉쇄로 맞섰다. 이것은 프랑스와 다른 나라 사이의 통상을 방해할 목적으로 취해진 교묘한 규칙으로 위반 시 중립국 선박도 나포했다. 제퍼슨 대통령은 영국의 조치에 반발하여 1806년 4월, '수입금지법'을 제정, 영국산 제품 수입을 금지하고 미국 선박을 제외한 모든 선박의 입출항을 정지시켰다. 제이조약의 통상조항이 효력을 상실한 것이다.

이에 더해 영국은 미국해안에 영국 전함을 보내서 프랑스군에 대한 검문검색을 강화했다. 체서피크호 사건은 이 과정에서 발생한 것이다. 1807년 봄, 나폴레옹 전쟁이 벌어지고 있는 동안, 많은 영국 전함이 북미 주둔지에서 정찰 활동을 벌이고 있었으며, 버지니아 체서피크 만에서 두 척의 프랑스 전함을 봉쇄하고 있었다. 많은 수병들이 영국 해군 함선에서 탈영했다. 미국 당국은 그들에게 피난처를 제공해 주었는데, 그 가운데는 영국 국적자는 물론 영국군이 징용한 미국 국적의 시민들도 다수 포함되어 있었다.

영국은 미국 함정인 체서피크호에 영국해군 소속의 탈영병 일부가 일하고 있다는 첩보를 입수하고 1807년 6월 22일, 버지니아 주 노퍽(Norfolk) 해안에서 체사피크 호를 추격하여 교전을 벌였다. 체사피크 호는 영국전함 레오파드(Leopard) 호로부터 일제 사격을 받은 후 단 한 차례의 짧은 교전으로 영국 해군에게 항복했다. 영국해군은 체서피크호에 승선하여 미국 승무원 4명을 체포해서 탈영 혐의로 재판에 회부했다.

문제는 재판에 넘겨진 탈영병 가운데 3명은 미국시민이었다는 사실이다. 미국은 체서피크호 나포사건에 대한 분노로 들끓었고, 특히 영국군에 의한 징용조치에 대한 항의가 줄을 이었다. 매디슨 국무장관은 미국 수역에서 영국 함정의 퇴거와 함께 미국시민에 대한 징용을 즉각 중단할 것을 요구했다. 체서피크호 사건은 미국과 영국 두 나라 사이의 긴장을 고조시켰다.

나폴레옹 전쟁이라는 유럽정세가 근본적으로 변하지 않은 한 영국에 의한 해상봉쇄는 지속되고 미국시민에 대한 강제징용·징발에 의해서 체서피크호 나포와 유사한 사건이 빈발하리라는 것은 불 보듯 뻔한 일이며, 이러한 문제가 쌓여서 미영전쟁이 발발한 것이다. 여기서 핵심은 미국이 대서양이 가로 놓여 있더라도, 원하던 원치 않던 간에 방비를 철저히 하지 않은 한 유럽정치에 연루되는 사태를 피할 수 없다는 사실이다. 미국의 지도자들은 겐트조약 체결과정에서 국제정치의 현실을 뼈저리게 깨달았다.

겐트조약(Treaty of Ghent, 1814)

겐트조약은 미국이 이전에 유럽 국가들과 맺은 조약과는 근본적으로 성격을 달리했다. 겐트조약은 요즘말로 웃음기 싹 빼고 임한 최초의 외교협상이었다. 그도 그럴 것이 겐트조약은 미국이 그동안 표방해온 통상의 자유나 중립원칙과는 관련이 없는, 그야말로 힘에 기반한 평화를 달성하는 문제였기 때문이다. 게다가 영국은 협상에 즈음하여 나폴레옹 전쟁에서 승리한 최대 전승국의 지위에 있었다. 미국에게는 평화가 절실했다. 그래서 먼로(James Monroe) 국무장관은 협상대표단에게, 평화협정을 타결할 수 있다면 1812년 전쟁의 주요 원인이었던 미국시민에 대한 영국의 징용·징발 문제를 협상의제에서 제외해도 좋다는 훈령을 하달했다.

겐트조약의 최대쟁점은 영토문제였다. 영국은 미영전쟁에서 확보한 오대호 지역을 활용하기 위해 미시시피(Mississippi)강 운항권을 인정해 줄 것을 요구했다. 그 대가로 뉴펀들랜드 연안의 대구 조업권을 미국에 넘겨주겠다고 제안했다. 하지만 영국의 미시시피강에 대한 접근권 및 운항권 요구는 캐나다와의 별도 협상을 통해 국경을 조정해야하는 문제로 미국의 영토적 통일성을 부정했다. 영토냐 경제적 이익이냐를 놓고 미국 협상단은 적전 분열했다.

매사추세츠주 상원을 역임한 퀸시 애덤스(John Quincy Adams)는 뉴잉글랜드 지역 어민들의 이익을 대변해야 했기 때문에 뉴펀들랜드 연안의 대구조업권을 포기할 수 없었다. 이에 반해 켄터키주 상원의원인 헨리 클레이(Henry Clay)는 미시시피강을 통해 영국 상선과 군함이 드나드는 사태를 묵과할 수 없었다. 미국은 영국과의 본격협상에 앞서 동부주들의 이익과 중서부 신생 주들의 이해관계부터 조정해야 했다. 협상이 교착되자, 미국 대표단의 일원이었던 갤러틴(Albert Gallatin) 재무장관이 조약 최종 문안에서 미시시피강 접근권 문제와 어업권 문제 모두 제외하자고 제안함으로써 파국을 면할 수 있었다.

겐트조약은 종전협상의 최대 쟁점이라 할 수 있는 미국 영토에 대한 미영 양국의 입장차를 완전히 해소하지 못함으로써 불안정한 평화를 달성했다고 할 수 있다. 이제 겐트조약에 담지 못한 영토문제는 양측의 해석의 문제, 그것도 힘을 통한 해석의 문제로 남겨지게 됐다. 전쟁이 미국 영토에서 그리고 최후의 전투가 미시시피강 수운의 요충지인 뉴올리언스에서 발생했다는 점에서 미국은 운이 좋았다.

겐트조약을 체결한 지 2주 만인 1815년 1월 8일, 1812년 전쟁의 최대 전투로 기록될 뉴올리언스 공방전에서 잭슨(Andrew Jackson) 장군이 지휘한 미국 민병대가 대승을 거뒀다. 영국은 60척의 전함과 14,000명의 병력으로 뉴올리언스(New Orleans)에 총공세를 가했지만, 참담한 패배를 맛봐야 했다. 잭슨 부대는 13명의 전사자를 낸 반면, 영국군 전사자는 3명의 장군을 포함해서 총 291명이었다. 484명이 행방불명됐고 부상자는 1000명이 넘었다.

크리스마스이브에 체결된 겐트조약에 서명하면서 미국 대표인 퀸시 애덤스는 "겐트조약이 미국과 영국 간에 마지막 평화조약이기를 소망한다"(Paterson et.al., 1977: 75)라고 말했다. 실제로 이 말은 그대로 이루어졌다. 겐트조약 체결 이후 영국은 영토문제를 포함해서 미국의 주권에 더이상 도전하지 않았기 때문이다. 하지만, 양국의 평화는 말이 아닌 힘에 의해 이뤄진 것이다. 잭슨 장군이 이끈 뉴올리언스 전투에서의 승리가 그것을 가능하게 했다.

뉴올리언스 전투에서의 승리는 겐트 조약의 해석과 추후 적용에도 결정적 영향을 미쳤다. 영국은 다른 유럽 나라들과 마찬가지로 미국이 나폴레옹에게 매입한 루이지애나 지역을 미국 영토로 인정하지 않았다. 영국이 미영전쟁을 통해 확보한 오대호 인근 서북영토를 계속 보유했더라면 미국 지도는 현재와 크게 달라졌을지도 모른다. 먼로가 매디슨에게 한 말에 따르면, 잭슨이 전투에서 승리하지 않았다면 틀림없이 그렇게 되었을 것이다(Johnson, 2016: 438). 잭슨의 승리로 인해 루이지애나 매입이 국제사회에서 합법적인 것으로 인정받았다. 잭슨의 승리가 아니었다면 영국은 아메리카 대륙의 세력균형을 위해 미시시피강과 멕시코 만이 만나는 전략적 요충지에다 지브롤터(Gibraltar)와 같은 천혜의 요새를 만들었을 것이다.

정리하면, 겐트조약 자체는 영토문제를 해결하지 못한 채 불안정한 평화를 이뤘지만 뉴올리언스에서의 승리가 미국에게 유리한 방향으로 겐트조약을 해석할 수 있게 해주었다고 할 수 있다. 미국인들은 겐트조약을 자국의 승리로 받아들였다. 상원 역시 만장일치로 겐트조약을 비준했는데, 이는 미국외교사에서 상당히 희귀한 사례에 해당한다. 워싱턴이 영국군 수중에 넘어가는 등 연이은 외교실책을 범한 매디슨 행정부에 대한 비난 여론 역시 수그러들었다.

유럽인들은 세계 최강국인 영국을 상대한 1812년 전쟁에서 미국이 승리했거나 최소한 비긴 것으로 이해했다. 겐트조약과 뉴올리언스에서의 승리는 상호간에 상승작용을 하며 영토 팽창과 미주지역에서 미국의 확고한 입지를 보장해주는 계기로 작용했다. 이를 통해 미국은 독립 이후 처음으로

자국의 외교노선을 개진할 기회를 맞게 되었다. 그것이 바로 먼로 대통령이
의회에 보내는 교서 형태로 작성한 '먼로선언', 곧 '먼로독트린'이다.

먼로독트린과 미국의 '명백한 운명'

미국은 건국 초기부터 통상 우선의 중립정책과 유럽의 힘에 의한 세력균형
정치가 충돌하는 사태를 맛봐야 했다. 독립과 건국 당시 이미 미국은 유럽
의 정치 문제에 깊숙이 연루됐다. 사실 따지고 보면 정치와 경제의 분리원
칙은 힘이 충돌하는 국제정치 세계에서는 애당초 말이 되지 않았다. 유럽정
치에 어떤 형태로든 연루되는 일은 미국이 아무리 피하고 싶어도 피할 수
없는 구조적 조건이었다. 따라서 관건은 어느 정도, 그리고 어떤 방식으로
국제정치에 관여할 것인가의 문제였다.

　　미국 외교정책의 가장 큰 특징은 원하든 원하지 않던 간에 관여 할 수
밖에 없는 국제정치 현실과 국내정치가 긴밀히 관련되어 있었다는 사실이
다. 이러한 조건이 미국 외교의 아비투스라고 할 만한 것을 만드는데 결정
적 계기로 작용했다. 이 가운데 국제정치에 연루되는 사태는 미국이 원하지
않았던 조건이다. 국내정치와 외교정책의 긴밀한 연관이라는 특징은 다른
나라들에서는 찾아볼 수 없는 미국사회와 정치시스템의 독특한 산물이라는
관점에서 분석할 필요가 있다.

　　영국과의 독립전쟁 경험이 연방헌법 제정에 상당한 영향을 미쳤음은
물론이다. 이 가운데, 외교관련 조항은 의회, 특히 상원의 우위를 분명히 했
다. 예를 들어, 미국 헌법 제2조 2절 2항에 따르면, "대통령은 상원의 권고
와 동의를 얻어 조약을 체결하는 권한"을 가지며 "그 권고와 동의는 상원의
출석 의원 3분의 2 이상의 찬성"을 얻어야 한다. 또한, "전쟁을 포고"(제1조 8
절 11항)하고, "육군을 모집, 편성하고, 유지"(12항)하며, "해군을 창설하고 유
지"(13항)하며, "육, 해군의 통수 및 규제에 관한 규칙"(14항)을 제정할 권한
모두 의회의 권한에 속한다. 육군의 편성, 유지를 위한 경비의 지출 기간은

2년을 초과하지 못하도록 되어 있다(12항). 이는 미 육군의 유지비용을 2년마다 의회 동의를 얻어 갱신해야 한다는 얘기와 동일하다.

다른 무엇보다도 미국의회의 압도적 권한은 세입 징수 및 예산편성에 관한 권한(제1조 7절 1항, 8절 1항, 2항)을 의회, 그것도 직접 선출에 의해서 인민의 대표자(The House of Representatives)로 설계된 하원이 보유했다는 사실에서 나온다. 이 모든 게 1789년 제정된 미국 연방헌법에 담겨진 의회의 권한이다. 이는 행정부 독단으로 미국이 국제정치에 연루되는 사태를 방지하기 위해 나온 조항임에 틀림없다.

미국은 민주공화제의 원리가 광역공화국, 곧 연방제라는 정치형식과 결합되어 만들어진 대단히 독특한 국가형태를 띤다. 미국은 독립한 지 250년이 채 안되는 비교적 신생국가에 해당한다. 그래서인지 몰라도 미국의 가장 큰 특징은 국가를 누가 만들었는지, 한마디로 국가의 주인이 누구인지 분명히 알 수 있다는 점이다. 그것은 바로 미국 헌법 첫 줄에 나와 있듯이 'We, the People', 바로 '인민'이다.

미국의 국호는 합중국, 곧 연방국가를 의미하는 '유나이티드 스테이츠 (United States)'이다. 일반명사가 나라이름이 된 사례는 미국과 구(舊) 소련 밖에 없다. 여기에는 독립 주들이 연합해서 중앙정부인 연방정부를 창설했다는 내용이 담겨져 있다. 연방제라는 특정 정치제도가 국호인 셈이다. 이러한 미국의 건국과정을 사상적으로 가장 잘 표현한 개념이 바로 존 롤스 (John Rawls)의 '무지의 장막'(Rawls, 1971: 136) 개념이다. '무지의 장막(veil of ignorance)'이야 말로 그 어떤 사전지식 없이 국가를 만들기 위해 자유롭게 마주섰던 미국인들의 원초적 상태를 잘 보여준다.

독립 당시 미국 시민들은 느슨한 국가형태인 스테이트, 곧 주에 속해 있었다. 주정부는 유럽국가가 보유한 강력한 집행력을 결여했다. 시민들의 자발적 의사에 따라 구성된 자치적 정치기관이 주정부의 모습이었다. 주 대표자들이 독립 직후인 1787년 필라델피아에 모여 헌법을 제정했다. 미국은 유럽과 같이 절대왕정이 중앙정부를 창설한 게 아니라 시민들이 연합해 국가를 만든 최초의 사례이다.

미국 대외정책사를 일별해보면 시장경제와 민주주의를 추구해온 미국 사회의 발전 양상과 대체로 일치함을 알 수 있다. 이는 역사적으로도 잘 확인되는 내용이다. 국가를 막론하고 대외정책의 핵심기구는 외교업무를 전담하는 행정부서와 상비군이다. 이러한 국가기관을 일상적으로 유지하기 위해서는 상당한 경비가 소요되며, 그 비용은 결국 국민 세금으로 충당할 수밖에 없다. 건국 초기부터 미국의 세입세출권은 헌법에 따라 국민의 대표자인 하원이 통제했다. 그래서 행정부는 유럽처럼 국방부나 외무성과 같은 대외정책 부서에 막대한 예산을 투하할 수 없었다.

미국인들이 상비군 유지를 얼마나 불필요한 세금낭비로 간주했냐 하는 것은 19세기 역사를 통해서도 잘 드러난다. 국가예산이 황제의 의지에 따라 거반 결정 난 거나 다름없었던 러시아, 중국, 독일, 오스트리아 등 제국에서 군대의 유지는 행정 권력의 독자적 정책결정 영역이었다. 군비가 증가할수록 일반 국민의 삶의 질이 얼마나 피폐해 질 것인가는 충분히 예측가능 했다.

나폴레옹 전쟁에서 승리해 파리에 입성할 당시 러시아가 보유한 육군 숫자가 80만 명이었던 데 반해, 당시 미 육군은 1만6000명에 불과했다(Kennedy, 1989: 154). 먼로독트린을 발표한 1823년에도 미 육군은 2만 명이 채 안됐다. 심지어 미국은 남북전쟁이 끝나자 정규 육군을 해산하기조차 했다. 1차세계대전 직전인 1914년, 러시아 육군 135만 명, 독일 육군 89만 명, 일본 육군 30만 명이었던 데 비해 미 육군의 숫자는 16만 명 수준이었다(Kennedy, 1989: 203).

미 상원은 국내 문제에 우선순위를 부여하고 해외 팽창과 관련한 모든 계획을 좌절시켰다. 19세기 대부분의 기간 동안 육군 병력을 2만 5천명 내외로 묶어 두었고, 해군력 역시 증강하지 않았다. 1890년까지 미 육군은 불가리아에 이어 세계 14위를 차지했다. 미국은 이탈리아에 비해 산업생산력이 13배에 이르렀지만, 이탈리아보다 더 작은 규모의 해군을 보유하고 있었다. 각종 국제회의에 참석하지 않았던 미국은 이류 국가로 취급되었다. 1880년 외교관계를 축소시키면서 터키는 스웨덴과 벨기에, 네덜란드, 그리고 미국 대사관을 폐쇄했다. 마드리드 주재 독일 외교관의 경우, 워싱턴으로 발령 갈 바에야 차라리 급여삭감을 선택했다(Kissinger, 1994: 37).

고립주의를 통해 아메리카 대륙에서의 헤게모니를 추구한 먼로독트린은 유럽 정치에 연루되지 않고, 독자적 발전을 추구하겠다는 국가비전을 표방한 것이다. 하지만 어느 정도는 당시 유럽열강에 비해 열세에 놓여있던 미국의 군사력 수준을 반영한 고육책이었다. 먼로독트린의 설계자인 퀸시 애덤스 국무장관은 연방주의 노선의 후예답게 국가이익과 세력균형을 중시한 현실주의자였다. 영국과의 1812년 전쟁을 종결지은 겐트조약에서 미국 측 수석대표였던 퀸시 애덤스는 나폴레옹 전쟁의 한 복판에서 유럽의 정치 상황을 눈으로 확인할 수 있었다.

공교롭게도 겐트조약 체결시점과 비엔나회의 종결 시점은 1815년으로 겹친다. 비엔나회의는 4국동맹체제와 신성동맹체제를 출범시키며 1815년 8월에 끝났으며, 겐트조약은 8월에 협상이 시작되어 12월 말에 끝났다. 따라서 겐트 조약 협상과정에 비엔나회의 결과가 어느 정도 영향을 미쳤다고 보는 것은 합리적 추론이다.

유럽 열강은 청일전쟁 직후 프랑스, 독일, 러시아가 일본에 행한 '삼국간섭'과 같이 신생공화국인 미국에 대해서도 맘만 먹으면 얼마든지 개입할 수 있는 군사력을 보유했다. 하지만 나폴레옹 전쟁의 여파로 찢길 대로 찢긴 유럽평화를 복구하는 데 전력을 기울여야 했다. 게다가 대서양 너머까지 해군력을 동원할 수 있는 국가는 영국 밖에 없던 상황에서 퀸시 애덤스 국무장관은 이때가 미국의 외교노선을 표방할 절호의 기회라 판단했다.

영국과의 겐트조약 협상단에 퀸시 애덤스가 포함된 것은 미국에겐 큰 행운이었다. 또한 그로부터 8년 후 퀸시 애덤스의 손에서 먼로독트린이 나올 것임을 예고한 것이었다 해도 과언이 아니다. 퀸시 애덤스는 모범조약안을 작성하고 독립전쟁 당시 벤저민 프랭클린과 함께 프랑스와의 동맹조약 체결을 위한 미국 대표단 일원이었던 존 애덤스 제2대 대통령의 아들로서 겐트조약 체결 당시 주 러시아 대사였다. 먼로 행정부 하에서 국무장관을 역임하고 먼로 대통령을 이어 제6대 미국 대통령으로 취임했다. 먼로 대통령 또한 대륙회의 시절부터 외교 분야에서 두각을 나타낸 베테랑이었다. 한마디로 미국이 걷게 될 외교정책 노선을 확정하는 데 있어 이 두 사람만한 조합은 없었다.

먼로독트린은 미국 외교의 독특한 문법인 독트린 외교의 출발점이다. 먼로독트린은 1823년 12월 2일, 먼로 대통령이 의회에 보낸 연례교서 형식을 통해 표명된 것으로, 비식민화원칙(principle of non-colonization), 불간섭원칙(principle of non-intervention), 고립원칙(principle of isolation) 등 세 가지 원칙에 근거했다.

첫째, 먼로독트린은 아메리카 대륙은 유럽 열강의 식민 대상이 될 수 없다는 점을 분명히 했다. "아메리카 대륙들은 그들이 지금까지 채택하여 유지해 온 자유롭고 독립적인 환경에 의해서 어떠한 유럽 국가에 의해서건 간에 장차 식민 대상으로 간주될 수 없다."

둘째, 아메리카와 유럽의 정치제도는 상이하다는 것을 전제로 유럽 국가에 의한 아메리카 대륙에 대한 간섭은 비우호적임을 선언했다: "우리는 유럽열강들이 그들의 체제를 서반구에 확장하려는 그 어떤 시도도 아메리카 대륙의 평화와 안전에 위험한 것으로 간주한다. 유럽 국가의 어떠한 식민지나 부속지에 관해서도 우리는 개입하지 않았고 또 개입하지도 않을 것이다. 그러나 이미 독립을 선언하여 유지하고 있으며 우리가 독립을 인정한 정부에 대해 어떤 유럽국가도 이들을 억압할 목적으로 간섭한다면 우리는 이것을 미국에 대한 비우호적인 태도를 취하는 것으로 간주한다."

셋째, 미국은 유럽 국내 문제에는 관여하지 않는다는 고립원칙을 천명했다. 이것은 아메리카 대륙에 현존하는 유럽 식민지나 속령에 대해 미국은 간섭하지 않았고 앞으로도 간섭하지 않을 것이지만, 동시에 아메리카 대륙에서 독립을 선언한 정부를 억압하고 통제하기 위해 유럽이 개입한다면 이것은 미합중국에 대한 비우호적 태도의 표현으로 간주하겠다는 의지의 표현이었다. 한마디로 "유럽에 대한 우리의 정책은 유럽지역을 오랫동안 유린한 전쟁 초기에 채택했던 바와 같이 그 어떤 유럽국가의 국내문제에도 개입하지 않겠다는 것이다"(김용구, 2004: 63). 이 언급은 유럽 내부문제라 하더라도 유럽 바깥 지역이 관련된 경우에는 개입할 여지를 남긴 것으로 해석할 수 있다.

먼로독트린이 표방한 세 원칙 가운데 가장 중요한 원리가 바로 '고립원칙'이다. 사실 고립원칙으로부터 나머지 두 개 원칙이 파생된 것이라 할 수 있다. 그런데 고립원칙을 고립주의 이데올로기로 확대해석하는 것은 무리가 따른다. 고립원칙은 갑자기 툭 튀어나온 게 아니라 앞에서 언급한 모범조약안과 제이조약과의 연속선에서 확립된 원칙이다. 따라서 고립원칙의 실내용은 정치와 경제의 분리에 의거한 중립원칙에서 추론할 수 있다.

세계 최강대국으로 부상한 영국과 두 차례 전쟁을 치르면서 미국은 고립원칙이 무용지물로 변하는 사태를 경험했다. 독립전쟁 당시 프랑스와의 동맹 및 영국과의 1812년 전쟁 모두 유럽문제와 연루되어 발생한 사건이다. 결국, 고립원칙은 미국이 일방적으로 선언한다고 해서 지켜지는 것은 아님을 잘 확인할 수 있다.

먼로독트린의 고립원칙이 실효성이 있으려면 한편으로는 미국의 영토팽창 및 경제발전이라는 국내 상황, 그리고 다른 한편으로는 유럽대륙의 안정이라는 국제 상황이 받쳐줘야 한다. 다행히도 미국은 먼로독트린 발표 직후 유럽정치에 연루되지 않고서 국내 발전에 전념할 기회를 19세기 내내 맞이할 수 있었다. '먼로독트린'이 나온 지 얼마 되지 않아서 미국의 '명백한

운명(Manifest Destiny)', 곧 '미국의 숙명'을 설파하는 글들이 봇물처럼 쏟아
져 나온 것도 우연이 아니다.

　독립전쟁과 건국 초기에는 어려움을 겪은 고립원칙이 먼로독트린 이
후에 더 잘 관철된 이유는 어디에 있을까? 무엇보다 미국은 더이상 예전의
미국이 아니었다. 뉴올리언스에서의 대승 덕에 대부분의 미국인들이 1812
년 전쟁과 겐트조약을 영국에 대한 승리로 간주한 사실을 상기할 필요가 있
다. 겐트조약 이후 영국이 미국문제에서 손을 떼자 미국은 서부로의 영토팽
창과 함께 경제적 발전일로에 접어들었다.

　1885년에 미국은 당시 세계 최대의 경제대국으로 간주되던 영국을 산
업생산에서 추월했다. 20세기로 넘어가던 시기, 미국은 독일과 프랑스, 오
스트리아·헝가리, 러시아, 일본, 이탈리아의 에너지 소비량을 다 합친 것
보다 더 많은 에너지를 소비했다. 남북전쟁에서부터 19세기 말까지 미국의
석탄생산량은 800% 증가했다. 철로 생산은 523%, 철도 길이는 567%, 밀
생산은 256% 증가했다.

　국제적으로 미국의 영토팽창과 눈부신 경제발전은 영국의 '영광스런
고립(splendid isolation)' 정책 덕을 상당히 본 것으로 평가할 수 있다. 당시
의 유럽대륙 상황을 요약하면, 비엔나회의부터 1차세계대전에 이르기까지
크림전쟁을 제외하고는 큰 전쟁이 없을 정도로 한 세기 가까이 평화가 지속
됐다.

　결론적으로 먼로독트린의 고립원칙은 미국의 경제발전과 국제정치 상
황 변화에 따라 얼마든지 재해석될 수 있는 여지를 남겨둔 것으로 간주할
수 있다. 왜냐하면, 먼로독트린은 미국 민족주의의 과제인 연방정부 강화와
연방의 통일을 확보할 수 있는 유일한 방법이 영토팽창에 있다는 사실을 전
제했기 때문이다. 따라서 먼로독트린은 고립원칙을 핵심내용으로 했지만,
동시에 중남미를 포함한 신대륙 전체를 유럽 열강의 간섭으로부터 차단하
기 위한 방법으로 미국이 아메리카대륙의 패자임을 천명한 것이다.

"19세기의 남은 기간 동안 미국 외교 정책의 기본 주제는 먼로독트린을 확대 적용하는 일이었다. 1823년에 선포된 먼로독트린은 유럽 강대국들에게 신대륙에서 손을 떼라고 경고했었다. 선포된 지 100년을 맞을 즈음까지 먼로독트린의 의미는 신대륙에서 미국의 패권을 정당화하는 것으로 점차 확대되었다. 1845년 미국의 포크(James Polk) 대통령은, 텍사스의 미연방 편입은 독립된 하나의 국가가 '자신보다 더 강력한 외부의 어떤 나라와 동맹을 맺거나 종속되는' 상황이 벌어져 결국 미국 안보에 위협이 되는 것을 방지하는데 필요한 조치라고 설명했다. 다시 말해, 먼로독트린은 미국의 개입을 단지 현존하는 위협의 측면에서 뿐만 아니라 명백한 도전이 예상되는 모든 가능성의 관점에서도 정당화했다. 이는 유럽에서 벌어졌던 세력균형에 기반을 둔 정치와 다를 바 없었다"(Kissinger, 1994: 36).

일찍이 상업제국을 표방한 미국은, 지구상에 자급자족이 가능한 몇 안 되는 나라들 가운데 하나였음에도 불구하고 장기적으로는 고립주의를 국가의 외교노선으로 지속할 수 없었다. 구세계를 압도하며 강력하게 성장하는 개방적 제국이, 자신도 어쩌지 못할 정도로 솟구치는 힘을 어떻게 서반구라는 한정된 지역 안에 가둬둘 수 있겠는가? 이 과정을 키신저는 "어느 세기에든 힘, 의지, 그리고 지적 도덕적 추진력으로 무장하고 국제체제 전체를 자국이 추구하는 가치에 따라 재편하려는 나라가 등장했으며 그것은 마치 자연법칙과도 같다"(Kissinger, 1994: 17)고 요약했다. 이런 견지에서 먼로독트린을 독립과 영토팽창이라는 제한된 조건에서 작동한 잠정적 외교원칙으로 간주할 필요가 있다. 왜냐하면, 해석여하에 따라 '먼로독트린'은 국제주의 외교원칙으로 전환될 수 있는 가능성을 배제하지 않았기 때문이다.

미국의 외교혁명을 달성한 윌슨 역시 처음부터 국제주의자는 아니었다. 임기 초반에는 윌슨 대통령 역시 미국 국민에게 '국제연합체'에 참여하자고 제안하기를 꺼렸지만 두번째 임기를 시작하는 1917년 1월, 윌슨은 태도를 바꿔 미국의 참여를 옹호했다. 그런데 놀랍게도 윌슨이 여기서 사용했던 논리는 먼로독트린을 모델로 삼자는 것이었다.

> "말하자면 나는 모든 국가가 만장일치로 먼로 대통령의 독트린을 전세계의 독트린으로 채택해야만 한다고 제안하는 것이다. 어떤 국가도 다른 민족이나 국가의 영역을 침범하여 국가를 넓히려고 시도하지 말아야 하며(……)이후 모든 국가는 권력투쟁으로 이어질 동맹을 맺지 않도록 해야만 한다는 독트린이다"(Kissinger, 1994: 224).[16]

중국인들이 난세 때면 요순(堯舜)시대를 그리워하듯이, 미국인들은 위기에 처할 때 마다 좋았던 시절인 워싱턴 대통령의 고별연설이나 퀸시 애덤스 국무장관의 연설을 떠올리곤 한다. 이런 경향은 고립주의 이후에 미국의 대외정책을 제국적 팽창주의로 비판한 윌리엄스(William Appleman Williams)나 커밍스(Bruce Cumings) 등 역사수정주의자들의 관점에서 더욱 두드러지게 나타난다. 커밍스가 한때 트럼프 행정부의 대북정책을 높이 평가한 이유도 근본적으로는 이런 고립주의 맥락에서였다(《프레시안》 2018년 6월 15일). '먼로독트린'을 설계한 퀸시 애덤스 국무장관은 1821년의 유명한 독립기념일 연설에서 일련의 '고립주의 신조'를 남겼다.

> "자유와 독립의 기준이 펼쳐지면 그곳이 어디든 미국은 환영할 것입니

---

16   이에 대해 키신저(1994: 224)는 "멕시코와 전쟁(1846-1848년)을 벌여 캘리포니아, 텍사스, 애리조나, 뉴멕시코 등 자국 영토의 3분의 1을 빼앗았을 뿐만 아니라 직전 해에는 멕시코 혁명에 개입하기 위해 군대를 파병했던 국가의 대통령이 이웃 나라들의 영토 보전 수단으로 그리고 국제협력의 고전적인 사례로 먼로독트린을 주창하는 모습을 보면서 멕시코는 아마도 꽤나 놀랐을 것"이라고 첨언하기를 잊지 않았다.

다. 그러나 미국이 파괴해야 할 괴물을 찾기 위해 외국으로 가지는 않을
것입니다. 미국은 모두의 자유와 독립을 지지합니다. 하지만 미국은 자
기 자신만을 변호하며 옹호할 것입니다"(Cumings, 2010: 154).

미국 대외정책의 정신사적 관점에 있어 이 연설은 굉장히 중요한 의미
를 지닌다. 여기서 우리는 퀸시 애덤스가 불간섭, 중립, 비동맹원칙을 표방
함과 동시에 '미국예외주의'도 함께 설파했음을 간과해서는 안될 것이다.

"미국독립선언은 시민정부의 '정당한' 기반을 가진 유일한 국가가 발표
한 최초의 엄숙한 선언이었습니다. 이 선언은 새로운 구조의 초석이며,
전세계를 뒤덮게 될 것이 분명합니다. 이 선언은 정복에 기반 한 모든
정부의 합법성을 단숨에 파괴했습니다. 이 선언은 수 세기 동안 지속된
노예상태의 모든 찌꺼기를 일소해버렸습니다"(Cumings, 2010: 154).

'민족자결'과 '집단안전보장'으로 요약되는 14개조 평화원칙을 통해
국제주의를 주창한 우드로우 윌슨 대통령 역시 그 자신이 조지 워싱턴과 퀸
시 애덤스의 후예임을 잊지 않았다. 고립주의가 아닌 오히려 국제주의 정책
을 시행하는 일이야말로 '건국의 아버지들'의 유훈을 저버리는 것이 아니라
계승발전 하는 것으로 간주했음이 명백하다.

"윌슨은 조지 워싱턴이 외부 문제에 연루되는 것을 주의하라고 했을 때
진정으로 의미하는 바가 무엇인지에 대해 비범한 해석을 내놓았다. 윌
슨이 규정한 '외부' 개념은 미국의 초대 대통령이 들었다면 분명 깜짝 놀
랄 만한 것이었다. 윌슨에 따르면 워싱턴이 전달하고자 했던 의미는, 미
국이 '외부문제' 즉 다른 국가들의 목적에 휩쓸리는 일을 피해야만 한
다는 것이었다. 그러나 인류와 연관된 일이 '우리와 동떨어진 일이라거

나 우리가 관심을 가질 필요가 없는' 일일 수는 없다고 주장했다. 따라서 미국은 스스로 외부 문제에 제한 없이 개입할 의무를 지닌다는 것이었다. 외부 문제에 연루되지 말라는 건국의 아버지들의 경고로부터 전 지구적 개입의 의무를 이끌어내고, 중립철학을 정교하게 다듬어 1차세계대전에의 개입이 불가피하다는 논리를 만든 그의 능력은 얼마나 특출한 것인가! 더 나은 세계에 관한 자신의 견해를 피력하면서 미국을 전쟁으로 한 걸음 더 나아가도록 만들었던 윌슨은 한 세기에 걸친 미국의 칩거를 정당화하는 듯했던 활력과 이상주의를 불러일으켜서 이번에는 미국이 국제적인 활동무대로 들어가도록 만드는 데 사용했다"(Kissinger, 1994: 47–48).

겉으로 표명된 내용만 놓고 본다면 '먼로독트린'은 유럽과 아메리카 대륙 사이의 세력균형을 표방한 영국식 현실주의 외교의 아류에 가까웠다. 하지만 워싱턴 대통령이 주창한 정치와 경제의 분리원칙을 타파했다는 데 큰 의의가 있다. 왜냐하면, 먼로독트린은 미주 대륙 전체가 미국이 힘을 행사할 수 있는 세력 범위, 곧 미국의 세력권에 속함을 분명히 했기 때문이다.

'먼로독트린'을 선포할 당시, 미국은 영국과 긴밀히 연계했다. 미국은 최고의 해군력을 자랑하는 영국의 암묵적 동의에 힘입어 신대륙 전체에 해외 식민지 건설을 금지한다는 내용의 먼로주의를 발표할 수 있었다. 자국의 상업적 이익을 위해 라틴아메리카의 독립을 배후에서 원조하며 미국이 영국에 동조하여 프랑스와 스페인이 앞으로 아메리카 대륙에서 환영받지 못한다는 사실을 선언하라고 먼로 대통령을 부추긴 사람은 다름 아닌 영국의 캐닝(George Canning) 외무장관이었다(Johnson, 2016: 508). 따라서 먼로독트린을 유명하게 만든 것은 내용도 내용이지만, 오히려 형식, 곧 외교원칙을 선언하는 식의 새로운 외교문법에 있었다. 유럽과는 결이 확실히 달랐던 독트린 외교, 다시 말해서 외교정책을 일방적으로 선포하는 형태의 대외정책의 신문법이 탄생하는 순간이었다.

미국 외교아비투스의 탄생

영국과 같이 변화하는 국제정세에 유연하게 적응할 수 있는 세력균형에 기반한 '고립주의' 외교정책을 만들어내기보다는 일종의 외교원칙, 곧 독트린으로서 먼로선언을 표방한 것은 무엇보다도 이렇게 해야만 미국 국민들의 지지를 얻을 수 있었기 때문이다. 세력균형에 입각한 영국의 고립정책에 대해 키신저는 다음과 같이 설명했다.

"균형에서 힘의 요소가 점점 더 강조되기 시작하자, 균형자로서의 영국의 역할이 점점 더 중요해졌다. 영국이 갖고 있던 균형자로서의 특징은 영국이 자유롭고 결단력 있게 행동할 수 있음이 입증되었다는 점이다. 1841년 차르(czar)는 영국 외무부 장관 파머스턴(3rd Viscount Palmerston)에게 '프랑스가 유럽의 자유를 공격하는 만일의 사태'가 발생하면 영국이 프랑스를 저지하겠다고 확실히 약속해 줄 것을 요구했다. 이에 파머스턴은 영국의 입장을 보여 주는 전형적인 실례를 제공했다. 파머스턴은 영국은 '한 국가가 다른 국가에 속한 영토를 빼앗아 자기 것으로 만들려는 시도'를 위협으로 간주하며 그 이유는 '그러한 시도가 기존의 세력 균형을 교란시킬 뿐 아니라 국가들의 상대적인 힘이 달라지면 다른 강대국들에게도 위험하기 때문이다'라고 답했다. 그러나 파머스턴 내각은 프랑스에 대항하는 어떠한 공식적인 동맹도 가입하지 않았는데, '보통 영국은 실제로 일어나지 않았거나 당장 일어날 가망이 없는 경우와 관련하여 동맹에 가입하지 않기' 때문이었다. 달리 말하면 러시아나 프랑스 모두 상대와 맞서게 되면 영국의 확실한 지원을 기대할 수 없었다. 이는 만약 러시아나 프랑스가 유럽의 균형을 위협하는 지경까지 상황을 몰고 가면 두 국가 모두 영국이 군사적으로 반대할 가능성을 무시할 수 없다는 의미이기도 했다"(Kissinger, 2014: 81-82).

미국은 세력균형을 중심으로 외교정책을 입안한 영국과는 완전히 다른 외교 관념과 대외인식을 갖고 있었다. 심지어 영국의 세력균형 외교를 혐오하기조차 했다. 미국의 외교정책사를 일별해보면, 미국은 시민의 힘에 의한 국가건설과정 만큼이나 유럽의 그것과는 뚜렷이 구분되는 새로운 국제정치문법을 창안했음을 확인할 수 있다.

미국 외교정책의 가장 큰 특징은 국내정치와 긴밀히 연계해서 만들어졌다는 데 있다. 프랑스 귀족 출신으로 1830년대에 미국을 방문하여 『미국의 민주주의』라는 명저를 남긴 토크빌(Alexis de Tocqueville)은 미국사회를 "사회적 생활조건 상의 평등에 기반한 민주주의"로 정의했다.

"미국사회를 연구하면 할수록, 나는 이 평등한 생활상태가 모든 다른 사실들의 원천으로 보이는 기초적 사실이며 또한 나의 모든 연구가 언제나 귀결하는 핵심이라는 것을 더욱 깨닫게 되었다"(Tocquevillie, 2002: 59).

토크빌 논의의 핵심은 미국 민주주의에는 자유주의적이고 공화주의적임과 동시에 기독교적 선민의식이 깊게 배인 미국 인민의 특질 및 평등한 시민사회의 특성이 그대로 반영되어 있다는 사실이다. 이러한 국내적 특징이 대외정책에도 영향을 미치지 않을 수 없었다. 개인의 자유와 독립성을 중시하는 시민의 기질적 요인에 더해 국내정치와 대외정책의 강한 연계가 미국 외교의 아비투스로 부를 만한 개성 강한 국제정치 문법을 낳았다.

프랑스 사회학자 부르디외(Pierre Bourdieu)는 아비투스를 아무리 숨기려 해도 숨길 수 없고, 몸짓 하나 만으로도 그 사람이 누구인가를 금방 알 수 있게 해주는 행동거지로 정의했다. 이를테면 사람마다 다른 필체나 독특한 걸음걸이와 같은 것 말이다.

"아비투스에 다름 아닌 이것을 분명하게 보여주는 패러다임으로서 우리
는 '필체'와 같은 것을 들 수 있다. 즉, 항상 동일한 필체로 글자를 쓰는
고유한 방법 말이다. 이 철자들의 선은, 종이나 칠판과 같은 보조기구나
볼펜, 분필 등의 도구 등의 크기, 재료나 색깔의 차이에도 불구하고, 그
리고 근육을 다른 방식으로 사용함에도 불구하고 즉시 지각될 수 있는
유사성을 드러낸다. 이와 동일한 방식으로 한 사람의 걸음걸이를 틀림
없이 분간할 수 있듯이, 화가나 작가의 스타일이나 문체의 특징을 알아
볼 수 있다"(Bourdieu, 2006: 315).

부르디외가 아비투스를 개인의 독특한 필체에 비유한 것은 알기 쉽고
흥미 있는 비유라 여겨진다. 아비투스 개념을 통해 부르디외는 인간의 행위
가 단순하게 자신의 이해관계를 실현하는 논리로 환원될 수 없다고 주장했
다. 인간행위의 근원을 이해하기 위해서는 과거로부터 유래되는 기억이나
사회적 관습체계, 그리고 이성적 요인으로 축소될 수 없는 감정과 같은 요
인이 모두 포괄되어야 함을 강조한 것이다. 따라서 개인의 행위처럼 집단화
된 의식, 무의식의 국제정치의 반복적인 행위패턴을 설명하는 데 부르디외
의 아비투스 개념을 적용하는 일도 가능하다고 여겨진다.

미국 외교의 아비투스란 미국 대외정책에 드러나는 반복적이고 일관
된 행태적 특성을 묘사하기 위한 개념이다. 미국 외교의 가장 큰 특징은 국
내정치와 대외정책의 연계이다. 미국의 대외정책은 귀족신분의, 전문 엘리
트 외교관들이 관장했던 동시대 유럽이나 일본의 외교정책과 비교하여 뚜
렷한 다원주의적 특징을 보인다.

"미국인들이 보기에 동맹 관계를 바꾸고 평화와 전쟁 사이에서 융통성

있는 술책을 벌이는 유럽식의 국정 운영 기술은 상식에서 벗어난 것처럼 보였다. 이 관점에서 보면 외교 정책과 국제 질서로 이루어진 구세계의 전체 시스템은 귀족적 의식과 비밀스러운 술책을 선호하는 악의적인 문화적 성향이나 독재자가 부린 변덕의 결과물이었다. 미국은 식민지 이익을 부인하고 유럽이 구상한 국제 체계와 신중하게 거리를 둔 채 상호 이익과 공정한 거래를 기초로 하여 다른 국가들과의 관계를 도모하면서 이러한 관행을 포기하려 했다"(Kissinger, 2014: 241).

미국 외교 정책이 자유주의적이고 진보적이지만 동시에 독단적이며 일방주의적인 모순된 양상을 띠는 것 역시 정치적 다원주의가 대외정책 결정에 미치는 영향을 반영한 것으로 이해할 수 있다. 쉽게 말해, 미국 외교정책 결정에 가장 큰 영향을 미치는 요인은 선거결과라 해도 해도 그리 틀린 말은 아니다.

미국 외교의 독특한 필체, 곧 아비투스는 외교의례를 나타내는 프로토콜(protocol)에도 그대로 반영되어 나타난다. 복잡한 절차와 모호하고 중의적 용어로 표현되는 유럽의 외교 프로토콜과는 달리 미국의 외교문법은 직설적이며, 간결하고 명료하다. 일선에서 외교를 담당하던 정책결정자들의 호칭 역시 유럽과 일본의 경우, 외무장관이나 국방장관과 같은 고위 외교관들의 직책 앞에 백작, 남작, 최소한 아무개 경과 같은 귀족 칭호가 따라붙는 게 다반사였다. 하지만 미국은 건국 이래 대통령, 국무장관을 포함한 모든 행정부처 직원 및 상, 하의원 가릴 것 없이 '아무개 씨'를 의미하는 '미스터(Mr.), 미스(Miss), 미시즈(Mrs.)'가 전부였다.

요컨대, 미국 외교의 아비투스란 반복적이며 일관되게 등장하는 미국 외교의 행태적 특징을 나타낸다. 그것이 외부로 표출되는 과정은 다른 나라들이 보기에 일방주의적이며, 따라서 그 장점만큼 단점 역시 뚜렷한 편이다. 미국 외교의 아비투스의 주요 특징을 정리하면 다음과 같다.

첫째, 독트린으로 상징되는 원칙외교(principle diplomacy)이다. 미국의 대외정책은 건국 이후 대체로 불간섭·중립노선을 걸어왔지만, 역사적으로 주요 외교정책을 표방할 때면 언제나 먼로독트린, 스팀슨독트린, 트루먼독트린, 닉슨독트린과 같은 용어에서 알 수 있듯이 독트린 외교를 선보였다. 미국이 이처럼 독트린으로 표상되는 '원칙외교'를 채택한 것은 이렇게 해야만 미국 유권자 다수의 지지를 획득할 수 있었기 때문이다. 독트린 외교는 미국인들이 특별히 독선적이거나 선민의식에 취해서 그런 것만은 아니다. 그보다는 양 대양에 둘러싸인 채 영토크기가 대륙과 일치해서 발생한 대륙주의적이고 예외주의 전통에 더해서 국내여론과 정당정치의 역동적 양상을 대외정책에 반영할 수밖에 없었던 미국정치 과정의 독특한 산물이다.

둘째, 군사적 행동주의(military activism)이다. 이는 유독 미국만이 복잡다단한 외교 사안을 군사적 수단을 앞세워 해결하려 한다는 점을 지적하려는 것은 아니다. 다만, 미국이 세계 경찰을 자처한 2차세계대전 이후부터 외교행위를 군사행동으로 치환함으로써 긴급한 국제정치 현안을 군사력을 동원해서 해결하려 하는 양상이 두드러졌기 때문이다. 먼로주의 시기 남미 국가들에 대한 수십 차례의 군사적 개입을 시작으로 아시아 각국의 개항을 강제한 포함외교, 2차세계대전기의 '무조건 항복론', 한국전쟁기의 '롤백(rollback) 작전', 베트남전쟁에서 무제한 확전을 초래한 '통킹만 사건(Gulf of Tonkin Incident), 테러와의 전쟁 및 이라크 침공이 대표적인 군사적 행동주의 사례에 해당한다.

군사적 행동주의의 바탕에는 '친구 아니면 적'이라는 식의 미국의 독특한 우적관(友敵觀)이 깔려있다. 이에 더해서 '전쟁이란 다른 수단에 의한 정치의 연속'이라고 주장한 클라우제비츠(Carl von Clausewitz)의 전쟁관을 거부함으로써 나타난 특징이기도 하다. 이 역시 '만인의 만인에 대한 투쟁'을 의미하는 무정부적 자연상태에서 법적 질서와 정치적 권위를 확립한 국가공동체로의 뚜렷한 이행을 표상한 미국의 건국과정에서 비롯한 관념이다.

셋째, 도덕외교(moral diplomacy)이다. 도덕외교는 고립원칙의 먼로주의를 윌슨의 국제주의로 전환하는 데 견인차 역할을 했다. 워싱턴은 '고별연설'에서, "정치를 성공으로 이끄는 모든 성향이나 관습 가운데 종교와 도덕은 빠질 수 없는 지주"로 언급하며, 미국은 법치국가이지만 동시에 도덕국가라는 점을 분명히 했다.

유럽, 일본 등과 비교했을 때, 국내정치 및 여론이 대외정책에 지대한 영향을 미치는 미국 특유의 외교문법은 미국외교정책의 특징을 조약체계를 근간으로 하는 도덕주의와 법률주의로 자리 잡게 하는 데 상당한 영향을 미쳤다. 케난은 '도덕주의'와 '법률주의'가 국가이익과 세력균형에 기초한 합리적 정책결정을 방해했다고 신랄하게 비판했다.

"저는 우리가 과거의 정책수립에서 저지른 가장 심각한 잘못은 제가 말하는 이른바 국제문제에 관한 법률주의·도덕주의적 접근법에 있다고 봅니다(……)이 접근법은 법의 지배와 제약으로 이루어진 모종의 체제를 받아들임으로써 국가간 영역에서 각국 정부의 혼란스럽고 위험한 열망을 억제하는 게 가능해야 한다는 믿음입니다(……)이 믿음은 어느 정도 우리 자신의 정치체제의 기원에 관한 기억에서 유래하는 게 분명합니다. 우리가 공동의 제도적, 사법적 틀을 받아들임으로써 처음의 13개 식민지 사이에 존재한 이익과 열망의 충돌을 무해한 차원으로 줄이고, 서로에 대해 질서정연하고 평화로운 관계로 묶을 수 있었다는 기억 말입니다. 이런 사실을 기억하는 사람들은 주어진 환경에서 13개 식민지가 이룰 수 있었던 결과를 더 넓은 국가간 영역에서 이룰 수 없다는 걸 이해하지 못합니다"(Kennan, 2012: 102).

도덕주의와 법률주의의 결합에 기반한 미국외교의 아비투스는 윌슨의 이상주의를 필두로 국제주의를 20세기 이후 지금까지 미국 외교정책의 주류 노선으로 자리매김 하게 하는 데 결정적 계기로 작용했다. 윌슨의 이상주의 외교노선은 서구열강과 일본에게는 위선적 행태로 비쳐졌다. 같은 이유에서 케난은 "법률주의적 접근법에 내재한 이론적 결함 외에 더 큰 결함은 법률주의 관념과 도덕주의 관념의 불가피한 결합"으로서 "국가사이의 문제에 옳고 그름의 개념을 개입시키는 것, 곧 국가의 행동이 도덕적 판단에 적합한 주제라는 가정이 미국 외교의 가장 큰 문제점"(Kennan, 2012: 107)이라고 비판했다.

민족국가가 최고의 주권을 행사하는 국제정치 상황에서 미국이 표방한 도덕외교에 입각한 국제주의가 위선적 행태로 비난받는 것은 어쩔 수 없는 노릇이다. 사물의 이치가 그러하듯 도덕주의와 법률주의를 표방한 미국 외교에도 빛과 어둠이 공존할 수밖에 없다. 도덕과 위선이 동전의 앞뒷면을 이루는 상황을 나쁘게 만 볼 이유는 없다. 왜냐하면 위선의 대가를 톡톡히 치를 수밖에 없기 때문이다. 윌슨 식 도덕외교나 국제주의 외교노선의 문제점을 위선적이라고 비난한다고 해서 해결될 성질의 것이 아니다. 왜냐하면, 도덕외교는 미국 외교정책에 아로 새겨진, 마치 문신과도 같은 아비투스이기 때문이다.

도덕외교는 미국 외교정책에 대한 다른 나라들의 오해와 낙담을 낳았고 미국 스스로에게도 상당한 좌절과 후퇴를 야기했다. 영국이 별 생각 없이 무심코 던진 집단안전보장을 윌슨 대통령이 국제연맹을 통해 실현하려다가 미국은 물론, 국제사회가 어떤 좌절을 겪었는지 상기해보라. 해방 이후 유엔헌장에 입각해서 미국이 제안한 신탁통치가 한반도에 초래한 분열과 갈등을 기억해보라.

미국이 도덕외교를 실행하느라 고통스럽게 절뚝거리면서도 국제정치 문법에 많은 변화를 가져왔고, 이를 통해서 국제정치현실을 상당정도 변화시켰다는 사실을 이해하는 게 무엇보다 중요하다. 그것이 바로 국제주의가 20세기를 미국의 세기로 만든 근본 동력인 이유이기도 하다. 요컨대, 미국

은 도덕과 법률에 기초한 국제주의 외교를 펼쳐왔으며 정도의 차이만 있을
뿐 앞으로도 계속 그럴 것이라는 점을 명심할 필요가 있다.

미국 외교정책과 한반도 · 동아시아문제

미국의 외교정책은 한반도문제에 지대한 영향을 미쳐왔다. 특히, 해방 직후
에는 한반도의 운명에 결정적 키를 쥔 나라로 여겨져 왔다. 그런데 놀랍게
도 정작 미국은 개항 이래 지금껏 한반도에 한정해서 유의미한 정책을 수
립한 적이 없다. 해방 직후 한반도문제의 해결책으로 미국이 제시한 '신탁
통치안' 역시 예외가 아니었다. 한반도정책은 미국 외교에서 미미한 비중을
차지했을 뿐이다. 그럴 때조차 중국과 일본을 우선하는 동아시아정책의 일
부로 취급하거나 종속변수였을 따름이다.

미국의 외교정책은 한반도문제와 결합(coupling)하거나 아니면 분리
(decoupling)되는 식으로, 일련의 마주침과 헤어짐의 과정을 겪어왔다. 상식
적으로는 미국의 외교정책과 한반도정책의 일치, 곧 미국의 강한 개입이 한
반도문제 해결에 우호적 상황을 만들어줄 것이라 기대할 수 있다. 하지만
실제로는 반드시 그런 것만은 아니라는 데 역사적 반전의 묘미가 숨겨져 있
다. 이 점에서 이 책의 숨겨진 의도는 기존 한미관계 가설을 상당부분 뒤집
는 '전복적 해석학'에 속한다.

이 책은 미국 외교정책의 변천 속에서 동아시아, 한반도문제를 이해하
는 것이 핵심이다. 종래 대부분의 연구는 한반도문제를 중심으로 미국의 외
교정책을 논의했지만, 반대로 이 연구는 미국 외교정책의 주요 특징을 고찰
하는 가운데 한반도문제를 살펴보고자 한다. 이렇게 하는 이유는 미국의 외
교정책사는 기존 유럽나라들과는 결이 다른 정치문법을 채택해온 역사이기
때문이다. 외교정책 상의 변형과 변주, 애매모호함에도 불구하고 일관되게
흐르는 미국 외교정책의 내적 핵심과 독특한 문법이 있다는 게 이 책의 주
요 주장이다. 이를 통해서 우리는 지금까지 보지 못했던 미국과 동아시아,

미국과 한반도 관계의 역동적 변화상을 보다 잘 이해하고 들여다 볼 수 있다고 생각한다.

미국 외교정책의 키워드를 단순화해서 표현하면 고립주의, 문호개방원칙, 국제주의, 봉쇄정책 등 네 가지 개념으로 요약할 수 있다. 이러한 미국의 외교정책에 대응하는 한미관계의 키워드는 거중조정, 태프트-가쓰라 밀약, 신탁통치, 한미동맹이다. 이어질 각각의 장에서는 여덟 개 키워드 사이의 조합을 중심으로 미국의 외교정책과 한반도문제의 동태적 양상에 대해 분석한다.

제2장

조미전쟁(朝美戰爭), 실패로 끝난 포함외교

우주만물을 포함한 자연이 그러하듯이 인간사에 있어도 원인 없는 결과란 존재하지 않는다. 한미관계 역시 마찬가지다. 미국과 조선이 1871년에 전쟁을 벌이고 1882년 한미수호통상조약을 체결하기까지는 모두 그만한 계기와 곡절이 있기 마련이다.

미국과 조선이 공식 접촉한 계기는 신미양요(辛未洋擾)로 더 잘 알려진 조미전쟁(朝美戰爭, Corean-American War)을 통해서였다. 전쟁 전 미국은 중국, 일본 등과 이미 국교를 수립하고 수호통상조약을 체결한 상태였다. 미국은 동아시아 세 나라 가운데 1844년 왕샤(望廈)조약을 통해 중국과 가장 먼저 통상조약을 체결했다. 왕샤조약은 영국이 1차 아편전쟁 승리로 체결한 난징(南京)조약과 후먼(虎門)조약에 편승한 포함외교의 산물이었다. 미국은 일본과도 통상조약을 체결하기로 마음먹고 에도(江戶) 정부에 수교를 요청했으나, 거절당하자 페리제독의 포함외교를 통해 일본을 강제 개항했다. 그 결과로 미국과 일본 사이에 체결한 통상조약이 바로 1854년의 가나가와(神奈川)조약이다.

중국과 일본의 개항에 성공하자 미국의 관심은 두 나라 사이에 위치한 조선 개항에 맞춰졌다. 하지만 당시 미국은 조선 개항을 추진할 수 없었다. 그 이유는 미국이 1861년부터 1865년까지 남북전쟁에 돌입했기 때문에 조선개항을 포함한 동아시아 문제에 신경 쓸 겨를이 없었다. 더구나 영국과 프랑스의 승인을 얻기 위해서 비밀리에 파견한 남부연합 사절을 링컨 행정부가 강제 체포한 '트렌트호 사건(Trent Affair, 1861)'으로 미국은 영국과 전쟁 일보 직전까지 갔었다. 이 사건은 영국 선적의 트렌트호를 공해상에서 미 해군이 강제 수색하여 두 명의 남부 연합 사절을 압송한 일로, 영국에서는 이 사건을 영국 주권의 중대한 침해로 간주하여 전쟁을 선포해야 한다는 여론이 비등해졌다.

중국, 일본과의 수교가 남북전쟁 전에 이뤄졌기 때문에, 남북전쟁이 발발하지 않았다면 조선과의 수교도 좀 더 앞당겨 졌을 것으로 여겨진다. 여기서 우리는 제너럴셔먼(General Sherman)호 사건 발생 시점인 1866년에 주목할 필요가 있다. 1866년은 남북전쟁이 끝난 이듬해로 미국이 슈어드(William H. Seward) 국무장관의 상업제국 비전에 입각해서 동아시아에 다시 본격적으로 진출하는 시기와 일치하기 때문이다.

한미수호통상조약 체결 이전, 미국과 일본, 미국과 중국 사이에는 다양한 형태의 조약이 존재했다. 중국과는 왕샤조약을 체결한 지 14년 만에 왕샤조약을 개정한 텐진(天津)조약(1858년), 그리고 일본 개항과 함께 체결한 가나가와 조약, 1854년의 미일화친조약, 1858년의 미일수호통상조약이 바로 그것이다. 여기서 미국이 동아시아에서 추구하는 대외정책의 목표가 잘 드러난다. 이 조약의 공통점은 동아시아 국가들과의 통상관계 수립으로 미국 외교의 일차적 목표가 상업적 이익을 우선시했음을 알 수 있다.

건국 이후 미국 외교정책의 목표는 비동맹, 중립, 상업적 이익, 세 가지로 요약할 수 있다. 먼로독트린은 그러한 목표를 집약한 외교원칙으로, 먼로독트린에 따라 19세기 미국은 영토 병합으로 요약할 수 있는 식민지 정책과 영국, 프랑스, 독일, 러시아 등 유럽 국가들이 추구한 '세력권(spheres of influence)' 확대 경쟁을 배제했다. 따라서 비동맹과 중립, 상업적 이익 우선이라는 미국의 대외정책의 목표가 중국, 일본은 물론 조선과의 관계 형성에도 그대로 적용됐다고 할 수 있다.

그런데 미국의 외교 목표와 그것을 실현하는 수단이 반드시 일치하는 것만은 아니었다. 미국의 외교 목표는 유럽 제국주의 국가들에 비해 온건한 편이었지만, 온건한 목표 하에서도 미국은 일찍부터 무력을 외교적 수단으로 우선시 하는 거친 모습을 드러냈다. 대표적으로 포함외교가 바로 그것이다. 한미조약 체결 이전 조선과의 첫 대면은 상업적 이익 추구라는 외교 목표가 포함외교라는 수단으로 굴절되어 불필요한 오해와 적대를 낳았고, 한미관계는 복합적 갈등의 모습을 드러내며 왜곡 양상을 띠었다. 한미관계가 정상화하기 까지는 1871년 조미전쟁 발발 직후부터 1882년 한미수호조약 체결에 이르기까지 10년 이상의 시간이 더 필요했다.

중국과 일본의 개항 이후, 미국상선이 청, 일과의 교역으로 이들 국가들과 왕래가 빈번해짐에 따라 인접국가인 조선근해를 통과하는 횟수도 점점 늘어나게 되었다. 청일 간에 최단거리로 항행할 수 있는 조선해로(朝鮮海路)는 골짜기 모양의 협로(峽路)였기 때문에 바닷길이 험하고 거칠었다. 그래서 미국은 자국의 난파선박 및 조난 선원을 구출하기 위해 조선과의 조약 체결이 필요하다고 판단했다(Park ed., 1968: 870).

기록에 따르면, 1852년 12월 미국 포경선 한 척이 경상도 동래 용당포에 출현했다. 1855년 7월 15일에는 조선해협을 통과하던 중 풍랑을 만난 미국 선박 투브라더즈(Two Brothers)호 선원 4명이 동해안 통천 연안에 표류했다. 1866년 6월에는 서프라이즈(Surprise)호의 미국 선원 6명과 중국인 선원 2명이 평안도 철산부 선암리에서 표류했다(박일근, 1986: 16-23). 그러던 중 1866년 8월, 선원 24명이 몰살하고 선체가 불타는 제너럴셔먼호 사건이 평양 대동강 유역에서 발생했다.

당시 조선은 미국인이건 러시아인, 프랑스인, 영국인이건 국적과 상관없이 서양 오랑캐, 즉 양이(洋夷)로 취급했다. 서양인들은 하나같이 천주교도라고 판단했고, 천주교도는 조상도 모르는 야만인이기 때문에 그들이 국내로 자유롭게 들어올 경우 조선의 미풍양속을 해치지나 않을까 우려했다. 하지만 개별적 사건에 있어서는 서양인들이 폭력을 행사하지 않는 한 우호적으로 대했다.

조선의 이러한 서양관이 바로 투브라더즈호, 서프라이즈호와 제너럴셔먼호를 별도로 취급해서 대처하게 했다. 서프라이즈호처럼 단순 난파선과 구난 선원에 대해서는 인도주의적 견지에서 치료하고 환대하여 무사히 돌려보냈던 데 반해, 제너럴셔먼호와 같이 난폭 행위를 한 서양인에 대해서는 강경하게 대처했다.

조미전쟁 전야

주청미국공사 벌링게임(Anson Burlingame)은 1866년 8월, 제너럴셔먼호가 대동강에서 불타고 선원 24명 전원이 행방불명됐다는 소식을 전해 듣고 사건 전모를 청나라 정부를 통해 알아보려 했다. 벌링게임 공사는 외교업무를 총괄하는 총리아문(總理衙門)을 방문했다. 그는 조선에 대한 청의 종주국 지위를 내세우면서 제너럴셔먼호 사건의 책임을 추궁했다. 총리아문 수장인 공친왕(恭親王)은 조선에 대한 관할권 행사를 거부하면서, 조선과 청나라 간의 조공관계는 의례적인 것에 불과하며, 내정은 간섭하지 않는 게 통례라고 일축했다.

조선은 자국 속방(属邦)이 아니라는 청나라의 답신에 따라 미국 공사는 아시아함대 사령관 벨(Henry H. Bell) 제독에게 행방불명된 제너럴셔먼호에 대한 수색을 요청했다. 수색요청을 받은 벨 제독은 1867년 1월 21일 와추세트(Wachushett) 호 함장 슈펠트(Robert W. Shufeldt)를 황해도 장연(長淵) 근해에 파견하여 제너럴셔먼호의 행방을 탐문하게 했다. 조선개항에 관심이 많았던 슈어드 국무장관은 제너럴셔먼호 사건을 보고받은 후 미국주재 프랑스 공사 베르데미(Berthemy)와 1867년 3월 2일 회담을 갖고 양국 국민의 조선에서의 살해사건에 대한 배상을 요구하기 위해 조선으로의 공동원정대 파견을 제안했다. 하지만, 병인양요(丙寅洋擾)로 알려진 1866년의 조선원정에서 별 실익도 없지 못한 채 조선에게 호된 맛을 봤던 직후라 프랑스는 공동 원정제안을 거절했다(이민식, 2001: 78-79).

사정이 여의치 않자 슈어드 장관은 이번에는 일본의 협조를 구했다. 그는 주일미국공사 발켄버그(Robert B. Van Valkenburgh)를 통해 일본의 거중조정을 얻어내기 위한 외교적 교섭을 벌였다. 일본은 미국 요청에 따라 사절단을 조선에 파견했으나 대원군이 입국을 거부함으로써 무위에 그쳤다. 미국은 청나라와 일본을 통한 제너럴셔먼호 사건에 대한 외교적 접근이 성과를 거두지 못하자 전함을 앞세워 인도네시아, 일본, 중국 등 아시아·태평양 지역에서 위용을 떨친 포함외교를 조선에 적용하기로 결정했다.

그랜트(Ulysses S. Grant) 대통령은 캘리포니아주지사를 역임한 로우(Frederick F. Low)를 조선 전권공사에 임명하여 조선개항 교섭의 임무를 부여하고 로저스(John Rodgers) 제독에게 로우 공사의 신변 안전을 지시했다. 또한 국무부가 조선원정의 책임을 맡고, 롭슨(George M. Robeson) 해군장관에게는 로우 공사의 조선원정에 최대한 병력을 지원할 것을 지시했다(박일근, 1986: 63). 그랜트 대통령의 명령에 따라 로우 전권공사는 조선원정군에 대한 정치적 책임과 조선과의 교섭문제, 그리고 전쟁개시에 관한 결정권을 보유했고, 로저스제독은 조선원정군에 대한 지휘권, 즉 군권을 행사할 수 있게 됐다.

전권공사로 임명된 로우는 청나라로 건너가 외교 책임자인 공친왕을 방문했다. 공친왕과의 면담에서 로우 공사는 조만간 통상조약을 체결하기 위해 아시아 함대를 이끌고 조선을 방문할 것이라는 내용의 친서를 조선에 전달해 줄 것을 요구했다. 이에 공친왕은 비록 조공관계에 있지만 조선은 정교금령(政教禁令)을 자주적으로 행하고 있기 때문에 조선 문제에 관여할 수 없다는 이유를 들어 친서전달을 거부했다. 하지만 로우 공사가 세 차례 방문하여 거듭 요구하자 어쩔 수 없이 조선에 미국측 친서를 전달했다.

로우 공사가 보낸 친서에는 "조선전권공사 로우는 그랜트 미합중국 대통령의 명을 받들어서 조선국왕과 화호를 맺고자 조선을 방문할 것이다. 또 조난선원 구호협정 체결이 가장 긴요한 당면문제이다. 제너럴셔먼호 사건은 비인도적 야만적 행동이다. 만약 평화적 교섭을 거절하면 전쟁도 불사하겠다"는 호전적 내용이 포함됐다. 이는 사실상 조선이 평화적 교섭에 불응하면 전쟁을 벌이겠다는 '포함외교 선언'이었다.

미국의 편지를 접수한 조선정부는 답신을 청나라 예부(禮部)로 보냈다. 조선정부가 외교를 관장하는 총리아문이 아닌 예부로 회신한 이유는 조선과 청나라와의 관계를 국가 대 국가의 외교가 아닌 사대교린 규정에 따른 것이다. 조선정부의 답신은 경제적 빈궁으로 인한 민생고를 우려하여 외국과의 통상조약을 맺지 못함을 양해해 줄 것을 호소하는 내용이 주를 이뤘다. 전반적으로 조선 사정을 솔직하게 적시했고 표현에 있어서도 절제되고 예의 발랐다.

"조선이 양인과의 교역 및 전교를 절대로 불허하는 것은 백성들이 빈궁하고 물산이 부족한데다 양인들이 원하는 금, 은, 보석들이 귀하고 또한 쌀, 곡식, 직물, 면화 등도 풍족하지 못하여 일국의 생산으로는 자급자족하기에도 부족한 실정에 있어, 그러한 경제적인 이유 때문에 교역을 반대하는 것입니다. 제너럴셔먼호의 불상사 또한 프랑스인 선교사 살해사건의 경우와 마찬가지로 조선의 국법을 무시한 강압적인 교역강요와 적대행위가 없는 조선백성을 총검으로 살상하는 등 악행을 자행한데 대한 조선백성의 격분에 기인한 우발적 사건이었습니다. 청컨대, 앞으로 양인과의 충돌이 재발하지 않도록 청국정부가 서방국가들에게 조선의 교역거절 이유를 충분히 설명해 줄 것을 요청합니다"(박일근, 1968: 63-64).

예부를 통해 전달된 제너럴셔먼호 사건 및 미국의 개항요구에 대한 조선정부 반응이 공친왕을 통해 미국 공사관에 전달됐지만, 로우 공사는 답장이 오기 전 이미 조선원정을 떠났기 때문에 편지 내용을 알 수 없었다. 조선원정과 조선개항 교섭 책임자로 임명된 로우 전권공사가 아시아 함대 전 병력을 1871년 5월 초까지 일본 나가사키(長崎)로 집결하라는 명령을 내리자 아시아 함대사령관 로저스 제독은 모든 병력을 이끌고 나가사키에 집결했다.

로저스 제독은 같은 해 4월, 기함 콜로라도(Colorado)호를 타고 도쿄만에 미리 입항하여 일본의 협조 아래 조선과의 교섭 및 개항을 성공적으로 추진하기 위해 메이지 일왕을 방문했다. 1871년 5월 초, 일본 나가사키에 집결한 아시아 함대는 조선과의 전쟁에 대비해 보름 간 실전을 방불케 하는 해상 기동훈련을 실시했다. 이것은 장차 조선정부가 협상을 거부하고 적대적 행동을 보였을 때 미국의 전통적인 포함외교에 의해 무력공격을 감행하겠다는 결연한 의지 표현이었다.

미국의 조선 원정에 대규모 함대가 동원됐음은 다른 나라의 원정에 동원한 병력과의 비교를 통해 잘 알 수 있다. 이것은 또한 미국 조야와 언론에서 신미양요를 '조미전쟁'으로 명명한 이유이기도 하다. 잭슨(Andrew Jackson) 대통령 재임기인 1831년, 다운즈(John Downes) 제독이 이끈 인도네시아 수마트라 원정에는 함정 1척과 500명의 병력이 동원됐다. 유명한 페리(Matthew C. Perry) 제독이 지휘한 1853년 일본 원정에는 5척의 함정과 500명의 병력이 동원됐다.

암스트롱(James Amstrong) 제독이 지휘한 1856년 2차 아편전쟁 원정에는 대포 34문과 287명의 해병대 병력으로만 광저우(廣州) 성채를 함락했다. 이 전투에서 미국은 7명의 전사자와 22명의 부상자를 냈던 반면, 청나라 군인은 500이 전사했다. 이에 비해, 조선원정에는 미국이 자랑하던 최정예 아시아 함대 소속 전함 5척과 1,230명의 병력이 동원됐다.

로저스 제독의 지휘 아래 조선원정에 참가한 아시아 함대는 군함 5척

표 1   1871년 조선원정에 동원한 미국 아시아함대 현황[17]

전함 명	함장(艦長)	건조 시기	길이 (피트)	무게 (톤)	장병수	대포 (문)
콜로라도호	해병대령 쿠퍼(G. H. Cooper)	1856년	263	3,425	646명	44
모노카시호	해군중령 맥크리(E. P. McCrea)	1866년	265	1,370	159명	6
팔로스호	해군대위 락웰(C. H. Rockwell)	1866년	137	420	–	곡사포 6
베니시아호	해군중령 킴벌리(L. A. Kimberly)	1868년	250	2,400	291명	14
알래스카호	해군중령 블레이크(H. C. Blake)	1868년	250	2,400	273명	8

과 함재 대포 78문, 총병력은 1369명으로 구성됐다. 원정에 실제 참가한 미군 전력은 군함 5척, 군함에 탑재된 대포 78문, 남북전쟁 당시 사용한 야포 7문 등 총 85문, 병력은 수병과 해병을 합쳐 총 1,230명이었다(문일평, 2016: 33). 조선원정에 참가한 군함은 기함 콜로라도호를 위시하여 포함 알래스카 (Alaska) 호, 베니시아(Benicia)호, 모노카시(Monocacy)호, 팔로스(Palos)호 등 총 5척이었다(상세제원은 〈표 1〉 참조).

조미전쟁 경과: 16시간의 전투

로저스 제독은 1871년 5월 29일 인천 앞바다인 월미도(月尾島)와 물치도(勿 淄島, 구(舊) 작약도) 사이를 모함기지로 정하고 기함인 콜로라도호를 정박했 다. 5월 30일 조선 관리가 정박 중인 콜로라도호를 방문해, 5월 31일에 공 식 대표가 방문할 것이라고 전했다. 다음 날 조선 대표 3명이 방문했으나 격이 낮다는 이유에서 로우 공사와 로저스 제독은 이들과 면담하지 않고, 국무부 소속의 드류(E. B. Drew)와 카울스(John P. Cowles)에게 조선대표를

---

17   김원모(1979: 252) 참조

면담하도록 지시했다(Park, 1981: 842). 드류와 카울스는 조선 대표에게 "6월 1일 미국함대가 강화해협으로 해안 탐측선을 파견할 예정이니 조선 당국은 이를 방해하지 말 것"을 일방 통고한 후 행동에 들어갔다.

1871년 6월 1일 아침, 탐측함대 책임자인 블레이크(Homer C. Blake) 중령은 포함 모노카시호와 팔로스호, 소형 증기쾌속정 4척 등 총 6척의 함대를 이끌고 강화해협의 염하수로(鹽河水路)[18]를 탐측하기 위해 북상했다. 미국의 탐측함대가 연안에 있는 조선 포대를 정찰하면서 손돌목에 이르자 조선 포대는 미국 탐측함대의 불법적인 영해침입을 저지하기 위해 집중 포격을 가했다. 조선 포대로부터 200여발의 포격을 받은 미국 탐측함대의 인명피해는 전혀 없었다. 포격을 보고받은 로저스 제독은 이에 대한 보복을 다짐하며 지휘관 회의를 소집했다. 이 회의에서 탐측 함대를 지휘한 블레이크 중령이 열흘 정도 냉각기를 갖자고 제안함에 따라 공격날짜를 6월 10일로 결정했다.

조선과 미국은 손돌목 포격 사건을 놓고 상반된 입장을 보였다. 손돌목 포격사건이 있기 전까지는 조선관리가 미국 함대를 방문하는 등 교섭을 진행했다. 하지만, 손돌목 포격사건으로 양국 사이에 긴장이 고조되고, 상호 교섭수단이 단절되어 상대방에게 의사를 전달할 길이 끊기고 말았다. 그래서 물치도 북쪽에 위치한 율도(栗島)라는 조그만 섬의 백사장에 긴 막대를 설치해서 장대 꼭대기에 편지를 매달아 놓으면, 그 편지를 서로 양측이 찾아가는 '장대외교'를 통해 의사를 교환했다.

미국측이 장대에 편지를 매달아 꽂아 놓으면 조선 측은 그 편지를 가져가서 분석한 후 답장을 다시 그 장대에 매달아 꽂아 놓으면 미국측이 가

18 　한강, 임진강, 예성강이 만나 강화도와 김포를 갈라놓으니 바로 이곳이 염하수로이다. 인근이 모두 갯벌이지만 강과 바다가 만나서 배가 다닐 수 있는 유일한 물길을 만들어 놓았다. 강화해협으로도 불린다.

져가는 형태의 장대외교는, 원시적이지만 나름 효율적인 소통방법이었다. 수차례 오간 '장대교신'을 통해서 미국과 조선은 상대방 의사를 타진했다. 결과적으로 조선은 손돌목 포격사건에 대한 사과를 하지 않았고, 또 고위관리를 파견해 협상에 응하지 않겠다는 기존 입장을 고수했다. 이에 미국은 마침내 강화도에 대한 보복 상륙작전을 단행하기로 결정했다.[19]

조선 정부의 승인도 받지 않은 채 강행한 로저스 제독의 강화해협 탐측은 국제법 위반으로, 주권침해에 해당하는 중대한 외교적 도발이었다. 강화해협 탐측과 손돌목 포격 사건에 대한 양국의 입장은 다음과 같았다. 먼저 조선 측 입장을 살펴보자.

첫째, 조선정부의 정식 허가를 받지도 않은 채, 미국 탐측 함대의 강화해협 항행은 엄연한 조선의 영토침범으로 전쟁을 선포하는 행위와 다름없다.

둘째, 강화해협은 서해바다에서 수도인 한양을 최단거리로 직행할 수 있는 국가안보상 방비가 절대적으로 필요한 지역이다. 그래서 병인양요 직후 대원군은 "해문방수 타국선신물과(海門防守 他國船愼勿過)"라는 비석을 세웠다. 한마디로, 강화해협은 국가 안보상 중요한 해로이기 때문에 외국배가 함부로 출입할 수 없다는 항행금지를 선포한 것이다. 그러므로 국가안보상 요충지에 해당하는 염하수로에서의 병력을 실은 미국 군함의 항행은 전쟁 도발 행위로 영토침략으로 간주한다.

셋째, 조선의 경고를 무시한 미국 탐측 함대에 대한 손돌목 포격은 조선 수비부대의 정당방위 행위다. 왜냐하면 탐측 행위를 영토침범으로 간주

할 수밖에 없었기 때문이다. 만일 수비부대가 포격하지 않았다면 그들은 국법과 군령을 어긴 죄로 참형을 면하기 어려웠을 것이다.

손돌목 포격에 대한 조선 측 주장에 대해 미국은 다음과 같이 반박했다.

첫째, 평화적으로 해안을 탐측하던 미국함대에 대한 포격은 야만적이고 비인도적인 행위이다.

둘째, 지리적으로 가장 위험한 손돌목으로 탐측함대를 유인해 기습공격을 감행한 것은 비문명국가의 행위이다.

셋째, 조선 군대의 선제공격은 미국 국기에 대한 모독 행위이므로 이에 대해 충분히 보상하고 사과해야 한다.

넷째, 이를 위해 조선은 로우 공사와 대등한 자격의 전권특사를 파견하여 협상에 임해야 한다.

미국 함대의 영해침범으로 야기된 손돌목 사건에 대해 조선 정부는 사과는 물론이고 미국이 요구한 고위급 협상에도 응하지 않겠다는 강경 입장을 천명했다. 조선의 통첩을 접한 로저스 제독은 강화도 상륙작전을 통해서 조선을 무력으로 굴복시키기로 방침을 정했다. 미국과 조선의 전투는 6월 10일, 모노카시호와 팔로스호의 초지진에 대한 함포사격 개시를 시작으로 6월 12일 광성보를 점령한 미국 상륙부대가 조선군 사령부 지휘기인 '수자기(帥字旗)'를 내리고 성조기를 게양함으로써 사흘 만에 끝이 났다.[20]

손돌목 사건의 후속 조치로 강화 진무중군에 임명된 어재연 장군이 지휘한 조선군은 미국의 함포 및 야포사격으로 대부분 희생되고, 생존한 병력마저 미군 상륙부대가 진입할 때는 중과부적으로 일방적으로 공격당할 수밖에 없었다. 어재연 장군은 진두지휘를 하다가 총탄을 맞고 부임한 지 열흘 만에 49세를 일기로 장렬히 전사했다. 로저스 제독은 '16시간의 전투(sixteen hours campaign)'로 불린 '최초의 한국전쟁(First Korean War)'을

20　'조미전쟁'에 관한 연구로는 박일근(1968), 이선근(1981), 김원모(1982), 서인모(1989) 참조

표 2 강화도 공격 당시 조선수비군과 미 원정군의 전력 비교[21]

구분	총사령관	실 전투 병력	무기 및 장비
강화도 조선군	어재연 장군	·5개 요새지 ·2천명 병력	·143문의 대포(대완구 불랑기) ·소총: 화승총 ·선박: 평저선/범선
미국 원정군	로저스 제독	·상륙군 10개 중대 ·포병, 공병, 의무대 ·총병력 945명 - 상륙군 644명 - 해상 병력 301명	·함재(艦載)대포, 달그랜 곡사포 ·레밍턴 소총, 연발 권총 ·군함: 증기동력선 ·소형 증기쾌속정 4척, 상륙보트 22척

1871년 6월 12일 끝마치고 '전승축하훈령(Admiral Rodger's Congratulatory Order)'을 발표해서 승리를 자축했다.[22]

미 상륙부대가 광성보를 함락하고 손돌목 돈대에 성조기를 게양한 날인 6월 12일, 대원군은 미국의 침략행위를 규탄하면서 항쟁의지를 다지며 척화(斥和)정책을 지속할 것을 공표했다. 조선의 이러한 입장을 모른 채 로우 공사와 로저스 제독은 물치도와 월미도 사이 모함 기지에서 조선 고위대표가 협상 테이블로 나올 것을 기대하며 7월 3일까지 장장 21일 간 기다렸다. 하지만 조선 정부로부터 반응이 나오지 않자 제풀에 지쳐 일본으로 철수했다.

미 해병대 지휘관인 틸턴(McLane Tilton) 대위와 로우 공사가 국무부에 보낸 보고서에 나와 있듯이, 조선군은 미군과의 전투에서 최대한의 용기를 발휘하며 광성보가 함락될 때까지 결사 항전했다. 전투 결과, 조선군은 어재연 장군 포함 전사 350명, 부상 20명의 피해를 입었다. 이에 비해 미군 측 사상자는 전사 3명, 중상 5명, 경상 6명 등 경미했다.

21 　김원모(2002: 117) 참조.

22 　미 원정군의 강화도 상륙작전과 전황에 대한 자세한 내용은 그리피스(Griffis, 2019: 577-586), 김원모(2002: 84-99) 참조.

전투에서의 일방적 승리에도 불구하고 미국은 원정 목표를 달성하지 못했다. 왜냐하면, 로저스 함대의 원정 목표는 제너럴셔먼호 사건에 대한 책임을 묻고, 이에 대한 조선정부의 배상을 이끌어내며, 궁극적으로는 조선을 개항하는데 있었기 때문이다. 막강한 포함의 위력을 통해 조선을 개항하고 수교하려 했던 당초의 목표는 조선의 완강한 저항에 의해 실패로 끝이 났다.

'조미전쟁' 평가

미국학계와 당시 〈뉴욕타임스〉, 〈뉴욕헤럴드〉와 같은 유력지, 그리고 미 국무성 외교문서(FRUS)는 신미양요를 '조미전쟁(Corean-American War)'으로 명명했다. 조미전쟁은 선전포고 없는 전쟁으로서 그에 대한 평가를 정리하면 다음과 같다.

첫째, 조미전쟁은 남북전쟁(1816-65)과 미·스페인전쟁(1898) 사이에 벌어진 미국 전쟁사에 있어 최대 규모의 전투였다.

둘째, 광성보에서 조선과 미국 간에 최후의 격전이 벌어졌을 때 조선군 사령관 진영에는 커다란 '수자기(帥字旗)'가 게양되어 있었다. 누런 바탕의 열두 폭 수자기에는 한자로 '장수 수(帥)'자가 새겨져 있었다. 미국 상륙군 해병부대는 광성보를 점령한 직후 수자기를 탈취했다. 그리고는 태평양전쟁 당시 이오지마(硫黃島) 전투에서 했던 것처럼 수자기를 내리고 성조기를 게양했다.

셋째, 한반도에서 미군은 최초로 수륙양면 작전을 전개했다.

넷째, 이 전쟁에서 미군은 초토화 작전을 실행에 옮겼다. 미군 상륙군 부대는 조선군 요새를 점령하면 반드시 그곳에 있는 막사, 군기고, 화약고, 창고 등 모든 군사시설물을 파괴하고 불사름으로써 초토화시켰다. 해상에서는 함포사격을 했으며, 지상에서는 남북전쟁 때 사용한 야포를 사용하여 무차별 포격을 가했다.

다섯째, 이 전쟁은 정복전쟁이 아니라 조선개항을 목표로 초지진을 비롯한 덕진진, 광성보에 이르는 지역에 전투를 국한한 '제한전'이었다.

미국은 전쟁에서는 승리했을지 몰라도 정치적으로는 패배했다. 조선 정부로부터 제너럴셔먼호에 대한 배상도 개항도 얻어내지 못했기 때문이다. 로우 공사 또한 6월 21일 휘시(Hamilton Fish) 국무장관에게 보낸 전보문에서 그 사실을 인정했다.

"최근의 무력시위 행동은 통상교섭에 아무런 영향을 가져오지 못했습니다. 수도까지 진격하지 않는 한 어떤 목적도 달성할 수 없습니다. 대모험을 무릅쓰지 않고는 수도까지 진공하기에는 병력이 부족합니다. 만약 평화적 교섭방법이 실패하면 철수하여 훈령을 기다리겠습니다"(박일근, 1968: 151).

조미전쟁에서 일방적 승리를 거둔 로저스 제독은 의기양양하게 물치도 기함기지로 철수하여 조선 대표가 파견되어 협상장으로 나오기를 고대했지만 허사였다. 조선의 결사항전 의지를 간과한 것이다. 광성보 전투에 참전한 미 해병대 소속 틸턴 대위는 훗날, "통상조약체결을 위한 미국의 조선원정은 아무런 성과 없이 무위에 그쳤다. 설령 미국정부가 수도인 한양까지 진격하라는 명령을 내렸다 해도 우리는 충분한 지상병력을 보유하지 못해서 내륙까지 진격할 수 없었을 것이다"(김원모, 2002: 105)라고 회상했다.

미국의 원정 목표는 한반도를 정복해서 영토분할이나 식민지를 꾀하기 위함이 아니었다. 조선 정부를 무력으로 굴복시켜 조약 체결 협상에 임하게 함으로써 조선개항을 실현하려는 제한전이었다는 점에서 서구 열강이 당시 동아시아에서 자행하던 제국주의 정복전쟁과는 차이가 있음을 알 수 있다. 요컨대, 조미전쟁은 실패한 미국의 포함외교 사례로 규정할 수 있다. 미국은 인도네시아, 중국, 일본 등 동아시아지역에서 포함외교로 성공을 거됐지만 조선에서는 실패를 맛봤다.

조미전쟁이 끝나고 미국에서는 이 전쟁의 전승을 누구나 인정했지만, 동시에 역사적으로 무의미한 전쟁으로 기록했다. 원정 목적인 개항에 성공했더라면 이런 식의 평가가 나오지 않았겠지만, 개항은 고사하고 통상조약도 체결하지 못했기 때문이다. 같은 이유에서 『은자(隱者)의 나라, 한국』(1882)을 저술한 그리피스(Williams E. Griffis) 역시 조미전쟁에 대해 다음과 같이 약술했다.

> "〈뉴욕헤럴드〉가 표제를 붙인 것처럼 '미국과 이교도와의 작은 전쟁(Our Little War with the Heathen)'은 미국인들의 주목을 별로 끌지 못했다. 워싱턴에서 발행한 신문의 몇 단 기사 평론과, 화보에 실린 한두 면의 목판화와 한강을 거슬러 올라 갈 때 주고받은 농담의 여운, 그리고 통례적인 공문서 전달만이 미국 국민들에게 잠시의 기억을 남겨주었을 뿐이다. 중국에서는 조선원정이 실패요 미국의 패배라는 소문이 자자했다. 이번 전쟁에 관하여 조선 사람들의 통상적인 생각을 들어보면, 미국인들은 해적질과 도적질을 하다가 죽은 자들의 원수를 갚고자 왔으나 몇 차례 전투에서 너무도 완패했기에 다시는 그와 같은 응징을 위한 원정을 감히 시도하지 못하리라는 것이었다. 대원군의 입장에서 본다면 이번의 모든 사건은 그의 개인적인 영예의 계기가 되었다"(Griffis, 2019: 586-587).

조미전쟁 직후 대원군은 서울 종로를 비롯해서 경향각지에 척화비(斥和碑)를 세웠다. 당시로서는 조선의 모든 백성이 보탤 것도 뺄 것도 없이 구구절절 옳은 말로 간주했을 법한 내용이 쓰여 있었다.

"서양 오랑캐가 침범해도 싸우지 아니하면 화친하는 것이요 화친을 주장하는 것은 나라를 팔아먹는 행위이다(洋夷侵犯 非戰則和 主和賣國)."

서세동점(西勢東漸)이 기승을 부리던 19세기 말, 조선은 유럽의 전통 강국인 프랑스 그리고 신흥 열강인 미국과 두 차례의 소규모 전쟁을 치렀다. 조선의 민관군은 이유를 불문하고 합심해서 서구열강의 침탈을 막아냈다. 적어도 두 차례의 전쟁시기만큼 조선은 나라다운 나라의 모습을 보였던 것이다.

조불전쟁과 조미전쟁 모두 대원군 집권기에 발생했다. 당시 사료를 보면, 대원군이 집정한 중앙정부로부터 지방 군 단위의 관리, 그리고 장군으로부터 병졸에 이르기까지 국가의 명령체계가 일사불란하게 작동했음을 알 수 있다. 같은 이유에서 일본은 조선개항을 위한 원정시기를 대원군의 실각(1873년 12월 22일) 이후로 잡았다. 조선 정세에 관해 비교적 자세히 알 수 있었던 일본의 적절한 시기 선택이 다른 열강에 앞서 무력을 동원하여 조선개항에 성공한 결정적 요인이었다.

1866년, 조선에서 두 개의 커다란 국제사건이 발생했다. 하나는 1866년 6월의 제너럴셔먼호 사건이다. 다른 하나는 1866년 9월부터 그해 11월까지 이어진, 병인양요(丙寅洋擾), 곧 '조불전쟁(Corean-French War)'이다.

제너럴셔먼호 사건의 진상

제너럴셔먼호 사건은 조미 양국 관계에서 처음 일어난 불상사로 미국 정부는 이 사건으로 말미암아 조선에 관심을 갖게 됐고, 궁극적으로 양국 정부로 하여금 수교 및 통상조약 체결 계기를 마련해 준 것으로 평가할 수 있다.

제너럴셔먼호는 미국 국적의 프레스턴(Preston) 해운상사 소유 선박으로 중국 텐진에 사무소를 둔 영국 메도우스(Messers Meadows & Co.) 상사가 이 배의 공동선주로 되어 있었다. 제너럴셔먼호는 조선과의 교역을 위해 상품을 선적하고 1866년 7월 29일 천진을 출발해 8월 9일 즈푸(之罘, 지금의 연태)를 거쳐 8월 16일 서해안의 대동강 입구인 황주목 삼전면 송현 앞바다로 입항 한 후 평양 초리마을 신장포구에 정박했다. 그러자 조선관헌들이 와서 제너럴셔먼호가 이곳에 정박한 이유를 물으니 이들은 배에 선적한 자국 생산물과 금, 은, 인삼 등 조선 특산물 교환을 요구했다.

이 지방 수령은 외국과의 교역을 금지하는 게 조선의 국시라 하여 제너럴셔먼호의 교역요구를 거절했다. 조선관헌의 강경한 태도로 인해 첫 교역시도가 실패하자 제너럴셔먼호 선원들은 교역을 강제로 실현하기 위한 구실을 위해 식량이 떨어졌으니 빌려달라고 했다. 이에 지방관이 순순히 세 차례나 쌀과 고기를 후하게 줌에 따라 퇴거했다. 그러다가 뱃머리를 돌려 황주 항에 들어가서 같은 방식으로 식량을 요구하자 이번에도 순순히 그들의 요구를 들어주었다. 그러나 이들은 조선근해를 떠나지 않고 재차 평양 하구에 나타나 지방관과 지역민들을 괴롭혔다.

그러던 중 제너럴셔먼호 선원 가운데 6명이 보트를 타고 상륙을 시도했다. 배를 타고 이들의 행동을 감시하던 중군(中軍) 이현익과 그의 부하 2명이 그들 쪽으로 가까이 접근하자 이들 일당은 돌연 이현익이 탄 배를 나포해서 제너럴셔먼호에 이현익을 감금하고 부하 2명을 살해했다.

이현익을 감금하고 동승한 부하 2명을 죽인 사건이 평양 일대에 알려지자 이들의 야만적 행위에 분노한 지방관민은 제너럴셔먼호를 빼앗아 이현익을 구하고자 일제히 대항에 나섰다. 그러자 제너럴셔먼호 선원들은 총구를 들이대어 난사하며 조선관민을 위협했다. 이리하여 쌍방 간에 총격전이 벌어졌다. 이 싸움으로 조선 관민 13명이 살상 당한 채 끝내 이현익을 구출하지 못했다.

얼마 후 제너럴셔먼호 선원들은 이현익 석방 대가로 쌀 천석과 금, 은, 인삼을 요구했다. 이들의 파렴치한 소행에 지방관민들은 격분하여 석방 요구조건을 단호히 거절하고, 장교 이춘군이 나룻배를 타고 몰래 셔먼호에 용감히 뛰어들어가 이현익을 구출하려했다. 이를 알아 챈 제너럴셔먼호 선원 일당은 조선관민을 향해 총을 쏘아댔고 조선관민은 이에 대항하여 싸웠다.

그러던 와중에 제너럴셔먼호는 대동강물이 줄어들어서 운행을 정지한 채 옴짝달싹 못하게 됐다. 그러자 선원들은 공포에 질려 당황하며 안절부절했다. 이 틈을 타서 8월 24일, 제너럴셔먼호 선원들에게 살해당한 유족들이 복수하고자 나무를 가득 실은 3, 4척의 작은 배에 불을 질러 물에 띄우자 마침 불어온 강풍으로 불길이 선체에 옮겨 붙어 제너럴셔먼호 선원 24명 가운데 물에 뛰어든 9명은 익사하고 나머지는 선체에서 타죽었다. 간신히 물에서 구사일생으로 헤엄쳐 나온 선원 2인은 격분한 주민들에 의해 타살 당하는 등 결국 제너럴셔먼호 선원 모두 죽음을 맞이했다. 이것이 유명한 제너럴셔먼호 사건의 진상이다.

* 박일근. 1968. 『근대한미외교사』. 박우사. 59–63쪽 요약·정리.

조불전쟁(朝佛戰爭) 전모

1866년 7월, 주청 프랑스공사 벨로네(Henri de Bellonet)와 해군제독 로즈(Contre Admiral Pierre Gustaves Roze)는 조선에서 발생한 선교사 살해사건의 진상을 접하고 본국에 사실을 보고하는 한편, 이 기회에 생존해 있는 것으로 알려진 두 명의 프랑스 신부를 구할 겸 조선을 침공할 계획을 세워 파병을 서둘렀다.

조선정부는 7월 7일부로, 선교사 살해사건을 문책하겠다는 프랑스 대리공사 벨로네가 보낸 서한과 청나라 예부에서 보내온 서한 등으로 미루어 프랑스 함대가 조만간 침공할 것이라는 사실을 알게 됐다. 또한 청나라 정부에서 이 사건을 조정하고 있다는 사실을 인지하고 7월 24일, 역관 오경석 등을 베이징(北京)에 급파하여 청국정부의 조정노력에 사의를 표한 다음, 선교사를 처형하게 된 경위를 아래와 같이 설명했다.

"작년 겨울 이래로 흉악하고 사람답지 않은 무리들이 불법적으로 조선에 잠입하다가 곧 체포되었는데, 이들 8명의 외국인들이 언제 들어왔는지 알 수 없으나, 의복, 언어 등이 동양인과는 전혀 다름이 없을뿐더러 이들은 전도를 빙자하여 부녀를 농간했고 비밀리 조직을 만들어서 민심을 선동(煽動)했습니다. 우리는 외국인이 표류하여 우리나라에 왔을 때는 최선을 다해 그들을 구조해주고 후하게 대접해서 무사히 귀국시켰으나 불법잠입한 자들은 모두 처벌하는 것이 국법으로 되어 있습니다. 이번 선교사 처형은 오직 국법에 의해 취한 정당한 조치입니다. 만약 우리 국민이 외국에서 이와 같은 범행을 저질렀다면 꼭 같은 처벌을 받음을 면치 못할 것이므로 조선이 부당한 조치를 한 것은 아닙니다."

나아가 "조선과 프랑스는 서로 수륙만리나 떨어진 지리적으로 먼 위치에 있고 상호 국교가 없을뿐더러, 이처럼 서로 낯선 나라이기에 우리로서는 아무런 원한이 있을 수 없는 데 이러한 극형을 감행했겠습니까?"라고 반문하며 조선은 국방의 기본 법령이 있기 때문에 원칙적인 의무를 충실히 지켰을 뿐이라고 청나라 정부에 조선의 입장을 전달했다.

로즈 제독은 조선 원정을 준비하기 위해 자신이 직접 상하이(上海)에 가서 프랑스 함대를 정비하고 유사시에는 사이공에 주둔한 해군력까지 동원할 만반의 태세를 갖췄다. 벨로네 공사와 로즈 제독은 빠른 시일 내로 조선에 군함을 보내 생존한 2명의 신부를 구출하려 했다. 그런데 마침 인도차이나에서 발생한 베트남인들의 반란으로 인해 로즈 제독이 일단 사이공으로 떠나게 됨으로써 그들의 조기 조선침공 계획은 어쩔 수 없이 연기되어 1866년 9월 18일에야 비로소 행동을 개시할 수 있었다.

프랑스 원정군 사령관인 로즈 제독은 본격적인 조선원정에 앞서, 조선 수도로 들어가는 해안과 수로를 사전조사하기 위해 군함 세 척을 이끌고 리델 신부와 조선인 신도 3명과 함께 중국 산둥성 즈푸(芝罘)를 출항해 인천 앞바다의 물치도(구(舊) 작약도)에 정박했다. 16일에는 데룰레드(Deroulede)호와 타르디프(Tardif)호가 통진부 경계를 지나 한강수역으로 진입하여 17일 양천현 김포에 닻을 내렸다. 이에 양천현감 윤수연은 그들이 조선을 방문한 이유를 물은 즉, "조선 산천을 유람하기 위해 왔으며 식료품인 백미, 소, 닭 등을 구하러 왔다"고 대답함에 그들의 요청을 들어주었다. 그러나 이들은 9월 18일에는 시흥군 양화진(楊花津)을 지나 한양에서 불과 십리(약 4킬로미터) 남짓한 거리에 위치한 고양군 서강 하중리에 이르렀다.

같은 해 8월 평양 대동강에서 발생한 제너럴셔먼호 사건으로 민심이 뒤숭숭 한데다 외국선교사 처형사건까지 겹쳐 공포분위기마저 감돌고 있던 차에 이번에는 수도인 한양에서 불과 십리 밖의 거리에 돌연 괴상한 함선이 출현함에 따라 한양은 돌연 불안과 공포에 휩싸였다. 위기를 감지한 대원군은 9월 26일 급히 어영중군 이용희에게 명하여 한강상류를 방어하게 하고 연안(沿岸) 일대와 주요병영의 방비에 한층 힘쓰도록 하는 한편, 좌우도청(盜廳)에 엄달하여 성 내외 불량배의 금족령을 내리게 하고 유사시 의병 동원을 강화하는 등 프랑스군의 침략을 방비하기 위한 임전태세에 들어갔다.

　　로즈는 한강 상류를 탐색하고 퇴거한 직후 10월 12일, 이전에 도착한 군함 3척과 새로이 게리에르(Guerriere), 라팔라스(Lapalace), 깅창(Kien-chan), 르브레톤(Lebrethon) 등 총 7척의 군함과 함께 일본 요코스카(橫須)에 주둔하고 있던 해병 400명과 자신의 휘하병력 200명, 총 600명을 승선시키고 인천 물치도에 닻을 내렸다. 프랑스 군함 전체 7척 가운데 대형함 3척은 그곳에 머무르고 나머지 4척은 계속 강화해협으로 거슬러 올라오더니 드디어 조선 수도인 한양에서 120리(약 50km) 떨어진 강화부 갑곶진(甲串津)에 도착했다. 이 소식이 경기감사 유치선으로부터 대원군에게 전달되자 대원군은 즉시 훈련대장 이경하, 총무사 신관호에게 명하여 경강연안을 엄중히 방비토록 했다.

　　1866년 10월 15일 프랑스 해군 중령 도즈리 백작(Counte d'Osery)은 게리에르 함으로 정찰대원을 인솔하고 강화부를 정탐하더니 곧 강화부에 진입하여 성내 조선수병들을 무장해제 시킨 후 갑곶진으로 퇴각했다. 이 같은 충돌이 발생한 같은 날인 10월 15일 로즈 제독은 데룰레드 함상에서 "조선 서해안에서 한양으로 통하는 강 입구에 타국 선박은 당분간 출입을 금지한다. 이에 고의로 위반하거나 경고를 어기고 강제로 진입하는 선박이 있을 경우 각국 군대의 예에 따라 엄격히 처리할 것이다"라는 내용의 '한강봉쇄령'을 선포했다.

　　프랑스가 봉쇄령을 선포한 이유는 한강 유역의 육지를 점령하기 위한 군사작전 상의 필요에서였다. 로즈 제독은 한강봉쇄를 효과적으로 하기 위해 청나라주재 프랑스공사와 일본주재 프랑스공사를 통해 청나라 및 일본 정부에 각각 이 사실을 사전 통고하여 관계국의 협조를 요청하는 공한을 전달했다.

　로즈 제독의 개전결의에 대응하여 대원군 정부는 10월 16일 훈련대장 이경하를 경기근해 순무사(巡撫使)로 임명하고 순무중군(巡撫中軍) 이용희로 하여금 병력을 이끌고 출진하도록 명했다. 나아가 표하군(標下軍) 소속 모든 장교를 일선인 강화부, 통진부 수비를 위해 배치하고 주장인 총융사(摠戎使) 신관호(신헌으로 개명하여 한일, 한미조약 체결 당시 조선 측 대표를 역임)에게 기병, 보병을 인솔하여 김포로 나가 강변 상하를 순찰하게 함과 동시에 군량(軍糧) 을 지키게 했다.

　또한 좌익으로는 정지현이 제물포를, 우익으로는 김선필이 부평을 각각 방어하게 하는 동시에 특별히 강화부 수비군을 세 개 부대로 나누어 한성근은 문수산성, 양헌수는 정족산성, 이기조는 광성진을 각각 방어하게 하고 800명의 포수병을 편성하여 정족산성을 방어케 하니 당시 경기연안 각지에 동원된 병력이 무려 2-3만 명에 달했다.

　한강봉쇄를 선언한 로즈 제독은 10월 16일, 수하의 전 병력을 인솔하고 강화부 남문까지 육박함에 조선 수비부대는 프랑스군의 화력을 당하지 못하고 후퇴했다. 강화부성을 점령한 프랑스군은 곧장 진격하여 17일에는 통진부를 점령해서 민가를 불사르고 가축, 의복, 금전 6700량을 약탈해갔다. 이 사건으로 강화부는 잿더미로 변해 1만 명이 집을 잃었다. 강화부 함락(陷落)의 비보는 대원군 정부를 크게 긴장시켰다. 하지만 대원군은 이에 굴하지 않고 의병을 모집하는 한편, 수비대장 양헌수로 하여금 10월 19일, 로즈 제독에게 다음과 같은 서한을 보내 결사항전의 뜻을 전했다.

"조선정부는 비록 외국인일지라도 국법을 위반할 시 법대로 처벌하며 표류자들에게는 의식주와 약을 주어 구제하여 돌려보냈으니 이것이야 말로 조선의 국시다. 천주교 선교사들의 경우, 그들의 행위는 풍속을 문란(紊亂)하게 했을 뿐 아니라 민심을 선동하였음으로 국법에 위배하는 행위로서 당연히 조선국법에 의해 처벌받았다. 또한 이번에 프랑스군이 조선영토를 침범하여 군민을 살상하고 재물을 약탈한 것은 '역천위법(逆天違法)'한 범죄행위이기 때문에 조선 십 만 대군은 도전할 터이니 프랑스군은 후퇴하지 말라!"

이 서한을 접한 로즈 제독은 회신에서 "나는 프랑스 황제의 명을 받아 우리나라 국민을 보호하려 왔으며, 금년 이곳에서 무참히 살상된 자들은 본국의 선교사들이다. 이들 선교사들은 인의광명한 사람들로 추호도 죄를 범하지 않을 성직자들로서 이들을 살해했다는 것은 하늘의 도리를 저버린 행위임으로 용납할 수 없다"고 엄포를 놓고 "청나라가 전에 프랑스에 대해 수차례 이러한 흉악한 만행을 저질러서 본국은 부득이 그들을 무력으로 정복하여 명령을 받들도록 했다는 사실을 듣지 못했는가?"라고 으름장을 놓았다. 그리고는 "오늘 프랑스의 전권대신인 본인은 조선이 불인불의(不仁不義)한 나라이므로 정벌하고자 한다. 만약 명령을 듣지 않으면 모두 불살라 버리겠다"고 협박한 후, 다음 사항을 즉각 이행할 것을 촉구했다.

첫째, 선교사를 처형하라고 주장한 3명의 대신을 엄벌에 처할 것.
둘째, 조선의 전권사절을 속히 이리로 보내 강화조약을 체결할 것.
이를 어길시 재해흉환(災害凶患)이 눈앞에 가까이 있을 뿐이니 이를 피하고자 한다면 조속히 회답할 것.

프랑스 원정군은 조선에 개전이냐 항복이냐의 양자택일을 압박했다. 대원군정부는 로즈제독의 위협적인 양자택일의 제의를 일축했다. 회답은커녕 종전의 개전태세를 고수하며 프랑스의 침략으로 혼란에 빠진 민심을 수습함과 동시에 전체 민관군의 궐기를 호소하며, 다음과 같은 4개항의 포고령 준수를 강조했다.

첫째, 전시국민의 고역을 참지 못하고 화친을 도모하는 자는 곧 매국행위다.

둘째, 적군(賊軍)의 화기가 무서워 교역을 허락하는 자는 곧 망국행위다.

셋째, 적병(賊兵)이 한양 도성을 함락하면 나라가 위기에 처할 것이다.

넷째, 잡술로써 귀신을 불러 적군(賊軍)을 축출하겠다는 망상을 일삼는 자는 그 후일의 폐단이 사학(邪學)보다 더 클 것이니 미신으로 국민의 사기를 훼손하는 자가 없도록 해야 할 것이다.

조선정부가 10월 20일, 프랑스군대가 강화도를 침입해 민간인을 살상하고 재산을 약탈해간 만행을 비난하면서 일전을 불사하겠다는 태도로 나오자 로즈 제독은 무력으로 대원군정부를 굴복시켜 그들의 외교적 목적 달성을 위해 도성 함락작전을 개시했다. 이날 프랑스군은 강화도 덕포진에 상륙한 후 광성진에 진입하여 군수품을 약탈하고 화약고를 불지른 후 퇴각했다.

또 다른 곳에서는 프랑스군 정찰요원 5명이 문수산성에 침입해 조선군의 동정을 정찰하고 돌아가더니 10월 26일, 120명가량의 프랑스군 중대 병력이 통진부 일대를 정탐해 갔다. 문수산성 수비대장 한성근 휘하 병력과 광주(廣州) 별파진(別破陣) 수비대원 50명은 이들과 총격전을 전개하여 프랑스군 사망자 2명, 부상자 20명에 달하는 전과를 올렸다. 아군 또한 이 전투로 사망 2명, 부상 3명이 발생했다. 그러나 프랑스군은 우세한 장비를 앞세워 문수산성을 점령한 후 산성 남문과 관공서 및 수천 세대의 민가를 불태우고 물러갔다.

문수산성 접전이 끝나자, 로즈 제독의 전의는 더욱 맹렬해져 정족산성을 재차 공격할 목적으로 11월 7일 프랑스 해병 60명이 산성 내외를 정찰했다. 이 사실을 사전에 탐지한 순무사 이경하는 천총(千摠) 양헌수 장군에게 명하여 500명의 소총수들을 인솔하고 정족산성 강화사고에 잠입해서 프랑스군의 재침을 기다리게 했다. 11월 9일 아침 동이 트기도 전에 올리비에(Ollibier) 해군대령의 지휘 하에 해병 160명이 강화성을 따라 정오 쯤 산성 동문(東門)으로 쳐들어왔다. 이에 잠복 대기 중이던 양헌수가 지휘하는 조선군이 일제 사격을 가하자 프랑스군은 순식간에 30명의 사상자를 낸 채 황급히 무기를 버리고 패주했다.

정족산성 전과(戰果)는 프랑스군에게 치명적인 타격과 막대한 손상을 가져다주었다. 그들의 한 달 가량의 강화도 점령과는 달리 600명의 병력을 가지고는 조선군대의 용감한 전의에 도저히 조선반도의 점령이 어려울 것 같았다. 더욱이 이 무렵 11월의 강화도 날씨는 다른 지방에 비해 몹시 쌀쌀해서 전쟁을 오래 끌게 되면 그동안 한강은 얼어붙어 행동이 어려울 뿐만 아니라, 원활하게 병참을 공급할 수 없어 부득이 철수하고 내년 봄 날씨가 풀리면 그 때 다시 공격하겠다는 방침을 세우고 일단 전략적 후퇴를 하기로 했다. 11월 10일, 프랑스군은 병력철수에 앞서 자국군대가 점령한 강화도 관청과 화약고를 불사르고 성내의 금·은괴, 각종 보물, 군기(軍器) 및 당시 시가로 수십만 량에 달하는 강화도 외규장각 사고에 비치된 서적을 약탈한 후, 다음 날 프랑스 함정 3척 모두 퇴각했다.

조선군의 용감한 공격에 패전을 면치 못하고 돌아간 프랑스 군대는, 일본에서 겨울을 나면서 자국 황제의 칙령을 기다려 병력을 증파한 후 재침공하기로 방침을 정했다. 이를 위해 베이징(北京) 주재 프랑스 대리공사 벨로네는 12월 1일 정식으로 청나라 주재 각국 공사들에게 "프랑스 함대가 봉쇄한 조선 도성인 한양으로 통하는 한강 입구는 오늘부터 내년 봄까지 해제한다"고 통지했다. 그들은 조선을 다시 침략할 뜻을 청나라를 포함한 베이징주재 각국 공사들에게 사전에 공공연히 알려 다른 나라의 간섭을 배제하고자 했다.

그러나 로즈제독의 조선에 대한 재침공 선언은 프랑스 본국의 훈령과는 상관없이 벨로네 대리공사가 독단적으로 결정한 처사였음이 백일하에 밝혀졌다. 본국정부는 당시 프랑스 함대의 조선 침공실패 소식이 전해지자 새삼 놀라지 않을 수 없었다. 이 무렵 프랑스는 프로이센과의 전쟁에 휩쓸려 조선 문제에 신경 쓸 겨를이 없었기 때문이다. 결국, 로즈 제독과 벨로네 공사가 벌인 조선원정은 실패로 끝났고, 일방적 재침공 위협 역시 공갈에 그쳤다.

* 박일근. 1968. 『근대한미외교사』. 박우사. 40-49쪽 요약·정리.

『은자(隱者)의 나라, 한국』(1882)에 비친 조일수호통상조약 체결 막전막후

* 그리피스(Williams E. Griffis)는 어떤 사람인가?

그리피스는 1843년 미국 필라델피아에서 태어나 젊었을 적에는 남북전쟁에 참전했고, 럿거스(Rutgers) 대학에서 자연과학을 전공하여 석사학위를 취득했다. 이 무렵 그는 당시 메이지 유신과 더불어 서구과학의 필요성을 절감하게 된 일본의 초청을 받았다. 1870년 후쿠이(福井) 번주 초청을 받아 일본에 거주하면서 동양학 연구를 시작했다. 1871년 일본의 여러 고등교육 기관에서 이화학 및 지리학, 생물학을 가르쳤고, 특히 도쿄제국대학 전신인 카이세이(開成) 학교에서 화학을 가르치면서 화학과를 창설했다. 3년간의 일본 생활을 마치고 미국으로 돌아와 신학박사 학위와 문학박사 학위를 취득하면서 일본에 대한 본격적 연구에 착수했다. 따라서 한국에 대한 연구는 어디까지나 일본에 대해 연구하던 중 부수적으로 한 것임을 유의해서 볼 필요가 있다. 그의 저작 가운데 『은자의 나라, 한국』, 『일본에 미친 한국의 영향』 등 몇 편을 제외하고는 『일본제국』, 『요정의 나라, 일본』, 『일본의 종교』, 『일본민족의 발전』, 『일본천황 제도와 인물』 등 대부분 일본의 역사와 종교, 문화에 관한 연구다. 일본학 연구의 공로로 그리피스는 메이지 일왕으로부터 1907년 훈5등 쌍광욱일장, 훈4등 욱일소수장 훈장을 받았다. 의도적으로 그런 것은 아니었을지 몰라도 조선에 대한 역사왜곡을 『은자의 나라, 한국』 곳곳에서 발견할 수 있다. 그 이유는 다른 무엇보다도 그리피스가 일본 측 사료에 일방적으로 의존하여 한국사를 기술했기 때문인 것으로 여겨진다[자주].

통치권을 에도막부에서 메이지 일왕에게 이양하는 '대정봉환(大政奉還)'을 통해 1868년 메이지 유신에 성공한 일본에게 제시된 첫째 문제는 조선정부의 사신을 초청해 지난날의 우의와 조공을 재개하는 것이었다. 당연히 당시 집정자이던 대원군은 8세기 동안이나 무근한 이론에 입각해 일본이 주장한 조공요구를 일언지하에 거절했다. 조공거부 소식을 접한 일본에서는 정한론(征韓論)이 들끓었고 결국 문호개방을 통한 조선의 점진적 병합이라는 정치적 합의에 도달했다.

1873년, 고종은 이제 그의 왕권을 행사하기 시작했다. 조대비의 후원을 받은 왕의 조처에 따라 아버지인 대원군은 관직을 사퇴했다. 젊은 고종은 대신들을 직접 임명할 뿐 더러 중요한 공문서를 손수 처리함으로써 자신이 정신적으로도 용기있는 사람이며 독자적으로 판단할 수 있는 능력이 있는 인물임을 입증했다. 고종의 왕비인 민비는 남편을 유능하게 보좌했다. 그의 영향력으로 대원군이 거세됐다. 진보적 생각을 가진 양반들이 관직에 다시 등용됐으며 일본과의 우호가 다시 거론됐다.

생동하는 세계와 접촉함으로써 혼수상태에 빠져 있던 조선은 새로운 생활로 활기를 되찾게 됐다. 그럼에도 불구하고 이 작은 왕국을 포악하게 다스리던 관료계급은 일본 사신들이 유럽풍의 복장을 입었다는 이유로 부산에 있는 일본인들을 몹시도 화나게 만드는 유치한 규율과 공공연한 위법행위로 일본 사신들의 입국을 거절함으로써 그들의 적의를 노출했다.

메이지유신 이래 일본해군은 영국해군을 본떠 미국과 유럽의 철로 만든 배와 전함으로 구성돼 있었으며, 서구식 제복을 입은 승무원들을 태우고 있었다. 1875년 9월 15일 한강 어귀를 항해하고 있던 운요(雲揚)호 승무원 몇 사람은 물을 얻으려고 강화도 부근에 상륙했다가 이들을 미국인이거나 아니면 프랑스인이라고 생각한 조선 군사들로부터 사격을 받았다. 9월 21일, 후장포로 무장한 36명의 일본군이 강화도의 한 요새를 포격했다. 대부분의 수비대는 총에 맞았거나 물에 빠져 죽었으며, 요새는 파괴되고 전리품들은 배로 운반됐다. 2일 동안 요새를 점령하고 있던 일본군들은 9월 23일 나가사키로 귀환했다. '강화도사건'의 소식이 전해지자 일본 온건파와 군벌들은 이제까지 우물쭈물하던 자세를 벗어나 어떤 결단을 내려야한다고 생각하게 됐다.

일본은 조선과 청나라 사이의 관계를 정확히 파악하고자 고위 외교관인 모리 아리노리(森有礼) 자작을 베이징에 파견하여, 청의 중립을 확인했다. 일본은 함대와 함께 구로다 기요타카(黑田淸隆)를 한강 어귀에 파견해 가능하다면 수호조약을 체결하고 통상관계를 갖도록 했다. 어떤 사람은 반대편으로부터 화평주의자로 간주됐으며, 어떤 사람은 주전파로 간주됐다. 일본 외무성의 이노우에 가오루(井上馨)는 구로다 육군중장과 조선의 진보주의자인 김인수와 함께 조선을 향해 출발했다.

실패를 예상하는 신문의 혹독한 비평이 비등한 가운데 1876년 1월 6일, 구로다는 2척의 전함, 3척의 수송선, 그리고 3개 중대 800명의 해병을 이끌고 출항하여 부산에 기착했다가 2월 6일 서울이 눈앞에 보이는 곳에 정박했다. 이와 때를 같이하여 일본과의 수교를 권하는 청나라 사신이 한양에 도착했다.

이런 일이 있기 오래 전에 조선의 젊은 왕 고종은 평화롭게 일을 처리하려는 생각을 품고 있던 일본인을 향해 병사들로 하여금 발포케 한 강화부 수령을 문책하고 범인들은 삭탈관직하거나 유배함으로써 그의 의중을 분명히 한 바 있다. 베이징에 있던 모리는 중국이 그 속방에 대해 아무런 책임이 없음을 주장하는 문서를 받았다.

청나라의 그와 같은 획기적 정책으로 말미암아 프랑스, 미국, 일본이 조선과 관련하여 요구하는 가능한 모든 배상책임으로부터 청나라는 벗어날 수 있게 됐다. 수교 전망은 이제 평탄하게 열렸으며 다만 몇 가지 형식적 문제들만이 새로운 난점으로 남아 있었다. 그럼에도 불구하고 구로다도 모르는 사이에 본국에서는 전쟁준비가 활발하게 진행되고 있었다.

구로다는 지난날 페리 제독이 자국에 썼던 술책을 본떠 자기의 함대를 매우 으리으리하게 꾸몄다. 그는 수송선에다가도 포문을 그려 넣음으로써 전함처럼 보이도록 만들고 요란하게 법석을 떨었다. 1월 10일 그는 정장한 해병, 수부, 그리고 장교들이 눈부시게 열을 지어 강화도에 상륙했다. 이들은 2마일을 행진해 조약을 체결하기로 된 곳에 이르렀다. 그곳에는 한양에서 파견된 2명의 고위관리가 기다리고 있었는데, 한 사람은 65세의 신헌, 다른 한 사람은 50세의 윤자승이었다.

일본과 조선 사이에 협상이 진행됐고, 양국 군주의 호칭문제로 교착상태에 빠졌지만, 1876년 2월 27일 조선을 자유 독립국임을 인정한 조일수호통상조약, 속칭 강화도 조약이 체결됐다. 조약 후속조치로 12세기 이래 일왕의 조정에 신임장을 제정한 바 있던 조선의 사절단이 1876년 5월 기선을 타고 부산을 출발해 5월 29일 오전 8시 요코하마에 도착했다. 넵튠(Neptune)처럼 생긴 2명의 용맹한 무사가 힘의 상징인 거대한 철제 삼지창을 들고 행렬을 인도했다. 그 행렬 속에는 금관나팔, 조개나팔, 피리, 호루라기, 심벌즈, 그리고 북을 든 20명의 악사로 구성된 주악대가 포함되어 있었다. 계집애처럼 생긴 종자들이 조약문서를 들고 있었다.

사절 대표인 김기수는 8명이 어깨로 들쳐 멘 호피의자를 타고 있었다. 한 하인이 그의 머리 위로 해와 비를 피하는 양산을 받쳐 들고 있었으며, 4명의 하급관리가 그 옆으로 따라 걸어갔다. 나머지 수행원들은 인력거를 타고 따랐으며 일본의 문무관이 베푼 호위는 더욱 장관을 이뤘다. 그들은 현청에서 아침식사를 마치고 기차와 증기차를 타고 도쿄에 이르렀다.

정거장에서 보여준 옛 것과 새 것의 대조는 놀라운 것이었다. "일본인들은 이제 다가오고 있는 문명의 외형적 표지를 모두 갖추고 서 있는 것과는 달리 조선 사람들은 이제 사라져 가고 있는 야만의 대표적인 모습들을 모두 갖추고 있었다." 다음 날 사절단은 외무성을 방문했고, 6월 1일 비록 저급한 처우이긴 하지만 일왕을 방문해 신임장 제정 절차를 마쳤다. 3주간에 걸쳐 일본인들은 조선 사절단에게 전함, 조병창, 대포, 수뢰, 학교, 건물, 공장 그리고 증기난방과 전기로 장치된 관청을 보여줌으로써 그들을 즐겁게 해주고 깨우쳐 주었고 놀라게 만들었는데, 이들은 모두가 1854년 페리 제독이 뿌린 씨앗의 열매였다.

* W. Griffis. 2019[1882]. 『은자(隱者)의 나라, 한국』. 신복룡 옮김. 집문당. 588-594쪽 요약·정리.

제3장

한미수호통상조약과 미국의 불간섭 · 중립 외교노선: '거중조정'에 대한 환상

1. 새로운 접근법

미국은 포함외교를 통해 조선을 개항하려 했으나 무위에 그쳤다. 미국 정부는 무력 사용을 통한 조선개항이 어렵다고 판단하여 교섭에 의한 통상조약 체결이라는 새로운 접근법을 택했다. 아마도 아시아에서 포함외교가 아닌 평화적 방법에 의해 개항한 사례는 조선이 거의 유일하다 해도 과언이 아니다. 얕은 지식의 수준에서마나 조선이라는 나라를 미국 조야에 알리고 무력이 아닌 평화적 교섭에 의한 개항으로 전환하는 데 '서전트 결의안'이 기여한 것으로 평가된다.

1878년 4월 8일 미국 상원 해군위원장 아론 서전트(Aaron A. Sergent)는 조선과 일본의 통상조약 체결에 자극받아 수교를 위한 사절단을 조선에 파견하자는 결의안을 상정했다. 서전트 결의안은 미국 대통령에게 "평화로운 수단으로 일본의 우호적인 관리의 도움을 받아 미국과 조선 사이의 수호통상조약을 교섭토록 하기 위한 노력의 일환으로 미국을 대표하는 특사를 임명할 것"(Griffis, 2019: 600-601)을 제안했다.

서전트 상원의원은 경제적, 정치적, 인도적, 문화적 이유를 들어 조선과의 개항 필요성을 역설하는 가운데 미국의 잉여농산물 및 공산품의 판매 시장을 확보하고, 한반도에서의 미국의 영향력 증대 및 조난선원의 구조 및 보호, 그리고 미국 청년들을 활용해서 조선의 개화를 도울 수 있다고 판단 했다(Park, 1982: 880-882). 서전트 결의안은 상원 외교위로 넘겨져 2차 독회 까지 마쳤으나 상원이 휴회함에 따라 더이상 후속조치가 취해지지 않아 자 동폐기 됐다. 그럼에도 이 결의안은 조선에 대한 미국인들의 이해를 도와 4년 후에 결실을 보게 된 한미수교 성사에 일정정도 영향을 미쳤다고 여겨진다.

한편, 1878년 12월 톰슨(Richard W. Thompson) 해군장관은 국무부 승 인을 얻어 1867년 제너럴서면호 사건 탐문 차, 황해도 연안을 방문한 경험 이 있는 슈펠트 제독을 일본에 파견하여 조선개항을 교섭해 보라는 임무를 부여했다. 4월 슈펠트는 티콘데로가(Ticonderoga) 호를 타고 부산을 찾았다. 그는 부산에 도착하여 부산주재 일본영사 곤도 마스키(近藤眞鋤)를 찾아가 이노우에 가오루(井上馨) 일본 외상의 소개장을 전하면서 동래부사와의 교 섭을 마련해 줄 것을 요청했다. 이에 곤도 영사는 동래부사 심동선을 방문 하여 미국과의 수교 협상에 응할 것을 요청했다. 동래부사 심동선은 1871 년 미국 아시아 함대의 강화도 내침을 규탄하고 미국과의 수교는 어불성설 이며 일본을 통한 조선개항 교섭은 받아들일 수 없다고 주장하면서 슈펠트 를 만나주지 않았다. 이에 슈펠트는 동래부사 얼굴도 한 번 제대로 보지 못 한 채 일본 나가사키로 귀환했다.

미국은 한 차례 더 일본을 통한 수교 교섭에 나섰으나 소기의 성과를 거두지 못했다. 그래서 이번에는 조선과 중국의 역사적 특수 관계에 착안하 여 청나라를 통한 수교 협상에 나서기로 했다. 조선의 내정에 간섭할 수 없 음을 줄곧 주장해오던 청나라는, 러시아의 만주로의 남진이 심상치 않을 뿐 만 아니라 한반도에서 청의 실질적 종주권을 확보하기 위해 청나라 재상이 던 리홍장(李鴻章)이 직접 나서 한미수교를 주선하기로 결정했다. 리홍장은 슈펠트를 텐진으로 초청해 조선개항문제를 논의했다.

　　리홍장과의 텐진회담을 마친 후, 슈펠트는 미 해군부에 "리홍장으로
부터 조선개항에 영향력을 행사하겠다는 확약을 받았다. 본인은 리홍장으
로부터 중국해군 고문관에 부임해 달라는 요청을 받았다"(김원모, 2002: 139)
고 보고했다. 이 보고를 받은 미국 정부는 1881년 3월 슈펠트를 주청 미국
공사관 무관에 임명했다. 이어 슈펠트를 '조선특명전권공사'에 임명하면서,
"조선 측 전권대표에게 미합중국 대통령의 국서를 전달할 것, 조선과 조난
선원 구조협정을 체결할 것, 통상권을 확보할 것, 영사재판권과 자유롭게
여행할 수 있는 권리를 확보할 것, 외교사절을 교환 할 것" 등의 훈령을 전
달했다.[23]

2. 한미수호조약 체결의 최대 쟁점: 조선속방론

페리 제독이 함포를 동원해 일본을 강제개항하면서 동아시아 고립 시대가
막을 내렸다. 서세동점 시대가 개막했다. 한반도가 열강의 각축장으로 변
하는 것은 이제 시간문제의 일로 여겨졌다. 조선은 자신의 의지와는 상관
없이 국제정치의 소용돌이 한 가운데로 빨려 들어갔다. 이른바 '한반도문제
(Korean Question)'의 문이 열린 것이다.
　　'한반도문제'란 19세기 말, 동아시아와 한반도를 둘러싼 열강들 사이
의 치열한 세력쟁탈전 속에서 발생한 말이다. 이 용어는 1차세계대전의 도
화선이 된 발칸사태를 지칭하는 '동유럽문제(Eastern Question)'에 비견될 정
도로 구한말부터 지금까지 지속되고 있는 한반도 주변의 복잡다단한 국제
정치적 상황을 의미한다. 이 용어의 다른 측면은 주변강대국들이 한반도의
안보와 생존에 상당한 영향력을 행사하고 있음을 시사한다. 이 상황은 지금

23　한미수호조약 교섭에 관한 자세한 내용은 김원모(1993) 참조

도 크게 달라 보이지 않는다.

　조선은 서양국가들 가운데 미국과 가장 먼저 수교를 맺었다. 슈펠트 제독이 조약을 체결하기 위해 바다를 건너올 때만 해도 한반도가 강대국들의 이해관계가 얽히고설킨 곡절 많은 곳일지는 꿈에도 몰랐을 것이다. 미국은 폭풍 속으로 들어온 것이다. 그렇다면 미국은 어떻게 조선과 국교를 수립할 수 있었을까? 그 배후에는 청나라가 있었다.

　모든 사건의 시작은 『조선책략(朝鮮策略)』이었다. 이 책의 주요내용은 러시아의 동아시아 팽창을 막기 위한 청나라와 조선의 공동 외교전략으로 '친청(親淸)·결일(結日)·연미(連美)책'을 제시했다. 여기서 보다 주목해야 할 점은 내용도 내용이지만 보다 중요한 것은 글의 형식이다. 거기에는 조선과 청나라 사이의 특수 관계를 암시하는 독특한 외교적 의례, 곧 사대의 프로토콜이 숨겨져 있었다. 『조선책략』은 먼저 조선이 중국의 오랜 속방 임을 전제했다.

> "조선이 우리의 번속(藩屬, 제후의 나라와 속국)이 된지 이미 천 년이 지났지만 그동안 중국은 덕으로써 너그럽게 대하고 은혜로써 평안히 지내게 해주기만 했을 뿐 한 번도 그 땅과 인민을 탐낸 적이 없다는 것은 이미 천하가 다 믿고 있는 바이다"(황쭌셴, 2007: 73).

　『조선책략』은 황쭌셴(黃遵憲)이라는 주일 청나라 공사관 소속의 일개 참사관이 쓴 글이지만 그것의 외교문법은 황제가 제후나 속국의 왕에게 내리는 칙서 형식을 띠었다. 일례로 중국황제가 제후에게나 사용하던 주청(奏請), 배신(陪臣)과 같은 용어를 그대로 사용했다. 이 책을 받아온 수신사 김홍집(金弘集)은 청나라 주일공사였던 허루장(何如璋)과 필담을 나누면서 본명을 쓰지 못하고 김굉집(金宏集)이라는 가명을 사용했다. 이유인 즉, 청나라 이전 황제인 건륭제 이름이 '홍력(弘曆)'이었기 때문이다. 그래서 이를 피하기 위해 이름에서 가운데 글자만 바꿔 김굉집으로 했다. 이 모든 에피소드의 핵심은 조선의 종주권이 청나라에게 있음을 우회적으로 드러낸 것이다.

『조선책략』은 청나라 조정의 실력자였던 리훙장의 의중을 그대로 반영했다. 리훙장은 『조선책략』을 통해서 고종의 판단에 결정적 영향을 미친 두 가지 국제정치 사실을 일러줬다. 하나는 세계정치의 대세는 바야흐로 서양의 만국공법, 곧 국제법이 지배하고 있다는 사실이다. 리훙장이 이해한 만국공법의 내용은 독일 재상 비스마르크(Otto von Bismarck)가 제창한 '레알폴리티크(Realpolitik)', 곧 힘에 바탕을 둔 현실주의에 의존했다. 경제력과 군사력이 강대국의 힘을 나타내며, 강대국간의 세력균형이 세계평화를 달성할 수 있다는 것이다.

두번째는, 그렇다면 조선과 청나라 사이에도 만국공법이 적용되느냐 하면, 반드시 그런 건 아니다. 조선과 청나라는 사대교린(事大交隣) 및 조공체계(朝貢體系)에 입각한 특수 관계다. 조선과 같은 소국은 청나라와 같은 대국의 보호 없이는 정글과 같은 국제체계에서 생존할 수 없다. 리훙장의 권유와 주선에 따라 국교수립을 위한 미국과의 교섭에 들어갔는데, 사대교린 문법에 따라 수교 협상을 청나라가 맡게 됐다.

리훙장이 남의 나라 조약교섭을 적극 주선하고 나선 데에는 미국과 영국, 독일 등을 한반도로 끌어들여 러시아와 일본의 한반도 침투, 궁극적으로 중국으로의 침투를 막아보려는 게 주목적이었다. 한마디로, '이이제이(以夷制夷)'가 목표였다. 조선이 스스로를 지킬 힘이 없고, 청나라 또한 혼자 힘만으로는 조선을 지켜줄 여력이 부족했던 상황에서 그들이 고안해낼 수 있는 방법이라곤 '이이제이' 외에 달리 뾰족한 방책이 없었다. 리훙장은 영의정을 지내고 주청사(奏請使)로 베이징을 다녀온 조선의 고위관리 이유원에게 보낸 1879년 편지에서 자신의 '이이제이' 방책(方策)에 대해 다음과 같이 밝혔다.

"문을 걸어 잠그고 조용하게 있는 것이 어려운 문제를 피하는 가장 간단한 방법이라고 말할 수도 있습니다. 하나, 오호라, 동양이 처한 상황에서는 불가능합니다. 일본의 팽창주의 움직임을 저지한다는 것은 인간의 힘으로는 불가능합니다. 귀국의 조정 또한 그들과 통상조약을 맺음으로써 강제에 의해 새로운 시대를 열지 않았습니까? 따라서 작금의 사태를 보건대, 하나의 독으로 다른 독을 중화시키고 하나의 힘으로 다른 힘을 대항케 함이 우리에게 최선의 방책이 아니겠습니까?"(Kissinger, 2012: 112-113).

한미수호조약 체결과정은 순탄치 않았다. 미국 입장에서는 이해할 수 없는 일들의 연속이었다. 그도 그럴 것이 미국은 사대와 조공으로 대표되는 조선과 청나라의 특수 관계에 대해 별도의 정보를 갖고 있지 못했기 때문이다. 고종의 위임에 의해서 교섭전권을 행사하게 된 리훙장은, 조선에 대한 청나라의 종주권 인정을 조약 첫 항에 넣을 것을 슈펠트에게 요구했다. 미국은 이를 거부했다. 종속국과는 국가 대 국가의 조약을 체결할 수 없었기 때문이다. 종주권 명기 문제로 조약 교섭은 수개월 동안 진척이 없었다. 그러다가 고종이 조선에 대한 청나라의 종주권을 인정하는 별도의 각서를 미국 대통령에게 보내는 형태로 마무리됐다. 이로써 1882년 5월 22일, 제물포에서 역사적인 한미수호조약이 체결됐다(송병기, 1987: 231-232).

한미수호조약 체결을 통해 새롭게 드러난 사실은 청나라가 조선의 종주권을 국제법 체계를 빌려 확보하려 했다는 점이다. 이는 이전의 사대교린에 입각한 조공관계와는 전혀 다른 방식으로 조선과의 주종관계를 확립하려던 시도였다. 요컨대, 국제법 체계를 빌려서 조선을 청나라의 보호국으로 만들려는 의도를 내비친 것이다.

조선에 대한 청나라의 보호국 시도가 미국과의 조약체결 과정에서 백일하에 드러났다. 영국의 경우, 조선에 대한 청나라의 종주권을 인정했다.

대국이 소국을 보호하는 것은 작금의 국제정치 현실에서 너무나 당연하다는 게 이유였다. 그래서 서울 영국공사관을 베이징 영국 공사관 지부쯤으로 취급했다. 이에 비해, 미국은 청나라의 종주권 인정 요구를 받아들이지 않았다.

비록 한정된 범위에서이긴 하지만 조선 관리들의 학습능력이 대단히 빨랐음을 지적할 필요가 있다. 미국과 청나라가 한미수호조약 세부사항 논의에 들어가자, 고종은 경리사 신헌 일행을 청나라 협상단에 파견하여 조선정부가 미곡 유출을 규제할 수 있는 권한을 조약에 포함시켜줄 것을 요청했다.

청나라의 종주권 주장에 대해서도 수교협상이 진행되면서 조선 관리들의 태도 역시 점차 변하기 시작했다. 청나라의 종주권을 암묵적으로 인정할 수 있을지는 몰라도 공개적 인정은 전혀 다른 문제임을 깨닫게 된 것이다. 그래서 조약 타결 직전에는 종주권 문제에 대해 긍정도 부정도 하지 않는 '엔씨엔디(NCND: Neither Conform Nor Deny)' 전략이라 할 만한 외교적 방법을 채택했다. 하지만, 한미수호조약 체결 이후 조선정부는 이번에는 미국에 지나치게 의존하면서 미봉책에 급급했다. 국제관계에서의 빠른 학습 과정이 예나 지금이나 외세의존적인 정치적 리더십, 전략적 비전의 부재, 국가차원의 제도개선과 자강개혁으로 연결되지 않은 것은 큰 한계로 남는다.

한미수호조약 체결 당시, 미국이 조선에 가졌던 이해관계는 미국이 중국, 일본 등과 조약을 체결했던 이유와 크게 다르지 않았다. 미 국무부는 조약체결을 통해 조난당한 미국선원의 구조나 미국 선박에 대한 중간 연료보급기지만 확보해도 크게 성공한 것으로 간주했다. 그런데 미국은 여기서 한 걸음 더 나갔다. 한미수호조약은 미국이 이전에 중국이나 일본과 맺었던 조약과 대등하거나 조선의 입장에서 우호적인 내용을 포함했다. 조선이 다른 나라의 외교적, 군사적 분쟁에 휘말릴 경우, 미국이 '중재'에 나선다는 '거중조정(Good office)' 조항이 대표적이다.

3. 한미수호조약 체결과 통상이익 중심의 미국 외교노선

1882년 4월, 리훙장과 슈펠트 사이에 한미수호조약에 관한 합의가 성사되고 조선에서는 황쭌쎈의 『조선책략』의 영향으로 대미수교방침이 정해지면서 조선과 미국 간의 조약 교섭은 급진전했다. 1882년 5월 12일 슈펠트 제독은 수행원 15명과 호위병 20명, 그리고 중국인 통역관 2명과 함께 군함 스와타라(Swatara) 호를 타고 제물포 앞 바다에 도착했다.

이에 앞서 청나라의 리훙장은 조선정부에게 조만간 미국 함정이 방문할 때, 청나라도 특사를 보낼 것이니 양지하라는 공한을 발송했다. 한미수교가 청나라의 안위에 긴요하다고 판단한 리훙장은 속방론 구현을 위해 그의 심복이자 청의 고위관료인 마젠중(馬建忠)과 딩루창(丁汝昌)을 북양함대 소속 군함 3척과 함께 조선에 사전에 파견했다. 그래서 이들은 슈펠트보다 나흘 앞선 1882년 5월 8일 제물포에 미리 도착해 대기하고 있었다.

조선정부에서는 전권대신에 신헌, 부대신에 김홍집, 종사관에 서상우를 각각 임명하여 한미수호조약 체결을 위한 만반의 준비를 마쳤다. 청나라와 미국의 군함이 월미도와 물치도 사이 해상에 정박하자 조선의 전권대신 신헌은 양국 함정을 순방했다. 조선 대표는 먼저 청나라 군함으로 올라가 마젠중과 인사를 나눴고, 이어 미국 군함을 방문해 슈펠트 제독과 인사했다.

1882년 5월 20일 슈펠트 제독은 청나라 특사 마젠중, 딩루창 등과 함께 배를 타고 제물포 묘도(猫島)로 상륙해 인천부 행관에서 조선대표와 인사를 나눴다. 이 때 양국 대표는 신임장을 상호 교환했다. 슈펠트 제독은 아서 미국 대통령의 친서와 신임장을 전달했다. 다음 날인 5월 21일, 전권 부대신인 김홍집이 미국 대통령의 친서에 대한 고종의 답서를 슈펠트에게 전달했다. 이 답서는 고종이 조약 체결을 최종 승인한 문서였다.

1882년 5월 22일 오전 10시 48분, 조선과 미국은 제물포 화도진 언덕 위에 설치한 막사에서 역사적인 한미수호통상조약을 체결했다. 조인장소인 막사 입구에는 미국 국기인 성조기와 조선의 임시국기인 태극도형기가 교차해 서 있었다. 슈펠트는 신헌과 김홍집에게 만약 조선이 한미수호조약 조인식 때 마젠중이 제시한 대로 청 황제를 상징하는 깃발인 용기(龍旗)를 사용한다면 조선은 스스로 청의 속국임을 자처하는 것이므로 이는 미국의 조선독립국 정책에 위배되는 처사라고 지적하면서 별도의 국기를 제정하여 조인식에 사용할 것을 권유했다. 이에 김홍집이 이응준에게 지시해 급히 태극도형기(太極圖形旗)를 제작하여 조인식에 사용했다. 이러한 일련의 사건에 자극받은 조선은 1882년 9월 25일 태극기를 국기로 제정했고, 1883년 3월 6일 태극기를 정식 국기로 정했음을 대내외적으로 공표했다.

미국 군함 스와타라호의 쿠퍼(Philip Henry Cooper) 함장이 지휘하는 해병대 호위를 받으며 조인장에 도착한 슈펠트는 속방론을 주장하는 청의 특사 마젠중과 딩루창을 별실로 퇴장시키고, 조선 전권대표 신헌, 김홍집과 마주 앉아 다음과 같은 전문(前文)으로 시작하는 역사적인 한미수호조약 조인식을 거행했다.

"대조선국과 미합중국은 양국 국민사이에 영원한 친선과 우호관계가 확립되기를 충심으로 열망하여 이를 실현하기 위해 대조선국 군주가 특파한 전권대신 신헌과 전권부관 김홍집과 미합중국이 대통령이 특파한 슈펠트 제독은 서로 전권위임장을 제시하고 그것이 정당한 형식을 갖춘 것임을 확인한 후 조문(條文)을 협정하였다. 조관(條款)은 좌(左)에 나열한다."

총 14개조로 된 한문본 3통과 영문본 3통의 조약문에 양국 대표가 서명날인 하자, 쿠퍼 함장의 신호에 따라 회담 장소 근처에 정박해 있던 미국 군함 스와타라호가 축하 예포 21발을 발사했다. 이는 조선이 청의 속국이 아니라 자주독립국임을 알리는 상징과도 같았다. 하지만 청나라는 이를 인정할 수 없었다. 그래서 청나라 군함 웨이위안(威遠) 호는 속방론을 강조하기 위해 미국이 21발의 예포를 발사한 것과 달리 15발의 예포만 발사했다(김원모, 2002: 146).

한미수호조약에는 조선이 일본 및 서구 열강과 맺는 조약과 비교해보았을 때, 조선에 유리한 조항이 다수 포함됐다. 대표적으로 관세 조항이다. 일본은 1876년 체결한 한일통상조약에서 자국 산 수출품목에 대해 무관세를 적용했다. 날강도나 다름없는 조치였다. 이에 비해 한미수호조약은 미국 산 수입품에 대해서, 생필품은 10%, 사치품과 기호품은 30%, 그리고 토산품은 5% 관세를 적용했다. 조선의 전략품목인 쌀의 경우에도 한일조약은 무제한의 대일방출을 허용했다. 반면, 한미수호조약은 조선의 식량이 부족할 때에는 일시적으로 양곡수출을 금지할 수 있는 조항을 포함했다. 조선정부는 한미수호조약을 바탕으로 일본과의 무역관련 규칙 개정에 나설 수 있었다.

한미수호조약은 영국과 체결한 조약에 비해서도 우호적이었다. 한영조약은 조선에 대단히 불리했다. 영국은 1883년 11월에 개정한 한영 신조약을 통해서 영국산 수입품 관세를 절반으로 대폭 인하했다. 농기구 등 10여 종은 무관세, 일반상품과 자국 상품의 대종을 이루는 면직물 세율을 각각 5%와 7%로 정했다. 이 조치는 전체 영국산 수입품의 80-90%에 해당하는 상품에다가 파격적으로 저렴한 관세율을 적용한 것으로 평가된다.

19세기 미국은 서양 국가들 가운데 조선과 가장 먼저 수교한 나라이다. 이를 계기로 다른 서구 열강 제국 역시 조선과의 조약체결을 서두르게 되었다. 그런데 한미수호조약을 미 의회가 비준도 하지 않는 상황에서 조선에서는 1882년 7월 23일, 임오군란이 발생했다. 조선의 국내 상황이 위급해지자 영국과 독일은 수교조약 비준을 거부하는 기회로 악용했다. 하지만 미국은 강력한 아시아(Strong Asia) 정책에 기초하여 한미수호조약을 파기하지 않고 그대로 추진했다. 대표적 사례가 푸트(Lucius H. Foote) 초대 전권공사를 일정대로 파견한 조치이다.

구한말에 영국이 보여준 외교적 행태는 제국주의의 전형이자 유럽열강의 외교문법을 그대로 드러낸 것이라도 해도 지나치지 않다. 영국은 조선과 조약을 체결한 지 불과 1년 6개월 만에 조약개정에 나서 신조약 체결에 성공했다. 주요 개정 내용을 살펴보면 관세 및 역외조항 관련하여 조선에게 불리한 내용을 다수 포함했다.

조선 해안선을 영국 임의대로 측정할 수 있는 조항을 포함시켰을 뿐만 아니라 영국 군함이 조선의 모든 항구에 정박할 수 있도록 규정했다. 이는 조선의 영토주권에 대한 침해이자 국제법 위반으로 간주됐다. 1885년, 영국은 거문도를 강제 점령하여 '해밀턴 항(Port Hamilton)'이라는 해군기지를 건설했다. 이것은 러시아 함대의 남진을 저지하기 위한 해양봉쇄 조치였다.

한미수호조약 체결을 전후해서 조선에는 세 종류의 국제정치문법이 병존했다. 첫번째는 조선, 청나라 사이의 조공관계 및 사대교린에 기반한 전통적인 외교문법이다. 두번째는『조선책략』을 통해 들어온 유럽 열강의 현실주의 외교문법이다. 이는 다른 말로 만국공법 또는 그 당시의 국제법 체계이다. 세번째는 중립, 불간섭으로 상징되는 먼로독트린에 입각한 미국의 통상이익 중심 외교문법이다.

비차별, 최혜국 대우로 상징되는 통상주의 외교문법을 채택한 것은 미국이 유럽 열강나라들에 비해 특별히 박애주의 때문이어서가 아니다. 무엇보다도 그러한 외교문법이 미국 대외정책의 목표인 상업적 이익 실현에 가장 잘 맞았기 때문이다. 그런 만큼 미국의 외교문법은 체약 상대국의 오해를 낳기 십상이었다. 조선의 경우 오해정도가 유달리 심했다. 미국 의사와는 상관없이, 오해의 정도가 심해질수록 미국에 대한 의존은 그만큼 깊어질 수밖에 없었다.

4. 한반도문제에 대한 미국의 방침, 1887년에 이미 정해졌다

청말 자유주의 개혁사상가였던 량치차오(梁啓超)는 1901년에 쓴 『리훙장 평전』에서 "조선은 원래 중국의 속국"이라 말했다. 트럼프 대통령은 지난 2017년 4월 〈월스트리트 저널(The Wall Street Journal)〉과 인터뷰 도중 미중 정상회담에서 시진핑 주석이 "한반도는 중국의 일부였다"고 말했다고 전했다. 한반도를 들여다보는 중국의 속내가 드러난 발언이었다.

1880년 주일 청국공사 허루장(何如璋) 또한 리훙장에게 보낸 편지에서 "중국은 조선에 대신을 파견하여 외교를 전담하게 해야 한다"고 간언했다. 그런데 여기서 흥미로운 사실은 량치차오나 허루장이 '종속국은 외교를 할 수 없다'는 만국공법에 의거하여 조선의 외교를 청나라가 주관하는 것이 당연하다고 간주했다는 점이다.

이들 주장에 대해 청나라 실권자였던 리훙장의 생각은 달랐다. 리훙장은 "암암리에 조선을 보호하는 것은 우리 능력으로 충분히 가능한 일이지만, 만약 공공연하게 조선의 외교를 주관한다면 조선이 우리말을 꼭 듣는다는 보장도 없는데다가, 세계의 모든 창끝이 우리에게 향할지도 모른다. 그렇게 되면 이러지도 저러지도 못하는 상황이 되고 만다"(량치차오, 2013: 162)고 우려를 나타냈다. 풀어서 설명하면, 전통적 외교질서인 사대교린 문법에 따라 조선을 중국의 속국으로 규정할 수 있을지는 몰라도 만국공법, 곧 국제법 체계 하에서는 성격이 다른 복잡한 외교절차와 관련 당사국들의 승인이 반드시 필요하다는 것이다.

중국은 한반도문제를 놓고서 전통적인 사대교린 질서와 국제법 체계 사이에서 끊임없이 흔들렸다. 이러한 혼란은 한미수호조약 체결 당시에 고종이 미국 대통령에게 보낸 조선에 대한 청나라의 종주권 인정 각서에도 그대로 반영돼 있다. 이 문서는 조선왕이 보냈지만, 실제로는 한미수호조약 교섭을 주관한 청나라 대표 마젠중이 작성했다. 그 주요 내용은 다음과 같았다.

> "대조선국 국왕은 개인적으로 조선이 중국의 속방이나 내치, 외교는 자
> 주적으로 해왔음을 밝힘과 동시에 양국은 평등한 입장에서 조약을 체결
> 하며 중국의 속방이라는 사실은 미국에 조금도 영향을 줄 수 없다"(최동
> 희, 2004: 210).

누가 봐도 헷갈리기 딱 좋은 내용이었다. 미국은 고종이 보낸 종주권 인정 각서를 조선이 자주적으로 외교할 수 있는 독립국임을 인정하는 문서로 거꾸로 해석했다. 그래서인지 몰라도 미국과 청나라, 그리고 조선과 청나라는 미국, 조선 양국에서 외교적으로 충돌했다. 가장 먼저 충돌한 지점은 '조선이 미국에 외교 대표인 공사를 파견하는 게 과연 조선의 지위에 걸맞는 일인가'의 문제였다.

박정양 전권공사 파견을 둘러 싼 논란

조선은 한미수호조약 제2조에 따라 1887년, 박정양 전권공사를 워싱턴에 파견하기로 결정했다. 그런데 주미공사 파견을 청나라가 막아섰다. 청나라는 조선이 서양에 공사를 파견하려면 먼저 청나라 조정과 상의해 허락을 받는 게 순서라고 주장했다. 조선 정부는 전전긍긍하며 청나라를 달래려 온갖 노력을 기울였다.

미국은 청나라 정부의 무례한 행위에 분개했다. 그래서 미 국무장관은 주청 미국공사 덴비(Charles Denby)에게 훈령을 내려 "한미양국이 서로 공사를 파견하는 것은 청나라 정부의 주선으로 이미 체결된 한미수호조약에 명시했음에도 불구하고 지금에 와서 청나라 정부가 간섭하는 것은 부당하다"고 항의하도록 했다(최동희, 2004: 313). 주한 미국공사 딘스모어(Hugh A. Dinsmore) 역시 위안스카이(袁世凱)를 만나서 조선이 일본에 전권공사를 파

견할 때에는 청나라는 하등 이의가 없다가 미국에 공사를 파견하려 할 때 갑자기 이의를 제기하는 것은 미국과 일본을 차별대우하는 처사라고 반박했다. 그러면서 국제법상으로 자주국은 속국과 동등할 수 없기 때문에 미국이 조선과 조약을 맺은 것은 조선이 자주국임을 전제로 한 것이었다고 주장했다(박일근, 1968: 430-431).

　　미국의 외교적 항의에 놀란 청나라 정부는 이번에는 주미 조선공사의 격을 놓고 몽니를 부렸다. 대표의 자격으로 전권공사라는 명칭은 타당하지 않으니 주차공사로 개칭하는 게 옳겠다고 주장한 것이다. 그 이유인 즉, 상국인 청나라가 각국에 파견한 공사의 직함이 전권은 없고 주차뿐인데 조선이 그보다 격이 높은 전권공사를 파견하는 것은 이치에 맞지 않는다는 것이었다. 그러면서 다른 나라에서도 사대의 예를 따라야 하기에 조선 사절의 명칭에는 '전권'이라는 말을 사용하지 말고 3등 외교관을 파견해서 청나라 외교관과 차등을 두어 상호교제 하는 데 장애가 되지 않도록 해야 한다고 주장했다(최동희, 2004: 310). 이에 대해 조선정부는 전권공사 파견을 굽히지 않았다. 미국 또한 외교적 항의를 재개할 움직임을 보이자 청나라는 전권 호칭을 사용하는 조건으로 조선이 청나라의 보호국임을 인정하는 '삼조(三條)'와 '영약삼단(另約三端)' 수용을 강제했다.

　　청나라가 제시한 '3조'와 '영약3단'은 미국에서 조선외교관이 준수해야할 행동준칙이었다. 3조는 첫째, 조선공사가 청국공사와 공사로 교섭할 때는 '정문(呈文)'의 형식을 취해야 한다. 여기서 정문은 상관에게 올리는 결제양식을 뜻했다. 둘째, 왕래에는 어첩(御帖)을 사용해야 한다. 어첩은 홍색의 명함으로 청나라를 상징했다. 셋째, 공문 작성 시 청나라 양식에 따라 붉은 색 주필(硃筆)을 사용한다(신기석, 1967: 244).

　　3조와 함께 '반드시 준수해야 할 세 가지 약속'이라는 의미를 담고 있는 '영약삼단(另約三端)' 내용은 첫째, 조선공사가 주재국에 가면 가장 먼저 청나라 공사에 보고하고 그의 지도로 주재국 외무성에 함께 갈 것, 둘째 조회나 공적, 사적인 연회자리에서 조선공사는 청나라 공사의 뒤를 따를 것, 셋째, 교섭해야 할 큰일이나 긴용한 사건은 사전에 청나라 공사와 협의할 것 등이다. 이를 수용하는 조건으로 박정양 공사는 1888년 1월, 워싱턴에 도착했다.

공사 업무를 개시하는 순간부터 박정양은 '영약삼단'을 따르지 않았다. 아니, 따를 수 없었다고 보는 게 보다 타당할 것으로 여겨진다. 공사를 파견한 국가가 자주적으로 외교를 하는 것은 국제법 제1의 원칙이었다. 따라서 청나라 지시를 받고 신임장 제정 등 국무성이나 대통령과의 공식만남을 추진한다면 정작 미국이 수용할 수 없었다.

조선 내정 간섭한 청나라, 동아시아 진출의 기회를 포착한 일본

청나라의 간섭은 조선의 외교에 그치지 않았다. 청나라는 임오군란 직후 조선 내정에도 깊숙이 개입했다. 위안스카이를 주차관(駐箚官)으로 임명하여 조선에 파견했다. 주차관은 영국이 인도에 파견한 총독대리(residence)와 이름도 같고, 동급의 직책이었다. 원대인(袁大人)으로 불린 위안스카이는 리훙장을 중심으로 한 청 조정의 적극적인 지원을 받아 '감국대신'으로 행세하면서 조선과 청국의 종속관계를 유지·강화하는 데 큰 공을 세웠다.

위안스카이는 국왕 폐위를 모의하는 등 정치적으로 조선 내정에 적극적으로 간섭했음은 물론이고, 경제면에서 청상의 보호와 통상 및 교역의 증대에도 공헌했다. 청 정부는 위안스카이를 통해 조선 무역에 종사하는 자국 상인을 지원하기 위해 양국의 해관 통합, 조선에 대한 차관 전담, 조선 전선 부설권의 선점, 기선 운항 등을 강행했다(이양자, 2019: 20). 게다가 청나라는 조선과 국가 대 국가 관계가 아닌 사대교린이라는 특수관계를 적용해 통상조약이 아니라 유독 청나라만 조선에서 내국인 대우를 요구하는 수륙무역장정을 체결했다.

내정, 외정 가릴 것 없이 전(全)방위적으로 취해진 청나라의 간섭 시도를 서울주재 외교관들은 조선을 합병하려는 시도로 이해했다(Harrington, 1982: 56). 저명한 미국 동아시아 정책 연구자로 태프트-가쓰라 밀약을 미 의회 문서고에서 발견해 폭로한 데닛 교수(Dennett, 1923: 190) 또한 청나라 가 위안스카이를 통해 관철하려는 목적이 조선을 청나라에 부속시켜 만주 와 비슷한 지위에 두고자 했던 것으로 분석했다.

상식 밖의 난폭하고 거칠었던 청나라의 내정간섭은 사대교린 체계와 만국공법 체계 사이에서 방향감각을 상실한 결과로 보는 게 타당하다. 조선 에서의 종주권을 호시탐탐 노리던 일본이 이 기회를 놓치지 않고 청나라의 외교적 약점을 파고들었다. 일본은 조선에서 공동철병을 약속했던 1885년 의 텐진조약 가운데 "조선의 군대 파병요청이 있을 경우 양국은 상대방에게 사전 통지해야 한다"는 조항을 적절히 활용했다.

갑오농민전쟁 때도 조선정부가 요청하지 않았지만 이 조항의 위반을 들어서 조선에 군대를 다시 파견했다. 청나라 파병에 맞불을 놓은 것으로 1894년에는 청일전쟁을 불사했다. 여기서 중요한 것은 일본은 전쟁에서 뿐 만 아니라 외교적으로도 청나라에게 승리했다는 점이다. 일본은 국제법을 준수하는 나라로 스스로를 위치지음으로써 서구 열강의 지지를 얻어냈다.

전쟁에서 청나라가 패배한 결과로 양국 간에는 시모노세키(下關) 조약 (1895년)이 체결됐다. 전쟁은 청나라와 일본이 벌여 놓고서, 정작 조약의 첫 번째 조항은 전쟁과는 직접 상관도 없는, 청나라로 하여금 조선이 자주국임 을 인정하게 한 것이었다. 요컨대 '흡수하기 위해서는 먼저 독립국으로 인 정받게 하라'가 일본이 내건 전략이었다.

한반도를 일본의 세력권하에 두기 위해서는 서구의 외교문법, 곧 만국 공법을 활용할 수 있어야 하며 서구 열강의 외교적 승인을 획득하는 게 무 엇보다 중요함을 일본은 잘 알고 있었다. 시모노세키 조약을 통해 중국은 한반도에서 수백 년 동안 유지해온 지배적 영향력을 완전히 상실했다. 그런 면에서 시모노세키 조약이 동아시아 국제관계사는 물론 한국 근대사에 끼친 영향은 지대했다.

　국제법상의 독립국으로 인정받게 한 다음 식민지로 병합하는 전략을 처음 적용한 나라는 프랑스였다. 프랑스는 청불전쟁에서 승리하고 베트남을 보호국으로 삼기에 앞서 베트남이 독립국가임을 청나라가 인정하도록 했다. 그래야만 중국이 베트남 문제에 더이상 관여할 수 없었기 때문이다. 하지만, 일본이야말로 이 분야의 진정한 권위자였다. 한일합방은 물론, 1932년 만주국이라는 괴뢰국가를 수립할 때도 동일한 수법을 사용했다.

　조선의 종주권을 노리며 청나라와 일본이 치열한 각축을 벌이던 시대에 미국이 조선을 위해서 해줄 수 있는 일은 아예 없었다. 당시 상황에 대해 1887년 6월 25일, 미국 공사 딘스모어가 국무성에 보고한 다음과 같은 내용은 이러한 주장을 잘 뒷받침한다.

> "정말 미국인치고서 이 땅의 국민들과 같이 있는 한에는 어느 정도까지 이들의 괴롭고 힘든 처지나 형편과 국내 자치에 관한 요구와 동정에 흥미를 갖지 않기는 전연 불가능한 일입니다. 그러나 5월 27일자 보고에서 이미 말한 대로 '결국 지금의 조선독립의 전도는 암담하다'는 일반적 관측에 이르러는 의연히 변함이 없습니다"(문일평, 2016: 198).

'약육강식', '적자생존'이 위세를 떨치던 시대

지금까지 우리는 한미수호조약 체결 때부터 청일전쟁이 벌어진 1894년의 시점까지 조선에서 전개된 청나라와 일본 사이의 외교적 갈등과 이에 대한 미국의 입장에 대해 살펴보았다. 이러한 일련의 사건들에 대해 데넷 교수가 1923년에 쓴 논문에서 내린 다음과 같은 결론은 한 세기가 지난 현재에 있어서도 시사하는 바가 아주 크다고 해야겠다. 이렇게 놓고 보았을 때 한반도문제에 대한 미국의 결론은 태프트-가쓰라 밀약을 맺은 1905년이 아니라 1887년의 시점에 이미 결정 난 것이라 해도 과언이 아니다.

"최초부터 미국은 도쿄와 베이징에서 취한 태도와 마찬가지로 서울에서도 정치적으로 세력균형을 지지해 왔다. 미국 입장에서는 일본이나 청나라 어느 쪽에든 저울추를 기울일 수 있었음에도 말이다. 그러나 청나라와 일본뿐만 아니라 영국과 러시아에 대해서도 결국은 반목할 수밖에 없는 개입정책을 취하기 전에는 사실상 조선의 독립을 옹호하는 데는 하등 효력이 없었을 것이다. 음모가 끊임없이 양성되는 조선의 궁정에서 미국정부는 엄정 중립을 꾀하였으니 이것은 미국이 주한공사에게 보낸 훈령을 통해서 증명할 수 있다. 미국은 조선의 독립을 찬성하면서도 실제에 순응할 준비를 하여 조선이 청나라의 간섭을 대항하기에 무능력한 것을 알게 될 때 1887년 드디어 청나라에 양보했다. 이것은 이로부터 18년 후에 일본에게 양보한 것과 마찬가지다"(Dennett, 1923: 198-199).

지금까지의 얘기는 사태의 절반에 지나지 않는다. 일본이 이해한 만국공법은 중국, 만주, 그리고 한반도가 포함된 동아시아를 서구 열강의 영향권으로 분할하는 식의 제국주의 정치문법과 동일했다. 약한 나라가 강한 나라의 지배를 받는 것은 부당한 일이 아니며, 이러한 환경에 적응할 수 있는 나라만이 살아남는다는 적자생존의 사회적 다원주의 논리가 만국공법의 이름으로 위세를 떨치던 시대였기 때문이다.[24] 여기에 일본이 가세하면서 제

---

[24] 리디아 류(Liu, 2022: 130)는 19세기 이래 만국공법, 곧 국제법이 문명등급을 경전화하는 사고와 긴밀히 결합했음을 잘 보여준다. "국제법의 시각에서 볼 때, 문명국가의 대열에 가입한다는 것은 무엇을 의미하는가? 일본의 운명이 이것을 가장 잘 설명해 준다. 반(半)문명 신분의 치욕에서 벗어나기 위해 일본인은 최대한 사회변혁과 부국강병, 탈아입구를 추진하여 아시아 국가 중 가장 먼저 성공적으로 문명국가 대열에 합류한 국가가 되었다. 일본의 문명 지위 상승은 전세계에 대해 하나의 좋은 소식이 선포된 것이나 다름없었다. 즉 반(半)문명국가 일본은 구미인이 자국에서 향유하던 치외법권을 폐지하고, 영미 등이 강권으로 체결한 불평등조약을 개정할 수 있게 되었을 뿐만 아니라 관세에 대한 자신의 통제권을 다시 확보할 수 있는 가능성을 엿보게 되었다."

국주의는 팽창주의로 돌변할 움직임을 보였다. 이것은 미국이 조만간 막아설 수밖에 없는 흐름이었다.

그렇다면 어째서 일본은 20세기 전반 내내, 유독 미국과 대립하게 되었는가? 그것은 열강의 세력권을 인정하는 유럽형 만국공법과는 결이 다른, 새로운 대외정책을 미국이 추구했기 때문이다. 미국의 새로운 대외정책 문법은 한반도문제를 두고선 '거중조정'으로, 동아시아문제를 놓고선 '문호개방정책'으로 모습을 드러냈다.

5. 한미수호통상조약 제1조, '거중조정' 조항의 실제와 환상

구한말 한미관계에 있어 가장 중요한 키워드를 하나 꼽으라면 그것은 단연 '거중조정(居中調整, Good office)'이다. 1858년 애로우(Arrow) 호 사건으로 촉발된 서구열강과 청나라와의 2차 아편전쟁에서 패배한 청나라는, 미국을 비롯한 참전국들과 개별적으로 톈진(天津)조약을 체결했다. 톈진조약은 영국과 청나라, 프랑스와 청나라, 미국과 청나라, 러시아와 청나라 등 네 가지 버전이 존재했는데, 여기에는 공통 내용으로 최혜국 및 관세권 박탈 등 굴욕적 조항이 포함됐다. 그런데 미국과 체결한 톈진조약 제1조는 유럽열강들과 체결한 조약에서는 찾아볼 수 없는 '거중조정'이라는 독특한 조항이 포함됐다. 바로 이것이 '거중조정'이라는 용어의 기원이다. 조선조정을 대신해 한미수호조약을 체결한 리훙장이 톈진조약을 원용하여 한미수호조약에다가 이 용어를 포함시켰다.

청나라가 미국에 대해 우호적 감정을 갖게 된 계기는 역설적이게도 서양 네 나라가 연합해서 광조우를 함락한 2차 아편전쟁이었다. 이 과정에서 미국은 영국, 프랑스 등과는 다른 외교행태를 드러냈다. 이는 미국의 대외정책 일반과 동아시아에서 얻고자 했던 외교목표를 보면 그 일단을 읽을 수 있다. 미국이 중국에 원했던 것은 영토나 세력권이 아닌 상업적 이득이었으며, 이를 실현하기 위한 정책 방안이 바로 '중립'과 '불간섭'이었다. 따라서 '거중조정' 역시 중립과 불간섭 정책에서 파생한 개념으로 이해할 수 있다.

한미수호조약 제1조에 담긴 '거중조정'은 초기 한미관계를 규정하는 데 있어서 대단히 중요한 용어다. 이 조항을 통해서 우리는 19세기 말 미국 동아시아정책의 일단을 엿볼 수 있다. 조선 입장에서 한미수호조약에 거중조정 조항을 집어넣은 것은 외교적 승리였다. '거중조정'의 핵심 내용은 조선이 다른 나라와 분쟁 시 미국이 중재에 나선다는 것이다.

거중조정 조항을 살펴보면, 체약국 일방과 다른 나라, 곧 제3국 간에 분쟁이 발생하면 "일경조지 필수상조 종중선위조처(一 經照知 必須相助 從中善 爲調處)"하기로 되어 있다. 즉 서로 알린 후에 선처하도록 중재 내지 거중조정 한다는 것이다. 영문은 다음과 같다: "the other will exert their good offices, on being informed of the case, to bring about an amicable arrangement." 문자 그대로 해석하면, 자동적인 주선 내지 거중조정을 규정하고 있다(김용구, 2004: 288).

거중조정이 동아시아 외교문서에 처음 등장한 것은 미국과 청나라가 수교를 맺은 1844년의 왕샤조약을 갱신한 톈진조약(1858)에서였다. 거중조정을 톈진조약에 포함시킨 이유는 청의 요청에 따른 것이었다. 청나라는 북, 동 방면으로 러시아와 수 천 킬로에 달하는 긴 국경을 접했다. 청나라는 러시아의 남진정책에 항상 위협에 처했다. 청나라와 러시아 사이에는 이리 (伊犁) 국경분쟁을 포함해서 국경을 둘러싼 분쟁이 재발했고, 그때마다 러시아에 양보를 강요당했다.

러시아는 2차 아편전쟁을 중재한 대가로 톈진조약에 이은 1860년 11월 체결한 베이징조약을 통해 헤이룽(黑龍)강 북쪽에서 시작해 그 지류인 쑹화(松花)강 동쪽에 이르는 광대한 땅을 자국 영토로 편입했다. 태평양 연안을 따라 위치한 연해주가 바로 이곳으로, 여기에는 러시아 극동함대가 위치한 블라디보스토크항을 포함해 총 56만3270km2 면적에 달했다. 조선 역시 베이징조약으로 두만강이 러시아와 접경하게 되었다. 황쮼쏀의 『조선책략』은 이 상황을 다음과 같이 기술했다.

"러시아는 서방으로 진출할 수 없게 되자 계획을 바꾸어 동쪽으로 영토를 확장하려 했다. 그리하여 10여년 이래 일본으로부터는 사할린을, 중국으로부터는 헤이룽 강 동쪽의 땅을 얻었다. 또 두만강 어귀에 군대를 주둔시켜 그 기세가 마치 높은 집 위에서 물을 쏟아붓는 것처럼 강력하다. 러시아가 이처럼 영토 확장에 온 힘을 기울이고 있는 것은 유럽에서 이루지 못한 뜻을 아시아에서 이루고자 하기 때문이다"(황쮼쏀, 2007: 68).

청나라는 미국 세력을 끌어들여 러시아의 남진을 저지하려는 속셈에서 텐진조약에 '거중조정' 조항을 삽입했다. 한미수호조약 1조에 거중조정이 포함된 이유 역시 청의 보존과 국가이익 추구의 연장선상에서 이해할 수 있다. 당시 리홍장이 조선에 권고한 외교노선은 『조선책략』에서 알 수 있듯이 친청(親淸)결일(結日)연미(連美)였다. 곧 "러시아를 막을 수 있는 조선의 책략은 오직 중국과 친하고 일본과 맹약을 맺으며 미국과 연계함으로써 '자강'을 도모하는 길뿐"(황쮼쏀, 2007: 69)이라는 것이다. 듣기에는 그럴 듯해 보이지만, 실상 청의 감춰진 의도는 미국의 힘을 빌려 한반도에서 일본, 러시아의 세력 확장을 사전에 저지함으로써 실제로는 자국의 독립을 보존하겠다는 속셈으로서 전형적인 순망치한(脣亡齒寒)의 발상이었다.

마침 당시, 조선 조정도 리홍장의 연미노선에 합치하는 결정을 내렸고, 미국과의 조약체결을 서두르게 됐다. 이러한 측면에서, 조선이 열강의 침략을 받았을 때, 미국이 선처하여 구제해 주겠다는 데 조선 정부로서도 거중조정을 한미수호조약에 포함시키는 데 굳이 마다할 이유가 없었다. 거중조정 문구와 더불어 한미수호조약에 대한 스펜서(Selden P. Spencer)[25] 상원의원의 평가는 한미관계의 희비극을 미리 예견한 것이나 다름없었다.

> "한미수호조약은 조선인에게 정의와 우의관계의 유지를 위해 굳은 신념을 주었다. 그러므로 조선인들은 미국이 이 신념을 관철할 것으로 확신하고 있다. 조선인들은 영원히 동 조약문을 달리 변경시키지 않을 것이며, 이 조약문은 그들에게는 유일한 기대와 희망이 되고 있다"(김원모, 2002: 186).

미국이 어떤 생각에서 거중조정 조항을 한미수호조약에, 그것도 상징적인 제1조에 포함시켰는지에 관해서는 자세히 알려진 바 없다. 다만, 청나라와 체결한 수호조약에서도 거중조정 조항을 포함시켰던 전례를 감안했을 때, 상업적 이득의 추구라는 19세기 말 미국의 동아시아 정책 목표 일반과 연관 지어 해석해 볼 수 있다. 한 가지 분명한 점은, 거중조정에 대한 미국 측 해석은 조선의 그것과는 상당한 차이가 있었다는 사실이다.

---

25 스펜서는 3.1 대한 독립 만세 운동 직후 1919년 6월과 1919년 8월 미국 미주리주 공화당 상원 의원 신분으로 두 차례 미국 의회에 대한제국의 독립 문제를 제안하였으며, 1920년 5월 미국 필라델피아 대한제국 조선 친우회가 개최한 집회에 연사로 참가하여 일제의 식민 통치 체제를 비판하고 대한제국의 독립을 지지하는 연설을 하였다. 특히, 1919년 9월 상원 외교위원회에서 대한민국임시정부 구미위원부 법률고문인 프레드 돌프(Fred A. Dolph)가 작성한 보고서 '한반도문제: 대한민국에 관한 진술 및 개요'를 미국 의회가 당시 한국 문제를 판단하는 증거물로 활용하기를 요청했고, 해당보고서는 같은 달 19일자 회의록에 수록됐다. 돌프의 보고서는 일본의 한국 지배를 고발하면서 1882년 한미간에 맺어진 조약에 따라 한국의 독립을 위한 미국의 '거중조정'을 요구하는 내용이었다. 1921년 12월에는 미국 워싱턴회의에서 대한민국 임시정부 대표단이 보낸 '대한의 호소(Korea's Appeal to the Conference on Limitation of Armament)'를 책자로 만들어 미국 상원 의회 측에 배포하였으며, 1922년 2월 동 호소문을 미국 의회 의사록에 삽입되게 하는 등 대한제국 조선 독립을 지지하였다. 스펜서 의원은 안타깝게도 두번째 임기 도중에 급서(急逝)했다. 대한민국 정부는 고인의 공훈을 기려 2015년 3월 1일에 대한민국 건국훈장 애족장을 추서했다.

미국은 1823년 먼로독트린을 통해 아메리카 대륙을 자국의 영향권으로 설정했다. 다시 말해서, 미주 대륙과 관련해서는 자국의 지역 안보를 우선시하는 일종의 현실주의 정책을 채택한 것이다. 반면, 유럽, 아시아 등 아메리카 대륙의 바깥 지역에서는 불간섭, 중립과 함께 상업적 이익을 우선시하는 문호개방원칙을 천명한다. 따라서 우리는 거중조정의 의미를 중립과 문호개방이라는 두 가지 미국 대외정책의 핵심코드를 통해 이해할 수 있다.

미국이 거중조정을 한미수호조약에 넣은 것은 무슨 커다란 전략적 고려나 거창한 대외정책에 바탕을 둔 것은 아니었다. 당시만 해도 "대외정책을 수립하지 않는 것이 미국의 대외정책"이라던 키신저(Kissinger, 1994: 36)의 언급은 비교적 진실에 가까웠다. 동아시아에서 미국의 최대 이해관계는 상업적 이익의 확보였다. 이를 위해 상대국으로부터 차별 없는 시장접근을 의미하는 최혜국대우 인정이 미국 동아시아 정책의 가장 큰 목표였다. 이 관점에서 본다면 미국은 조선과 수호통상조약을 맺으면서 중국이나 일본과 체결한 수호조약의 전례를 따른 것이다. 그럼에도 불구하고 미국과 조선이 체결한 수호조약은 그 후 한 세기 이상 미국이 동아시아는 물론, 한반도에서 겪게 될 성공과 실패의 전조였다 해도 과언이 아니다.

미국의 '강한 아시아' 정책과 '거중조정'의 한계

미국의 상업적 이익은 조약을 맺은 상대 나라와의 상호주의에 근거한다. 이를 위해서는 조약체결국의 법적, 정치적 안정이 필수적이며, 그 선결요건이 바로 체약상대국 주권의 인정이다. 미국이 조선과 조약을 체결하는 과정에서 조선의 주권 문제가 유난히 부각된 이유도 바로 여기에 있었다. 영국의 아시아 정책이 아시아의 분할을 추구하는 '아시아 약화(Weak Asia)' 정책이었다면, 미국의 그것은 아시아 나라들의 독립을 유지하고 강화시키는 '강한 아시아(Strong Asia)' 정책에 기반했다(Dennett, 1922). 미국의 '강한 아시아' 정책은 세력권 확보에 주력하던 영국, 독일, 프랑스, 러시아 등 서구 열강은 물론, 오래 지나지 않아 제국주의로 돌변할 일본의 이익과도 충돌할 수밖에 없었다.

'강한 아시아'를 표방한 이유는 미국이 특별히 박애주의적이거나 이타적이었다기보다 이것이 미국의 상업적 이익실현에 가장 잘 부합했기 때문이라는 게 데넷 교수의 첨언이다. 그럼에도 불구하고 서구 제국주의 침략 앞에서 힘겨워 하던 아시아 국가들에게 미국의 '강한 아시아' 정책이 큰 의지가 된 것만큼은 틀림없는 사실이다. '거중조정' 또한 미국의 '강한 아시아' 정책에 입각했다. 하지만 거중조정의 효력을 놓고서는 미국과 조선 사이에는 애초부터 생각이 많이 달랐다. 한미간에는 물론, 미 국무부와 미국 현지의 조선 외교관들 사이에거중조정 조항의 해석을 놓고 파열음을 냈다.

미국은 거중조정을 조선의 독립과 영토적 통일성에 대한 도덕적, 외교적 지원으로 이해했다. 다시 말해서, 조선의 대외적 독립을 미국의 군사개입이나 강제력을 동원해서 보호하는 대외적 공약으로 간주하지 않았다. 이에 반해 조선은, 외부세력이 조선을 침공하거나 분쟁을 유발했을 때 조선의 영토적 통일성과 정치적 독립을 보장하기 위한 조처를 미국이 반드시 취해야한다는 구속력 있는 공약으로 간주했다(Lee, 1999: 18).

최초의 거중조정은 청일전쟁 때 발생했다. 일본은 청나라의 공동철병 요구를 거부했다. 한반도에는 청나라와 일본 사이에 일촉즉발의 위기가 감돌았다. 미 국무부의 거중조정은 청일전쟁이 임박했다는 씰(John M. B. Sill) 공사의 긴급보고와 함께 이승수 주미공사의 개입 호소를 받아들음으로써 취해졌다. 씰 공사는 선교사 등 조선 내 미국 거주민들의 신변안전을 위해서 군함 파견을 본국정부에 요청했다. 그레셤(Walter Q. Gresham) 국무장관은 씰 공사의 요청을 클리블랜드(Grover Cleveland) 대통령에게 보고한 후 모노카시호와 최신예 순양함인 볼티모어(Baltimore) 호를 제물포로 파견했다.

이승수 공사는 국무성을 방문해 한반도 사태의 긴급성을 알리며 한미 수호조약의 거중조정 조항에 따라 미국의 개입을 요청했다. 이에 그레셤 국무장관은 서울의 씰 공사에게 '조선의 평화유지를 위해 가능한 모든 노력을 다하라'는 훈령을 보냈다. 이승수 공사가 다시 국무성을 찾아가서 난국수습을 위한 열강회의의 필요성을 강조하자, 그레셤 국무장관은 다음 날, 주일 던 공사에게 "일본이 조선에 군대를 파병한 이유와 요구조건이 무엇인지를 일본정부에 문의하라"고 지시했다(최문형, 2001: 117).

그레셤 장관의 이러한 조치는 '거중조정' 조항을 이행하는 데 있어서 조약상의 의무를 다한 것이며 조선정부에 대해서도 나름 성의를 보인 것으로 평가할 수 있다. 하지만 딱 거기까지였다. 청나라의 패배로 인한 동아시아에서의 세력균형 변화를 우려한 주청영국공사가, 청일전쟁에 대한 열강의 간섭조치를 미국이 주동해서 발의할 것을 제안했으나 미국은 중립의무를 들어 거절했다(Dennett, 1963: 496).

그리고는 일본정부에게 미국의 외교적 입장을 전달하는 것 외에는 별도의 조치를 취하지 않았다. 아니, 취할 수 없었다고 보는 게 보다 정확한 표현일 것이다. 그 이상의 조처는 미국의 불간섭, 중립방침에 정면으로 배치됐기 때문이다. 미국의 거중조정은 청나라와 일본 사이의 전쟁을 방지하지는 못했다. 조선정부의 기대와 달리 미국은 거중조정을 강제력 있는 개입으로 해석하지 않았기 때문이다.

거중조정에 대한 미국과 조선의 상이한 해석

청나라와 프랑스 사이에 전쟁이 벌어졌을 때에도 미국은 청나라의 거중조정 요청을 접수했다. 미국은 프랑스에게 거중조정을 받아들일 의향이 있는지 물었다. 프랑스의 대답은 당연히 '노(NO)'였다. 미국은 청나라에게 거중조정은 분쟁 당사국들의 동의없이는 적용불가하다고 답했다. 미국은 조선정부의 거중조정 요청에 있어서도 청불전쟁 사례를 그대로 적용했다.

조선정부가 미국의 거중조정에 환상을 보인 것은 씰 공사 등 미국 외교관들과 당시 서울에 거주하던 알렌(Horace N. Allen)을 포함한 미국계 거주민들의 항의도 크게 한몫했다. 씰 공사와 미국 선교사들은 한반도에 드리워진 전쟁 위기를 해소하기 위해서 미국의 군사적 개입을 요청했다. 미 국무부의 공식해석과 달리, 이들은 거중조정을 일종의 군사적 개입조치로 확대해석했다. 거중조정을 군사적 조치로 이해하지 않으면 유명무실한 수밖에 없다는 게 이들의 공통된 견해였다.

이러한 항의에 대해 미 국무부는 조선 내 정치현안에 대한 개입은 미국 공사의 직무범위를 벗어난 것이라고 비판했다. 미국은 조선의 처지를 동정하고 조선의 주권이 존중되기를 희망하지만 엄정 중립을 지켜야하기 때문에 우호적 방법으로만 일본에 영향력을 행사할 수 있다는 입장을 분명히 했다. 그레셤 국무장관은 거중조정은 군사적 개입과 동일하지 않으며 분쟁국 모두 거중조정을 수용할 때만 효력이 발생함을 재차 확인했다.

엄정중립 요청을 씰 공사가 받아들이지 않자, 미 국무부는 1897년 5월, 씰 공사를 전문 외교관이 아닌 민간인 신분의 알렌으로 교체했다. 셔먼 (John Sherman) 국무장관은 알렌에게 한반도문제에 대해 절대 중립을 견지할 것을 강조하면서, 미국 공사가 취할 임무와 역할에 대해 다음과 같이 규정했다.

"한반도에서 열강 간에 각축전이 벌어지고 있는 이때, 귀하를 주한 미국공사에 임명했습니다. 귀하는 절대 중립적 입장을 취할 것이며, 열강과 한 편이 되거나 반대편 세력에 가담하는 일이 없도록 삼가기 바랍니다. 조선 군주는 대내외 정책 목표를 달성하기 위해 미국이 자국과 언제나 함께하는 맹방 인양 유도하고 있습니다. 그러나 이는 바람직하지 못한 불행한 결과를 초래할지 모릅니다. 우리 미국 정부는 조선이라는 나라의 운명과 관련한 사안에 대해 상담역이 될 수도 없거니와 조선과 어떠한 종류의 '보호동맹'도 맺지 않을 것입니다"(김원모, 2002: 342).

새로운 공사 임명이 대통령의 고유권한 임을 감안했을 때 차기 대통령 취임 직전 취해진 씰 공사 교체는 당시로서는 대단히 이례적인 문책성 인사로 여겨졌다. 거중조정과 같은 대외 정책을 놓고 미 국무부의 공식입장과 서울에 거주하던 미국인들 사이의 불협화음은 러일전쟁 직전 알렌 공사와 시어도어 루스벨트 대통령의 논쟁을 통해 터져 나왔다.

정치현상, 그 가운데 특히 국제정치는 상대성의 법칙이 작동하는 영역이다. 미국과 유럽 열강들 모두 차별 없는 시장접근, 최혜국대우를 요구하며 동아시아로 쇄도했다. 당시만 해도 미국과 유럽 모두 동아시아에서의 상업적 이익 추구가 최대 목적이었다. 미국에 대한 엄청난 환상을 심어주긴 했지만, 거중조정과 같은 정책의 차이가 시간이 지나면서 미국과 유럽 사이에 중대한 정치적 입지의 차이를 낳았다. 조만간 등장할 '문호개방정책'은 이런 측면에서 '강한 아시아'를 표방한 미국 동아시아 정책의 결정판이었다.

6. 미국이 현역 군사교관을 파견하지 않은 이유

초기 한미관계에 있어 주요 쟁점 가운데 하나가 바로 미군 현역 군사교관 파견을 둘러싼 논란이다. 미군 군사교관 파견 문제는 한미수호조약 체결과정 만큼이나 극적이고 상당한 시간이 소요된 문제로 자세히 살펴볼 필요가 있다. 조선정부가 미국의 외교정책에 환상을 갖게 된 이유는 한미조약 상의 '거중조정' 조항 외에 상대적으로 적극성을 보인 미국과의 군사교류 역시 한 몫 했다고 볼 수 있다.

조선은 미국과 국교를 맺기 전부터 병인양요, 신미양요, 운요호사건 등 일련의 무장충돌을 경험하면서 군사 분야의 근대화를 절감했다. 그에 따라 1880년대 초에는 청나라로부터 신식무기를 도입하고 영선사(領選使) 인솔 하에 톈진 기기국(機器局)에 유학생을 파견해서 신식무기제조법과 사용법을 익혔다. 일본에도 신사유람단을 파견해 메이지 시대 일본의 군사제도와 시설을 시찰하고 호리모토 레이조(掘本禮造) 중위를 초빙하여 신식군대인 별기군 훈련을 맡겼다.

임오군란 후에는 서울에 진주한 청나라 군의 우창칭(吳長慶) 제독 휘하의 위안스카이와 왕더공(王得功)에게 조선 중앙군의 재정비와 훈련을 위임하는 한편, 14명의 조선청년을 일본 도쿄의 도야마(戶山) 육군학교에 유학시켜 근대적인 군사교육을 배우도록 했다. 하지만, 청나라와 일본을 통한 조선의 군사근대화 정책은 청일 양국이 조선을 병합, 지배하려는 야욕을 공히 갖고 있었다는 점에서 궁극적으로 조선의 국익에 배치하는 근본적 한계를 드러냈다. 그래서 미국과 수호조약을 체결한 후부터 조선정부는, 황쭌쎈(2007: 73)이 『조선책략』이 "영토적 야욕이 없고 남의 인민을 탐내지 않고, 다른 나라 내정에 간섭하지 않는 나라"라고 언급한 미국으로부터 군사 협조를 구하는 것이 상책이라는 견해를 더욱 굳혔다.

1883년 여름 이래, 조선 측이 요구한 현역장교 출신의 군사교관 파견에 대한 미국의 첫 반응은 미온적이었다. 남북전쟁을 끝낸 지 20년도 채 지나지 않았기 때문에 산적한 국내문제 해결이 급선무였다. 미국인들의 관심역시 경제회복과 국내 개발에 집중되어 있었기 때문에 조선 같이 태평양 너머 멀리 떨어진 나라의 군사문제에 깊이 관여할 여유가 없었다.

하지만 시간이 지나면서 조선의 군사교관 파견 요청을 적극 검토하고 이에 대해 미국 정부가 나름 최선을 다했음을 알 수 있다. 아서(Chester A. Arthur) 대통령은 조선의 보빙사 일행에 특별한 관심을 표했다. 프릴링하이젠(Frederick T. Frelinghuysen) 국무장관은 1883년 9월 아서 대통령에게 신임장 제정식을 마친 민영익을 비롯한 보빙사 일행에게 외교·군사고문단 파견을 약속했다.

1882년 7월 29일, 초대 공사로 임명된 푸트가 서울에 도착했다. 고종은 푸트를 여러 차례 만나서 미 육군 군사교관을 조선에 파견해 줄 것을 요

청했다. 이에 푸트는 프릴링하이젠 국무장관에게 두 차례 전보를 보내 한
국에 미군 현역 군사교관을 파견해 줄 것을 촉구했다. 이에 아서 대통령은
1885년 1월 30일, 의회에 교서를 보내 조선에 미군 장교를 군사교관으로
파견하는 안건을 처리해 줄 것을 요청했다. 하지만, 같은 해 3월의 민주당
클리블랜드(Grover Cleveland) 대통령 취임으로 미군 교관파견 문제는 잊히
는 듯 했다. 그런데 여기서 반전이 일어났다. 아서 대통령이 의회에 교서를
보낸 지 1년 만에 미국 상원이 현역 군사교관을 조선에 파견하는 법안을 통
과시켰기 때문이다.

지금까지 미국 군사교관 파견을 둘러싼 대부분 연구는 아서 대통령이
의회에 교서를 보내 군사교관 파견을 승인해 줄 것을 요청했지만 상원이 아
무 행동을 취하지 않았다(Lee Yur-Bok, 1999: 23)거나, 미 상원의 해당 분과
위원회가 논의과정에서 묵살(유영익, 1982: 114-115; 군사편찬연구소, 2002: 84)
하여 무위에 그쳤다고 주장한다. 한마디로, 미국은 현역 군사교관을 안 보
낸 게 아니라 상원 반대로 보내지 못했다는 것이다.

기존 연구의 문제점은 자료 출처도 불명확할 뿐만 아니라 앞뒤 내용이
일치하지 않은 등 모순을 띠고 있다. 아서 대통령이 조선에 현역 미군교관
파견을 승인해달라는 교서를 의회에 보낸 게 1885년 1월 30일이고 상원 군
사문제 위원회에 회부된 시점은 1885년 2월 26일이다. 하지만 3월에 클리
블랜드 행정부가 들어섰기 때문에 미 의회는 이 문제를 다룰 시간적 여유가
없었다. 그럼에도 이광린(1965: 10)은 이 사실을 적시하지 않은 채 미 의회가
현역장교를 파견하지 않겠다는 결의를 1885년 5월 전에 이미 끝마쳤다는
허구적 내용을 담고 있다.

반면, 여기서 소개할 자료는 기존 연구가 지금까지 한 번도 검토하지
않은 내용으로 실제로는 미 상원이 한국에 군사교관을 파견하는 법안을 통
과시켰다는 사실을 잘 보여준다. 동 자료는 1886년 2월, 한국에 군사교관
파견 관련 법안을 미 상원이 심사하고 통과시킨 증거를 담고 있다. 기존 연

구는 미 의회에서 해당 논의 자체가 불발된 것으로 해석했지만, 이 자료에 따르면 미 의회 군사문제 위원회에서 양원합동결의안 작성을 비롯해서 충분한 논의가 이뤄졌고 관련 법안이 입법화됐음을 증명한다. 특히, 국내에서 처음으로 아서 대통령의 교서와 함께 당시 국무장관이던 프릴링하이젠이 한국에 군사교관 파견을 건의한 서신 내용을 소개한다.

정리하면, 미국 아서 행정부는 미군교관을 파견해 달라는 고종의 요청을 푸트 공사에게 전달받고 1885년 1월 30일, 미 의회에 교서를 보내 승인 요청을 했다. 의회는 정권 교체기라 이 문제를 심의하지 않다가 1866년 2월, 상원 군사문제위원회의 보고를 받고 상원 전원위원회에서 한국에 미군교관을 파견하는 법안을 통과시켰다.

현역 군사교관 파견에 관한 미 상원 입법 사례

아래 자료는 미국 상원에서 미 육군 장교를 군사교관으로 조선에 파견하는 법안에 대한 심사와 법안 통과과정을 담은 의회기록이다. 전문을 번역해서 그대로 인용하겠다.

> "미 상원 속기록: 한국에 군사교관을 파견하는 문제
> 미 상원 전원위원회는 미국 대통령에게 일시적으로 한국정부를 위해 일할 약간 명의 육군 장교 파견 승인을 위임하는 내용의 합동결의안(S.R.28)을 심의했다. 그것은 약간 명의 미 육군 장교들이 한국정부에서 군인들을 훈련하고 가르치는 지위를 수락하는 일을 허용할 권한을 미국 대통령에게 부여하는 것으로, 해당 장교들은 한국정부에서 일하는 동안 미군 배속부대의 임무를 수행할 수 없는 관계로 미 정부로부터 어떤 급여도 받을 수 없다.
>
> 잉걸스 상원의원   본인은 "합동결의안" 대신 "법안"으로 논의 틀

(frame)을 전환해서 심사할 것을 제안합니다.

상원 임시의장 캔자스 주 잉걸스(John J. Ingals) 의원께서 합동결의안을 법안으로 전환할 것을 요청했습니다. 이의 있습니까? 이의가 없기에 합동결의안을 법안으로 전환하겠습니다.

잉걸스 상원의원 의사 보고가 있지요?

상원 임시의장 예. 보고가 있습니다.

잉걸스 상원의원 보고 청취를 요청합니다.

수석서기가 스웰(William J. Sewell) 상원의원이 1886년 2월 3일 제출한 의사보고서를 낭독했다

"당시 국무장관이 당시 대통령에게 보낸 서신과 함께 당시 대통령이 미 의회에 발송된 교서를 회부 받은 상원 군사문제위원회는 해당 의제를 심의해 다음과 같이 보고합니다. 아래 문서는 당시 대통령과 국무장관으로부터 동 위원회에 회부된 내용으로 군사문제위원회가 해당 보고의 책임이 있습니다.

상·하원 앞,

본인은 약간 명의 미 육군 장교가 한국에서 군사교관 직책을 수행하기를 바라는 한국정부의 여망에 관한 국무장관의 서신을 전달하며, 아무쪼록 상하양원이 합동결의안을 채택해서 선발된 장

교들이 군사교관 임무를 위해 한국으로 향발하는데 편리하게 운
용할 수 있도록 위임해줄 것을 요청합니다.

체스터 아서

대통령 관저, 워싱턴

1885년 1월 30일

아서 대통령께

한국정부에게서 우리 정부의 외교대표로서 신임장을 제정한 루
시우스 푸트 공사가 서울 도착 후 얼마 지나지 않아 국무성에 보
낸 한 전보에서 한국정부가 한국 군대를 훈련하고 교육할 미국
군사교관을 주선해 줄 것을 매우 간절히 바라고 있다는 게 드러
납니다.

작년 10월 3일과 17일 보낸 전보에서 푸트 공사는 이 문제를
다시 거론하며 한반도에 위치한 이 나라에 우리의 영향을 증대
하기 수단으로 조선 국왕의 제안을 우리가 응하는 것의 중요
성을 강조합니다. 푸트 공사는 이렇게 말합니다. "이로 인해 발
생하는 모든 비용은 한국 정부가 지급할 것이며, 급여 역시 맡
은 직위의 경중에 따라 상당한 액수를 적절히 지급할 것입니다."
이 문제는 한국정부가 제시한 조건에 따라 그들의 요구를 수용한
다면, 그 결정은 상당히 현명한 것이며 여러 측면에서 미국에 이
득이 되는 결과를 가져올 것이라는 의견과 함께 전쟁부 장관에게
도 전달하여 함께 논의했습니다.

지난 달 24일, 전쟁부 링컨(Robert Todd Lincoln) 장관 답변에 따
르면, 약간 명의 유능한 장교를 선발하여 조선에서 군사교관 임
무를 수행하게 하는 일은 가능할 것이지만, 그 경우 그들이 현직
에서 이탈함에 따라 다른 장교에게 추가적 업무를 부담하게 할

것이며, 이 임무를 위해 일시적으로 보직을 면한 장교들을 대체하는 문제와 관련하여 어떤 규정도 존재하지 않습니다. 링컨 장관은 이렇게 진술합니다. "다만, 나는 연방헌법 제1조 9항의 마지막 절에 당신이 관심을 기울이기를 바랍니다. 그 조항은 다음과 같습니다. '연방 정부에서 유급 관직 또는 위임에 의한 관직에 있는 사람은 누구를 막론하고 연방 의회의 승인 없이는 어떠한 국왕, 왕족 또는 외국으로부터 어떤 종류든 선물이나 보수, 관직, 칭호를 받을 수 없다.'"

그러면서 링컨 장관은 해당 직책뿐만 아니라 해당 직책을 맡은 장교에게 급료를 지급하는 것을 수용하겠다는 조선 정부의 제안을 떠올리며, 만일 그렇지 않을 경우, 그 임무를 기꺼이 맡을 장교를 찾기란 난망할 것이라는 점을 추가해서 언급합니다. 하지만 다른 무엇보다도 장교를 파견하기에 앞서 의회로부터 승인을 구하는 일이 반드시 필요합니다.

본인은 링컨 장관에게 이 달 12일 보낸 편지에서, 링컨 장관의 주도 하에 관련규칙이 만들어지기를 바란다고 답했습니다. 다만, 링컨 장관의 제안에 따라 대통령께 이 문제에 대해 관심을 갖도록 환기했으며, 약간 명의 미 육군 장교가 한국정부를 위해 조선에서 일시 근무할 수 있도록 허용하는 문제와 관련하여 의회에 승인 요청을 부탁합니다.

본인은 그러한 조치가 특별히 한국정부를 만족시킬 것이며, 미국 정부를 향한 우호적 감정을 증대하도록 한국정부를 고무하게 할 것입니다.

삼가 전합니다.

국무성, 워싱턴
1885년 1월 29일

국무장관이 제시한 이유들, 그리고 상기한 서신에서 국무장관이 적시한 목적을 위해서, 군사문제위원회는 미국 대통령에게 약간 명의 미 육군 장교들이 한국정부를 위해 일시 근무할 수 있도록 허용할 것을 위임한 내용의 합동결의안을 보고하며, 동 결의안을 통과시켜 줄 것을 요청합니다.

스웰 상원의원 나는 다음과 같은 단서조항을 붙여 수정할 것을 제안합니다.
단, 이 법령 아래 직책을 수행하는 어떤 장교도 3년 이상 미 육군을 떠나 근무할 수 없다.

수정안에 대한 동의가 이뤄졌다.

잉걸스 상원의원 현 헌법체계에서 의회 승인 없이 파견 장교들이 한국정부에게서 물질적 보상을 받는 것이 허용되는지 여부에 대해 스웰 의원이 조사했습니다.

스웰 상원의원 선례가 있습니다. 우리는 일부 남미 국가에게 육군 장교를 파견한 적이 있습니다.
미국 대통령에게 약간 명의 미 육군 장교들이 한국정부를 위해 일시 일할 수 있도록 허용할 것을 승인한 법안(S.1634)이 수정여부를 묻기 위해 상원에 보고됐고 수정이 이뤄졌다.
해당 법안은 3독회를 위한 문안 정서를 지시받았다.

잉걸스 상원의원 나는 이 법안이 수정될 필요가 있다고 생각합니다. 이와 관한 헌법상 관련 규정은 분명합니다.

'연방 정부에서 유급 관직 또는 위임에 의한 관직에 있는 사람은 누구를 막론하고 연방 의회의 승인 없이는 어떠한 국왕, 왕족 또는 외국으로부터 어떤 종류든 선물이나 보수, 관직, 칭호를 받을 수 없다.'

분명한 것은 연방 헌법 내 관련 규정 하에서 미 육군에서 파견된 장교들은 직무선서를 위반하지 않고는 그들이 수행하도록 허용한 임무를 위한 어떤 보상도 수용할 수 없다는 사실입니다. 그래서 본인은 스웰 의원이 해당 임무를 수행하는 장교들에게 한국 정부에서 제공하는 물질적 보상을 허용하도록 하는 수정안을 준비할 것을 제안합니다. 그리고 일시적으로 법안 통과를 연기하고 다음 법안을 심사할 것을 제안합니다. 그것을 하는 데 시간이 많이 걸리지 않을 듯합니다.

스웰 상원의원 이의 없습니다.

상원 임시의장 동 법안을 표결에 부칠 것이며, 투표는 3독회 후에 재고하겠습니다.

잉걸스 상원의원 만장일치로 가능합니다.

〈한국에 군사교관 파견 법안 처리〉
스웰 상원의원 본인은 수정을 위해서 통과를 연기했던 군사교관 파견 관련 법안을 상원이 지금 처리할 것을 요청합니다.

상원 임시의장 해당법안 심사를 속개하겠습니다.

상원은 미국 대통령에게 약간 명의 미 육군 장교들이 한국정부를 위해 일시 일할 수 있도록 허용할 것을 승인한 법안(S.1634)관련 심사를 속개했다.

스웰 상원의원 나는 법안의 두번째 절에 다음 문안을 추가해 수정할 것을 제안합니다. "한국정부가 제시한 해당 직무에 대한 보상을 수용한다."
수정안에 대한 동의가 이뤄졌다.
동 법안은 수정된 내용으로 상원에 고지됐으며, 수정이 이뤄졌다.
동 법안은 3독회를 위한 정서를 지시받았으며, 3독회를 마친 후 통과됐다"(Park Il-Keun ed., 1982: 1053-1055).

미군 현역 군사교관, 파견하지 못했나 하지 않았나?

앞서 소개한 상원 입법 자료는 새롭게 발굴된 자료가 아니라 공간된 기존 자료집에 포함돼 있었지만 해당 분야 연구자들이 주목하지 않은 탓에 그동안 한 차례도 인용되지 않았다. 기존 연구자들이 이 자료에 주목하지 않은 이유는 미군 군사교관 파견을 둘러싼 학술연구에 지대한 영향을 미친 이광린(1965)과 유영익(1982)의 논문에서 미 상원이 논의조차 하지 않았다고 밝혔기 때문이다. 또 다른 이유로는 군사교관 파견 문제가 미국 헌법 해석과 연관된 문제로 다른 나라와 달리 의회의 승인을 필요로 하는 등 복잡한 절차를 거쳐야 하는 관계로 해석상의 난점이 따랐던 것으로 추정한다. 다만, 분명한 사실은 조선에 현역군사교관 파견을 성사시키기 위해 아서 행정부가 상당한 노력을 기울였고, 상원에서 이 문제에 관한 입법조치가 이뤄졌음을 입증했다는데 인용한 자료의 역사적 가치는 충분할 것으로 여겨진다.

상원의 입법 조치 결과, 과연 공식 법률로 반포됐는지 여부는 추후 자료조사를 통해 보강할 필요성이 있다. 미국의 경우, 법안(bill) 통과는 상, 하양원의 동의가 필요하며, 대통령이 최종적으로 법안에 서명해야 법률(Act)로서 효력을 발휘한다. 상원 전원위원회를 통과한 현역 군사교관 파견 법안이 후속 과정을 거쳐 법률로 공포됐는지 여부는 현재로서는 확실치 않다. 하지만 상원 군사문제 위원회에서 결의안이 작성됐고, 전원위원회에서 법안통과가 이뤄졌기 때문에 클리블랜드 대통령이 서명했을 가능성이 대단히 높다. 왜냐하면, 한국에 군사교관을 파견하는 법안은 상원을 여유있게 통과했을 뿐만 아니라 공화, 민주 양당이 정치적 이해를 달리하는 쟁점법안도 아니었기 때문이다.

미 의회가 아서 대통령이 해당 교서를 보낸 지 1년이 지난 후에 군사교관 파견과 관련한 법적 논의를 진행한 이유는 무엇일까? 그 당시 이뤄진 상당액의 미국산(産) 무기구매와 1884년 4월 18일, 청나라와 일본이 체결한 텐진조약이 큰 변수로 작용했을 것으로 예상할 수 있다. 미군 교관 파견 논의 시점을 전후하여, 한국정부는 일본 요코하마에 있는 미국무역회사(The Amrican Trading Company)를 통해 장전식 소총 4,000정, 실탄 7,500발, 레밍턴(Remington) 소총 3,000정, 피버디 마티니(Peabody Martini) 소총 1,000정, 소총 실탄 20만발, 개틀링(Gatling) 기관총 6문 등 당시로는 적지 않은 액수인 총 30,000달러에 달하는 미제무기를 구입했다(Park ed. 1982: 1008).[26]

---

26 한국정부의 미국산 무기구매 내역은 당시 대리공사를 맡고 있던 미국 공사관 소속의 포크 중위가 1885년 10월 2일, 베이아드 장관에서 보낸 전보(Mr. Foulk to Mr. Bayard, September 2, 1885) 에 잘 나와 있다. 포크 대리공사는 '조선의 광물자원 실태'를 주제로 베이아드 장관에게 상세한 보고서를 작성해 전달했다. 이 점 역시 미 의회가 군사교관 파견 문제에 적극적으로 임하는 데 크게 작용했을 것으로 여겨진다. 동 보고서에서 포크 대리공사는 조선의 광물자원의 잠재적 가치를 높이 평가하면서 그것이 지닌 정치적 의미에 주목하여 다음과 같이 기술했다. "사적이건 아니면 조선정부의 후견 아래 서건, 아직 그 어떤 실력 있는 광산기술자나 광물학자, 지질학자가 조선에서 유의미한 광물자료를 작성하지 못한 관계로 얼마나 많은 양의 광물이 매장되어 있는지 그것을 어떻게 획득할 수 있는지 정확히 알 수는 없습니다. 다만, 머지않은 미래에 조선이 광업회사들에게 아주 매력

또한 청일 양국은 텐진(天津)조약 2조에 의해 조약 당사국이 아닌 제
3국 군사교관에게 조선군대의 훈련을 맡기는데 합의했다. 러시아의 간섭
을 우려한 청일 양국은 1880년 초, 경쟁적으로 조선의 군비강화에 직접 개
입하던 책동을 스스로 포기하고 그 대신 그들이 믿을 수 있는 제3국이 미국
에게 조선군대의 훈련권을 양보했다. 그래서 텐진조약이 유효했던 1885-
1894년의 10년 동안 미국은 조선의 군사문제에 깊이 관여할 수 있는 특권
을 조선 정부 뿐 아니라 청일 양국 정부로부터 인정받는 독점적 지위를 확
보했다(유영익, 1982: 112). 이 측면에서 프릴링하이젠 장관이 교서에 동봉한
'서신'에서 조선에의 군사교관 파견이 이 지역에서 미국의 정치적 영향력
확대와 아울러 양국의 우의를 다지는 데 큰 도움을 준다는 사실을 밝힌 점
에 주목할 필요성이 있다. 미 상원 역시 프릴링하이젠 장관이 밝힌 외교적
목표 및 현역교관 파견 사유가 입법과정에 크게 작용했음을 숨기지 않았다.

외교정책의 관점에서 흥미로운 주제는 상원 승인을 얻었음에도 불구
하고 미 행정부가 현역 미군교관을 조선에 파견하지 않은 이유에 관한 것
이다. 클리블랜드 행정부는 현역장교 대신 1888년 4명의 예비역 장교를 교
관으로 파견하는 선에서 이 문제를 최종 마무리했다. 그렇다면 이후 쟁점은

있는 투자처로 흥미를 더해 갈 것이며, 이웃 국가들이 추정하는 것보다 훨씬 많은 양의 광물이 매장
되어 있는 것으로 예상합니다. 조선에 엄청난 양의 광물이 매장되어 있다는 믿음은 일본과 중국 사
이에서 이 반도국가에 정치적 곤경을 유발하는 한 요인입니다. 앞으로 한국에 광물이 풍부히 매장
되어 있다는 믿음은, 그들의 이익 실현을 위해 이미 조선에까지 영향력을 넓혀가고 있던 유럽 나라
들에게도 뿌리내려서 한반도의 곤경을 가중시킬 것입니다"(Mr. Foulk to Mr. Bayard, March 20,
1886; Park ed. 1982: 1039). 특히, 조선에서 나날이 증대하는 해외로의 금 수출은 실로 놀라왔다.
"1884년 11월, 12월 두 달 동안 원산항 한 곳에서만 금 수출은 28,920달러에 달합니다. 1884년 한
해, 원산항에서 외국으로의 금 수출은 110,265달러이며, 1885년은 357,148달러에 달합니다. 조선
전체에서 채광하여 해외로 수출되는 금의 전체 가치는 막대할 것으로 추산하며, 여기서 수출되는 금
은 오직 원산항 반경 60마일 안에 있는 광산에서 채굴한 것입니다"(Mr. Foulk to Mr. Bayard, May
7, 1886; Park ed. 1982: 1040-1041).

현역 미군교관을 한국에 파견하는 문제에 대해 의회 승인을 받았음에도 어째서 미국 행정부는 실행에 옮기지 않았을까 하는 점이다. 이 문제에 관해 현재로서는 추론할 수밖에 없다. 그것은 무엇보다 조선에서의 미국의 이익에 관한 행정부의 판단이 달라졌다는 점이다.

애초 미국은 조선에서 상당한 상업적 이익을 낼 것으로 판단했다. 하지만 경제적으로 조선은 미국에게 그다지 큰 이익을 가져다주지 못했다. 그러자 미국은 공사 직급을 낮추고 주한 공사관 예산을 삭감했으며 전문외교관을 공사로 파견하지도 않았다. 또한 현역장교를 파견할 경우, 조선의 복잡한 정치문제와 주변 나라들과의 국제관계에 연루되어 미 행정부가 난처한 처지에 빠질 것을 우려했던 것으로 여겨진다. 클리블랜드 대통령은 이미 1885년 3월 대통령 취임 연설에서 미국 외교정책의 전통을 이어받아 중립정책을 지속할 것임을 분명히 했다.

> "나는 우리 공화국의 역사와 전통, 번영이 칭찬하는 외교 정책에서 벗어나기를 바라지 않습니다. 그 외교 정책은 우리의 위치에 적합할 뿐더러 정의에 대한 우리의 소문난 사랑과 힘에 의해 수호되는 독립 정책입니다. 그것은 우리의 이해관계에 적합한 평화 정책이며, 다른 대륙에 대한 야심과 해외의 다툼에 관여하기를 거부하고 이 나라에 대한 그들의 침입 또한 거부하는 중립 정책입니다"(Kissinger, 2014: 245).

클리블랜드 행정부 하에서 1885년 3월부터 1889년 3월까지 4년 내내 국무장관을 역임한 베이아드(Thomas F. Bayard)는 상업적 이익을 최우선으로 하고 불간섭, 중립정책을 실행에 옮긴 대표적 인물이었다. 따라서 조선에 현역 군사교관을 파견하는 문제에 있어서도 소극적일 수밖에 없었다. 이는 역설적이게도 만일 조선이 상업적으로 이득이 있고 정치적으로 안정되는 등 미국의 이해관계에 부합할 경우, 미 행정부는 현역 교관 파견을 재추진했을 가능성이 높았을 것으로 여겨진다.

　　고종 또한 현역 군사교관 파견문제가 미국 의회의 승인을 얻었음을 인지했던 것으로 보인다. 고종이 군사교관 파견을 거듭 재촉하고, 슈펠트 제독과 포크(George Clayton Foulk) 중위에게 군사교관을 맡아 줄 것을 요청하자 미국 정부는 곤란한 입장에 처했다. 미 현역장교가 군사교관으로 오는 길이 답보에 접어들자 1886년 12월 새로 부임한 락힐(William H. Rockhill) 임시공사는 다음 해 2월 조선정부의 외교 당국을 통해 새로운 의견을 제시했다.

　　락힐 임시공사는 조선정부가 고용할 군사교관으로 현역이 아닌 예비역 장교라도 문제없다면 미국 교관의 초빙이 용이할 뿐만 아니라 이 경우, 미국정부는 책임있게 유능한 인물을 물색할 것이니 조선정부의 입장을 밝혀 줄 것을 요청했다. 고종은 유능한 장교라면 현역, 예비역을 막론하고 채용할 의사가 있으며 수석교관 1명, 조교관 2명 총 3명의 군사교관을 좋은 조건으로 고용할 계획임을 명시했다. 이러한 조선의 반응을 락힐 임시공사는 베이아드 국무장관에 즉각 타전했다.

　　미국 군사교관 초빙 건에 돌파구를 마련한 락힐 임시공사는 문제의 완결을 보지 못한 채 4개월 만에 이임했고, 딘스모어 공사가 새로 부임했다. 딘스모어는 부임하자마자 한미간 현안이었던 미국인 군사교관 초빙에 주력했다. 그 결과, 1887년 10월 18일, 베이아드 국무장관에게서 조선정부가 초빙할 세 명의 미국 교관에게 출발일로부터 계산하여 급료를 지급하고, 그들의 귀국여비도 지급할 것을 보장하는 분명한 제안을 하라는 고무적인 훈령을 접수했다. 딘스모어 공사가 조선정부에 조회한 결과, 조선 외교당국은 10월 23일부로 이 조건을 수락함은 물론, 수석교관에게는 연봉 5,000 멕시코 달러, 조교관에는 3,000 멕시코 달러, 그리고 부임 및 귀국여비 명목으로 각각 500달러를 지급하겠다고 통지했다. 이로써 미국 예비역장교를 초빙하는 구체적 조건이 쌍방 간에 합의됐다(이광린, 1981: 169-170).

이후 미국인 군사교관 선발은 1888년 박정양 초대 주미조선공사가 워싱턴에 도착해 공사관을 개설하고 현지 업무를 전개하면서 이뤄졌다. 박정양 공사와 참찬관 알렌의 적극적 교섭으로, 미국정부는 조선에 파견할 미국 예비역장교의 선발과정을 쉐리던(Philip H. Sheridan) 육군사령관에게 일임했다.

쉐리던 장군은 육사 동기인 다이(William McEntyre Dye) 예비역 준장을 수석교관으로 추천하고 다이 장군에게 두 명의 조교관을 선발하도록 했다. 다이는 다른 예비역장교인 커민스(Edmund H. Cummins) 대령과 리(John G. Lee) 소령을 선발했다. 이들을 군사교관으로 선발하는 것과 함께 딘스모어 공사 주선으로 일본 고베(神戸)에 있던 닌스테드(Ferdinand John H. Nienstead) 예비역 해군대령을 추가 선발했다. 이들 네 명의 미국인 군사교관은 1888년 4월 7일과 5월에 조선에 도착함으로써 5년간 끌어왔던 미국인 교관 초빙문제를 해결했다(군사편찬연구소, 2002: 87).

미국인 군사교관들은 을미사변 직후 공포에 떨던 고종을 경호하고 1895년 춘생문(春生門) 사건에 개입하는 등 정치적 소용돌이 한 가운데 있었다. 하지만, 이들은 미국 정부의 훈령에 따라 움직이는 현역군인이 아니라 돈을 받고 조선정부에 고용된 민간인이었기 때문에 그 어떤 의미 있는 정치행위를 할 수 있는 처지가 아니었다. 하지만 고종은 지푸라기라도 잡는 심정으로 민간인 신분의 군사교관들에게 목숨을 부지했다. 그 결과, 미국 외교의 공식 입장은 불간섭과 중립이었음에도 불구하고 거중조정 조항과 함께 미국에 대한 조선조정의 환상과 의존 양상은 더욱 깊어만 갔다.

정리하면, 미국은 의회 반대로 현역 군사교관을 못 보낸 게 아니라 클리블랜드 행정부의 외교적 판단에 따라 안 보낸 것으로 결론내릴 수 있다. 예비역 신분의 군사교관은 민간인으로 굳이 미국 정부가 나서지 않아도 됐지만, 예비역 교관 파견 역시 베이아드 국무장관의 주도 하에 쉐리던 육군 사령관이 직접 나서 적임자를 물색했다. 만일 법안 통과가 없었다면 이렇게

까지 하지 않았을 것으로 판단할 수 있는 대목이다. 상대국 체면은 살리면서 정치적 책임은 지지 않으려는 반관반민(半官半民) 방식을 그때부터 도입한 것이다. 이번 현역 미군교관 파견에 대한 상원 입법자료 발굴로 구한말 한미관계는 역사적 사실을 단순히 기술하는 형식의 통사 단계가 아니라 동시대적 관점에서 분석과 해석을 요구하는 정치사 영역으로 접어들었다.

한미수호통상조약(1882)

대조선국과 미합중국은 양국 국민사이에 영원한 친선과 우호관계가 확립되기를 충심으로 열망하여 이를 실현하기 위해 대조선국 군주가 특파한 전권대신 신헌과 전권부관 김홍집과 미합중국이 대통령이 특파한 슈펠트 제독은 서로 전권위임장을 제시하고 그것이 정당한 형식을 갖춘 것임을 확인한 후 조문(條文)을 협정하였다. 조관(條款)은 좌(左)에 나열한다.

제1조

사후로 대조선국 군주와 대아미리가합중국(大亞美理駕合衆國) 백리새천덕(伯理璽天德, President) 및 그 인민은 각각 영원히 화평우호를 지키되 만약 타국이 불공경모(不公輕侮)하는 일이 있게 되면 일차 조지(照知)를 거친 뒤에 필수상조(相助)하여 잘 조처함으로써 그 우의를 표시한다.

제2조

본 수호통상조약을 체결한 양 체결국은 각각 병권대신을 파견하여 다른 한쪽 국가의 수도에 주재시킬 수 있고 또 각각 통상항구에 영사관을 설치하되 이는 자국의 편의에 따른다. 이들 관원은 본지의 관원과 더불어 왕래·교섭하되 동등한 품급에 상당한 예우로써 응대한다. 양국의 병권대신 및 영사 등의 관헌은 종종(種種)의 은시(恩施)와 피차의 접대에 다름이 없는 최우국(最優國) 특권을 향획(享獲)한다.

오직 영사관은 반드시 봉도(奉到)한 주찰(駐紮)국의 비준문빙(批准文憑)하여 방가시사(方可視事)요 차견된 영사 등 관(官)은 반드시 진정한 관원이 되어야 하며 상인으로서 겸무(兼務)를 얻을 수 없고 또 무역을 겸행(兼行)할 수도 없다. 각 항구에 영사관이 미설(未設)된 곳이면 혹 타국의 영사에 청하여 겸대(兼代)하되 역시 상인으로서 겸충(兼充) 할 수 없고 혹은 즉 지방관에 의하여 현정(現定) 조약에 비추어 대판(代辦)할 수 있다.

만약 조선에 주찰하는 미국영사관등 관이 불합리하게 판사(辦事)하면 미국공사에게 조회히여 피치의견이 서로 같을 때 가히 비준문빙을 회수할 수 있다.

제3조

미국 선척이 조선의 가까운 해면에서 구풍을 만났을 때 또 양식과 물이 모자랐을 때 통상 항구가 아주 먼 곳이면 어떤 곳이나 수박(收泊)하여 구풍을 피하도록 허용하고 양식을 구매하며 선척을 수리하되 소요된 경비는 관계 선주가 자비(自備)할 것이며 지방장관은 연휼(憐恤)과 함께 소수(所需)를 조공(助供)한다.

만일 해당 선박이 불통상항구에서 몰래 무역을 하면 선척화물은 나획(拿獲) 몰수한다. 만일 미국선척이 조선해안에서 파괴되면 조선 지방관은 그것을 듣는 대로 즉시 선원을 구호(救護)하고 양식들을 공급하되 일면(一面)으로 설법(設法)하여 선척화물을 보호하고 모든 것을 영사관에게 알려 수부(水夫)를 본국에 송환할 것이요 아울러 선화(船貨)도 구출토록 하되 일절 경비는 선주나 미국정부가 인환(認還)한다.

제4조

조선 재류 미합중국 민(民)은 조선정부 지방관으로부터 생명, 재산의 보호를 받을 것이며 어떠한 종류의 기능(欺凌:기만과 능욕)과 손훼(損毀)로부터도 보호를 받는다. 만약 불법한 자들이 미국인의 방옥(房屋) 등을 파괴할 때는 지방관은 영사의 요구에 의하여 즉시 군대를 파견하여 소란(騷亂)자를 해산시키고 범법자를 체포하여 처벌한다.

조선인으로서 재조선미국인에게 범행한 자는 조선국이 조선법률에 의거하여 처벌하고 미국인으로서 해안·선상에서 조선인을 기능 소요(騷擾)케 하고 조선인의 생명 재산을 손상케 한 자는 미합중국의 영사 또는 해권능 (該權能)을 가진 기타 관리만이 미합중국법률에 의하여 체포하고 처벌한다.

조선국 내에서 미국인과의 사이에 분쟁이 생기고 그것이 양국관원이 심문하고 판결됨을 요하는 것일 때는 이 같은 사건은 피고국적의 해당관리가 법에 의하여 심리한다. 그리고 해당권능을 가진 원고국적의 관리에게는 심리참석이 자유롭게 인가되며 그 지위에 상당한 예로 대우하여야 한다. 공정을 기하기 위하여 소송절차를 감시함에 적당한 일절의 편의가 그에게 허여(許與)되어야 하며 만일 그가 원한다면 그는 증인을 소환하여 신문하고 또는 반대심문할 권리를 갖는다.

만약 그가 소송에 불만을 가질 때는 항변할 권한을 허여한다. 그러나 대조선국이 조선의 법령과 재판절차를 수정 및 개혁한 때문에 그것이 미국의 법령 및 재판절차와 일치된다고 미국이 판단할 때에는 언제든지 조선에 있는 미국민에 대한 치외법권은 철폐될 것이며 그 후에는 미국민이 조선 경내에 있을 때에는 지방관의 관할에 속한다.

제5조

조선국의 상민이나 상선이 무역을 목적으로 미합중국에 가면 미합중국의 세관규칙에 의하여 관세, 돈세(口頓 稅) 및 일절의 수수료를 지불하여야 하며 미국인이나 최혜국인에 부과되는 것보다 높거나 또는 다른 세율의 관세나 돈세(배의 용적에 대한 세금)는 그들에게 강요되지 않는다.

무역을 목적으로 조선국에 오는 미국상인 및 상선은 모든 수출입상품에 대하여 관세를 지불해야 한다. 관세부과권은 응당 조선국정부에 속한다. 수출입품에 대한 관세정률은 밀수 기타 비행을 방지하기 위한 관세규칙과 함께 조선국에 정하고 미국 해당 관리들에게 이를 통지하여 그들로 하여금 그들의 국민에게 알려서 이를 준수케 하여야 한다. 그러나 우선 대강은 다음과 같이 정한다. 일용품류의 수출입품에 관한 관세정률은 종가세(從價稅) 10%를 초과하지 않으며 사치품 등 예컨대 외국주, 외국연초 시계류의 수입품에 대한 관세정률은 종가세 30%를 넘지 못한다. 그리고 수출토산품은 종가 5%를 초과하지 않는 관세를 지불한다.

그리고 외국 수입품 관세는 다만 한번 통관항구에서 지불하고 기타 요금, 관세, 수수료, 세금 또는 어떠한 종류의 부과금이라도 조선국 안에서나 어떤 항구에서도 해당 수입품에 대하여 부과하지 않는다. 조선국 항구에 들어오는 미국상선은 매돈(ton) 5전(錢)의 세율로 돈세를 지불하되 청국력(淸國曆)에 의하여 3개월에 한번 씩 매 선박에 대하여 지불한다.

제6조

조선국 상민으로서 미합중국에 가는 자는 해당국 전역에서 대지를 임차하거나 토지를 매수하여 주택이나 창고를 건축할 수 있다. 그들은 각종 본업 및 부업에 종사하고 법률에 의하여 금지된 제품으로 규정되지 않은 모든 미가공(未加工) 및 가공 상품을 자유롭게 교역할 수 있다.

미국 상민으로서 대외통상에 개방되어 있는 조선국 항구에 왕래하는 자는 해당 개항장 조계지 경계 내에 거주하며 해당지에서 건물 또는 토지를 임차하거나 주택 또는 창고를 건축할 수 있다. 그들은 개항장 경계 내에서 각종 본업 및 부업에 종사하며 법률에 의하여 금지된 제품으로 선언되지 않은 모든 미가공 및 가공 상품을 교역할 수 있다. 토지나 건물을 취득하는 데 강제나 협박은 불허될 것이며 조선국 당국에게 소정의 지대를 지불한다.

그리고 조선국 개항구에서 이와 같이 취득된 토지는 여전히 해당국의 불가결한 부분이라는 것과 해당 지역 내의 인신과 재산에 대한 모든 재판권은 조선국 당국에 속한다는 것을 정하고 다만 본 조약에 의하여 명시적으로 포기(抛棄)된 것만은 예외로 한다. 미국 상민들이 외국수입품을 판매하기 위하여 내지로 수송하거나 토산품을 구매하기 위하여 내지로 들어가는 것을

불허한다. 본 규칙을 위반하면 해당 상품은 몰수할 것이며 범법 상인은 영
사관에게 인도되어 징벌한다.

제7조

조선국과 미국은 조선국 상인이 미국의 어느 항구에든지 아편 수입을 불허
하며 미국 상민이 아편을 조선국의 어느 항구에서든지 수입하거나 또는 이
를 한 항구에서 다른 항구로 수송하거나 또는 이를 조선국 내에서 교역함
을 불허한다. 이는 양국 상민을 논하지 않고 고용한 외국선박 및 어느 일방
국의 상민이 소유하고 아편 수송용으로 별국인(別國人)이 고용한 선박에도
미치는 것이고 이는 미국 또는 조선국 측의 적당한 입법에 의하여 행해지며
범법자는 엄벌한다.

제8조

조선 정부가 조선 내의 사고로 인하여 식량난을 우려할 만한 이유가 있을
때는 언제든지 임시적으로 일절의 양곡수출을 금지할 수 있으며 이러한 때
에는 그 내용을 조선국이 미국의 해당 관리를 통하여 재조선 미국민에게 정
식으로 알린 뒤 이를 실시한다.

그리고 각종 미곡 및 양곡 수출은 인천항에서는 금지한다. 조선국은
오래전부터 홍삼수출을 금지하여 왔으므로 만약 미국민이 수출하기 위해
밀매할 때에는 이를 몰수하며 위반자는 처벌한다.

제9조

모든 포, 창과 검, 화약, 탄환 및 일절 군기(軍器)의 구입은 조선국 관원에게
만 허가되며 미국민은 조선 정부로부터 서면 상 면허로서만 그것을 수입할
수 있다. 만약 이 물품들을 밀수입할 때는 몰수하며 범법자는 처벌한다.

제10조

양국관원 상민으로서 피차 통상지방에 거주하는 자는 모든 합법적인 사업에 있어서 그곳 지방민을 고용할 수 있다. 만약 조선인으로서 조선국법을 범한 자는 또는 어떤 소송을 제기 당한 자가 미국민의 주택 창고 또는 미국선에 은복(隱伏)한다면 미국영사관은 해당 지방관으로부터 그 사실의 통지를 받는 대로 지방관이 경찰을 보내 체포함을 허가하거나 또는 영사관이 그 자를 체포하여 지방경찰에게 인도하여야 한다. 미국민은 이 같은 자를 숨겨주어서는 안 된다.

제11조

양국학생으로서 언어, 문자, 법률 또는 기술을 학습하기 위해 왕래하는 자는 돈독한 친목의 우의로서 가능한 모든 보호와 원조를 하여야 한다.

제12조

본 조약은 조선국이 최초에 입약한 조약으로서 그 조관들에 있어서 간략하나 이에 규정된 모든 점들이 실시될 것이며 이에 포함되지 않는 것은 5년 후 양국관민이 각각 언어에 익숙하게 되었을 때 만국공법의 통례상 공평하게 상의하여 상세한 통상조관 및 규칙에 관하여 재교섭한다.

제13조

본 조약 체결 후 앞으로 양국정부간의 왕복문서는 조선국에서는 한문을 사용하며 혹 영문을 사용한다면 한문을 여기에 첨부하여 오해를 피하도록 한다.

제14조

양조약국은 이후에 조선국이 어느 때든지 어느 국가나 어느 나라 상인 또는 공민에 대하여 항해, 통상, 정치, 기타 어떠한 통교에 관련된 것임을 막론하고 본 조약에 의하여 부여되지 않은 어떤 권리 또는 특혜를 허가할 때에는 이와 같은 권리 특권 및 특혜는 미국의 관민상인(官民商人)에게도 무조건 균점(均霑)된다.

그러나 이와 같은 특별한 권리 또는 특혜가 해당 관계타국에 의하여 용인된 어떤 조건 또는 대등한 보수(報酬)를 수반할 때에는 언제나 미국과 그 관민은 관계 제 조건 또는 보수를 수락 할 때 한하여 이 같은 권리 특혜를 향수(享受)할 수 있다.

THE UNITED STATES—KOREA TREATY OF 1882

The United States of America and the Kingdom of Chosen, being sincerely desirous of establishing permanent relations of amity and friendship between their respective peoples, have to this end appointed — that is to say, the President of the United States, R.W. Schufeldt, Commodore, U.S. Navy, as his Commissioner Plenipotentiary; and His Majesty, the King of Chosen, Shin Heon, President of the Royal Cabinet: Kim Hong-jip, Member of the Royal Cabinet, as his Commissioners Plenipotentiary, who, having reciprocally examined their respective full Powers, which have been found to be in due form, have agreed upon the several following articles:

ARTICLE I.

There shall be perpetual peace and friendship between the President of the United States and the King of Chosen and the citizens and subjects of their respective Governments.

If other powers deal unjustly or oppressively with either Government, the other will exert their good offices on being informed of the case, to bring about an amicable arrangement, thus showing their friendly feelings.

ARTICLE II.

After the conclusion of this Treaty of amity and commerce, the High Contracting Powers may each appoint Diplomatic Representatives at the ports of the other, which are open to foreign commerce, at their own convenience.

These officials shall have relations with the corresponding local authorities of equal rank upon a basis of mutual equality.

The Diplomatic and Consular Representatives of the two Governments shall receive mutually all the privileges, rights and immunities, without discrimination, which are accorded to the same class of Representatives from the most favored nation.

Consuls shall exercise their functions only on receipt of an exequatur from the Government, to which they are accredited. Consular authorities shall be bona fide officials. No merchants shall be permitted to exercise the duties of the office, nor shall Consular officers be allowed to engage in trade. At ports to which no Consular Representatives have been appointed, the Consuls of other Powers may be invited to act, provided that no merchant shall be allowed to assume Consular functions, or the provisions of the Treaty may, in such case, be enforced by the local authorities.

If Consular Representatives of the United States in Chosen conduct their business in an improper manner, their exequaturs may be revoked, subject to the approval, previously obtained, of the Diplomatic Representative of the United States.

ARTICLE III.

Whenever United States vessels, either because of stress of weather, or by want of fuel or provisions, cannot reach the nearest port in Chosen, they may enter any port or harbor, either to take refuge therein, or get supplies of wood, coal and other necessaries, or to make repairs, the expenses incurred thereby being defrayed by the ship's master. In such event the officers and people of the locality shall display their sympathy by rendering full assistance, and their liability by furnishing the necessities required.

If a United States vessel carries on a clandestine trade at a port not open to foreign commerce, such vessel, with her cargo, shall be seized and confiscated.

If a United States vessel be wrecked on the coast of Chosen, the local authorities, on being informed of the occurrence, shall immediately render assistance to the crew, provide for their present necessities, and take the measures necessary for their salvage of the ship and the preservation of her cargo. They shall also bring the matter to the knowledge of the nearest consular representative of the United States, in order that steps may be taken to send the crew home and to save the ship and cargo. The necessary expenses shall be defrayed either by the ship's master or by the United States.

ARTICLE IV.

All citizens of the United States of America in Chosen, peaceably attending to their own affairs, shall receive and enjoy for themselves and everything appertaining to them, the protection of the local authorities of the Government of Chosen, who shall defend them from all insult and injury of any sort. If their dwellings or property be threatened or attacked by mobs, incendiaries, or other violent or lawless persons, the local officers, on requisition of the consul, shall immediately dispatch a military force to disperse the rioters, appre-hend the individuals, and punish them with the utmost rigor of the law.

Subjects of Chosen, guilty of any criminal act towards citizens of the United States, shall be punished by the authorities of Chosen, according to the laws of Chosen; and citizens of the United States, either on shore or in any merchant-vessel, who may insult, trouble or wound the persons, or injure the property of the people of Chosen, shall be arrested and punished only by the consul or other public functionary of the United States, thereto authorized, according to the laws of the United States.

When controversies arise in the Kingdom of Chosen between the citizens of the United States and subjects of His Majesty, which need to be examined and decided by the public officers of the two nations, it is agreed between the two Governments of the United States and Chosen, that such cases shall be tried by the proper official of the nationality of the defendant, according to the laws of that nation. The properly authorized official of the plaintiff's nationality shall be freely permitted to attend the trial, and shall be treated with the courtesy due to his position. He shall be granted all proper facilities for watching the proceedings in the interest of justice. If he so desires, he shall have the right to present, to examine and to cross-examine witnesses. If he is dissatisfied with the proceedings, he shall be permitted to protest them in detail.

It is however mutually agreed and understood between the high contracting powers, that whenever the King of Chosen that shall have so far modified and reformed the statutes and judicial procedure of his kingdom that, in the judgement of the United

States, they conform to the laws and course of justice in the United States, the right of exterritorial jurisdiction over United States citizens in Chosen shall be abandoned, and thereafter United States citizens, when within the limits of the Kingdom of Chosen, shall be subject to the jurisdiction of the native authorities.

ARTICLE V.

Merchants and merchant vessels of Chosen visiting the United States for the purpose of traffic, shall pay duties upon all merchandise imported and exported and tonnage-duties and all fees according to the Customs-Regulations of the United States, but no higher or other rates of duties and tonnage-dues shall be exacted of them, than are levied upon citizens or subjects of the most favored nation.

Merchants and merchant vessels of the United States visiting Chosen for the purpose of traffic, shall pay duties upon all merchandise imported and exported. The authority to levy duties is the right vested in the Government of Chosen. The tariff of duties upon exports and imports, together with Customs-Regulations for the prevention of smuggling and other irregularities, will be fixed by the authorities of Chosen and communicated to the proper officials of the United States, to be by the latter notified to their citizens and duly observed.

It is however agreed in the first instance as a general measure, that the tariff upon such imports as are articles of daily use shall not exceed an ad valorem duty of thirty per centum, and that native produce exported shall pay a duty not to exceed five percentum ad valorem. And it is further agreed that the duty upon foreign imports shall be paid once for all at the port of entry, and that no other dues, duties, fees taxes or charges of any sort shall be levied upon such imports either in the interior of Chosen or at the ports.

United States merchant vessels entering the ports of Chosen shall pay tonnage dues at the rate of five mace per ton, payable once in three months on each vessel, according to the Chinese calendar.

ARTICLE VI.

Subjects of Chosen who may visit the United States shall be permitted to reside and to rent premises, purchase land, or to construct residences or warehouses in all parts of the country. They shall be freely permitted to pursue their various callings and avocations, and to traffic in all merchandise, raw and manufactured, that is not declared contraband by law. Citizens of the United States who may resort to the ports of Chosen which are open to foreign commerce shall be permitted to reside at such open ports within the limits of the concessions and to lease buildings or land, or to construct residences or warehouses therein. They shall be freely permitted to pursue their various callings or avocations within the limits of the port, and to traffic in all merchandise, raw and manufactured, that is not declared contraband by law.

No coercion or intimidation in the acquisition of land or buildings shall be permitted, and the land rent as fixed by the authorities of Chosen shall be paid. And it is expressly agreed that land so acquired in the open ports of Chosen still remains an integral part of the Kingdom, and that all rights of jurisdiction over persons and property within such areas remain vested in the authorities of Chosen, except in so far as such rights have been expressly relinquished by this treaty.

American citizens are not permitted either to transport foreign imports to the interior for sale, or to proceed thither to purchase native produce. Nor are they permitted to transport native produce from one open port to another open port.

Violations of this rule will subject such merchandise to confiscation, and the merchant offending will be handed over to the consular authorities to be dealt with.

ARTICLE VII.

The Governments of the United States and of Chosen mutually agree and undertake that subjects of Chosen shall not be permitted to import opium into any of the open ports of the United States, and citizens of the United States shall not be permitted to import opium into any of the open ports of Chosen, to transport it from one open port to another open port, or to traffic it in Chosen. This absolute prohibition which extends to vessels owned by the citizens or subjects of either power, to foreign vessels employed by them, and to vessels owned by the citizens or subjects of either Power and employed by other persons for the transportation of opium, shall be enforced by appropriate legislation on the part of the United States and of Chosen, and offenders against it shall be severely punished.

ARTICLE VIII.

Whenever the Government of Chosen shall have reason to apprehend a scarcity of food within the limits of the Kingdom, His Majesty may by decree temporarily prohibit the export of all breadstuffs, and such Decree shall be binding on all citizens of the United States in Chosen upon due notice having been given them by the authorities of Chosen through the proper officers of the United States; but it is understood that the exportation of rice and breadstuffs of every description is prohibited from the open port of Yin−Chuen.

Chosen having of old prohibited the exportation of red ginseng, if citizens of the United States clandestinely purchase it for export, it shall be confiscated and the offenders punished.

ARTICLE IX.

The purchase of cannon, small arms, sword, gunpowder, shot and all munitions of war is permitted only to officials of the Government of Chosen, and they may be imported by citizens of the United States only under a written permit from the authorities of Chosen. If these articles are clandestinely imported, they shall be confiscated and the offending party shall be punished.

ARTICLE X.

The officers and people of either nation residing in the other, shall have the right to employ natives for all kinds of lawful work.

Should, however, subjects of Chosen, guilty of violation of the laws of the Kingdom, or against whom any action has been brought, conceal themselves in residences or warehouses of United States citizens, or on board United States merchant vessels, the consular authorities of the United States, on being notified of the fact by the local authorities, will either permit the latter to dispatch constables to make the arrests, or the persons will be arrested by the Consular Authorities and handed over to the local constables.

Officials or citizens of the United States shall not harbor such persons.

ARTICLE XI.

Students of either nationality, who may proceed to the country of the other, in order to study the language, literature, laws or arts, shall be given all possible protection and assistance in evidence of cordial good will.

ARTICLE XII.

This being the first treaty negotiated by Chosen, and hence being general and incomplete in its provisions, shall in the first instance be put into operation in all things stipulated herein. As to stipulations not contained herein, after an interval of five years, when the officers and the people of the two Powers shall have become more familiar with each others language, a further negotiation of commercial provisions and regulations in detail, in conformity with international law and without unequal discriminations on either part shall be had.

ARTICLE XIII.

This Treaty, and future correspondence between the two contracting governments shall be made on the part of the Chosen, in the Chinese language.

The United States shall either use the Chinese language, or, if English be used, it shall be accompanied with a Chinese version, in order to avoid misunderstanding.

ARTICLE XIV.

The High Contracting Powers hereby agree that, should at any time the King of Chosen grant to any nation or to the merchants or citizens of any nation, any right, privilege or favor, connected either with navigation, commerce, political, or other intercourse, which is not conferred by this Treaty, such right, privilege and favor shall freely inure to the benefit of the United States, its public officers, merchants and citizens, provided always, that whenever such right, privilege or favor is accompanied by any condition, or equivalent concession granted by the other nation interested, the United States, its officers and its people shall only be entitled to the benefit of such right, privilege or favor upon complying with the conditions or concessions connected therewith.

In faith whereof the respective Commissioners Plenipotentiary have signed and sealed the foregoing at Incheon in English and Chinese, being three originals of each text of even tenor and date, the ratifications of which shall be exchanged at Incheon within one year from the date of its execution, and immediately thereafter this

Treaty shall be in all its provisions publicly proclaimed and made known by both Governments in their respective countries, in order that it may be obeyed by their citizens and subjects respectively.

Chosen, May the 22nd, A.D. 1882.

R.W. SHUFELDT

Commodore, U.S.N.

SHIN HEON

Envoy of the United States to Chosen

제4장

문호개방원칙과 시어도어 루스벨트의 현실주의 외교정책

1. 미국 동아시아 정책의 백년지계, '문호개방선언'

먼로독트린 외에 별도의 외교적 원칙을 표방하지 않던 미국은 20세기의 전환기에 들어서서 새로운 대외정책을 천명했다. 이 정책은 본래 동아시아, 특히 중국을 겨냥해 만들어졌지만 조만간 미국 대외정책의 표준이 되어 한 세기 이상 지속될 예정이며 지금 이 순간에도 작동하고 있다. 그것은 다름아닌 1899년과 1900년 존 헤이 국무장관이 서구 열강 및 일본에게 회람한 두 개의 각서에서 유래한 '문호개방정책'이다.[27]

---

[27] 문호개방정책의 최초 제안자는 당시 중국 무역의 80%를 차지하고 있던 영국이었다. 하지만, 열강의 세력권 확립이 자신들의 상업적 이익을 침해할 것을 우려하여, 상하이 푸동 지역의 조차 및 양쯔 강 유역에 새로운 조차지 물색 등 영국 역시 세력권 분할에 대비하는 정책으로 이동했다. 케난(Kennan, 2012: 28–30)은 문호개방정책을 처음 거론한 나라가 영국 임에도 그 책임을 미국에게 떠넘긴 채 정작 자국은 문호개방을 고수하지 않은 이유에 대해 다음과 같이 밝힌다. "영국이 세력권에 반대하지 않았다는 사실에 주의하십시오. 영국은 다른 나라의 무역을 배제하는 조건 아래서 영토를 병합하거나 조차하는 데만 반대한 겁니다(……)하지만 사실 영국의 정책 자체는 조용하게 문호개방 교의에서 벗어나기 시작했고 이런 움직임은 1898-1899년 겨울 내내 지속됐습니다. 영국정치인들이 문호개방 원칙을 들먹이긴 했지만 세력권을 그렇게 쉽게 없애거나 자국의 이해라는 관점에서 조용히 나름의 예방책을 강구하는 방향으로 나아갔습니다."

　　'문호개방정책'이 중요한 것은 그 정책이 단순히 동아시아 어느 한 나라에 머무르지 않고, 20세기 이후 한반도, 중국, 일본을 위시한 러시아 등 동아시아 전체의 국제정치지형을 형성하는 데 막대한 영향력을 행사했기 때문이다. 20세기 초반, 유럽에는 영국과 독일을 양대 축으로 세력균형 체제가 촘촘히 작동하고 있었다. 따라서 미국이 비집고 들어갈 틈이 없었을 뿐만 아니라 미국 입장에서도 딱히 그래야 할 이유도 없었다. 하지만 동아시아는 달랐다. 중국과 만주, 그리고 한반도를 중심으로 유럽 열강 및 일본의 세력쟁탈전이 벌어졌다. 어느 하나의 열강도 이 지역을 독점할 수 없었기 때문에 미국은 동아시아에서 독자적으로 대외정책을 펼칠 수 있는 지리적 공간을 확보할 수 있었다.

　　미국은 건국 초기부터 해밀턴 재무장관이 구상한 '상업제국'의 비전을 가지고 있었다. 그것을 하나의 대외전략으로 구체화한 것이 바로 '문호개방정책'이다. 2차세계대전을 거치면서 미국의 동아시아 정책인 '문호개방선언'이 유럽을 포함한 전세계적 차원의 대외정책의 표준으로 자리 잡았다. 20세기 미국대외정책의 골간은 바로 '문호개방정책'에서 비롯되었다고 해도 지나치지 않다. '문호개방정책'은 딘 애치슨과 더불어 미국 역사상 최고의 국무장관으로 평가받는 존 헤이의 구상에 따른 것이었다. 윌슨주의로 상징되는 미국식 이상주의나 전간기 고립주의, 그리고 2차세계대전 이후의 국제주의 영향으로 미국의 외교정책은 상당한 진폭을 경험했지만, 그 저변에는 흔들리지 않는 원칙으로서 '문호개방정책'이 깔려 있다.

문호개방정책의 역사적 배경

'문호개방정책'을 이해하기 위해서는 세기의 전환기에 요동치던 동아시아 정세와 함께 새로운 대외정책 수립을 갈망하던 미국 국내사정을 동시에 살펴보아야 한다. 미국은 스페인과의 전쟁(1898)에 승리함으로써 뜻하지 않게 필리핀을 확보할 수 있었다. 또한 같은 해 하와이를 합병함으로써 아시아태평양 지역으로 진출할 수 있는 교두보를 확보했다. 국내적으로도 변경개척 사업인 프런티어 운동을 통해 미국 영토가 태평양에 다다르자 그 너머로의 진출은 이제 더이상 미룰수 없는 과제로 여겨졌다(Cumings, 2010). 이러한 사태 진전은 미국에게 '고립원칙'을 표명한 먼로독트린과는 다른 관점에서 새로운 대외정책의 추진을 시급히 요청했다. 이로부터 나온 게 바로 '문호 개방선언'이다.

미국이 필리핀 획득을 계기로 동아시아 태평양지역에 관심을 쏟게 된 것은 주지의 일이다. 미국은 특히 중국의 장래에 촉각을 곤두세웠다. 중국은 당시 너무 나약해져 열강의 매력적인 착취대상이 되고 있었다. 1900년경 영국과 프랑스, 독일, 러시아, 일본이 중국을 분할하기 시작했으며, 중국 정부에 이권을 양도하라는 압력을 넣었다. 그렇게 되면 서구열강들이 중국 내 다양한 지역에 대해 효과적인 정치·군사적, 경제적 통제를 할 수 있었기 때문이다. 어떤 경우에는 영토를 점령한 뒤 그 지역을 자국의 '세력권(勢力圈)'으로 일방 주장했다.

19세기 말, 중국을 무대로 발생한 국제정치적 사건이 우리에게 한갓 옛날얘기로 치부될 수 없는 것은 이 모든 사태의 시작이 바로 조선에서 발생한 청일전쟁의 결과였기 때문이다. 한마디로, 청일전쟁은 이후 100년 동안 발생한 모든 동아시아 격변의 시발점이었다. 청나라의 패배는 서구 열강에게 충격적인 결과로 다가왔다. 영국은 전쟁 초기에는 청나라를 공개적으로 지지했지만 청나라가 전쟁에서 패배하자 일본으로 배를 갈아탔다.

청일 양국은 시모노세키조약(1895년)을 체결했다. 조약의 주요내용은 다음과 같았다. 첫째, 청국은 조선국이 완전한 자주독립국임을 인정한다. 둘째, 청국은 랴오둥반도와 타이완 및 펑후(澎湖)열도 등을 일본에 할양한다. 셋째, 청국은 일본에 은 2억 냥을 전쟁배상금으로 지불한다. 넷째, 청국의 사스(沙市), 충칭(重慶), 쑤저우(蘇州), 항저우(杭州)의 개항과 일본 선박의 양쯔(揚子)강 및 그 부속하천의 자유통항 용인, 그리고 일본인의 거주, 영업,

무역의 자유를 승인한다(량치차오, 2013: 221).

　　시모노세키 조약이 체결된 지 채 한 달이 지나지 않아 '삼국간섭 (1895)'이 발생했다. 삼국간섭이란 청일전쟁에서 승리한 일본이 랴오둥반도를 점령하자 러시아, 독일, 프랑스가 일본의 철수를 요구해 관철한 사건이다. 청일전쟁에서 승리한 일본은 시모노세키 조약을 맺어 청나라로부터 타이완, 펑후열도 및 랴오둥반도를 할양받았다. 만주로 진출하려던 러시아는 이에 위협을 느끼고 독일 및 프랑스의 지지를 얻어, 일본의 랴오둥반도 영유는 청에게 위협이 될 뿐만 아니라 조선의 독립을 유명무실화 하는 등 동양평화를 어지럽힌다고 하여 일본에 랴오둥반도를 청나라에 돌려줄 것을 강압했다. 일본은 결국 삼국 압력에 굴복해서 랴오둥반도를 청나라에 반환했다.

　　'삼국간섭'으로 청나라와 러시아의 관계는 급속도로 가까워졌고 그 결과 1896년 6월에 '중·러 밀약'을 체결했다. 이 조약은 일본에 대항하기 위한 군사밀약의 성격을 띠었다. 시베리아 철도를 만주까지 연장하려던 러시아는 삼국간섭에 보상책의 일환으로 리훙장에게 협정을 강요하여 조약체결에 성공했다. 조약의 주요 내용은 ① 일본이 만주, 조선, 러시아 등을 침략할 경우 공동 방어한다, ② 전시에는 중국의 항만을 러시아군에게 개방한다, ③ 군대수송을 위해 북만주를 횡단해서 블라디보스토크에 이르는 철도 부설권을 러시아에 부여한다 등으로 궁극적으로 러시아에게 만주진출을 위한 합법적 기회를 열어준 셈이다.

　　'중·러 밀약' 체결 이후 중국에서는 이전에는 볼 수 없었던 새로운 국면이 전개됐다. 서구 열강들이 중국에서 획득한 권리를 살펴보면 이전에는 볼 수 없었던 새로운 내용들을 포함했다. 요컨대, 중국을 세력권으로 재편하는 열강의 식민화 정책이 본격화된 것이다. 세력권 형성의 특징은 다음과 같았다. 첫째, 중국의 특정 지역을 조차한다. 둘째, 어떤 지역은 다른 국가에게 내어 주는 것을 허락하지 않는다. 셋째, 중국을 대신해 철도를 건설한다. 이런 내용의 발단이 된 게 바로 '중·러 밀약'이었다. '중·러 밀약' 가운데 뤼순(旅順)과 다롄(大連)을 다른 국가에 조차해서는 안 된다고 하는 조항 때문에 서구열강이 자신의 세력범위를 구획하는 계기로 이어졌다.

미국이 문호개방정책을 천명한 이유는 청일전쟁 이후 중국에서 첨예하게 전개된 서구 열강의 극심한 세력 다툼을 배경으로 한다. 청일전쟁과 삼국간섭이 마무리된 1898년은 "이권획득(battle for concession)과 조차(租借)의 난전(亂戰)(orgy for lease)"의 해였다고 해도 과언이 아니다(최문형, 2001: 256). 독일의 자오저우(膠州)만 점령과 만주에서의 러시아의 독점적 지위 확립 시도가 이 모든 사건의 출발점이었다.

'중·러 밀약' 체결로 러시아가 중국, 특히 만주지역에서 결정적 우위를 확보하는 형세가 펼쳐지자 중국을 차지하기 위한 열강들의 싸움이 본격화하기 시작했다. 자오저우만은 '중·러 밀약'에 따르면 러시아 세력권에 속했다. 그런데 독일이 갑자기 이 지역으로 침투해오자 러시아는 크게 분노했다. 독일은 결국 1898년 3월 6일, 독·청조약을 체결해 자오저우만을 99년간 청나라 정부로부터 조차하여 산둥성 일대를 자국 세력권으로 편입했다. 그러자 러시아는 청나라에게 뤼순과 다롄의 조차를 요구했다.

리훙장은 러시아와 직접 밀약을 체결한 사람으로서 조약을 이행하려고 해도 그럴 수 없었고 책임 또한 미룰 수가 없었다. 그래서 결국 러시아 공사 파블로프와 또 다른 조약을 체결하게 된다. 뤼순과 다롄만, 그리고 이곳에 닿아있는 해수면을 러시아에 25년 간 조차하기로 합의했다. 아울러 잉커우(營口)와 빈하이(濱海) 일대까지 러시아가 철도를 건설하는 것도 허용했다.

러시아가 뤼순과 다롄을 점령하자 영국도 세력균형을 핑계로 곧바로 웨이하이웨이(威海衛)를 요구했다. 그곳은 배상금을 다 받은 일본군이 막 철수한 상태였다. 영국은 러시아의 전례를 따라 이 항구를 25년 동안 조차했다. 모든 세부규정은 러시아가 뤼순과 다롄을 조차한 전례에 입각하여 동일하게 처리했다.

이때부터 중국영토의 할양은 하도 자주 보아서 이상할 게 없는 흔한 일이 되었다. 영국은 시장(西江) 일대를 통상 항구로 개방해 그 일대의 상업 권리를 독점하려고 중국정부를 압박했다. 프랑스도 일이 긴박하게 돌아가는 것을 보고는 바로 독일이 자오저우만에서 했던 군사행동의 전례를 따라 함대를 이끌고 광저우만으로 쳐들어갔다. 그런 뒤 그곳을 99년 동안 조차해줄 것을 요구했다. 중국은 저항할 힘이 없었기 때문에 프랑스의 요구를 들어줄 수밖에 없었다.

이에 뒤질세라 영국도 세력균형을 유지하고 프랑스를 저지할 목적으로 99년 동안 주룽(九龍) 일대의 조차를 요구했다. 조약을 체결하기 전날, 리홍장은 영국 공사 클로드 맥도날드(Claude MacDonald)와 격한 말싸움을 벌였다. 리홍장은 "비록 당신네들이 주룽을 조차했지만, 산위에 포대를 건설해서는 안됩니다"라고 말했다. 이에 화가 난 영국 공사는 "많은 말 필요 없습니다. 우리 영국이 이 지역을 요구한 것은 귀국이 광저우만을 프랑스에 양보해서 우리의 홍콩이 위험해졌기 때문입니다. 만약 공께서 광저우만 관련 조약을 폐기할 수만 있다면 우리도 즉시 이 요구를 철회 하겠습니다"라고 언성을 높였다. 이 말을 들은 리홍장은 분노가 치밀었지만 반박조차 못하고 주룽을 영국에게 넘겨줄 수밖에 없었다(량치차오, 2013: 237).

청나라가 홍콩 섬 건너편에 있는 '구룡반도'로 우리에게 잘 알려진 주룽 일대를 영국에 할양한 게 1898년 6월 5일의 일이었다. 이로부터 약 1년 3개월 후인 1899년 9월, 미국은 1차 문호개방선언을 발표했다. 이것은 중국에서 열강들의 세력분할과 미국의 문호개방선언이 무관치 않음을 잘 보여준다.

문호개방정책의 등장과 서구 열강의 반응

헤이 장관은 서구 열강에게 '문호개방각서'로 알려진 세 가지 원칙을 수용할 것을 요청했다. 첫째, 중국내의 세력권 또는 조차지 내에서 어떤 국가도 조약 항 또는 기득권에 관여할 수 없다. 둘째, 중국의 관세율이 세력권 내에서도 적용되며 관세는 중국해관이 징수한다. 셋째, 각각의 세력권 안에서 항세, 철도운임 등 자국민을 위한 편파적인 호혜조치를 취하지 않는다(Cullinane and Goodall, 2017: 19-20).

초기 문호개방정책은 중국의 영토보전 및 세력권 폐지와는 거리가 멀었다. 그 핵심은 서구 열강이 조차와 할양을 통해 확보한 중국영토 안의 배타적 세력권 안에서 다른 나라들도 자유롭고 동등하게 무역할 수 있도록 허용해야 한다는 것이었다. 구체적 내용 측면에서 보았을 때도 기존 미국의 통상정책과 별반 다를 것이 없었다. 최혜국 원칙을 천명하는 가운데, 세력권 내 통상에 있어 차별금지, 조약항에 대한 불간섭, 중국세관의 관세징수권 확보를 옹호했다. 1차 문호개방각서에 드러난 미국의 문호개방정책의 특징은 중국이 주장하는 전체적인 독립주권에 대한 승인이라기보다 중국내에서의 통상에 대한 동등한 접근권 보장을 요구하는 내용을 담았다.

미국의 1차 문호개방각서 회람에 대한 서구 열강들의 반응은 대체로 냉소적이었다. 중국내 어떤 세력권도 확보하지 못한 이탈리아만이 헤이의 원칙을 수락했을 뿐이다. 그 외 서구열강들은 자신의 세력권 내에서 러시아, 독일, 프랑스 등 그 어떤 나라도 자국 국민들이 원하는 착취와 개발의 독점적인 특권을 단념할 의사가 전혀 없었다.

러시아는 관세문제는 중국인들 스스로 결정해야 한다면서 자국은 다른 나라들이 행사하는 이권을 제외하고는 그밖에 중국내에서 어떤 특권도 주장하지 않았다고 즉답을 회피했다. 독일은 무역, 통상, 그리고 항해에 관한 한 모든 국가에 동등한 대우를 해왔고 앞으로도 그럴 것이라고 선언했다. 프랑스는 관세, 운항세, 철도요금 부문에서 다른 나라들에게 동등한 접근권을 부여했기에 다른 나라들도 프랑스에게 동등한 대우를 해야 한다고 주장했다. 대만 외에 중국에 특별한 이권을 확보하지 못했던 일본은 다른

열강들이 모두 동의한다면 자신들도 헤이의 제안을 수용하겠다고 선언했
다. 영국은 주룽반도 조차에 관한 몇 가지 유보상항을 제외하고는 쉽게 동
의했는데, 문호개방원칙을 수용한다 해도 잃을 것이 별로 없었기 때문이다.

정리하면, 헤이 장관의 1차 문호개방선언은 무역통상 일변도의 매우
소극적인 내용을 담고 있었다. 세력권으로 요약되는 서구 열강의 기득권을
그대로 인정했을 뿐만 아니라 중국의 영토보전도 언급하지 않았으며 광산,
철도부설권에 관해서도 침묵했다. 요컨대, 정치와 경제의 연계가 부족했다.
그런데 문호개방선언에 숨겨진 미국의 외교적 목표를 실현할 수 있는 기회
가 1900년에 터진 의화단 사건에서 찾아왔다.

의화단 사건과 2차 문호개방각서

구미 열강의 제국주의적 침탈이 도를 더해가자 비밀무술단체인 의화단이
외국인들을 습격했다. 사실 의화단은 시태후(西太后)를 위시한 청 조정의 실
세들과 긴밀한 관계를 맺고 있었다. 의화단 사건은 베이징 주재 영국대사관
에 모여 있던 각국 외교관들을 포위, 구금하는 사태로 그 절정에 달했다. 위
협을 느낀 미국을 포함한 열강 세력은 자국 외교관을 구출하기 위해 국제원
정군을 파견했다. 1900년 8월, 국제원정군은 베이징으로 진격해서 포위망
을 뚫어냈다. 이 과정에서 미국이 파병한 2,500명 해병대와 일본군의 활약
이 두드러졌다. 이 사건은 훗날 〈베이징 55일〉이라는 유명한 할리우드 영화
의 모티브가 되기도 했다.

반란 진압과정에서 미국의 발언권이 한층 강해졌다. 이에 고무된 헤
이 장관은 1900년 7월 3일자로 서구 열강에게 2차 문호개방정책을 일방적
으로 선언했다. 두번째 문호개방선언에서 비로소 '중국 영토와 행정의 통일
성', 곧 중국의 주권과 독립 보존이 미국의 기본정책이며 중국내 전 지역에
서 평등하고 차별 없는 무역을 보장해야 한다는 문호개방정책의 전모가 드
러났다.

헤이의 2차 문호개방각서는 미국 외교통상 정책의 일방적 선언으로 열강들에게 어떠한 보장책도 간구하지 않았다. 열강들은 이전과 다름없이 중국으로부터 최대한의 이권을 얻어내고자 독자적인 책략으로 일관했다. 러시아는 자신의 지위를 보다 공고히 하기 위해 만주에 군대를 주둔시켰다. 영국은 군사적 대응책 등 그 어떤 강제력을 지니지 못한 헤이의 문호개방정책에 대해 별반 신뢰할 수 없었기 때문에 다른 경쟁국들과 쌍무협정을 통해 자국의 이권을 지키려 했다.

헤이 장관은 의화단 사건이 열강들로 하여금 중국에서 세력권을 확대하거나 공고히 하는 데 적절한 구실을 제공했음을 이해했다. 식민지 확대라는 제국주의 정책을 추진하던 서구 열강은 문호개방정책을 명분은 그럴듯해도 중국 실정을 전혀 반영하지 못하고 있다고 판단했다. 헤이 국무장관은 미국의 동아시아 정책을 다시 한 번 분명히 할 필요성에 직면했고, 매킨리 대통령의 재가를 얻어 2차 문호개방각서를 발송했다.

헤이는 "치외법권적 조약하에 보증된 모든 수단으로 우리 시민들의 생명과 재산"을 보호하려는 미국의 권한을 거듭 확인하면서, 질서를 회복하고 "모든 합법적인 미국의 이권을 보호하기 위해 다른 열강들과 일치해 행동하는 것"이 미국정부의 외교적 목표임을 강조했다. 이 각서의 핵심은 다음과 같은 문호개방정책의 중대한 목적을 새롭게 추가한 부분이다.

> "미합중국 정부의 정책은 중국에 항구적인 안전과 평화를 가져오고, '중국의 영토적·행정적' 실재를 보존하며, 조약과 국제법에 따라 우호적인 열강들에게 보증된 모든 권리를 보호하며, 중국의 모든 부문과 더불어 동등하고 공평한 통상원칙을 확보하기 위한 해결책을 모색하는 것이다"(김영흠, 1988: 17).

헤이 장관은 문호개방원칙이 효과적으로 유지될 수 있기 위해서는 중국 스스로 자국 영토 전체에 대해 주권을 행사할 수 있어야 한다고 판단했다. 최초의 문호개방각서가 열강들의 세력권과 조차지 내에서 전개되는 통상에 대한 동등한 접근기회를 보장받으려는 것이었던 데 비해 2차 문호개방각서에서는 한층 강화된 문호개방 요구와 중국의 주권을 보호하겠다고 선언했기 때문이다. 따라서 헤이는 은연중에 다른 열강들에게 미국의 지도를 따를 것을 제시했다. 이것은 의화단 사건 이후 중국을 엄습할지도 모르며 실제 벌어지고 있던 사태, 곧 세력권 확대에 몰두한 열강들에 의한 중국의 완전 분할에 대해 그들에게 가하는 경고 메시지로 간주할 수 있다.

한편, 의화단 사건의 진압으로 베이징이 함락되자 열강들은 강화조건과 보복조치에 대한 초안을 작성했다. 이 과정에서 헤이 장관은 다른 참여국들이 의화단 사건으로 입은 손실에 대해 중국으로부터 적절한 배상을 받을 수 있도록 중재에 나서는 가운데, 빠른 시일 안에 군대를 철수하여 중국의 영토보전과 개혁을 위해 할 수 있는 모든 것을 다함으로써 문호개방정책을 지속할 것이라고 미국의 입장을 표명했다.

미국은 서구열강이 의화단의 범죄행위를 기소하고 직접 심판할 수 있는 사법적 권한을 가져야 한다는 독일의 제안에 반대했다. 비록 동상이몽이긴 했지만 러시아가 미국 주장에 동조하고 나섰다. 미국과 러시아의 입장이 연합국 내에서 우세해졌고, 결국 청나라 정부가 형벌 집행 등 사법권을 행사하기에 이르렀다. 미국은 청나라 정부로부터 받은 배상금 전액을 대학 설립에 기부했는데, 그렇게 해서 만들어진 교육기관이 바로 칭화(靑華)대학이다.

2차 문호개방각서를 회람하는 과정에서 특기할 점은 미국은 자국의 문호개방정책을 일방적으로 발표할 뿐 열강의 답변을 별도로 요청하거나 전혀 고려하지 않았다는 사실이다. 의화단 사건을 진압하는 데 앞장섬으로써 독자적 대외정책을 실행에 옮길 수 있다는 자신감을 처음으로 얻었다. 하지만, 이보다 더 중요한 것은 외교적 해결책보다는 미국 특유의 일방주의 원칙, 곧 독트린을 앞세우는 군사적 행동주의의 그림자가 동아시아 정책 수행에 드리우기 시작했다는 점일 것이다.

문호개방정책에 대한 평가와 한반도문제

문호개방정책은 윌리엄스(Williams, 1972) 등 미국의 수정주의 외교사가들이 주장하는 것처럼 팽창주의적 경제 침탈을 위한 정교한 제국주의 논리로 고안됐다기보다 기존 세력권 중심의 서구 열강의 세력균형론을 비판하면서 자국의 경제적 이익을 실현하기 위한 미국 특유의 외교정책 문법의 산물로 보는 게 타당할 것으로 여겨진다. 헤이 국무장관이 동아시아에서 미국의 이익실현을 위해 발송한 두 개의 각서에서 비롯한 문호개방원칙은 20세기 내내 미국대외정책의 주춧돌을 놓았다고 할 수 있을 정도로 미국을 대표하는 외교정책으로 자리매김 했다.

문호개방정책은 큰 포부와 달리 20세기 초에는 중국을 포함한 동아시아에서 그다지 큰 효력을 발휘하지 못했다. 케난(Kennan, 2012: 37)이 지적한대로, 문호개방정책이 중국에서 서구 열강의 세력권 추구를 충분히 방어해내지 못했기 때문이다. 그렇다고는 해도 성과가 전혀 없지 않았다. 적어도 중국이 단일한 열강의 지배, 조선처럼 식민지로 전락하는 사태만큼은 방지할 수 있었기 때문이다. 할양·조차 방식을 통한 서구 열강의 세력권 추구는 방지하지 못했지만, 특정 열강의 일방적 독점은 허용하지 않음으로 해서 중국에 대한 문호개방은 유지될 수 있었다.

사실, 문호개방정책에 포함된 두 개의 원칙은 성격이 상당히 달랐다. 시간이 지나면서 문자 그대로의 '문호개방', 곧 중국의 관세주권 및 동등한 시장접근을 의미하는 경제원칙에서 중국의 영토주권 및 행정적 통일성을 옹호하는 정치원칙으로 강조점이 이동하기 시작했다. 20세기 전반기 내내 중국, 만주지역에서 일본의 팽창주의적 시도를 막아설 때마다 미국은 문호개방원칙 위반을 주요 근거로 제시했다. 일본은 이러한 미국의 간섭이 헤이 장관이 천명했던 문호개방선언에 과연 부합하는지 따져 물었다(Clyde,

1966: 168-169). 문호개방정책이 처음의 목표에서 벗어나 미국의 이익을 옹호하는 개입과 간섭의 도구로 변질되지 않았는지를 문제삼은 것이다.

1930년대 들어 헤이의 '문호개방정책'은 중국의 독립을 보존하기 위한 방편으로 전환했다. 요컨대, 단순한 통상외교정책을 넘어 일종의 독트린인 '문호개방원칙'으로 전환한 것이다. 이제 미국은 외교안보 상의 중대한 위기에 직면할 때마다 적과 동지를 가늠하는 기준으로 '문호개방원칙'을 제시할 것이다. 북핵문제가 해결 기미를 보이는 끝자락에서도 미국이 북한과의 국교정상화를 위한 최종 판단 기준 역시 중국, 베트남에서와 마찬가지로 '문호개방원칙'의 수용 여부가 될 것이다.

문호개방정책은 구한말 한반도문제에도 상당한 영향을 미쳤다. 내정에는 무능했지만 오랜 재위 덕에 열강에 지속적으로 시달린 경험을 통해서 나름의 외교 감각을 습득한 고종은, 미국의 문호개방정책이 조선의 독립을 유지하는 데 상당히 우호적임을 즉각 알아차렸다. 고종은 알렌 공사를 통해 조선이 문호개방정책의 범위 안에 포함될 수 있도록 미국정부에 요청했다(Lee, 1999: 19). 다시 말해서, 미국에게 한반도문제와 동아시아정책의 일치, 즉 커플링을 요구한 것이다. 이에 대해 헤이 국무장관과 매킨리(William McKinley) 대통령은 즉답을 피하며 유보적 태도를 보였다.

미국이 즉답을 피한 이유는 조선이 상업 이익을 핵심으로 하는 미국의 국익에 중국만큼 중요한 지역인가, 한반도를 과연 문호개방의 범주 안에 포함시킬 것인가 등의 문제에 대해 정책적 판단이 잘 서지 않았기 때문이었던 것으로 여겨진다. 결국, 한반도를 문호개방정책과 연계할지(coupling), 아니면 분리할지(decoupling) 여부에 대한 최종 판단은 차기 대통령인 시어도어 루스벨트의 손에 맡겨졌다.

2. 동아시아 세력균형과 시어도어 루스벨트의 한반도 덤핑 정책

20세기로의 전환기에 미국의 대외정책에 몇 가지 특기할만한 변화가 발생했다. 매킨리 대통령 재임기인 1898년, 미국·스페인 전쟁이 발발했다. 전쟁에서 승리한 미국은 스페인 식민지였던 쿠바를 독립시키는 것과 함께 사실상 보호령 하에 두고 필리핀을 식민지화하는 제국주의 정책을 실행에 옮겼다. 하지만 동아시아의 경우, 헤이의 문호개방선언을 필두로 '강한 아시아' 정책을 고수했다. 그런데 동아시아에서 예기치 않은 사건이 터져 나왔다. 만주와 한반도의 패권을 놓고 러시아와 일본 사이에 전쟁이 발발한 것이다.

격변하는 동아시아 정세에 맞춰 미국의 대외정책을 조율하는 작업은 매킨리 대통령의 암살로 인해 대통령직을 승계한 시어도어 루스벨트의 손에 맡겨졌다. 루스벨트는 유럽열강들처럼 국가이익을 대외정책의 시금석으로 삼았다. 그는 문호개방 정책을 유지하면서 경제적 이익과 국가안보로 요약되는 미국의 국익실현에 가장 유리한 조건이 무엇인지를 탐색했다. 그 결과, 루스벨트가 선택한 전략이 바로 지정학에 기초한 세력균형이었다.

국가이익과 세력균형이 루스벨트의 동아시아 정책을 상징하는 핵심 용어였다. 루스벨트는 미국의 국익과 동아시아 세력균형에 가장 위협이 되는 나라로 러시아를 꼽았다. 만일, 만주와 한반도가 러시아의 세력권 하에 들어가면 러시아는 태평양으로 진출을 시도할 게 명백하다. 이럴 경우, 미국은 자국의 경제 이익은 물론 안보 역시 심각하게 위협받을 것이기 때문에 러시아와의 일전은 불가피하게 될 것이다.

태평양에서 충돌하기 전에 만주와 한반도에서 러시아 세력을 막아설 수 있다면 그야말로 상책(上策)이다. 또한 러시아 봉쇄를 미국과 전략적 이해를 공유하는 영국이나 일본이 대신해 준다면 미국으로서는 더할 나위 없이 좋은 일이 될 것이다. 이럴 때만이 동아시아에서 세력균형이 유지될 수 있을 것이라고 루스벨트는 추론했다. 그래서 루스벨트는 "러시아의 승리는 문명의 타격이나, 러시아 세력의 몰락도 또한 불행이다. 미국을 위해 계산하자면, 그것은 러시아로 하여금 일본과 동아시아에서 대치하게 하여 서로 견제하고 서로 완화케 하는 것만큼은 좋지 못하다"(문일평, 2016: 301)고 힘주어 말할 수 있었다.

루스벨트의 대외정책은 동아시아에서 열강들 사이의 세력균형을 유지하는 데 일차적 목표가 있었다. 힘과 국익에 입각한 정책수행이 가장 이상적이라는 현실주의적 분석틀에 의하면 루스벨트의 동아시아 정책은 가장 현실적 바탕 위에서 수행되었다. 그는 동아시아에서 제한된 개입정책을 유지했다. 동아시아 지역에 사활적 이해를 걸고 있는 일본과의 우호관계가 대외정책의 핵심이었기 때문에 이를 위해서는 문호개방정책마저 포기할 의사가 있었다(Esthus, 1967: 308).

루스벨트는 전임 매킨리 대통령의 문호개방정책에서 모순점을 발견했다. 왜냐하면, 만주와 관련해서 일본인들이 미국이 반대하는 정책을 선택한다 할지라도 전쟁태세를 갖추지 않는 한 그것을 막을 방도는 없기 때문이다. 그래서 문호개방정책을 세력균형정책으로 수정하기로 결심했다.

"만주에서 일본과 전쟁을 벌여서 승리하려면 영국 정도의 함대와 독일 정도의 육군이 필요하다. 중국에 대한 문호개방선언은 훌륭한 정책이었고 외교협정으로 유지될 수만 있다면 계속 유지되기를 바라마지 않는다. 하지만, 열강이 그것을 무시하기로 마음먹고 전쟁의 위험을 무릅쓰기로 결심하는 순간 사라져버린다"(Griswold, 1962: 132).

동아시아에 관한 이러한 추론은 훗날 봉쇄정책의 아버지라 불린 조지 케난의 문호개방정책에 대한 평가와 상당히 흡사하다. 케난은 일본이 러시아와의 1905년 전쟁에서 승리한 이후, 미국은 동아시아에서 전개된 세력배치를 수용하는 것 외에 더 큰 안정성을 보장하는 다른 뚜렷한 대안도 없었던 것으로 간주했다. 따라서 루스벨트는 일찍이 이 지역에서 러시아와 일본이 균형을 유지하는 게 바람직하다는 점을 기꺼이 인정할 수 있었다. "서로가 서로를 누그러뜨리는 작용을 하게끔" 말이다(Kennan, 2012: 47-48).

이 견해에 의거해서 미국 정부는 조선에서 일본의 우위가 확립되는 현실을 받아들이는 데 별로 어려움을 느끼지 않았다. 1905년의 '태프트-가쓰라 밀약(Katsura - Taft Agreement)'과 1908년의 '루트-다카히라 협정(Root-Takahira Agreement)'은 일본인들에게는 확실히 자신들이 만주에서 획득한 이권과 기존 지위를 미국이 암묵적으로 인정하는 것을 의미했다.

일본과 러시아 양측의 중재요청을 받아들여 시작된 '포츠머스 조약(Treaty of Portsmouth)'을 통해 외교적 이득을 본 나라는 중재국 미국이었다. 왜냐하면, 포츠머스 조약은 승자인 일본의 이익이 아니라 미국의 관점에서 동아시아에서의 세력균형을 실현시켰기 때문이다. 미국은 동아시아 세력균형을 위해서 전쟁 당사자도 아닌 한반도를 희생양으로 삼았다. 그런 까닭에 한반도에서 일본의 종주권을 인정한 포츠머스 조약 제1조를 합의하는데 있어 러시아와 일본, 미국 세 나라 사이에 어떤 이견도 발생하지 않았다. 뤼순, 다롄을 포함한 남만주에서의 일본의 우월적 지위 역시 포츠머스 조약은 인정했다. 하지만 만주 전체로 확대해 본다면 러시아의 영향력 역시 북만주, 몽고 지역을 중심으로 여전히 유지됐다.

그런데 일본의 전쟁배상금 요구를 러시아가 잘 방어해 냄으로써 포츠머스 조약의 승자가 일본이 아니라 러시아인 것으로 비쳐지는 역설이 발생했다. 일본이 전쟁배상금을 요구하자 러시아 협상 대표 세르게이 비테(Sergei Witte)는 "러시아는 지금까지 다른 나라에 전쟁배상금을 준 적이 없으며, 이번에도 마찬가지"라고 버티며 조약타결을 지연시켰다. 일본군이 모스크바까지 밀고 들어 왔으면 몰라도 지금의 전선은 만주라고 항변하면서, "이곳에는 승자가 없다(There are no Victors here)"는 유명한 말로 맞섰다. 일본은 전승국이 아니며 러시아 역시 패전국이 아니라는 취지에서였다.

협상이 교착상태에 접어들자 루스벨트는 배상금과 사할린섬 할양문제를 놓고 서로 양보할 것을 두 나라에 요청했다. 그러나 압박의 무게는 일본 쪽에 더 두어진 것으로 느껴졌다. 루스벨트는 일본에게는 "전쟁배상금 요구는 무리이며, 만일 전쟁이 재발한다면 일본은 지금보다 엄청난 전비를 써야 할 것"이라며 충고하는 척 했고, 러시아에게는 "전쟁이 계속된다면 시베리아 전체가 일본군 수중에 떨어질 것"이라고 압력을 가했다. 결국 일본은 전쟁배상금 없이 사할린섬을 분할하자는 제안을 할 수밖에 없었다.

비테는 영토를 할양할 바에 강화협상을 중단하라는 짜르의 훈령마저 무시했다. 일본의 제안을 고심에 찬 표정으로 수용하면서 비테는 사할린섬의 분계선은 북위 50도가 될 것이라고 선언했다. 비테는 "평화다, 일본이 양보했다"고 큰 소리로 외치며 회담장을 빠져나왔다.

사실이 그랬다. 전쟁에선 일본에 패배했지만 외교에선 러시아가 판정승한 것으로 미국을 비롯한 유럽 각국의 언론은 평가했다. 〈뉴욕타임스〉는 "포츠머스의 모든 관찰자들은 러시아의 외교적 승리로 보고 있다. 외교사에서 전례가 없다고 할 수 있을 정도다. 지상전에서 패배하고 해군은 거의 소멸한 나라가 승전국에 대해 이렇게 하라고 자신의 조건을 제시한 것은 놀라운 일이다"(박보균, 2005: 255)고 포츠머스 조약 타결 소식을 전세계에 타전했다.

포츠머스 평화협정은 대체로 러시아의 외교적 승리로 간주됐다. 한마디로 일본은 전쟁에선 이겼지만 강화협상에선 패배했다고 본 것이다. 이는 러시아가 더 많은 것을 내줄 수 있었고, 일본은 더 많은 것을 얻을 수 있었지만 그렇지 못했기 때문이다. 일본국민들 또한 포츠머스 강화조건에 실망을 금치 못했다. 이들은 배상 조항이 당연히 포함됐어야 했고, 사할린섬 전체를 일본에 양도했어야 하며, 시베리아 전부는 아니더라도 일부는 차지했어야 했다고 느꼈다. 일본인들은 가쓰라 내각의 사퇴를 요구했으며, 평화협정을 중재한 루스벨트의 역할에 대해서도 분노를 표시했다.

한미관계 측면에서 포츠머스 조약은, 미국이 한편에서는 동아시아 세력균형을 위한 균형자 역할을 하고, 다른 한편에선 중국에서는 문호개방정책을 지속함과 동시에 한반도를 문호개방과 분리시키는 디커플링 노선을 선택한 것으로 평가할 수 있다(Moore, 2017: 169).

이러한 목표를 성취하기 위해서는 루스벨트가 할 일이 하나 더 남아 있었다. 대륙 쪽에서 미국 안보를 위협할 가능성이 있는 러시아 세력은 영국과 일본이 저지할 수 있지만, 해양 쪽에서 위협을 가할 수 있는 일본과는 우호적 관계를 수립할 필요가 있었기 때문이다. 당시의 미국 함대의 실력으로는 일본 연합함대를 효과적으로 제압할 수 없었다. 그래서 루스벨트는 일본 해군이 필리핀 공략에 나서면 미국은 이를 충분히 방어할 힘이 없다는 점에 대해 늘 우려했다. 이 목표 달성을 위해 미국이 던진 카드가 바로 태프트-가쓰라 밀약이다.

태프트-가쓰라 밀약(1905): 미국 현실주의 외교노선의 상징

태프트-가쓰라 밀약은 육군성 장관인 윌리엄 태프트(William Taft)와 일본 총리 가쓰라 다로(桂太郎) 사이의 비밀대화에서 마련된 것이다. 러일전쟁이 끝날 무렵인 1905년 7월 하순, 태프트의 일본 방문 중에 벌어진 일이었다. 대화록은 일본이 미국령 필리핀의 안전을 보장해 주는 대신, 미국은 사실상 일본의 한반도 합병을 승인해주는 비밀 합의문이었다.

총 3개항으로 이루어진 합의문 내용은 다음과 같았다. 첫째, 일본은 필리핀에 대해 침략의도를 품지 않으며, 미국의 필리핀 지배를 확인한다. 둘째, 동아시아 평화를 위해 미국, 일본, 영국 세 나라는 실질적 동맹관계를 확보한다. 셋째, 러일전쟁의 원인이 된 조선에 대한 일본의 우월적 지배권을 인정한다. 루스벨트는 가쓰라와의 대담 내용을 비밀전문으로 받은 후, 태프트에게 "당신이 일본 측에 한 모든 약속을 승인한다"는 식으로 비준했다.

루스벨트는 개인적으로는 일본인들을 찬양하고 추켜세웠지만, 동시에 일본을 두려워했다. 그의 표현처럼 마치 '떠오르는 태양'과 같은 이 강력한 해양국가는 필리핀은 물론 동아시아에 불길한 그림자를 드리웠다. 필리핀은 식민지화 된지 10년 만에 아시아의 힘의 정치 속에서 더욱 더 많은 부분이 미국의 볼모 또는 게릇이 되었다. 미국이 필리핀이라는 안보인질을 위해 지불해야 할 대가는 조선과 만주에서에 일본 지배를 용인해주는 것 외에 달리 없었다. 실제로 루스벨트는 필리핀을 미국 식민지로 만든 결정이 외교적 실책이었음을 인정했다.

일본의 필리핀 침공 및 미국 연안 위협에 대한 두려움은 루스벨트 대통령을 포함하여 많은 미국인들을 괴롭혔다. 태프트-가쓰라 밀약은 이러한 두려움에 따른 고도의 정치적으로 계산된 산물이었다. 이 비밀약정에 따라 일본은 필리핀에 대한 어떤 호전적 구상도 하지 않을 것을 약속하고, 그 대가로 미국은 조선에 대한 일본의 종주권을 인정했다. 루스벨트 대통령은 진심으로 이러한 공식적인 양해에 찬성하며, 필리핀에 대한 일본의 침략을 저지하는 보증수표로 받아들였다. 반면 일본은 미국이 뒷문을 통해서 영일동맹에 가담한 것으로 해석했다.

"일영동맹은 사실상 일영미 동맹이다. 우리는 영국이 우리와 동맹국일 때 미국 또한 그 협정에 관계했다고 확신한다. 미국은 독특한 국가적 조건 때문에 공식적으로 동맹조약을 체결할 수 없지만, 우리는 그러한 동맹조약 없이도 미국이 우리의 동맹국임을 명심할 것이다"(Treat, 1938: 254).

청나라와 러시아를 한반도에서 차례로 제거하고 미국과 영국을 동맹세력으로 확보한 일본에게, 한반도 식민화라는 목표를 가로막을 더이상의 방해물은 존재하지 않았다. 1905년 11월 17일, 일본은 조선의 외교권을 박탈한 을사보호조약을 체결했다. 이로부터 정확히 일주일 후인 11월 24일,

미국은 수교국들 가운데 대한제국과 가장 먼저 단교했다. 일본에 우의를 표하기 위해 취해진 서울 공사관 철수는 미국이 조선에서 행한 마지막 외교행위였다. 이 조치는 미국이 한반도문제에 더이상 관여치 않겠다는 의지를 드러낸 상징적 사건으로 한반도를 사실상 덤핑 처리한 것이나 다름없었다. 스스로를 지킬 힘이 없는 나라와 백성에게 국제관계란 이렇게도 비정했다.

1900년대 초반 5년의 시기는 일본에 의한 조선합병이 결정난 것이나 다름없는, 한반도 역사에서 가장 비극적 시기에 해당한다. 미국이 일본의 조선 합병조치를 외교적으로 적극 거들고 나선 것은 이제는 널리 알려진 일이다. 이 당시, 미국은 일본과 전략적 협력을 추구한 사실상의 동맹국이었다.

러일전쟁 전야에 루스벨트를 비롯한 미국의 정책결정자들은 일본의 조선합병을 당연한 것으로 받아들였다. 중국과 한반도의 디커플링으로 상징되는 동아시아 정책결정에 압도적 영향력을 행사한 락힐의 조선의 덤핑처리 방침을 워싱턴은 초당적으로 공유했다. 알렌 공사는 1904년 2월에 "조선은 고대의 정복과 전통적 권리에 따라 마땅히 일본에 속해야 합니다"(Griswold, 1962: 96)며 자신의 견해를 전했고, 락힐 또한 알렌의 생각에 기꺼이 동의했다.

> "대한제국이 독립을 지속할 수 있도록 미국정부가 영향력을 행사할 가능성은 거의 없습니다. 러일전쟁이 끝나면 일본이 한반도문제를 처리하려 들 것입니다. 일본의 한반도 합병은 일본제국이 대륙으로 진출하는 데 있어 거대하고 결정적 일보를 상징합니다. 일본의 조선합병은 조선인들에게도 좋은 일이며, 극동의 평화를 위해서도 마찬가지로 좋은 일이 될 것입니다"(Esthus, 1967: 97)

미국의 안보와 국익을 위해서 조선에 대한 일본의 종주권을 기꺼이 인정한 미국의 조선 덤핑, 곧 폐기 정책은 동아시아 평화 실현이라는 더 큰 명분으로 포장됐다. 서구 열강들 또한 약속이라도 한 듯 일본의 조선 합병을 승인했다. 이것이 가능했던 이유는 바로 서구 열강은 물론, 미국 역시 권력 정치에 기반한 현실주의 외교문법에 기댐으로써 일종의 자연법칙과 같은 인식공동체를 형성했기 때문이다. 이를 상징하듯 루스벨트는 포츠머스 조약을 성사시킴으로써 동아시아 평화를 달성했다는 공로로 수여된 노벨평화상 수상식에서 '평화'와 전혀 어울리지 않을 법한 발언들을 쏟아냈다.

"정직한 사람이라면 폭력이 존재하는 거칠고 새로운 공동체 내에서 자기 자신을 지킬 수 있어야 합니다. 그가 안전을 확보하는 다른 방법을 고안해 내지 않은 상태에서 집단 내 위험한 사람들은 계속 무기를 갖고 있는데도 그에게 무기를 포기하라고 설득하는 것은 어리석은 동시에 사악한 일입니다."(Kissinger, 2014: 248)

루스벨트에 따르면, 힘이 지배하는 세계에서 마치 자연법칙과도 같은 사물의 질서는 '세력권' 개념에 잘 반영되어 있다. 세력권이란 광대한 지역에 대한 압도적인 영향력을 특정 국가가 보유하는 것으로, 예컨대 미국에게는 아메리카 신대륙과 필리핀, 영국에게는 인도를 포괄하는 지역을 말한다. 루스벨트가 일본의 한국 점령을 묵인했던 이유는 일본과 한국의 상호관계가 기존의 조약이나 국제법이 아니라 양국이 가진 상대적 힘에 의해 결정돼야 한다고 생각했기 때문이었다.

"조선은 전적으로 일본의 세력권 안에 존재한다. 조선이 지속적으로 독립을 유지해야만 한다는 조약이 정식으로 체결된 것은 확실하다. 그러나 조선에게는 이 조약을 강제할만한 힘이 없었다. 다른 국가가 나서서 (……)조선이 스스로 할 수 없는 일을 대신 해줄 것으로 믿을 수는 없는 일이다"(Kissinger, 1994: 41).

　　루스벨트는 세계 질서의 궁극적인 본질이 주요 열강들의 경쟁적인 야망을 통해서 결정된다고 믿었다. 인도적인 가치는 자신들의 이익을 추구하고 위협의 진실성을 유지하는 자유주의 국가들이 지정학적으로 성공을 거두는 경우에 최고로 유지될 터였다. 그 가치들이 적대적인 국제 경쟁에서 승리를 거둔다면, 문명은 이로운 결과를 내면서 확산되고 강화될 것이었다.

3. 영일동맹과 미국 협조외교의 좌절

시어도어 루스벨트 대통령 집권 시기의 미국 외교정책에 대한 평가가 중요한 것은 조선의 운명과도 직결되기 때문이다. 그런데 이전까지 한국학계의 이 시기 미국 외교정책에 대한 대부분의 연구는 근시안적이며 민족주의에 경도한 것임을 비판하지 않을 수 없다. 이는 을사조약 당시 고종이 했던 것처럼 미국에 대한 일방적 구애가 성공을 거두지 못하자 이제는 정반대로 주권 상실의 책임을 미국에게 묻는 것이나 진배없다. 미국이 1905년의 시점에서 한반도를 방기한 것은 자국의 국가이익과 동아시아 세력균형의 실현이라는 현실주의 외교정책의 틀에 따랐을 뿐이다.

　　미국이 조선을 포기한 것은 1905년을 전후한 동아시아에서의 서구열강의 세력배치의 결과이기도 했다. 미국은 러일전쟁 이후 동아시아에서 열강들 사이의 힘의 전환에 따라 외교정책을 국가이익에 비춰 새롭게 정의하기 시작했다. 또한 이 시기는 유럽에서는 독일이, 아시아에서는 일본이 신흥 열강으로 부상하면서 세계질서를 재편할 움직임을 나타냈다. 그러므로 주권상실이라는 조선의 비극적 운명을 정확히 평가하고 이 사태를 반복하지 않기 위해서조차 러일전쟁과 을사조약을 전후한 세계질서의 변화, 이러한 변화에 대처하기 위한 미국과 영국의 외교정책, 조선에 대한 미국의 외교정책이라는 세 가지 차원의 문제를 입체적으로 들여다 볼 필요가 있다.

20세기 초반, 미국의 대외정책, 특히 헤이와 루스벨트의 외교정책에 깔린 기본가설은 동아시아에서 미국과 영국의 외교적 이해관계가 일치한다는 것이었다. 향후 영일동맹의 시기는 이 가설을 시험할 리트머스 시험지를 제공했다. 미국은 제1차 영일동맹조약이 체결되고 만주에서 전운이 감돌기 시작한 1903년을 전후하여 중국 본토와는 다르게 만주지역이 더이상 중국 영토의 일부가 될 수 없다는 사실을 받아들였다. 이는 만주와 조선에서 문호개방정책의 포기를 의미했다. 헤이는 이미 1901년 2월 초, 미국은 단독으로 혹은 다른 열강들과의 군사협력을 통해 만주와 중국의 통합을 강제할 의사가 없음을 일본정부에 전달한 전례가 있었다.

이 시기 동아시아 지역에서 미국의 핵심이익은 첫째, 새로운 동아시아 영토인 필리핀을 방어하고 둘째, 중국에서 동등한 상업적 기회를 유지하는 것, 셋째, 미국으로의 동양 이민자를 억제하는 것으로 정의할 수 있다. 동아시아 지역에서 미국의 이익은 여타 지역에서의 미국의 이익에 비해 사소한 것이었음에도 불구하고 필리핀과 하와이를 영토로 보유하고 있는 태평양 국가라는 지정학적 관점에서 고유할 뿐만 아니라 내생적이었다. 이에 비해 동아시아에서 영국의 국가이익은 유럽과 인도에서의 영국의 그것과 비교해 봤을 때 외생적이며 부차적이었음에 틀림없다.

미국의 영국과의 '협조정책'의 운명은 영일동맹에 의해 거반 결정난 것이라 해도 지나치지 않다. 영일동맹은 영국이 외교적 고립을 탈피하기 위해 거둔 최초의 실질적 성과로서 독일과 삼국동맹에 대항하여 구축할 대독 방어망의 첫번째 연결고리였다. 당시 영국 외교의 일차적 관심사는 삼국동맹 등 독일에 의해 주도되는 중부 유럽열강의 적대적 포위망으로부터 탈출하여 자국의 안보를 지켜내고, 두번째 관심사는 인도를 대영제국의 지배하에 여하히 존속시키는 일이었기 때문이다.

인도는 영국의 사활적 이익이 걸린 지역으로 그 경계선은 티베트로까지 확장됐다. 일본이 만주에 지닌 이해관계만큼이나 인도는 영국의 국익에 결정적으로 중요한 지역이었다. 동북아시아 및 태평양 지역에서의 영국의 국가이익은 부차적이며 조건부적인 것이었기 때문에 이 지역에 사활적 이해관계를 갖고 있던 일본과 이익을 공유할 수 있었다. 뿐만 아니라 차제에 인도양을 가로질러 남아시아로 일본의 세력권이 확장되는 사태를 방지할 필요성이 있었다. 요컨대 미국과 일본의 국가이익은 겹치고 대립했지만 영국과 일본의 이익은 일치하여 상호보완할 수 있는 관계였다. 이것이 영일동맹이 성립할 수 있었던 국제정치적 배경이라 할 수 있다.

영일동맹은 20세기의 가장 성공적인 군사동맹 가운데 하나로 평가된다. 유럽의 최강국 영국과 떠오르는 동아시아 신흥강국 일본 사이에 체결된 쌍무동맹이었다는 점에서 역사적으로도 최초의 일이었다. 영일동맹이 맺어진 구체적 계기는 중국과 동아시아에서 발생한 일련의 정치위기에서 비롯했다.

의화단 사건이 일어나고 있는 동안, 러시아는 만주에 대한 지배를 강화시킬 기회를 잡았다. 러시아는 의화단 사건 처리와 관련하여 청나라와 서구열강 사이의 '신축(辛丑)조약(1901)'을 주선한 대가로 청 조정과 별도의 비밀협정을 체결했다. 이 협정을 통해 만주 지역을 할양받음으로써 다롄 항건설 및 만철 착수 등 만주에 대한 세력권을 확립할 수 있었다. 압록강 하구에 위치한 '용암포 점령'등 조선에 대한 대대적 남하도 이 시기를 전후하여 발생했고, 조선 조정에서도 친러파가 득세하며 러시아에 상당한 이권 양도가 이뤄졌다.

1901년 2월, 러시아가 빠른 속도로 만주를 잠식하는 것에 놀란 일본 정부는 문호개방원칙을 준수하도록 하기 위해 공동으로 무력을 동원할 의향이 있는지 미국측 입장을 물었다. 이 물음에 대해 헤이 장관은 "미국은 현재 독자적으로든 다른 열강과 협력해서, 그 밖의 열강들에게 적대감을 줄 수 있는 시위를 함으로써 청나라의 영토보전에 관한 별도의 정책을 수행하거나 강화시킬 준비가 되어 있지 않다"(Dennis, 1928: 242)라고 답했다. 이는 다른 말로 문호개방정책이 러시아의 만주 장악을 막는 방어책이 될 수 없다는 의미로 해석됐다.

이 당시 일본 정계에는 외교정책을 둘러싸고 두 개의 경쟁적 당파가 존재했다. 하나는 조선에서의 일본의 이권은 러시아와의 협상을 통해 보호될 수 있다고 믿는 이토 히로부미(伊藤博文)가 이끄는 러일동맹 주창자들로 이루어진 세력이었고, 다른 하나는 강력한 반러시아주의자인 가쓰라 다로 장군이 이끄는 영일동맹을 지지하는 세력이었다. 반(反)러 세력이 내각을 장악하자 이들은 러시아와의 일전이 불가피하다고 판단했다.

한편, 러시아는 프로이센이 오스트리아와의 동맹을 유지하면서도 러시아의 안전을 동시에 보장하는 재보장조약을 철회하자 이에 위협을 느끼고 프랑스와 동맹을 맺었다. 유럽 외교가에서는 이 사건을 상상할 수 없는 일이 현실화된 것으로 받아들여졌다. 그도 그럴 것이 프랑스와 러시아는 크림전쟁 사례에서 알 수 있듯이 나폴레옹 전쟁 이후 근 100년 동안 적대 관계를 지속해왔기 때문이다. 따라서 이제 일본에게 결정적으로 중요한 문제는 러시아와 전쟁을 벌일 경우, 프랑스가 러시아를 지원하지 못하게 만드는 것이었다. 일본은 이에 대한 해결책으로 미국에게 동맹 결성을 타진했지만 부정적 반응을 확인하자 다음으로 영국에게 동맹 의사를 타진했다.

영국은 일본과 상당부분 이해관계가 일치했기 때문에 긍정적 답변을 발송했다. 영국은 러시아의 우세가 중국에서뿐만 아니라 인도 지역에도 영향을 미쳐 자국의 이익에 부단한 위협이 될 것으로 간주했다. 게다가 러시아와 일본이 동맹을 맺게 되면 이러한 위협을 가중시킬 게 명백함으로, 영국은 러시아와 일본의 움직임을 동시에 저지할 필요성이 있었다.

이런 정치적 배경 하에서 1902년 1월 30일 1차 영일동맹이 체결됐다. 영일동맹은 역사상 최초의 동서양간 군사협정으로서 중국에서의 영국의 이권과 조선에서의 일본의 특수이익을 상호 인정했다. 요컨대, 조선이 일본의 세력권에 속한다는 것이었다. 영일동맹은 다음과 같은 사실을 명기했다.

"영국이나 일본이 각기 자국의 이권을 보호하기 위해 다른 열강과 전쟁
에 빠져들게 되면, 한쪽 체약국은 엄정중립을 준수하고, 그 밖의 열강들
이 동맹국에 대한 적대행위에 가담하지 않도록 노력한다. 어떤 다른 열
강이나 나라가 동맹국에 대한 적대행위에 합세할 경우, 다른 한쪽의 체
약국은 군사원조를 함과 동시에 공동으로 전쟁을 치르며, 전쟁에 대한
상호원조를 강화·수행한다"(김영흠, 1988: 26).

헤이 장관은 영일동맹 체결 소식에 경악을 금할 수 없었다. 그도 그럴
것이 미국 정부는 영일동맹에 관한 정보를 갖고 있지 못했고 낌새조차 알아
채지 못했기 때문이다. 영일동맹 체결의 전과정은 비밀리에 이뤄졌고 협상
조건 역시 철저히 비밀에 부쳐졌다. 조약으로 체결되었던 협상 과정은 조약
조건들이 공표될 때까지도 미국에게 전혀 알려지지 않았다.

러일전쟁에서 일본의 승리에 고무된 영국은 동맹 연장을 제안했다. 2
차 영일동맹이 성립된 것이다. 2차 영일동맹은 1905년 8월 12일에 체결되어
9월 27일에 공표됐다. 2차 영일동맹의 특징은 다음과 같이 요약할 수 있다.

첫째, 영국은 조선에서 일본이 갖는 최상의 경제적 이해관계와 조선
을 일본의 보호령하에 둘 수 있는 일본의 권리에 대해 승인한다. 둘째, 일본
은 인도국경의 안전에 관한 영국의 특별한 관심뿐만이 아니라 인도내의 소
유지들을 보호하기 위해 필요하다고 인정되는 조치들을 국경 근처에서 행
사할 수 있는 영국의 권한에 대해 승인한다. 셋째, 동맹 당사국 가운데 어느
일방이 제3국의 공격을 받을 경우, 가맹국에 대해 즉시 원조한다. 넷째, 영
일동맹은 양국의 이해관계에 대한 공격이나 위협이 동아시아를 포함한 세
계 어느 곳에서 발생하든 상관없이 무조건 적용 가능하다(Griswold, 1962:
90-91).

1902년 영국은 이미, 일본과의 동맹을 통해 조선에서 일본의 종주권
을 승인했다. 바야흐로 일본 외교의 황금시대가 개막했다. 영일동맹 체결로

러시아와의 전쟁은 불가피해 졌으며, 영일동맹이 불가능하게만 보였던 일본의 승리를 가능하게 했다.

일본과 러시아 모두 조선과 만주에서의 이익을 분리된 것이 아닌 패키지(package) 형태의 단일 품목으로 취급했다. 양국 모두 물러설 수 없는 일전이 목전에 왔음을 직감했고, 이는 종국에 러일전쟁으로 폭발했다. 일본의 중재 요청으로 루스벨트가 개입하여 포츠머스 조약이 체결됐지만, 동아시아·태평양 지역에서 세력판도의 변화를 놓고 봤을 때 중장기적 관점에서 포츠머스 조약의 진정한 승자는 러시아도 미국도 아닌 일본과 영국이었던 셈이다.

실제로 영국이 일본과의 동맹을 절실히 요망했으며 훨씬 공을 들인 정황이 드러난다. 일본은 앞서 언급한대로 러시아와의 협조노선을 우선하는 세력과 영국과의 동맹을 주창하는 세력으로 정치권이 양분됐다. 하지만, 역설적이게도 일본 정치권의 외교노선 상의 분열양상이 영국과의 동맹조약 협상과정에서 일본이 러시아와 연합할 지도 모른다는 불안감을 영국에 불어넣어 일본의 협상력을 오히려 제고했다.

일본이 러시아와 협조하면 유럽에서 일련의 외교적 연쇄반응이 발생할 가능성이 있었다. 러시아의 동맹국인 프랑스가 러일 협조체제에 가담할 가능성이 높아지기 때문이다. 게다가 영국을 적대하는 독일마저 러일 협조체제에 가담할 경우, 중국에서 영국의 입지뿐 아니라 인도의 안보 역시 위험에 처하게 되며, 궁극적으로 영국은 외교적 고립을 피할 수 없는 노릇이었다. 미국이 그나마 전략적 동반자의 역할을 할 수 있는데, 여기서 흥미있는 점은 영국이 미국을 외교적으로 그다지 신뢰하지 않았다는 사실이다. 그도 그럴 것이 미국 입장에서는 영국과 동맹조약까지 체결할 절박한 이유가 없었기 때문이다.

영일동맹이 일본의 바람대로 성사되자 일본은 러시아와의 협조노선을 기꺼이 폐기하고 군사력을 동원하여 상황을 정면 돌파하는 길을 선택했다.

영국과의 협조외교의 좌절로 인해 동아시아에서 미국의 영향력은 감소하기 시작했고 그 자리를 영일동맹이 대신했다. 그래서일까? 4차까지 갱신한 영일동맹에 대해 일본 역사가들은 "러일전쟁 이후 20년간 일본외교의 주춧돌"(Griswold, 1962: 89)을 놓은 것으로 높이 평가했다.

러·일전쟁 전야, 스트레이트와 알렌의 한반도 정세인식

I

1905년 7월 루스벨트 대통령이 포츠머스 강화회담을 중재한다는 소식을 접한 고종은 밀사를 미국 공사관에 파견했다. 그는 모건 공사에게 한반도는 '전장(戰場)의 당사국'으로서 조선 대표를 러·일 강화회담에 파견하도록 주선해 줄 것과, 만약 참여할 수 없으면 미국이 조선구제를 위해 거중조정 역을 행사해 줄 것을 요청했다.

미국은 고종의 이러한 요청에 대해 그 어떤 공식적 반응도 보이지 않았다. 비밀외교를 통해 미국에 구원호소를 시도했지만 무위에 그치자 고종은 패닉에 빠졌다. 그런 와중에 1905년 9월 루스벨트 대통령의 장녀 앨리스(Alice Lee Roosevelt)가 서울을 방문한다는 소식을 듣자 이번에는 구원의 여신이 등장한 것으로 판단했다. 고종과 조선 정부는 앨리스의 방한을 독립회복의 마지막 호기로 간주하여 앨리스에게 '거중조정'을 호소하기로 했다. 그래서 앨리스의 방한을 국가원수 급의 국빈 방문으로 대우하여 대대적인 환영행사를 개최했다. 그런데 이게 한편의 코미디인 것이, 앨리스는 방한에 앞서 태프트 육군장관을 따라 일본을 먼저 방문했었는데 그녀가 조선에 도착했을 때는 이미 조선에 대한 일본의 종주권을 인정한 태프트-가쓰라 밀약이 체결된 후였기 때문이다.

앨리스를 포함한 미국의 평화사절단은 85명 규모의 대규모 인원이었기에 조선 정부는 열흘간 이들을 영접하는 데 막대한 재정손실을 감수하고 대규모 환영연을 베풀었다. 당시 주한 미국 공사관의 서기관 겸 부영사이자 뉴욕 출신의 저명한 언론인이었던 스트레이트(Willard D. Straight)는 고종이 엘리스의 방한을 정치적 구명운동의 기회로 이용한 데 대해 '은밀한 음모

성향'이라고 비판하면서 고종의 애처로운 구원 호소를 다음과 같이 전했다.

"한국인의 편벽된 상상력을 이용해서 앨리스의 서울방문을 구명조끼를
얻은 것처럼 생각하고 있다. 그것은 마치 물에 빠진 사람이 지푸라기라
도 잡으려고 허우적거리는 것과 같다."

스트레이트가 지적한 '편벽된 상상력'이란 바로 한미수호조약의 '거중
조정' 공약에 의해 미국으로부터 당연히 구제받을 것이라는 '당치도 않은
기대감'이란 뜻이었다. 그럼에도 불구하고 고종은 기회가 있을 때마다 조선
의 미국공사관을 통해 또는 친한 성향의 미국 선교사들을 통해 미국의 거
중조정 행사를 호소했다. 스트레이트는 루스벨트 딸에게 바치는 '방한축시'
형식을 빌려 고종의 절망에 찬 구원호소를 표현했다.

앨리스가 피약탈국 서울에 왔을 때
황태자는 백합처럼 고운 그녀의 손길을 어루만지려 했다네
황제는 긴 담뱃대를 물고
그의 조국이 일본의 마수를 떨쳐버리고 해방되길 꿈꾸었다네
어버이처럼 다정하게 그녀의 손길을 잡고
조미우호의 돈독을 다짐했었지
그러나 이제 우국충정의 고민은 깊어만 갔으니
황제는 제 나라조차 다스릴 통치권마저 상실했기에
일본은 조선의 부를 강탈하려
조선의 장래를 위해 일하지 않으리
조선민족은 목놓아 절규하도다
'우리는 무엇을 할 수 있단 말인가?
우리는 옷을 빼앗기고 세월마저 강탈당하지 않았던가?

우리나라는 정복자의 독수(毒手)에 떨어졌으니

우리는 아무런 이득도 대가도 없다네

앨리스가 피약탈국에 구원의 천사처럼 왔지만

우리가 그녀에게서 얻어낼 거라곤 아무 것도 없다네.'

스트레이트는 역사와 전통에 빛나는 한 왕조가 이민족 일본에게 정복, 지배되어 멸망해 가는 조선의 운명을 조곡(弔哭)하듯이 한편의 만가(輓歌)와 같은 애처로운 헌시를 읊었다. 스트레이트는 유대인 조국 이스라엘이 바빌로니아의 속국이 된 것을 선지자 예레미야(Jeremiah)가 슬퍼 울었던 것처럼 조선의 운명이 일본의 손아귀에 장악되는 망국의 슬픔을 시로 읊었다. 그것은 마치 구약에 나오는 〈예레미야 애가(哀歌)〉처럼 슬픈 노래였다.

"아, 슬프다. 예전에는 사람들로 그렇게 붐비더니, 이제는 이 도성이 어찌 이리 적막한가! 예전에는 뭇 나라 가운데 으뜸이더니 이제는 과부의 신세가 되고, 예전에는 모든 나라 가운데 여왕이더니 이제는 종의 신세가 되었구나. 이 도성이 여인처럼 밤새도록 서러워 통곡하니, 뺨에 눈물 마를 날 없고, 예전에 이 여인을 사랑하던 남자 가운데 그를 위로하여 주는 남자 하나도 없으니, 친구는 모두 그를 배반하여 원수가 되었는가!"(〈예레미야 애가〉 제1장 1·2절: [출전] 대한성서공회. 2006. 『성경전서』. 대한성서공회. 929-930).

스트레이트는 러일전쟁이 발발하자 "일본은 국가 존립을 위해 러시아와의 전쟁을 수행한다는 가면을 쓰고 실제로는 침략전쟁을 벌이고 있다"라고 일본의 조선 침략행위를 신랄하게 비난한 적이 있다. 평소에 강력하게 일본을 비판해온 스트레이트는 고종의 거중조정 호소를 가리켜 '구제불능'이라 전제하고 "구제가능성이 사실상 전무하다. 그는 일본에게는 무엇이든 가질 수 있다고 말해놓고 옆에 비켜 앉아서 미국과 일본이 싸움질하는 것을 구경만 하려 한다"고 고종의 무능을 개탄했다.

주한공사직을 얼마 전 사임한 알렌은 1905년 을사조약 전야에 "로마제국이 불타고 있는데 네로 황제가 무희들과 노닥거리고 있는 것처럼 조선의 황제도 기생들과 어울려 빈둥대면서 시간만 허송하고 있다"고 고종의 속수무책을 비난했다. 그러면서 "조선인은 자치능력이 없기 때문에 과거 중국과의 종속관계를 유지했듯이 새로운 지배자(overlord)가 필요하며, 한국의 새 지배자는 바로 일본"이라고 결론 내렸다. 알렌의 이러한 입장을 주한공사 시절의 생각과 비교해보면 상당한 차이가 있음을 알 수 있다.

고종은 기회있을 때마다 조선을 구제해줄 나라는 미국밖에 없다고 강조하면서 알렌 공사에게 한미수호조약에서 공약한 '거중조정' 조항을 들면서 미국의 도움을 호소했다. 미국의 적극적 개입이 없으면 조선은 일본 식민지로 전락할 것이 한층 분명해졌다. 이에 알렌은 현지 공사로서 한반도문제에 대한 정확한 정보를 보고하고, 자신의 친러·반일노선의 당위성을 설명하기 위해 1903년 6월, 워싱턴을 방문해 루스벨트 대통령과 담판을 벌이기로 결심했다.

1903년 9월 30일은 알렌에게는 20년 외교관 경력에서 잊지 못할 극적인 날이었다. 이날 알렌은 미국의 한반도정책을 둘러싸고 루스벨트 대통령과 정면으로 정책대결 토론을 벌였기 때문이다. 루스벨트는 알렌과의 면담자리에 조선 임시공사를 4개월 간 역임한 경력이 있는 국무부 실세 락힐을 배석시켰다.

이 자리에서 알렌 공사는 자신의 친러·반일책의 당위성을 역설했다. 첫째, 러시아는 만주를 평정, 마적 떼를 소탕하고 도로와 철도를 건설, 엄청난 상업시장을 개방해 놓았는데, 향후 만주 무역 거래량의 75%를 미국이 차지할 수 있다. 둘째, 러시아는 문호개방정책을 준수할 것이다. 따라서 헤이 국무장관의 문호개방정책은 중국의 영토보전과 한반도를 포함한 만주에서의 경제적 이권을 열강이 공유하도록 할 것이다. 셋째, 러시아는 천만 달러를 들여 다롄 항을 건설했고, 3억 달러를 투자해서 시베리아 횡단철도를 건설했기 때문에 만주로부터 군대를 철수하지 않을 것이다. 알렌은 이상 세 가지를 주장하면서 만약 미국이 계속 친일·반러 정책을 고수한다면 일본은 러일전쟁에 승리한 후, 조선을 합병할 뿐만 아니라 문호개방을 폐기하고, 결국 미국상인들을 한반도에서 축출하고 만주의 경제적 이권을 독점할 것이라고 내다봤다.

루스벨트 대통령은 알렌에게 "당신은 지금, 상업무역 상의 이권 확보를 위해 기회주의적 정책을 주창하고 있다"라고 반박하면서 미국이 반러(反露)조치를 취한다고 해서 만주에서의 미국의 이권은 손상을 입지 않을 것이라고 주장했다. 조선은 자치능력이 없기 때문에 어차피 어느 열강에 희생될 운명이며, 그럴 바에야 러시아보다는 일본 지배를 받는 게 차라리 바람직한 일이라고 자신의 친일·반러정책을 견지했다. 알렌의 주장은 받아들여지지 않았다. 하지만 루스벨트 대통령의 외교정책을 정면으로 반박한 약소국 주재 공사와 대통령의 논쟁은 미국의 대외정책 역사상 일찍이 유례를 찾을 수 없을 정도의 정책대결 토론으로 평가됐다.

루스벨트 대통령과 단독으로 만주, 한반도를 포함한 미국의 동아시아 정책노선을 놓고 논전을 벌인 알렌 공사의 태도는 배석한 락힐 등 대통령 참모들이 보기에도 대단히 공세적이고 전혀 주눅들지 않은 모습으로 비춰졌다. 이러한 공적 논쟁은 어찌 보면 미국이니까 가능한 일이었는지도 모르겠다. 대통령은 자신을 논박한 알렌의 태도를 용인했지만, 알렌이 임지인 조선으로 귀환하는 길에 일부 미국 언론과의 인터뷰 내용이 화근이 됐다.

귀임 길에 알렌은 〈데일리 텔레그램(Daily Telegram)〉 편집장과 인터뷰했다. 여기서 그는 루스벨트 행정부의 동아시아 정책을 공개 비판했다. 이

에 격분한 루스벨트 대통령은 알렌의 파면을 주장했지만, 헤이 국무장관이
대통령을 잘 설득해서 견책 선에서 마무리된 것으로 알려졌다.

* Ⅰ: 김원모. 2002. 『한미외교관계 100년사』. 철학과 현실사. 355-357쪽 요약·정리.
* Ⅱ: Harrington, F. 1982. 『개화기의 한미관계: 알렌박사의 활동을 중심으로』. 이광린 옮김. 일조각.
  332-336 요약·정리.

• • • • •

제5장

혼돈에 빠진 미국의 동아시아 정책

1. 모두스 비벤디

모두스 비벤디: 루트-다카히라 협정(1908)

루스벨트 행정부가 추구한, 동아시아 세력균형에 바탕을 둔 일본과의 협조 정책은 '루트-다카히라 협정'을 통해 절정에 달했다. 하지만 그것은 일본과의 긴장 격화를 배경으로 하고 있다는 측면에서 새로운 갈등을 예고했다. 1908년 체결된 루트-다카히라 협정은 미일 외교적 갈등의 근본적 해결책이 아니라 갈등을 일시적으로 봉합한 채, 동아시아에서의 일본의 우위를 인정한 모두스 비벤디(modus vivendi), 곧 '잠정협약'으로 정의할 수 있다.

미국과 일본이 루트-다카히라 협정을 체결한 일차적 계기는 미국의 아시아인에 대한 차별적인 이민정책에서 비롯됐다. 외국인 차별과 혐오대상에서 일본인 또한 예외일 수 없었다. 미국으로의 일본인 이민은 1900년 이후 본격화했다. 일본인 계약노동자들은 처음에는 하와이, 다음에는 미국 서부해안의 캘리포니아로 이주했다. 캘리포니아 거주 일본인 이민자의 수는 전체 인구의 1%도 안됐지만, 외국인혐오주의자들과 인종차별론자, 그리고 이들의 추종자들의 반일본인 선동은 일본인의 철저한 추방과 배척을 요구하는 대중집회를 통해 확산되기 시작했다.

1905년 5월 6일, 샌프란시스코 교육위원회는 "현재 각 학교에서 나타나고 있는 과밀학급 문제를 해소하고, 우리의 어린이들이 몽고 인종 학생들과 교제함으로써 그들의 발랄한 감정에 악영향을 끼칠지도 모르므로 그 어떠한 곳에도 우리의 자녀들을 방치해 두지 말아야만 하며, 보다 높은 차원의 목적에서 중국인 및 일본인 학생들을 따로 격리시키는 분리 학교를 설립한다"(Bailey, 1934: 14)는 결의안을 채택했다. 당시 샌프란시스코 전체 공립학교에는 단지 93명의 일본인 학생들이 있었다. 이들 가운데 25명이 미국 시민권자이고, 28명은 여학생, 15세 이상 33명, 20세가 2명이었다.

루스벨트는 캐벗 로지(Henry Cabot Lodge) 상원의원에게 보낸 편지에서 인종주의적 차별에 대한 비판과 함께 일본에 대한 경계심을 동시에 표출했다. 그는 로지 상원의원에게 "여러 가지 관점을 고려할 때, 태평양 연안 주에서 벌어지고 있는 인종차별 정서는 마치 남아프리카 미개인인 호텐토트 종족이 품고 있는 생각만큼이나 바보스러운 짓입니다"라고 털어놓으며 다음과 같이 이어갔다.

"태평양 연안 주 시민들은 일본인들이 비도덕적이고 품위가 없고 가치 없는 인종이라는 이유로 그들에게 무례한 짓을 서슴지 않으며, 이들 이주자들을 추방시키려 합니다. 그리고 그들은 일본인들에 대한 배척운동 전개와 중국인에 대해서는 이미 단행하고 있으면서도, 동양 시장에서 이득을 바라고 있습니다. 이들의 이같은 무모한 짓이 엄청난 새로운 강국, 즉 질투심 많고 민감하며, 호전적인 강국을 자극하고 있으면서도 해군력 증강에는 무관심합니다. 만일 일본이 자극을 받아 초조해진다면 아마도 바다에서 우위를 차지하자마자 필리핀과 하와이를 우리에게서 빼앗아 갈 것입니다(……)나는 우리가, 한편으로는 진정한 예의와 관용적인 정의의 정신에서 일본을 대해야 하고, 다른 한편으로는 규모면에서 해군력을 상당한 정도로 유지할 뿐만 아니라 더 중요하게는 효율적

으로 해군력을 지속적으로 유지할 필요성에 대해 우리 국민들을 설득할
수 있기를 희망합니다"(Griswold, 1962: 348).

1906년 10월, 샌프란시스코 교육위원회가 시의 모든 공립학교로부터
동양계 학생을 격리시키는 결의안을 통과시켰을 때 인종차별 선동은 절정
에 달했다. 교육위원회는 이 조치를 정당화하기 위해 일본인 학생들은 사악
하며 비도덕적이고, 학교마다 초만원을 이루고 있으며, 미국 어린이들과 정
상적 교제를 하기에는 너무 나이가 많다는 황당한 주장마저 서슴지 않았다.

루스벨트 대통령은 아시아인들에 대한 자국의 이민정책이 상당한 모
순을 내포하고 있음을 충분히 알고 있었다. 미국은 자국 국민이 아시아에
접근할 때는 기회의 평등과 최혜국 원칙에 기반해서 아시아를 개방시키려
했던 반면, 정작 미국 안에서 아시아인들의 기회의 평등과 시민적 자유를
누릴 수 있는 어떠한 대책도 마련하지 않았다. 냉철히 따져봤을 때 중국에
서의 문호개방과 필리핀의 안전은 대체로 일본의 호의에 의해 뒷받침됐음
에도 불구하고, 캘리포니아에 거주하는 일본인들은 인종차별과 격리와 굴
욕을 당하고 있었던 것이다.

이러한 상황은 루스벨트 대통령의 임기 중 가장 심각한 외교적 위기를
초래했다. 도쿄의 주요 신문들 가운데 하나인 〈마이니치신문(每日新聞)〉은
무력에 의해서라도 미국 내에서 일본인 차별문제를 개선해야 한다는 위협
적 성명을 게재했다.

"전세계는 어설픈 장비를 갖춘 미 육군과 해군이 우리의 효율적인 육군
과 해군의 적수가 안됨을 안다(……)우리 동포들은 태평양 저편에서 굴
욕을 감수해왔다. 우리의 불쌍한 소년, 소녀들은 악마같이 잔혹하고도
무자비한 미국의 악당들 때문에 공립학교에서 추방됐다. 이번에는 우리
가 미국에 일격을 가할 준비를 할 것이다"(Bailey, 1934: 50).

루스벨트 대통령은 일본의 위협에 우회해서 대처하기로 결정했다. 그는 먼저, '대(大)백색함대(Great White Fleet)'라 이름 부쳐진 미국 함대를 세계 일주에 내보냄으로써 해군력을 과시했다. 이 조치는 일본의 군사위협에 대한 무력시위로 받아들여졌다. 다른 한편으로는 문제가 된 샌프란시스코 교육위원회의 인종차별적 결의안을 철회시키기 위해 샌프란시스코 교육위원회 위원 전원과 당시 독직죄(瀆職罪)로 기소된 슈미츠(Eugene Schmitz) 시장을 백악관으로 초대하여 합의점을 찾아내는 데 성공했다. 루스벨트는 일본노동자들의 이민을 중지시키겠다고 약속함으로써 샌프란시스코 교육위원회의 일본학생 격리결의안을 무효화하도록 설득할 수 있었다.

하와이나 그 밖의 다른 곳으로부터의 간접 이민에 관해서는 대통령은 의회를 설득해 1907년 이민법에 그와 같은 입국이 불법임을 명시하는 수정안을 통과시켰다. 일본 현지로부터의 직접 이민에 관해서도 그는 일본정부가 미국에서 바라는 규제조치를 일본 국민들에게 부과하도록 설득시키는데 성공했다. 따라서 일본은 미국에 이미 거주하고 있는 일본인 주민들과 정착농민들의 가족이 아닌 새로운 미숙련노동자들에 대한 여권발급을 중지하는 데 동의했다. 미일간에 '신사협정(Gentlemen's Agreement, 1907)'이 맺어진 것이다.

루스벨트 대통령은 일본인 이민자에 대한 인종차별문제[28]로 한바탕 홍역을 치른 후, 위기에 처했던 미일관계를 회복하고 일본을 달래기 위한

28　루스벨트 대통령 재임기 일본인에 대한 인종차별문제는 1909년 재연됐다. 이번에는 캘리포니아주 의회가 앞장서서 인종차별을 선동했고, 네바다주가 여기에 동조했다. 캘리포니아주 의회에 일본학생들의 격리법안을 제출한 존슨 의원은 동 법안이 "순수한 백인소녀들을 음탕한 생각을 품고 있는, 조숙한 일본 남학생들과 한 교실에 나란히 앉지 못하게 방지하는 조치"(Esthus, 1967: 292)라고 인종차별을 노골적으로 정당화했다. 이 법안은 표결에 부쳐져 45대29로 캘리포니아 하원을 통과했다. 하지만 일본학생들에 대한 격리법안에 관한 재논의가 캘리포니아주 의회에서 이뤄졌다. 루스벨트 대통령과 그를 따르는 주의회 의원들의 노력으로 격리법안은 최종표결 결과 37대41이라는 근소한 차이로 부결됐다.

외교적 보상책을 강구했다. 1908년 11월 30일, 루트(Elihu Root) 국무장관과 다카히라 고코루(高平小五郎) 주미 대사 사이에 맺어진 루트-다카히라 협정이 바로 그것이다. 이 협정에서 양국 대표는 다음 5개항에 합의했다.

> "첫째, 태평양 지역에서 양국 통상의 자유롭고 평화로운 발전에 노력을
> 기울인다.
> 둘째, 태평양 지역에서 기존 현상을 유지하고 중국에서의 통상과 산업
> 에 대한 동등한 기회 원칙을 수호한다.
> 셋째, 상기 지역에서 상호 간 영토적 소유물들을 존중한다.
> 넷째, 문호개방원칙은 물론 중국의 독립과 보전을 지지함으로써 중국내
> 에서의 모든 열강들의 공통된 이익을 보호한다.
> 다섯째, 앞서 기술한 현상유지와 평등한 기회 원칙이 위협받을 경우, 양
> 국 정부는 유효한 수단에 관한 상호 이해에 도달하기 위해 긴밀히 소통
> 한다"(Esthus, 1967: 282).

루트-다카히라 협정은 기본적으로 미국과 일본의 갈등에서 비롯했다. 이 협정을 통해 미일 양국은 동아시아, 태평양 지역에서 양국의 기본 입장을 분명히 하고자 했다. 하지만, 협정의 행간을 살펴보면 동아시아 지역에 상당한 이해관계를 지녔던 일본의 우위 및 세력권을 인정해 준 것과 다름없었다.

개별 조항은 광범위하고 일반적 용어로 진술됐으나, 협정이 함축하고 있는 정치적 의미가 보다 중요했다. 예를 들어, 미국은 '현상 유지'라는 포괄적 언급을 통해 동아시아에서의 일본의 특수이익을 인정한 대신, 필리핀, 하와이, 알류산 열도, 알래스카 등 태평양 지역에 속해있는 미국 영토의 안전을 보장받았다. 그렇다면 '현상유지'라는 문구 속에 내포된 일본의 이익은 구체적으로 어떤 것이었는가?

첫째, 2차 영일동맹은 지리적 근접성이 특수한 이해관계를 만들어 낸다는 원칙을 명시했다. 미국 역시 루트-다카히라 협정의 특별조항을 통해 이 원칙을 승인했다. 미국은 이미 테프트-가쓰라 협정을 비밀리에 체결하여 주선에 대한 일본의 종주권을 수락한 바 있다. 테프트-가쓰라 밀약을 통해서는 일본의 조선에서의 행동의 자유를 승인했다고 한다면, 루트-다카히라 협정을 통해서는 만주에서의 일본의 특수이익을 기꺼이 인정한 셈이다.

둘째, 포츠머스 조약은 철도와 광산권을 포함하여 남만주에서의 러시아의 이권 및 조차권을 일본에 양도할 것을 명시했다. 다만, 청나라는 해당 조약의 당사자가 아니었기 때문에 그 양도를 합법화 하는데 있어 해당지역의 명목적 소유자인 청나라의 동의를 필요로 한다고 규정했다. 그에 따라 일본은 청나라와의 협정을 통해 동의를 확보했다. 일본은 청나라에게 더 많은 경제적 이권을 강요했다. 가장 중요한 것은, 만주에서 일본의 세력 확장에 필수불가결한 기능이 되었던 남만주철도에 대응하는 어떤 철도도 부설하지 않겠다는 청나라의 서약이었다.

셋째, 이 협정은 일본과 프랑스 사이에 중국내 상호이권을 존중하는 조약체결과 긴밀하게 연동했다. 1907년 6월 10일 체결한 '프랑스-일본 조약'에서, 양국은 "종주권, 보호권 혹은 점령권을 보유하고 있는 영토들에 인접해 있는 중국지역에서의 질서보존은 양국의 특별 관심사"라고 선언했다. 나아가 "아시아 대륙에서의 각자의 상황과 양국의 영토적 권한을 유지할 목적으로 이 지역에서의 평화와 안전을 지키는데 상호 협력할 것"이라는 점에 동의했다. 중국에서 양국의 세력권 아래 있다고 간주한 지역에 대해 일본은 대만 건너편 푸젠성(福建省)과 만주, 몽고, 프랑스는 광동성(廣東省)과 광시성(廣西省), 윈난성(雲南省)에 해당함을 암묵적으로 양해했다.

넷째, 프랑스-일본 조약은 러시아와 일본 사이에 화해를 모색하도록 했다. 러시아가 프랑스의 동맹국이었기에 가능한 일이었다. 일본과 러시아는 통상 및 항해협정, 어업협정, 그리고 두 개의 정치협정을 체결했다. 이 협정은 당시 열강 사이의 모든 협정과 마찬가지로 공개조항과 비밀조항을 담았다. 공개협정은 외교적 수사에 지나지 않았다. 문호개방원칙을 지지하는 가운데, 모든 수단을 동원하여 현상유지에 힘쓸 것을 서약했다.

조약의 핵심 내용은 비밀조항에 담겼다. 비밀조항은 조선, 만주, 그리고 몽고에서의 양국의 지위를 분명히 했다. 러시아는 이 협정으로 말미암아 더이상 조선에 대한 일본의 종주권 확보를 간섭할 수 없게 됐다. 일본은 외몽고 지역에서의 러시아의 특수이익을 인정했다. 만주는 두 개의 두드러진 세력권, 즉 북부는 러시아, 남부는 일본에 의해 분할될 예정이었다(Griswold, 1962: 129-130).

정리하면, 미국은 루트-다카히라 협정을 통해 한반도에서 뿐만 아니라 만주 지역에서 외교적 철수를 단행한 것으로 평가할 수 있다. 한마디로, 필리핀 안전을 대가로 일본에게 행동의 자유를 허용한 것이다. 서구 제국주의 열강의 외교관들과 정치지도자들은 이 협정에 찬사를 보냈다. 하지만 스트레이트와 같은 자유주의 성향의 언론인들은 루트-다카히라 협정이 "조선에서 미국이 철수한 테프트-가쓰라 밀약과 마찬가지의 끔찍한 외교적 재난으로 조만간 루스벨트 대통령을 덮칠 것"이라고 강하게 비난했다(Esthus, 1967: 283).

만주와 한반도를 포함한 극동지역에서 일본의 정치·군사적 위상은 전례 없이 강화됐다. 동아시아에서 미국의 철수가 명확해지자 일본에게 한반도를 발판으로 한 대륙진출의 장애물은 더이상 존재하지 않았다. 전쟁에서 승리했음에도 포츠머스 조약에서 그에 상응한 이익을 확보하지 못했다고 믿었던 일본외교는 더욱 공세적으로 변했다. 루트-다카히라 협정이 바로 그 보증수표였다.

동아시아에서 미국의 입지 약화

루스벨트는 영일동맹을 경계했다. 그도 그럴 것이 영일동맹을 통해 영국은 미국과의 협조외교에서 이탈했을 뿐만 아니라, 태평양 지역에서 일본과 대립할 경우 잠재적 적국으로 조우할 가능성마저 있었기 때문이다. 루스벨트 대통령은 포츠머스 조약 체결 이후 점증하는 일본의 세력팽창을 우려했다. 영국의 협주를 다시 한번 구하기 위해 황인종의 위협, 이른바 '황화론(黃禍論, Yellow Perils)'을 제기했다. 영국의 랜스다운(5th Marquess of Lansdowne) 외무장관은 자신은 그렇게 생각하지 않는다고 정중히 논박했다. 이는 동맹국인 일본의 입지를 약화시키거나 곤란하게 할 수 있는 미국과의 협조정책에 가담하지 않겠다는 의사 표시로 이해됐다.

이제 미국은 태평양, 필리핀 지역에서 자국의 방어를 위해 일본과의 직접 협상이 불가피해졌다. 이것은 영국과의 협조외교를 중시했던 존 헤이나 락힐 등 미국 외교정책 입안자들이 가장 피하고 싶었던 상황이었다. 문호개방선언 등 미국의 동아시아 정책을 진두지휘한 헤이 장관이 신병을 이유로 사퇴하자 루스벨트는 신임 국무장관으로 루트를 임명했다. 루트의 국무장관 임명은 루스벨트가 미국외교를 직접 관장하겠다는 신호로 읽혀졌다. 하지만 대통령이 외교무대 전면에 나서기로 한 결정은 성과를 내기보다 이 지역에서 미국의 입지를 축소하고 지정학적 약점을 노출시키는 결과를 초래한 것으로 평가된다. 이런 정황이 1908년 일본과 체결한 루트-다카히라 협정에 그대로 반영됐다.

이 협정에서 미국은 극동지역에서의 현상유지를 인정한다는 문구를 포함시켰다. 이 문구가 지닌 의미는 만주에 대한 중국의 행정적, 영토적 통일성을 더이상 유지할 수 없으며 이 지역이 일본의 세력권에 속한다는 실효적 사실을 수용하고 인정한 것으로 간주할 수 있다. 이를 대가로 일본은 필리핀에 대한 안전보장을 공식 수용했다. 태프트 대통령 요청으로 루스벨트가 직접 작성한 정책보고서의 다음과 같은 결론은 동아시아 지역에서 미국이 직면한 외교적 난점을 여과없이 표현한 것으로 여겨진다.

"우리의 사활적 이익은 일본이 미국을 침해하는 사태를 방지함과 동시에 일본과 우호적 관계를 유지하는 것이다. 이와 달리, 일본의 사활적이익은 조선과 만주에 있다. 따라서 만주와 관련하여 우리는 일본인이자신들에게 적대적이거나 사소한 정도일지라도 자신들의 이익에 위협이 된다고 느끼도록 자극할만한 어떠한 조치도 취하지 않는 것이 특히우리에게 이익이 된다. 중국이 군사적으로 완전히 무력하다는 점을 감안할 때 중국과의 동맹은 우리에게 힘을 실어주기보다 떠맡아야 할 의무를 더해줄 뿐이다. 나는 국내 문제나 국제정치 사안에 있어 허세부리는 정책을 결코 신뢰하지 않는다. 이는 사적인 문제나 혹은 폭력을 행사하는 일에 있어 '쏘지 않을 거면 총을 뽑지 마라'는 서부 개척자들의 오랜 경구가 여전히 옳은 이유이기도 하다.

나는 우리가 힘을 유지할 수 없는 곳이라면 어떤 입지도 세울 필요가 없다고 본다. 만주와 관련해서는 일본인들이 우리가 반대하는 행동방침을 따르기로 선택한다 할지라도 우리가 전쟁태세를 갖추지 않는 한 그것을 막을 수는 없다. 만주에서 전쟁을 벌여 승리하려면 영국 정도의 함대와독일 정도의 상당수의 육군이 있어야 한다. 중국에 대한 문호개방정책은 훌륭한 일이었고 일반적인 외교협정으로 유지될 수 있는 한 장래에도 계속 좋은 일이 되기를 기대한다. 하지만 러시아가 지배하던 때든 일본이 지배하던 때든 간에 만주의 역사 전체에서 입증된 것처럼, '문호개방' 정책은, 일단 어떤 강국이 그것을 무시하기로 마음먹고 또 그 취지를 포기하는 대신 전쟁의 위험을 무릅쓰기로 결심만 하면 순식간에 사라져버린다.

만주가 얼마나 일본의 사활적 이익이 걸린 지역인가 하면 그리고 외부세력의 개입을 용인하지 않을 것이리라는 점은 그들이 만주 해안기지에서 펑텐(奉天)까지 세 개의 철도노선을 부설하고 있는 사실에서 잘 드러난다. 이는 러시아가 만주에서 시베리아까지 두 개의 철도노선을 부설한 것에 대한 응수였다. 일본과 러시아 양국은 특정 기간 동안 표면적으로 우호관계를 유지할 수 있다. 하지만 두 나라는 자국의 대외정책을 장기적 관점에서 전략적으로 설정하는데 익숙하다. 그러므로 일본은 기회만 생기면 러시아가 최근 전쟁에서 입은 손실을 만회하기 위해 도전해 올 것이라는 점을 충분히 이해하고 있다"(Griswold, 1962: 131-132).

1970년대의 키신저나 닉슨(Richard Nixon) 대통령이었다면 충분히 수긍했을 뿐만 아니라 동아시아 정책의 전거로 삼았을 법한 '현실주의의 교과서'와 같은 냉철한 평가이다. 케난은 루스벨트가 제안한 세력균형에 입각하여 일본과 우호적 관계를 지속했다면 한 세대 후에 일본과의 전면전은 발생하지 않았을 것이라고 미국의 외교정책을 비판했다(Kennan, 2012: 52).

하지만 태프트 대통령은 전임 대통령인 루스벨트의 충고를 무시한 채, 그와는 정반대 정책이라 할 수 있는 달러외교를 펼치기 시작했다. 외교적 노선 전환에 루스벨트의 분노는 극에 달했다. 급기야 공화당 출신 두 대통령의 정치적 불화는 수습 불가한 상황으로 치달았다. 루스벨트는 진보당을 창당해 대선에 뛰어들었다. 이는 공화당 유권자를 분열시키는 결정적 원인으로 작용했다. 태프트는 재선에 실패했고, 윌슨 민주당 후보를 당선시키는 결과를 초래했다.

루트-다카히라 협정은 동아시아·태평양 지역에서 세력균형을 목표로 했던 루스벨트 대통령이 주창한 미국 현실주의 외교의 정점이자 몰락 시점으로 요약할 수 있다. 그도 그럴 것이 미국인들 대부분은 어찌된 일인지 그 당시 국제사회의 대세를 수용한 루스벨트의 힘에 기반한 현실주의 외교문법을 자신들의 몸에 잘 맞지 않는 옷처럼 불편해하면서 세력균형을 전혀 미국적이지 않은 정책노선으로 간주했다. 그 결과, 루스벨트의 세력균형 정책은 미국의 주류 외교노선으로 자리 잡지 못한 채 막간극으로 끝났다. 더욱 극적인 것은 루스벨트가 자신의 대외정책을 계승할 적임자로 간주한 태프트-가쓰라 밀약의 바로 그 태프트에 의해 세력균형 정책은 파기되고 미국 특유의 상업이익을 중시하는 외교문법으로 되돌아갔다는 사실이다.

2. 태프트의 '달러외교' : 총성 없는 만주전쟁의 시작

1882년 한미수호조약으로부터 시작해서 1905년까지 23년간 지속된 한미 관계는 을사조약과 함께 미국공사관 철수라는 새드 엔딩으로 막을 내렸다. 그간 조선에 재임한 정식 미국 공사로는 초대 푸트 공사를 시작으로 딘스모 어, 씰, 알렌 포함 총 7명이며 포크 해군중위와 락힐이 임시대리공사로 주 요한 정치적 역할을 수행했다. 이 가운데 포크 중위가 대리공사로 재임한 게 18개월, 알렌이 9년간 봉직한 시기를 제외한다면 나머지 7명 공사의 재 임기간은 평균 2년이 안될 정도로 짧았다.

한미수호조약을 체결한 지 두 달여 만에 임오군란이 터졌다. 푸트 초 대 공사가 내한한 지 1년 반도 되지 않아 청일전쟁의 도화선이 된 갑신정변 이 발생했다. 민중들의 반봉건·반외세 혁명운동인 갑오농민전쟁이 조선왕 조에 종말을 고했다. 조선의 종주권을 놓고 두 차례의 동아시아 전쟁이 발 생했다. 왕비가 일본공사가 고용한 낭인의 손에 무참히 살해됐다. 생명에 위협을 느낀 왕은 러시아 공사관에 몸을 맡겼다. 독립협회와 만민공동회가 주도하는 민권운동의 거센 파고가 왕권을 위협했다.

궁중음모가 하루가 멀다하고 난무했다. 민(閔) 중전 일파를 핵심으로 하는 과두세력은 친청, 친일, 친러, 친미 그리고 종국에는 친일로 배를 갈아 탔다. 미 국무부의 엄정중립 훈령을 어겼다고 해서 씰, 알렌 등 두 명의 공 사가 문책성 인사를 당했다. 출렁이는 조선정국에 따라 한미관계 역시 롤러 코스터를 탔다. 미국은 그제야 자신들이 고요한 아침의 나라가 아니라 폭풍 한 가운데로 들어왔다는 사실을 깨달았을 것이다.

미국의 동아시아 정책과 관련하여 역대 주한공사들 가운데 가장 두드러진 인물이 락힐이었다. 락힐은 1886년 12월에 대리공사로 조선에 파견돼서 이듬 해 4월까지 4개월 남짓 서울에 체류했기 때문에 한미관계에서는 그다지 존재감이 없었을지도 모른다. 하지만, 락힐은 헤이의 문호개방정책이나 시어도어 루스벨트의 미영일 연합을 기반으로 하는 동아시아 세력균형정책을 입안하는 데 결정적 영향을 미친 미국 대외정책부서의 실세였다. 요즘으로 치면 국무부 동아시아·태평양 차관보나 CIA 동아시아 지국장의 역할이 이 한 사람에게 맡겨진 셈이다.

락힐은 매킨리 대통령과 루스벨트 대통령 재임기에 중국을 주요 외교무대로 활동했다. 특히, 루스벨트에게 절대적 신임을 받아 1905년부터 1909년까지 중국대사를 역임했다. 그야말로 20세기 초반의 미국의 동아시아 정책을 설계했다고 해도 과언이 아니라 할 만한 인물이다. 그런 락힐의 관점에서 문호개방과 세력균형의 적절한 배합이 동아시아에서 미국의 이익을 실현하는 상책이었다(Cullinane and Goodall, 2017: 5-6).

보다 구체적으로, 태평양 지역과 중국내에서 문호개방과 열강들 사이의 세력균형이 적절하게 유지될 수 있다면 한반도를 일본의 보호 아래 두는 것뿐만 아니라 만주에서 일본의 이익을 보장하는 것 역시 불가피하며, 이를 통해 극동의 평화를 유지할 수 있다고 간주했다. 따라서 만주에서 일본의 이익을 훼손하지 않도록 세심한 주의를 하는 게 미국이 동아시아·태평양 지역에서 자국의 이익을 보장받을 수 있는 선결요건이었다.

기대와 달리 세력균형은 오랜 기간 유지하기 어려울 뿐 만 아니라 시시각각 변하는 정세로 말미암아 유리그릇처럼 깨지기도 쉽다. 미국 입장에서는 태프트-가쓰라 밀약과 포츠머스 조약을 통해서 동아시아, 한반도 지역에서 일본의 입지를 강화시켜줬다고 생각했다. 이에 반해 만주이권과 상당한 전쟁배상금을 기대했던 일본국민들의 입장에서는 반드시 그런 것만은 아니었다. 일본인들은 동맹국으로 간주해온 미국이 포츠머스 조약에서는 러시아 편을 들었다고 판단했다. 포츠머스 조약을 계기로 오히려 미국에 대한 불만을 차근차근 쌓아가고 있던 형국이었다.

이는 포츠머스 조약 반대투쟁의 격렬함에서 거듭 확인된다. 포츠머스 조약 내용이 신문 지상에 알려지자 일본 안에서는 조약반대운동이 거세게 일어났다. 일본 측 대표인 고무라 주타로(小村壽太郎) 외상을 "조기(弔旗)를 들고 맞아들이자"는 일본 신문의 사설은 그런 분위기를 잘 대변했다. 9월 5일에 개최된 히비야 공원 대회를 통해 반대운동은 그 절정에 달했다(김용구, 2004: 447).

대표적 우익단체인 흑룡회와 강화문제동지회가 주최한 히비야(日比谷) 공원 대회에서 일본인들은 루스벨트와 미국을 격렬히 규탄했다. 일본 근대사에서 대중적인 우익 민족주의 운동의 시작을 알린 포츠머스 조약 규탄대회가 끝나자 집회 참가자들이 내무장관 관저를 포함해 경찰서, 교회, 관영 신문사 등을 무차별 습격하는 등 군중폭동으로 사태가 발전했다. 그 결과, 11명의 사망자와 수천 명의 부상자가 발생했다. 9월 6일, 일본정부가 계엄령을 선포하고서야 질서 유지가 가능해졌다(Esthus, 1967: 95).

일본 입장에서는 삼국간섭에 이어 또다시 전쟁에선 이겼을지 모르지만 외교에서는 패배했다고 생각할만한 이유가 상당했다. 더구나, 을사보호조약 체결이후 한반도에서와는 달리 만주에서의 일본의 입지는 가변적이었다. 그도 그럴 것이 포츠머스 조약 5조와 6조는 랴오둥반도의 조차권 및 창춘과 뤼순을 연결하는 철도 부설권의 일본 이양은 청나라 정부의 승인을 얻어서 실시한다고 적시했기 때문이다. 이에 고무라 외상은 귀국하자마자 곧바로 '만주문제에 관한 베이징조약'을 청나라와 체결하여 포츠머스 조약에서 규정한 대로 뤼순과 다롄에서의 러시아의 이권을 양도받았다.

'탄환 대신 달러를!'

미국의 외교 관계에 있어 행정부가 체결한 협정은 조약과 달리 상원의 '권고'와 '동의'라는 헌법상 규정에 응해야 하는 법적 구속력을 지니지 않는다. 이러한 유형의 협정은 단지 다른 나라와 협상을 벌이는 행정부만을 구속한다. 그럼에도 중대 하자가 없는 이상 외교정책에 있어 일관성을 유지하는 게 워싱턴의 통상 관례였다. 그런데 루스벨트 행정부하에서 육군부 장관을 역임한 태프트는, 대통령직에 오르자마자 전임 루스벨트 행정부의 동아시아 현상유지 정책에 변화를 꾀하기 시작했다.

사실 태프트가 대통령에 당선되는 데는 루스벨트의 공헌이 컸다. 루스벨트는 1908년 대선에 도전하지 않고 태프트를 지지했기 때문이다. 해박한 지식의 헌법 해석의 권위자들이었던 태프트 대통령과 녹스(Philander C. Knox) 국무장관은 루트-다카히라 협정은 루스벨트 행정부만 구속할 뿐, 새로운 행정부는 구속하지 않는다는 주장을 펼쳤다. 이러한 해석을 통해 전임 루스벨트 행정부가 실질적으로 포기한 청나라의 영토보전 원칙을 재개하는 정책을 추구했다. '탄환 대신 달러를!'이라는 구호로 요약할 수 있는 '달러외교' 추진이 바로 그것이다.

'달러외교'는 의도적으로 만주에서의 현상유지를 타파하기 위해 고안된 정교한 정책은 아니었다. 하지만 결과적으로 만주 지역에서 일본의 기득권을 침해하는 형태를 띠게 됨으로써, 급기야 태평양전쟁으로 충돌하는 일본과 미국 사이의 오랜 갈등의 서막을 알린 것으로 평가할 수 있다. 녹스 국무장관이 그의 동아시아 정책을 실시할 당시, 일본은 만주에서의 지위를 거의 확고부동하게 다졌다. 루트-다카히라 협정에서 '현상유지'에 대한 미국의 인식은 이 지역에서 일본의 입장을 확인해주었지만, 녹스 장관은 이를 무시하여 달리 해석하려 들었다. 일본은 '달러외교'를 단순한 경제적 이해득실의 문제가 아닌 만주에서의 일본의 사활적 이익에 대한 중대한 도전으로 받아들였다. 일본으로 하여금 그렇게 생각하도록 만든 상징적 사건이 만주에다가 미국이 철도를 독자적으로 부설하려는 시도였다.

동아시아에 평화가 왔다고 판단한 미국은 만주에 대한 대규모 투자 계획을 발표했다. 그 가운데, 일본이 동아시아에서 군사·경제적 이익 확보를 위한 생명선으로 간주해온 만주철도, 곧 만철(滿鐵) 부설권 및 경영권에 대한 미국의 지분확보 시도가 결정적으로 일본의 심기를 건드렸다(Clyde, 1966: 186). 일본 입장에서 만철에 대한 개입만으로도 미국의 만주진출이 본격화되기 시작했다고 판단할 근거가 충분했다. 상황이 이렇게 돌아가자 불과 몇 년 전만 하더라도 사생결단으로 전쟁을 벌였던 일본과 러시아가 협력을 재개했다. 만주와 몽고에서 경제적 이권을 놓고 열강들 사이에 '총성 없는 만주전쟁'이 시작된 것이다.

만철중립화 방안으로서의 녹스플랜

러일 양국이 네 차례에 걸쳐 비밀협정을 체결한 이유는 다른 무엇보다도 미국의 만주진출에 위협을 느꼈기 때문이다. 이미 전조가 있었다. 포츠머스 회담 도중 미국의 철도왕 해리만(Edward Henry Harriman)이 일본을 직접 방문했다. 그는 세계일주 철도계획의 일환으로 만철을 미일 합작사업으로 할 것을 교섭하여 가쓰라 총리와 예비각서까지 마련한 상태였다. 하지만 포츠머스 회담을 마치고 귀국한 고무라 외상의 강력한 반대로 해리만의 구상은 백지화됐다.

1909년, 태프트가 대통령에 취임하자 '탄환대신 달러를'이라는 슬로건을 앞세워 달러외교를 추진하면서 미국은 만주로의 경제적 진출을 본격화했다. 태프트의 달러외교는 일본이나 러시아 입장에서 대단히 공격적 정책으로 느껴졌다. 헤이 장관 이후의 기존 투자정책과는 다르게 이번에는 미국 정부 차원에서 투자계획이 마련됐다는 특징을 지녔기 때문이다. 녹스 국무장관의 만철중립화 방안이 대표적이다.

철도왕 해리먼은 1905년의 실패에 굴하지 않고 동청철도를 매입하기 위해 러시아인들과 협상을 시작했다. 그러나 그의 숨겨진 의도는 일본에게서 남만주철도를 매입하는 일이었다. 물론, 이 구상은 남만주철도가 일본

제국주의 대륙진출의 첨병 역할을 담당하고 있다는 점을 감안했을 때 애당초 실현 불가능한 목표였다.

남만주철도 매입이 실패로 돌아가자 해리먼은 청나라 정부와 교섭하여 이번에는 남부의 진저우(錦州)에서 시작하여 만주의 중심부를 통과한 뒤 시베리아 경계지역인 아이훈(璦琿)에 이르는 철도부설권을 얻어냈다. 문제는 해리먼의 새로운 만주철도 노선이 일본의 철도노선과 평행하게 설계돼서 누가 보더라도 일본으로 하여금 남만주철도를 미국에 매각하게 하거나 경영상 중대한 타격을 가하는 심각한 경쟁을 유발하기 위한 의도가 뚜렷해 보였다는 점이다. 하지만, 1909년 9월 해리먼의 갑작스런 죽음으로 만주철도 건설계획은 수포로 돌아가는 것처럼 여겨졌다. 바로 이때 태프트 행정부의 녹스 국무장관이 만철문제에 개입했다.

해리먼 구상에서 알 수 있듯이 원래 미국은 러시아가 매물로 내놓은 만철 일부 노선을 매수하든가 아니면 일본이 건설한 기존 만철 노선 옆에 새로운 철로를 부설할 계획을 가지고 있었다. 이 구상을 일본이 포츠머스 조약 위반으로 강력 항의하자 1909년 12월 녹스 장관은 '평화와 문호개방을 위해 러일 양국 간 완충지역을 건설'한다는 명분하에 이번에는 아예 만철중립화 방안을 발표했다.

녹스 장관이 계획한 만철중립화 방안의 핵심 내용은 다음과 같이 정리할 수 있다. 첫째, 향후 투자를 포함한 만철의 관리감독 및 소유, 경영을 미국, 영국을 포함한 유관국들이 조달한 기금을 통해 설립한 중립적 기관에 위탁한다. 둘째, 이 계획이 여의치 않을 경우 영국과 미국 정부는 이해당사국들을 만철의 자금조달과 건설계획에 참여시켜 진저우와 아이훈(璦琿)을 연결하는 진아이(錦璦)철도를 비롯한 기타 철도노선을 부설한다(Clyde, 1966: 192). 녹스 장관은 자신의 계획을 실현하기 위해 영국에게 가장 먼저 협조를 요청했다. 이에 대한 영국의 반응은 예의바르고 신중했지만, 의심할 여지없이 부정적이었다. 다른 무엇보다 일본은 영국의 동맹국이었기 때문이다.

미국의 만철중립화 제안은 일본과 러시아의 완강한 반대로 실현되지 못했다. 이 제안이 만주 지역에서의 양국의 기존 이권을 중대하게 침해하는 것으로 간주했기 때문이다. 러일 양국은 미국의 달러외교에 불안해했고 그런 만큼 불만이 차곡차곡 쌓여갔다. 바로 이것이 1910년 2차 러일협정을 체결한 대표적 이유이다. 미국의 만주 진출에 대해 러시아와 일본이 공동전선을 편 것으로 평가되는 2차 러일협정의 주요 내용은 다음과 같다.

첫째, 만주에 있는 양국 철도를 개선하든지 연장하던 지간에 양국은 어떤 경쟁도 하지 않는다. 둘째, 두 나라 사이에 체결된 기존 조약 및 협약을 준수할 뿐만 아니라 만주의 현상유지를 위해 양국은 맡은 바 책임을 다한다(Tomimas, 1919: 100-101). 만주에서의 양국의 세력권을 확정한 네 차례의 러일협정으로 극동지역에서 일본과 러시아가 군사적으로 충돌할 가능성은 사실상 사라졌다.

태프트의 달러외교는 중남미 지역에서 미국이 기존에 행하고 있던 외교정책을 만주에 적용한 것이라 해도 지나치지 않다. 이 정책의 핵심은 한마디로 미국 정부가 미국인 자본투자자의 경제적 이익을 보장해주는 것으로 요약할 수 있다. 이를 위해 미국은 무력사용도 불사했다.[29] 중남미는 먼로독트린 이후 미국의 세력권 아래 놓였다. 일례로 스페인 식민지에서 독립한 쿠바는 미국 상원의 동의 없이는 헌법 개정도 마음대로 할 수 없었다. 요컨대, 달러외교는 중남미 지역을 바나나공화국으로 상징되는 미국 자본의 놀이터로 바꿔 놓았다.

당시 만주의 정세는 중남미의 그것과는 사뭇 달랐다. 만주에는 미국 투자자들의 이권을 지켜주기 위해 동원할 수 있는 미국 군대도 없었다. 설령 군대를 동원한다해도 러시아와 일본의 대규모 병력을 당해낸다는 보장

---

29 달러외교의 유래에 대해서는 권용립(1997: 355-362) 참조

은 거의 없었다. 그런 이유에서 루스벨트는 녹스 장관에게 일본을 우호적으로 대하고 가급적 일본의 이익을 침해하지 말라고 권고했던 것이다.

태프트 대통령과 녹스 장관은 전임 대통령의 말에 귀 기울지 않은 채 만철중립화 시도 등 대규모 투자 프로젝트를 추진했다. 그러자 일본과 러시아는 미국의 만주 침투에 대응하기 위한 공동전선을 형성했다. 태프트의 '달러외교'를 문호개방도 세력균형도 달성하지 못한 채, 일본을 불필요하게 자극해 동아시아 지역에서 미국의 입지를 약화시킨 정책 실패의 상징으로 평가하는 이유가 바로 여기에 있다(Esthus, 1959: 444).

녹스의 만철중립화 방안 역시 러시아와 일본이 기존의 반목과 대결에서 벗어나 상호협력으로 전환하는 계기를 제공했다. 프랑스와 영국은 러일연대를 환영해 마지않았다. 왜냐하면, 러시아는 삼국협상에 따른 영국, 프랑스의 유럽동맹의 일원이었고, 일본은 영국의 아시아 동맹국이었기 때문이다. 그 결과, 달러외교는 미국의 동아시아에서 입지약화는 물론, 만주에 대한 중국의 종주권을 강화하기는커녕 약화시키는 결과만을 초래했다(Griswold, 1962: 157). .

신해혁명(1910)과 달러외교의 파산

1910년 10월에 일어난 신해혁명(辛亥革命)은 청 왕조를 무너뜨리면서 중화민국이 탄생해 실질적인 철도건설을 방해했지만, 열강들의 중국 착취에 더 많은 기회를 제공했다. 과거와 마찬가지로 열강들은 중국의 주권을 보전하는 데는 협력하지 않고, 중국내 정국 혼란을 틈타 최대한의 이권을 확보하고자 각축을 벌였다.

오랜 세력경쟁의 양상은 중국 안의 파벌싸움과 정치적 혼란 속에서 등장했다. '엄격한 중립'을 고수해 왔던 영국은 이 소란을 틈타 재빨리 티베트를 청나라로부터 분리해 자국 보호령 하에 두었다. 러시아는 외몽고를 청나라로부터 분리시켜 자국 보호하에 두는 조건으로 티베트에 대한 영국의 조치를 승인했다. 일본은 자국 지배를 받는 독립된 만주를 염두에 두고서 붕괴하고 있는 청 왕조를 지지하겠다는 의향을 밝혔다. 미국은 문호개방 정신에 입각해서 청나라의 영토보전을 위해 별도의 세력권을 추구하지 않은 채, 열강들 사이에서 겉으로나마 일관된 행동을 보이고자 노력했다,

신해혁명이 발발한 지 한 달 후 군인이자 중국의 유력정치인이었던 위안스카이는 군대에 급료를 지불하고, 법과 질서를 유지하며, 중화민국 정부를 국제적으로 승인받는데 사용할 자금을 마련하기 위해 미국을 위시한 4개국 열강으로 구성된 국제차관단에 호소했다. 그러나 확실치 않은 혁명의 결과 때문에 대부분의 차관단 국가들은 그의 요청을 받아들이려 하지 않았다. 국제차관을 제공하는 것은 위안스카이 정권에 대한 공식적 승인과도 같은 것이어서 그 어떤 의미 있는 규모의 차관도 제공하지 않았고, 약간의 현금만이 선대되었을 뿐이다.

녹스 장관은 이번에는 갑자기 미국, 영국, 프랑스, 독일로 구성된 4개국 차관단에 일본과 러시아도 가입시키자고 제안했다. 녹스는 일본, 러시아 두 나라가 차관단 밖에서보다 이 조직 안에서 더 잘 통제될 것이라고 추론했다. 다른 열강들, 그 가운데 일본과 러시아를 동맹세력으로 둔 영국과 프랑스의 입장에서 미국의 제안을 마다할 이유가 전혀 없었다. 러일 양국은 1912년 6월에 차관단에 가입했다. 양국의 차관단 가입은 만주와 몽고 지역에서의 러시아와 일본의 특수한 이해관계를 국제적으로 승인한다는 전제 아래 수락됐다. 그런데 양국의 특수한 이해관계에 대한 미국의 수락은 진저우와 아이훈을 잇는 철도계획은 물론, 기존의 만철중립화 방안과도 전적으로 배치했다.

일본과 러시아는 두 나라의 점유지역에서 각각의 소유물을 공고히 하기 위한 3차 비밀협정을 체결했다. 일본과 러시아는 1907년 1차 협정에 따라 만주의 문호를 개방했으나, 1912년의 3차 협정에서는 만주의 문호를 폐쇄했다. 녹스 장관의 구상으로 두 가지 방향에서 전개된 달러외교의 성과는

참담했다. 달러외교는 결과적으로 만주의 문호개방을 저해했고, 중국의 영토 및 행정적 보전을 해쳤으며, 미국의 동아시아 정책의 이율배반적 모습을 드러내는 상흔을 남겼다.

재정난으로 압박을 받고 있던 중화민국 정부는 국가 세입에 대한 통제조항들을 포함한 엄격한 대부조건을 요구한 6개국 차관단과 광범위한 차관협상을 개시했다. 차관제공의 담보로 국가세입에 대한 통제권을 요구한 국제차관단의 발상은 문호개방원칙에도 위배되는 명백한 주권침해 행위였다. 달러외교는 미국에서 인기가 없는 실패한 정책 취급을 받았다. 태프트 대통령의 재선 실패로 달러외교가 추진력을 잃어가자 그제야 때늦게 상황판단을 하게 된 미국 차관단은 정부 차원의 명시적 지원을 요구했다.

1913년 3월, 윌슨 대통령이 취임하자 달러외교는 공식적으로 종말을 고했다. 그는 미국 은행단을 지지하기를 거절하며 국제차관단으로부터의 탈퇴를 선언했다. 윌슨 대통령은 "차관의 조건은 우리가 보기에는 중국의 자치권 및 행정권에 간섭하고 있는 것으로 판단되기 때문에 미국 행정부는 간접적으로라도 이러한 조건에 동의할 수 없다"(Field, 1931: 93)고 탈퇴의사를 분명히 했다.

윌슨 대통령이 6개국 차관단으로부터 미국 철수를 결정한 데는 동아시아에서의 미국의 이해관계를 계산해서라기보다 중국내정에 간섭하려는 국제 차관단과 금융자본의 '비민주적' 행태에 대한 반감이 깔려 있었다. 윌슨의 결정은 부분적으로는 침략적이며 전제적인 힘의 사용을 합리성과 정의에 기반한 세계적인 민주질서로 대체해야 한다는 자신의 원칙들 중 하나의 반영이었다. 바야흐로 미국식 국제주의의 상징인 도덕외교의 막이 오른 것이다. 하지만 태프트 행정부의 후견 아래 미국 금융자본이 국제차관단을 주도해왔다는 측면에서 윌슨의 차관단 철수 결정은 '그때는 맞고 지금은 틀리다'는 식의 위선적 논법으로 비쳐졌을 게 분명하다. 이는 미국의 외교적 신용 상실로 이어졌고, 결과적으로 동아시아에서 미국의 입지축소를 의미했다.

　요컨대, 루스벨트의 동아시아 세력균형정책도 태프트의 달러외교도 서구 제국주의 중심의 국제질서를 옹호하는 한 더이상 세상변화에 적합하지 않게 되었다고 보는 편이 보다 타당할 것으로 여겨진다. 제국주의 열강의 세력균형 정책은 폭발의 임계점을 향한 시한폭탄을 작동시켰고, 그에 따라 새로운 국제정치 문법의 등장이 절실하게 요청됐다. 이 조건을 충족시켜줄 전대미문의 사건이 유럽에서 터져 나왔다. 서구열강 사이의 '전면전'이자 '총력전'인 1차세계대전이 발발한 것이다.

3. 미국에서 일본인에 대한 인종차별 논란

루스벨트 행정부가 체결한 '신사협정'은 일본인 이민자들에 대한 캘리포니아주민들의 뿌리깊은 편견을 완화하기 위해 채택된 임시방편에 불과했다. 끓어오르는 반감과 인종차별 행위는 지속됐고, 특히 캘리포니아 등 서부 해안 주들에서 극심했다. 캘리포니아주 의회는 반일본인 안건들을 논의하던 가운데, 이번에는 일본인의 토지 소유를 금하는 법안을 제출했다.

　이 조치는 캘리포니아에서의 반일(反日) 선동에 대한 정치권의 반응이자 고조된 반일(反日)운동의 일환이었다. 캘리포니아에는 1905년에 이미, 샌프란시스코를 중심으로 '일본인 및 조선인 입국거부 연맹'이라는 대규모 시민단체가 설립돼서 인종차별 캠페인을 활발하게 전개하고 있었다. 이 캠페인의 목적은 중국 이민자 배척법을 일본인들에게도 똑같이 적용하려는 시도로 해석됐다(Griswold, 1962: 347).

　일본인의 토지보유를 금지하는 법안이 캘리포니아주 의회에 제출됐다는 소식이 전해지자 도쿄 등 일본 전역에서 법안에 반대하는 대규모 집회가 개최됐고, 흥분한 시위참가자들은 미국과의 전쟁까지 요구하기에 이르렀다. 태평양 양안에서 벌어지고 있는 바람직하지 못한 사태 진전에 놀란 윌슨 대통령은 브라이언(William Jennings Bryan) 국무장관을 캘리포니아에 급파해 주지사와 주의원들에게 법안 통과를 자제해 줄 것을 호소했다.

월슨 대통령의 간청도 브라이언 장관의 호소도 효력이 없었다. 1913년 5월, 캘리포니아주 의회는 '시민권자가 아닌' 외국인의 토지소유를 금지하는 외국인 토지규제법을 상하합동회의에서 73대 3이라는 압도적 표차로 가결시켰다. 1913년 당시, 캘리포니아에 거주하던 일본인 숫자는 전체 인구 250만 명 중 5만 명에 불과했으나, 캘리포니아 전체 2천 7백만 에이커 농경지 가운데 12,726에이커를 취득해서 외국인들 가운데는 가장 많은 토지를 보유했다(김영흠, 1988: 75). 따라서 이 법은 일본인이라고 대상을 명시하지는 않았지만, 일본 이민자들을 겨냥하여 만들어진 것임이 분명했다.

일본인을 겨냥한 입법조치였음을 확인이라도 해 주듯이, 존슨(Hiram Warren Johnson) 주지사는 법안 통과 후, "우리는 일본인들이 그들의 문명을 캘리포니아 토양에 깊숙이 뿌리내리지 못하도록 방지했다"(Link, 1956: 296)고 노골적으로 선언했다. 이 법안을 기초한 주 법무장관은 보다 분명하게 "이 문제에 대한 모든 입법의 기본적 근거는 인종적으로 바람직한 것이었으며 지금도 그렇다"라고 말했다. 그는 캘리포니아에 거주하는 일본인의 숫자를 줄이는 방법 가운데 하나는 "그들이 여기서 향유할 수 있는 권리들을 부여하지 않는 것인데, 그들이 토지를 얻지 못한다면 대거 몰려오지 않을 것이며, 우리와 함께 오랫동안 머무르지도 않을 것으로 믿기 때문"(김영흠, 1988: 52)이라고 설명했다.

캘리포니아주 정부의 외국인 토지소유 금지법을 일본 정부는 자국 국민의 자존감과 명예에 대한 악의에 찬 모욕으로 간주했다. 양국 모두 격분했고, 긴장이 고조됐으며, 전쟁까지 불사할 태세였다. 미국 군부는 예방전쟁 계획의 일환으로 필리핀에 함대를 파견할 계획을 세웠지만, 월슨 대통령은 이를 승인하지 않았다. 월슨은 전쟁을 통한 담판은 무책임한 처사이며,

이 위기는 평화적 방식으로 극복될 것이라고 양국 국민들을 설득했다. 브라이언 국무장관 또한 문제가 되고 있는 캘리포니아 법은 오직 경제영역에 영향을 미치는 일개 주(州)법에 불과하며, 따라서 연방정부의 정책이 될 수 없음을 분명히 했다.

월슨의 유화책은 일본 정부의 격앙된 입장을 누그러뜨리는데 긍정적 영향을 미쳤다. 1914년 6월, 일본정부는 "국제적으로 영향을 미친 해당 법률 제정은 국제적으로 말하면 미국의 주들이 전혀 알려지지 않고, 전적으로 책임성을 담보하지 못하기 때문에 캘리포니아주의 월권"이라는 윌슨 행정부의 지적에 수긍하면서 "일본 정부는 그와 같은 입법 조치가 역사상 유례없는 태도로서 불평할 만하다고 확신하지만, 문제의 그 법안이 미 연방정부의 전체적인 정책의 일부가 아니라, 유감스런 지역적 제반조건들의 결과라고 믿는다"(김영흠, 1988: 53)며 화해적 태도로 윌슨 대통령의 유화적 접근에 우호적으로 반응했다.

월슨 행정부의 노력에도 불구하고 외국인들을 배척하는 배외주의 운동은 태평양 연안 주들을 중심으로 급속히 번져나갔다. 1921-1925년 사이, 캘리포니아에서 시작된 외국인토지규제법이 애리조나, 아칸소, 델라웨어, 아이다호, 캔자스, 루이지애나, 미주리, 몬태나, 네브래스카, 네바다, 오리건, 뉴멕시코, 텍사스, 워싱턴 주에서 입법화됐다. 1922년, 미국 대법원은 귀화를 통한 일본인들의 국적취득을 금지하는 판결을 내렸다. 이 판결은 추가적으로 국적취득을 할 수 있는 합법적 수단을 봉쇄함으로써 결과적으로 시민권을 갖지 못한 외국인의 토지 취득을 금지한 서부 주들의 인종차별 법안의 적법성을 승인한 셈이 됐다(Griswold, 1962: 369).

미국에서 아시아인들, 특히 일본 이민자에 대한 차별이 주기적으로 빈발하는 현상은 아시아를 벗어나 서구문명에 진입한 세계 우등 국민이라는 일본인들의 자존감에 깊은 상처를 남겼다. 핵심원인은 아닐지라도 일본이 훗날 태평양전쟁에서 미국과의 일전을 불사하게 된 데는 뿌리 깊은 인종차별이 한 몫 했음은 분명해 보인다.

하지만 일본 또한 인종차별 논란에서 자유로울 수 없었다. 비록 성사되지는 못했지만 일본정부는 인종차별 문제를 파리평화회의에서 중대이슈로 제기하며 국제연맹 규약에다가 "국제연맹 가입국들에 거주하는 모든 외국인에 대해 그들의 인종이나 국적에 따라 법률상으로나 실제상으로 어떤 차별도 하지 않으며, 모든 면에서 평등하고 공평한 대우로써 국제연맹의 기본원칙인 제국민의 평등을 조화시키는 데 동의한다"는 규정을 명문화하려 했다.

문제는 인종차별에 대한 일본인들의 의식이 대단히 이중적이었다는 데 있다. 그 이유는 자신들은 중국, 조선 등 다른 아시아 황인종들과 달리, 이미 유럽문명 수준에 진입한 일등국민이기에 그들과는 다른 대우를 받아야 한다는 것이었기 때문이다. 대표적으로 자오징화(趙京華, 2022)는 일본인들의 인종에 대한 이중적 태도와 우월의식의 뿌리가 후쿠자와 유키치(福澤諭吉)가 제시한 문명론의 등급구조와 탈아입구(脫亞入歐)론에 기초한 것임을 밝히고 있다.

후쿠자와 유키치의 '문명등급론'의 역사서술에 내재된 논리근거는 서구를 중심으로 한 문명과 야만이 이원대립 구조이다. 이러한 이원적 문명등급론에 의거해 후쿠자와 유키치가 새로운 일본의 부흥을 위해 설계한 '국가의 독립'을 지향점으로 하는 '탈아입구'의 국가전략은, 결국 기존 제국주의 식민논리에서 파생된 또하나의 약탈과 통제의 근대화방안으로 변질되었다는 게 자오징화(2022: 311)의 주장이다.

결론적으로, 이후 일본제국주의가 점진적으로 대륙을 식민화하는 것에서 더 나아가 세계대전을 도발한 반세기 동안의 역사를 보면, 서구중심의 이러한 문명사 서술이 일종의 현대적인 이데올로기로서 일본의 근대 민족국가의 건설을 추동함과 동시에, 또 19세기 서구 제국주의의 식민논리에 대한 모방과 복제를 촉진시켰다는 것을 명확히 알 수 있다. 이러한 모방과

복제가 일단 완성되면, 같은 논리로써 세계 중심국가의 지위를 향해 진군하
고, 세계질서의 재건과 패권을 추구하는 과정에서 전쟁까지도 불사하기에
이른다(자오징화, 2022: 313).

제6장

윌슨주의의 등장과 스팀슨독트린: '불승인주의'의 기원

1. 윌슨의 '민족자결론'과 이상주의(理想主義)적 국제주의

대서양에서 태평양 연안에 이르기까지 광대한 영토를 확보한 미국은 먼로 독트린으로 상징되는 고립주의나 시어도어 루스벨트의 동아시아 세력균형 정책만으로는 변화하는 국제정치 현실을 주도할 수 없다는 사실을 직감했다. 새로운 대외정책인 국제주의를 적용할 수 있는 기회가 1차세계대전으로 찾아왔다. 이 기회를 포착한 사람이 바로 윌슨 대통령이다.

1917년 1월, 윌슨은 상하 양원 합동회의 연설에서 미국이 일련의 국제정부, 즉 영구적인 국제 연맹을 통해 '승리도 패배도 없는 평화'를 유지하는 데 일조할 수 있는 전후 질서에 대한 계획을 제시했다. 이 계획은 14개조 평화원칙으로 불렸다. 윌슨 대통령은 루스벨트의 세력균형정책에 정면으로 배치되는 대담한 국제주의 대외정책을 천명함으로써 미국인들을 1차세계대전에 참전하게 했다. 민족자결, 집단안전보장, 비밀외교 타파, 전세계적 차원의 문호개방, 법에 의한 지배 등 새로운 국제정치문법을 제시함으로써 윌슨의 의회 연설은 향후 미국대외정책의 주된 흐름인 국제주의의 기틀을 마련한 것으로 평가된다.

미국의 등장으로 국제정치는 이전과는 결을 완전히 달리했다. 미국은 자국의 이미지대로 세상을 바꾸길 원했다. 윌슨의 국제주의는 군사동맹에 입각한 세력균형을 추구해온 서구 열강의 관점에서는 자신들의 국가이익을 침해하려는 시도로 여겨졌다. 미국의 관점에서 보면 유럽을 고통에 빠뜨린 원인은 세력균형이라는 국제정치 시스템이었다. 그래서 유럽 지도자들은 전세계의 개혁을 자국의 사명으로 삼겠다는 미국의 태도를 의심스러운 눈초리로 바라보았다(Kissinger, 1994: 20).

1차세계대전이 막 끝난 1918년의 시점에서 승전국이든 패전국이든 할 것 없이 유럽 국가들은 윌슨의 '민족자결론'을 실현가능성이 전혀 없는 이상주의적 원칙외교의 산물로 간주했다. 하지만 윌슨 대통령이 '민족자결론'을 주창한 이래 한 세대도 지나지 않아서 식민지가 지구상에서 사라질 것이라고 예견한 사람이 얼마나 됐을까? 아마 윌슨 대통령마저도 식민지의 종식을 의심했을지 모른다.

윌슨 대통령은 세계평화를 구축함에 있어 '세력균형'이라는 유럽식 외교문법에 의존하지 않을 것임을 분명히 했다. 윌슨주의는 미국이 가지고 있는 가치를 세계에 전파해야 하는 것이 미국의 의무라고 믿는 신념, 곧 미국 예외주의에 기초했다(Hunt, 1987). 그러므로 윌슨주의가 출현하기 전에 이미, 미국사회는 '명백한 운명(Manifest Destiny)'으로 상징되는 예외주의적 전통을 통해서 윌슨주의를 받아들일 수 있는 토양이 마련되어 있었다고 할 수 있다. 세계질서의 법적, 도덕적 관점을 중시하는 한편, 다른 국가들로 하여금 미국이 신봉하는 가치를 수용하도록 유도하는 것이 미국 외교의 이익이라고 믿는 것이 윌슨주의의 핵심이었다.

미국 국민들의 전반적 여론 또한 이와 크게 다르지 않았다. 1차세계대전과 2차세계대전 사이, 곧 20년에 이르는 전간기(戰間期) 동안 집권한 공화당 행정부는 신고립주의를 제창했다. 하지만, 신고립주의의 시기야말로 미국 대외정책역사에서 막간극 또는 휴지기에 지나지 않았다. 게다가 중립주의로 회귀한 대(對)유럽정책과 달리 동아시아 정책에 있어서만큼 문호개방과 일본의 영향력을 억제하는 윌슨주의를 지속했다. 윌슨 대통령이 태동시킨 국제주의는 2차세계대전을 전후한 프랭클린 루스벨트 대통령 집권기를 거치면서 미국 외교정책의 지도원리로 확고히 자리 잡았다. 미국 국민들이 배척한 것은 오히려 세력균형을 추구한 시어도어 루스벨트류의 현실주의 정책이었다.

미국이 새로운 국제정치문법을 만들어 낼 수 있었던 이유는 여론 향배에 따른 선거결과와 정당정치가 외교정책 형성에 상당한 영향을 미칠 수밖에 없었던 미국 특유의 정치과정에 기인한 것이기도 했다(Clifford, 1994). 외국인들, 심지어 대의정치가 가장 발달한 영국인들에게조차 이 광경은 대단히 낯설고 비합리적인 행태로 비쳐졌다. 국외자들의 시각에서 가장 이해하기 어려웠던 부분은 권력분립과 아울러 복잡한 견제와 균형의 체제, 즉 외교적 사안에 있어서 대통령의 강력한 주도권 행사에 대한 의회의 법적, 제도적 제한이었다. 그래서 삼권분립에 의거한 의회와 대통령의 독특한 정치적 역할에 착안하여 역사학자 코윈(Corwin, 1957)은 미국헌법을 '투쟁으로의 초대'로 정의했다.

연방헌법은 의회에게는 전쟁선포권과 육군 및 해군을 육성하고 지원할 수 있는 권한을 주었고, 대통령에게는 전쟁을 수행하는 최고사령관의 지위와 재적 상원의원 2/3의 동의를 얻어 조약을 체결할 수 있는 권한을 부여함으로써 서로 다른 기관에게 책임을 골고루 분배시킴과 동시에 서로 경쟁할 수 있는 외교적 대표성을 부여했다. 워싱턴이 1795년, 제이조약 체결과 관련하여 영국과 주고받은 서신을 공개하라는 하원의 요구를 거부한 이래 외교정책을 둘러싼 입법부와 행정부 간의 투쟁은 끊임없이 전개되어 왔으며 때로는 전쟁을 방불케 하는 치열한 대립양상마저 보였다.[30]

30　당시 공화파가 다수를 차지했던 하원이 제이조약을 철회시키기 위해 워싱턴 대통령에게 영국에게 보낸 제이조약 관련 부속문서를 공개하라는 요구하자, 워싱턴 대통령은 헌법상 조약비준 권한

월슨의 국제연맹 구상 역시 의회와 대통령의 갈등을 뜻하는 '투쟁으로의 초대'를 피해갈 수 없었다. 미 상원은 자국 대통령이 주도해서 만든 국제연맹 가입을 거부했다. 하지만, 이마저도 부정적이기보다는 긍정적인 미국 특유의 정치과정의 산물로 해석됐다.

브랜다이스(Louis Brandeis) 판사가 적절히 지적한 바와 같이, 의회와 대통령에게 외교적 권한을 배분한 목적은 "마찰을 피하기 위해서가 아니라 정부권력의 분배에 따른 불가피한 마찰을 통해 독재로부터 대중을 보호하는 데 있었다"(Clifford, 1994: 23). 역설적이게도, 여론과 선거를 중시하는 민주적 정책결정과정 덕에 미국은 단기간 내에 세계적 지도국으로 부상할 수 있었다.

월슨의 '민족자결론'에 대한 비판은 지속적으로 제기됐다. 특히, 조지 케난의 비판이 날카로웠다. 케난은 월슨의 국제주의 외교정책에 대해 "외국의 정치인들은 미국식 사고에 입각한 일반적인 제안이 특정한 국제적 쟁점에 관한 실행가능한 합의나 이해의 정의로는 부적절하다는 점을 잘 알고 있었고, 그래서 이런 추상적 개념을 합의 기준으로 강요하는 미국 정치인들이 사실은 원칙 배후에 실질적 동기를 숨기고 있을 것이라고 의심할 수밖에 없었다"(Kennan 2012: 50)고 평가했다.

대표적 사례가 바로 1930년대 동아시아에서의 극심한 미·일 갈등과 1940년대 태평양전쟁 발발 원인에 대한 관점의 차이다. 현실주의자들은 기본적으로 일본과의 정치군사적 갈등은 피할 수 있었던 것으로 간주한다. 미국의 정책결정자들이 현실주의 외교문법에 기초하여 동아시아를 자국의 특수이익이 걸려 있는 사활적 지역으로 간주한 일본에 대해 보다 유연하게 대처했더라면 일본의 팽창주의를 예방할 수 있었고 따라서 태평양전쟁 역시

은 행정부와 상원에 속한 것이기에 하원에 공개할 의무는 없다는 논리로 일축했다. 제이조약 비준을 둘러싼 연방파와 공화파의 갈등에 대해서는 콤브(Combs, 1970) 참조

피할 수 있었다는 것이다.

케난이나 에스투스(Esthus, 1967) 등 현실주의자들이 주장한대로 시어도어 루스벨트 식의 세력균형에 입각한 동아시아 정책을 지속했더라면 일본과의 전면전을 방지할 수 있었을까? 실제 전개된 역사와 다르게 태평양전쟁도 발발하지 않았을 것이며, 미국과 일본이 함께 주도하는 보다 안정되고 협력적 국제질서가 동아시아에 안착할 수 있었을까? 이러한 식의 주장은 원인과 결과, 곧 인과관계를 뒤바꾼 발상이기에 동의하기 어렵다.

미국이 존 헤이의 문호개방정책이나 윌슨주의로 상징되는 국제주의 외교정책을 들고 나온 사실 자체로 그때까지 국제질서를 주도한 유럽중심의 현실주의 문법이 더이상 적절하지 않게 되었다는 점을 반증한다. 다시 말해서, 윌슨주의가 세계전쟁을 야기했다기 보다는 세계전쟁으로 인해 윌슨주의가 나왔다고 보는 게 좀 더 합당한 설명으로 여겨진다. 이런 관점에서 본다면, 1차세계대전과 2차세계대전 사이 20년의 전간기 문제의식에 기초해서 2차세계대전의 주된 원인을 경직된 이상주의 원칙 탓으로 돌린 카(Edward Hallett Carr, 1964)의 해석은 적실성이 떨어진다.

20세기 초에 이르자 지난 100년을 지속해온 서유럽 중심의 국제정치 문법, 특히 세력균형에 입각한 현실주의는 더이상 세상 변화에 조응할 수 없게 되었다. 레닌(Vladimir Ilich Lenin)의 제국주의론을 굳이 들먹이지 않더라도 서구 열강은 19세기 말부터 전세계적인 식민지 쟁탈전에 돌입했다. 제국주의적 팽창에 팽창을 거듭한 결과 서구중심의 지정학 기준에서 '극동(Far Eastern)'으로 명명한 한반도와 만주에까지 제국주의의 영향력이 미쳤다.

세력균형론을 핵심으로 하는 현실주의는 어찌 보면 고전파 경제학의 이론구조가 상당히 흡사하다. 고전파 경제학에 따르면 시장과 가격이 최적의 조건에서 작동하는 한 경제위기란 존재할 수 없다. 이와 마찬가지로 균형자라 이름 붙여진 강대국이 연합 대상을 바꿔가며 약자 연합에 힘을 실어주는 한, 다시 말해서 '다른 모든 조건이 같다면(*ceteris paribus*)' 패권국가는 등장할 수 없을 것이기 때문이다.

실제 현실은 어땠을까? 자본주의와 경제공황이 불가분의 관계이듯이 두 차례 세계대전의 발발, 핵무기에 억제되는 냉전 시대의 개막과 소련의 붕괴, 이에 따른 일극세력으로서의 미국의 등장 그 자체로 더이상 국가이익과 군사력에 기반한 세력균형의 실현이라는 '현실주의' 문법이 통용되지 않는다는 역사적 사실을 일깨워 준 셈이다. 따지고 보면 2차세계대전 직후 나토(NATO)로 상징되는 대서양주의의 등장과 유럽연합의 건설이야말로 유럽 안에서 세력균형론이 힘을 잃었다는 깨달음의 증거가 아니고 무엇이겠는가? 핵무기의 등장으로 전쟁이 과거처럼 세력균형을 달성하는 유력한 대외정책 수단으로 쉽게 활용될수 없는 현실에서 '현실주의'는 그 이름과 달리, 더이상 현실성이 없는 이론으로 간주해야 할지도 모르겠다.

미국의 외교정책은 먼로독트린과 문호개방정책을 공통의 자산으로 하여 시어도어 루스벨트의 세력균형에 근거한 현실주의와 민족자결론 및 집단안전보장을 핵심으로 하는 우드로 윌슨의 이상주의적 국제주의가 경쟁해 온 역사라 해도 지나치지 않다. 그렇다면 미국대외정책의 주류를 형성한 이념은 현실주의일까 아니면 이상주의에 기반한 국제주의일까? 이 질문에 대해서 키신저는 일반 미국 국민들은 윌슨주의 손을 들어준 것으로 평가한다.

키신저에 따르면, 윌슨 식 외교의 등장은 미국역사에서 하나의 분수령을 이루며, 국가가 나아갈 방향을 근본적으로 바꿔버린 몇 안 되는 희귀한 사례 중 하나이다. 시어도어 루스벨트나 그의 현실주의적 아이디어가 대외정책의 주류를 형성했더라면 전쟁의 목적과 관련된 질문은 미국의 국가이익의 본질에 대한 탐구를 기초로 했을 것이다. 미국이 영국, 프랑스, 러시아 등 삼국협상 참가국들 편에 가담하지 않는다면 독일, 오스트리아, 터키가 주축인 동맹국들이 승리할 것이고, 이는 미국의 안보와 국가이익을 심각히 위협하는 결과로 이어질 것이라는 주장이 루스벨트가 펼치는 미국의 참전 이유였을 것이고 그는 실제로도 그렇게 주장했다.

이런 식으로 국가이익이 정의되었다면 미국은 영국이 유럽대륙과 관련하여 취했던 것과 비슷한 대외정책을 차츰 채택했을 것이다. 미국의 1차 세계대전 참전 이유 역시 독일이 도덕적 원칙을 위반했다는 사실이 아니라 지정학적인 팽창이 되었을 것이다. 하지만 이와 같은 구세계적 접근법 내지 세력균형에 근거한 현실주의 문법은 윌슨이 고취시켜 오늘에 이르기까지 내려오는 미국의 정서적 원천에 반하는 것이었다. 참전도 하기 전에 이미 윌슨은, 기존에 확립된 국제정치 원칙을 기반으로 전후질서를 수립하려는 어떤 시도도 미국은 반대할 것임을 분명히 했다(Kissinger, 1994: 50-51).

"국제무대에서 미국이 수행한 핵심적인 역할은 윌슨주의의 틀 안에서 이루어졌다. 미국의 이데올로기는 어떤 의미에서 혁명적이었지만, 미국인들은 국내적으로 스스로를 '현상유지(status quo)'에 만족하는 편이라고 여겼다. 외교 정책에서 제기되는 이슈를 선악의 대결이라고 간주하는 경향을 지닌 미국인들은 대체로 타협을 거북하게 여겨왔다. 부분적이거나 확정적이지 못한 결론에 이르지 못한 결과를 불편하게 여기는 것이다. 미국은 거대한 지정학적 전환을 주도하려고 하지 않고 이를 회피함으로써, 지역적으로 그리고 정치적으로 현재 상태를 방어하게 되는 경우가 잦았다. 법의 지배를 확신한 미국은 평화로운 변화가 가능하다는 신념과 거의 대부분의 중요한 역사적 변화는 폭력과 격변을 통해 이루어졌다는 역사적 사실을 조화시키는데 어려움을 겪었다"(Kissinger, 1994: 54-55).

공격적 현실주의 이론가로 잘 알려진 미어샤이머(John J. Mearsheimer)는 이러한 주장에 대해 반대 입장을 분명히 한다. 그에 따르면, 미국 외교정책의 실제는 대체로 현실주의적 논리를 따랐다. 도덕과 법의 결합에 의한 미국의 독특한 외교문법은 수사학에 불과하며, 실제로는 미국의 말과 행동이 다르다는 사실을 알아차릴 수 있을 것이다.

미국에서 수사학과 실제의 차이가 잘 인식되지 않는 대표적 이유는 "현실주의 정책이 때때로 자유주의가 지시하는 정책과 일치하기 때문"이다. 이 경우, "원칙의 추구와 권력의 추구 사이에 갈등이 존재하지 않으며, 현실주의 정책은 권력 현실을 논하지 않은 채 자유주의 수사학에 의해 정당화된다. 미국은 대체로 현실주의적 관점에서 2차세계대전 당시에는 파시즘과 싸웠고 냉전 당시에는 공산주의와 싸웠다. 그러나 이 두 가지 싸움은 모두 이상주의적 원칙에 어긋나지 않았다. 정책결정자들은 이 싸움들을 이념 투쟁이라며 대중을 설득하는 데 애를 먹지 않았다"(Mearsheimer, 2004: 77-78).

그러나 잘 뜯어보면 미어샤이머의 이러한 주장은 동어반복에 지나지 않는다. 왜냐하면, 보기에 따라서는 그의 주장과는 반대로 "자유주의 정책이 현실주의가 지시하는 정책과 일치"할 수 있으며 그 경우, "자유주의 정책이 현실주의 수사학에 의해 정당화될 수도 있기 때문"이다. 만일 그렇다면, 자유주의와 현실주의는 사실상 동일한 것으로 별 차이가 없게 될 것이다.

국제질서에 지각변동을 일으킨 윌슨의 민족자결론은 식민지 조선인들의 가슴에도 독립의 불씨를 당겼다. 1919년 파리강화회의에 조선독립의 정당성을 주장하기 위해서 김규식이 대표로 파견됐다. 일본경찰과 헌병의 폭압을 뚫고 3.1 만세운동이 한반도는 물론 만주와 일본, 연해주 등 동아시아 전체에서 폭발했다.

3.1운동은 해당 지역 주민들의 의사에 반한 채 자행한 영토합병은 불법임과 동시에 원천적 무효임을 선언한 윌슨의 '민족자결론'에 크게 영향받았음에 틀림없다. 육당 최남선이 작성한 것으로 알려진 〈3.1독립선언문〉역시 '승자없는 전쟁, 패자없는 평화'로 요약할 수 있는 '윌슨주의'를 풀어쓴 것이었다. 3.1운동의 영향으로 상해임시정부가 수립됐다. 상해임시정부는 〈임시정부 헌장〉 1조에 '민주공화정'을 식민지에서 해방된 미래 독립국가의 정체(政體)로 아로새겼다.

　　자주독립을 향한 조선민중의 자발적 봉기는 운동 규모 면에 있어서나 정치적 의미 면에 있어서나 유래를 찾기 힘들 정도다. 5.4운동으로 대표되는 중국 민족주의 형성에도 지대한 영향을 미쳤다. 3.1운동은 레닌이 영도하던 볼세비키(Bolshevik) 정부조차 조선의 독립운동에 지대한 관심을 갖는 계기로 작용했다. 미국에서도 3.1운동은 유력 언론에 지속적으로 소개되면서 상당한 반향을 불러 일으켰다.

　　하지만 3.1운동은 강대국 세력균형과 식민지 질서로 상징되는 국제관계 현실에는 의미있는 변화를 추동하지 못했다. 미국 정부는 조선의 독립운동에 도움이 될만한 별다른 정책을 수립하지 않았다. 루스벨트의 한반도 덤핑정책 이후, 중국 중시의 동아시아 정책과 한반도문제의 분리라는 기존의 디커플링 정책을 고수한 것이다.

　　미국은 '민족자결론'을 중국에만 적용했을 뿐 한반도문제에는 어떤 관심도 표명하지 않았다. 게다가 일본은 전승국 자격으로 파리강화회의에 참석했다. 윌슨 대통령이 주창한 '민족자결론'의 확산에 따른 3.1운동과 같은 대규모 독립요구 시위에도 불구하고 1차세계대전이 끝난 뒤 동아시아에서 강한 입지를 구축한 나라는 단연 일본이었다.

　　일본은 국제정치 무대에서 이미 미국, 영국과 더불어 전승국 3강(Big Three)에 속하는 최강대국 대우를 받고 있었다. 이에 비례하여 한반도문제는 점차 잊혀진 채 국제사회에서 존재감을 상실했다. 이 때문이었을까? 조선 안에서도 독립운동 진영에 분화가 발생했다. 불과 3년 전만 하더라도 '민족자결론'의 조선에의 적용을 주장하며 동경에서 2·8독립선언서를 작성한 춘원(春園) 이광수가 돌연 민족개량주의의 대변자로 등장한 것이다. 1922년, 이광수가 쓴 "민족개조론"은 민족자결론에 근거하여 조선의 즉각적 독립을 주장하는 비타협적 정치운동을 배격할 것을 주장했다.

　　정치운동을 배격하자고 하면서 이광수 자신은 "민족개조론"이 워싱턴 회의 개최 날에 맞춰 출간된다는 사실(이광수, 1981: 91)을 기뻐했다. 널리 알려진 대로 워싱턴회의는 미·영·일 전승국 세 나라의 해군력 감축 문제와 함께 동아시아·태평양 지역에서의 세력균형 문제를 다뤘지만, 다른 한편으로는 일본의 초강대국 지위를 인정받는 계기로 작용했다. 이는 "민족개조론"이 실제로는 일제의 '식민지 문화통치'를 식민지 조선인의 시각에서 대변한 정치 저작이었음을 역설적으로 드러낸 것이다. 조선인은 스스로 통치할 수 있는 능력이 아직 부족하기 때문에 상당 기간 민족개량운동에 매진하면서 일본과 같은 선진국가의 후견 아래서 자치능력을 배양할 수 있어야 한다는 게 "민족개조론"의 주요 논지였다.

역사는 아이러니와 반전의 연속이다. 중국의 영토보존과 문호개방 유지에 힘겹게 치중하던 미국과 한반도, 만주를 넘어 동아시아 전체에서 제국을 건설하기 위한 일본 사이의 대립이 본격화했기 때문이다. 10년 전만 해도 두 나라는 사실상의 동맹관계를 유지하지 않았던가? 일본이 1차세계대전의 참전 조건으로 중국에게 제시한 '21개조 요구안'이 모든 사건의 발단이었다.

2. 일본의 대담한 외교

1차세계대전 발발과 일본의 대륙침략: 21개조 요구안

1차세계대전이 발발하자 만주는 무주공산이 됐다. 일본은 이 기회를 틈타 만주 일대를 석권했다. 일본은 이에 만족하지 않았다. 1차세계대전 참전 조건으로 독일이 기존에 보유한 산둥성 일대의 권익 일체의 양도를 포함한 21개조 요구안을 중국에 강요했다.

우리나라 서해에 근접한 산둥성은 중국의 전략적 요충지였다. 산둥성의 황해 쪽 입구에 해당하는 칭다오는 청나라가 자랑해마지 않던 북양함대의 거점이기도 했다. 청일전쟁에서 중국이 패하자 독일은 1898년 자오저우

(膠州)만 사건을 일으켜서 산둥성을 점령했다. 이 사건 직후 '조차의 난전'이 발생했고, 중국은 서구열강의 반(半)식민지로 전락했다. 그만큼 산둥성의 독일 할양은 중국인들에게는 치욕적 사건으로 기억됐다.

1차세계대전이 발발하자, 일본은 대륙 팽창 계획에 박차를 가했다. 일본은 이 거대한 전쟁을 이용하기로 결심했다. 일본은 유럽에서 확대되고 있는 전쟁 행위를 자국 영토 확장을 위한 기회로 활용하고자 했다. 그렇게 하기 위해서는 중국의 정치 안정을 악화시키고, 경제 혼란을 가중시키는 일이 필수적이었다. 중국은 이와는 정반대의 이유에서 중립을 유지하며 전쟁이 자국 영토로 확산되지 않기를 바랐다.

일본의 영토적 야심이 본격화하자 1914년 8월 3일 중국은 미국에게 "유럽의 교전국들이 중국의 영토와 영해 혹은 인접한 조차지들에서 교전하지 않겠다는 약속에 동의할 수 있도록 노력해 줄 것"을 공식 요청했다. 미국은 독일을 포함한 강대국들에게 동아시아 전체의 현상 유지는 물론 태평양 지역에서 중립을 지킬 것을 약속함으로써 중국의 제안에 화답했다. 하지만 구속력 있는 그 어떤 협정도 체결되지 않은 채 미국의 약속은 구두선에 그쳤다. 그러자 전쟁의 불꽃이 동아시아를 위협하기 시작했다.

전쟁은 이제 막 동아시아의 문턱에 와 있었다. 일본은 산둥반도에 있는 독일 조차지를 일본에게 양도할 것과 일본과 중국의 수로로부터 모든 무장선들을 철수시킬 것을 요구하는 최후통첩을 독일에게 발송했다. 최후통첩이 무시되자 일본은 독일에 선전포고하고 1차세계대전에 영국, 프랑스, 러시아, 이태리 등과 함께 연합국 진영으로 참전했다.

산둥반도에 군대를 상륙시킨 일본은 독일 조차지의 경계를 훨씬 넘어 산둥성 전체로 군사작전의 폭을 확대해 나갔다. 1914년 말 경까지 일본은 산둥반도 와 적도 이북의 태평양에 소재한 독일 소유 섬들을 대부분 점령했다. 일본은 동아시아에서 유럽 열강 경쟁국들 가운데 하나인 독일을 제거하는 데 성공함으로써 20년 전 삼국간섭 당시의 굴욕을 되갚아줬다.

일본의 산둥성 점령은 중국 전체의 지배를 향한 전면적인 정치·외교적 공격의 전조에 불과했다. 위안스카이 총통은 독일 조차지 밖의 산둥성을 보호하기 위해 '전쟁지대' 폐지와 중국의 국외 중립 확대를 일본에게 통고했다. 그러자 일본은 강력히 항의를 제기하며 21개조에 달하는 광범위한 요구사항들로 중국에 반격했다.

일본의 21개조 요구는 만주에서의 지배권을 확고히 함과 동시에 중국 본토에서 일본의 우월적 지위를 확립하려는 시도였다. 산둥성에 대한 독일의 권익 양도(제1호)를 포함하여 만주지역의 철도부설권 독점 및 남만주와 내몽고 지역에서 일본의 특수한 권리 승인(제2호), 중국최대 철강기업인 한예평공사(漢冶萍公司)의 합작운영(제3호), 일본의 동의 없는 중국연안과 도서지역의 할양금지(제4호), 그리고 희망조항으로 중앙정부의 일본인 고문 초빙과 공동관리, 일본산 무기의 의무구입과 중국내 각종 철도부설권 허용(제5호) 등이 21개조 요구안의 핵심 내용이었다.

일본이 얼마나 치밀하게 중국 침략을 기획했냐 하는 것은 뤼순, 다롄에 대한 조차기한과 남만철도 및 안봉철도 소유연한을 99년으로 연장한 데서 잘 드러난다. 이렇게 했을 경우, 한일월드컵이 개최되는 2002년에 뤼순과 다롄을 일본에게서 돌려받을 수 있게 되는 것이다.

일본은 내정간섭에 관한 항목, 곧 일본인 고문 초빙, 경찰 공동운영, 무기 수입 등 희망조항으로 알려진 5호를 제외하고는 21개 요구안 가운데 1호에서 4호까지의 항목 전체를 무조건 수락하도록 중국정부에 최후통첩했다. 위안스카이를 수반으로 하는 베이징정부는 1915년 5월 9일, 일본의 요구를 수락했다. 그리고 5월 25일, 21개조 요구에 관한 중일조약이 체결됐고, 6월 8일 비준서가 교환됐다.

조약체결 소식이 알려지자 중국인들은 5월 9일을 국치일로 선언하고 강력한 조약반대투쟁에 돌입했다. 이 때문에 일본은 대륙침략 계획을 당장에는 행동에 옮길 수 없었다. 기회를 엿보던 일본은 파리강화회의에 승전국 지위로 참가해서 영국, 프랑스 등 전승국들로부터 21개조 요구에 대한 승인을 받아냈다. 이러한 일련의 사건들은 중국의 민족주의를 일깨운 5.4운동을 촉발하는 계기로 작용했다.

1919년 1월 12일, 파리 평화회담에서 일본의 외교적 목표는 산둥성 점령을 국제적으로 승인받고 평화조약에 의한 합법화로 영구적으로 점령하는 데 집중됐다. 한마디로 산둥성 문제는 양보도 패배도 받아들일 수 없는 일본의 핵심이익이 걸린 중대 사안이었다. 그런만큼 21개조 요구안은 중국을 일본의 보호국이나 식민지로 만들겠다는 의도하에서 만들어진 치밀한 계획의 산물이었다. 한마디로 일본은 서구 열강들조차 감히 생각하지 못했던 중국에 대한 식민 지배를 꿈꾸었던 것이다.

일본의 대륙 침략시도에 대한 미국과 영국의 반응은 엇갈렸다. 영국은 종래의 국제정치문법인 현실주의적 국가이익의 관점에서 이 사태를 바라봤다. 영국은 비밀협정과 베르사유회의를 통해서 일본의 21개조 요구안이 영일동맹을 훼손하지 않는 것으로 간주하여 공식 승인했다(Clyde, 1966: 246). 사실, 영국은 일본이 러일전쟁에서부터 시작해서 20년 동안 동아시아에서 활개칠 수 있도록 만들어 준 뒷배였다. 유럽에서의 영국은 비동맹·중립노선에 기반한 '영광스런 고립원칙'에 충실했다. 하지만 아시아에서는 자국의 이익을 보호하고 러시아의 남진을 막기 위한 전략적 조치로서 일본과의 동맹을 선택했다. 동아시아에서 영국의 목표는 오직 하나, 인도의 보존과 세력균형의 유지였다.

이에 반하여 미국은 일본의 21개조 요구안이 '문호개방원칙'을 침해하는 것으로 간주했다. 그래서 서구열강 가운데 유일하게 중국에서의 사태 진전에 촉각을 곤두세웠다. 그것이 가능했던 또 다른 이유로는 유럽 열강은 유럽에서 벌어지고 있는 세계전쟁에 모두 연루되어 중국문제에 개입할 여력도 개입 의사도 없었던 반면, 미국은 적어도 그 시점에는 1차세계대전에 연루되어 있지 않았기 때문이다.

베르사이유 회의에서 윌슨은 문호개방 원칙의 전통 속에서 중국의 영토보전을 보호하고 유지시키기를 바랐다. 하지만 산둥성에 대한 일본의 완고한 주장은 그러한 갈망을 무산시키는 것이었다. 일본의 요구를 거부하면 일본으로 하여금 평화회담을 박차고나가 국제연맹을 무력하게 만들 수 있는 명분을 제공할 것임이 명백했다. 윌슨 대통령은 평화회담과 국제연맹을 구하기 위한 일환으로 일본에게 산둥성 문제를 양보할 수밖에 없었다.

미국은 중국의 정치적, 영토적 보전을 약속했지만 어떤 경우에 있어서도 군사개입은 전혀 고려하지 않았다. 따라서 미국이 실제로 할 수 있었던 일이란, 미국의 조약권한들을 무시하고 문호개방 원칙을 위반한 협정의 결과로 나타난 그 어떤 현상변화도 인정할 수 없다는 미국의 기존 입장을 재확인하는 일 뿐이었다.

그럼에도 불구하고 이러한 정책의 분명한 제시는 중국문제와 관련한 미국 입장을 보다 강경히 드러내고자 의도한 것이었다. 이는 결국, 일본이 중국에게 강요한 그 어떤 협정도 일시적이며, 전쟁 이후 상황이 정상화되었을 때 중국을 포함한 유관국 사이에 논의의 주제가 되도록 하려는 시도로 간주됐다. 실제로 미국은 종전 이후 1922년 전승국들 사이에 개최된 워싱턴회의를 통해 일본의 21개조 요구안을 무력화시켰다. 그에 따라 일본은 미국을 동아시아·태평양지역에서의 주적으로 간주하기 시작했다.

일본의 외교 공세와 미국의 힘겨운 방어: 랜싱-이시이 협정(1917)

1차세계대전 당시, 일본의 외교력은 놀라웠고 대담했으며, 단숨에 미국, 영국과 어깨를 나란히 하는 세계 강대국으로 비약하는 계기가 됐다. 물론, 갑작스런 도약이 폭망하는 원인이 되기도 했지만 말이다. 1차세계대전 기간 동안 일본 외교의 주안점은 국제적 승인을 통해 동아시아에서 획득한 영토의 합법성을 확보함으로써 해당 영토를 일본 소유로 확고히 다지는 데 두어졌다. 한마디로, 명실상부한 제국 건설이 일본 외교의 일차 목표였다. 이를 위해 일본은 영국, 프랑스, 러시아 등 서구 열강과 다자간, 또는 쌍무협정을 체결해 동아시아에서 일본의 우위를 확고히 하고자 했다.

일본은 1915년 10월, 영국, 프랑스, 러시아의 '런던선언'을 지지하는 성명을 발표했다. '런던선언'에서 이들 3국은 단독으로 독일과의 평화협상을 추진하지 않을 것이며, 강화조건을 만장일치로 논의할 것을 서약했다. 일본의 이런 조치는 일본이 전후 평화회담의 일원으로 참여할 수 있도록 보장받기 위한 것이었다.

지정학적 관점에서 일본의 대륙진출에 가장 걸림돌이 될 만한 나라는 단연 러시아였다. 일본은 방해물을 사전에 제거할 필요가 있었다. 1916년 7월, 일본은 러시아와 동아시아에서 각자의 이해관계를 제한하지 않을 뿐만 아니라, 군사적 협조를 상호 간에 제공하는 비밀협정을 체결했다. 이 조약으로 일본은 외몽고에 대한 러시아 점령을 기정사실로 인정했으며, 러시아는 21개조 요구사항으로부터 유래하는 중국에서의 일본의 특수이익을 승인했다. 러일 양국은 여기서 한 발 더 나아가, 중국이 러시아와 일본에 적대적인 어떠한 제3세력의 정치적 지배하에 놓이지 않도록 보장할 것에도 합의했다.

영국하고는 동맹조약과 별도로 1917년 2월, 비밀협정을 체결했다. 이 협정에서 영국은 산둥반도에서의 독일의 영토적 권리와 북태평양에 있는 독일소유 섬들의 영유권을 일본에 양도한다는 입장을 전후 평화회담에서 지지하기로 약속했다. 그 대가로 일본은 적도 이남의 독일령 제도에 대한 영국의 영유권 확보를 지지했다.

일본의 대륙침략에 걸림돌이 될 만한 나라는 이제 미국 밖에 남지 않았다. 그래서 일본은 동아시아에서 새로 획득한 이해관계를 보장받기 위해서 유럽 열강들과 체결한 협정과 유사한 형태의 미일 쌍무협정 수립에 착수했다. 미국의 중국정책에 있어서의 모호성과 때로는 분명한 모순이 일본의 우려를 자아냈기 때문이다. 미국의 1차세계대전 참전으로 미국과 일본은 연합국 편에 서서 공동의 적과 싸웠지만, 중국문제에 있어서만큼 미국이 일본의 우월적 지위에 도전하고 있는 것처럼 비쳐졌다.

1917년 9월, 일본정부는 미국과의 신속한 군사·경제협력을 추진할 목적으로 외무대신을 역인한 이시이 기쿠지로(石井菊次郎)를 단장으로 하는 특별사절단을 워싱턴에 파견했다. 이시이 사절단의 주요 목적은 중국내에서 상충하고 있는 일본과 미국의 정책을 조율하고 타협하기 위한 쌍무협상을 개시하는 일이었다. 9월부터 11월 초에 걸쳐 이시이 대표와 랜싱(Robert Lansing) 국무장관은 정책 상 이견에 대해 어렵고도 미묘한 논의를 했다.

이시이 대표는 조선에 대한 일본의 지위를 규정한 1905년의 2차 영일동맹 조약 내용과 멕시코에서 미국의 이해관계에 적용한 동일한 내용의 구절을 인용하며 중국에서 일본의 '최상의 이익'을 미국이 승인해 줄 것을 요구했다. 랜싱은 일본 측 요구를 거절했다. 그리고는 문호개방에 대한 존중과 중국의 영토보전에 대한 공동 선언을 하자고 제안했다. 일본은 그런 선언은 아무 효력도 없을 뿐더러 불필요 한 것이라고 반박했다.

협상은 교착상태에 빠졌다. 그러자 랜싱 장관은 하나의 타협안에서, 일본의 인접지역으로부터 발생하는 '특수한 이해관계'를 미국이 승인하는 대신, 일본은 "미국과 일본 정부는 다른 우방국 시민이나 국민의 권리를 빼앗는 중국에서의 특별한 권리 혹은 특권을 추구하기 위해 현 상황을 이용하지 않는다"와 같은 규정을 일본이 수용할 것을 제안했다.

이시이 대표는 랜싱의 제안에 마음이 내키지 않아 주저했다. 일본은 산둥성을 군사적으로 점령했고 21개조에 대한 중국의 수락을 받아냈으며 영국 등 연합국 세력과도 일련의 비밀조약을 체결함으로써 중국내에서의 특별한 지위를 이미 확보한 상태였기 때문이다. 하지만 일본 또한 어떤 형태로든 자국 세력권에 대한 미국의 승인 없이 동아시아에서 정면 대립하는 사태만은 피하고 싶었다. 1917년 10월 31일, 양국 대표는 랜싱의 제안이 반영된 비밀의정서에 합의했고, 이틀 후 공식협정에 서명했다.

랜싱-이시이 협정은 "미국과 일본정부는 인접 영토가 양국 간의 특별한 관계를 야기한다는 사실을 승인"했다. 나아가 "미국 정부는 일본이 중국, 특히 일본 영토의 인접 지역에 대한 특수한 이해관계를 가진다는 사실" 역시 인정했다. 이와 동시에 "미일 양국은 중국의 독립이나 영토보존을 어떤 식으로든 침해할 목적을 가지는 것을 인정하지 않으며, '문호개방' 혹은 중국내에서의 통상 및 산업에 대한 동등한 기회 원칙을 항상 지지한다"(Grisword, 1962: 216)는 문구를 포함시켰다.

랜싱-이시이 협정은 미국과 일본의 기존 입장을 모호한 용어로 절충한 것에 불과했다. 그래서인지 몰라도 미일 양측은 협정 체결이 각자 자국의 외교적 승리라고 주장했다. '특별한 이해관계'와 '최상의 이익'을 동일한 것으로 간주한 일본은 랜싱-이시이 협정이 중국에서의 일본의 우선적 권리를 지지하는 것으로 해석하여 환영했다. 영국을 포함한 유럽 열강들이라면 옹호했을 게 분명한 해석이다. 반면, 미국은 일본의 서약이 문호개방 원칙과 중국의 영토보전을 존중한 것으로 해석하며 만족해했다.

루트-다카히라 협정에 이은 모두스 비벤디, 곧 잠정 협약의 성격을 띤 랜싱-이시이 협정의 모호성에 비춰봤을 때, 양국은 각국의 외교적 목표에 적합한 방식으로 아전인수(我田引水) 격의 해석을 했던 것으로 이해할 수 있다. 하지만, 랜싱-이시이 협정은 "중국에서의 일본의 특수이익을 인정한다"는 문구를 포함함으로써, 일본의 특수이익을 허용하지 않았던 1915년 브라이언 각서에서 명백히 후퇴했다. 이것은 동아시아에서 일본의 지위가 그만큼 강력해졌으며, 이에 비해 미국은 일본의 공세를 힘겹게 방어하는 수세적 위치에 몰렸음을 반증한다. 윌슨 대통령은 랜싱-이시이 협정 체결에 강한 불만을 드러냈다. 그는 '특수이익' 운운한 일본의 주장을 민족자결론에 반하는 것으로 간주해서 파리평화회의를 통해 교정할 수 있기를 바랐다.

랜싱-이시이 협정은 주로 중국에서의 미일 관계에 관한 것이었다. 그럼에도 정작 협정 대상국인 중국은 동 협상과 관련하여 아무 연락도 받지 못했고 따라서 어떤 의견도 제시할 수 없었다. 협정 체결소식이 알려지자 중국 정부는 즉각 반발했다. 그리고는 중국의 동의 없이 관련국들이 체결한 어떠한 협정에 의해서도 중국은 구속받지 않을 것이라고 선언했다.

중국의 선언은 어떤 효력도 지니지 못한 빈말에 불과했다. 일본은 중국의 반발에 아랑곳하지 않고 자국의 대륙 침략 구상을 하나하나 실현시켜 나갔다. 일본의 대륙침략 구상을 합법적으로 승인한 국제무대가 윌슨이 주도한 파리평화회의였다는 사실은 차라리 하나의 역사적 아이러니에 가깝다.

3. 하딩 행정부의 이중 외교노선: 유럽 철수와 동아시아 관여

윌슨 대통령이 꿈꾸었던 세계평화를 향한 베르사유조약과 국제연맹 창설이라는 두 개의 기둥에 세워질 균형잡힌 국제질서의 비전은 1920년 3월 19일 미국 상원이 조약 비준을 거부함으로써 물거품이 되었다. 이것은 윌슨을 크게 낙담시키는 결과였다. 윌슨은 상원의 국제연맹 비토 결정을 맹비난하며, 이듬해 민주당 후보 자격으로 대선에 출마하여 집단안전보장을 핵심으로 하는 국제연맹 가입을 국민들에게 직접 호소했다.

미국 유권자들은 공화당의 하딩(Warren G. Harding) 후보를 선출함으로써 윌슨주의에 대한 반대를 분명히 했다. 국제연맹은 다시 한 번 거부되었던 것이다. 미국 국민 대다수는 미국 정부가 중립정책을 부활시키고 먼로주의를 지지하고 외교정책에 있어서 불개입의 길을 갈 것을 희망하는 것처럼 비쳐졌다. 그들은 1차세계대전에 참전함으로써 입었던 엄청난 희생을 되풀이해서는 안 된다고 생각했다. 그래서 가능한 한 유럽문제에 개입하지 않기를 원했다.

하딩 대통령은 취임연설에서 "미국은 유럽의 운명을 좌우하는 데 참여하지 않을 것입니다. 우리는 구세계의 문제에 연루되는 것을 바라지 않습니다. 우리는 각각의 경우에 있어 우리 자신의 양심과 판단에 따라 결정하는 것 외에는 그 어떤 책임도 떠맡지 않을 것입니다. 우리가 해야 할 일은 어떤 나라에 대해서도 정치적 간섭을 하지 않는 것이고, 경제적 의무도 지지 않을 것이며, 우리의 결정을 타인에게 강요하지 않는 것입니다"라고 밝힘으로써 향후 미국의 외교정책 방향을 제시했다. 이 연설은 국제정치에 연루되지 않고자 하는 고립주의의 명백한 징후를 담고 있었다.

하딩 행정부는 고립주의로의 회귀를 표방했다. 하지만 동아시아에 지역에서는 미국의 개입정책을 종식시킬 수 없었다. 도리어 미국은 동아시아 사태에 계속해서 연루됐다. 태평양 너머 일본의 해군력 증강과 대륙으로의 팽창이 주된 요인이었다. 하딩 행정부는 처음부터 동아시아의 미해결 관심사들을 다루지 않을 수 없었다. 특히, 미국과 일본 간에는 해결해야 할 문제가 산적했다. 그 가운데 태평양에서의 해군 군비경쟁, 산둥문제, 시베리아 철병 문제, 태평양의 위임통치 영유권 문제, 그리고 이민 논쟁 등 동아시아와 태평양 지역에서 발생한 미일간 쟁점이 대부분이었다.

1차세계대전의 전화(戰禍)를 입지 않은 채 이를 기회삼아 부강의 기틀을 마련한 미국과 일본은 사이가 좋지 않았고, 동아시아에서 군비경쟁의 양상을 드러냈다. 미국은 일본에서 팽창주의 세력이 증대하고 있으며 이들의 영향력에 내재한 정치적 위험성을 인식했다. 미국의 가장 큰 우려는 다른 무엇보다 태평양 지역에서의 일본 해군력의 급속한 증대였다.

하지만 일본의 야심과 도전에 대처하기 위해 미국은 군사적 위협에 호소할 수 없었다. 일본은 더이상 과거 페리 제독이 이끌던 '흑선(黑船)'의 목격만으로도 공포에 떨던 봉건국가가 아니었다. 러일전쟁에서의 승리 이후 10년 만에 중국과 동아시아, 시베리아 지역을 자신의 세력권으로 편입시켜 명실상부 하나의 제국으로 발돋움하려는 세계 최강대국 가운데 하나로 성장했다. 따라서 미국을 포함한 서구 열강 누구에게도 위협을 받아서 복종하거나 후퇴할 가능성은 거의 없었다. 미국은 미일간 해군력 군비경쟁을 축소하고, 일본을 견제하며, 군사 분쟁의 가능성을 최소화하기 위해 외교적 수단에 호소하기로 결정했다.

미국 역시 이미 세계 최고 수준에 도달한 공업 생산능력을 동원하여 일본의 해군력을 무력하게 하거나 능가하기 위한 해군력 군비경쟁에 뛰어들 수도 있었다. 하지만 그러한 행동방침은 모든 대양에서 압도적인 해군력 유지를 통한 제해권 확보가 제1의 외교정책이었던 영국을 불안하게 만드는 조치였다. 결과적으로 동아시아에서의 안정이나 안전보장에 대한 아무런 확신도 없이 자칫 영미일 3대 강대국간의 무한 군비경쟁을 초래할 수 있었다. 게다가 영일동맹이 계속 유효했고, 만일 미국의 해군력 증강 계획이 완성되기도 전에 영일 두 해군 강대국이 미국에 대항해 연합하도록 몰아세움으로써 영국과 일본의 군사적 결속을 유발하는 결과를 초래한다면, 원래 구상했던 목표는 실패로 돌아가는 것이었다(Griswold, 1962: 272-273).

하딩 대통령과 공화당 지도부는 전승국 전체를 대상으로 군비축소를 실현하기 위해서 미국이 주도적 역할을 자임해야 한다는 야당인 민주당 측 주장에 공감했다. 이러한 구상의 저변에는 군비경쟁이 1차세계대전의 주요 원인이었다는 윌슨식 사고가 깔려있었다. 윌슨은 비록 대통령 선거에서 패배했지만, 그가 제시한 국제주의 외교원칙은 당파를 초월해 깊은 족적을 남겼다. 수양산 그늘이 강동 팔십 리를 간다는 속담은 이럴 때 쓰는 말이 아닌가 싶다.

하딩 행정부는 영·미·일 3대 강대국간 군비축소를 목표로 1920년 12월, 보라(William Borah) 상원의원이 해군력 군축을 논의하기 위한 회담에 영국과 일본을 초청할 것을 권고한 의회결의안을 참조하기로 했다(김영흠, 1988: 81). 하딩 대통령은 보라 상원의원이 발의한 결의안을 수용하여 이미 '취임사'에서 다음과 같이 선언했다.

"우리는 크든 작든 세계 여러 나라들과 협력해서 회담을 열고, 서로 조

언하며, 세계 여론의 분명한 견해를 추구하고, 대략적인 군비축소에 이
르는 방법을 모색하여 육군 및 해군 증강에 압도적 부담을 덜 준비가 되
어 있습니다. 포부를 표명하고, 실천적인 계획을 모색하며, 인류의 정직
과 정의, 그리고 전쟁에 대한 증오를 권고할만한 행동으로 옮기는 문제
에 있어 성심을 다해 결합할 준비가 되어 있습니다. 하지만, 모든 공약
은 국가의 주권을 행사하는 가운데 이루어져야 합니다(……)미국은 전
쟁의 가능성을 줄일 수 있을 것으로 여겨지는 계획을 촉진할 준비가 되
어 있으며, 그러한 계획을 주도하기를 열망할 뿐만 아니라 적극 참여하
기를 바라마지 않습니다."[31]

하딩의 의향이 알려지자 영국은 호의적 반응을 보였다. 막대한 전쟁부
채에 더해 장기간의 전쟁이 초래한 국가자원과 인력 손실에 지칠 대로 지친
영국은, 주요 열강들과의 어떤 형태의 군비경쟁도 감당할 여력이 없었다.
영국은 두 열강의 해군을 합한 세력보다 영국의 해군력이 언제나 우월하다
는 의미의 전통적인 2개국 합세 우위 기준을 더이상 충족할 수 없었다. 그
래서 미국에게 해군력의 동등한 지위를 기꺼이 인정할 준비가 되어 있었다.
미국이 제안한 군축회의는 영국에게 세력균형의 와해 없이 더욱 현실
적 기반 위에서 해군력의 동등한 지위를 체계적으로 정비할 기회를 제공할
것이었다. 영국은 해군력의 동등한 지위를 수락한 미국이, 태평양에 해군력
을 집중시켜 대서양은 영국의 지배를 위해 남겨둠으로써 영미 간 제해권 경
쟁 가능성을 차단해주기를 내심 바랐다. 1921년 6월, 미영 양국은 다양한
대화채널을 통해 상호 입장을 이해하게 되었다. 두 나라는 전승국 사이의
군비축소 회담을 지지했고, 1921년 7월에 재개할 예정인 4차 영일동맹의
운명에도 깊숙이 개입했다.

---

[31] 하딩의 대통령 취임 연설은 https://avalon.law.yale.edu/20th_century/harding.asp 참조

　　미국은 영일동맹을 자국안보에 대한 잠재적 위협으로 간주했다. 영일동맹의 원래 목표는 동아시아에서 러시아와 독일의 위협에 대처하기 위해 상호원조와 군사협력을 도모한다는 것이었다. 그런데 독일의 패전과 러시아혁명으로 영일동맹을 가능케 했던 원천적 위험이 사라진 마당에 동맹조약을 지속한다는 것은 미국 입장에서는 명백히 불리한 조치로 간주할 수밖에 없었다. 미일 경쟁으로부터 등장한 새로운 형태의 국제적 긴장이라는 관점에 비춰 봤을 때, 반복적으로 제기된 의문은 ‘위험의 원천이 사라진 마당에 이제 영일동맹은 누구에 대항하여 어떤 목적을 위해 유지하는가’의 문제였다.

　　영일동맹을 갱신하기 위한 협상이 재개될 것이라는 소문이 돌자 미국은 영일동맹의 폐기를 희망했다. 동맹조약을 갱신한다 하더라도 ‘중국에서의 동등한 기회 원칙’을 확인하고 ‘영일동맹이 미국을 겨냥한 것이 아님’을 분명히 명시한 문구를 담아야 할 것이라는 의견을 강력히 피력했다. 미국은 군축회담을 통해 자국에 잠재적 위협이 되는 영일동맹을 보다 일반적인 다자협정으로 대체하고자 시도했다. 이러한 다자협정은 미국과 일본이 전쟁을 할 경우, 일본을 원조해야 하는 영국의 합법적 의무로부터 영국을 자유롭게 할 의도를 지닌 것이었다.

　　영국은 처음에는 영연방 수뇌회담을 통해서 미국에 대한 군사행동을 어떤 형태로든 하지 않는 조건 하에서 영일동맹을 1년 더 지속하기로 결정했다. 하지만 최종적으로는 동아시아·태평양 지역에 이해를 지닌 당사국들의 다자협정으로 영일동맹을 대신하자는 아서 미언(Arthur Meighen) 캐나다 총리의 끈질긴 설득을 수용하여 1921년 6월 개최된 영일 양국 회담에서 조약 갱신 입장을 번복했다.

　　이제 영국 정부의 고심은 영일동맹의 종결을 위한 합당한 설명을 일본의 국가위신을 손상시키지 않은 채 제시할 수 있는가에 맞춰졌다. 왜냐하면, 지난 20년 동안 일본인들은 영일동맹을 강대국 지위의 상징으로서 그리고 당시 세계 최강대국인 영국과 제휴함으로써 안전보장에 대한 강력한 보증으로 간주해 왔기 때문이다. 따라서 로이드 조지(David Lloyd George) 총리는 영일동맹 대신 일본에게 만족스럽고 관심을 끄는 대안을 제시해야만 했다. 그는 국제협정의 형태로 그 동맹조약이 부드럽게 조정될 수 있기를 바라면서 미국의 군축회담에 대한 열망을 활용하기로 했다. 워싱턴회의에서 일본이 만족할만한 적절한 보상책을 제시할 수 있기를 기대하면서 말이다.

워싱턴회의: 동아시아 세력균형과 절반의 세계평화

1921년 11월 12일부터 1922년 2월 6일까지 열린 워싱턴회의는 7개 조약과 12개 결의안을 양산했다. 이 가운데 4개국조약, 5개국조약, 9개국조약이 대표적 성과물이다. 워싱턴회의는 큰 틀에서 군축을 위한 4개국회의와 동아시아, 태평양 지역의 현안을 논의하기 위한 9개국회의 등 두 개 세션으로 개최됐다. 일본은 두 개 회의 모두 강대국 자격으로 참가했다. 9개국회의에서 21개조 요구 문제가 논의됐다. 워싱턴회의를 통해 21개조 요구안을 철회하고 산둥성에서 철수했지만, 만주에서 일본의 지위는 손상 받지 않은 채 그대로 유지됐다.

　　결론적으로 일본은 4개국조약 및 5개국조약을 통해 실익을 확보했다면, 미국은 9개국조약을 통해 명분을 챙겼다. 실익은 단기적이지만, 명분은 전략적이고 장기적 이익을 보증한다. 우리는 단기적 실익과 전략적 명분이 충돌하여 전쟁으로 폭발하는 사태를 조만간 2차세계대전과 태평양전쟁을 통해 확인할 수 있게 될 것이다.

　　군축이 주목적이었던 4개국회의와 5개국회의에 대해 살펴보기로 하자. 회담이 열리자 휴즈(Chalres Evans Hughes) 미 국무장관은 미영일 3개국의 해군 군비감축에 대한 계획을 제안했다. 구체적으로 그는 새로운 전함건조의 즉각적 중지, 기존 전함의 폐기, 규정된 비율에 따른 대형전함의 질적 제한, 항공모함, 구축함, 순양함, 잠수함 등에도 동일한 군축 원칙 적용을 촉구했다.

휴즈 안은 차후 4개국 및 5개국 조약의 기초가 되었다. 1922년 12월 13일에 조인된 4개국 조약은 미국, 영국, 일본, 프랑스 등 각각의 체약국들이 "태평양 지역에서 자신들이 소유하고 있는 제도에 해당하는 영토와 관련하여 각자의 권한을 존중할 것"에 합의했다. 태평양에서 발생하는 군사문제라든지 체약국들이 언급한 권한들로부터 체약국들 사이에 외교적으로 해결할 수 없는 분쟁이 발생하면, 분쟁 관련 체약국들은 "전체 문제를 회부해 숙고하고 조정할 권한이 있는 공동회의"에 다른 체약국들을 초청하여 논의할 것이라고 규정했다.

이 조약은 10년을 유효기간으로 정했다. 다만, 10년 후에도 1년 내에 어느 한 나라가 종결 의사를 표명하지 않는 한 계속해서 효력을 발휘할 것이다. 이 조약은 영일동맹을 대신했다. 4개국조약은 영일 양국의 쌍무적 군사의무 대신에 다자적인 외교협의에 임하도록 대체했다. 그 조약은 4국간의 상호 방위조약도 아니었고, 집단적 자위수단도 아니었다. 그럼에도 동조약은 평화적 방식으로 국제분쟁을 해결하고자 구상된 지역 수준의 불가침협정 성격을 띠었다.

강대국들은 그들의 불가침과 자제와 선의에 대한 공약을 구체적으로 실행하기 위해 한걸음 더 전진했다. 전쟁이란 주권국가가 전쟁 의지와 무기를 가지고 교전하는 상태이다. 이 국가들은 4개국조약에 의해 분쟁 해결의 유효한 수단으로 전쟁을 활용하지 않는다는 데 합의했다. 이제 그 국가들은 전쟁의 구체적 수단과 장치, 곧 전함과 요새를 규제하기를 원했다. 5개국조약은 해군 군비를 제한하기 위한 욕구와 노력의 결정이었고, 4개국조약과는 동전의 양면과도 같았다.

1922년 2월 6일, 미국, 영국, 프랑스, 일본, 이탈리아 등이 체결한 5개국조약은 해군력 제한과 태평양 지역 내 해당 국가 소유 섬들에 대한 요새화 금지로 이루어졌다. 프랑스와 이탈리아의 해군력이 미약할 뿐만 아니라 태평양 지역에 영토를 소유하고 있지 않던 사실을 감안하면 5개국조약은 실제로는 미국, 영국, 일본 사이의 협정이었다.

해군력 제한에 관해서는 주력함이 집중적인 논의 대상이었다. 5개국 조약은 다음 사항에 합의했다. ① 현재 건조예정인 주력함 계획을 포기한 다. ② 전함 톤수(t) 할당을 수락한다. 단, 이 조치는 현존하는 함대 일부를 폐지할 수 있다. ③ 주력함 건설에 있어 10년간 건조 금지를 강화한다. ④ 주력함의 최대 규모를 구경 16인치 이하의 대포를 장착한 3만5천 톤 급 이하로 정한다.

최종 협상 결과, 전함 건조 톤수 할당은 미국, 영국에 각각 52만 5천 톤, 일본에 31만 5천 톤, 그리고 프랑스와 이탈리아에 17만 5천 톤으로, 그 비율은 각각 5 : 5 : 3 : 1.67 : 1.67이었다. 할당규모와 톤수 제한, 포 구경 제한은 항공모함에도 동일하게 적용하기로 합의했다. 순양함의 경우 1만 톤 이상을 초과할 수 없었고, 구경 8인치 이상의 대포를 장착할 수 없었다. 하지만 실질적인 공격능력을 나타내는 구축함과 잠수함에 대해서는 어떤 제한도 적용하지 않기로 합의 했는데, 이 조치는 훗날 태평양전쟁의 불씨로 작용할 것이다.

각국이 영토로 보유한 섬들에 대한 요새화 금지에 대해 5개국조약 제 19조는 지정된 영토에서의 현상유지를 확인했다. 그 내용을 요약하면, ① 미국은 알래스카, 파나마운하 지대, 하와이 군도 인접 지역을 제외한 필리 핀을 포함한 태평양과 알류산 열도에 소재하는 영토, ② 영국은 캐나다, 오 스트레일리아, 뉴질랜드 해안 인접지역을 제외한 동경 110도 동쪽에 위치 한 홍콩과 태평양에 소재한 영토, ③ 일본은 본토에 속한 섬들을 제외한 쿠 릴(Kuril) 열도, 오가사와라(小笠原) 제도, 아마미오(奄美大) 섬, 오키나와(沖繩)를 포함한 류큐(琉球) 제도, 평후열도, 기타 태평양에 소재한 위임통치지 역에서 군사력 증강조치를 허용하지 않기로 했다. 5개국조약은 1936년 말까지 효력을 발휘할 예정이었다. 그 후 2년간 휴지기를 두고 이 기간 안에 체약국들 중 어느 한 나라에 의해 종결할 수 있었다. 이 조약은 미영일 3국 모두에게 유익한 것으로 간주됐다.

미국은 받은 것보다 더 많은 것을 양보한 듯이 보였지만, 미국이 실제 포기한 것은 자금부족으로 완성조차하지 못 하고 있던 수척의 건조 중인 전함이었다. 의회는 해군력을 증강하거나 괌과 필리핀의 요새화에 충분할 정도의 군비지출 승인을 유보했다. 미 상원이 5개국조약을 74대1 이라는 압도적 다수로 가결한 사실만 놓고 보더라도 방위비 삭감에 대한 국민적 공감대가 널리 퍼져있음을 확인할 수 있었다.

영국도 5개국조약으로 유리한 입장이 되었다. 영국의 사활적 이해가 걸린 지역은 인도였다. 동 조약은 영국에게 일본의 공격에 대비하기 위해 버마로부터 말레이반도, 싱가포르, 오스트레일리아를 거쳐 뉴질랜드에 이르는 제1방어선 구축을 금하지 않았다. 영국의 아시아 요새인 싱가포르에서 볼 때 일본의 가장 가까운 공격기지는 약 5천6백 킬로미터 밖에 위치해 있었다. 따라서 영국의 또 다른 아시아 지배는 물론 인도의 안전 역시 상당히 향상된 것으로 평가됐다.

상대적으로 가장 이득을 본 나라는 단연 일본이었다. 일본은 5개국조약으로 자국 안보를 튼튼히 할 수 있었을 뿐만 아니라 태평양에서 전략적으로 유리한 지위를 확보할 수 있다. 먼저, 5:5:3이라는 주력함 건조제한 비율은 겉보기엔 일본에게 불리해 보였지만, 일본 최대의 잠재적 적국인 미국이 대서양과 태평양 두 대양을 방어해야 하고, 영국 역시 세계 전역에 함대를 두루 전개해야 하는 사실에 비춰봤을 때 일본은 태평양에 온전히 해군력을 집중할 수 있었다. 따라서 그 비율은 절대적인 해군력 열세를 가져올 정도는 아니었다.

게다가 일본은 순양함, 구축함, 잠수함과 같은 중소형 함정에 주력할 수 있음으로써 해군력 확장을 계속 꾀할 수 있었다. 덧붙여 알류산 열도, 괌,

필리핀 지역의 요새화 금지는, 미국과 일본 사이에 교전이 발생했을 때 미국은 일본에서 6천 킬로 이상 떨어진 하와이 해군기지로부터 군사작전을 전개할 수밖에 없다는 사실을 의미했다. 마찬가지로 일본에 가장 가까이 있는 영국 해군기지도 당시 일본 영토인 대만에서 3천 킬로나 떨어진 싱가포르에 위치해 있었다. 결과적으로 일본은 5개국조약을 통해 태평양지역에서의 군사적 위상을 한층 강화할 수 있는 기반을 마련할 수 있었다.

일본에게 상대적으로 유리한 5개국조약 결과에 비해 동아시아의 미래를 놓고 미국과 일본으로 하여금 돌아올 수 없는 강을 건너게 한 협정이 워싱턴회의에서 채택됐다. 그것은 바로 미국의 문호개방정책을 9개국 간의 국제조약으로 전환한 일이다. 워싱턴회의를 통해 문호개방정책은 성격이 완전히 바뀌었다.

9개국조약을 채택하기 이전만 하더라도 존 헤이의 문호개방선언은 일시적 타협책을 의미하는 모두스 비벤디로 간주됐다(Clyde, 1966: 270). 헤이 장관이 강대국들에게 문호개방각서를 회람할 당시, 문호개방에 대한 열강의 답변을 요청했을 뿐, 법적 효력을 지닌 강제적 조약형태는 아니었기 때문이다. 일본 및 서구 열강 또한 미국이 요구한 문호개방 준수를 약속했지만, 그것은 어디까지나 의례적이거나 도덕적 관점에서였을 뿐이다.

서구 열강과 일본은 중국 전역에서의 세력권 추구를 통해 문호개방선언을 거침없이 침해했다. 그런데 워싱턴회의에서는 법적 효력을 지닌 문호개방조약이 채택됐고 강대국들은 여기에 모두 서명해야 했다. 한마디로, 강대국들은 중국의 문호개방을 수호하기 위한 국제법적 준수의무를 지니게 된 것이다. 중국 역시 9개국조약의 서명 당사국으로 강대국 지위를 공식 인정받을 수 있게 됐다.

9개국조약으로 알려진 문호개방조약 제1조는 중국의 주권과 영토적 통일성을 확인했다. 제4조는 중국에서 열강들의 세력권 확보를 불법적인 조치로 간주했다. 워싱턴회의에서 군축조약과 문호개방조약이 채택되자 영국은 일본과의 동맹조약을 연장하지 않았다. 일본이 히로히토(裕仁) 왕세자를 외교사절로 런던에 파견하여 영일동맹 갱신에 전력을 기울였음에도 불구하고 말이다(Griswold, 1962: 298).

영일동맹 폐기는 향후 영국이 미국과 공동행동을 하기로 결정한 것이나 다름없었다(Elleman, 2015: 76). 결국, 문호개방조약으로 중국에서 행동의 제약을 가장 크게 받게 될 나라는 일본이었다. 미국과 전쟁을 각오하지 않는 한, 일본은 중국에게 21개조 요구안과 같은 불평등·문호폐쇄 협정을 더 이상 강요할 수 없었기 때문이다.

4. 만주 위기와 미국의 불승인주의

일본은 21개 요구안을 철회시킨 워싱턴조약을 회피하거나 우회할 방법을 적극 찾아 나섰다. 이러한 시도는 1914년에 이미 충분히 예고됐다. 대표적으로 오쿠마 시게노부(大隈重信) 총리는 〈신일본〉이라는 잡지의 기고에서, "멀지 않은 장래에 소수의 강대국만이 세계를 지배할 것이다. 일본은 지배국이 되기 위한 준비에 만전을 기울여야 한다"고 역설했다(Clyde, 1966: 252-253). 놀라운 것은 오쿠마는 일본 정계에서 상대적으로 진보민권파로 분류되던 인물이었다는 사실이다. 집요하고 끈질긴 노력의 결과, 형식상 주권을 보유했지만 일본이 사실상 보호국이자 실질적인 통치권을 행사하는 만주국을 수립할 수 있었다.

1931년 9월 18일 발생한 만주사변은 일본의 공공연한 중국 침략의 전조였다. 이것은 불과 10년 후에 전개될 진주만의 해상으로 일본 군국주의를 이끄는 전주곡이었다. 당시 만주에는 네 종류의 세력이 경합했다. 이 세력들은 일본의 군국주의, 중국의 민족주의, 소련의 공산주의, 미국의 문호개방주의이다. 이러한 세력들 간의 상호작용 속에서 미국의 반응은 본질상 수세에 있었고, 1920년 말의 동아시아에서 국제정치 패턴 형성에 최소한의 역할만 수행했다. 이에 반비례해서 만주에 압도적인 경제력과 군사력을 집중시킨 일본 군국주의가 만주 전역을 식민지화하는 일은 시간문제의 일로 여겨졌다.

일본 팽창주의는 1895년 이래의 영토 확대로써 부분적으로 명백해졌다. 수십 년 내에 일본은 류큐 열도와 타이완을 병합했고, 남사할린과 쿠릴 열도 외에 조선도 합병했다. 게다가 랴오둥반도와 산둥성에서의 경제적 이권을 차지했으며, 이전의 독일 점유지들로서 태평양 소재의 국제연맹 위임통치령을 인수했다. 일본의 대륙팽창을 위한 다음 목표는 광대한 영토와 풍부한 자원, 적은 인구밀도, 그리고 방위태세가 약한 무방비상태의 만주 전체를 장악하는 것이었다.

일본인들은 만주를 그들의 최후 방위선으로 파악했다. 그들은 만주를 역사 발전, 지리적 위치, 그리고 민족적 구성 면에서 중국 본토와는 구별되는 것으로 간주했다. 그들은 심리적으로도 만주에 대해 친근함을 가졌다. 일본의 만주정책의 전반적 목표는 자국의 이권과 특권을 유지하고 발전시키며 확대하는 것, 곧 만주에서 사실상의 식민지를 건설하는 것이었다. 이러한 정책의 선봉이 바로 군국주의자들이었고, 이들은 일본제국에 대한 힘과 위신, 그리고 번영의 도취감을 국민들 속에 주입했다.

1930년 12월, 한때 중국에 대해 선린정책으로 돌아가고자 했고, 런던해군조약에 서명했던 하마구치 오사치(浜口雄幸) 외상이 한 광신적인 군인에 의해 도쿄 역에서 저격당했다. 그의 죽음으로 정당정치와 의회주의의 희망은 사라졌다. 동시에, 일본정치에 폭력과 백색테러가 난무하기 시작했다. 초국가주의적인 군국주의 조류가 급증하기 시작했다. 만주문제는 바로 이런 소용돌이 속에 휩싸이게 되었던 것이다.

1931년 여름, 중국인들과 조선인 출신 농민들 사이에 농지소유 문제를 둘러싸고 충돌이 일어나 양측에 상당한 인명피해가 발생했다. 이것이 바로 그 유명한 완바오산(萬寶山) 사건이다. 이러한 긴장된 상황을 한층 고조시킨 사건이 일본 관동군 소속 나카무라 신타로(中村震太郎) 대위가 내몽고에서 정보 수집 임무를 수행하던 중 중국군에게 살해되었다는 소식이었다.

일본 내 군국주의자들은 이들 사건을 펑계로 만주 문제의 결정적 해결은 무력으로 해야 한다고 선동함으로써 일본 내 민족주의 감정을 자극했다. 최후방어선을 수호하기 위한 일본인의 결의는 마찬가지로, 만주에서의 일본의 구상을 막아내기 위한 중국인의 단호한 결의와 충돌했다. 여름 내내 이러한 마찰은 계속되었고, 적대감은 격화했다.

그러던 중 전세계를 뒤흔든 폭발사건이 일어났다. 1931년 9월 18일, 펑텐(奉天) 근처 남만주 철도 선로 일부가 폭파되었던 것이다. 일본 관동군은 9.18 만주사변은 중국군에 의한 사보타주였다고 주장했다. 그러나 실제로 이것은 만주 전체를 무력으로 점령하기 위해서 관동군의 잘 짜여진 각본 아래 조작된 사건이었다. 관동군은 정당방위의 권한을 행사하며 체계적인 군사조치를 감행했다. 그 결과, 펑텐, 창춘, 그리고 지린(吉林) 등 주요 도시를 신속하게 점령해 들어갔다.

집단안보와 민족자결론 그리고 국제연맹 자체의 공허함을 드러내며 폭력이 난무하는 1930년대를 만든 국가는 단연 일본이었다. 일본군은 법적으로는 중국의 일부였지만 수년간 중국 중앙정부의 권력이 미치지 않았던 만주를 점령했다. 국제연맹이 창설된 이래 일본의 만주 점령과 같은 대규모의 국제적 간섭이 시도된 적은 없었지만, 국제연맹에게는 규약에 의거해서 단순한 경제제재를 강제할 수단마저 존재하지 않았다. 국제연맹이 행동을 주저함으로써 집단안보 개념의 근본적인 딜레마가 생생하게 폭로됐다. 일본에 맞서 기꺼이 싸우려는 나라가 하나도 없었던 것이다. 실제로 일본 해군이 아시아의 제해권을 장악하고 있는 상태였기 때문에 미국의 참전하지 않을 경우 일본에 맞서 싸울 능력을 지닌 나라도 없었다.

만주에서 벌어진 공개적인 전쟁의 즉각적 결과들 가운데 하나는 국제연맹 규약을 포함해서 전쟁금지를 약속한 부전조약(不戰條約) 등 무수히 많은 국제협정이 세계질서와 안전, 그리고 국제평화를 유지하는데 있어 무용지물로 드러났다는 사실이다. 일본은 국제연맹 상임이사국임과 동시에 부전조약의 체약국 임에도 불구하고 거리낌 없이 군사적 도발을 자행했다. 국제사회는 군사력 사용을 포함한 일본 군국주의의 야욕을 저지할 수 있는 실효적 수단을 확보하지 못했다.

워싱턴조약에 이어서 이번에도 일본을 막아선 나라는 미국이었다. 미국은 국제연맹 정식 가입국이 아니었음에도 불구하고 부전조약과 9개국 문호개방조약 의 발의자로서 동아시아에서의 평화를 회복하기 위한 조처를 취할 것을 요청받았다. 그에 따라 스팀슨(Henry Lewis Stimson) 국무장관은 일본에 대한 미국의 정책을, 여러 나라가 참가하는 협조적, 다자적 접근으로부터 일방적이며 강제적 조치로 전환했다. 그렇게 해서 탄생한 것이 바로 존 헤이의 문호개방선언과 더불어 미국 동아시아 정책의 초석(礎石)이라 할 수 있는 '스팀슨독트린'이다.

'불승인주의(Non-recognition)': 스팀슨독트린

스팀슨독트린의 뿌리는 1915년 5월 11일의 브라이언 각서에서, 그리고 궁극적으로는 1899년과 1900년의 헤이의 문호개방각서에서 발견할 수 있다. 1915년 일본의 중국에 대한 21개조 요구사항에 관해 브라이언 국무장관은, 미국 정부는 "미합중국과 중국내의 미국 국민들의 조약 권한들, 그리고 흔히 문호개방 정책으로 잘 알려진 중국의 행정적, 영토적 보전 및 중국에 관련한 대외정책을 손상시키는, 일본과 중국 양 정부 사이에 체결되어 왔거나 체결할 지도 모르는 그 어떤 협정이나 약속도 인정할 수 없다"고 중국과 일본 양국에 일방적으로 통고한 전례가 있었다. 하지만 1917년의 랜싱-이시이 협정은 "미국과 일본정부는 인접 영토가 양국 간의 특별한 관계를 야기한다는 사실을 승인"한다고 합의함으로써 중국의 영토적, 행정적 통일성을 보장한 헤이의 문호개방선언과 브라이언 각서에서 명백히 후퇴했다.

만주국 수립을 미국은 이 지역에 대한 문호폐쇄조치로 간주했다. 일본의 조치에 격렬히 항의하면서 미국 정부는 만주국에 대한 승인거부를 선언한 '스팀슨독트린'으로 대응했다. 스팀슨독트린은 헤이의 문호개방선언, 곧 '중국의 영토적, 행정적 실체의 보전원칙'에 위배되는 그 어떤 행위도 인정하지 않겠다는 '불승인주의'의 의지 표명이었다(김기정, 2009: 42). 스팀슨 국무장관은 1932년 1월 7일, 일본의 만주국 수립을 승인하지 않을 것임을 천명했다.

"미국 정부는 중국의 주권, 독립, 그리고 영토적, 행정적 보전 및 일반적으로 문호개방이라는 이름으로 알려진 중국에 대한 국제정책에 관한 것을 포함하여 미국과 미국 국민이 보유한 중국에서의 조약상 권리를 침해하는, 어떤 모든 사실상의 상태의 합법성을 인정하지 않는다. 또 중일양국 정부 또는 그 대리자가 체결한 일체의 조약 및 협정에 대해서도 이것이 앞의 권리를 침해하는 것으로 승인할 수 없다. 그리고 중일 양국과 미국이 당사국으로 되어 있는 1928년 8월 27일 부전조약에서의 약속과 의무에 위반되는 수단에 의해 성립된 일체의 상태, 조약, 협정을 승인할 의사가 없음을 통고하는 일을 일종의 의무로 간주한다"(김용구, 2004: 655).

정리하면, 일정 요건을 갖추지 못한 조약이나 사건의 국제법적인 효과를 부정하는 '불승인원칙'을 일본에 통고한 것이다. 스팀슨 국무장관은 상원 외교위원회 위원장인 보라 의원에게 보낸 1932년 2월 23일자 공개서한을 통해 만주국에 대한 불승인주의 입장을 거듭 확인했다. 사적인 자리에서 스팀슨은 보라 의원에게 보낸 서한 목적이 "중국의 사기를 진작하고 미국국민을 계몽하며, 국제연맹에 권고하고, 영국을 분발시키며, 일본에게 경고하기 위해" 구상한 것임을 밝혔다.

하지만, 스팀슨의 이 서한은 더 야심찬 목표를 지녔다. 그것은 바로, 문호개방원칙을 근거로 하여, 중국의 행정적, 영토적 통일성을 훼손하고 켈로그-브리앙 협정, 곧 부전조약을 위반한 일본의 행위를 응징하려는 것이었다. 스팀슨은 일본이 침략행위를 중지하지 않는다면, 미국은 괌의 요새화를 시도할 것이며 태평양에서 해군력을 증강할 것이라고 위협했다.

사실 스팀슨의 이러한 언급은 10년 전 워싱턴에서 합의한 5개국조약에 명백히 반하는 것이었다. 스팀슨은 태평양 인접 영토의 요새화를 금지한 5개국 조약과 문호개방에 관한 9개국조약의 상호의존적 성격을 강조하면서 만주국 수립에 의해 야기된 일본에 의한 워싱턴 협정 위반은 미국과 또다른 조약체결국들이 그러한 조약들의 제한과 억제로부터 자유롭게 될 것임을 강력히 암시했다(Paterson et.al., 1977: 337-338).

독일 제3제국의 계관법학자로서 히틀러 정권의 헌법적 정당성의 기반을 제공한 것으로 평가받는 칼 슈미트(Carl Schmitt) 역시『대지의 노모스』라는 저작에서 스팀슨독트린이 야기한 국제법적 의미 전환을 그 특유의 예리한 이론적 더듬이로 판별했다. 슈미터에 따르면, 유럽 공법의 실제는 국가적 충돌을 세력균형 체제의 틀 속에서 파악해왔다. 하지만 스팀슨독트린의 등장으로 이제 그러한 충돌은 유럽이 아닌 세계의 단일성이라는 이름으로 보편화되고 있다. 스팀슨은 동아시아, 특히 만주에서의 충돌과 관련하여 "그 새로운 관점, 곧 스팀슨주의가 없다면 우리와 멀리 떨어져 있는 만주에서의 사건은 이제까지의 국제법에 따라 미국과 무관"할지 모르지만, 이제 스팀슨독트린이라는 새로운 관점 아래에서 세계의 모든 중요한 정치적, 사회적, 경제적 사건들에 미치는 개입이 정당화됐다(Schmitt, 1995: 383).

슈미트는 스팀슨독트린이 서반구와 동반구, 유럽과 아시아의 구별을 무시한 채 미국이 지상의 모든 영역변경의 정당성이나 부당성에 관한 결정을 내리겠다는 주장을 제기한 것으로 규정함으로써 불승인주의가 윌슨의 국제주의 외교노선에 연원하고 있음을 정확이 읽어내고 있다. 요컨대, 윌슨주의와 스팀슨독트린의 등장으로 말미암아 유럽공법의 국제법에서 미국공법의 국제법으로의 패러다임 변화가 발생한 것이다.

> "합법성과 정통성이라는 민주적 발현 형태가 국제법상의 기준으로 선언됐다. 윌슨 대통령의 실천은 민주적 합법성을 서반구의 영역에서 국제법상의 원칙으로 고양시켰다. 그에 따라 민주적 헌법이라는 합법적인 정부만이 승인된다. '민주적'이라는 말과 '합법적'이라는 말이 구체적으로 의미하는 것은 실제로는 승인을 부여하는 정부 자체에 의해, 따라서 이 경우에는 미국정부에 의해 정의되고, 해석되며 재가된다는 것은 자명하다. 확실히 그러한 신정부 승인의 이론과 실천은 개입주의적 성격을 지니고 있다. 그러한 실천은 서반구에서는 워싱턴 정부가 다른 아메리카 국가의 헌법변경이나 정부변경을 실효적으로 통제할 수 있다는 결과를 낳는다. 미국이 서반구, 즉 아메리카대륙에만 제한되어 있는 한 그러한 결과는 오직 서반구라는 광역에만 영향을 미쳤다. 그러나 미국이 국제적 개입주의라고 하는 전 세계적 주장을 제기하자마자 그것은 지상의 모든 다른 국가들에게도 적용되기에 이른다"(Schmitt, 1995: 380).

스팀슨독트린에서 불승인 여부를 판별하는 실질적 기준은 '문호개방원칙'이었었다. 이제 '문호개방원칙'에 기반한 불승인주의는 개별 정책을 넘어 '적과 동지'를 결정하는 미국의 핵심 외교원칙으로 자리 잡은 것이다. 미국 외교정책의 최소기준으로서 '문호개방원칙'은 곧이어 대서양헌장에서뿐만 아니라 얄타협정, 봉쇄정책, 그리고 미중수교 및 최근의 북미 핵·평화 협상에 이르기까지 유령처럼 출몰할 것이다.

스팀슨독트린은 방향감각을 상실한 채 결정적 순간에 아무 역할을 하지 못한 국제연맹에게도 일정한 영향을 미쳤다. 1932년 국제연맹 이사회는 불승인원칙을 주요 내용으로 하는 결의안을 채택했다. 만주를 넘어 상하이까지 공습 범위를 확대한 일본은, 미국과 영국이 자국민보호와 문호개방 유지를 위해 무력사용 의사를 보이자 1932년 5월, 중국과의 휴전에 합의할 수밖에 없었다.

미영 양국의 간섭에 따른 중국과의 휴전은 많은 일본인들에게 외교·군사적 패배로 받아들여졌다. 1932년 5월 15일, 불만에 가득 찬 일단의 군국주의 성향의 해군장교들과 사관생도들이 이누카이 쓰요시(犬養毅) 총리를 암살하고 내각 장관들을 공격했으며, 일본은행과 정부건물을 폭파했다. 이 사건은 대의제도에 의해 성립한 정당 내각에 대한 치명적 일격이었고, 일본 정치에 있어서 군부지배의 서막을 열었다.

이누카이 내각에 이어 들어선 사이코 마코토(齋藤實) 내각은 1932년 9월 15일에 일본과 만주국 사이에 체결한 조약에 의거해서 만주국에 대한 국제적 승인절차에 돌입했다. 만주국 수립을 포함한 일본의 만주점령을 선뜻 수용하려는 국가들 역시 없었지만, 스팀슨독트린이 제시한 불승인주의에 근거하여 일본의 팽창주의 행위를 억제하는 데 기꺼이 동참할 나라들 역시 없었다. 미국이 강하게 반발하지 않았다면, 영국과 프랑스 등 유럽 국가들은 만주국을 승인할 가능성이 높았다.

국제연맹 역시 스스로 초래한 모순을 극복할 방안을 전혀 알지 못했다. 결국 아무 행동도 취하지 않아도 무방할 방법이 고안되었다. 일본의 만주국 수립에 대한 국제연맹의 결정은 진상조사라는 형태를 취했는데, 이는 아무런 행동도 하지 않는 것이 바람직하다는 점을 외교관들에게 알리는 전형적인 수단이었다. 진상조사위원회가 구성되고 조사 임무를 수행하며 결국 합의에 이르는 데는 시간이 소요된다. 운 좋게 합의에 이른다고 하더라도, 문제는 이미 사라졌을 가능성이 크다. 일본은 진상조사 절차가 이렇게 흐지부지 될 것이라고 확신했고, 따라서 조사를 권고하는데 앞장서기조차 했다(Kissinger, 1994: 286-287).

1932년 10월 2일, 만주사변의 원인과 중국과 만주의 여러 문제를 조사하기 위해 국제연맹이 파견한 '리튼 조사단(Lytton Commission)'은 만주에서의 실사 직후 일련의 보고서를 제출했다. 리튼 보고서의 요점은 일본이 제기한 불만이 정당하기는 하지만 상황을 시정하기 위해 평화적 수단을 강구하지 않는 것은 잘못이라고 보고했다. 리튼 조사단은 1931년의 9.18 만주사변은 "그 자체로서는 군사행위를 정당화하는데 충분하지 않고 일본군의 군사작전은 합법적인 정당방위 조치로 간주할 수 없다"는 결론에 도달했다. 만주국 수립에 관해서도 다음과 같은 사실을 제시했다.

> "조사단이 모든 자료로부터 얻은 증거에 따라 만족하는 결론으로서는, 만주국 창설에 기인하는 다양한 요인들이 있지만, 이 중 다음 두 가지 요인의 결합이 지대한 효력을 미쳤다. 우리가 판단하건대, 만일 이 두 가지 요인의 결합이 없었다면 새로운 국가는 형성될 수 없었을 것이라는 사실이다. 그것은 시민과 군대로서, 즉 일본 군대의 출현과 일본 관리들의 여러 활동들이었다. 이러한 이유로 만주국의 현 정부는 진심에서 우러난 자발적인 독립운동의 결과로 성립한 것으로 간주할 수 없다"(김영흠, 1988: 115).

〈리튼 보고서〉는 '만주사태'의 몇 가지 해결책을 권고하며 끝을 맺었다. 첫째, 만주는 중국의 통치권 하에서 상당한 자치권을 지닌 특별행정구역 하에 두도록 한다. 둘째, 일본과 중국은 만주로부터 모든 군대를 철수하고, 법과 질서의 유지는 특별 헌병대에 위임한다. 셋째, 일본의 이권을 보호하기 위해 구상된, 중국과 일본 간의 조약 체결을 위한 협상을 시작한다. 넷째, 양국은 각자의 차이점들을 조정하고, 통상과 중재, 조정과 불가침, 그리고 상호원조 등에 관한 조약을 체결함으로써 안정되고 확고한 관계를 수립

하기 위해 노력한다.[32]

그러나 이처럼 관대한 질책과 권고도, 자국 영토보다 더 넓은 지역을 점령하고 있던 일본으로서는 수용의사가 전혀 없었다. 만주에서의 군사적 조치가 정당한 자위권 행사차원에서 이루어진 것이었다고 주장하는 일본 입장에서는, 〈리튼 보고서〉가 청일전쟁 직후의 삼국간섭을 포함하여 일본의 대륙진출을 번번이 막아선 서구열강의 부당한 개입인 동시에 자국에게 불리한 사후 논의로 느껴졌을 것이다. 일본은 중국과 서구 열강이 자행한 다양한 도발사례를 제시하며 만주국 수립에 대한 자신들의 행위가 정당하다고 강변했다.[33]

〈리튼 보고서〉의 건의안들이 효력을 발휘할 수 있는 구체적 방안을 모색하기 위한 장기간 토론 끝에, 1933년 2월 24일 국제연맹은 동 보고서를 정식 채택했다. 일본 대표단은 이 결정에 반발하여 즉각 퇴장했다. 한 달 후 일본 정부는 국제연맹 탈퇴를 공식 통보했다. 국제연맹이라는 기구 전체가 붕괴하는 첫 걸음이었다. 일본은 경제제재나 군사적 조치를 포함하여 국제연맹이 〈리튼 보고서〉를 강제할 그 어떤 유효한 수단도 보유하지 못하고 있다는 사실을 간파했다.

---

32 '리튼보고서'에 대한 자세한 내용은 https://ko.wikipedia.org/wiki/%EB%A6%AC%ED%8A%BC_%EC%A1%B0%EC%82%AC%EB%8B%A8 참조.

33 〈리튼 보고서〉에 대한 일본의 반박 주장은 다음과 같이 요약할 수 있다. 첫째, 중국은 일본과의 조약을 일방적으로 파기했고, 중국인들은 거만하게 행동했으며, 폭력에 호소하는 일도 개의치 않았다. 둘째, 서구 열강은 일본이 기대하고 이룩하고자 노력했던 동아시아의 안정을 희생하면서까지 그들의 이기적 목표를 추구했다. 셋째, 미국의 정책은 중국의 행동을 너그럽게 보아 주는 것이고, 중국의 비타협적 태도와 반항을 고무하는 것이었다. 넷째, 국제연맹 가맹국들이 계획한 집단안보의 수단은 항상 일본을 제외한 채 일본에 대항하는 것이었다. 그러므로 일본은 국가적 존속의 필수적인 선행조건을 보호하기 위해 단호하게 행동할 수밖에 없다(Iriye, 1967: 173-74).

일본의 팽창주의와 흔들리는 미국의 고립외교

〈리튼 보고서〉에 대한 반발로 야기된 일본의 국제연맹 탈퇴 결정은 장기적 관점에서 보자면 섣부르고 조급한 판단이 불러온 외교적 패착일 수 있었다. 〈리튼 보고서〉는 일본에게 만주사변의 책임을 묻지도 않았고, 만주에서의 일본의 기득권을 그대로 인정했다. 일본은 이미 베르사유 평화회의와 워싱턴 9개국 조약에 의해 만주가 자신들의 세력권에 해당함을 인정받았다. 〈리튼 보고서〉의 결론부 역시 만주에서의 일본의 행위 자체를 단죄하기보다 중국에게는 명분을 일본에게는 실익이 가는 방향으로 중일 양국 사이의 '이익의 균형'을 꾀하려는 시도였다고 보는 게 정확한 평가일 것이다.

일본이 거침없이 폭주한 이유는 일본은 그 당시 이미 만주를 넘어 중국 전체를 원했기 때문이다. 사실, 일본이 현상유지를 목표로 했다면 장기적 관점에서 만주 전역을 포함하여 조선과 타이완, 사할린을 자국 영토로 편입할 가능성이 대단히 높아보였다. 하지만 일본은 여기에 만족하지 않았다. 군사적 수단을 동원한 급격한 현상변경을 선택했다. 20세기 들어 1930년대의 일본처럼 국가간의 외교적 상규는 물론 모든 국제협정을 무시한 채로 군사력에만 의존해서 이웃 나라의 영토를 정복하고 군국주의로 돌진한 사례는 대단히 드물다.

팽창주의적 야욕에 더해 일본은 동아시아에서 자국의 이익을 가로막고 사사건건 개입하는 국가로 미국을 지목했다. 다시 말해서, 만주에 대한 문호개방 요구와 스팀슨의 불승인주의 표명 등 중국 정부의 배후에는 미국이 있으며, 따라서 만주점령 시점에 이미 미국과의 일전이 불가피하다는 결론을 내린 것으로 평가할 수 있다.

미국의 저명한 외교전략가 케난의 평가는 이와는 상반된다. 그에 따르면 일본의 팽창이 미국의 간섭을 불러왔다기보다 미국의 불필요한 간섭이 일본의 팽창주의를 부추겼다는 것이다. 당시 중국은 국제법상에 있어 정상적 주권국가로 간주할 수 없을 뿐 아니라 문호개방선언, 스팀슨독트린 천명

등 미국의 동아시아 정책이 일본의 핵심이익을 침해한 결과, 태평양전쟁까지 이어지는 양국 분쟁의 씨앗을 뿌렸다는 평가이다. 케난의 주장이 세력균형에 기초한 현실주의 입장을 대변하는 것인지는 잘 모르겠으나 적어도 동아시아의 역사 및 정치현실에 대해서만큼 대단히 무지하다는 생각은 지울 수 없다. 어떤 견해가 더 적실할지에 대해서 독자들의 판단에 맡기도록 하겠다.

"바로 이런 정신 아래 미국은 매년, 아니 수십 년 동안 다른 강국들, 무엇보다도 일본인들이 아시아 대륙에 보유하고 있는 입지를 난도질했습니다. 우리의 원칙이 훌륭하다면 그 원칙을 적용한 결과 또한 흡족하고 받아들일만한 것이 분명할 것이라는 흔들리지 않는 믿음 속에서 말입니다. 하지만 관련된 현실적인 많은 일들을 논의하려는 마음은 생기지 않았습니다. 일본의 팽창하는 인구라든지, 중국정부의 약점, 다른 강국들의 야망을 실제로 맞받아 칠 수 있는 방법 등을 논의하려고 하지 않은 것입니다. 우리에 비해 아시아 대륙에 대해 훨씬 더 중요한 이해관계를 갖고 있던 나라들의 경우, 이런 사실이 특히 예민한 신경을 거슬리게 했다는 점을 유념하십시오.

행동을 바꿀 경우에 자기보다 훨씬 잃을 게 없는 이가 행동을 바꾸라고 한다면 그 요구를 선뜻 받아들일 사람은 아무도 없습니다. 일본인들과 영국인들은 언제나 우리가 중국에 대한 이해관계가 그들에 비해 훨씬 적다는 바로 그 이유 때문에 그들이 중국에 보유한 외교 자산을 헤프게 쓰려 한다고 느꼈습니다.

우리는 또한 오랜 시기에 걸쳐 종종 우리가 요구하는 것이 일본 국내 문제의 관점에서 무엇을 뜻하는지를 고려하려 하지 않았습니다. 일본의 아시아 대륙 정책을 좌절시킨 대가가 도쿄에서 군부 극단주의자들의 힘을 결정적으로 굳혀 주는 것이었다면, 장기적으로 보면 분명 거의 차이가 없었습니다. 물론 미국의 정치인들이 이따금 일본의 상황에 유리하게 영향을 미치는 방식으로 미국의 정책을 조정하려고 열심히 노력했다는 점에서 중요한 몇 가지 예외가 있었습니다. 하지만 이런 노력은 전반적인 흐름을 거스르려는 것이었을 뿐, 미국 정책의 전반적인 특징은 아니었습니다.

우리가 원하는 것이 일본인의 감정에서 특히 민감한 부분을 건드렸다면 그것은 별 차이가 없었습니다. 일본인들의 마음속에 1894년 청나라와 전쟁을 벌인 뒤에 외부 세력에 의해 승리의 결실을 박탈당했다는 상처가 여전히 남아 있는 상태에서 그것은 별반 차이가 없었습니다. 우리는 1905년, 러일전쟁이 끝났을 때 실제로는 그렇지 않았음에도 일본의 승리를 좌절시키는 세력으로 비쳐지는 것에 대해 그다지 염려하지 않았습니다. 우리는 1차세계대전 직후에 거리낌 없이 다시 돌진해 들어갔습니다. 이번에는 일본에 독일에 맞선 전쟁에 참여해서 얻은 결실이라고 생각하는 것, 곧 아시아 대륙에서의 입지 향상이라는 성과를 빼앗으려는 단호한 움직임을 이끄는 실질적 지도자들로서 말입니다"(Kennan, 2012: 52-53).

일본의 팽창주의를 막아서기 위해서는 어떤 유효한 제재수단도 갖추지 못한 불승인주의, 곧 '스팀슨독트린' 표명만으로는 역부족이었다. 스팀슨 국무장관은 일본에 대한 경제 제재조치를 단행하려 했으나 후버(Herbert Hoover) 대통령의 반대로 실행에 옮기지 못했다(Guinsberg, 1994: 94). 일본에 대한 경제제재를 미국이 설령 취했다하더라도 세계 대공황의 와중에서 일본과의 무역을 선뜻 축소하려는 유럽 국가는 별로 없었을 것이다.

경제 불황이었음에도 불구하고 다카하시 고레키요(高橋是淸) 휘하의 대장성은 1930년대 초 적극적으로 외자를 도입하여 군사비에 전용함으로써 1931-1932년 정부예산의 31%이던 방위예산이 1936-1937년에는

47%로 급속히 증가했다(Kennedy, 1989: 301). 일본의 케인즈로 불렸던 다카하시 대장상은 결국 엄청난 경제적 파급효과에 놀라 더이상의 군비 증가를 중단하려 시도하다가 군국주의자들에게 암살당했다. 그 결과, 군비 지출은 기하급수적으로 늘어갔다. 다음 해, 그러니까 1938년의 국방비는 전체 예산의 70%에 달했다. 절대액 면에서도 일본의 방위비는 서구 열강의 그것을 상회했다. 1930년대 말의 일본군대는 이탈리아보다는 확실한 우위에 있었고 프랑스, 영국조차 당해내기 어려웠다.

당시 미국은 '정상(正常)으로의 복귀(Return to Normalcy)'라는 슬로건 아래 '신고립주의'를 표방한 하딩, 쿨리지(Calvin Coolidge), 후버 등 공화당 출신 대통령들이 연속 집권했다. 윌슨 대통령이 표방한 국제주의에서 퇴각한 이들 공화당 행정부는 중립을 외교원칙으로 채택했다. 그로 인해 동아시아에서 일본의 무력도발을 저지할 수 있는 어떤 군사적 대응 계획도 마련하지 않았다.

이에 더해 미 의회는 중립법(Neutral Act, 1935년) 제정으로 행정부의 손발을 묶어버렸다. 일본은 미국이 동아시아에서 군사적으로 대응할 의사도 능력도 없다고 판단했다. 1941년 불가침조약을 소련과 체결한 다음, 일본은 '대동아공영권' 구상 아래 거침없이 폭주하기 시작했다. 이러한 군사적 도발 행위는 만주를 넘어 아시아 전역을 지배하겠다는 시도로 읽혀졌다. 일본은 중일전쟁을 도발함으로써 방아쇠를 당겼다. 태평양전쟁의 막이 올랐다.

::: 참고자료

전쟁을 하지 않겠다는 '부전조약(不戰條約)'으로 전쟁을 없앨 수 있는가?
1928년 '켈로그-브리앙 협정(Kellogg-Briand Pact)' 사례

'한국전쟁'이라는 동족상잔의 비극을 경험한 우리에게 평화란 대단히 중요한 '생존의 문제' 그 자체다. 평화의 반대가 전쟁이라 했을 때, 한반도에서 전쟁재발을 방지하는 것은 헌법적 가치 그 이상의 의미를 지닌다 해도 지나치지 않다. 그런데 한반도 정세는 분단 당시 때만큼이나 현재에 있어서도 대단히 복잡한 국제정치적 힘 관계에 걸쳐있다. 이는 한반도의 평화와 통일이 단순히 남과 북의 '분단체제' 극복 의지만으로는 해결할 수 없다는 사실을 반증한다.

한반도 주변, 그리고 동아시아 정세는 발 한번 잘못 디디면 돌이킬 수 없는 대재앙으로 귀결될 만큼 도처에 지뢰가 깔려 있다고 할 수 있다. 이는 한반도의 통일이 고난과 역경의 험난한 길이 될 것임을 예고한다. 그래서 우리는 무엇을 하기 전에, 무엇을 해서는 안 되는지 부터 학습할 필요가 있다. 무엇보다 유효한 실현 방안 내지 실행력 있는 수단도 갖추지 못한 채 온갖 좋은 말로만 치장한 감언이설이나 사태를 단순화하는 문구에 현혹돼서는 안된다. 이러한 역사적 감언이설의 대표격이 바로 1928년 프랑스의 외무장관 아리스티드 브리앙 (Aristide Briand)의 제안에 따라 미국, 일본을 위시하여 15개국이 체결한 '켈로그-브리앙 협정'으로 잘 알려진 '파리협정 (Pact of Paris)'이다.

인류 역사상 가장 코미디 같은 조약을 예로 든다면 그것은 단연 파리협정일 것이다. 파리협정은 전쟁을 국가간국가간 조약에 의거해 제거할 수 있다는 발상을 담은 아마도 인류역사 최초이자 마지막 시도로 기록될 것이다. 그래서 그 명칭 역시 '부전조약(Renunciation of War Treaty)'으로 더 잘 알려져 있다. 하지만 부전조약은 그 의도와 달리 독일의 재무장을 촉진하는 결과를 초래했으며 전쟁을 없애기는커녕 2차세계대전으로 가는 초석을 놓았다. 나아가 프랑스 외교의 대실패로 기억될만한 재앙을 초래했다. 키신저(1994: 280-281)의 논의를 중심으로 '부전조약' 혹은 '켈로그-브리앙 협정'으로 널리 알려진 '파리협정'의 성격에 대해 살펴보기로 하자.

1차세계대전이 끝난 후, 새로운 국제질서는 '베르사유조약'에 의거하여 마련되었다. 하지만 베르사유조약은 유럽의 강대국인 독일과 소련을 배제한 채 체결되었을 뿐만 아니라, 패전국인 독일에게는 가혹한 배상조건을, 그리고 승전국인 프랑스에게는 확고한 안전보장책을 제공하지 못함으로써 어느 누구도 만족하지 못한 대표적 국제협정이 되었다. 더구나 베르사유조약의 체결로 인해 역설적이게도 독일은 프랑스보다 더 유리한 지정학적 위치를 확보했을 뿐만 아니라, 유럽 최대의 산업능력으로 말미암아 재무장을 달성할 경우, 최대군사강국으로 부상하는 것은 그야말로 시간문제의 일이었다. 독일의 재건과 재무장이 현실화되면서 국경선을 맞댄 프랑스는 공황상태 그 자체였다. 스스로의 힘으로 국가의 안전보장을 담보할 수 없었던 프랑스가 기댈 유일한 언덕은 바로 미국, 영국 등과 동맹관계를 수립하는 것이었다.

미국과 영국은 프랑스와의 동맹을 거부하고 고립주의 정책을 고수했다. 이에 프랑스는 적극적인 안전보장책을 마련하기보다는 '마지노선(Maginot Line)' 구축과 같은 수세적 전략에 몰두했다. '파리협정'은 바로 미국, 영국과의 쌍무동맹관계 수립이 수포로 돌아가자 '물에 빠진 사람 지푸라기라도 잡는 심정'으로 프랑스 외무장관 브리앙이 구상한 우회적 형식의 동맹구상이었다.

자신이 뭔가 중요한 임무를 수행하고 있다고 국민이 인식해 주기를 갈망했던 브리앙은 1927년 6월, 미국의 1차세계대전 참전 10주년 기념일을 이용하여 워싱턴에 조약 초안을 제시했다. 두 나라 정부가 양국 간의 관계에서 전쟁수단을 부인하고 모든 갈등을 평화적인 수단으로 해결하자는 내용이었다. 당시 미국 국무장관이었던 프랭크 켈로그(Frank B. Kellogg)는 누구도 개의치 않을 뿐 아니라 누구나 당연하게 여기는, 한마디로 아무 내용도 없는 것을 제안한 브리앙의 문서에 어떻게 대응해야 할지 처음에는 갈피조차 잡지 못했다. 하지만 프랑스에서 총선이 치러질 1928년이 다가오고 있다는 사실을 간파한 켈로그는 브리앙의 제안이 무엇을 의미하는지 이해할 수 있었다. '평화'란 인기 있는 주제였고, 브리앙의 초안에 동의하더라도 추가적으로 부담해야할 실질적인 책임이란 전혀 없었던 것이다.

1928년 초 국무장관 켈로그는 마침내 침묵을 깨고 브리앙의 조약 초안을 받아들였다. 그러나 켈로그는 브리앙에게 더 나은 제안을 했다. 가능한 한 많은 국가들을 조약에 참여시키자는 제안이었다. 켈로그의 제안은 실질적으로 아무런 의미도 없었지만 받아들이지 않을 수 없는 것이기도 했다. 1928년 8월 27일, 국가 정책의 수단으로 전쟁이 사용되는 것을 부인하는, 이른바 '부전조약'으로 잘 알려진 파리협정이 화려한 팡파르와 함께 15개국에 의해 조인되었다. 파리협정은 사실상 세계 모든 국가에서 신속하게 비준되었다. 이 중에는 이후 10년 동안 세계를 황폐하게 만들 독일과 일본, 이탈리아도 포함되었다.

파리협정이 체결되자 전세계의 정치인들은 협정의 의미에 대해 재고했다. 프랑스는 애초 제안에 일정한 제한규정을 담은 조항들을 삽입했다. 자국의 방어를 위한 전쟁은 정당하며, 또한 국제연맹 규약과 '로카르노 조약(Pact of Locarno)', 프랑스가 맺은 모든 동맹으로부터 나오는 의무를 준수하기 위한 전쟁 역시 정당하다는 것이었다. 이러한 예외조항들은 생각할 수 있는 전쟁의 가능성을 사실상 모두 포괄했기 때문에, 문제는 다시 원점으로 돌아갔다.

영국 역시 제국을 방어하는데 필요한 행동의 자유를 주장했다. 미국이 내세운 단서가 가장 광범했다. 미국은 먼로독트린과 자기방위를 내세웠고,

자국의 방어에 무엇이 필요한지를 결정하는 것은 각 국가의 고유권한이라는 규정을 주장했다. 빠져나갈 모든 구멍이 포함되기를 원했던 미국은 파리협정을 강제하는 어떤 활동의 참여도 거부했다.

몇 달 후 켈로그는 상원 외교위원회에서 증언을 통해 파리협정에 관한 엉뚱한 논리를 전개했다. 만약 어떤 지역에서 무력 침공이 발생한다면 그러한 공격행위 자체로 이미 파리협정이 폐기되었음을 증명한 것이므로, 파리협정이 미국으로 하여금 침략에 의해 희생당한 나라들을 원조할 의무란 전혀 발생하지 않는다는 논리였다. 몬태나주 상원의원 월시(Thomas J. Walsh)가 이렇게 질문했다. "어떤 다른 국가가 이 협정을 파기할 것이라고 가정한다면, 우리가 이 협정에 관심을 가질 이유가 무엇인가?" 이에 대해 켈로그 국무장관은 "아무 이유 없다"고 답변했다.

켈로그는 협정을 간단한 동어반복으로 만들었다. 파리협정이 평화를 보증하는 게 아니라 평화가 유지되는 한에서 파리협정은 유효한 채 평화를 유지할 것이라는 논리였다. 만일 전쟁이 발생한다면? 그럴 경우, 파리협정은 효력을 상실할 것이다.

예견할 수 있는 경우를 제외하고, 모든 전쟁이 금지되었다. 협정이 조인되는 과정에서, 브리앙의 이전 동맹국들은 그의 애초 아이디어를 프랑스에게 새로운 압력을 행사하는 수단으로 변모시켰다. 협정이 조인되자 전쟁행위 자체를 이미 불법으로 규정한 이상 프랑스는 자국의 군비감축을 더욱 빠르게 진행시켜야만 한다는 압력에 직면했다. 친선의 시대가 왔음을 상징적으로 보여주기 위해 연합국 측은 원래 계획보다 5년 앞서 라인란트 점령을 종료했다. 이와 동시에 영국 외무장관 오스틴 체임벌린(Austen Chamberlain)은 영국이 관련되어 있는 한 독일이 문명화된 태도를 보일 수 있다면 폴란드와 독일의 국경은 수정될 수 있고 또 수정되어야만 한다고 밝혔다.

'부전조약'의 예상치 못한 효과로 인해 독일은 다시금 군사강국으로 부상할 수 있는 합법적 수단을 얻게 되었다. 역설적이게도 베르사유조약에 의한 지정학적 우위에 더해서 독일의 재무장과 군사대국화로 길이 활짝 열린 것이다. 반면, 독일을 억제할 명분을 상실한 영국 등 주요 승전국들은 히틀러의 등장 이후에도 '뮌헨협정(Munich Agreement)' 등 유화책으로 일관할 수밖에 없었다. 히틀러는 재무장화를 신속하게 완료하고 1939년 9월 1일 2차세계대전 개전으로 화답했다. 독일군대가 파리를 점령하기까지 단 10개월이면 충분했다.

제7장

동아시아로의 미국의 귀환과 국제주의의 변용

1. 루스벨트 대통령의 '무조건 항복론'과 〈카이로선언〉 재해석

1932년 4월 29일 윤봉길의사는 상하이 홍커우(紅口) 공원에서 일제의 심장에 폭탄을 던졌다. 이 날, 히로히토 일왕 생일 기념식을 진행하던 홍커우 공원에는 미국을 포함한 각국 외교사절이 참석했는데 눈여겨 볼 것은 미군 해병대가 함께 도열해 있었다는 점이다. 1920-30년대, 만주를 위시한 중국 전역에서 일본의 약진은 눈부셨으며, 조만간 동아시아 전체가 일제의 앞마당으로 전락할 위기에 처했다.

1920-30년대에 미국은 '문호개방원칙'에 입각해 중국의 주권과 영토를 방어하는 데 전력을 기울였을 뿐, 한반도문제에는 전혀 관여하지 않았다. 하지만 이마저도 무척 힘겨웠다. 만주와 중국에서 일본의 입지가 워낙 강했기 때문이다. 일본의 강한 입지는 지정학적 인접성에 더해서 조선의 병참기지화, 만철(滿鐵)로 상징되는 탄탄한 경제 인프라와 함께 관동군으로 상징되는 지속적인 군사력 확충에서 비롯됐다.

일본의 군비 증강은 역사적으로도 전무후무한 일이었다. 1937년에 24개 사단, 54개 비행중대이던 것이 1941년에는 51개 현역사단, 133개 항공대대로 대폭 증강했다. 개전 직전 일본은 100만 정규군에다 훈련된 200만의 예비 병력을 완비했다. 1937년 중국에는 70만의 일본군이 주둔했다. 일본이 '지나사변(支那事變)'으로 명명한 중일전쟁은 하루 전비만도 500만 달러 이상 소요됐기 때문에 일본의 군사비를 대폭 증가시킨 요인으로 작용했다. 1938년부터 국가배급제를 도입했는데, 이는 일본을 '총력전'을 위한 전 국민 동원제제로 밀어넣은 조치로 간주됐다(Kennedy, 1989: 301-302).

중일전쟁이 태평양전쟁으로 확대되면서 일본군은 급격하게 팽창했다. 일본군 총수는 중일전쟁이 발발한 1938년에 115만, 1939년에 162만, 1941년에 240만, 1942년에 283만, 1943년에 380만, 1944년에 536만, 1945년에 720만으로 급증했다(구태훈, 2010: 268). 2차세계대전 당시, 10대와 20대, 30대 등 한 세대 남성 전체가 징병대상이었다. 전쟁 승리를 향한 일본 군국주의의 집착은 광기에 가까웠다. 전후 일본학계의 천황(天皇)으로 불렸던 마루야마 마사오(丸山眞男) 또한 서른에 평양으로 징집됐다가 히로시마에서 피폭 당했다. 사정이 이러할 때, 우리나라에서 강제동원한 '위안부' 20만 명은 적으면 적었지 결코 충분한 숫자는 아니었을 것으로 여겨진다(최형익, 2015).

태평양전쟁 개전 초반, 일본의 기세에 눌린 미국은 속수무책으로 당했다. 맥아더 사령관이 바탄(Bataan) 전투에서 패배해 태평양 사령부가 주둔하던 필리핀에서 호주로 퇴각한 일만 놓고 보더라도 일본의 초기 전쟁수행 능력이 얼마나 대단했는지 알 수 있다. 그럼에도 미 본토는 2차세계대전과 태평양전쟁의 참화에서 안전했기 때문에 미국은 곧바로 반격에 나설 수 있었다.

전간기(戰間期) 고립주의와 중립법

히틀러가 프랑스를 공격할 당시만 해도 미국을 지배한 외교원칙은 고립주의였다. 미국인들은 2차세계대전을 미국과는 상관없는 유럽의 전쟁으로 규정했다. 그래서 미국 유권자들과 정치세력은 초당적으로 1935년부터 1939

년까지 네 차례에 걸쳐 개정된 중립법을 압도적으로 지지했다.

중립법은 의도적으로 '교전국'이라는 용어를 사용했다. 이는 자국에 대한 외적(外敵)의 침략 외에 미국과 관련 없는 어떤 전쟁에도 참전하지 않겠다는 '고립주의' 원칙을 확인한 것이다. 요컨대, 1차세계대전과 유사한 전쟁이 유럽에서 발발할 경우, 윌슨이 했던 것과 달리 미국은 어느 쪽에도 가담하지 않고 '중립'을 의무처럼 고수하겠다는 의사표시였다. 중립법으로 인해 미국은 국적과 상관없이 영국을 포함한 그 어떤 교전국에 대해서도 무기 판매 행위를 할 수 없게 됐다.

중립법은 교전국 선박으로 여행하는 행위도 금지했다. 교전국들은 무엇을 구입하든 현금을 지불해야 했다. 독일 공군의 런던 공습으로 미국 여론이 바뀌기 시작했다. 일본이 동아시아, 태평양 지역을 석권하며 미국과 일전을 불사할 태세를 갖추자 미국 본토가 더이상 안전지대가 아니라는 공포가 엄습했다.

프랭클린 루스벨트 대통령 또한 개전 초부터 미국의 참전을 주장한 것은 아니었다. 중립법은 1935년에 제정되어 1936년과 1937년, 그리고 1939년 세 차례에 걸쳐 개정됐다. 그런데 중립법의 제정 및 개정이 모두 루스벨트 대통령 재임기에 이뤄진 것이다. 물론 고립주의가 루스벨트의 정치적 신념은 아니었다. 1935년, 미국의 국제사법재판소 가입 문제로 정치논쟁이 격화됐을 때, 루스벨트는 가입 찬성을 행정부의 공식 입장으로 천명했다. 하지만, 상원의 반대로 국제사법재판소 가입이 무산됐다.[34]

---

34 루스벨트 재임 초기에 고립주의 외교원칙이 승리한 이유를 다각적으로 검토하고 있는 글로는 긴스버그(Guinsburg, 1994) 참조. 그에 따르면 고립주의자들이 누린 가장 큰 강점은 그들이 무엇을 원하는지를 정확히 알고 있었다는 점이다. 고립주의자들은 특정 군사·외교분야에서는 의견일치를 보지 못했음에도 불구하고 다른 나라들의 문제에 정치·군사적으로 간섭하지 말아야 한다는 원칙을 지지하는 데는 이견이 없었다. 그는 1930년대 고립주의가 승리할 있었던 이유에 대해 어떤 추상적 신조나 고립주의 운동의 힘에 기인한 것이라기보다는 미국 특유의 복잡한 정치과정의 결과로 해

무기대여법과 '무조건 항복론': 국제주의로의 귀환

루스벨트 대통령의 태도 역시 고립주의를 강화시킨 측면이 어느 정도는 있었다. 루스벨트는 처칠, 히틀러, 일본 지도자들, 그리고 그의 사촌인 시어도어 루스벨트와 달리 전쟁에서 영광이나 낭만을 찾을 수 없었으며 또한 전쟁이 국가 기반을 강화시킨다고 생각하지 않았다. 루스벨트는 평화주의자는 아니라 하더라도 분명 군사적 행동주의자도 아니었다. 그는 기회 있을 때마다 전쟁에 대한 반대의사를 분명히 했다.

1938년의 미국 외교정책의 주된 흐름은 현상유지에 대한 지지였다. 루스벨트와 헐(Cordell Hull) 국무장관, 그리고 대다수 미국인들은 독일의 유럽지배도 일본의 아시아 지배도 원하지 않았다. 그러나 '스팀슨독트린' 사례에서 확인할 수 있듯이 미국은 이를 저지하기 위해 실질적인 일을 할 준비가 되어 있지 않았다. 더구나 침략자를 응징할 것이라고 위협하기 위해 사용할 수 있는 군대를 증강할 의사는 더더욱 없었다. 미국인들의 생각에 2차세계대전은 미국의 전쟁이 아닌 유럽의 전쟁이었기 때문이다.

1939년 가을, 독일군이 폴란드를 침공한 후 서부전선에서는 소강상태가 찾아 들었다. 미국인들은 이를 '가짜 전쟁(phony war)'이라고 불렀고, 군사력을 증강해야 할 만한 다급한 이유를 찾지 못했다. 루스벨트는 정규 육군을 21만 명에서 27만 명으로 확대하면서 8억 5,300만 달러의 육군 예산 증액을 요청했다. 의회는 이 액수 가운데 10퍼센트 가량을 삭감했다. 이 하찮은 금액은 미국이 가까운 장래에 유럽에서 전쟁할 의사가 없음을 전세계에 알리는 것이나 다름없었다.

1940년 6월 14일, 프랑스 레노(Paul Reynaud) 총리는 미군 파병을 루스벨트에게 공식 요청했다. 루스벨트는 거절했다. 사실 그가 파병을 결정했다 하더라도 대통령에게는 해외에 파견할 군대가 없었다. 1주일이 채 못 돼

석한다(Guinsburg, 1994: 100).

서 파리는 함락했고 프랑스는 독일과의 굴욕적인 휴전협정에 서명해야 했다.

고립주의가 대통령의 즉각적 행동에 장애가 된다는 것은 자명했다. 루스벨트는 국민적 혼란을 반영하듯이 내부 갈등을 겪고 있었다. 대통령 또한 미국이 1차세계대전에 개입한 것은 잘못된 결정이었다는 국민 일반의 태도를 공유했다. 1940년 10월 30일, 보스턴에서 행한 유명한 선거 연설에서 루스벨트는 "부모인 당신들에게 말하고 있는 지금 나는 다시 한번 약속합니다. 나는 이전에도 똑같이 말했지만 다시 한 번 말합니다. 여러분의 아들들을 어떠한 해외 전쟁에도 보내지 않을 것입니다"(Ambrose, 1996: 25)라고 선언했다.

영국이 독일 공군에게 집중 공격을 당하자 꿈쩍도 않던 미국 여론이 움직이기 시작했다. 영국을 잃을 경우, 히틀러의 군사적 공격이 미국 본토를 향할 수 있다는 위기감에 더해서 중남미 지역에서 히틀러에 동조하는 국가사회주의(Nazism) 세력이 확산될 조짐을 보이자 고립주의와 중립 원칙을 더이상 고수할 수 없겠다는 공감대가 확산됐다. 그럼에도 불구하고, 미국인들은 중립법 폐지에는 대부분 반대했다. 루스벨트 대통령은 중립법을 위반하지 않으면서 유럽을 군사적으로 원조할 수 있는 방안을 모색해야 했다. 그 결과, '무기대여법(Lend-Lease)'이 1941년 3월 미국 의회를 통과할 수 있었다.[35]

---

35 '무기대여법'의 공식 명칭은 '미국방위추진법(Act to Promote the Defend of the U.S.)'이다. '무기대여법'은 1941년 1월에서 3월까지 두 달 간 미 의회에서 심의했으며, 최종 표결 결과 상원 60대 31, 하원 317대 71로 통과됐다. '무기대여법'에 의거해서 대통령은 어떤 나라의 방위가 미국 방위에 긴요하다고 판단하는 경우, 그 국가에 군수품을 팔거나, 임대하거나 대부해주거나 혹은 처분할 수 있는 권한을 부여받았다. 의회가 최초 승인한 비용은 70억 달러였지만 전쟁이 끝날 때 미국은 무기대여비용에 총 483억 달러를 지출했다. 미국은 영국에 310억 달러, 소련에 110억 달러, 프랑스 32억 달러, 중국 16억 달러 등 4개국에 전체 비용의 97%에 해당하는 468억 달러를, 그리고 네덜란드를 포함한 기타 32개국에 3%에 해당하는 15억 달러 상당의 무기와 전쟁 물자를 제공했다(Schumann et. al., 1982: 468). 아시아 국가들 가운데 무기대여법의 수혜를 입은 나라는 단 세 나

훗날 2차세계대전의 흐름을 바꾼 '게임 체인저'로 평가받는 '무기대여법'은 전쟁 물자 구입시 무기 구매국이 현금으로 지급하고 자국 운송수단으로 직접 나르도록 규정한 '캐시 앤 캐리(cash & carry)' 법안을 무효화했다. 이로써 미국은 막대한 전쟁물자들을 연합국에 직접 지원할 수 있었다. 독일의 침공을 받은 소련에도 시베리아를 통해서 110억 달러에 달하는 막대한 군수물자가 공수됐다.

스탈린 역시 얄타회담에서 립 서비스(lip-service)일지언정 '무기대여법'을 높이 평가했다. 스탈린은 "무기대여 프로그램이 없었다면 승리가 훨씬 지연될 뻔했던, 정말 뛰어난 발상"이라고 추켜세운 뒤 "과거 전쟁에서 일부 동맹국들은 다른 나라에 원조를 제공했지만 원조를 받는 쪽이 모욕감을 느끼게 함으로써 문제를 야기했습니다. 그러나 무기대여프로그램은 이런 불만을 전혀 일으키지 않았습니다"(Plokhy, 2020: 423)라고 만족감을 표시했다.

하지만, 미국 국민들을 전쟁에 직접 참여시키기 위해서는 '무기대여법'만으로는 역부족임을 루스벨트 대통령은 잘 알고 있었다. 일반 미국인들뿐만 아니라 정치인들 또한 국내정치와 대외정책이 별개의 영역이 아니라 상호연관된 것으로 오랫동안 간주해왔다. 미국인들의 마음을 움직이려면 '국가이익'이나 '세력균형'과 같은 현실주의 논리가 아니라 '영구평화'나 '민족자결'에 호소한 윌슨 대통령의 이상주의적 국제주의와 유사한 형태의, '대외정책 상의 비전'이나 '외교원칙'이 절실히 요구됐다. 그래서 나온 게 1941년 8월에 처칠 영국 총리와 공동으로 발표한 '대서양 헌장(the Atlantic Charter)'이다.

미국 대통령과 영국 정부를 대표하는 처칠 총리의 회담 결과, "바람직한 세계의 미래를 위한 그들의 희망에 근거하여 양국 정부의 국가 정책 가운데 확고한 공동의 원칙을 공표하는 것이 옳다고 생각하여 다음과 같이 선

라로 중국 16억 달러, 이란 530만 달러, 이라크 90만 달러가 전부였다.

언한다”로 시작되는 ‘대서양 헌장’은 다음과 같은 여덟 가지 사항을 공약했다.

첫째, 양국은 영토나 기타 어떤 세력 확장도 추구하지 않는다.

둘째, 양국은 국민들의 자유롭게 표현된 소망에 어긋나는 어떠한 영토적 변화도 원치 않는다.

셋째, 양국은 모든 국민이 그 속에서 영위할 정부 형태를 선택할 권리를 존중한다. 또 양국은 강압적으로 빼앗겼던 주권과 자치 정부를 인민들이 다시 찾기를 원한다.

넷째, 양국은 기성의 의무 조항을 존중하면서 크건 작건, 승전국이든 패전국이든 간에, 모든 국가들에 있어 동등한 조건으로 기쁨을 증진시키기 위해 그들의 경제적 번영에 필요한 무역과 세계의 원자재에 접근할 수 있는 권리를 향유할 수 있도록 노력한다.

다섯째, 양국은 모든 국가들을 위해 개선된 근로 기준, 경제적 발전 및 사회적 안전을 확보하기 위해, 경제 분야에서 모든 국가들 사이에 적극적 협력이 있기를 희망한다.

여섯째, 양국은 나치 폭정이 완전히 멸망한 후에는, 모든 국가들에게 자기들 국경 내에서 안전하게 살 수 있는 수단을 제공해 주고, 또 전세계의 국민들에게 공포와 궁핍에서 벗어나 자유 속에서 일생을 살 수 있게 해 줄 평화가 확립되기를 희망한다.

일곱째, 그와 같은 평화는 모든 사람들이 구속을 받음이 없이 공해와 대양을 항해할 수 있게 해야 한다.

여덟째, 양국은 세계의 모든 국가들이 종교적인 이유뿐만 아니라 현실적 이유 때문에 폭력의 사용을 포기해야 한다고 믿는다. 만일 자국국경 밖으로 침략을 자행하려 하거나 자행할 수 있는 모든 국가들이 육·해·공군의 군비를 계속 사용한다면, 장래의 평화는 유지될 수 없기 때문에, 양국은 광범하고 영구적이고 전반적인 안보 체제가 확립될 때까지 이러한 국가의 군축은 필수적이라고 믿고 있다. 양국은 이와 마찬가지로 모든 평화 애호 국민들을 위해서 힘겨운 군비의 부담을 덜어줄 기타 모든 실천 가능한 조치들을 지원하고 권장할 것이다.

'대서양 헌장'의 핵심은 '문호개방주의', '민주평화론', '집단안전보장'으로 요약할 수 있다. '대서양 헌장'은 사실상 미국이 주도하는 전후 국제질서의 비전을 담았다. 미국은 이러한 전후 비전 아래에서만 참전할 것이며, 또 그래야만 미국 유권자들을 설득할 수 있었다. 한마디로, 현실주의에 의해 한층 강화된 윌슨주의 시즌Ⅱ가 도래한 것이다.

'대서양 헌장'은 영토적 야심에 대한 포기와 함께 민족자결, 문호개방, 경제적 기회 균등, 빈곤으로부터의 자유, 공해에서의 항행권 보장, 군비축소 등에 관한 미국과 영국 간의 합의사항을 포함했다. '해가 지지 않는 대영제국'의 꿈을 포기할 의사가 전혀 없었던 처칠의 속내는 복잡했다. 왜냐하면, '대서양헌장'은 2차세계대전 전까지만 해도 중국과 만주에 한정해 적용하던 '문호개방정책'을 유럽국가의 식민지에도 적용하는 일반원칙으로 격상시켜 놓았기 때문이다(Cullinane and Goodall, 2017:107-108).

'대서양헌장'이 영국에게 던진 메시지는 분명했다. 전쟁이 끝나면 영국 또한 식민지를 포기해야 한다는 것이다. 한마디로, 대영제국을 해체하라는 주문이었다. 문호개방원칙을 받아들일 때만 독일, 일본, 이탈리아 등 추축국들에 맞서 싸우겠다는 미국의 의지를 표명한 문서가 바로 '대서양 헌장'이었다. 처칠은 독일이 영국본토를 날마다 공습하는 위기상황에서 미국의 군사원조를 받기위해서라도 '대서양헌장'에 당장에는 서명할 수밖에 없었다. 하지만, 전쟁이 끝나면 1차세계대전 직후의 베르사유회의에서 잘 보았듯이 미국 구상대로 흘러가지 않을 것이라고 판단했다. 식민지 문제에 관한 미국과 영국의 동상이몽은 전후 식민지 처리가 전승국들 사이에 상당한 정치적 파열음을 일으킬 난제 중에 난제임을 예고해주는 대목이었다.

미국은 그럼에도 '민주주의의 병기고'를 자처할 뿐 전쟁에의 군사적 개입은 신중했고 무엇보다 참전의 명분 내지 직접적 계기가 부족했다. 그런데 일본이 어떻게 전쟁에 개입할 것인가라는 루스벨트의 고민을 해결해 주었다. 미 해군은 일본을 도발하지 않으려고 신중하게 대응했다. 해군은 히틀러를 패배시킬 수 있을 뿐만 아니라 1급 수준에 달하는 공격력을 갖출 시간이 필요했다. 일본이 프랑스 지배의 인도차이나에 진주했을 때 스타크(Harold R. Stark) 해군 작전사령관은 아무런 조치도 취하지 말 것을 대통령에게 조언했다.

군사적 현실이 어떻든지 간에 루스벨트는 정치적 현실을 상대해야 했다. 여론조사에서 거의 70%에 달하는 국민이 일본의 팽창을 허용하느니 태평양에서 기꺼이 전쟁위험을 감수하겠다고 응답했다. 루스벨트는 미국 내 모든 일본 자산을 동결했다. 영국과 네덜란드는 그의 조치를 지지했다. 자산 동결은 일본을 경제적으로 봉쇄하는 것과 동일한 효력을 지녔다. 일본은 석유, 강철, 또는 다른 필수품들을 구매할 수가 없었다.

일본의 일차 목표는 미국으로부터 아시아에서의 행동의 자유(free hand)를 확보하는 데 있었다. 일본의 제안은 다양한 형태를 띠었지만 초점은 항상 중국에 대한 미국 지지의 철회, 일본과 중국의 분쟁에 '개입하지 않는다'는 영국과 미국의 공약, 프랑스 지배 아래 있는 인도차이나에서의 일본의 '특수한 지위' 인정, 극동에 군사기지를 강화하지 않는다는 영국과 미국의 합의, 석유 판매를 포함한 일본과의 상업관계 재개 등에 놓여 있었다. 여타 사항에 대해 미국 정부는 타협할 용의가 있었지만, 일본에게 행동의 자유를 부여하는 것은 고려조차 할 수 없는 것으로 판단했다. 중국에서의 행동의 자유 요구가 일본의 사활이 걸린 핵심이익이자 가장 강력한 주장이었기 때문에 갈등은 더욱 불가피했다.

1942년 12월 7일, 일본은 선전포고 없이 진주만 미 해군기지에 대한 대대적 공습을 개시했다. 12월 8일, 영국과 미국은 일본에 선전포고했다. 그러나 독일에 대해서는 진주만 공격 이전인 12월 6일과 마찬가지로 전쟁을 개시할 명분이 없었다. 따라서 진주만의 흥분 속에서도 루스벨트는 의회에 대독 선전포고를 요청하지 못했다. 이전의 모든 전쟁 계획은 미국과 영국이 독일과의 전쟁에 전력을 기울인다는 전제 하에 마련된 것이었다. 그런데 일본의 군사적 도발로 인해 전쟁은 갑자기 예상하지 못한 길을 걸을 것처럼 보였다. 1941년 12월 11일, 히틀러가 미국에 선전포고함으로써 불확실성에 종지부를 찍었다.

연합국이 독일에 맞서 전쟁을 펼친 유럽전선과 달리 태평양전선에서는 거의 미국 혼자 일본에 맞서 싸워야 했다. 미국만이 두 개의 전선에서 전쟁을 수행했다. 소련은 동부전선에서 단독으로 독일에 맞서 싸워야했기 때문에 서유럽 방면에 제2 전선을 열도록 연합국을 지속적으로 압박했다.

중국은 대륙에서 일본에 맞서 싸울 군수물자가 부족하다는 이유로 무기대여법의 중국적용을 요구했다. 그 결과, 우선적으로 5억 달러 상당의 미국산 무기와 군수물자가 중국에 제공됐다. 미국은 소련과 중국이 독일, 일본과 별도의 휴전협정을 체결할까봐 내심 불안해했다. 미국은 '전쟁승리'라는 공동의 목표로 연합국을 묶어세우기 위해서 고심했다. 이 과정에서 나온 미국의 전쟁수행 논리가 바로 '무조건 항복론'(unconditional surrender)'이다(Smith, 1985).

처칠의 우려에도 불구하고 루스벨트 대통령이 주창한 '무조건 항복론'의 효력은 곧바로 나타났다. 무엇보다도 미국인들의 기질에 너무나 잘 들어맞았다. 미국은 독립전쟁과 '프렌치 인디언 전쟁', 1812년 전쟁, 남북전쟁을 거치면서 전쟁과 평화는 양립할 수 없는 것으로 간주했다. 다시 말해서. 전쟁이 끝난 곳에서 평화가 시작되며, 그제야 비로소 외교적 해결책이 가능하다는 것이다.

'무조건 항복론'은 헌법적 맥락에서 총사령관인 루스벨트 대통령을 중심으로 미국인들을 단결시켰다. '무조건 항복론'을 통해 군사적 행동주의라는 미국대외정책의 아비투스가 탄생했다. 전쟁수행에는 가공할 힘을 발휘했을지 모르지만, 군사적 행동주의는 전후 새로운 국제질서를 수립하는데 어두운 그림자를 드리웠다. 군사력을 통한 전쟁억지력을 외교협상에 우선하거나, 군사력 자체를 외교행위와 동일시했기 때문이다. 결국, 군사적 행동주의와 문호개방원칙, 그리고 불승인주의는 전후 미국대외정책의 핵심이념인 냉전형 국제주의를 형성하면서 봉쇄정책을 통해 구체화 될 예정이었다.

'무조건 항복론'으로 요약되는 미국 외교정책의 아비투스는 미국이 한반도문제에 관여하는 계기를 가져왔다. 왜냐하면, '무조건 항복론'은 독일, 일본, 이탈리아 등 추축국 진영의 군사행위를 전쟁범죄로 규정하는 가운데 패전국의 전쟁수단과 군사력을 완전히 제거하는 형태의 근본적 개혁을 전쟁목표로 했기 때문이다. 이 논리를 연장하면, 일본이 메이지 헌법체제 하에서 행한 모든 외교 행위는 불법으로 규정된다. 따라서 조선합병도 원인무효로 선언할 수 있는 합법적 근거가 마련될 수 있는 것이다. 이것이 바로 1943년 〈카이로선언〉에 한반도문제가 담길 수 있었던 정치적 배경이다.

〈카이로선언〉에 대한 미·중의 동상이몽

〈카이로선언〉은 그 내용보다 선언이 나오게 된 국제정치적 맥락에 보다 유의할 필요가 있다. 하필 중국에서 멀리 떨어진 카이로에서 조선을 포함한 동아시아문제에 대한 정상회의가 진행됐을까? '카이로회담'은 별도의 독립회담이 아니었다. 루스벨트와 처칠이 스탈린과의 테헤란회담에 가는 도중에 미, 영, 중 3국 수뇌가 회동한 것이다. 한마디로, 테헤란회담이 본 게임이었다.

스탈린이 카이로회담 결과를 접했다면 어떤 반응을 보였을까? 겉으로는 동의했을지 모르지만 속으로는 '누구 맘대로'하면서 냉소를 지었을 법하다. 따라서 전후 처리 과정에서 중국의 이해를 관철하려는 장제스의 집요한 요구가 카이로회담의 정치적 동력이었다 해도 과언이 아니다(이해영, 2019:74-75). 여기에 중국을 포함한 '4대국경찰론'을 전후 국제질서의 핵심

제도로 구상하며 강한 아시아 정책을 추구해온 루스벨트 대통령이 장제스의 정상회담 요구에 적극 호응한 것이 카이로회담이 성사된 이유였다.

카이로회담의 일차 목적은 당연하게도 중국문제였다. 중국문제를 논의하는 과정에서 한반도문제를 함께 언급한 것으로 간주해야 한다. 다시 말해서, 한반도문제는 미국의 동아시아정책에서 독자적 의미를 지니지 못하고 여전히 중국 이슈의 부속적 위치를 점했을 뿐이다. 이 관점에서 지금껏 논란이 되고 있는 'in due course', 곧 '적절한 방식' 혹은 '적절한 절차'라는 삽입 문구를 재해석할 필요가 있다.[36] 어떤 이유에서 '즉각적 독립'이 아니라 '적절한 방식' 내지 '적절한 절차'로 해석될 수 있는 모호하기 그지없는 유보 조건을 삽입했을까?

문서 초안을 미국이 작성하긴 했지만 중국 측 요청 내지 암묵적 동의 아래 이 문구가 들어갔을 것으로 추론할 수 있다. 카프리오(Caprio, 2022: 149)에 따르면, 카이로회담 '선언문' 작성을 위한 초안(draft)이 3개 존재했다. 이 가운데 미국이 2개 작성했고 나머지 1개는 영국이 작성했다. 문제가 된 '적절한 방식' 혹은 '적당한 시기에(in due course)'라는 문구는 미국이 작성한 초안에는 없었고 영국 초안에 포함돼 있었다.

한반도문제는 영국 입장에서는 주요 관심사가 아니었다. 그럼에도 불구하고 〈카이로선언〉에 해석상에 논란의 여지가 너무나도 많은 문구를 집어넣은 것은 영국과 중국 사이에 모종의 거래가 있었음을 반증한다. 대표적으로 홍콩 문제를 들 수 있다. 장제스는 카이로회담에서 홍콩 반환 문제를 제기하려 했으나 득보다 실이 많을 거라는 루스벨트의 권고를 받아들여 그렇게 하지 않았다(Caprio, 2022: 147-148).

카이로회담에서는 일본이 탈취한 중국 영토에 관한 문제를 주로 다뤘다. 하지만, 영국이 탈취한 홍콩 역시 일본이 받고 있는 혐의로부터 자유로

---

36 〈카이로선언〉 전문은 https://avalon.law.yale.edu/wwii/cairo.asp 참조

울 수 없었다. 루스벨트 또한 사적인 자리에서 처칠에게 홍콩 반환 문제를 제기한 것으로 알려졌다. 영국 역시 홍콩 반환 문제가 중국의 주요 관심사에 속함을 잘 알고 있었다. 결국, 'in due course' 문구가 들어간 것은 카이로회담에서 홍콩 반환 문제를 제기하지 않은 장제스에 대한 처칠의 성의 표시로밖에 달리 이해할 방법이 없다.

〈카이로선언〉에는 만주와 타이완, 펑후열도를 중국에 반환해야 한다는 조항이 우선해서 적시되어 있다. 이로 미루어 봤을 때, '적절한 방식'이라는 문구는 한반도문제에 대한 중국의 특수하고도 각별한 이해를 반영한다. 실제로 〈카이로선언〉이 한국독립에 '적절한 방식'이라는 유보조건을 붙였을 때, 한반도는 중국의 위임통치 하에 두어지는 것을 의미한다는 소문이 중국내에 파다하게 퍼졌다(임병직, 1965: 259-260). 합동참모부의 동의를 얻어 1946년 10월 24일, 트루먼 대통령이 최종 재가한 〈3부조정위원회 극동소위 보고서(SWNCC 101/4)〉[37]는 〈카이로선언〉 해석과 관련하여 다음과 같이 결론지었다.

"5. 일본 통치와 군정의 종식에 따라 한국은 국제적 신탁통치제도에 관한 국제연합 헌장의 규정에 준하여 신탁통치지역으로 설정되어야 할 것이며, 영토의 어느 부분도 전략지구로 선정되어서는 아니 될 것이다.

6. 미국, 영국, 소련 및 중화민국은 국제연합 헌장 제79조의 취지에 따

---

[37]　3부조정위원회(SWNCC: State-War-Navy Coordinating Committee)는 국무부, 전쟁부, 해군부가 취급하는 정치·군사적 문제들을 함께 논의하고 조정해서 통일된 정책을 수립하기 위해 1944년 12월에 설치됐다. 동 위원회는 대통령의 재가를 받기 전 포괄적인 정책을 수립하고, 추축국의 항복조건들과 군사 명령서를 작성하는 합동참모본부에 정책 지침을 제공하는 최고의 정책기관이었다. 설치될 당시 구성원 면면을 살펴보면 위원장에 국무부 차관보 제임스 던(James C. Dunn), 위원에 육군부 차관보 존 맥클로이(John C. McCloy), 해군차관 아르테무스 게이츠(Artemus L. Gates) 등이다(차상철, 1991: 50).

라 한국과 '직접적으로 관련된 국가'로 간주되어야 할 나라에 해당된다.
조속한 시일 에 이들 4대국은 한국을 관리할 규정내용을 포함하고 있고,
또한 국제연합 헌장의 제79조, 81조 및 기타 관련 조항에 따라 스스로
를 공동의 '행정권자'로 지명하는 내용의 신탁통치 협정에 참가해야 할
것이다"(미 국무성 비밀외교문시, 1984: 110).

위 보고서가 언급한 "한국과 직접적으로 관련"된 국가들, 즉 "미국, 영
국, 소련 및 중화민국" 가운데 한반도에 가장 큰 이해관계를 가진 나라는 어
디일까? 단연 중국이다. 소련은 〈카이로선언〉 당사국도 아니었을 뿐 더러
일본에 대한 선전포고 시점에야 비로소 〈카이로선언〉에 대한 지지의사를
표명했다. 한마디로, 〈카이로선언〉은 중국이 종전 후 만주와 한반도를 자국
영향권으로 편입할 의도를 에둘러 표현한 것이며, 궁극적으로는 이 지역에
서 중국의 최대 경쟁세력인 소련을 겨냥했다. 장제스는 카이로회담에 앞서
소련의 태평양전쟁 참전이 기정사실화함에 따라 〈카이로선언〉에서 열거된
지역에 대한 소련의 개입을 심각히 우려한 것으로 전해졌다(Caprio, 2022:
144)

실제로 〈카이로선언〉 발표 2년 후인 1945년 2월, 미국과 소련 사이에
체결된 얄타협정은 만주를 소련의 세력권으로 인정함으로써 미중간 합의한
〈카이로선언〉의 핵심 내용을 무효화 했다. 따라서 만주반환과 함께 한반도
에서 중국의 이해관계를 반영하기 위해서조차 장제스는 당시에는 별 의미
도 없었을 '적절한 방식으로'와 같은 유보조건을 미리 삽입할 할 필요성이
있었던 것이다. 이 구절에 대한 맥아더 사령부의 해석과 해방 후 남한에 주
둔한 미군정의 다음과 같은 변명은 한반도에 대한 미국의 무관심과 무지를
잘 설명해준다.

"재한국 정치고문 베닝호프가 국무장관에게[서울, 1945.9.15.]

남한은 점화되기만 하면 즉각 폭발할 화약통이라고 묘사할 수 있습니다. 카이로선언 중의 '적당한 시기에'라는 조항의 한국어 번역은 처음부터 '며칠 내에' 혹은 '조만간에'와 같은 뜻으로 해석되었다는 사실이 최근 밝혀지게 되었으며, 그 차이가 지적됐을 때 한국인 식자층에서는 놀라움을 표명했습니다. 따라서 한국인들은 미군 진주 후에도 왜 완전독립이 속히 주어지지 않는지 이해하지 못했습니다. 즉시 독립과 일본인의 즉각적인 일소가 이루어지지 않았다는 데 커다란 실망이 나타나고 있습니다"(미 국무성 비밀외교문서, 1984: 55).

"육군대장 맥아더가 합동참모부에[도쿄, 1945.12.16.]
한국인들은 그 무엇보다도 독립을, 그것도 지금 당장에 원하고 있습니다. 이는 연합국의 자주독립 공약에 기인하는 것으로, 한국인들은 누구나 한정적 표현인 '적당한 시기에'라는 구절만 빼고는 그 공약을 잘 알고 있습니다. 본관은 '적당한 시기에'라는 표현을 뜻하는 적합한 한국어가 없다고 들었습니다. 전반적인 불확실성 및 최초점령 이래의 한국 대중의 좌절된 희망은, 연합국들의 그들의 공약에 충실하지 못했다는 확신 및 가망 없음으로 변해가고 있습니다"(미 국무성 비밀외교문서, 1984: 170).

그나마 〈카이로선언〉 말미에 "한국인들의 노예상태에 유의하여(mindful of the enslavement of the people of Korea)"라는 문구가 들어간 게 우리에게는 위로 아닌 위로가 됐을 뿐이다. 한반도가 식민지 노예상태로 접어든 게 어제 오늘 일도 아닐 터인데 어째서 이 문구를 굳이 담았을까? 그것은 바로 "일본의 무조건 항복"이라는 〈카이로선언〉의 마지막 구절 없이는 결코 유추할 수 없는 내용이다. 요컨대, "노예상태"와 같은 문구는 한반도에 대한 연합국의 정치적 관심에 방점이 찍힌 게 아니었다. 오히려 '무조건 항복론'

이라는 미국의 독특한 전쟁수행 방식과 호응관계에 있었다.

2. '한반도 분단', 미국과 소련의 정치적 무관심의 산물

동아시아에서 미국의 종전처리 방향은 '무조건 항복론'의 채택으로 거반 결정 났다 해도 과언이 아니다. 당시 미국 내에서도 '무조건 항복론'에 대한 비판이 제기됐다. 천황제를 존속시키는 조건으로 일본이 항복 메시지를 발신했음에도 불구하고 '무조건 항복론'이 일본의 결사항전 의지에 불을 질러서 전쟁을 불필요하게 장기화했고 급기야 원자폭탄을 사용하는 등 참혹한 결말을 가져왔다는 것이다. '무조건 항복론'이 일본에게 엄청난 공포감을 불러온 것만큼은 분명해 보인다. 실제로도 일본은 미국이 아니라 소련을 상대로 종전교섭을 시도하거나 미국과의 종전교섭에 소련의 중재를 요청하기도 했다.

'무조건 항복론'이 전쟁을 불필요하게 장기화했다는 주장은 결과론 혹은 사후적 해석에 가깝다. '무조건 항복론'이 아니었다면 일본은 외교적 교섭을 통해서 한반도는 물론, 동아시아에서 전쟁 전의 영향력을 유지할 수 있는 방안을 어떡하든 모색하려 했을 것이다. 일본의 외교적 방식에 의거한 종전 방안에 대해 미국에서도 상당한 지지가 있었다. 대표적 사례가 후버 전(前) 대통령과 국무장관 서리였던 그루(Joseph C. Grew) 전(前) 주일대사가 추구한 외교적 종전 교섭 노력이다.

후버 전 대통령은 종전에 관한 일본의 외교적 입장을 전하기 위해 트루먼 대통령을 면담했다. 이에 트루먼 대통령의 권유로 1945년 5월 29일, 모종의 각서를 스팀슨 전쟁부장관에게 전달했다. 동 각서는 일본을 철저하게 패퇴시켜 종전을 단축하면, 소련을 견제할 세력을 극동에서 완전 제거함으로써 소련만을 그 지역의 유일 패권세력으로 만들어 주게 되므로, 일본의 국체, 곧 천황제를 보존하고 조선과 대만을 계속 영유케 하는 것을 포함한 완화된 대일 종전 안을 제시하자는 내용을 담고 있었다. 그런데 이 논지는 지난 수개월 동안 일본이 스웨덴, 바티칸, 스페인 등 막후외교를 통해 내세운 주장과 같았을 뿐만 아니라 아나미 고레치카(阿南惟幾) 일본 육군대신의 견해와 대동소이했다.

스팀슨 장관은 6월 1일 참모들에게 각서 내용을 전달하면서 논평을 지시했다. 링컨(George Arthur Lincoln) 전략정책단장은 6월 4일자 메모에서, 미국의 대일 조치와 관계없이 소련은 극동에서 우월해질 것이며, 〈카이로 선언〉과 얄타협정 때문에 미국은 한반도와 대만을 일본에게 양허하는 안에 동의할 수 없다는 의견을 상부에 제출했다. 마셜(George Catlett Marshal) 참모총장 역시 링컨 단장의 의견에 동의한다는 메모를 스팀슨 장관에게 제출했다. 이 견해를 스팀슨 장관은 수용하여 포츠담 회담장에 그대로 가져가서 무조건 항복원칙에 변함이 없음을 천명했다(김기조, 2010: 43-44).

그루 대사가 행했던 외교적 종전 교섭 노력 역시 후버 전 대통령의 견해와 유사했다. 그루 국무장관 서리는 1945년 6월 18일 트루먼 대통령과 만나 자신이 생각하고 있던 전쟁을 끝낼 수 있는 외교적 방안에 관해서 논의했다. 그루의 전략은 '무조건 항복'이라는 정의를 가다듬어 천황제 존속을 보장함으로써 일본 내 협상파들의 힘을 강화하여 일본 본토로의 진공작전을 전개하지 않고 전쟁을 종식시키자는 것이었다. 그는 천황의 권능을 활용해서 소련의 대일참전 전에 종전을 할 수 있다면 미군 희생도 줄이고 일본 점령도 단독으로 가능하게 하는 장점이 있다고 강조했다(Frank, 1999: 214-215).

트루먼 대통령은 그루 국무장관 서리의 제안을 관계 장관 및 각 군 참모총장들이 협의해 보라고 지시했다. 그루는 다음 날인 6월 19일, 스팀슨 전쟁부 장관, 포레스탈(James Vincent Forrestal) 해군부 장관 및 마셜 참모총장을 만났다. 그들은 기본개념에는 동의했지만 시기포착의 문제를 제기했다. 다른 경로에서도 반대하는 의견들이 감지되자 그루 국무장관 서리는 5월 30일 트루먼 대통령에게 의견수렴에 실패했음을 보고했다.

사실, 후버와 그루의 제안에는 현실주의자들이라면 기꺼이 동의했을 법한 내용이 담겨져 있었다. 봉쇄정책을 입안한 조지 케난 역시, 훗날 외교를 통한 일본과의 종전교섭이 최선이었음을 밝힌 바 있다(Kennan, 2012: 56). 미국은 최종적으로 외교 교섭에 의한 종전안을 거부했고, '무조건 항복'이라는 군사적 행동주의에 우선순위를 부여했다.

종전 후, 일본의 영향권 하에 있던 동아시아를 어떤 방식으로 처리할 것인가가 미소 사이에 정치적 쟁점으로 부상했다. 핵심은 역시 만주에 관한 처리 문제였다. 미국은 카이로회담에서 만주를 중국에 반환하기로 장제스에게 약속했다. 하지만 일본의 저항이 예상외로 완강하고 전쟁이 장기화하자, 1941년 일본과의 불가침조약 체결로 태평양전쟁에서 중립을 견지하던 소련에게 도움을 요청할 수밖에 없었다.

한반도문제 해결을 제외한 얄타협정

얄타협정을 통해 미국과 소련은 전후 동아시아 처리에 관해 큰 틀에서 합의했다. 특히, 러일전쟁 이전의 러시아의 권리를 확인시켜줌으로써 만주를 소련에 넘겨주기로 약속했다. 물론, 포츠머스 조약에서처럼 중국과 협의를 거친다는 무의미한 단서조항이 붙긴 했지만 말이다. 이제 남은 것은 패전국 일본 처리 문제였다. 여기에는 일본 본토와 조선, 대만 등 식민지가 모두 포함됐다. 사실, 식민지를 포함한 패전국 일본 처리문제에 대해 미국과 소련은 완전한 합의에 도달하지 못했고, 전쟁 중이었기 때문에 당시로는 완전한 합의에 도달할 상황도 아니었다.

미국으로서는 소련의 참전이 절실했다. 따라서 패전국 일본의 처리 방향 역시 미소가 유럽에서 했던 방식과 유사하게 진행될 가능성이 높았다. 그 방식이란 스탈린이 주장한대로, 자국 군대가 점령한 지역이 그 나라의 영향권이라는 논리였다. 미국은 소련의 영향권 주장을 현실적으로 고려할 수밖에 없었다. 여러 여건상 종전 후 만주와 한반도에서의 미국의 힘은 소련에 비해 미미할 수밖에 없음을 인정했다. 그 대신, 일본 및 태평양지역에서 미국의 정치군사적 영향력만큼은 확실히 확보하기로 마음먹었다. 미국과 소련의 극동지역에서 작전반경은 대체로 이 구도 하에서 합의가 이루어졌다.

그런데 이러한 구상은 어디까지나 종전원칙에 대한 합의였지, 현실에서의 상황전개는 다르게 흘러갔다. 〈카이로선언〉에서 독립을 약속한 한반도를 어떤 식으로 처리할 것인가를 놓고 미국과 소련 사이에 이견이 발생했다. 왜냐하면 큰 줄기는 이미 한반도문제의 처리방향 역시 원칙적으로는 만주는 소련, 일본은 미국이 점령한다는 종전 기본계획안에 바탕을 두고 있었기 때문이다. 얄타조항에 관해서 스팀슨 육군부 장관은 다음과 같이 평가했다.

"얄타의 극동 문제 합의에서 소련에 양보한 것은, 미국이 전쟁을 하지 않고도 소련의 군사력을 활용해 얻어낼 수 있는 것들이다. 육군부는 미국군대가 남사할린, 만주, 조선, 북중국을 점령하기 이전에 소련이 일본을 군사적으로 패배시키고 이들 지역을 점령할 수 있을 것으로 본다. 예외는 쿠릴뿐으로, 미국은 쿠릴에서의 소련 행동을 저지할 수 있다. 그러나 미국이 소련의 의도를 좌절시키기 위해 쿠릴 열도를 점령한다면, 그것은 일본을 항복시키기 위한 주요 작전에 직접 영향을 미치고, 허용하기 어려울 정도로 미국 병사들의 큰 희생을 초래할 것이다"(하세가와 쓰요시, 2019: 166).

미국의 군사작전 범위에 결정적 영향을 미친 맥아더 태평양지역 사령관의 전략구상 역시 이러한 기본계획 하에서 마련된 것이었다. 일본 본토점령이 미군의 전략적 목표였다. 이러한 조건에서 한반도 점령에 투입할 미

군이 절대적으로 부족할 것이기 때문에 만주와 조선에서 생기는 전력공백
은 곧 참전하게 될 소련군에게 맡기자는 것이 맥아더 사령관의 극동지역에
대한 전략구상이었다.

"마셜에게 보낸 편지에서 맥아더는 일본을 패배시킬 유일한 수단은 일
본 본토의 산업중심지를 침공하는 것이라고 했으나, 일본군의 저항력
은 만만치 않다고 경고했다. 그리고 그는 '우리는 소련군이 만주에서 행
동을 개시하기 전에 일본 본토를 침공해서는 안된다'고 썼다. 소련의 군
사행동으로 만주, 조선, 중국 일부가 소련 지배 아래로 들어갈 가능성
에 대해 알고도 남음이 있으나 이들 지역은 모두 소련의 지배를 피할 수
없을 것이며, '미국은 소련에 독일 항복 뒤 지체 없이 자신을 희생해서
만주를 침공하도록 요구해야 한다'고 논했다"(하세가와 쓰요시, 2019:
94).

한반도 점령계획은 소련의 우선 점령을 용인할 수밖에 없는 작전 상황
에 대한 인정을 토대로 수립되었다. 소련의 한반도 단독점령이 기정사실화
되면서 이 소식이 조선에도 광범위하게 확산되었다. 1945년 8월 14일 밤
11시경, 일본이 항복할 것이라는 소식이 도메이(同盟) 통신사 경성지사를
통해 들어왔다. 이 소식을 접한 총독부의 엔도 류사쿠(遠藤柳作) 정무총감은
8월 15일 오전 6시 여운형과의 면담자리에서 천황이 오늘 12시에 항복을
선언할 것이며, 적어도 17일 오후 2시경까지 소련군이 경성에 들어올 것임
을 확인했다. 8월 16일, 엔도 총감은 여운형을 다시 불러 미국이 한반도 남
단의 부산-목포지역만 점령할 것이며, 한반도의 나머지는 소련군이 점령할
예정이라고 전했다(Henderson, 1968: 115).

그렇다면 어째서 미국과 소련의 분할 점령으로 한반도 작전계획이 변
경되었을까? 한반도에 대한 미국의 작전구상은 대체로 세 가지 정도로 요

약할 수 있었다. 첫째는 얄타협정의 연장선상에서 한반도를 소련의 세력권으로 인정하는 방안이다. 둘째는 일본 본토 점령이 예상보다 일찍 종결된다면 한반도 남부 일원에 상륙하여 부산에 군사적 교두보를 확보하는 방안이다. 셋째는 한반도의 분할 점령을 소련에 제안하는 방안이다. 세 구상 가운데, 첫번째 방안인 소련의 단독점령이 당시로는 실현가능성이 가장 높았다. 한반도 분할 점령에 결정적 역할을 한 것으로 평가받는 마셜 합참의장 역시 사망 직전인 1959년 인터뷰에서 다음과 같이 증언했다.

"미국 정보부서가 감청한 일본군 조선사령관으로부터 총참모부로 가는 메시지 전문을 미국 정보부서가 감청했는데 거기에는 소련군이 조선에 쏟아져 들어오고 있으며, 미군이 들어오지 않는 한, 조선 내 일본군은 소련군에게 항복할 것이라고 적혀 있었다"(U.S. News & World Report, 1959: 50).

물리적으로도 그랬다. 미군의 한반도 상륙은 9월 11일로 예정됐다. 이에 반해 8월 22일에는 소련군이 만주의 대부분을 석권했고, 25일에는 스탈린이 만주를 점령했다고 공식 발표했다. 소련군의 한반도 진격도 만주와 마찬가지로 신속하게 진행됐다. 마닐라의 연합군 최고사령부에는 26일을 전후하여 수일 내로 소련이 서울에 진주할 것이라는 첩보가 답지했다.

하지(John Reed Hodge) 장군은 그의 참모들에게 미군이 도착하기도 전에 소련군이 일본군을 한반도 전역에서 무장해제 할 것 같다고 말했다(국사편찬위원회, 2014: 70). 맥아더 역시 하지에게 하달한 별도 지침에서 "미군이 상륙하기 전에 소련군이 서울을 점령할 가능성을 명심"하고 "소련군이 서울에 진입한 상태라도 상륙을 실시할 필요"가 있지만, "국제적인 문제가 초래될 것으로 보이면 상륙을 연기하고 연합군 최고사령부로 모든 사실을 보고하라"(국사편찬위원회, 2014: 87)고 지시했다.

　　미국이 일본을 단독점령 한 상황에서 소련군의 한반도 단독점령이 실현가능성이 가장 높았음에도 불구하고 소련은 남하 도중 멈췄다. 이미 한반도에 소련군이 진주한 상황에 비춰본다면, 미국이 가능한 한 많은 지역을 점령하려는 의도에서 채택한 38도선 획정 안을 소련이 수용했다는 사실은 상당히 의외라는 반응이 지배직이있다. 38도신 획징과 관련한 미군 측 실무책임자였던 딘 러스크(David Dean Rusk)[38]는 다음과 같이 증언했다.

<hr>

[38]　그 동안 학계에서는 38도선 획정과 관련한 딘 러스크의 주장과 역할에 대해 상당한 회의가 존재했다. 한마디로, 38도선 획정 당시 육군부 참모부 소속 대령에 불과한 딘 러스크가 그렇게 중요한 결정을 내릴 수 있었냐 하는 것이다. 하지만 이는 대단히 잘못된 시각이다. 딘 러스크의 38도선 획정은 무엇보다 미국이 전후 점령 정책을 효율적으로 실시하기 위한 잠정적 군사분계선으로 인식했기에 그런 방향으로 결정할 수 있었을 뿐만 아니라 딘 러스크 또한 종전 당시 육군부에서 가장 뛰어난 정책참모로 인정받던 인물이었다. 따라서 38도선 획정에 관한 딘 러스크의 증언은 다른 대안적 설명 내지 사실관계가 확인되지 않는 한 대단히 신빙성 있는 주장이다. 확고한 국제주의자이자 반공주의자였던 딘 러스크는 민주당 정치인으로 케네디와 존슨 행정부에서 국무장관(1961년-1969년)을 역임하며 맥나마라(Robert Strange McNamara) 국방장관(1961년-1968년)과 함께 미국의 베트남 전쟁수행에 관한 핵심 정책을 입안했다. 마셜 국무장관과 애치슨 국무장관을 보좌하여 마셜 플랜, UN 창설, 나토 창설을 도왔고 베를린 봉쇄 위기, 한국전쟁, 쿠바위기, 베트남 전쟁 등 전후 굵직한 국제정치적 사건에 모두 관여한 미국 대외정책의 산증인이기도 하다. 1931년 노스캐롤라이나주 데이비드슨 칼리지를 졸업하고 로즈 장학금을 받아 1934년 영국 옥스퍼드대에서 국제 관계 석사 학위를 취득했다. 귀국 이후 UC 버클리 로스쿨에서 법학 박사학위를 취득한 딘 러스크는 캘리포니아주 오클랜드 밀스칼리지에서 교수로 재직하다가 1940년 12월, 학군사관(ROTC) 의무복무를 위해 미 육군에 입대하여 보병 대위로 임관했다. 2차세계대전 발발한 1941년부터 1943년까지 그는 워싱턴D.C.에 있는 군사정보부에서 일하다가 버마 전선에서 조지프 스틸웰 장군의 일급 참모 역할을 수행했다. 1945년 8월 육군부 전략정책단 정책과장으로 재직 시 일본군의 항복 조건들이 담긴 항복문서 〈일반명령 제1호〉 가운데 한반도와 극동 지역에 관한 초안 작성 임무를 맡았다. 1946년에는 국무부로 자리를 옮겨 1947년부터 1949년까지 국무부 정치현안국장으로 재직하면서 마셜 플랜 작성 및 북대서양조약기구의 설립을 도왔다. 1950년부터 1952년의 한국전쟁 기간 동안에는 국무부 동아시아태평양담당 차관보를 역임했다. 이 시기 동안 그는 한국전쟁 및 유엔 정책 등 미국의 주요 대외정책 결정과 관련하여 애치슨 국무장관의 핵심 참모 역할을 수행했다. 러스크는 신생 이스라엘에 대한 트루먼 행정부의 승인을 반대했다. 유럽의 식민주의로부터 해방되기를 원하였던 아시아인들에게 동정적이었으며, 1949년 인도네시아 독립을 지지한 트루먼 대통령의 결정에 자문역을 담당했다.

"나는 38도선 탄생의 '목격자'였음으로 아마 보다 자세한 내막을 덧붙일 수 있을 것입니다. 갑작스런 일본의 항복으로 인해 국무성과 군 당국은 일본 항복에 관하여 맥아더장관에게 내려야 할 명령 및 타 연합국 정부와의 협정에 대해 긴급히 검토해야 했습니다. 이를 위해 3부조정위원회는 8월 10일에서 15일 사이에 여러 차례 장시간 회의를 열었습니다. 던과 맥클로이 및 바드(Ralph Bard)는 육군부 맥클로이 차관보 사무실에서 8월 10일, 11일에 걸쳐 회의를 열었던 것으로 생각되는데, 그 날 회의는 거의 밤새도록 계속되었던 것 같습니다. 의제는 일본항복의 접수에 대한 협약이었습니다. 국무부는 번즈(James F. Byrnes) 장관의 견해로서 미군이 되도록 북상하여 항복을 접수해야 한다는 의견을 제출했습니다. 군은 당장 동원 가능한 미군병력의 부족과 소련이 들어오기 전에 북쪽 깊숙이 진주하는 것을 어렵게 만들고 있는 시간 및 거리 문제에 당면하게 되었습니다.

군의 견해로는 만일 우리의 항복접수 제안이 우리의 가상적인 군사능력을 훨씬 초과한 것이 될 경우 소련이 이를 수락할 가능성이 희박할 것이라는 것이었습니다. 사실 시간이 매우 급박했던 것입니다. 맥클로이는 본스틸(Charles Hartwell Bonesteel III) 대령과 본인에게 옆방에 가서 미군이 최대한 북상해서 항복을 접수해야 한다는 정치적 희망과 미군 진주 능력의 명백한 한계를 조화시킬 안을 작성해 오도록 요청했습니다. 우리는 소련이 동의하지 않을 경우 미군이 진주하기가 현실적으로 어려우리라고 생각은 했지만 미군 책임지역 내에 한국의 수도를 포함시키는 것이 중요하다고 생각했으므로 38도선을 건의하였습니다. 38도선은 마침내 국무성에 대한 육군성 측의 건의사항에 포함되게 되었으며, 나중에는 국제적인 동의를 얻게 되었습니다. 당시 나는 소련 측이 이 지역에서 양국 군대의 위치로 미루어 보아 훨씬 남쪽의 선을 고집할 것이라고 생각했었기 때문에 소련이 이를 수락했을 때 약간 놀랐었던 것으로 기억합니다. 이상은 기록에 근거한 것이 아니라 본인의 기억에 근거한 것이지만, 이 문제에 관해 추가적인 해명을 하는 데 도움이 될 것입니다"(미 국무성 비밀외교문서, 1984: 43-44).

그렇다면 미국이 별 기대도 안하고 군사편의적 관섬에서 제안한 북위 38도선 분할점령 방안을 소련은 어째서 수용했을까?[39] 일차적으로 한반도 문제로 미국과 대립하는 사태를 원하지 않았기 때문으로 여겨진다. 스탈린은 1945년 7월의 포츠담 회담에서도 한반도에 대해 별다른 관심을 보이지 않았던 것으로 알려졌다. 소련은 얄타협정을 통해 만주, 특히 제정러시아 시절부터 오랜 숙원이었던 뤼순 항과 다롄 항을 이미 확보한 상황에서, 정치적 득실을 따졌을 때 한반도까지 군이 점령할 필요는 없다고 판단했을 것이다. 일본 관동군의 무장해제를 목표로 한 군사작전 반경이 필요이상으로 길어져 훗날 폴 케네디(Paul Kennedy)가 정의한 '과도팽창(over-stretch)'의 위험성도 분명 계산에 넣었을 법 하다.

미국 역시 마찬가지였다. 일본 본토를 미국 단독으로 확보할 수만 있다면, 최악의 경우 한반도는 소련에 내어줘도 미국의 전략적 지위에는 큰 손상이 없을 것으로 간주했다. 한반도 분할점령은 종전에 즈음한 미소 양국의 군사전략적 판단이 우연하게 일치해 내린 합리적 결론이었다 해도 지나

---

39 애치슨은 자신의 '회고록'에서 당시 상황을 다음과 같이 술회했다. "일본제국이 급작스럽게 붕괴하자 한반도에 상당히 많이 남아있던 일본 군대로부터 항복을 받아내는 일이 급선무였다. 얼마 전에 중국의 임지에서 돌아와 육군부로 귀임한 딘 러스크 대령은 북위 38도선이라는 편리한 행정적 경계선을 고안했다. 이 경계선 이남에서 미국은 항복한 일본군을 송환하기 위해 북쪽은 인천항, 남쪽은 부산항을 이용할 수 있다는 것이었다. 이 제안을 트루먼 대통령과 스탈린은 수락했고, 1945년 9월 2일 맥아더 장군의 〈일반명령 제1호〉로 공포됐다"(김원모, 2002: 510). 한마디로, 딘 러스크와 본스틸이 38도선이라는 군사행정적 경계선 획정을 고안했다는 것이다. 당시 미국의 한반도정세에 대한 이해와 전략적 가치를 따져봤을 때 『애치슨 회고록』에 담긴 내용이 북위 38도선을 점령분계선으로 선택한 가감 없는 미국정부의 입장이라고 생각한다.

치지 않다.

한반도에 대한 미소 양국의 군사편의적 관심과 정치적 무관심이 한반도의 분할점령으로 귀결했다고 할 수 있다. 실제로도 베닝호프(H. Merrell Benninghoff) 정치고문은 "현재 진행되고 있는 남한의 정치적 변화에 대한 미군당국의 태도는 안녕질서가 유지되는 한 일종의 무관심"으로 규정하는 가운데, 번즈 국무장관(1945.9.15. 서울)에게 보낸 보고서에서 다음과 같이 토로했다.

> "주한미군당국은 업무수행 상 두 가지 커다란 어려움을 겪고 있는데, 어느 하나도 쉽사리 해결될 수 없는 것입니다. 우선 첫째로 동 사령부는 한국의 장래에 관한 미국 또는 연합국의 장래 정책에 관련한 정보를 전혀 갖고 있지 못하다는 것입니다. 이 민족에 장차 어떤 일이 일어나려 하고 있는가, 또한 이 나라가 지금으로서는 거의 완전히 두 지역으로 분단되어 있는데 이에 대한 해결책은 무엇인가? 당면한 군사적 필요성을 넘어선 우리의 일반정책은 무엇인가? 두번째 어려움은 미군당국이 작은 권한밖에 갖고 있지 못하며, 따라서 유능한 군정요원 및 기타 장교의 수가 너무 적어서 전체적인 효과가 거의 없는 한정된 지역 내에서만 업무를 수행할 수밖에 없다는 것입니다"(미 국무성 비밀외교문서, 1984: 58).

이렇게 놓고 본다면 1945년 해방 직후에서 1948년 분단에 이르기까지 미국과 소련의 한반도문제에 대한 관점과 전략적 기조는 크게 달라진 것이 없었다. 특히, 미국은 동아시아정책과 한반도문제를 분리시키는 기존의 디커플링 노선을 견지했다. 물론, 이번에는 미국의 동아시아정책의 중심이 중국에서 일본으로 변경될 예정이었지만 말이다.

2차세계대전 기간과 전후 시기, 소련의 외교 전략은 러시아제국 시절만큼, 아니 때로는 그 이상으로 정교했고 영리했다. 무엇보다 공산주의라는 공식 이데올로기와는 별개로 힘에 기반한 현실주의 외교에 충실했다. 일본 외무상 마쓰오카는 베를린에서 독일과 추축국 동맹을 체결하고 귀국길에 모스크바에 들려 1941년 4월 13일 소련과의 중립협정을 체결했다.

동 협정에는 "체약국 가운데 어느 한 나라가 다른 일국이나 세3국가들의 전쟁 목표가 되었을 경우, 다른 체약국은 그 전쟁이 지속되는 동안 중립을 지킬 것"이라는 내용이 포함됐다. 동 조약은 일본의 남진정책으로 인해 미국, 영국과의 전쟁이 발발할 경우, 소련은 중립을 유지할 것임을 의미했다. 양국은 여기에 더해 몽고인민공화국과 만주국의 영토 보전 및 불가침에 대해 상호 존중한다는 내용의 별도의 의정서를 체결했다. 이는 일본이 이 지역에서 소련의 이익을 명백히 보장하는 것이었다.

일본과 소련이 세력권을 인정하는 전형적인 세력균형 조약을 체결하려는 시도는 이미 전례가 있었다. 1931년 말, 만주위기가 발생하자 소련은 일본에게 불가침조약 체결을 타진했으나 일본은 1년가량 이 제안을 무시했다. 그러다가 1932년 12월, 일본은 양국 간 갈등의 소지를 제거한 다음 불가침조약 체결을 제안했다. 러시아는 이와는 반대로 불가침 조약을 먼저 체결하고 그 조약에 의거해서 양국 간 분쟁을 조정하자고 제안했다. 당시에는 소련과 일본 사이에 불가침조약이 성립하지 못했으나 중요한 것은 양국의 외교적 움직임 내지 행태가 주는 시사점이라 할 수 있다. 적어도 한국전쟁 전까지 한반도와 중국을 포함한 동아시아 전략에 관한 한 미국은 소련의 적수가 되지 못했다.

이러한 사정은 미국이 전후 한반도처리와 관련하여 구체적 점령계획도 수립하지 않은 채 무작정 한반도에 상륙한 정황을 잘 설명해준다. 1945년 8월 10일, 원폭 투하 등 연합군의 총공세를 더이상 견딜 수 없게 된 일본이 조건부 항복안을 제의했으나 연합국은 포츠담 합의에 따라 거부했다. 이를 계기로 연합국은 일본의 무조건 항복에 대비하게 되었다. 미국은 일본에 대한 항복절차를 마련했다. 그에 따라 미, 소, 영, 중의 연합군 지휘관을 임명하고 점령 업무에 필요한 일반명령을 작성했다.

〈일반명령 제1호〉는 '3부조정위원회'가 1945년 8월 11일 작성했다. 일반명령 1호를 수립하는 과정에서 한반도는 가능한 한 북쪽으로 분할하되 미군의 진주능력을 고려한다는 원칙에 따라 서울과 인천을 확보할 수 있는 38도선 분할 안이 결정됐다. 미국과 소련의 군사점령 경계선으로 북위 38도선이 획정된 이유는 정치적 목적에서가 아니라 일본군의 항복접수라는 군사편의적 이유가 크게 작용했다. 보다 정확하게는 미국이 그 정도의 정치적 예지나 완숙한 외교 전략을 구사할 능력이 있었다고 판단할 수 없겠지만 말이다. 이 같은 배경에서 작성한 〈일반명령 제1호〉의 한반도 내 일본군 항복과 관련한 내용은 다음과 같다.

> "(b) 만주, 북위 38도선 이북의 한반도, 사할린, 쿠릴 열도 내의 일본군 선임지휘관과 모든 지상군, 해군, 공군 및 보조부대는 소련 극동군사령관에게 항복한다(……)(e) 일본대본영 및 대본영의 선임지휘관, 일본 본토와 그 인접도서, 북위 38도 이남의 한반도, 오키나와, 필리핀 내의 모든 지상군, 해군, 공군 및 보조부대는 미국 태평양 육군사령관에게 항복한다"(국방부전사편찬위원회, 1981: 573-575).

〈일반명령 제1호〉는 일본이 무조건 항복을 발표한 8월 15일 트루먼 대통령의 재가 후에 소련, 영국, 중국의 동의를 받았다. 〈일반명령 제1호〉를 통보받은 맥아더 장군은 하지 중장이 지휘하던 오키나와 주둔 미제24군단을 남한에 상륙할 부대로 결정했다. 원래는 중국에 오래 근무하며 동아시아 정세에 밝았던 스틸웰(Joseph Warren Stilwell) 장군을 임명하려 했으나 오랜 불화로 앙숙관계에 있던 장제스의 반대에 부딪혀 제24군단 사령관인 하지 장군으로 급거 교체됐다. 이 일화는 당시 장제스가 미국에 지녔던 위세와 함께 중국통일 후 한반도문제를 장제스가 구상한 대로 처리하겠다는 의지를 짐작하게 하는 대목이다. 물론, 스틸웰에서 하지로의 점령사령관 교체가 이후 미국의 한반도 정책에 중대변수로 작용할 수 있을 정도는 아니었겠지만 말이다.

미국은 별도의 정치직 구상도 없이 맥아더 사령관이 패진국 일본에 선포한 〈일반명령1호〉에 준해 한반도를 점령하는 작전계획만 손에 들고 남한에 진주했다. 한반도가 점령지역인지 해방지역인지 구분조차 하지 않은 채 말이다. 궁극적으로 미국은 '떠나기 위해' 한반도에 들어왔다. 해방정국을 뜨겁게 달구며 좌우대립을 격화시킨 '신탁통치구상' 또한 예외가 아니며 미국의 한반도문제 처리 방안에서 크게 벗어나지 않는다.

"일본 항복과 전후시기를 거치면서 미국의 우유부단한 정책은 조금도 개선의 기미를 보이지 않았다. 미국의 한국에 대한 책무와 의사결정은 1947년 8월까지는 거의 믿어지지 않을 정도로 분열되고 혼란되어 있었다. 점령이 '군사적' 성격을 띠었기 때문에 그 책임이 육군부에 위임되었는데, 거기에는 한국에 관심을 가지고 있거나 한반도문제에 지식을 갖고 있는 사람이 한 사람도 없었다. 〈카이로선언〉 이후 20개월이 지났음에도 한반도문제에 대해 생각한 것이 거의 없고 준비가 되어 있지 않았다. 육군장관 로버트 패터슨(Robert Paterson)과 그의 참모 대부분은 한반도문제를 지엽적인 문제 정도로 생각했으며 '수렁에 빠지지' 않으려고 오로지 이 문제를 피해가려고만 노력한 것으로 알려졌다. 미국은 한반도에 결정적인 이해관계를 갖고 있지 않기 때문에 손을 떼야 한다고 했던 과거 시어도어 루스벨트 식의 무관심이 육군부의 정책심의실 공기를 압도했다. 국무부는 점령지에 대한 미국의 정책을 추진하는 책임을 맡았음에도 번즈 국무장관은 '유럽과 태평양의 점령지역 통치에 관한 권한을 육군부에서 국무부로 이관하자'는 패터슨 육군부 장관의 제안에는 반대 입장을 보였다"(Henderson, 1968: 122).

3. 방황하는 미국의 동아시아 정책: '중국문제'와 불승인주의

미국 루스벨트 행정부의 외교노선을 요약하면 국제주의와 현실주의의 혼합으로 요약할 수 있다. 먼저 소련과의 협상에 있어서는 세력균형에 입각한 현실주의적 관점을 주로 적용했다. 그렇게 해서 탄생한 것이 바로 알타체제였다. 새로운 국제질서를 창안하는 문제에 있어서는 협조적 국제주의 관점을 적용했다. 대표적으로 국제연합은 바로 협조적 국제주의 산물이다.

루스벨트의 국제주의는 윌슨이 창안한 국제연맹의 이상주의적 국제주의에 비해서는 덜 자유주의적이었다. 그도 그럴 것이 새로운 국제질서를 만드는 문제에 있어 베르사유조약 체제의 실패를 반복해서는 안된다는 묵시적 합의와 함께 무엇보다 지정학과 세력균형의 관점에서 국제문제에 접근하는 소련과의 협조가 불가피했기 때문이다. 그런데 여기서 미국 외교정책의 커다란 공백이 발생했다. 그것은 바로 중국문제였다.

중국문제는 시어도어 루스벨트 행정부시기를 제외하고는 미국이 20세기 전반기 내내 동아시아 외교의 알파(a)요 오메가(Ω)일 정도로 가장 공들여왔던 부분이다. 미국이 지속해온 동아시아 외교정책의 양대 지주가 바로 문호개방선언과 스팀슨독트린이다. 중국인들이 미국의 대(對) 중국 접근법에 대해 얼마나 긍정적으로 생각했는가 여부와는 별개로 영국, 독일, 러시아 등 서구 열강의 그것과 비교했을 때, 미국이 문호개방선언에 의거해서 중국의 영토적 통일성과 주권을 일관되게 옹호하고 유지시키려 했던 것만큼은 명백했다. 이것이 바로 만철중립화를 시도한 태프트 행정부의 달러외교 이후부터 프랭클린 루스벨트 행정부 시기까지 40년 가까이 일본과 대립한 이유였다.

일본은 관계가 가장 좋았던 시어도어 루스벨트 행정부 시절부터 샌프란시스코 등 미 서부 도시에서의 일본인 이민자들에 대한 인종차별 문제로 미국과의 갈등이 점증했다. 그러던 차에 윌슨 행정부를 거치며 동아시아에서 일본의 이익추구를 가로막은 대표적 세력으로 인식하기 시작했다. 결정적으로, 워싱턴회의에서 9개국 문호개방조약 체결을 통한 21개조 요구안 철회 및 만주국 인정문제를 놓고 미국이 선포한 스팀슨독트린과 국제연맹에서 〈리튼 보고서〉 채택으로 미일 관계는 회복 불가능한 상황으로 빠져들었다. 한마디로, 일본은 미국을 일본의 국가이익을 가로막는 주적으로 판단하기에 이른 것이다.

미국에서는 윌슨 대통령의 이상주의적 국제주의 외교가 저물고 전간기 20년간 공화당이 집권하면서 고립주의 외교가 자리 잡았다. 대공황 여파로 당선된 루스벨트 대통령 역시 집권 초기에는 '중립법' 제정 등 고립주의 노선을 지속했다. 하지만 일본에게는 윌슨주의와 고립주의의 차이가 그리 크게 느껴지지 않았다. 그도 그럴 것이 고립주의를 천명한 하딩 행정부 들어서 영일동맹이 폐기됐을 뿐만 아니라 일본 입장에서는 동아시아에서 미국의 외교적 행태를 놓고 봤을 때 일관되게 중국 편에 섰다는 확신을 주기에 충분했다.

태평양전쟁이 발발하자 복잡하기 그지없던 현실주의 국제문법에 익숙하지 않던 미국 입장에서는 정치적 선택지가 단순해졌고 한결 분명해졌다. 일본이 교전국으로 돌아선 마당에 단순히 중국 편을 드는 게 아니라 '차이나 퍼스트(China First)', 곧 중국제일주의 정책을 노골적으로 펼칠 수 있는 여건이 마련된 것이다. 일본이 패전하고 중국에 미국의 국시라 할 수 있는 문호개방원칙을 지지하는 친미정권이 들어선다면 아시아에서 미국의 입지는 보다 확고해질 것이며, 이에 비례해 미국은 한결 수월하게 자국 이미지대로 전후 국제질서를 창조할 수 있었을 것이다.

일본의 산둥성 점령과 21개조 요구로부터 본격화된 동아시아 위기가 일본의 패전으로 종결됨에 따라 미국은 중국에서 최대 수혜자가 될 수 있는, 곧 명분과 실리를 다 취할 수 있는 위치에 있었다. 그런데 미국은 중국 공산당의 부상과 장제스 군의 몰락이라는 중국내부의 정치지형의 변화를 고려하지 않았거나 그다지 큰 변수로 인식하지 않았다. 바로 여기서 20세기 후반의 동아시아 갈등과 대립이 잉태했다고 할 수 있다. 한마디로, 중국문제로 미국 외교정책의 최대 공백이 발생했으며, 결과적으로 커다란 좌절을 맛봐야 했다.

미국이 중국문제를 전후 국제질서를 설계하는 데 있어 큰 변수로 고려하지 않는 것은 국민당의 집권을 확신했기 때문이다. 신해혁명 직후에도 중국은 오랜 정치적 분열과 전란을 경험했다. 위안스카이 세력이 지배하는 베이징정부와 장제스의 난징정부가 동시에 존재하는 이중권력 상태가 지속했으며 이를 틈타서 군벌(軍閥)이 할거했다. 그럼에도 불구하고 중국은 베르사유회의를 비롯하여 워싱턴회의에 이르기까지 주권국 지위를 확인받았을 뿐만 아니라 전승국 대우를 받았다. 이것은 다른 무엇보다 중국의 행정적, 영토적 통일성에 대한 미국의 확고한 지지가 있었기 때문에 가능한 일이었다. 같은 이유에서 미국과 소련 간에 전후처리를 논의한 얄타회의 석상에서 중국문제는 논의조차 되지 않았다. 그도 그럴 것이 중국은 식민지나 패전국이 아니라 종전 후 주요 전승국 지위에서 자신의 지분을 행사할 정도로 정치적 위상이 올라와 있었기 때문이다.

장제스가 집권하여 중국을 영도할 것 이라는 사실은 불변의 상수로 여겨졌다. 스탈린 역시 이 사실을 믿어 의심치 않았다. 그래서 그는 국민당과 1945년 8월, 중소우호조약을 기꺼이 체결했다. 표면적으로는 마오쩌둥(毛澤東)이 이끄는 중국공산당에 공산주의 종주국으로서 지지와 연대를 표했을지는 몰라도 중국 공산당이 국민당과의 내전에서 승리할 수 있는 무기·자금 등 실질적 지원은 제공하지 않았다. 스탈린이 보기에 마오쩌둥의 중국공산당은 국민당에 견줄 수 있는 의미있는 정치세력이 아니라 기껏해야 옌안(延安)을 중심으로 중국내륙 일부를 지배하던 공비(共匪) 그 이상도 이하도 아니었다. 스탈린은 중국공산당과 마오쩌둥을 진정한 공산주의자가 아니라 겉만 그럴듯한 속류(margarine) 공산주의자라고 경멸했다(Paterson et.al., 1977: 460)

중일전쟁을 계기로 일본의 중국 침공이 본격화하고 전선이 대륙전역으로 확대됨에 따라 항일투쟁이 본격화됐다. 그에 따라 국민당의 집요한 추격과 토벌공세에 붕괴 일보직전까지 갔던 중국 공산당이 반격할 기회를 잡을 수 있었다. 태평양전쟁과 중일전쟁의 전세는 국민당에게 점차 유리한 형국이 전개됐으나 이와는 반대로 국내정세는 국민당과 공산당이 팽팽히 맞서며 교착과 그에 따른 균형이 유지됐다. 중국공산당은 점차 인민의 지지를 확보하여 무시할 수 없는 정치세력으로 성장했다. 그에 따라 가장 먼저 움직인 사람 역시 스탈린이었다. 왜냐하면 소련에게 있어 중국문제는 미국처럼 관망만할 수 없는, 안보상에 중대 이익이 걸린 현찰이었기 때문이다.

장제스와 비밀협정까지 체결했던 스탈린은 국공내전이 중국공산당에게 유리하게 돌아가자 마오쩌둥을 지지하는 쪽으로 방향을 틀었다. 소련공산당과 중국공산당 협력의 상징이 만주를 중국영토로 회복시켜준 스탈린의 결정이었다. 얄타회의는 비밀협정을 통해서 다롄과 뤼순을 문호개방원칙에 따라 미국 선박이 자유롭게 출입 할 수 있는 국제항으로 유지한다는 조건 하에서 만주지역을 소련 세력권에 편입시켰다. 그렇게 하지 않았다면 스탈린은 참전하지 않았을 것이다. 하지만 스탈린은 전쟁이 끝난 뒤 마오쩌둥과 회동하여 '왕 서방 선심 쓰듯이' 만주를 중국에게 돌려주었다. 마오쩌둥은 겉으로는 심심한 사의를 표했으나 내심 그다지 기뻐하지 않았을 것임이 분명했다. 그보다는 중국이 자국영토의 일부로 간주해온 만주지역을 중국인들의 의사와는 상관없이 소련 의도대로 처리한 얄타회의 결정에 분개했을 것이다. 중소분쟁의 불씨는 이때 이미 뿌려졌다.

전후 시기 미국의 중국 정책은 장제스 정권지지 일변도로 맹목적인 동시에 중국문제의 당사자로 행동하기보다 국민당과 공산당의 타협을 중재하는 제3자적 관점에서 접근했다. 보다 정확하게 일방적으로 장제스 편을 들었다. 미국이 국공내전 시기 중국문제를 대하는 태도를 요약하면 보고 싶은 것만 보고 듣고 싶은 것만 듣는 청맹과니 그 자체였다 해도 과언이 아니다.

중국 정세에 대한 고급 정보가 부족한 것도 아니었다. 미 국무부는 혼벡(Stanley Kuhl Hornbeck) 국무부 극동국장을 필두로 오랫동안 중국 문제에 관여해온 다수의 일급 참모를 보유했다. 따라서 중국문제에 대한 미국의 정책실패는 인력과 정보부족의 문제가 아니었다. 차라리 동아시아와 중국문제를 바라보는 미국의 외교접근법 내지 외교전략 자체의 한계로 보는 편이 타당할 것으로 여겨진다.

키신저는 냉전의 기원 및 원인에 대해 분석하는 가운데, 봉쇄정책을 통해 소련의 팽창을 저지하고 '힘의 우위 상황'을 만들어 공산주의에 대응한다는 미국의 냉전형 국제주의 상징인 봉쇄정책을 현실주의적 관점에서 비판했다. 키신저에 따르면, 2차세계대전 직후 별도의 군비증강 노력을 하지 않는다 하더라도 소련에 비해 미국의 힘의 우위 상황은 이미 만들어져 있었다.

"애치슨과 덜레스 두 국무장관 모두 힘과 외교를 연속적인 단계라고 생각했다. 미국이 먼저 자국의 힘을 공고히 하고 확실하게 보여 주면, 소련은 어쩔 수 없이 도전을 중단하고 비공산주의 세계와 합리적인 화해에 도달할 것이라고 생각했다. 그러나 외교가 군사력의 순위에 기초한다면 대서양 관계가 형성되는 단계에 외교를 중단해야 할 이유는 무엇이었을까? 그리고 자유세계의 힘은 상대편에 어떻게 전달될 수 있었을까? 실제로 소련이 전쟁으로 입은 엄청난 피해와 미국의 핵 독점은 냉전 초기에 실질적인 세력 균형이 서방측에 유례없이 유리했음을 확인시켜 주었다. 따라서 힘의 상황을 구축할 필요는 없었다. 왜냐면 그것은 이미 존재하고 있었기 때문이다"(Kissinger, 2014: 286).

종전에 즈음해서 핵무기 등 비대칭 전력(戰力)뿐만 아니라 재래식 전력에 있어서도 미국의 우세는 확고했다. 따라서 미국이 힘의 우위를 외교적으로 활용했더라면 동유럽이 소련의 세력권으로 편입되는 사태를 방지할 수 있었을 것이다. 만약 미국이 그런 방식으로 움직였더라면 미국과 소련이 소모적 대결로 반세기 가까이 대립하는 사태도 발생하지 않았을 것이라는 게 키신저의 냉전의 기원에 관한 추론이다.[40]

키신저의 전후 추론을 미국의 중국정책에 적용하면, 미국은 힘의 우위 상황을 활용하여 제3자나 단순한 중재자가 아니라 반세기 이상 중국의 주권을 옹호하고 지지한 당사자 관점에서 정치·군사적으로 적극 관여할 필요성이 있었다. 물론 그렇게 했다고 하더라도 국민당의 붕괴를 막을 수는 없었을 것이다. 하지만 중국공산당이 단독으로 집권하거나 적어도 미국에 적대적인 정권의 출현만큼은 방지할 수 있었을 것이다.

중국문제가 잘 정리됐더라면 동아시아와 미국의 관계는 우호적이었을 것이고 한반도 역시 전쟁과 분단으로 치닫지 않을 수 있었을지 모른다. 하

40　키신저(1994: 463-472)는 주저(主著)인 『외교(Diplomacy)』에서 냉전의 기원 및 봉쇄정책을 둘러싸고 전개된 미국내 논쟁을 소개한다. 이 논쟁은 크게 세 가지 입장으로 대별할 수 있다. 첫째는 케난이 제안한 봉쇄정책이다. 키신저는 봉쇄정책을 미소간 또는 자유진영과 공산진영의 체제대결을 전제하여 세계전역에서 공산세력의 팽창을 저지하는 장기 전략으로 정의한다. 키신저는 봉쇄정책을 선택하는 한, 공산진영을 고립하는 전략이 우선하여, 그 경우 외교적 해결책은 고려하지 않는 것으로 간주한다. 두번째는 리프만과 처칠이 제안한 힘의 우위에 입각한 세력균형과 외교적 타협의 병행노선이다. 이 경우, 소련에 대한 루스벨트식 협조노선은 포기되지만, 봉쇄정책은 고려되지 않으며, 대신 압박과 외교적 해결책이 병행한다. 세번째는 봉쇄정책을 전면으로 부정하고, 소련과의 협조정책을 유지하는 노선으로 루스벨트 행정부에서 부통령을 역임한 왈라스 등 수정주의자들의 입장이다. 키신저는 이 가운데 세번째, 특히 힘의 우위에 입각한 세력균형을 중시한 처칠의 입장이 자신의 견해와 가장 가까운 것으로 간주한다. 물론, 미국의 외교적 아비투스를 고려하건대, 불승인주의의 전통에 입각한 봉쇄정책을 채택할 가능성이 가장 높았지만 말이다.

지만 문호개방원칙과 스팀슨독트린의 불승인주의를 동아시아 외교의 근간
으로 유지해온 미국 입장에서는 유연하고 지역현실에 조응하는 맞춤형 정
책을 구사할 능력이 나 의지가 없었다. 또 그게 바로 미국 외교의 아비투스
이다.

실패로 끝난 헐리 특사의 중재노력

일본의 무조건 항복 이후, 중국의 전면적인 내전 전망은 미국을 난감하게
했다. 루스벨트 대통령은 국민당과 공산당 간의 적대감정을 타협으로 해결
하기 위해 1944년 6월 월라스(Henry Wallace) 부통령을 충칭에 파견했고,
같은 해 8월 장제스의 특사파견 요청을 받아들여 헐리(Patrick J. Hurley) 장
군을 대통령 특사 자격으로 중국에 파견했다. 헐리 특사의 주요 임무는 국
민당 정권의 붕괴를 막고, 장제스를 국민당 정부의 주석, 국민당 총재, 군사
위원회 주석, 육·해·공군 대원수 겸직으로 계속 유지하며, 일본의 중국 본
토 축출을 목적으로 하는 중국내 국민당과 공산당 군대의 연합에 초점이 맞
춰졌다.

헐리 대사는 중재자로서 중요한 역할을 했다. 충칭에서 장제스와 중국
공산당 대표자들과의 협의가 있은 후 11월 7일, 그는 공산당 본부가 있는
옌안으로 가서 마오쩌둥과 이틀간에 걸친 회담을 했다. 여기서 논의된 내용
은 국민당과 공산당의 협력을 기반으로 하는 연립정부 수립을 구상하는 시
험적 계획안이었다. 이 계획안에는 일본의 즉각적 패배와 중국의 재건을 위
한 군사력을 통합하는 데 국민당과 공산당이 협력할 것, 장제스의 국민당
정부는 모든 파벌들의 대표자들로 이루어진 국민연립정부로 재조직함과 동
시에 통일국가 군사위원회에는 모든 항일 군대의 대표자들로 구성할 것 등
총 5개항의 제안이 담겼다.

동 제안은 마오쩌둥과 헐리 특사에 의해 미국과 중국 공산당 간 협정
형태로 체결됐다. 마오쩌둥은 헐리 특사의 중재 노력에 감사를 표하며 루스

벨트 대통령에게 보낸 편지에 다음과 같이 적었다. "중국 국민의 복지를 증진할 목적으로 장제스 총통과의 합의된 협정에 도달하는 것은 항상 우리의 소원이었습니다. 헐리 장군의 거중조정을 통해 우리는 이 소원이 곧 실현될 수 있는 가능성을 보게 되었습니다"(김영흠, 1988: 204).

마오쩌둥과 합의한 미국의 중재안을 장세스에게 세시하자 그는 즉각 거부했다. 양측 입장의 결정적 차이는 국민당은 선(先) 공산당군의 국민당군으로의 편입, 후(後) 공산당의 정치적·법적 지위를 인정하겠다는 입장이었던 데 반해 공산당은 공산당의 선(先) 정치적·법적 지위 보장, 후(後) 국민당군과의 통합으로 그 간격은 쉽게 좁혀질 수 없었다.

일본군을 항복시키는 데 기여한 주요 정치세력을 열거하면서 중국공산당을 제외한 1945년 8월 17일자 맥아더 훈령이 타오르는 불에 기름을 부었다. 중국공산당은 이 훈령 속에 자신들을 제외시킨데 대해 강력히 항의하면서 산둥성과 차하얼(察哈爾)성에 잔류하라는 연합국 사령부의 지시를 받아들이지 않았다. 중국공산당은 일본군으로부터 군대 및 영토의 양도를 받아들일 수 있는 교전국 권리를 지체없이 행사했다. 장제스는 공산당의 교전권 행사를 월권으로 신랄히 비난했다. 당시 장제스는 모든 수단을 재량껏 사용해 국민당군에게 공중보급을 해주도록 지침을 하달받은 웨드마이어(Albert Coady Wedemeyer) 장군의 전폭적 지원을 받았다. 게다가 5만 명에 달하는 미 해병대가 장제스의 베이징, 텐진, 칭다오 탈환을 돕기 위해 중국 본토에 상륙했다.

중국을 수복하기 위한 국민당과 공산당의 경쟁에 있어서 전략적 우위의 확보는 수십 년에 걸쳐 일제가 자본과 기술을 투자하여 가장 산업화된 만주 지역을 누가 먼저 차지하느냐에 달려 있었다. 여기에는 또한 일본 관동군이 패전과 함께 버리고 간 상당한 군수품 비축량이 그대로 남아있었다. 공산당군의 일차 목표는 만주를 점령해 무기와 군수품을 선점하는 데 두어졌다. 그도 그럴 것이 대부분의 무기와 군수물자가 일본에 선전포고를 한 이후 만주를 공략한 소련군 수중에 있었기 때문이다.

공산당군은 만주로 신속히 이동하여 소련군에 양도된 일본군 무기로 신식장비를 갖춘 군대를 새롭게 조직할 수 있던데 비해 국민당군은 소련군의 비협조로 육로를 통해서는 만주를 공략할 수 없었다. 그러자 54만 명에 달하는 국민당군이 미국 군용기와 배를 이용해서 만주로 이동했다. 이 조치는 중국내 유일 합법 정부로 국민당을 지지한다는 미국의 정책과 소련이 중국의 중앙정부로서 국민당 정부를 인정한 1945년 8월의 중소협정에 따른 것이었다.

장제스 군대가 만주로 들어가기 전부터 중국 공산당은 국민당과 최후의 일전을 치를 각오가 되어 있었다. 중국내 상황이 개선되기는커녕 국민당과 공산당의 대규모 무력충돌이 피할 수 없는 것으로 여겨짐에 따라 헐리 대사는 본국으로부터 더욱 적극적인 중재 지침을 하달받았다. 하지만 그의 중재노력이 국민당 입장에 전적으로 동조하고 있는 것으로 비쳐졌기 때문에 마오쩌둥과 중국공산당은 헐리의 추가적 중재 시도를 국민당에 대한 일방적 편들기로 규정하며 격렬히 항의했다.

> "헐리로 대표되는 미국의 대 중국정책이 안고 있는 위험성은, 미국이 국민당 정부의 반동화를 조장하고 중국내전의 위기를 증대시킨다는 점에 있다. 만일 헐리의 정책이 계속된다면 미국 정부는 중국반동파의 악취나는 분뇨통에 빠져 들어가 발을 뺄 수 없게 될 것이며, 이미 자각한, 또 자각해 가는 수 억 중국민중의 적 편에 서게 될 것이다. 지금에 있어서도 이는 항일전쟁을 방해하고 장래에도 세계평화를 방해하는 일이 될 것이다"(이케다 마코토, 1985: 382-383).

중국공산당은 군 수송기와 전함으로 만주지역의 국민당군에게 공급되는 대량의 미국산 군수물자와 국민당군이 도착하기에 앞서 주요 도시를 장악하기 위한 미 해병대의 상륙, 국민당군에게만 계속되는 미국의 무기 공급 등 이 모든 것이 미국이 더이상 공평하고 편견없는 중재자가 아니라는 사실을 분명히 나타내는 명백한 증거로 간주했다.

이와는 반대로 헐리 특사는 국민당 정부에 대한 미국 정부의 지지가 덜 적극적이고, 국무성 내 일부 관리들이 그의 중재 노력을 방해한다고 믿었다. 실제로 국무성 소속의 중국문제 전문가들은 장제스 정부의 만연한 부패와 무능력을 지적하며, 국민당에 대한 미국의 맹목적 지지를 일시 중단할 것을 권고했다. 국무성 중국전문가들의 지적과 권고는 당시 실정을 가감없이 반영한 대체로 올바른 내용이었다. 하지만 헐리는 이러한 반응에 격분하여 1945년 11월 26일, 더이상 특사직을 수행할 수 없다는 의사를 밝혔다. 트루먼 대통령에게 보낸 사직서에서 헐리 특사는 "모든 임무들 중 중국은 가장 복잡하고 어려웠습니다"고 진술하면서, 다음과 같이 말했다.

"일부 국무성 관리는 중국 공산당의 무장세력과 중국의 분할을 꾀하며 적대적인 대중국정책을 추구하는 제국주의 블록 국가들 편을 들었습니다. 우리의 전문 외교관들은 공산주의자들에게, 국민당 정부의 붕괴를 막으려는 본인의 노력이 미국 정책을 대신하는 것은 아니라고 말했습니다. 바로 이와 같은 전문 외교관들은 공산당 무장세력에게 공산당군과 국민당군의 통합은 중국 공산당이 장악하지 않는 한 거절하도록 공공연히 조언했던 것입니다"(김영흠, 1988: 207).

헐리의 중재노력은 별반 성과를 거두지 못했다. 그는 쓸쓸히 귀국길에 올랐다. 국무성내 중국 전문가들에 대한 헐리의 비난은 매카시(Joseph Raymond McCarthy) 상원의원의 공산주의 마녀사냥에 도화선으로 작용했다. 나아가 트루먼 행정부가 장제스와 국민당에 대해 전폭적으로 지원을 하지 않아서 중국이 공산주의자들의 수중에 들어가게 됐다는 '차이나 로비그룹' 의원들의 주장에 힘을 실어주는 계기로 작용했다.

차이나 로비그룹 의원들은 국무부의 중국전문가들이 장제스를 적극적으로 지원했다면 국민당이 승리했을 것이라고 추론했다(Paterson et.al, 1977: 460). 사실은 이와는 전혀 달랐다. 장제스 군대는 나날이 부패하여 인민의 지지를 상실했고, 경제는 파탄 났으며, 금융은 파산 지경에 이르렀다. 설상가상으로 중국은 전면적인 내전에 임박해 있었다. 국민당군은 전세를 뒤집고자 공산당군 요새를 공격하기 시작했고, 전국 각지로 전투가 확산됐다.

마셜의 중국행: 중국문제에 대한 미국의 최후의 관여

미국은 중국의 위기 상황을 강건너 불구경 하듯이 마냥 손놓고 있을 수만 없었다. 미국은 국민당 정부가 자체 개혁을 수행하고 공산주의자들과 화해하려고 노력하는 한에서 국민당 정부를 계속 지지할 수 있었다. 그리고 이러한 조치는 내전에 개입하기 위해서 미국의 무기나 군사원조가 충당되지 않아도 되는 상황이 조속히 도래기를 희망하는 것이었다. 트루먼 대통령은 절박한 심정으로 마지막 승부수를 띄었다. 트루먼 대통령을 사석에서 해리(Harry)라는 이름으로 친근히 부를 수 있던 유일한 인물인 마셜 장군을 중국 특사로 파견하기로 결정한 것이다.

트루먼 대통령의 간곡한 요청으로 마셜 장군은 대통령 특사자격으로 중국에 파견됐다. 그의 임무는 즉각적인 정전과 민주적 원칙에 따른 중국의 통일을 가져오는데 초점이 맞춰졌다. 특사임무를 수행하는 과정에서 마셜이 내릴 결정은 트루먼 대통령의 의사와 동일한 것으로 간주됐으며, 따라서 그는 중국문제에 대한 전권을 부여받았다 해도 지나치지 않았다.

트루먼 대통령은 마셜 장군에게 하달한 지침을 통해 행정부 차원의 중국정책을 선언했다. 대통령은 세계평화와 번영은 국제연합의 틀 내에서 집단적 안전보장을 추구하는 모든 국가의 안정에 달려 있다고 서두를 뗀 후 "강력하고 통일된 민주적인 중국은 국제연합 조직의 성공과 세계평화에 극히 중요하다"는 사실을 강조했다. 중국문제에 대한 국제주의 관점을 계승한 트루먼 대통령의 이 진술은 국민당과 공산당의 정전을 최우선 목표로 삼았다. 그런 다음, 내부 투쟁을 종결하며 중국 통일을 완수하기 위한 전국정치회의를 개최한다는 마셜 특사의 정책목표로 구체화됐다.

마셜의 활발한 중재 노력은 처음에는 분명하고도 즉각적 성공을 가져왔다. 1946년 1월 10일, 그는 정치협정을 위한 중재시안 작성을 통해 국민당과 공산당 양측 간에 정전을 조정할 수 있었다. 여기에는 교전과 군대 이동의 중지, 모든 통신선의 파괴 금지, 베이징 안에 정전 조건들을 수행할 행정본부 설립 등 주요 조치들이 마련됐고, 국민당군으로 하여금 주권회복을 위해 만주 안으로 들어갈 수 있도록 허락하는 조항이 포함됐다.

1946년 2월 25일, 군사적 재조직화와 공산당군의 국민당군으로의 통합에 관한 군사협정이 체결됨으로써 마셜은 또 하나의 성공을 거두었다. 이 협정의 조건은 8개월 내에 국민당군을 50개 사단으로, 공산당군을 10개 사단으로 재편성 하고, 추후 전체 60개 사단을 각 1만 4천명 미만의 병력으로 구성된 20개 군단으로 축소한다는 계획이었다. 나아가 군대의 통합과 전개를 위해 중국을 5개의 일반 군사지역으로 나누고 국민당과 공산당 양측의 군대 중 일정 수 병력을 각 지역에 배치할 것을 적시했다.

마셜의 중재로 시작된 국민당과 공산당의 정치협상은 최종적으로 권력구조, 곧 행정부 구성을 둘러싼 이견으로 인해 파국을 맞았다. 마셜 특사는 정치협상회의(PCC: Political Consultative Conference) 결의안들의 이행을 포함한 쟁점을 중재하는 데 있어서 트루먼 대통령의 전권을 부여받았다. 국민당, 공산당, 민주연맹, 그리고 비정파적 대표단의 대표들로 구성된 정치협상회의는 초기에 정부조직, 국가 건설, 군사적 쟁점, 국회, 그리고 헌법초안 등과 같은 문제들에 관한 결의안을 통과시켰다. 그 가운데 국민당과 공산당이 의견일치를 볼 수 없었던 사안은 국무회의 참여 지분을 둘러싼 이견이었다. 동서고금을 막론하고 정치적인 것의 본질은 정당한 대표성과 공정한 절차의 문제임이 다시 한 번 입증된 셈이다.

공산당은 국무회의에서 14개 국무위원 의석을 보장해 줄 것과 빠른 시일 내에 국민당에 의한 정전명령 발표를 요구했다. 이에 장제스는 공산당에게 허용할 수 있는 국무위원 의석은 최대 13개이며, 공산당이 먼저 전쟁을 도발했기 때문에 자신은 정전명령을 발표할 책임이 없다고 완강히 버텼다. 여기서 국무위원 의석 하나 차이는 결정적으로 중요했다. 왜냐하면 국무회의 위원은 총 40명으로 이 가운데 절반이 장제스가 지명한 국민당 소속의 인사였고, 또 다른 절반은 중국공산당을 포함한 기타 정당 및 무소속 인물들로 구성됐기 때문이다.

정치협상회의의 결의안에 대한 수정을 포함하여 기타 주요 정치 사안에 대한 의결은 국무회의 재적의원 2/3 이상의 찬성을 필요로 했고, 1/3 의석을 확보할 경우 거부권을 행사할 수 있었다. 전체 의석의 1/3인 14석이 거부권을 행사할 수 있는 국무위원 의석수였기 때문에 공산당은 그 이하로는 국무위원 의석을 수용할 수 없다는 견해를 밝혔다. 양측 입장이 팽팽하게 맞서며 타협이 불가능하다는 사실이 분명해지자 마셜 특사는 장제스에게 "전투의 종결을 위해서 협상을 위한 하나의 기본이 되는 제안과 대안이 지체없이 제시되지 않는 한 본인은 대통령에게 본인의 소환을 요청하고, 미국 정부는 더이상의 중재노력을 종결해야 한다고 권고할 것"(김영흠, 1988: 214)이라는 내용의 각서를 전달했다.

마셜은 장제스가 오랫동안 끌어온 협상지연에 편승하여 명확한 무력통일 정책을 추구하고 있다고 확신했다. 10월 10일, 국민당 정부는 전국적인 징병 재개를 발표했다. 그 다음 날에는 11월 12일에 국민의회를 소집한다고 일방적으로 공포했다. 국민당의 일방적인 국민의회 소집 공고는 중국공산당과 여타의 소수 정치세력들에게는 장제스와 국민당 일파의 독재적 행위의 증거로 그리고 국민의회 소집일자는 모든 정파들 사이에서 논의하여 결정할 것이라던, 8월에 체결한 정치협약을 정면으로 위반한 것으로 간주됐다. 장제스의 독단적인 국민의회 소집 결정은 국민당 몰락의 중대 계기로 작용했는데, 한마디로 국민당은 정치적 고립을 자초한 셈이다.

국민당과 일부 비(非)국민당 그룹들이 제한적으로 참여한 가운데 국민의회가 11월 15일 소집됐다. 공산당과 민주연맹은 이 회의에 불참했다. 다음 닐 저우인라이(周恩來)는 국민딩이 국민의회 구성을 위한 정치협상회의 결의를 위반했다고 비난하는 성명서를 발표하고 마셜이 제공한 미 군용기 편으로 11월 19일, 난징을 떠나 중국 공산당이 위치한 옌안으로 향했다. 정치협상회의에서 저우언라이의 철수는 1946년 1월에 시작하여 오랜 기간 동안 끌어왔던 마셜 특사의 수십 차례의 중재, 협상, 정치적 논의에 종지부를 찍는 것이었다.

이제 중재자로서의 마셜의 역할은 실질적으로 끝이 났다. 1947년 1월 6일, 트루먼 대통령은 그에게 워싱턴으로 돌아와 중국 상황에 대해 직접 보고하도록 지시했다. 트루먼은 마셜을 국무장관으로 임명했고, 중국문제를 해결하기 위한 특사 파견 시도는 더이상 하지 않기로 결정했다.

국무장관에 취임하자마자, 마셜은 베이징의 행정본부에서 근무하던 미국인 직원들에게 귀환을 지시했다. 이 조치는 미 해병대를 화베이(華北) 지역으로부터 철수하는 조치의 시작이었다. 그에 따라 화베이 지역과 만주는 일본이 항복하기 이전, 곧 공산당군이 일본군과 싸우던 상황으로 돌아갔다. 이제 공산당군은 국민당군과 싸우고 있었다.

미국이 중국문제에서 손을 떼자 전세는 공산당군에게 우세하게 기울었다. 그럼에도 미국정부는 장제스 정권에 대한 원조를 지속했다. 1947년 10월, 중국에 대한 원조로 총 2천8백만 달러가 책정됐다. 12월에는 추가로 총 1천8백만 달러가 중국 해안도시에 식량과 의료공급을 해주기 위해 충당됐다. 미국 정부는 중국의 연립정부에 중국공산당을 참여시키고 정치세력으로 용인하려던 입장으로부터 명백히 이탈하고 있었다. 페터슨(Paterson et.al., 1977: 458)이 적절히 지적한대로, 1945년과 1949년 사이 미국은 혁명의 나라에서 반혁명세력을 돕고 있는 자신을 발견했던 것이다.

미국이 국민당 일변도의 잘못된 중국정책을 교정할 기회가 전혀 없는 것도 아니었다. 마셜이 대통령 특사로 임명되자 스팀슨 육군장관은 마셜에게 "장제스 총통은 중국공산당과 한 차례도 완전한 연합을 성실하게 지지한 적이 없음을 기억하십시오. 그는 그렇게 할 수가 없습니다. 왜냐하면, 그의 행정부는 자신들 지배하의 중국 인민을 가리고 있는 부패한 껍질일 뿐이기 때문입니다"라고 충고했다. 이것이 중국문제를 바라보는 현실적인 관점임에 틀림없다(Ambrose, 1996: 64).

하지만 문제는 미국의 동아시아 정책에 깊게 그림자를 드리운 불승인주의의 설계자가 바로 스팀슨 장관 자신이었다는 사실이다. 여기서 흥미로운 미국외교정책의 패턴을 발견할 수 있다. 그것은 바로 중요한 외교정책의 창안자들이 현역에 있을 때와 거기서 일정 거리를 두는 자리에 있을 때면 동일한 사안에 대해 상이한 견해를 제출한다는 것이다. 헤이 국무장관은 자신의 문호개방선언이 일본을 봉쇄하는 외교 프로그램으로 변질될 지에 대해서는 상상도 하지 못했을 일이며, 스팀슨의 불승인주의나 케난의 봉쇄정책 역시 정책 구상과 실제 적용 사이의 간극을 피할 수 없었다.

마셜 특사의 중립선언에도 불구하고 미국은 장제스에게 물질적 지원을 지속했다. 장제스를 신랄하게 비난한 스팀슨이 국무장관이었다 하더라도 그렇게 했을 것이다. 장제스는 미국 지원이 충분하지 못하다고 기회 있을 때마다 불평을 늘어놓았다. 그도 그럴 것이 미국이 전면적으로 중국을 점령하는 경우가 아니라면 그 외의 어떤 대안도 공산당의 승리를 방지하기에 충분하지 않았기 때문이다. 하지만 미국의 중국 점령은 수백만 명의 미군을 필요로 했을 것인데, 그 규모는 심지어 미국이 유럽에 투입한 병력보다 훨씬 큰 수준이었다. 따라서 미국 국민이나 정부가 중국 국민당과 장제스 정권을 구하기 위해 필요한 희생을 치를 각오를 한다는 것은 전혀 기대할 수 없었다. 현실적인 대안은 중국공산당 정권이 들어설 경우 이를 승인하는 것이었다. 역사가 말해주듯 미국은 그렇게 하지 않았다.

1947년 11월, 국민당 정부에게 4억 달러 원조를 제공하는 중국 원조 안이 미 의회를 통과했다. 이 원조 안은 경제회복에 필요한 개혁조치를 시행하여 장제스 정권에게 숨돌릴 여유를 마련해 주기 위해 구상한 것이었다. 그러나 만성적 부패와 매점매석 행위는 경제상황을 더욱 어렵게 했고, 국민당군의 기강해이는 사기를 저하시켰다. 국민당 정권에 대한 미국의 실망감이 커지면 커질수록 역설적이게도 이에 비례하여 중국 공산당에 대한 거부감 역시 더욱 커져갔다. 1948년 8월, 마셜 국무장관은 연립정부에 공산당의 참여를 고무·지지하는 식으로 간주할 수 있는 발언을 일절 삼가며, 미국은 더이상 불편부당한 중재자로서의 역할을 중국에 제공할 의사가 없음을 거듭 강조하는 훈령을 스튜어트(John Leighton Stuart) 주중 대사에게 하달했다.

이 당시 가장 빈번하게 제기된 문제는, 그리스와 터키에 대한 미국의 원조와 군사적 도움을 받는 것과 동일한 방식으로 트루먼독트린을 중국에 적용할 수 있는지 여부였다. 장제스는 트루먼독트린을 중국에 적용해줄 것을 요청했으나 마셜 국무장관은 즉각 거부했다. 이는 어떤 경우에도 직접적 군사개입을 하지 않겠다는 의지의 표현이었다. 사실 이 시점에는 이미, 군사적으로 개입할 수 있는 적절한 기회를 놓쳤다고 볼 수 있다. 왜냐하면, 1947년 소련이 원자폭탄 실험에 성공함으로써 미국의 핵 독점이 깨졌을 뿐만 아니라 중국 본토 대부분을 공산당이 석권했기 때문이다.

1945년 8월부터 1949년 말까지 총 28억 달러에 달하는 천문학적 원조에도 불구하고 국민당군은 1948년 10월 말, 만주를 중국공산당군에게 빼앗겼다. 여기서 흥미로운 점은 미국이 국민당에게 지원한 무기 절반이 공산당 손에 들어갔다는 사실이다. 중국공산당은 소련이 아니라 역설적이게도 미국이 국민당 정권에 제공한 원조 덕에 내전에서 승리할 수 있었다. 1949년 1월 18일과 2월 3일에 톈진과 베이징이 차례로 함락됐다. 4월 20일, 공산당군은 양쯔(揚子)강을 건너 4일후 난징을 장악했다. 5월 16일에는 한커우(漢口), 5월 25일에는 상하이, 6월 2일에는 칭다오, 11월 30일에는 충칭이 공산당 수중에 들어갔다.

1949년 6월, 공산당은 이전 난징에서 결성된 정치협상회의를 대체하는 중국 인민정치협상회의를 결성했다. 정치협상회의는 1949년 9월에 소집되어 중앙인민정부와 공동으로 초안한 헌법을 승인했다. 이 법을 기반으로 1949년 10월 1일 행정기관인 중앙인민정부와 중화인민공화국 수립이 베이징 톈안먼(天安門) 광장에서 정식으로 선포됐다. 건국으로 새로이 창설된 인민해방군은 국민당원들의 고립지역에서의 저항을 제거하기 위해 국민당군 잔당 소탕작전을 개시했다. 12월 8일, 장제스는 남아있던 자산(資産)과 생명을 간신히 부지한 일부 국민당 세력과 함께 타이완으로 도주했다.

소련은 즉각 중화인민공화국을 승인했다. 동유럽 공산주의 국가들 대부분이 소련의 예를 따랐다. 중국 공산당 정부에 대한 소련의 공식 승인은 국민당과는 모든 관계를 단절함을 의미했다. 그 결과 얄타회의 결과에 따라 루스벨트의 양해 아래 스탈린이 장제스와 체결한 1945년 8월의 중소협정은 파기됐다. 버마는 베이징의 새로운 정부를 공식적으로 승인한 최초의 비공산주의 국가였다. 1950년 1월 말까지 중화인민공화국과 정식 외교관계를 수립한 그 밖의 비공산국가들은 인도, 파키스탄, 영국, 스리랑카, 노르웨이, 덴마크, 이스라엘, 핀란드, 아프가니스탄, 스웨덴, 스위스 등이었다.

상황이 이렇게 돌아가자 발 빠르게 움직인 나라는 역시 소련이었다. 마오쩌둥의 개인적 외교 및 스탈린을 비롯한 소련지도자들과 9주간에 걸친 모스크바 협상은 일련의 외교협정을 가져왔다. 1950년 2월 14일, 중소 양국은 우호·동맹 및 상호원조에 관한 협정을 체결했다. 이어 창춘 철도, 뤼순 항 및 다롄 항에 관한 협정, 소련이 중국에 장기적 차관을 확대하는 협정 등을 맺었으며, 마지막으로 신중국 탄생을 축하하듯 군사동맹조약을 체결했다.

미국의 ABC 동아시아 정책

전후 미국의 중국, 일본, 한반도 등 동아시아 정책은 ABC 세 글자로 요약가
능하다. 한반도문제에 대해서는 방향을 상실했고(Astray), 중국문제에 대해
서는 맹목적(Blind)으로 국민당 정권을 지지했으며 일본문제에 대해서는 치
밀히게(Compact) 대응했다. 물론, 일본에 대해 그렇게 할 수 있었던 요인은
일본이 '무조건 항복'에 따라 미국의 점령정책을 그대로 수용할 수밖에 없
었던 패전국 지위에 있었기 때문이다. 하지만, 중국문제와 한반도문제를 대
처하는 데 있어서는 전략적 한계와 외교적 미숙함을 그대로 노출했다.

전후 미국의 동아시아 정책이 분열증적 양상을 보인 이유에 대해서는
두 가지 관점에서 추론가능하다. 첫째, 2차세계대전이 끝남으로서 의회가
더욱 발언권을 행사할 수 있게 됐고, 그 결과 미국 외교의 일반적 특성, 곧
국내정치가 외교정책에 가하는 압력과 영향력이 그대로 반영되어 나타났기
때문이다. 한마디로, 의회의 세력분포가 미국의 외교정책 결정과정에도 그
대로 투영됐다. 그 결과 장제스와 국민당을 맹목적으로 지지한 '차이나로비
그룹'이 중국문제에 대한 미 정부의 정책대응에 압도적 영향력을 행사할 수
있었다.

둘째, 미국 외교의 아비투스가 중국문제를 통해 그대로 재현됐다. 미
국은 시어도어 루스벨트 행정부시기를 제외하고는 세력균형을 중시하는 유
럽식 현실주의 외교문법에 익숙하지 않았다. 원칙과 명분을 과도하게 중시
하는 경향이 있었으니 그 절정이 바로 불승인원칙을 제정한 스팀슨독트린
이다.

스팀슨독트린은 일본의 만주국 수립과 함께 시작된 동아시아 침공에
대해서는 긍정적 역할을 했다. 하지만 종전 이후 중국 공산당에 대해 일관
되게 불승인주의로 대응한 것은 정치적 유연성을 상실한 외교적 패착이었
다. 이는 이데올로기와 상관없이 국민당 정권을 지지하다가 사태가 공산당
에 유리하게 돌아가자 장제스와 손절하고 마오쩌둥 정부를 승인한 스탈린

의 현실주의적 접근과는 대비되는 것이었다.

중국문제는 커다란 외교적 난제였으나 그렇다고 해서 해결책이 전혀 없었던 것도 아니었다. 미국의 미숙한 외교력과 국민당에 대한 맹목적 지지가 결국 중국을 상실하는 결과를 초래했다. 중국문제에 대한 미국의 경직된 접근법은 한반도문제에도 상당한 영향을 미쳤다. 그 결과, 남한에 이승만 단독정부가 수립되어 분단을 기정사실화하는 데도 크게 기여했다고 할 수 있다.

4. '신탁통치'는 분단 해소에 적합한 정책이었나?

지금까지도 두고두고 논란이 되고 있는 〈카이로선언〉의 'in due course', 즉 '적절한 방법으로' 혹은 '적절한 절차를 거쳐'라는 문구의 구체적 의미가 1945년 12월 모스크바 3상회의 결정을 통해서 그 윤곽을 드러냈다. 그것은 바로 4강대국, 보다 정확히 한반도를 분할 점령한 미국과 소련 양국의 '신탁통치안'이었다. 신탁통치에 대해서 해석의 여지가 있다 해도 핵심은 결국, 독립국가 수립 전에 상당 기간 위임통치가 이루어진다는 의미로 해석될 수밖에 없다.

당시 〈동아일보〉가 "신탁통치가 소련의 구상"이라는 역사에 길이 남을 오보를 내긴 했지만 소련의 주장대로 과도정부를 구성한다 하더라도 달라질 것이 크게 없었다. 왜냐하면 모스크바 3상회의 결정은 제3항에서 최고 5년에 걸친 4개국 신탁통치를 적시했기 때문이다. 모스크바 3상회의 결정은 완전한 독립국가로 가기 위해서는 절차상으로 복잡하기 그지없는, 그야말로 산 넘어 산의 다단계 절차를 규정해 놓았다. 완전한 독립도 아니고 그렇다고 식민지도 아닌 어정쩡한 중간상태가 바로 모스크바 3상회의가 제시한 '신탁통치 최종안'의 본질이다. 브루스 커밍스는 모스크바 3상회의의 결정이 신탁통치에 관한 협정이 아니라 독립에 관한 의정서일 수도 있다고 말하지만, 사실 이러한 주장은 궤변에 가깝다.

협조적 국제주의 정책의 일환으로서의 신탁통치안

한반도에 대한 신탁통치안은 미국의 제안에 따라 이루어졌다. 신탁통치안이 발표되자 한반도에서는 찬반 여부를 놓고 좌, 우익 간의 격렬한 정치적 대립이 발생했다. 여기서는 찬반 여부를 떠나서 신탁통치안이 그 자체로 한반도문제 해결에 적절한 정책이었는지를 따져보고자 한다. 이를 위해서는 먼저 신탁통치구상에 담긴 미국의 정책적 의도와 함께 신탁통치안을 뒷받침한 국제주의 노선의 본질에 대해서도 함께 살펴봐야 한다.

해방과 함께 미국이 한반도에 들어온 목적은 〈일반명령 제1호〉에 따라 종전계획, 곧 군사적 점령계획을 수행하기 위한 것이었다. 북위 38도선을 따라 마련된 소련과의 분할 점령이 나타내듯이 패전국 처리라는 군사작전 수행이 급선무였다. 이러한 작전계획에 의거하여 38도선을 사이에 두고 남한과 북한에서는 미국과 소련의 군정이 실시되었다. 하지만 식민지 노예 상태에서 벗어난 조선인들은 독립국가 수립을 강하게 열망했다. 따라서 미국과 소련은 군정체제를 계속 유지할 수는 없는 노릇이었다. 어떻게 조선을 독립시킬 것인가? 이때 미국이 떠올린 해법이 식민지 처리 방식으로 오랫동안 구상해온 '신탁통치'였다.

그런데 문제는 '신탁통치안'이 한반도문제 해결에 적합한 맞춤형 정책이 아니었다는 사실이다. 신탁통치가 등장한 기원을 살펴보면, 이든(Anthony Eden) 영국 외상이 1943년 3월 워싱턴을 방문해 전후 식민지 처리문제에 관해 루스벨트 대통령, 헐 국무장관 등과 논의하는 과정에서 모습을 드러냈다. 루스벨트 대통령은 이든 외상에게 식민지 독립 방안으로 신탁통치를 구상하고 있다고 밝혔다. 영국은 미국의 제안을 마지못해 수용했다. 하지만, 미국 구상대로만 흘러가지 않을 것이라는 사실만은 잘 알고 있었다.

미국은 왜 식민지의 즉각적 독립방안이 아니라 신탁통치안을 들고 나왔을까? 전후 미국이 표방한 국제주의 관점에서 신탁통치를 이해할 필요가 있다. 신탁통치안은 연합국으로 전쟁에 참여한 서유럽 국가들과의 협조를 유지하기 위한 발상이었다. 왜냐하면, 유럽 승전국들 대부분이 거대한 식민지를 보유했으며, 이들은 종전 후에도 식민지를 순순히 포기할 의사가 전혀 없었기 때문이다. 따라서 신탁통치구상은 탄생 단계부터 식민지 주민들의 의사와는 상관없이 승전국들 사이의 국제적 협조 유지가 일차 목적이었다.

더 큰 문제는 신탁통치가 전승국, 특히 영국과 프랑스의 식민지 처리 방안으로 제시된 정책이었다는 사실에 비춰봤을 때, 패전국 일본의 식민지였던 조선에는 논리적으로 전혀 들어맞지 않았다는 사실이다. 게다가 영국 식민지들은 아이러니하게도 즉각적 독립을 성취한 반면, 프랑스는 전후에도 식민지를 포기하지 않았다. 원래 프랑스 식민지였던 베트남에서도 신탁통치를 실시할 예정이었지만 프랑스의 거부로 운도 떼지 못했다. 이처럼 전후 미국이 주도한 신탁통치안은 일관성도 없었을 뿐만 아니라 전승국들의 반대에 의해 쉽게 좌초됐다.

미국의 한반도에 대한 정치적 무관심과 일관성 없는 전후 계획수립은 알타회담에서 신탁통치에 관한 루스벨트와 스탈린의 대화를 통해서도 잘 드러난다. 알타회담에서 스탈린은 한국이 미국의 보호령으로 될 것이냐고 물었고, 루스벨트는 그렇게 하지 않을 것이라고 스탈린을 안심시켰다. 그러자 스탈린은 신탁통치 기간의 단축을 제안했다. 20-30년의 신탁통치 기간을 제안하는 루스벨트에게 스탈린은 "기간은 짧을수록 더 좋겠지요"라고 대답했다. 그는 한국에 군대를 주둔시킬 필요가 있는지를 물었고, 그럴 필요가 없다는 루스벨트의 답을 듣자 만족해했다.

마지막으로 루스벨트는 "개인적 생각입니다만 영국을 한국의 신탁통치 관리국가로 포함할 필요가 없다고 보는데, 영국은 이에 반발할 것입니다"라고 말했다. 그러자 스탈린은 다시 한 번 우려를 표명하는 척했다. "맞아요, 영국은 모욕감을 느끼겠지요. 아마도 처칠 수상은 우리를 죽이려 할 거예요"라며 농담을 했다. 루스벨트는 타협안을 제시했다. 처음에는 미국, 소련, 중국 세 국가가 신탁통치를 맡되, 영국이 거세게 이의를 제기하면 영국도 포함해주기로 했다. 스탈린은 흔쾌히 동의했다(Plokhy, 2020: 421).

이처럼 허접하기 짝이 없는 신탁통치 구상이 유독 한반도에서 격렬한 정치적 갈등과 대립을 야기했던 이유는 조선이 패전국 일본의 식민지였다는 사실과 함께, 미국과 소련이라는 두 강대국이 분할 점령을 통해 한반도 문제에 직접적으로 관여했기 때문이다. 같은 이유로, 모스크바 3상회의 결정에 따른 한반도에서 신탁통치 실시문제를 놓고 국무부와 군정 당국 등 미국 정책부서 간에 일정한 파열음이 나오는 것은 너무나 당연한 일이었다. 문제는 이러한 정책부서간 갈등이 과연 정책노선을 달리할 정도로 대단한 것이었느냐 하는 점이다.

신탁통치를 둘러싼 미국 정책 갈등의 진상

한반도에서 신탁통치 문제를 정책노선 상의 갈등으로 보는 대표적 논자가 바로 브루스 커밍스다. 한반도문제 해결에 있어 다국적 신탁통치안을 지지한 국제주의자들과 남한에서의 국가이익을 우선시하는 국가주의자들 사이에 정책적 갈등이 있었고, 결국 국가주의자들이 승리해서 한반도를 분단에 이르게 했다는 게 커밍스 주장의 핵심 내용이다.

보다 구체적으로 커밍스는 이 갈등을 번즈(James F. Byrnes) 국무장관, 빈센트(John Carter Vincent) 극동국장, 보튼(Hugh Borton) 자문위원 등 국무성에 속한 국제파(Internationalist) 대(對) 하지(John R. Hodge) 미 군정사령관, 베닝호프 정치고문, 랭던(William R. Langdon) 정치고문 등 미 군정에 소속의 국내파(Nationalist) 또는 국가주의들 사이의 대립으로 파악했다. 여기서 국제파는 다국적 신탁통치를 지지하는 데 반해서 국내파는 대소봉쇄의 일환으로 남한만의 단독정부 수립을 지지하는 입장이었다는 것이다(Cumings,

1981: 214).

　　'신탁통치안'에 대한 커밍스의 해석은 과장된 측면이 있거나 미국 대외정책의 변천과정을 제대로 이해하지 못한 지나친 단순화에 가깝다. 국제주의냐 국가주의냐 여부는 단지 신탁통치에 대한 입장만으로 판단할 수 있는 문제는 아니다. 커밍스가 언급한 '국가주의자들' 역시 국제주의 자장 안에서 자기합리화의 근거를 발견했기 때문이다.

　　커밍스가 대표적인 국가주의자로 지목한 랭던 군정사령부 정치고문은 국무부 극동국 재직 시절인 1942년 2월 23일, 웰스(Benjamin Sumner Welles) 국무차관에게 보고된 〈한국 독립문제에 관한 몇 가지 측면〉이라는 제목의 비망록을 작성했다. 이 비망록에서 랭던은 한국인들이 "37년간 일본의 지배 하에서 정치적인 능력을 상실했기 때문에 자치정부를 운영할 능력이 부재하다"는 견해를 밝혔다. 그래서 "적어도 1세대 동안 한국은 열강의 보호와 지도, 그리고 원조가 필요하며 그 후에야 완전한 독립이 주어져야 한다"고 정리했다.[41]

　　랭던이 사용한 "열강의 보호와 지도"라는 말의 의미가 위임통치의 또 다른 표현에 불과하며 해방 이후 신탁통치와 동일한 것이었음을 모든 증거가 말해주고 있다. 랭던 보고서의 발주자인 웰스 국무차관은 1943년 5월 10일, 전후 처리계획으로서 신탁통치문제를 집중적으로 다룬 국무부 산하 '전후외교정책자문위원회(ACPWFP: Advisory Committee on Post-War Foreign Policy)' '정치소위(PS: Subcommittee on Political Problems)' 회의(P-Min51)에서 한반도를 신탁통치 대상으로 적시했다. 조지(Walter. F. George) 상원의원이 한반도에 신탁통치가 필요한 이유를 묻자, 웰스 차관은 랭던 보고서에 나와있는 그대로, 일본의 식민통치로 인한 한국인들의 자치능력 상실을 그

41　랭던 보고서 원문은 https://db.history.go.kr/item/level.do?levelId=ij_020_0020_00360 참조

이유로 들었고, "한반도에 독립국가가 바로 들어선다면 평화에 실질적 위험으로 작용할 것"이라는 견해를 추가적으로 밝혔다(정용욱·이길상 편, 1995: 414).

전후 신탁통치 계획을 수립하는 데 상당한 영향을 미쳤다고 평가받는 보튼 또한 한반도에 자주독립정부를 수립하기 위한 방안으로 신탁통치를 제시한 것은 아니었다. 그는 콜롬비아 대학에서 일본사를 가르치던 교수 출신 관리로 국무부 안에서 대표적인 일본전문가로 통했고 전후 일본체제를 설계했다는 평가를 받는 그러한 인물이다. 한반도문제를 바라보는 보튼의 관점은 구한말 대표적인 일본연구자로 일본의 시각에서『은자의 나라, 한국』을 저술한 그리피스의 그것과 유사했다고 보면 이해하기 쉬울 것이다.

'전후외교정책자문위원회' 내 '영토소위(TS: Subcommittee on Territorial Problems)' 산하 '정치조사부(PS) 조사연구원 자격으로 보튼은 한반도문제에 대한 국무부의 계획 및 방향과 범위에 대해 여러 차례 언급할 기회가 있었다. 보튼은 한반도문제가 강대국들 사이의 긴장을 유발하지 않는 방향으로 해결될 수 있도록 신탁통치를 제안했다. 그는 전후 한국을 소련이나 중국 중 어느 한쪽이 지배하면 다른 쪽의 반대가 심할 것이기 때문에 서로 일방적인 지배를 주장하지 않을 것이라는 의견을 개진했다. 같은 이유에서 소련과 중국 모두 미국의 한반도 신탁통치 계획에 찬성할 것이라고 추론했다.

정리하면, 보튼의 신탁통치 계획은 한반도의 자주독립을 최우선 목표로 설정한 방안이 아니었다. 독립은 했으되 허약한 한국은 동북아시아의 요충에 위치함으로써 국제적 압력이나 음모의 대상이 될 뿐이라며, 그 대안으로 일정기간의 신탁통치가 지역적 안정을 위한 최적의 방안이라는 관점에서 '신탁통치 필요성'을 전개한 것이다(안소영, 2006: 186).

보튼이 보기에 미국 동아시아 정책의 제1순위는 패전국 일본을 어떻게 처리할 것인가에 집중할 수밖에 없었다. 따라서 한반도문제는 일본문제에 비해 부차적인 것으로 취급되거나 얄타협정에서 미소간에 합의한 중대

(major) 의제에 대한 해결 가닥이 잡힌 후에야 비로소 미국 정책결정자들의 시야에 들어올 수 있는 상대적으로 중요성이 덜한 사소(minor)한 의제였을 뿐이다. 이런 조건에서 미국 정부가 신탁통치안에 관해 심도 깊은 논의를 하기 어려웠을 것이라는 점은 자명한 일로 여겨진다.

보튼은 1943년 5월, 영토소위에서 〈T-316〉에서 〈T-319〉에 이르는 한국 관련 주요 문서들을 작성했다. 보튼이 영토소위에서 작성한 문서들 가운데 한국 독립과 관련한 전반적 문제점들을 살피고 있는 '한국: 국내 정치 구조'라는 제목의 〈T-318〉은 한반도문제에 대한 의미 있는 처리 원칙을 제시했다. 이 문서는 종전시 한국인의 자유와 독립에 대한 권리는 인정하되 국제적 감독과 신탁 통치하에서의 제한된 자치 정부시기에 해당하는 일련의 이행기를 거친 후에 실질적으로 독립시켜야 한다고 결론지었다.

여기서 주목할 점은 이 문서에서 한국인의 자유·독립에 대한 권리와 자결권의 즉각적 행사를 분리시켜 이를 외교 수사와 정책 논리로 공식화했다는 사실이다. 이를 잘 확인하듯, 〈T-319〉에서 보튼은 1898년 미 의회에서 쿠바에 대하여 '법률상(de jure) 독립'을 인정한 선례를 근거로 들었다(정용욱·이길상 편, 1995: 414). 이 용어는 독립의 권리를 법적으로 인정하고 일정 기간 자치를 허용하는 대신, 해당 지역 국민 주권과 통치권 행사의 실질적 유보를 의미했다. 쿠바는 독립 이후에도 미국 상원의 동의 없이는 헌법 개정을 할 수 없다고 자국 헌법에 명시할 정도로 '사실상(de facto)' 미국의 보호령 아래 있었다. 그도 그럴 것이 쿠바헌법은 미국이 제정한 것이었기 때문이다.

최종적으로 연합국 대표들로 이루어진 '태평양위원회'의 통제를 받는 '행정부'를 구성하고 이 행정부로 하여금 과도기 동안 새 정부의 모태가 되는 '단체(Corporation)' 수립과 정부적 활동을 지원하게 한다는 것이다. 진정한 독립에 이르기까지 완전한 '자치'를 허용하는 것은 곤란하며 제한된 과도정부(Interim Government) 형태로 신탁통치를 실시하되, 먼저 5년간의 신탁통치를 시행한 결과를 보고 실시의 지속여부를 다시 결정한다는 것이 볼튼의 정치적 구상이었다. 이처럼 1943년 말경, 신탁통치안의 구체적 실행방안에 대한 검토가 이루어질 무렵에 이르면 볼튼의 정책사고에서 '민족자결론'은 의미를 상실하기에 이른다(안소영, 2006: 198).

다른 한편, 보나 중요하게 나눠져야 할 것은 실질적인 정책결정자들의 관점이다. 커밍스가 언급한 신탁통치안에 대한 국제파와 국내파 또는 국제주의자와 국가주의자 사이의 정책적 대립이라는 이분법은 지극히 자의적이다. 미 행정부 내에서 소련과의 협조노선을 주장한 국제주의자들은 실제로는 번즈 국무장관을 비롯한 애버럴 해리먼(Averell Harriman) 주 소련 대사, 에드윈 폴리(Edwin W. Pauley) 대통령 특사 등 국무부 라인이 아니라 비둘기파로 분류된 마셜 합참의장, 스팀슨 전쟁부 장관 등 군부 인사들이었다. 왜냐하면, 육군부나 총참모부에 속한 군부 인사들은 유럽전선에서 소련과 연합하여 독일군을 격퇴한 경험이 있었을 뿐만 아니라 태평양전쟁에서 소련의 참전이 절실했기 때문이다.

커밍스 기준에 따르면 오히려 국무성 인사들을 반소(反蘇) 노선을 견지한 '국가주의자'들로 분류하는 게 더 타당할 것으로 여겨진다. 그런데 당시 워싱턴에서 한반도문제를 결정한 정책책임자들의 면면을 살펴보면 '국가주의'라는 용어 자체가 별 실체도 없는 신기루에 불과하다.[42] 실제로 신탁통치의 구체적 실행 계획은 커밍스가 대표적인 국제주의자로 지목한 빈센트 극동국장에 의해 좌우됐으며 국가주의자로 지목된 랭던 미 군정고문 역시

---

42 아이작슨과 토마스(W. Isaacson and E. Thomas)가 공저한 The Wise Men은 얄타회담부터 케네디 행정부에 이르는 시기까지의 고위 당국자들의 대외정책 결정과정을 거의 실시간으로 상세히 다루고 있다. 이 책을 통해 '국제주의'와 '국가주의'의 대립이라는 커밍스 주장이 워싱턴의 주류 외교노선 및 실제 정책결정 과정과 유리된 상상의 산물임을 확인할 수 있다. 한 가지 예로, 1948년 베를린사태가 터지자 트루먼 대통령은 "우리는 철수하지 않을 것이다. 우리의 결의는 확고하다"고 선언했다. 워싱턴 전체가 냉전형 국제주의 전사로 돌변한 것이다.

신탁통치에 관한한 빈센트와 의견을 달리 하지 않았다(Matray, 2002a: 64).

프랭클린 루스벨트 대통령의 국제주의를 떠받친 두 가지 기둥은 문호 개방과 '무조건 항복론'과 같은 과감한 군사적 행동주의였다. 국제주의를 탄생케 한 2차세계대전이라는 특수 상황을 감안했을 때, 국제주의를 해석하는 데 있어서 가장 중요한 매개변수는 소련과의 협조를 전쟁 후에도 과연 지속할 수 있을 것인가 여부였다. 소련과의 협조관계 지속 여하에 따라 국제주의에 대한 해석은 고정불변한 게 아니라 A부터 Z까지 얼마든지 다양했다. 그래서 미국은 모스크바 3상회의에서 '임시정부 수립'과 '신탁통치'로 요약할 수 있는 한반도문제 해결방안을 소련과 큰 이견 없이 마련할 수 있었다. 모스크바 3상회의 최종합의서에 대해 주소대사 해리먼은 번즈 국무장관에게 다음과 같이 보고했다.

"주소 대사(해리먼)가 국무장관에게[모스크바, 1945.12.27.]
모스크바 3상회의에서 합의한 성명서가 워싱턴 시각으로 12월 27일 화요일 오후 10시에 발표될 예정이며 동시에 모스크바와 런던에서도 발표될 것입니다. 런던에서는 12월 28일 오전 3시, 모스크바에서는 같은 날 오전 6시에 발표될 것입니다.
성명서 내용은 다음과 같습니다.[43]
(······)
Ⅲ. 한국
1. 한국을 독립국가로 재건설하며, 한국을 민주주의 원칙하에 발전시킬 조건을 조성하고, 가급적 속히 장구한 일본의 한국통치의 참담한 결

---

[43] 미국, 영국, 소련 등 모스크바3상회의 참가국이 각각 발표한 공동성명서에는 한반도문제 해결방안 외에 이태리, 루마니아, 불가리아, 헝가리 및 핀란드와의 강화조약 체결에 관한 조항과 극동위원회 및 연합국 일본관리 위원회 설치에 관한 조항이 함께 포함됐다.

과를 청산하기 위하여 한국의 공업, 교통, 농업과 한국인의 민족문화 발전에 필요한 모든 단계적 조처를 취할 임시 한국 민주정부를 수립할 것이다.

2. 한국임시정부 구성을 원조할 목적으로 먼저 그 적절한 방책을 연구, 조정하기 위해 남한의 미합중국 점령군과 북한의 소연방 점령군의 대표자들로 공동위원회를 설치할 것이나. 공동위원회는 그 세안을 작성함에 있어서 한국의 민주적 정당 및 사회단체와 협의해야 한다. 그들이 작성한 제안은 공동위 대표들의 본국정부가 최종결정을 내리기 전에 미, 영, 중, 소 각국 정부에 제출되어 심의를 받아야 한다.

3. 한국인들의 정치적, 경제적, 사회적 진보와 민주적 자치정부의 발전 및 한국독립국가의 수립을 원조 지원할 방책을 임시정부 및 한국의 민주주의 단체들의 참여하에 작성하는 것이 바로 공동위원회의 임무가 될 것이다.

공위가 작성한 제안은 한국임시정부와의 협의를 거친 후에 미, 영, 중, 소 정부에 제출하여 최장 5년 기한의 4대국 한국 신탁통치에 관한 협약을 작성케 해야 할 것이다.

4. 남, 북한에 관련한 긴급한 문제들을 심의하기 위해, 또한 남한 미군관구와 북한 소련군관구 간의 행정, 경제면에서의 항구적 균형을 수립하기 위해, 2주일 이내에 한국 내의 미, 소 양군 사령부 대표간의 회의가 개최되어야 할 것이다"(미 국무성 비밀외교문서, 1984: 175–176).

국제주의에 대한 다양한 해석의 관점에서 보았을 때, 커밍스가 신탁통치를 둘러싸고 국제주의와 국가주의의 갈등으로 해석한 국무부와 미 군정 세력 간의 다툼은 실상은 국제주의 노선을 전제로 한 정책적 갈등으로 해석하는 게 보다 타당하다. 다시 말해서, 전후 신탁통치를 둘러싼 정책 갈등은 커밍스가 말한 국제주의자와 국가주의자 사이의 대립이이라기 보다는 국제주의 자체의 한계에서 파생했다.

　　국무부는 신탁통치를 견지하다가 미소공위가 결렬되자 한반도문제를 유엔으로 이관했다. 이런 조치를 취하면서 국무부는 아무런 모순점을 발견하지 못했다. 그 이유는 UN으로의 한반도문제 이관 또한 커밍스가 말한 '국가주의'가 아니라 국제주의에 따른 것이었기 때문이다. 한반도에서 신탁통치를 추진하건 아니면 유엔으로 이관하건 모두 국제주의에 근거했다. 변한 것이 있다면 소련과의 협조노선을 더이상 유지할 수 없다는 판단 외에는 크게 달라질 것이 없었다.

한반도에 대한 무지의 산물로서의 신탁통치와 미소공위

미국은 어째서 소련과의 협조노선이 더이상 유지되기 어렵다고 판단했을까? 소련과의 협조노선을 지속하는 문제에 있어 판단의 최소 기준은 미국이 오랫동안 주창해온 문호개방원칙의 지속 여부였다. 폴란드에서 공산주의 친소정권이 들어선 사건, 그리고 중국내전에서 공산당이 승리할 가능성이 높아진 게 미국의 정책변화에 직접적 영향을 끼친 것으로 간주된다.

　　미소공위에서 미국이 철수한 사실 역시 한반도 안에서 남남 혹은 남북 갈등이 불거져 그렇게 됐다기보다 전세계적 차원의 미소협조 결렬이 더 크게 영향을 미쳤다. 세계 전략적 차원에서 미국과 소련의 협조노선이 계속 유지되고 갈등이 오직 한반도에서만 불거진 것이었다고 한다면 미국과 소련은 분단이 아니라 남북단일정부 수립을 위한 공동방안을 마련하기 위해 남북 모두에 영향력을 행사했을 것이기 때문이다.

　　모스크바 3상회의 결의에 따라 두 차례 미소공위가 개최됐다. 미소공위에서 협의 자체만 놓고 본다면, 미국과 소련은 미소공위에서 임시정부 수립 및 신탁통치 세부 계획과 관련한 합의를 도출하기 위해 나름의 노력을 다했음을 알 수 있다. 하지만 결정적인 것은 양국, 특히 그 가운데 미국의 정치적 무관심이 미소공위가 결실을 맺지 못한 일차적 원인이라 할 수 있다. 미국은 한반도문제 해결의 일 당사자로서 책임 있게 공약을 수행할 의

사도 의지도 계획도 부재했다. 그도 그럴 것이 당시 워싱턴의 외교적 관심사는 유럽이 최우선 순위였고 다음이 일본, 중국, 그리고 한반도를 포함한 기타 지역 순으로 정해졌기 때문이다.

얄타회담에서도 핵심 의제는 폴란드를 포함한 유럽 문제였다. 동아시아 문제는 부수석이었을 뿐더러 한반도문제는 너너욱 그랬다. 한마디로, 미국과 소련, 두 강대국의 주요 관심사가 아니었다. 루스벨트는 1944년 1월 테헤란회담을 마치고 미국에 돌아오자마자 태평양전쟁위원회에 일본영토인 사할린 남부와 쿠릴열도를 소련에게 넘기고, 다롄 항과 중국 북동쪽의 만주철도 조차권에 대한 소련의 권리를 인정하며, 그리고 한반도에 대한 40년간의 신탁통치를 실시하기로 스탈린과 양해했다는 사실을 알렸다. 얄타회담은 소련의 대일전쟁 참전을 조건으로 이 사실을 거듭 확인했다.

놀라운 것은 루스벨트와 스탈린이 중국을 포함한 극동문제를 논의하고 합의하는 데 걸린 시간이 단 30분에 지나지 않았다는 점(Plokhy, 2020: 423)이다. 게다가 한반도문제는 전후 신탁통치를 확인했을 뿐 제대로 논의조차 되지 않았다. 이렇게 회담이 소략했던 이유는 동북아지역의 이익과 관련하여 루스벨트가 소련에게 상당부분 양보할 준비가 돼 있었기에 가능했다. 루스벨트는 중국, 일본, 한반도를 포함한 동북아 지역 사안을 "순전히 군사적 차원"(Plokhy, 2020: 412)의 문제로 이해했고, 실제 역사 또한 그런 방향으로 흘러갔다.

군사점령에 관한 한 소련이 일가견이 있는 전문 영역이었다. 그들은 제정시대부터 러시아 군대가 진주한 곳을 자국의 세력권으로 간주했다. 한반도 남과 북에 군정이 실시되면서 38도선 이북 지역을 위성국가로 만들기로 작정한 소련의 결심을 원점으로 되돌리기 위해서는 미국에게 군사적 압력 행사를 포함한 비상한 결단이 요구됐다. 미소공위 논의 과정에서 진즉 소련의 이상 움직임이 감지됐다. 당시 미소공위 논의를 기록한 미국외교문서에 따르면, 소련은 이북지역에 대한 문호폐쇄를 결정한 것으로 파악된다.

"재한국 정치고문(베닝호프)이 국무장관에게[서울, 1946.2.15.]

미소공위는 1946년 1월 16일 개최하여 15회의 공식회기를 거쳐 1946년 2월 5일 폐막했습니다(……)의안 심의에 대한 토의 벽두부터 미소 양 대표단은 경제 및 행정문제에 관한 해결을 여러 가지 면에서 서로 다른 각도로 접근하고 있다는 점이 명백해졌습니다. 미국측 대표들은 모든 토론과 논의를 38도선의 철폐 및 전국토를 하나의 경제, 행정 단위로 간주하는 것이 바람직하다는 입장에 기초하여 전개했습니다. 소련 측은 반대로 매우 협소한 관점에서 경제 및 행정문제를 토의한다는 생각을 가지고 회의에 임해 왔습니다. 우리는 가능한 한 최대로 영토를 개방하고, 교통이나 공익사업과 같은 중요한 편의시설을 통합하여 단일 행정 체계로 통합하려고 했지만, 반면에 소련 측은 처음부터 문제를 인접해 있긴 하지만 별도로 분리되어 있는 두 개의 군사적 책임지역 간의 교류와 협조 문제로 파악했습니다. 우리가 민족전체의 이익을 위해 영토를 개방하자고 얘기하고 있는 반면, 그들은 양국 점령 지역 간의 협상에 대해 이야기했습니다. 이와 같은 관점의 차이는 회의 진행의 전과정에 영향을 미쳤으며, 본 회의에서 실질적 결과를 하나도 얻지 못하게 된 직접적 원인이 됐습니다. 예를 들면 미국측 대표는, 철도를 단일하게 운영하는 통합된 공동 관리기구 아래 한국의 철도를 두자고 제의했습니다. 반대로 소련 측은 1945년 8월 이래로 사용되고 있는 이중관리체계를 유지시키자고 주장했습니다. 바꿔 말하면, 소련 측은 이북 점령지역 사령부의 특권을 하나도 공위에 넘겨주려 하지 않으려 했다는 것입니다. 계속된 토론 끝에 '공동(共同)교통전문위원회'(Technical Joint Transportation Commission) 설치에 합의했으나, 동 위원회에는 철도를 운용할 만한 권한이 전혀 주어지지 않았습니다. 우리가 할 수 있는 유일한 일이란 양측 사령부에 대해 건의안을 작성하는 것뿐이었습니다(미 국무성 비밀외교문서, 1984: 221-223).

미국은 소련의 의도를 정확히 파악하지 못했으며, 설령 파악했다 하더라도 이를 극복하기 위한 노력을 경주할 여력도 의지도 없었다. 결국, 한반도 분단의 일차적 책임이 미국에게 있다고는 할 수 없으나 적어도 미국이 한반도문제를 방기한 것만큼은 틀림없는 사실이다. 그 이유는, 재차 강조하거니와 미국정부가 한반도의 전략적 가치에 대해 낮게 평가한 데 기인한 것이다. 결론적으로, 한반도의 운명은 미국이 일본점령 정책의 연장선상에서, 다시 말해서 조선을 일본 영토의 일부로 간주하여 군정을 실시하기로 결정하면서 이미 결정된 것이었다 해도 과언이 아니다.

한반도의 운명을 좌우할 미소공위는 별다른 성과없이 실패로 끝났다. 미소공위의 참담한 결과를 감안했을 때 신탁통치안이 과연 한반도에서 분단을 해소하고 자주적 독립국가를 수립하는 데 적절한 방안이었는지 되물어야 한다. 신탁통치는 남북단일정부를 수립하는 데 적합한 방안이 결코 아니었다. 신탁통치안은 그것이 최초 제기됐을 때부터 독립국가를 스스로 유지할 수 있는 자치능력이 한국인들에게 결여해있다는 근거없는 추론에 기초했다. 이 추론은 신탁통치를 주창한 프랭클린 루스벨트 대통령 이하 국무부의 소위 '국제주의자' 모두가 공유한 한반도문제에 대한 기본 전제였다.

전쟁이 끝나고 점령군으로 한반도에 발을 다시 들여놓기 전까지 미국은 한반도문제에 관해 대단히 무지했다. 따라서 신탁통치안은 미국이 지속적으로 견지해온 한반도문제에 대한 정치적 무관심, 달리 표현하면 동아시아정책과 한반도문제의 분리 내지 디커플링의 산물로 간주할 수밖에 없다. 1944년 1월, 루스벨트 대통령이 태평양전쟁협의회에서 조선을 40년간 신탁통치 아래 둔다고 발표하면서 한반도 신탁통치안은 수면 위로 첫 모습을 드러냈다. 그런데 40년간 신탁통치구상이야말로 미국의 한반도에 대한 무지 혹은 정치적 무관심의 산물이라고 밖에 달리 표현할 길이 없다.

신탁통치는 내용도 문제지만, 미소공위라는 회담 형식 역시 대단히 문제가 많았다. 모스크바 3상회의는 신탁통치의 구체적 실행계획을 미소 점령당국에 일임했다. 잘 알다시피 미군과 소련군은 한반도에서 일본군의 항복을 받아내기 위한 군사편의적 관점에서 진주했다. 그런데 신탁통치는 정치적 실행계획으로 얄타회담 및 모스크바 3상회의에서 미소 대표가 합의한 내용이다. 고도의 정치 구상을 군정실시가 주목적인 점령당국으로 하여금 미소공위 형식을 통해 실행에 옮기도록 했다는 게 애당초 말이 되지 않는 일이었다. 더구나 야전 군인으로 잔뼈가 굵은 하지[44] 사령관은 소련 군정 실력자이자 노회한 정치군인인 미소공위 소련 측 수석대표 쉬띠꼬프(Terenty Fomich Shtykov)[45]의 상대가 될 수 없었다.

---

44 하지는 미국 일리노이주 골콘다 출신으로 남일리노이 사범대학(1912-1913년)과 일리노이 대학 건축공학과(1917년)에서 수학했다. 1차세계대전에 미국이 참전하자 1917년 5월 일리노이주에 있던 미육군 장교후보학교에 입학하여 같은 해 8월 보병소위로 임관했다. 1차세계대전 동안 유럽에서 근무를 마친 하지 대위는 1921년 10월, 미시시피 농과대학에서 군사학을 강의하는 ROTC 교관으로 부임했다. 그 후 20년 동안 조지아주 육군보병학교, 메릴랜드주 화학전 특수학교, 캔자스 주 참모대학, 위싱턴의 육군대학, 그리고 앨라배마주 전술비행학교 등지에서 지휘관 및 참로로 근무했다. 1939년 2차세계대전 발발 당시에는 육군부 작전국 소령이었다. 일본의 진주만 공격이 있은 지 얼마 되지 않아 하지 대령은 육군 제7군단 참모장이 되었고, 1943년에는 남태평양 지역에서 사단장으로 참전했다. 그 후 1944년 4월, 하지 소장은 태평양지역 육군사령부로 배속되어 일본군이 점령하고 있던 섬들을 탈환하기 위해 새로 편성된 제24군단 사령관으로 발령받았다. 그는 태평양 전투에서 후퇴할 줄 모르는 공격적인 지휘관으로 명성을 얻음으로써 태평양의 패튼이라는 칭호를 얻기도 했다. 남한에서 점령임무를 마치고 본국으로 귀환한 하지는 노스캐롤라이나주에 있는 제5군단 사령관과 1952년 버지니아주 포트 먼로에 있는 육군 야전사령관에 임명되었다가 이듬해인 1953년 육군대장으로 예편했다.

45 쉬띠꼬프는 1945년 4월 연해주 군관구 군사평의회 정치위원으로 부임하면서 한반도문제에 개입하기 시작했다. 이후 연해주 군관구 정치담당 부사령관(1947-1948년), 미소공위(1946-1947년) 소련 측 수석대표를 역임했고, 북한 정권수립 후에는 평양 주재 초대 소련 특명전권대사(1948-1951년)를 맡는 등 소련 군정 내 최고 실력자였다. 북한에서의 화려한 경력에서 알 수 있듯이 김일성, 김두봉을 비롯한 북한의 지도자들 뿐 아니라 박헌영 등 남로당 지도자들에게도 지대한 영향을 행사하며, 북한정권의 산파 역할을 담당했다. 1929년 소련공산당에 입당한 쉬띠꼬프는 북한에 오기 전에는 1938년 레닌그라드 주당위원회 제2비서, 1939년 소련·핀란드전쟁 시기에는 제7군 군사평의회 위원, 1943년 볼호프스키 전선 군사평의회위원, 1944년 카렐스키전선 군사평의회위원 등을 역임했다. 군인인 동시에, 노련한 정치인라는 평가를 받고 있는 쉬띠꼬프는 1956-61년 소련공

신탁통치의 본질: 국제주의 위임통치론

신탁통치가 탄생한 역사적 배경은 1919년 파리 강화회의에서 서명한 '베르사유조약'의 위임통치 조항에 그 기원을 두고 있다. 국제연맹 규약 제22조는 전승국가가 독일과 같은 패전국이 아시아와 아프리카, 태평양 각지에 소유하고 있던 식민지를 분할하고, 동시에 오스만튀르크 제국 붕괴 이후 중동 지역 및 지중해 지역에 대한 이익분배를 실시하는 것을 승인했다. 일본 역시 전승국 자격으로 유럽과 미국 등 서구국가가 발의한 국제연맹에 가입하여 정식 성원이 됐다. 이것은 일본의 국제법상 신분이 반(半)문명국가에서 문명국가로 상승했음을 보여주는 상징적 사건으로 받아들여졌다.

일본이 국제연맹에서 문명국가로 받아들여졌기 때문에, 문명의 기준은 비로소 유효한 보편적 원칙으로 변모하였으며, 문명국가의 신분으로 국제사회에 가입하려는 모든 비유럽국가들에게 적용될 수 있었다(Gong, 1984: 29). 경전적인 문명기준 앞에서 일본은 이미 반(半)문명국가와 비유럽 세계로부터 벗어나 곧바로 낙후한 국가들이 본받아야 할 모범으로 인정받게 됐다.

1차세계대전이 끝난 후, 일본은 국제연맹 성원국으로서 연맹 규약 제22조인 '문명의 신성한 신탁(the sacred trust of civilization)' 서명에 참가했으며, 이를 통해 반(半)문명국가를 위탁관리하는 주권국가 가운데 하나가 되었다. 일본이 획득한 것은 '문명의 신성한 신탁' 제3등급의 자격으로, 그것이 주관하는 지역은 유럽의 패전국들, 주로 독일이 이전에 남태평양에 소유하고 있던 야프섬(Yap Islands) 등 식민지였다.

산당 중앙위원, 1963년 소련공산당 중앙위원회 당 국가검열위원회 부위원장 등 당 경력도 화려하다. 1964년 휴가차 레닌그라드에 갔다가 지병인 심장병으로 사망했다. 쉬띠꼬프는 1946년 9월부터 1948년 10월까지의 평양 체류 경험을 일기 형식의 기록으로 남겼다. 이 기록은『쉬띠꼬프 일기』라는 제목으로 국사편찬위원회에서 2004년 발간됐다.

1945년 6월에 조인된 국제연합 헌장 제73조의 신탁통치 관련 조항 역시 "문명의 신성한 신탁" 개념을 그대로 물려받았다. 신탁통치란 위임통치의 다른 표현으로 아래 유엔헌장 제73조에 잘 나와 있듯이 자치능력이 없는 지역 주민들의 복지를 위해 문명국가가 후견한다는 의미를 지닌다. 게다가 신탁통치가 해당 지역의 독립을 반드시 기약하는 것이 아님은 해당 조항에 나와 있는 그대로이다.

> "제73조. 주민이 아직 완전한 자치를 행할 수 있는 상태에 이르지 못한 지역의 시정(施政)의 책임을 지거나 또는 그 책임을 맡는 국제연합회원국은, 그 지역 주민의 이익이 가장 중요하다는 원칙을 승인하고, 그 지역주민의 복지를 이 헌장에 의하여 확립된 국제평화와 안전의 체제 안에서 최고도로 증진시킬 의무와 이를 위하여 다음을 행할 의무를 신성한 신탁으로서 수락한다. a. 관계주민의 문화를 적절히 존중함과 아울러 그들의 정치적·경제적·사회적 및 교육적 발전, 공정한 대우, 그리고 학대로부터의 보호를 확보한다. b. 각 지역 및 그 주민의 특수사정과 그들의 서로 다른 발전단계에 따라 자치를 발달시키고, 주민의 정치적 소망을 적절히 고려하며, 또한 주민의 자유로운 정치제도의 점진적 발달을 위하여 지원한다."[46]

한반도에 신탁통치 실시가 유력하게 된 이유는 미국이 한반도를 우선적으로 주권을 회복시킬 지역이 아니라 유엔헌장 제77조 1항 b에 근거, "제2차세계대전의 결과로서 적국으로부터 분리될 수 있는 지역"으로 분류하여 신탁통치 대상으로 지정했기 때문이다.[47] 실제로 합동참모부의 동의를

---

46   https://legal.un.org/repertory/art73.shtml

47   유엔헌장 제77조는 신탁통치를 적용할 수 있는 대상과 방식에 대해 다음과 같이 규정한다. "1.

얻어 트루먼 대통령의 최종재가를 받은 〈3부조정위원회 극동소위 보고서(SWNCC 101/4)〉는 한반도의 신탁통치가 "국제적 신탁통치제도에 관한 국제연합헌장 규정에 준해서"(미 국무성 비밀외교문서, 1984: 110) 실시하는 것임을 지속적으로 강조했다. 또한 미군이 남한에 진주하기 이전인 1945년 8월 24일, 3부조정위원회가 합동참모부장 맥팔랜드(Andrew Jackson McFarland) 준장에게 보낸 '비망록'에는 한반도를 대하는 미국의 태도와 신탁통치에 대한 구상이 일목요연하게 나와 있다.

> "한국점령에 관한 국제협정
>
> 1. 상기와 같은 주제의 1945년 8월 23일(22)일자 귀측의 SM-3005와 관련하여, 3부조정위원회는 태평양 육군총사령관에게 다음과 같은 요지로 조언할 것을 제안한다. 영국, 중국 혹은 기타 연합국에 의해 이의가 제기되지 않을 경우 한국의 초기 점령은 일반명령 제1호 Ⅰ조 b 및 e항의 규정에 따라 미군과 소련군만으로 이를 수행한다. 장래 한반도에 대한 다국 임시 신탁통치에 관한 구두합의는 이루어진 것으로 한다. 이 합의는 초기 점령에 대해 전혀 영향을 미치지 못하여, 반드시 최종적인 다국점령으로 이어져야 하는 것은 아니다. 한국에서 국제협정 문제는 국무성에서 긴급 고려중에 있다"(미 국무성 비밀외교문서, 1984: 44-45).

신탁통치는 문명과 야만을 경계로 한반도가 자치능력이 없는 비문명

신탁통치제도는 신탁통치협정에 의하여 이 제도 하에 두게 될 수 있는 아래 범주의 지역에 적용된다. a. 현재 위임통치하에 있는 지역. b. 제2차세계대전의 결과로서 적국으로부터 분리될 수 있는 지역. c. 시정에 책임을 지는 국가가 자발적으로 그 제도 하에 두는 지역. 2. 위 범주안의 어떠한 지역을 어떠한 조건으로 신탁통치제도 하에 두게 될 것인가에 관해서 추후 별도의 협정에서 정한다." https://legal.un.org/repertory/art77.shtml

지역이라는 전제에 더해 유엔헌장 제77조에 근거하여 한반도를 제2차세계대전의 결과, 패전국 일본으로부터 분리된 식민지 점령지역으로 미국이 분류했기 때문에 가능한 일이었다. 한반도에 대한 이러한 접근은 일본의 식민통치를 부정하고 민족자결을 인정한 〈카이로선언〉의 취지에도 반하는 조치로 적어도 한반도문제 해결에 있어서만큼 루스벨트가 주창한 국제주의 노선의 한계와 민낯을 그대로 드러냈다.

소련과의 협조노선에서 냉전형 국제주의로: 한반도문제의 유엔 이관

신탁통치안이 예상과 다르게 한국인들의 거센 저항에 부딪치자 미국 정책당국은 대단히 곤혹스러워했다. 그들은 한미수호조약을 체결할 때만큼이나 폭풍 속으로 들어왔다고 느꼈을 것이다. 하지만 그 이상 숙고하지 않았다. 그렇기에 러일전쟁 당시 태프트-가쓰라 밀약을 맺어서 한반도문제를 일본에 이관했던 것과 대단히 흡사하게, 이번에는 너무나도 손쉽게 한반도문제를 유엔으로 이관할 수 있었다.

한반도문제의 유엔으로의 이관이 한반도에 어떤 파국적 결과를 가져올지에 대해 미국은 과연 몰랐을까? 유엔 이관이 분단을 기정사실화하는 조치임을 미국은 과연 예상하지 못했을까? 유엔 감시에 의한 동시선거안을 북한과 소련이 진정 수용할 것이라 생각했나? 이러한 질문들에 대해서 '예스'라고 답한다면 그만큼 미국이 한반도문제에 무지했고 정치적으로 순진했음을 자인하는 꼴이다. 그렇지 않고 '노'라고 답한다면 그만큼 한반도문제 해결에 관심이 없었음을 인정하는 것이다. 어떤 경우든 한반도문제를 해결하는 데 있어 '정치적 관심'이 아니라 '군사적 편의'가 미 정책당국의 마음을 지배했음을 말해 줄 뿐이다.

미국이 과연 커밍스 말대로 '신탁통치'를 통해 한반도 전체의 단일정부수립을 의도했는지 그리고 그것이 가능하다고 판단했는지 여부에 대해서는 정확히 알 수 없는 일이다. 다만, 미국이 한반도를 분할 점령하는 순간,

신탁통치가 실제로 가능한지 여부와 상관없이 이미 남북 단일정부만큼이나 남한만의 단독정부 또한 정치적 선택지로 고려할 수밖에 없게 되었다는 사실이 중요하다.

미국은 남한만의 단독정부 수립에 별반 도의적 책임을 느끼지 않았다. 그렇기는커녕 미국은 소련의 임시정부 안을 기꺼이 수용했고, 신탁동치를 위해 미소공위를 개최했으며 좌우합작 노력 등 한반도 통일을 위해 최선을 다했다고 볼 이유가 상당했다. 그래서인지 몰라도 미국은 유엔에 의한 단정 수립을 기꺼이 자랑스러워했고 자신들의 도움으로 남한에서 자유민주주의 체제를 수립했다고 전세계적으로 홍보하기에 여념이 없었다.[48]

'신탁통치안'은 분단 해소 및 단일 독립국가 건설로 요약할 수 있는 한반도문제 해결을 위해 마련한, 진지한 정치적 구상이 아니었다. 신탁통치 결정과 구상은 정부 차원, 곧 루스벨트와 스탈린의 얄타회담과 모스크바 3상회의에서 이뤄졌음에도 불구하고 구체적 실행은 미소공위라는 점령당국 간 회담에 일임함으로써 협상주체를 격하시켰다. 미소간 냉전이 자리를 잡

48　이 점에서 미군정 경제·농업 고문을 역임한 번스(Arthur C. Bunce)의 입장변화는 주목할 가치가 있다. 영국 맨체스터 태생으로 캐나다에서 대학생활을 했고 미국에서 석사와 박사학위를 받은 번스는, 청년 시절인 1920년대 조선 YMCA에서 일한 경험으로 한국어를 할 수 있었던 미군정 내 몇 안 되는 인사였다. 그는 미국 연방준비위원회에서 근무하다가 빈센트 국무부 극동국장 추천으로 미군정 경제고문에 부임했다. 협조적 국제주의자였던 번스는 좌우합작에 찬성해 여운형을 지지했던 것으로 알려졌다. 미소공위 미국측 대표단 일원으로서 번스는, 한국과 같은 약소국은 미국과 소련이 지원하는 국제조직을 통해서 국가로서의 자유는 물론 인민의 자유를 보장받을 수 있으며, 또한 그런 세계에서만이 자유롭게 될 수 있다고 주장했다. 그러던 그가 미소공위가 실패로 끝날 조짐을 보이자 유엔이 감독하는 자유선거만이 정부수립을 위한 유일한 대안이며, 소련은 북한의 군사력을 동원해 남한을 공격해서 자국 안보의 위협 세력을 제거하려 들 것이라고 주장했다. 급기야 번스는 1948년 즈음해서는 남한에서 마셜플랜과 같은 미국의 경제원조로 일련의 중요한 사회경제개혁이 실시된다면, 북한주민들 역시 매력을 느껴서 그들의 군대로 하여금 반란을 일으키게 하여 사악한 공산주의자들을 처단하고 멋진(lovely) 자유민주주의를 창조함으로써 미국의 영원한 자랑거리로 남을 것이라고 일갈했다(Matray, 2002a: 64-73). 협조적 국제주의자가 냉전형 국제주의자로 돌변하는 데는 채 2년이 걸리지 않은 셈이다.

아가는 국제정치적 조건에서 미소공위가 할 수 있는 일이란 게 사실 거의 없었다고 보는 게 정확한 평가일 것이다.

미소공위 미국측 대표였던 하지 사령관은 신탁통치에 대한 남한에서의 대중적 반발과 소련의 사보타주로 인해 군정기 내내 정치적 무기력증에 시달려야 했다. 그는 미소공위를 중단하고 미소간 고위급 정부회담을 통해 한반도문제를 해결해야 한다고 촉구했다. 하지만 미소공위를 지속하라는 국무부 답변만 메아리처럼 반복될 뿐이었다.

결론적으로 미국의 신탁통치 구상은 미국식 국제주의와 유엔헌장에 기댄 순진한 발상으로서 일본 우선의 동아시아 정책과 세계적 차원의 봉쇄 전략에 근거해서 전략적 가치가 없다고 판단하면 언제라도 '한반도를 떠나기 위해' 마련한 가건물에 불과했다. 우리는 남한에서 정부가 수립되자마자 미군철수를 즉각 단행한 사실과 한국전쟁 직전 발표된 〈애치슨 선언〉에서 이러한 주장을 입증할 만한 단초를 발견할 수 있다.

제8장

한국전쟁과 동아시아 세력균형

1. 미국의 봉쇄정책과 위기의 한반도

남한에 이승만 정부 수립이 완료되자 미국은 군정시기 3년간 남한에 주둔해 있던 미 24군단의 완전철수를 결정했다. 그렇다면 미국은 어째서 주한 미군의 철수를 전격적으로 단행했을까? 사실 미군의 철수조치는 종전 후 미국이 시종일관 견지했던 점령정책과 이후 한반도정책의 일관성 측면에서 이상할 게 전혀 없었다. 왜냐하면, 미군은 '남기 위해서'가 아니라 '떠나기 위해' 한반도에 들어왔기 때문이다. 실제로 한반도에 들어올 때나 나갈 때나 미국이 한반도의 전략적 가치를 평가한 방식은 변화하지 않았다.

　미국이 한반도를 군사전략적 차원에서 낮게 평가한 것은 각종 자료를 통해서도 입증된다. 제2차세계대전 막바지에 1천 2백만 이상의 병력을 보유하고 있던 미군은 종전 후 급속한 동원 해제를 단행했다. 그 결과, 2년 후인 1947년에는 3백만 명 수준으로 병력이 크게 감소했다. 미국 시민들 대다수 역시 급속한 동원령 해제를 크게 환영했다. 따라서 미국은 이제 자국 이익에 상대적으로 덜 중요한 지역에서 병력을 철수하는 방안을 모색했다.

　이러한 배경 하에 1947년 4월 29일 미국 합동참모본부의 합동전략조사위원회는 자국의 향후 안보와 관련한 보고서에서 남한의 전략적 중요도를 16개국 중 15번째로 두었다. 이 같은 전략평가에 기초해 미국 군부는 '도서방위전략'을 채택했으며, 이는 1950년 1월 12일 애치슨 장관의 기자클럽회견선언으로 공표되었다(이원덕, 1990: 208-211).

1946년 작성한 국무부 기밀문서에 따르면 미국의 한반도 점령정책은 다음 세 가지 원직에 기반했다. 그것은 첫째, 외국의 동치로부터 독립하여 국제연합의 일원이 될 수 있는 자치적인 한국정부의 건설, 둘째, 그렇게 건설된 정부가 한국인의 자유의사를 전적으로 대표하는 민주적 정부가 되도록 보장하는 것, 셋째, 독립적인 민주국가를 위해 반드시 필요한 건전한 경제와 적절한 교육체계를 확립하도록 한국인들을 지원하는 것(MacDonald, 2001: 25)으로 요약할 수 있다.

그런데 위의 세 가지 원칙은 한반도만을 목표로 했다기보다는 미국이 종전 후 모든 점령 지역에서 실시한 정책 목표로서의 국제주의 원칙이었다. 미국이 한반도에서 시급히 달성해야할 정치적 과제를 목표로 삼았다면 해방 직후에는 신탁통치가 아니라 단일정부 수립에 모든 노력을 경주했어야 했다. 단일정부 수립이 실패로 돌아간 1948년에는 한반도의 안보위기를 불식하는 방향으로 정책을 모색했어야 했다. 하지만, 역사가 입증하듯 미국은 정반대의 길을 걸었다.

한반도를 소련과 분할 점령한 상황에서 미국이 설정한 위 세 가지 점령원칙도 견지하기 어려운 목표였겠지만, 미소공위 실패가 최종 확인된 1948년에는 통일한반도라는 목표는 현실적으로 달성하기가 더 어려워졌다. 유엔총회 결의에 따라 1947년, 유엔 감시위원단이 총선거를 준비하기 위해 북한지역에 들어가겠다는 요청을 소련은 거부했다. 누가 보더라도 분단이 현실화되면서 남북 사이의 위기가 고조되는 상황이었다. 그럼에도 합동참모부는 "미국은 한국에 2만의 병력과 기지를 유지해야할 전략적 이해관계가 없다"(MacDonald, 2001: 25)는 입장을 표명했다.

합동참모부 판단에 의거하여 1948년 4월 2일, 국가안전보장회의 정책문서인 NSC-8은 미국이 실행할 수 있는 세 가지 선택지를 열거했다. 첫째는 남한을 포기한다. 둘째는 "부작용을 최소화하면서 미국의 인적, 금전적 개입을 청산하는 방식"으로 남한정부를 지원한다. 셋째는 필요하다면 무력을 써서라도 남한의 영토를 보장한다(MacDonald, 2001: 29).

이 가운데 두번째 경로가 가장 유력했다. 그렇게 하기 위해서는 미군철수 전에 "북한이나 기타 무력으로부터 남한의 안보를 책임질 수 있는 현지군사력"을 키우기 위한 훈련과 장비를 제공해야 했다. 이 문서는 1948년 12월 31일까지 미군의 완전 철수가 가장 바람직한 것으로 간주했다. 그러면서 미군철수 후에 초래될 급격한 경제적 붕괴를 막기 위해서 미국의 경제원조가 필요함을 인정했다. 무엇보다도 이 계획의 핵심부분은 "정치, 경제적 안정을 증진하고, 정치적 전복이나 비폭력 수단을 통해 공산주의의 영향력이 확대되는 것을 방지할 수 있도록" 신생 남한정부를 정책적으로 이끌어주는 것이었다.

이를 정리하면 정치, 경제적 관여는 계속 유지하되 군사적 개입은 한반도정책에 포함시키지 않는다는 것으로 요약할 수 있다. 실제로 미국은 미군 철수시한을 6개월 늦춘 것을 제외하고는 NSC-8 결정을 그대로 실행했다. 1949년 3월 22일에 작성된 NSC-8/2는 미군철수의 완료시점을 1949년 6월 30일까지로 수정하면서 미군철수를 두 가지 관점에서 정당화했다.

첫째, 미군이 남한에서 철수하면 소련의 군사적 후원을 받는 북한정권이 군사적 공격이나 폭동 등으로 남한을 전복시키려 할 가능성이 있지만, 이러한 위험성은 가까운 장래 어느 때든 마찬가지일 것이라는 사실이다. 따라서 일시적으로 철수를 연기한다 해도 남한에 남은 미군이 대규모 공격을 받아 무너지든가 한국을 포기하게 될 위험성을 크게 감소시키지 못한다는 것이 합동참모부의 관점이었다.

둘째, 맥아더 극동군 최고사령관이 한국군의 독자적 군비태세에 대해 내린 평가에 기초한다. 맥아더는 현행 계획 내에서 한국군이 실질적으로 수립되었으며 군대의 훈련 상태와 전투태세는 미군이 완전 철수해도 될 정도라고 보고하고 지금 남한에서 철수한다 해도 일본에서 미국의 지위에 부정적 효과를 미치지 않을 것이라는 견해를 피력했다.

적어도 군사전략적 측면에서만큼 '일본 우선(Japan First)'의 동아시아 정책과 한반도문제를 분리하겠다는 의도를 분명하게 드러낸 것이다. 그런데 문제는 미국이 미군철수 결정을 내린 시점이 공교롭게도 전세계적 차원의 미소대결이 격화되는 시기와 묘하게 일치했다는 사실이다.

1947년 1월, 폴란드에서의 공산정권 수립을 시작으로 냉전으로 향해가는 몇 가지 중요한 사건이 유럽에서 발생했다. 외몽고의 독립을 유지하고 만주 지역의 뤼순항과 다롄항을 국제항으로 유지한다는 얄타협정의 문호개방 약속을 소련이 더이상 준수하지 않을 것이라는 징후가 뚜렷해졌다(Elleman, 2015: 156). 이러한 일련의 사건에 직면해서 미국은 트루먼독트린과 마샬플랜으로 대응했지만, 당시로서는 미국이 소련과의 협조노선을 공식적으로 포기한 상태는 아니었다.

이 모든 상황에 종지부를 찍은 사건이 유럽의 미소 공동점령지역이자 또 다른 분단국가인 독일에서 발생했다. 그것은 바로 1948년 6월부터 1949년 5월까지 1년 가까이 지속된 베를린 봉쇄였다. 베를린 봉쇄를 기점으로 미국은 소련의 행동을 한편으로는 팽창주의, 다른 한편으로는 문호폐쇄를 통한 공산주의 세계혁명 전략으로 이해했다. 이에 대한 미국의 대응책으로 나온 게 바로 '봉쇄정책'이었다. 봉쇄정책의 모토는 애치슨 국무장관이 표방한 대로 소련과의 전세계적 대결에서 '힘의 상황'을 만들어 군사적으로 밀리지 않겠다는 것이다.

북대서양 조약기구(NATO) 창설: 미국 외교혁명의 상징

미국이 전후 초기부터 적극적인 냉전 전략을 구상한 것은 아니었다. 전후 미국을 지배한 것은 오히려 고립주의로의 회귀였다. 1947년 중순에 이르기까지 미국은 세계 역사상 가장 신속하게 동원해제를 완료했다. 육군은 800만에서 100만 명으로 축소됐고 해군은 350만 명에서 100만 명 이하로 공군은 200개 이상의 전투여단에서 50개 미만으로 줄어들었다. 이렇게 신속히 동원해제를 달성한 가장 큰 이유는 미국인들이 '일상으로의 복귀'를 강력히 원했기 때문이다. 따라서 표에 민감한 의회는 정부 지출을 줄이고 세금을 삭감하여 작은 정부를 목표로 했다. 특히, 공화당이 상하 양원을 장악한 1947년과 1948년의 분위기는 더욱 그랬다.

국제정치 상황은 미국 내 분위기와는 사뭇 달랐다. 소련에 대한 불신과 대립은 한층 커져갔다. 유럽에서 들려오는 소식은 소련과의 협조가 더이상 가능하지 않을 것이라는 우울한 전망으로 가득했다. 그 전망의 중심에는 소련이 공산주의의 확산을 통해 세계정복의 야망을 노골화하고 있다는 평가가 주종을 이뤘다. 사실, 소련에 대한 공포는 실제적이었다기보다 심리적 측면이 더 컸음에도 불구하고 서유럽인들은 소련의 위협을 임박한 현실로 간주했다. 그에 따라 미국이 연루되는 다자간 군사동맹 신설에 관해 신중하거나 때로는 격렬한 충돌양상을 보이던 미국 정치권도 마셜, 애치슨 등 국제주의자들이 주도권을 잡으면서 북대서양조약기구(NATO: North Atlantic Treaty Organization) 창설을 포함한 '유럽우선주의'로 자연스레 수렴하는 양상을 띠었다.[49]

서유럽과의 공동안보에 부정적이던 미국이 상시적 형태의 대서양 군사동맹체 건설로 입장을 전환한 데는 마셜플랜과 같은 경제재건 정책만으로는 서유럽인들의 심리적 공황 상태를 무마하기 어렵다는 판단에 따른 것이었다. 서유럽의 군사력만으로 소련의 팽창을 막아내기 위해서는 패전국 독일의 재무장이 필수적이었다. 하지만, 이 선택지는 독일과 두 차례의 세계전쟁을 경험한 프랑스는 물론, 대부분의 서유럽 국가들에게는 악몽과 같

---

[49] 미국이 서유럽 국가들과의 군사동맹 수립에 주저한 이유에 대해서는 보일(Boyle, 1990) 참조

았다. 따라서 그 자체로 도저히 수용할 수 없는 대안이었다. 독일 재무장의 공포와 소련의 팽창이라는 위협 앞에서 서유럽국가의 현실적 대안은 바로 미국을 유럽안보의 보장자로 초청하는 길 외에는 선택의 여지가 달리 없어 보였다.

서유럽인들의 안보인식의 극적인 변화를 가장 질 보여주는 대표적 국가가 바로 네덜란드이다. 유럽안보에 대한 미국의 관여보다는 군사원조를 통한 자국의 안보능력 향상에 관심이 있었던 프랑스와 달리, 종전 직후부터 네덜란드는 미국이 주도하는 서유럽안보질서에 적극적이었다. 네덜란드 등 베네룩스 3국은 독일 재무장의 악몽과 소련의 점증하는 위협, 그리고 프랑스의 자국 중심주의라는 삼중고를 떨쳐낼 수 있는 안보적 대안이 필요했다.

한 세기 이상 중립을 지켜온 네덜란드는 1차세계대전 당시, 중립정책을 통해 전쟁의 참화로부터 비켜갈 수 있었다. 2차세계대전의 양상은 이와는 매우 달랐다. 독일군은 중립국 네덜란드를 거침없이 유린했다. 네덜란드는 힘에 의해 뒷받침되지 않는 중립노선이 얼마나 허망한 것인지 2차세계대전의 경험을 통해 배웠다. 그래서 네덜란드는 오랫동안 유지해온 중립노선을 포기하고 미국과의 동맹실현에 적극적이던 영국에게 일찍부터 동조하고 나섰다(Vander Harst, 1992). 요컨대, 나토는 소련의 위협도 위협이지만, 상호신뢰가 결여되어 있을 뿐만 아니라 스스로의 힘만으로는 전후 질서를 구축할 수 없었던 유럽 국가들의 복잡한 정치적 역학관계의 산물이라 할 수 있다.

미국의 압도적인 군사·경제적 힘에 의해서만 독일의 재무장을 억제할 수 있고 먼 미래의 장기적 관점에서 독일의 재무장을 용인할 수 있다는 일련의 합의가 나토 창설을 통해 구체화됐다. 이 목표를 실현하기 위해 이제 유럽은 자국안보를 대서양 건너편의 미국에 절대적으로 의존하게 됐으며, 미국 또한 건국 이후 처음으로 해외 국가의 안보에 항구적으로 관여하는 군사동맹의 창설자가 된 것이다. 워싱턴 대통령을 포함하여 건국시조들

(Founding Fathers)이었다면 반대했을 게 뻔한 그러한 상설적인 군사동맹체 말이다.

1949년 7월 23일 트루먼 대통령은 나토조약에 서명했다. 이로써 미국 대외정책 혁명의 한 국면이 완료됐다. 미국은 1800년 프랑스와의 군사동맹을 종결한 이래 150년 만에 처음으로 구속력 있는 동맹에 참여했다. 미국 안보는 지금까지와는 달리 미국이 효과적으로 제어할 수 없는 해외 세력균형의 변화에 의해 직접적 영향을 받을 수밖에 없게 됐다. 중립과 고립이라는 용어는 설자리를 잃게 됐고, 냉전형 국제주의가 그 자리를 대신했다. 왜냐하면, 나토 창설은 미국이 시장경제와 자유민주주의적 가치를 공유하는 유럽의 사회구조와 정부의 안정을 보장한다는 의미를 내포했기 때문이다. 나토는 전쟁이 아닌 평시에도 외국군대와 긴밀한 군사협력을 하도록 미국을 구속했다. 이는 미국이 과거와 얼마나 단절 했는가 그리고 소련의 팽창을 저지하려는 미국의 결의가 얼마나 컸는지를 단적으로 드러내 주는 것이었다.

나토의 본질은 소련의 잠재적 위협을 겨냥한 다자간군사동맹으로 세계적 차원의 봉쇄정책의 일환으로 설계된 것이었다. 그럼에도 불구하고 트루먼 행정부는 나토를 동맹이 아닌 집단안전보장으로 포장했다. 그 이유는 다른 무엇보다도 집단안전보장으로 포장해야만 의회나 미국 유권자들을 설득할 수 있었기 때문이다. 그런데 요즘은 트루먼을 위시한 미국의 국제주의자들이 어쩌면 나토를 동맹이 아닌 집단안전보장으로 실제 간주했을지도 모른다는 생각이 든다. 동맹과 집단안전보장을 구분하는 키신저의 다음 해석은 나토라는 군사동맹기구를 이론적으로 이해하는데 상당한 도움을 준다.

"미국에서는 자국이 주도적으로 참여해 만든 나토와 같은 동맹을 집단
안보의 도구로 종종 묘사한곤 한다. 그러나 이러한 용어 사용법은 집단
안보 개념의 원래 의미와 거리가 멀다. 집단안보와 동맹이라는 개념은

본질적으로 정반대이기 때문이다. 전통적 의미의 동맹이란 특정한 외부의 위협에 맞서기 위한 것으로, 국익이나 안보에 대해 공동의 이해관계를 지닌 특정 집단이나 국가가 부담하는 책임을 명확하게 규정했다. 집단안보는 특정한 위협을 정의하지 않으며, 특정 국가의 안보를 보장하지도 않고, 이떤 국기도 차별하지 않는다.

이론적으로 집단안보는 평화에 대한 '모든' 위협에 맞서는 것으로 설계되었다. 어떤 특정 국가가 어느 다른 국가를 위협하는지 여부는 문제되지 않는다. 동맹은 언제나 잠재적인 적대국을 가정하지만, 집단안보는 추상적인 국제법을 수호한다. 국제법은 사법제도가 국내의 형사법을 유지하는 것과 거의 같은 방식으로 작동한다. 국내법과 마찬가지로 국제법 역시 특정인을 미리 범죄자로 상정하지 않는다.

동맹에서 전쟁의 원인은 해당 회원국의 이해관계나 안보에 대한 공격이지만, 집단안보에서는 세계의 모든 민족이 공통의 이익이라고 합의한 '평화적인' 분쟁해결 원칙에 대한 위반이다. 따라서 집단안보를 실행하기 위한 무력은 개별사례에 근거하여 다르게 구성되어야만 한다. '평화유지'에 공동의 이해관계를 지니는 국가들이 집단안보를 위한 무력을 조직하며, 구체적 사례에 따라 어떤 국가가 여기에 포함될 것인지 여부가 결정된다.

동맹의 목적은 개별적 국가이익을 분석하는 작업에서보다 훨씬 예측가능성이 높고 명확한 의무를 규정하는 것이다. 집단안보가 작동하는 원리는 정반대이다. 원칙을 어떻게 적용할 것인지 여부를 각각에 발생한 상황해석 여부에 따른다. 이럴 경우, 집단안보는, 의도하지는 않았겠지만 사안이 발생했을 당시의 일시적인 분위기 즉 각국의 자기중심적 의지가 커다란 역할을 하는 상황을 초래할 수도 있다.

집단안보가 안보에 기여할 수 있는 유일한 길은 모든 국가나 적어도 집단방어와 관련된 모든 국가가 눈앞에 닥친 도전의 성격에 대해 동일한 견해를 지니고 해당 사례의 '공과(功過)'에 따라 기꺼이 무력을 사용하거나 제재에 들어가겠다는 태도를 지속하는 것이다. 당면한 이슈와 관련해 특정 국가가 어떤 이해관계를 지녔는지는 중요하지 않다. 이와 같은 조건을 충족했을 경우에만, 국제조직은 제재조치를 내놓고 국제관계의 중재자로서 기능할 수 있다"(Kissinger, 1994: 247-248).

키신저의 견해에 따른다 해도 나토를 전통적 의미의 군사동맹체로 해석하기에는 여전히 모호한 측면이 있다. 나토에는 전통적 동맹체제와 집단안전보장 개념이 한 데 섞여 있다고 간주하는 편이 타당할 것이다. 따라서 나토를 기존의 동맹과는 성격이 다른, 새로운 형태의 하이브리드(hybrid) 다자간안보기구로 정의할 수 있다. 왜냐하면, 나토는 봉쇄라는 전 세계적 차원의 미국의 안보전략과 결합할 때만 그 성공 여부를 담보할 수 있었기 때문이다.

압도적인 미국의 경제력에 의해서 뒷받침되는 군사력을 통해 소련의 팽창을 저지하고 공산주의 체제를 고사시키겠다는 게 봉쇄정책의 목표였다. 소련 봉쇄를 위해 미국은 트루먼독트린을 공표했고, 서유럽 경제를 전전(戰前) 수준으로 회복시키기 위해 마셜플랜을 실행에 옮겼다. 미국인들은 이것만으로도 소련에 대한 봉쇄는 충분할 것이라고 판단했다. 반면, 서유럽인들은 심리적으로 그럴 여유가 없었다. 그들은 미국에게 좀더 구속력 있는 안보 공약을 요구했다. 미국은 이에 부응하여 북대서양조약기구(NATO)를 창설했다. 한마디로, 마셜플랜과 나토는 봉쇄정책이 낳은 쌍둥이라 할 수 있다(Schwabe, 1992).

미국은 1950년 4월, 국제주의의 냉전형 버전인 NSC-68 채택으로 힘에 의한 소련의 억지전략, 곧 봉쇄정책의 효과를 극대화했다. NSC-68은 그 함의에 있어 세계적이었지만 실제 적용에 있어서는 유럽에 국한한 트루먼독트린의 실질적 확대를 의미했다. 이 문서는 한마디로, 미국이 세계경찰 역할을 담당해야 한다는 주장을 정당화했다(Ambrose, 1984: 165).

봉쇄정책이 비켜간 한반도

어찌된 노릇인지 미국의 봉쇄정책은 한반도를 비껴갔다. 주한미군이 최종 철수한 1949년 6월은 소련의 베를린 사건에 이은 나토 창설 등으로 세계적 차원의 봉쇄정책이 본격화되면서 자리를 잡아가던 시기였다. 그런데도 미국이 미군철수를 단행한 것은 세계적 차원의 봉쇄정책에서 한반도의 전략적 가치를 그만큼 낮게 평가한 것에 다름 아니다.

무엇보다 중국, 일본 중시라는 기존 동아시아정책을 지속함과 동시에 미국의 대외정책과 한반도문제의 분리, 곧 디커플링 노선을 견지한 것이라 할 수 있다. 미국의 안보에 중요하긴 하지만 필수적이지 않은 남한과 같은 지역에서, 소련의 도전에 대응하기 위해 군사적 수단이 아닌 정치, 경제적 수단에 주로 의지해보려는 트루먼 행정부의 전략이 적용된 첫 사례였다(Matray, 1989: 208).

미국의 새로운 동아시아·한반도 정책을 최종 확인시켜준 게 바로 1950년 1월 12일의 애치슨 국무장관이 프레스센터 연설에서 발표한 '애치슨라인' 선언이었다. 애치슨라인은 미국의 극동방위선에서 남한과 대만을 제외했다. 두 나라가 제외된 맥락은 군사적 이유에서는 동일했지만 정치적으로는 사뭇 달랐다. 일례로 애치슨은 1950년 3월 15일, 캘리포니아 커먼웰스 클럽 연설에서, 남한은 국가적 독립을 열망하는 자유민의 나라로 정의한 반면 국민당 정부는 무력에 의해 붕괴된 것이 아니라 내부적 약점과 일반 민중들의 지지를 받지 못해 무너진 것으로 비판했다(Acheson, 1950b: 146).

미국 봉쇄정책의 딜레마 혹은 공백지점이 바로 중국문제였다. 이에 대한 미국 구상이 '애치슨선언'으로 구체화한 것이다. 만주를 소련 영토로 인정하고 국민당 정권을 중국내 유일합법정부로 인정해주는 조건으로 스탈린은 장제스와 중러협정을 체결했다. 이 때문에 마오쩌둥은 스탈린을 불신했고, 양국 사이에는 갈등이 감지됐다(도진순, 2002). 미국은 쐐기전략의 일환으로 애치슨선언을 발표하여 양국의 틈새를 파고들고자 했다. 한마디로, 타이완을 미국 방위선에서 제외함으로써 마오쩌둥 정권과의 관계 개선을 모색한 것이다.

그런데 한반도의 경우, 소련의 직접적 공격목표가 되지 않을 것이라 확신했기 때문에 애치슨라인에서 제외했다. 애치슨선언은 북한을 불필요하게 자극하지 않겠다는 의도와 함께 이승만 정권의 북진통일과 같은 모험주의적 군사행동 저지를 동시 목표로 설정했다(Matray, 1989: 226-227). 애치슨이 이런 판단을 내리기까지 1948년에 작성한 NSC-8이 주요근거가 되었음이 분명하다.

NSC-8은 "미국은 유엔이 지속적으로 한반도문제에 개입하도록 만들고, 유엔과의 협조 아래 한반도문제를 해결해야 한다"고 규정했다. 이와 동시에 미국은 그럴 필요가 있다면 통일문제를 가지고 소련과 협상해야 하며 "남한 내 무장세력이나 북한이 미국과의 전쟁을 시작하는 이유로 삼을 만한" 한반도에 대한 개입은 피해야 한다고 적시했다(MacDonald, 2001: 29-30).

미군철수와 애치슨라인 선언은 전후 미국의 한반도 점령정책이 종결됐음을 의미한다. 한반도 점령을 위해 들어온 미군과 소련군이 모두 철수함으로써 한반도에는 일종의 '힘의 공백'이라 할 만한 상황이 만들어졌다. 이 상황은 갑신정변 직후 청나라와 일본 사이의 '톈진조약' 체결로 청나라 군대와 일본 군대가 동시 철병했던 상황과 대단히 유사했다.

당시 청나라군과 일본군의 동시철병 조치로 조선에서 정치·사회적 개혁을 단행할 수 있는 얼마 되지 않은 골든타임을 확보할 수 있었다. 이와 마찬가지로 미군과 소련군의 동시철수로 한반도문제에 있어서 남북의 자율성이 급격히 확대되는 예외적 조건이 마련됐다. 따라서 맘먹기에 따라 남과 북은 분단을 해소하고 통일국가를 수립하는 문제에 대해 진지한 대화를 나눌 수 있는 나름의 정치적 시공간을 확보할 수 있게 된 것이다.

통일이라는 민족공통의 목표를 실현하기 위해서는 민족 내부의 구심력으로 미국과 소련을 포함한 주변 강대국의 원심력을 얼마만큼 극복해낼 수 있느냐에 달려있었다 해도 과언이 아니다. 남과 북의 생각은 달랐다. 민족 내부의 구심력을 강화하기보다는 세계적 차원의 냉전 체제를 확대·강화하는 쪽에 몸을 실었다. 그에 따라 한반도는 심각한 군사적 위기상황으로 접어들었고, 결국에는 한국전쟁으로 폭발했다.

봉쇄정책과 NSC-68, 상시 전쟁국가로 가는 미국의 출발점

NSC-68 문서 시리즈는 "미국의 국가안보를 위한 목표 및 계획"이라는 이름 하에 작성된 전략적 문서이다. 이것은 향후 미국의 전세계적 차원의 군사개입을 정당화한 문서로 평가할 수 있다. NSC-68은 한국전쟁 직전 작성하여 하나의 청사진으로만 존재하다가 한국전쟁 발발 및 중국군이 한국전쟁에 본격적으로 개입하면서 미국의 안보 및 군비증강 정책을 규정한 군사안보정책의 바이블로 자리매김 했다.

NSC-68 작성의 배경은 1949년 소련의 핵실험 성공 및 중국 공산화에 따라 미국의 외교 및 국방정책을 전면 재검토하면서 이루어진 것이다. 미국은 소련이 아무리 빨라도 1952년까지는 원폭을 보유하지 못할 것으로 판단했다. 하지만 이 판단은 잘못됐음이 곧 드러났다. 소련은 핵무기 개발로 원자폭탄 보유가 가능해졌고, 미국은 핵독점을 상실했다. 그러자 핵무기에서의 우위를 확보하기 위해 미국 내에서 수소폭탄 개발에 대한 논란이 가열됐다.

트루먼 대통령은 1950년 1월 30일 수소폭탄 개발 계획을 승인했다. 그러면서 국무부와 국방부에 중국 공산화, 소련의 핵무기 개발, 미국의 수소폭탄 개발 계획과 관련해서 외교 및 국방정책을 전면 재검토하라고 지시한 것이 NSC-68의 출발점이다. 애치슨 국무장관은 케난 후임으로 국무부 정책기획국(PPS: Policy Planning Staff) 국장을 맡은 폴 니츠(Paul Nitze)를 중심으로 국무부·국방부 합동 특별연구단을 구성했다.

특별연구단은 1950년 2월 중순부터 3월까지 6주 간 NSC-68을 작성해서 1950년 4월 7일 트루먼 대통령에게 제출했다. NSC-68이 제안한 군사력 증강규모와 폭발적 예산 소요에 놀란 트루먼 대통령은 NSC-68을 재가하지 않았다. 대신 1950년 4월 12일 국가안전보장회의(NSC)에 회부하여 NSC-68을 이행하는데 필요한 세부계획과 비용을 점검하고 재조정하도록 지시했다.

트루먼이 훗날 회고했듯이 NSC-68은 평화시에도 미국의 대규모 군사화를 의미했다. 이를 실현하기 위해 기존 방위비의 2배 또는 3배 증강, 대규모의 세수 증대, 그리고 각종 경제통제실시가 필요했다. 한마디로, NSC-68은 미국인들의 일상 생활방식의 커다란 변화를 의미했다.

NSC-68의 결정적인 약점은 여기서 제시한 내용을 실행에 옮기기 위해서는 천문학적 비용이 소요된다는 것이었다. 트루먼은 국제적 수준의 위기가 발생하지 않는다면 이 계획은 의회나 유권자들에게 납득시킬 가능성이 거의 없음을 잘 알고 있었다. 그래서 1950년 6월, NSC-68 최종본을 보고받을 때조차 어떠한 공약도 하지 않았다.

트루먼이 해당 보고서를 검토할 때 아마도 그는 "각각의 새로운 도전에 신속하게 그리고 단호하게 대응하는 것이 미국의 새로운 정책이 되어야 한다"고 선언한 대목에 주목했을 게 분명하다. 만일 그랬다면 그는 이제 곧 이를 실천할 기회를 사후적 형태로 맞게 될 것이다. 그에게 NSC-68의 실현을 가능하게 만들어줄 국제적 위기가 문밖에서 기다리고 있었다. 바로 한국전쟁이었다.

NSC-68은 한국전쟁이 한참이던 1950년 9월 29일 제68차 국가안보회의에서 비로소 결론부분이 채택됐다. NSC-68은 특정지역을 대상으로

한 것이 아니라 전세계에 걸친 일반적인 미국의 외교안보 정책이자, 정치·경제·군사정책을 총 망라한 포괄적인 안보정책 선언이었다. NSC-68은 소련이 미국안보에 가하고 있는 위협을 정의함에 있어 NSC-20/4(1948년 11월)의 핵심 용어인 '봉쇄' 개념이 여전히 타당한 것으로 결론내렸다(Etzold and Gaddis ed.s, 1978: 438-439).

봉쇄 개념을 고안한 사람은 조지 케난이었다. X라는 필명으로 작성한 소련체제에 대한 그의 분석은 봉쇄정책에 대한 지적 정당화로 작용했으며, 케난은 워싱턴에서 이 정책의 창안자로 널리 인식됐다. 그럼에도 불구하고 그는 트루먼독트린이나 NSC-68의 배면에 깔린 공산주의를 악마화 하는 식의, 일종의 윤리 가설(假說)에는 동의하지 않았다.

케난은 소련의 위협이 기본적으로 정치적이라는 견해를 가지고 있었다. 따라서 그리스나 터키 정부를 돕는 데는 찬성하지만 그것은 군사적 지원이 아닌 정치·경제적 지원에 한정되어야 한다고 생각했다. 같은 이유에서 포괄적이고 일반적인 미국의 외교안보정책 수립을 목표로 하는 NSC-68 수립에도 동의하지 않았다. 그런 이유로 케난은 NSC-68을 수립하는 과정에서 배제됐다.

케난은 NSC-68 프로그램을 반대한 것으로 알려졌다. 케난은 봉쇄정책의 바이블이 된 "소련행동의 원천"이란 글에서 소련이 군사적 위협을 제기한다거나 전쟁을 원하고 있다고 판단하지 않았다. 소련의 도전은 주로 정치적이며 경제적인 것이다. 미국 외교 전략의 핵심 요소는 소련의 팽창 경향을 "장기적이며 끈기 있으면서도 확고하고 빈틈없이 봉쇄하는 것"(Kennan, 2012: 125)으로 봉쇄의 구체적 수단은 정치·경제적 성격을 지닌다.

하지만 그의 논문에서 가장 자주 인용되며 전후 미국정책의 기준을 이루게 될 문장은 "소련정책의 움직임과 기동에 대하여 부단히 움직이는 일련의 지리적, 정치적 영역에서 방심하지 말고 자유자재로 이에 대응하는 힘을 적용"(Kennan, 2012: 126)하는 것이 필요하다고 강조한 선언이다. 이것은 소련의 주요 관심사인, "세계의 힘이라는 호수 속에서 가능한 모든 구석과 틈"을 파고드는 시도를 가속화함에 따라 전세계적 위기가 계속될 것을 암시했다. 이러한 추론은 소련의 위협이 군사적일 수 있음을 시사하며, 따라서 위협이 나타나는 모든 곳에서 이에 대응하고 격퇴하는 것을 미국의 책임으로 만들고 있다. 요컨대, 봉쇄는 미국과 동맹국들의 군사력을 그리고 소련이 압력을 행사하는 모든 곳에서 그에 대항할 결의와 수단을 강화해야 함을 의미했다.

국제주의 사도이자 자유주의자인 애치슨 국무장관은 세계 전 지역, 특히 유럽에서의 군사력 강화가 케난의 X 논문의 논리적 귀결임을 누구보다 잘 알고 있었다. 다시 말해서, 케난의 봉쇄 논리를 받아들이는 순간 전시에 준하는 군비강화가 필연적일 수밖에 없었다. 그렇지 않다면 봉쇄 자체를 포기하든지 둘 중 하나의 선택지만 가능하다는 게 애치슨을 포함한 트루먼 대통령 참모들의 공통된 견해였다. 당시 워싱턴에서는 소련과의 협상에 있어 애치슨의 강경파로의 전향은 전후 그 어떤 정책결정자들의 입장변화보다 극적인 일로 받아들여졌다(Isaacson and Thomas, 1986: 362).

케난은 NSC-68을 놓고 직속상관인 애치슨 장관과 격렬한 논쟁을 벌였다. 애치슨은 NSC-68이 자신이 낳은 자식임을 인정하지 못하는 케난의 사고가 관념적 철학자의 그것에 가깝다고 비판했다. 소련을 봉쇄하기 위해 미국에게 필요한 것은 NSC-68 문서처럼 힘에 기초한 단순하고 구체적인 안보계획이지 추상적 논리가 아니었다. 소련 봉쇄론을 통해 케난 스스로 NSC-68의 단초를 제공했음에도 힘의 우위를 확보하려는 군사적 프로그램에 반대하는 것은 애치슨이 보기에는 명백한 이율배반적 행태로 비춰졌을 일이다.

NSC-68의 탄생에 미친 케난의 책임은 어떤 것일까? 어쩌면 NSC-68의 밑그림을 제공한 봉쇄 개념을 고안한 게 그의 책임이라면 책임일 수 있다. 봉쇄라는 단어가 지닌 심리적 효과는 상상 그 이상이었다. 봉쇄 개념은 배제와 감금의 이미지를 포함했다. 태평양에서 발트 해에 이르기까지 유라시아 전체에 걸친 지구상에서 가장 큰 영토를 보유하고 있으며 전후 시기, 미국에 유일하게 견줄만한 소련과 같은 강대국을 봉쇄하겠다는 발상 그 자체로 과거 스팀슨이 일본의 팽창을 저지하기 위해 고안한 '불승인주의'의 확대적용이라는 두덕정치적 함의를 내포했다. 케난의 봉쇄 개념은 그가 품었던 의도와는 별개로 소련과 미국의 충돌이 어떻게 끝날지에 대한 생각을 서술하는 과정에서 '최후의 심판'과 같은 윤리 영역으로 되돌아갔다는 키신저의 비판(2014: 285) 역시 이와 유사한 맥락에서 제기된 것이라 할 수 있다.

요약하면, NSC-68은 미국의 안보에 가장 큰 위협은 소련의 팽창전략과 가공할 군사력, 그리고 소비에트 체제의 본질에서 기인하는 것으로 간주했다. 이에 따라 NSC-68은 소련 봉쇄라는 냉전적 정책목표를 달성하는데 적합한 정책수단을 강구할 것을 강조했다. 애치슨의 표현대로 '힘의 우위 상황'을 조성하여 세계 전역, 특히 유럽에서 소련을 봉쇄하겠다는 의도를 내비쳤다. 그래서 NSC-68의 정책 수단은 평화를 위한 적극적인 프로그램이어야 하고 미국과 자유세계의 현재적 능력을 보다 급속히 증대하는 국제주의 프로그램이어야 한다고 명시했다. NSC-68은 미국 본토뿐만 아니라 주변지역까지 봉쇄 내지 롤백정책을 확대·적용 했으며 그러한 정책을 수행하는데 필요한 군사·경제적 수단의 강화를 결정했다.

한마디로, NSC-68은 케난의 봉쇄정책을 확대적용하여 미국이 상시 전쟁국가로 가는 길을 활짝 열었다. 미국은 NSC-68을 통해 경제의 군사화, 이른바 '무장한 달러(weaponed dollars)' 개념을 구체화하고 이에 따른 획기적 군비증강을 계획했다. NSC-68은 결론부에서 국방비 지출 확대, 대외경제 및 군사 원조 확대, 소련에 대항하는 정보활동 및 심리전 강화, 비군사 부분 세출 감축 및 증세 등의 조치를 취하도록 하고, 이를 위해 의회와 협의 후 국민들에게 동의를 구하는 등 시행방법까지 자세히 규정했다. NSC-68은 천문학적 실행비용과 의회 승인 문제로 검토만 하다가 한국전쟁 발발로 주요내용을 실현할 수 있었다.

2. '정치적인 것'으로서의 한국전쟁

모든 전쟁이 다 그렇긴 하지만 한국전쟁만큼이나 정치적인 전쟁도 드물 것이다. 한국전쟁은 내전과 국제전의 성격이 한데 뒤엉켜서 나중에는 전쟁의 원인이나 성격조차 제대로 규명하기 어려울 정도로 논쟁적인 전쟁이 되어 버렸다. 전쟁에 참전한 나라나 정치세력, 곧 누구의 시각에서 보느냐에 따라 전쟁의 성격이 완전히 상반될 정도로 달라진다. 흡사 구로사와 아키라(黑澤明) 감독의 영화 '라쇼몽(羅生門, 1950)'과도 같은 전쟁이 바로 한국전쟁이었다.

브루스 커밍스는 전전(戰前) 형태의 동아시아 국제분업의 부활을 한국전쟁이 발발한 주요 요인으로 지목했다. 커밍스(Cumings, 2017: 282)는 북한이 남한을 공격한 이유에 대해 "미국 정책의 변화로 일본의 산업 경제와 과거 일본이 한국에서 지녔던 지위가 되살아날까 우려했기 때문"이고, "북한의 지위가 시간이 흐르면서 남한에 비해 약해질 가능성이 있었기 때문"이라고 주장한다. 다시 말해, "김일성이 1950년 한국 통일을 바라면서 공격을 개시"한 이유는 "미국이 남한의 지속적 존립에 이해관계를 가짐"으로써 "한국이 다시 일본 경제와 연결되는 것을 북한체제의 치명적 위협으로 인식"(Cumings, 2017: 284) 했기 때문이라는 것이다.

한국전쟁을 이해하는 데 있어 국제경제적 원인은 부차적이거나 그다지 고려할 만한 요소가 아니다. 무엇보다 정치현상을 국제분업이라는 경제적 요인으로 환원하고 있다는 비판을 피할 수 없다. 사실, 커밍스의 이러한 관점은 복잡다단한 동아시아의 정치·사회 현실을 지나치게 단순화했을 뿐만 아니라, 특정 국제 분업을 전쟁의 주요 원인으로 지목한다면 세계는 하루가 멀다 하고 전쟁을 벌여야 할 판이다.

전후 한 시대를 풍미한 종속이론이 흔적도 없이 사라진 이유 역시 과도한 경제결정론적 설명방식으로 인해 이론적 적실성을 상실했기 때문이다. 그래서 연성권력(軟性權力, soft-power) 연구로 잘 알려진 나이(Joseph Nye)는 정치 현상을 세계체제론과 국제 경제분업론 관점에서 설명하는 방식을 "프로크루스테스 침대(Procrustean bed)에 뜯어 맞춰놓은 것과 같다"(Nye, 1990: 44)고 강하게 비판했다.

한국전쟁은 미국의 애치슨 국무장관이 내표하는 냉전형 국세주의와 스탈린이 구상한 종래의 현실주의 정치문법이 향후 국제질서의 향방을 놓고 벌인, 여기를 누르면 저기가 터지는 풍선효과 성격의 무력충돌이다. 국지전 성격을 띠었음에도 불구하고 한국전쟁의 결과, 냉전의 구체적 형태가 어떤 것인지 잘 보여줌으로써 1990년대 소련을 위시한 동구 사회주의권의 붕괴로 요약할 수 있는 냉전질서의 해체에까지 영향을 미쳤다는 측면에서 세계사적 성격을 지녔다고 해야 할 것이다. 한국전쟁은 진보적 판결로 이름이 높았던 브랜다이스 대법관의 시보를 역임하고 미국 진보적 자유주의 세력의 총아로 떠오른 애치슨과 산전수전 다 겪으며 집권 30년 차에 접어든 백전노장 스탈린의, 전후 국제질서의 성격을 규정하는 '정치적인 것'을 둘러싼 개념 전쟁으로 규정할 수 있다.

한국전쟁에 대한 애치슨의 시각

1950년 6월, 한반도 38선에서 전쟁이 발발하자 미국은 기존 예상을 뒤엎고 빠르게 움직였다. 미주리주 자택에서 휴가 중이던 트루먼 대통령은 애치슨 국무장관으로부터 한국전쟁 개전소식을 듣고 워싱턴으로 급거 복귀했다. 당시 백악관은 개·보수 중이었기 때문에 대통령 임시거처로 사용하던 '블레어 하우스(Blair House)'에서 트루먼 대통령이 참석한 가운데 6월 25일과 26일, 두 차례의 수뇌부 회의가 열렸다. 이 회의를 주도하고 한국전쟁에 대규모의 미군을 파병하는 데 결정적 역할을 한 사람이 바로 애치슨 국무장관이었다.

2차세계대전이 끝난지 채 5년도 되지 않은 시점에서 대규모 병력을

전략적 가치가 별로 없는 극동의 궁벽한 신생국에 파병한다는 결정은 민주
당 입장에서는 표 떨어지는 소리가 우수수 들리는, 대단히 인기 없는 정책
이었음이 분명하다. 한국전쟁에 파병할 군인들 가운데는 종전 직후 점령지
일본에 발이 묶여 고향땅조차 제대로 밟아보지 못한 미군들이 다수 포함돼
있었다. 공화당은 트루먼행정부가 본토에서 축출당한 장제스군대와 대만을
저버렸다고 연일 비난하며 의회에서 칼을 갈았다.

참전을 결정하는 순간, 전비 역시 기하급수적으로 치솟을 수밖에 없
다. 이는 결국 미국 국민들의 세금으로 충당할 수밖에 없으며 희생자 숫자
역시 가늠조차 어려웠기 때문에 존슨(Louis Arthur Johnson) 국방부 장관과
브래들리(Omar Nelson Bradley) 합참의장을 비롯한 미군 수뇌부는 참전을
내심 반대했다. 낙타가 바늘구멍 통과하기보다도 어려운 한국전쟁 참전 결
정을 애치슨 국무장관이 해낸 것이다. 트루먼 대통령과 애치슨 장관의 지도
력 덕에 의회와 언론, 그리고 미국 유권자들을 설득하면서 비교적 용이하
게, 다른 무엇보다도 아주 이른 시기에 지상군 파견을 실행할 수 있었다.

그도 그럴 것이 한국전쟁이 발발하자 가장 충격을 받은 사람이 바로
애치슨 장관이었기 때문이다. 애치슨은 1950년에 즈음하여 소련의 대외정
책이 동아시아에서 긴장을 완화하는 방향으로 움직일 것으로 내다봤다. 심
지어 그는 버클리 대학에서 행한 1950년 3월 16일자 연설에서, 유엔위원단
이 북한에서 활동할 수 있도록 소련이 허용함으로써 "그 해방된 나라"의 문
제를 평화적으로 해결하는데 조력할 수 있을 것이라는 낙관적 전망을 내놓
기조차 했다(Acheson, 1950b: 23).

한반도 상황이 완전히 정상화되지 않은 것은 사실이지만 남한정부 수
립이후 차츰 안정화되고 있고 38선 부근에서 소규모 군사충돌은 있을지언
정 대규모의 전면적인 무력충돌을 고려하지 않은 것도 바로 이러한 이유 때
문이었다. 같은 이유에서 한반도에서 전쟁이 발발하자, 애치슨 장관은 이
전쟁은 북한의 단독행동이 아니라 노회한 스탈린의 구상이 반영된 것임을

직감했다. 훗날 애치슨은 한국전쟁에 다음과 같은 견해를 내놓았다.

> "제한된 임무를 띤 군대가 강대국에서 출동할는지 약소국에서 출동하게
> 될는지 그 누구도 알 수 없다. 이런 군대를 위성국을 통해서 소련이 편
> 성·배비하여 의사타신을 뜻하는 정찰행동이나 최소의 위험으로 일정한
> 목적을 달성하기 위해서 출동시킬 런지도 모른다. 남한에 대한 침공은
> 바로 이런 성격의 것이었다"(Acheson, 1960: 70).

남북간의 군사적 충돌이 한국전쟁의 표피에 드리워진 현상이라면 중
국과 한반도를 포함한 동아시아 지역에서 소련의 전략 구상의 일단을 내보
인 게 한국전쟁의 본질이라는 것이다. 따라서 그 국지전적 성격에도 불구하
고 애치슨은 한국전쟁을 향후 국제질서 주도권의 향방이 걸린 미소간 전쟁
으로 간주했다. 또한 그런 식으로 한국전쟁을 정의했던 만큼 미국의 발 빠
른 대처 역시 가능했다고 보아야 할 것이다.

잘못된 곳에서, 잘못된 시기에, 잘못된 적과 싸우는 잘못된 전쟁

오마 브래들리 미 합참의장은 한국전쟁이 한참이던 1951년 5월 15일 상원
청문회에서 중국 본토로의 확전을 골자로 하는 맥아더의 롤백 주장에 대해
어떻게 생각하느냐는 질문을 받고 다음과 같은 유명한 말을 남겼다. "맥아
더의 그러한 작전구상은 잘못된 곳에서, 잘못된 시기에, 잘못된 적과 싸우
는 잘못된 전쟁이다(the wrong war, at the wrong place, at the wrong time, and
with the wrong enemy)"(Hearings, 1951: 732). 브래들리 장군의 이 증언은 단
지 중국으로의 확전 반대뿐만 아니라 한국전쟁 전반에 대한 미국 수뇌부의
평가를 웅변적으로 잘 보여준다.

미국의 외교정책을 책임졌던 트루먼 대통령이나 애치슨 국무장관의
입장에서도 한국전쟁은 '잘못된 곳에서, 잘못된 시기에, 잘못된 적과 싸우

는 잘못된 전쟁'이었다. 그래서인지 몰라도, 개전 초기, 미군 수뇌부는 공군력만으로 남한의 생존을 보장하기에 충분하며, 즉각적 행동이 필요하다는 사실은 인정했지만 지상군 투입에는 거의 한 목소리로 반대했다. 이 판단은 분명 수개월 전의 '애치슨라인' 선언이나 한반도는 미국 입장에서 안보적 가치가 거의 없다는 전쟁 직전의 합동참모본부의 평가에 기초했음이 명백하다.

그럼에도 어떻게 미국은 전쟁 발발 3일 만에 지상군 투입을 포함한 한국전쟁에의 대대적 개입을 전격적으로 단행할 수 있었을까? 이러한 개입결정은 기존 정책을 변경한 것이었을까, 아니면 한반도공약의 일관된 이행이었을까? 위와 같은 질문에 제대로 답하기 위해서는 2차세계대전 이후 미국의 대외정책노선으로 자리 잡은 국제주의의 기본 성격에 대해서 다시 한 번 살펴볼 필요가 있다.

2차세계대전에서 미국은, 한편으로는 '대서양헌장'으로 상징되는 국제주의 노선을 천명했고, 다른 한편으로는 '무조건 항복론'을 통해서 2차세계대전을 압도적 승리로 이끌 수 있었다. 종전과 함께 소련과의 힘의 대결이 본격화되자 미국은 대(對)소련봉쇄를 선택했다. 미국이 봉쇄정책을 채택했다고 해서 국제주의 노선이 달라지는 것은 아니었다. 북대서양조약기구와 미일안보조약으로 상징되는 군사적 봉쇄에 더해서 트루먼의 국제주의에는 마셜플랜과 같은 적극적인 경제적 관여조치가 포함되어 있었기 때문이다.

국제주의를 한반도에 적용하는 과정에서 트루먼 행정부에게는 고민거리가 하나 생겨났다. 전략적 가치가 거의 없는 남한과 같은 지역에서 봉쇄정책을 어떻게 구현할 수 있을까가 문제의 핵심이었다. 미국은 이에 대해 군사적 고려에 따른 미군철수를 통해서 전반적인 동아시아정책의 기조는 유지하되 남한에 대한 정치·경제적 관여는 지속하기로 함으로써 봉쇄정책과 한반도정책을 분리하기로 결정했다.

우리는 앞에서 '신탁통치안'이 미국과 소련 공히, 한반도문제에 대한 정치적 무관심의 결과였음을 살펴보았다. 그런데 아주 역설적이게도 1948년, 분단과 단정 수립 이후 미국의 한반도에 대한 정치적 관심이 제고됐다. 왜냐하면, 트루먼독트린으로 상징되는 봉쇄정책의 근저에는 남한과 같은 신생독립국에서의 정치, 경제적 역량강화를 통해 자유민주주의 체제의 우월성을 확보하겠다는 국세주의 함의가 깔려 있었기 때문이다. 따라서 이런 관점에서 1950년 1월의 애치슨 장관 기자클럽 연설을 분석할 필요가 있다.

애치슨 장관의 그날 연설 제목은 공교롭게도 '아시아의 위기(Crisis in Asia)'였다.[50] 이 연설에서 애치슨 장관은 한반도문제에 대해서 상당한 발언을 할애했다. 그것은 역대 어떤 국무장관 연설에서조차 찾아보기 힘들 정도였다. 애치슨은 아시아 국가들이 미국의 군사적 보호의 무조건적 보장 없이도 소련의 지배에서 벗어날 수 있을 뿐만 아니라 미국이 제한된 원조만 제공함으로써 강력한 민주국가의 건설을 촉진하고 있는 대표 사례로 남한을 꼽았다. 그는 남한에서는 공산주의의 팽창을 성공적으로 저지할 수 있는 기회가 매우 훌륭하여 이를 위해서 미국이 군사보호라는 과도한 공약을 할 필요가 없다고 자신 있게 피력했다.

애치슨은, 대만과는 다르게 남한이 미국의 원조를 원할 뿐만 아니라 이를 효과적으로 사용하기 때문에 남한에서 미국의 전략은 성공할 것이라고 낙관적으로 전망했다. 아시아의 어느 지역에서보다 남한에서 미국의 전략이 "효과적으로 달성될 수 있는 기회가 더 크다"(Acheson, 1950a: 117)고 결론내림으로써 트루먼 행정부의 아시아정책에서 남한이 지니는 중요성을 거듭 강조했다.

애치슨 장관의 이 같은 평가는 1948년 정부 수립 이후 남한의 정치상황이 미국에게 상당히 고무적이었음을 반증한다. 그래서 정치적 관여와 경

50　애치슨 연설 전문은 https://worldjpn.grips.ac.jp/documents/texts/docs/19500112.S1E.html 참조

제 원조를 통해 한반도 공약을 이행하겠다는 강한 의지를 표명한 것이라 할 수 있다. 애치슨은 한반도에서 만일 군사적 위기가 초래된다면 그 책임 내지 배후에는 소련이 있음을 강하게 암시했다.

애치슨은 미국은 아시아 국가들의 독립을 촉구하는 방향으로 노력해 온 반면, 소련은 이들 국민들이 자신의 일을 스스로 처리할 수 있는 기회를 박탈해왔다고 비판했다. 미국은 아시아지역에서의 공산주의 정권을 이기적인 이유에서 반대하는 것이 아니라 바로 공산주의가 "소련 제국주의의 첨병"이기 때문에 반대한다고 소리 높였다. 애치슨 장관의 이날 발언은 군 수뇌부의 지상군 투입반대에도 불구하고 트루먼 대통령이 한국전쟁에 대규모 군사개입을 전격 단행할 수 있었던 결정적 알리바이로 작용했다고 해도 과언이 아니다.

이를 잘 입증해 주듯 한국전쟁에 대한 트루먼 대통령의 평가 또한 단호했다. 한마디로, 북한의 배후에는 소련이 있다는 것이다. 전쟁이 남한 전역으로 확대되자 트루먼 대통령은 어떠한 대가를 치루더라도 남한을 보호하기로 결정했다. 대통령과 그의 참모들은 향후 세계평화와 안보가 남한의 생존여부에 달려 있다는 데 의견의 일치를 보았다. 그들은 북한이 남한을 정복한다면, 소련은 세계의 다른 곳에서도 무력침략을 사주할 것으로 판단했다. 그 결과, 무제한적인 공산주의적 팽창주의는 궁극적으로 미국의 국가안보조차 위협할 것임을 경고했다(Matray ed., 1989: 296).

한국전쟁과 같은 국지전에 2차세계대전 규모의 군비와 지상군 투입을 결정한 과정 또한 미국 특유의 정치문법에 따른 것이다. 왜냐하면, 미국을 제외하고 30년 종교전쟁을 마무리 지은 베스트팔렌조약 이후 어떤 나라의 참전 이유도 이렇게 복잡하지 않았을 뿐만 아니라 자유민주주의 수호라는 가치판단에 근거한 적이 없기 때문이다. 결국, 한국전쟁에 미국이 전격적으로 개입하게 된 배경에는 봉쇄형 국제주의라는 전후 미국의 대외정책 노선이 자리 잡고 있음을 확인할 수 있다.

3. 트루먼독트린과 한국전쟁: 불승인주의의 확대재생산

한국전쟁에 대한 미국의 입장은 전황에 따라 수세에서 반격으로, 반격에서 공세로 전환했다. 전쟁이 발발하자 미국은 참전 문제를 유엔으로 이관했다. 이 역시 종래의 국제정치 문법에서는 찾아 볼 수 없는 냉전형 국제주의의 일환으로 간주할 수 있다. 개전 당일인 6월 25일 작성된 유엔안보리 결의안 82호 1항의 내용은 다음과 같았다.

> "1. 적대행위의 즉각적 중지를 촉구하며, 북한당국은 그들의 군대를 북위 38도선까지 즉시 철수할 것을 요구한다(Calls upon the authorities in North Korea to withdraw forthwith their armed forces to the 38th parallel)"(동아시아연구원, 2008: 110).

연속해서 작성된 안보리 결의안은 UN의 작전범위를 38선 이남으로 한정했다. 주된 임무 또한 전쟁 전의 경계를 회복하는 것으로 설정했다. 그에 따라 트루먼 대통령은 한국전쟁의 기본개념을 "적의 격퇴와 원상회복을 목표로 하는 봉쇄의 제한전"으로 수립할 수 있었다(도진순, 2010: 104).

트루먼 대통령은 유엔안보리의 38도선 이북으로 철수하라는 6.25결의안을 북한이 수용하지 않자 '대통령 성명'을 개전 이틀만인 6월 27일 발표했다.

> "국경수비와 국내치안을 유지하기 위해 무장한 한국군이 북한으로부터 공격을 받았습니다. 유엔안보리는 침략군에게 전쟁을 중지하고 38도선 이북으로 철수할 것을 요구했습니다. 그러나 침략군은 이를 거부했고, 오히려 공격에 박차를 가했습니다. 이에 안전보장이사회는 유엔회원국들에게 한반도에 벌어진 현안 해결을 위한 모든 종류의 협조를 요청했

습니다. 이런 상황에서, 본인은 미 공군과 해군에게 한국군을 엄호·지원할 것을 명령했습니다.

북한의 한국공격은 공산주의가 독립국가를 지배하기 위해 단순한 체제전복 단계를 넘어 무력침공을 통한 전쟁도 불사할 것이라는 점을 증명했습니다. 국제평화와 안보를 유지하기 위한 유엔안보리의 노력은 무시됐습니다. 이런 점으로 보아 만약 공산군이 대만을 점령한다면, 태평양 지역의 안보뿐만 아니라 이 지역에서의 미국의 합법적이고 필수적인 역할 수행에 직접적인 위험이 될 것입니다.

따라서 본인은 제7함대로 하여금 대만에 대한 어떤 공격도 사수할 것을 명령했습니다. 이러한 제반 상황의 당연한 귀결로서 본인은 대만 정부에도 본토에 대한 일체의 공군 및 해군작전을 중단할 것을 요청했습니다. 제7함대는 이러한 요청이 이행되고 있는가를 감시할 것입니다. 장차 대만이 행사할 국가적 지위는 태평양에서의 안전 회복, 대일 강화의 해결, 그리고 유엔에서의 심의를 통해 결정될 것입니다"(군사편찬연구소, 2002: 332-333).

트루먼이 한국전쟁에 기민하게 대처하고 비교적 빠른 시기에 지상군 파견 결정을 내린 것은 '트루먼독트린'의 연장선에서 추론할 수 있다. 1947년 3월 12일 오후 1시 트루먼은 상하 양원 합동회의에서 연설하기 위해 하원 본회의장 연단에 섰다. 연설은 라디오로 전국에 생중계됐다. 그는 그리스와 터키에 대해 즉각적인 원조를 요구하고 자신의 논리를 다음과 같이 설명했다: "무장한 소수 또는 외부 압력에 의해 야기되는 정복기도에 맞서 싸우는 자유 인민들을 지지하는 것이 미국의 정책이 되어야 한다고 믿습니다."

연설 내용은 포괄적이었지만, 여기서 중요한 사실은 문장 하나로 트루먼 대통령은 다음 세대와 그 후 세대들이 추진해야 할 미국의 대외정책을 정의했다는 점이다. 트루먼은 미국이 중립이나 소련과의 협조외교와 같은 과거 정책으로부터 크게 결별하는 정책을 유권자들이 지지하도록 만들어야 할 정치적 동원의 필요성을 절감했다. 이를 위해 그리스의 정치상황을 선과 악의 대결이라는 미국인들에게 대단히 익숙한 보편적 맥락에서 묘사해야만 했다.

자생적 반란세력, 외부의 침략, 또는 터키의 경우처럼 외교적 압력에 의해 반공정부가 위협받을 때마다 그리고 받고 있다고 판단되는 지역에서 미국은 정치·경제적 그리고 무엇보다 군사원조를 제공할 것이다. 트루먼독 트린은 거의 모든 혁명을 봉쇄하는 것이었다. 왜냐하면, '자유인민'과 '반공주의'를 동의어로 간주했기 때문이다. 그리스 정부와 모든 독재 내지 권위주의 정권이 미국의 원조를 얻기 위해 해야 할 일은 자신의 적이 공산당이라고 주장하는 것만으로도 충분했다(Ambrose, 1996: 108).

트루먼독트린을 요약하면, 그 핵심은 그리스와 터키를 자유민주주의의 보루로 간주해서 소련의 팽창으로부터 보호하기 위해 군사·경제적 지원을 아끼지 않겠다는 미국의 대외 공약(commitment)이다. 트루먼은 한반도에서 발생한 군사적 소요사태를 또 다른 그리스로 이해했다. 이 관점은 한국전쟁에의 개입을 동아시아 세력균형의 회복이 아닌 냉전형 국제주의, 곧 '전세계적 차원의 민주주의의 보안관'을 자처하는 "민주평화론"의 시각에서 합리화 한 것이다.[51] 요컨대, 트루먼과 애치슨의 한국전쟁에 대한 이해의

---

[51] 키신저(Kissinger, 2014: 1)는 트루먼 대통령과의 만남을 회고하면서, 그가 남긴 유산을 다음과 같이 정리했다. "1961년, 젊은 학자로서 캔자스시티에서 강연 중이던 나는 해리 S. 트루먼 대통령을 만났다. 대통령으로서 이룬 업적 중에 가장 자랑스럽게 생각하는 것이 무엇이냐는 질문에 트루먼 대통령은 다음과 같이 대답했다. '우리가 적들을 완전히 패배시켜서 국제 사회로 복귀시켰다는 점입니다. 나는 미국만이 이 일을 해냈을 거라고 생각하고 싶습니다.' 트루먼은 자국의 엄청난 힘을 이해하면서도, 미국의 인도적이고 민주적인 가치를 더욱 자랑스럽게 여겼다. 그는 미국이 거둔 승리 때문이 아니라 국제문제에 대한 조정과 화해로 기억되기를 바랐다." 트루먼 대통령의 이러한 입장을 상원의원 재임 시절의 관점과 비교해보라. 1941년 6월 히틀러가 발칸반도를 점령하고 나서 소련을

공통점은 아시아로의 공산주의 팽창을 도모하는 소련이 북한의 배후에 있다는 것이었다. 이는 일본에서 소련으로 그 대상만 바뀌었을 뿐, 스팀슨이 제창한 불승인주의가 공산주의 또는 급진적 민족주의 전체에 적용되어 세계적 수준에서 확대재생산 될 것임을 암시했다. 미국의 불승인주의는 향후 북한, 중국, 베트남, 쿠바, 니카라과, 이란, 리비아, 이라크, 베네수엘라, 시리아 등지에 차례로 적용될 예정이었다.

트루먼 대통령의 전쟁수행 노력과 전쟁권을 둘러싼 의회와의 갈등

1950년 7월 7일, 전선을 직접 시찰한 맥아더 유엔군 사령관은 4개 사단 증파를 긴급 요청했다. 애치슨 국무장관과 국무부, 국방부 고위관리들은 전쟁에 필요한 병력, 물자, 예산 소요가 증대하자 트루먼 대통령에게 군수생산과 200만 명의 병력동원에 필요한 예산지출 승인을 의회에 요청할 것을 건의했다. 이를 수용하여 트루먼 대통령은 7월 19일, 상하원 합동회의에서 연설했다. 트루먼 대통령의 의회 연설은 한국전쟁 첫 몇 주 동안 유엔군이 북한군의 공세를 저지할수 없다는 사실이 확인된 후, 추가 병력, 장비, 물자, 예산 지원 승인을 의회로부터 얻어내는데 목적이 있었다.

의회 연설을 통해 트루먼은 북한의 불법 침공과 평화 파괴, 그리고 다른 무엇보다 유엔에 대한 도전을 비난하는 가운데 한국에 대한 미국과 유엔의 책임을 언급했다. 미국은 앞으로도 유엔을 계속 지지할 것이며, 한국에 대해서는 육·해·공군을 파견할 것이고, 대만의 중립화와 필리핀 및 인도차이나 지역의 안보강화를 강조했다. 요컨대, 미국의 참전 결정은 유엔 결의

침공했을 때, 루스벨트는 11월부터 소련에 대한 무기대여를 개시했다. 그러자 당시 민주당 소속 상원의원이었던 트루먼은 다음과 같이 주장했다. "만약 독일이 이기고 있으면 우리는 러시아를 돕고, 러시아가 이기면 우리는 독일을 돕자. 그들이 가능하면 서로 많이 죽이도록 내버려두자"(최영보 외, 1998: 37). 이러한 판단은 30년 전쟁 당시, 현실주의 외교의 창안자인 리슐리외 추기경이나 러일전쟁 당시 시어도어 루스벨트 대통령이 취했던 입장과 대단히 유사하다.

에 의거한 국제주의 노선에 따른 것임을 강조한 것이다.

연설의 핵심 내용은 계속 증대하고 있는 군수품 생산, 병력, 불요불급한 추가예산 지출에 관한 것이었다. 그는 미군 병력규모의 제한을 철폐하고, 새로운 보급품과 군사장비를 획득하는 데 필요한 법을 제정해 줄 것을 의회에 요청했다. 연방예산 확보를 위해 세금인상과 신용할부 해세 등의 조치를 취해 줄 것, 그리고 미국은 평화를 유지하고 자유세계를 보호할 책임이 있다고 말하면서, 이를 위해서는 의회 지원이 절실히 필요하다고 의원들을 설득했다(Matray, ed., 1991: 465).

트루먼 대통령의 연설에 화답하여 미 의회는 110억 달러 규모의 국방비 추가 지출과 병력 증원을 320만 명까지 할 수 있도록 승인했다. 1950년 9월에는 '국방물자생산법(Defense Production Act)'을 통과시켜 대통령에게 경제동원권을 부여했다. 이 법의 통과로 트루먼 대통령은 2차세계대전 당시 루스벨트 대통령이 보유한 배급제 실시, 전쟁에 필요한 대규모 병력 및 보급품 지원 실행, 전략물자의 직접 배분, 그리고 물가 및 임금을 통제할 수 있는 경제적 권한을 행사할 수 있게 되었다. 의회는 NSC-68에 의거하여 행정부가 천문학적 방위비 증액을 요청한 1951년 및 1952년 회계연도 예산에 필요한 국방예산법도 승인했다. 이 조치는 미국이 항구적인 전쟁국가로 나아가는 데 있어 입법적 근거를 확보한 것으로 평가할 수 있다.

한국전쟁 첫 1개월 동안 한국을 방위하기 위해 트루먼 대통령과 미 행정부가 취한 군사행동에 대한 의회의 지지는 절대적이었다. 트루먼 대통령은 그의 조치를 승인하는 공식 결의안을 의회에 요청하지 않고 군대를 파견했다. 이는 트루먼 행정부가 한국에서 발생한 국지전을 공식 전쟁이 아닌 국경 근처에서 발생한 일련의 소요사태를 진압하는 식의 '치안유지 행동(constable action)'으로 정의했기 때문이다. 따라서 의회의 동의를 구하는 별도의 '전쟁선포 결의안'이 필요하지 않을 것으로 판단했다.

한편, '갈등으로의 초대'라는 미국 헌정의 특성상 대통령과 행정부의 외교정책은 정치세력 간 갈등과 논쟁의 대상이 될 수밖에 없다. 권력분립에 따른 견제와 균형의 실현은 미국식 민주주의가 지불해야 할 비용의 일부였다. 대통령과 의회, 특히 상원과의 갈등은 전쟁 시작부터 조짐이 있었다. 1950년 6월 27일, 트루먼 대통령은 한국전쟁에 관한 대통령 성명서를 발표하고는 곧바로 하원에서 연설했다. 연설이 끝나자 대부분의 의원들이 기립 박수로 환영했다. 그 후 미 의회는 주방위군 동원에 필요한 대통령 권한을 포함하여 '선별 징집법'(Selective Service Act)의 1년 연장을 압도적 지지로 통과시켰다.

하지만 브릭커(John W. Bricker)를 비롯한 공화당 소속의 일부 상원의원들은 의회 승인을 받지 않은 대통령의 전쟁 수행 결정에 강력히 반발했다. 앞서 언급한 대로 트루먼 대통령은 한국전쟁에 미 지상군을 파견하는 과정에서 의회 동의를 구하지 않았기 때문이다. 이에 애치슨 국무장관 등 트루먼 대통령의 핵심 참모들은 유엔헌장을 충실히 이행하고 1930년대 발생한 독일과 일본의 침략에 대항해 싸우지 않았던 역사적 실수를 반복하지 않기 위해 그렇게 행동할 수밖에 없다고 항변했다.

1950년 6월 28일, 공화당의 로버트 태프트(Robert Taft) 상원의원은 "트루먼 대통령은 북한과 사실상의 전쟁을 일으킨 범죄를 저질렀다"고 비난하는 연설을 했다. 특히 그는, 주한미군 철수와 한반도를 미국의 도서방위선에서 제외한 애치슨 국무장관의 기자클럽 연설이 북한군의 침략을 유도했다고 주장했다(Matray ed., 1991: 125). 하지만, 공화당 지도자이며 뉴욕 주지사인 토마스 듀이(Thomas Dewey)는 1948년 대통령 선거에서 패배했음에도 불구하고 트루먼 대통령에게 보낸 한 편지에서 "대통령의 행동은 미국과 자유세계의 안전을 위해 반드시 필요한 것이었다"고 강조하며 대통령의 전쟁수행 노력에 힘을 실어줬다.

1950년 6월 30일 트루먼 대통령은 지상군 투입을 결정한 후 의회 지도자들과 다시 회동했다. 이 자리에서 스미스(Alexander Smith) 상원의원은

한국전쟁에 대한 트루먼의 군사적 조치를 지지하는 결의안 통과를 건의했
다. 트루먼의 지시를 받은 애치슨 국무장관은 합동결의안 초안을 마련했다.
7월 19일 대통령은 상하양원 합동회의 연설에서 전쟁에 대한 지지를 구하
고 군사력 증강을 위한 향후 조치를 설명했다. 나중에 국무부는 의회 승인
없이 대통령이 시상군과 해군을 해외에 파견할 수 있는 어든 다섯 가지 사
례에 관한 보고서를 발표했다(Matray ed., 1991: 124).

중국군의 참전으로 행정부와 의회의 갈등이 재연됐다. 공화당 훼리
(Kenneth S. Wherry) 상원의원은 "미국의 젊은이들이 머나먼 한국 땅에서
피를 흘리는 것은 국무장관 책임"이라며 애치슨 장관의 사임을 요구했다.
1950년 중간선거에서 민주당이 다수당 지위를 상실하자 의회는 대통령의
권한에 도전하기가 훨씬 용이해졌다. 이에 더해 1950년 12월의 중국군의
총공세는 트루먼의 국제주의 정책의 버팀목이 되어준 의회와의 단합을 붕
괴시키는 결정적 계기로 작용했다.

수세에서 반격, 그리고 롤백으로의 작전변경

수세에 있던 UN군의 반격이 시작되자 전쟁목표가 국토완정론에 입각한
'북한군 격멸'로 변경되고 작전범위 역시 '전한반도의 통일'로 확대됐다. 전
쟁의 성격이 38선 이남의 봉쇄적 제한전에서 한반도 전역의 체제 전쟁으로
확대되면서 한국전쟁의 국제화는 불가피해질 수밖에 없었다. 북한군을 격
퇴하고 38선 이북으로 진격해 들어가는 '롤백(Roll-back)'이 본격화되면서
중국의 참전 역시 시기선택의 문제만 남게 되었다.

이러한 사태 전개는 미 행정부가 기존의 전쟁목표를 공식 수정함으로
써 발생한 일은 물론 아니었다. 그보다는 맥아더의 인천상륙작전이 예상외
로 큰 성공을 거두면서 승리 분위기에 도취해 갑작스럽게 전략변화가 발생
했다. 롤백작전의 폐해는 생각보다 심각했다. 1949년 중국과 국교를 맺은
영국은 38도선 이북으로의 반격이 시작되자 본래의 전쟁목표에서 벗어났

다고 판단하여 군대를 철수시키겠다고 강력 항의했다. 중공군 개입으로 전쟁이 장기화되면서 민간인을 포함한 전투원들의 희생이 불필요하게 늘어났다. 치안유지를 목표로 전쟁에 개입한 미국 역시 예상외로 희생자가 늘어나고 전쟁에 대한 피로가 누적되면서 결국 정전협상을 모색하지 않을 수 없었다.

제한전에서 롤백으로의 급격한 전략변경은 '군사행동주의'라는 미국 대외정책의 아비투스가 재현된 사례라고 할 수 있다. 이러한 군사행동주의는 '친구 아니면 적'이라는 식의 미국인들의 독특한 우적관(友敵觀)에 더해, '전쟁이란 다른 수단에 의한 정치의 연속'으로 정의한 클라우제비츠의 전쟁관을 거부함으로써 나타난 결과이기도 했다. 롤백으로 인한 전쟁의 장기화는 한반도의 미래에도 상당한 악영향을 끼쳤다. 남북 사이의 군사적 적대가 불필요하게 심화됐다. 나아가, 한반도가 전세계적 냉전의 대치선을 따라 가장 첨예한 군사적 대립지역이 될 것임을 예고했다.

맥아더 해임

1950년 12월 15일 트루먼 대통령은 국영 텔레비전 방송을 통해 국가비상사태를 선포한다고 발표했다. 중공군의 개입과 미 8군의 패퇴 이후, 미 국방부는 대통령에게 국가비상사태를 선포해 줄 것을 건의했다. 이는 전시에 대통령에게 부여되는 막강한 권한을 행사할 수 있는 법률적 요건을 갖추기 위함이었다. 이로써 대통령은 미군의 증강과 강력한 군사지원을 위해 필요한 산업시설의 기반확충을 보다 수월하게 할 수 있었다. 트루먼 대통령은 권한 행사 자체도 중요시했지만, 보다 중요한 것은 정치심리적 측면이었다. 국가비상사태선언은 한국전쟁이 어떤 방향으로 흘러갈지, 한마디로 중국군의 개입이 한국전쟁의 향방에 미칠 충격과 영향을 가늠할 수 없게 만든 명백한 증거였기 때문이다.

트루먼 대통령은 의회가 승인한 국방물자생산법에 의거하여 민수부분에 대한 경제적 동원권을 이미 행사하고 있었다. 하지만, 소련 혹은 중국과의 전면전을 준비하고 있다는 인상을 줄 염려가 있다는 점에서 이들 권한 사용을 자제했다. 시민들의 자발적 노력만으로는 인플레이션을 억제하는데 성공할 수 없었고, 중공의 전쟁 개입은 경제적 불안을 더욱 부채질 했다. 따라서 트루먼 대통령은 보다 강력한 경제적 권한을 행사하기 전에 국민들의 마음을 준비시키기 위해 국가비상사태를 선언하기로 결정했다.

트루먼은 12월 15일 연설에서 "보다 큰 위험에 빠져 있는 국가를 위해 농민, 노동자, 자영업자들을 동원하여 국가방위능력을 제고하고, 공동의 이익을 위해 개인의 이해관계를 제한하며, 모든 낭비와 비효율성을 없애기 위해 국가비상사태를 선포하는 것"이라고 말했다. 또 미국은 국가안보에 도전하는 모든 위협을 제거하기 위해 최대한 빨리 육·해·공군 및 민간인의 방위태세를 요구한다고 비장하게 선포했다(Matray ed., 1991: 468). 한국전쟁이 미국의 기존의 예측과는 전혀 다른 방향으로 흘러가고 있다는 사실을 보여주는 분명한 징후였다.

중공군의 전면 개입으로 유엔군이 후퇴하게 될 무렵인 1950년 말, 맥아더는 만주지역에 대한 폭격을 승인하지 않은 트루먼 행정부를 격렬하게 비난했다. 맥아더는 12월 초 미국 기자들에게 워싱턴이 만주지역을 성역화함으로써 자신의 군대가 위험을 감수하고 있다고 불만을 털어 놓았다. 트루먼 대통령은 훗날 이 때 맥아더를 해임했어야 했다고 술회했다.

트루먼은 크리스마스 공세에 실패했기 때문에 해임한다는 인상을 주지 않기 위해 맥아더를 그대로 두었다. 대신 1950년 12월 6일, 합참지시를 통해 민감한 현안에 대한 장성들의 공개 발언을 삼갈 것을 명령했다. 누구라고 이름을 꼭 집어 거명하지는 않았지만, 대통령의 명령이 맥아더를 염두에 두고 한 것임은 누구나 알 수 있었다.

전선이 교착상태로 바뀌자 맥아더는 성명서를 발표하고 한반도의 완전한 통일정책이 38도선 부근에서의 휴전정책으로 고착화된 원인을 자신이 건의한 완전승리를 위한 계획과 중국 본토로의 확전 제안을 워싱턴에서 번번이 거부한 탓으로 돌렸다. 한마디로, 정치인들이 전쟁에 대해 뭘 아느냐는 것이었다. 대통령의 휴전협상 공식 제안 발표에 앞선 맥아더의 성명서 발표는 북한군과 중국군에게 휴전협상을 공식 제의하여 휴전의 주도권을 갖고자 했던 트루먼 대통령의 구상에 대한 항명으로 비쳐졌다.

트루먼은 맥아더의 이 행위에 대해, "맥아더는 최후통첩이라는 용어로 적을 위협했고, 미국과 유엔군이 제한없이 중국을 공격할 수 있다는 인상을 주었다"(Matray ed., 1991: 469)고 비판했다. 트루먼은 맥아더의 행위를 군통수권자인 대통령의 명령을 위빈하는 깃일 뿐만 아니라, 총사령관으로서의 대통령의 헌법적 권위에 대한 중대한 도전으로 받아들였다.

맥아더의 운명을 바꿔 놓은 결정적 사건이 마침내 1951년 4월에 발생했다. 1951년 4월 5일, 공화당 소속의 마틴(Joseph Martin) 하원의원에게 전달된 맥아더의 편지에는 대통령의 전쟁 수행계획을 비난하는 내용이 적혀 있었다. 트루먼과 그의 핵심 참모들은 맥아더가 자신의 목적을 위해 국내 정치를 이용하고 있고 전황과 관련한 여러 사실을 교묘히 조작했다는 사실을 깨달았다. 애치슨 국무장관은 맥아더의 행동은 미국의 정책에 대한 유럽과 유엔의 지지를 파괴하는 행위라고 강하게 비난했다. 트루먼은 맥아더가 마틴 의원에게 보낸 편지는 대통령의 명령에 대한 불복종이기에 "인내의 한계를 넘어서는 행위"로 간주했다.

1951년 4월 10일, 트루먼은 그의 보좌관들의 만장일치에 가까운 건의에 따라 맥아더를 국내로 소환하는 명령서에 서명했다. 맥아더는 한국전쟁에 중국군이 개입하자 중국 해안에 폭격을 개시하고 장제스 군의 본토 공격을 주장하면서 압록강 근처에서 핵무기 사용을 불사한 채로 공산주의와의 '최후 일전(Armageddon)'을 실행에 옮기려 했던 것으로 알려졌다(Isaacson and Thomas, 1986: 548). 마셜 국방장관은 대통령의 맥아더 해임결정을 적극 지지하면서 "진작 그를 해임했어야 했다"고 단호히 말했다.

백악관은 맥아더의 유엔군사령관 직책에서의 해임 및 본국으로의 소환 결정을 맥아더에게 직접 전하려했으나 그의 부재로 성사되지 못했다. 맥아더는 자신의 해임결정을 4월 11일 아침 라디오 뉴스를 듣고 알았다. 중국군 개입 이후 변화한 한국전쟁 상황에 대한 트루먼 대통령의 판단이 맥아더 소환 성명서에 담겼다.

> "우리가 당면한 문제는 공산주의자들의 침략정책을 어떻게 하면 전면전 없이 저지할 수 있는가 하는 것입니다. 우리 정부와 또 유엔에서 우리와 함께 협력한 우방국들이 전면전 없이 공산주의의 책략을 저지할 수 있는 최선의 길은 바로 한반도에서 적의 공격에 대항해 적을 격퇴하는 것이라 믿습니다. 이것이 우리가 지금까지 해오고 있는 것으로, 그 일은 고되게 힘든 임무입니다. 지금까지 우리는 작전을 훌륭하게 성공적으로 해오고 있으며, 3차 세계대전을 막아왔습니다(……)우리 군인들의 귀중한 생명을 보호하고 우리나라와 자유를 사랑하는 국가들의 안보가 무모한 행위로 인해 위험 속에 빠져들지 않도록 하기 위해, 그리고 3차세계대전을 방지하기 위해 한국전쟁이야말로 제한전을 수행해야 한다고 믿습니다. 본인은 맥아더 장군이 이러한 정부 정책에 동의하지 않는다는 것을 수많은 사건을 통해 알고 있습니다. 따라서 본인은 맥아더 장군을 해임하는 것이 당연하며, 그 결과 우리 정책의 목적에는 아무런 의심과 혼동이 없게 될 것이라는 점을 생각해왔습니다. 훌륭한 지휘관인 맥아더 장군을 해임하는 일은 본인으로서는 참으로 가슴 아픈 일입니다. 하지만 세계평화가 어떤 개인적인 일보다 우선합니다"(미국사연구회, 1992: 306-307).

트루먼이 맥아더를 해임하자 미국 여론이 폭발했다. 125,000건에 달하는 문자폭탄이 백악관을 덮쳤다. 거기에는 "가롯 유다를 탄핵하라", "대통령을 참칭하는 개자식을 탄핵하라", 트루먼 대통령 이름인 해리(Harry)를 빗댄 "붉은 청어(herring)를 탄핵하라"와 같은 입에 담지 못할 욕설이 담겼다. 가로등 밑에 목을 맨 애치슨의 축 늘어진 모습이 일간지 만평에 실렸으며, "신이여, 미국을 애치슨으로부터 구하소서"라는 포스터가 거리를 덮었다(Isaacson and Thomas, 1986: 550).

맥아더 소환 결정은 의회에서도 가장 인기 없는 일이었다. 맥아더 청문회를 마치자마자, 의회는 국방물자생산법에 의거한 대통령의 전쟁권 강화 요청을 거부했다. 심지어 상당수 의원들이 임기가 1년도 채 남지 않은 트루먼 대통령의 탄핵을 요구했다.

대통령 탄핵을 주장한 의원들은 개전 당시, 대통령의 군사개입 결정이 총사령관으로서의 대통령의 권한을 비헌법적이고 독재적으로 행사한 것이라고 비난했다. 이제 트루먼은 전쟁 수행에 대한 책임과 권한을 의회와 공유할 수밖에 없었다. 여론도 현직 대통령에게 싸늘히 등을 돌린 결과, 트루먼은 대통령 출마를 포기한 채 재선의 꿈을 접어야 했다.

트루먼 대통령은 퇴임 당시에는 미국 역사상 가장 인기 없는 대통령 가운데 한명으로 평가됐다. 하지만 냉전 종식 이후 그의 리더십에 대한 재평가가 이뤄져 국제적 위기를 비교적 잘 관리한 대통령으로 재조명 받고 있다. 이에 반해서 맥아더는 누가 기억한단 말인가? 자신의 유명한 말대로 그냥 사라졌다.

4. 전쟁의 교착과 냉전의 포로가 된 한반도

중공군의 개입으로 한국전쟁은 교착상태에 빠졌다. 이러한 교착은 결코 우연이 아니었다. 미국만 그 사실을 잘 몰랐을 뿐이다. 한반도의 역사를 조금이라도 아는 사람에겐 전쟁의 교착이란 게 전혀 새로운 일이 아니었기 때문이다. 중국이 7세기 경 나당연합군의 일원으로 한반도문제에 개입한 이래,

전쟁의 교착은 협상으로 나아가기 위해 반복적으로 발생해온 상당히 익숙한 패턴이었다. 중국은 결정적 시기마다 한반도 역사의 주요 행위자로 등장했다. 바로 그 중국이 19세기 말 이후부터 한반도문제의 또 다른 주요 행위자로 등장한 미국과 전쟁터에서 마주하게 됐으니 교착은 불가피할 수밖에 없었다.

500년 전 발생한 임진왜란 때 그랬듯이 전쟁이 시작된 38도선 부근에서 전선이 고착되기 시작했다. 미중 양국은 전쟁의 교착이 오랫동안 지속되는 사태를 원치 않았다. 한국전쟁이 발생한 지 꼭 1년만인 1951년 6월부터 미국과 중국은 휴전협상을 개시했다. 협상은 장기화했다. 그러다가 2년 후인 1953년 7월 27일에 이르러서야 휴전협정을 조인할 수 있게 되었다. 그렇다면 왜 휴전협상은 이렇게 장기화할 수밖에 없었을까? 이 질문에 대해서 협상 당사자들은 할 말이 아주 많을 것이다. 그 가운데 협상에 임하는 미중 양국의 접근법 상의 차이를 주된 이유로 꼽은 키신저의 설명방식이 가장 눈에 띤다.

키신저는 협상전략에 접근하는 방식이 서로 대립한 것으로 간주한다. 미국식 견해에 따르면 전쟁과 평화는 정책의 각기 다른 단계였다. 따라서 협상이 시작되면 무력 사용은 중단되고, 외교가 주도권을 차지한다는 시각이다. 무력은 협상을 이끌어내는 데 필요하지만 협상이 시작되면 한쪽으로 물러서야 했다. 그리고 협상 결과는 상호신뢰에 입각한 우호적 분위기에 의해 좌우되는데, 이때 군사적 압력은 좋은 분위기를 해칠 수 있었다. 이런 의도에서 회담이 진행되는 동안에는 방어적 조치만을 취하고 대규모 공격은 개시하지 말라는 명령이 미군에 내려졌다.

"중국의 시각은 이와는 정반대였다. 전쟁과 평화는 동일한 동전의 양면이었다. 협상은 전쟁터의 연장선이었다. 고대 중국의 전략가 손자가 쓴『손자병법』에 따르면 가장 중요한 싸움은 심리전이다. 즉 상대의 계산에 영향을 미치고 성공에 대한 자신감을 떨어뜨리는 것이다. 적의 단계적 축소는 자신의 군사적 이점을 압박하여 이용할 수 있는 약점의 징후였다. 공산주의 측은 교착 상태를 이용하여 결론이 나지 않는 전쟁에 대한 미국 대중의 불편한 심기를 키웠다. 실제로 협상 중에 미국은 공격에 치중하던 단계만큼 많은 사상자가 발생하면서 고통을 겪었다"(Kissinger, 2014: 294).

그래서였을까? 서명한 후 열두 시간이 지나서야 정전협정의 효력이 발생했기 때문에 양측은 그때까지 교전을 계속했다. 중공군과 북한군은 지상에서 전선을 맹공격했다. 미군은 공군폭격과 함대사격으로 대응했다. 〈뉴욕타임스〉의 편집장으로 저명한 시사평론가였던 레스턴(James Barrett Reston)은 "인류전쟁 역사상 그처럼 서로 신뢰하지 못하는 상황에서 휴전을 맺은 적은 없었다"고 논평했다(Stueck, 2005: 233).

미중 양국은 휴전을 통해 소기의 전쟁 목표를 달성했다. 미국은 최초에 설정한 작전계획대로 38선 이북으로 북한군을 몰아냈다. 중국은 확전을 막아냄으로써 북한을 완충지대로 확보할 수 있었다. 최대 피해자는 한반도였다. 한국전쟁으로 인해서 남북한은 행동의 자유를 상실했다. 남북의 정치적 결정은 상당한 대가를 치루지 않는 한 어떤 의미 있는 효력도 발휘할 수 없게 된 것이다. 한국전쟁으로 말미암아 한반도, 정확히 남북한은 냉전의 포로가 됐고, 분단은 한층 고착화됐다.

한국전쟁은 미국에게만 '잘못된 곳에서, 잘못된 시기에, 잘못된 적과 싸우는 잘못된 전쟁'이었던 게 아니다. 브래들리 합참의장의 이 표현이 전략적 가치라곤 거의 없는 주변지역 분규에 휘말려들어 전략적 핵심지역인 유럽에서의 소련봉쇄라는 '봉쇄정책' 본래의 목표에서 벗어날 수 있음을 심각히 우려한 것이었다면, 한반도에 살아가는 남북 민중의 입장에서도 한국전쟁은 '잘못된 곳에서, 잘못된 시기에, 잘못된 적과 싸우는 잘못된 전쟁'이었다. 그 이유는 상당부분 군사적이라기보다는 정치적인 것이다.

전쟁이 발발한 1950년의 시점에서 한반도 정세를 평가해보면 북한은 물론, 남한 역시 안정화하는 추세를 보이기 시작했다. 당시 사회 안정의 시금석은 토지개혁 등 시급한 사회경제 개혁과 공정선거와 같은 절차적 민주주의의 준수 여부였다. 1950년 6월이 되었을 때, 남한에서는 그간의 위기를 딛고 적어도 국내적 요인에 의해서는 체제 붕괴가 쉽게 일어나지 않을 것이라 믿을 만한 새로운 상황이 조성됐다. 이런 측면에서 본다면, 한국전쟁이 내전이었다는 커밍스의 주장은 절반은 맞고 절반은 틀리다고 할 수 있다.

북한은 1946년 2월, 무상몰수·무상분배 방식의 토지개혁을 단행했다. 남한 역시 1949년 6월, 농지개혁법을 통과시키고 이듬해인 1950년 5월에는 전체 농지 가운데 70-80% 가량 분배가 진행됐다(김성호 외, 1989: 601-602). 두 체제 모두 남미 등 기존의 제3세계국가는 물론, 2차세계대전 이후 갓 독립한 신생국가에서 유례를 찾기 힘들 정도로 신속하게 토지개혁을 단행한 것이다(유용태 편, 2014).

절차적 민주주의 역시 마찬가지였다. 이승만은 헌법이 명시한 1950년 5월 국회의원 선거를 11월로 연기한다고 발표했다. 4월에 시작되는 회계연도 예산안을 통과시킬 수 있는 시간을 국회에 주어야 한다는 게 명분이었다. 하지만, 선거패배를 우려한 꼼수였다. 애치슨 국무장관은 이승만에게 선거연기 문제를 시정하지 않을 경우 미국의 경제·군사원조를 원점에서 재검토하겠다고 으름장을 놨다. 그는 "헌법과 법에 따르는 자유선거는 민주적 제도의 토대"라고 지적한 뒤 "미국의 군사 및 경제 원조는 한국에서 민주제도의 존속과 성장 위에서만 그 가능성을 예견할 수 있을 것"(Matray, 1989: 266)임을 분명히 했다. 나아가 자신의 경고가 단지 말에 그치지 않을 것임을 분명히 하기 위해 무초 대사를 본국으로 소환하기까지 했다.

이승만에 대한 애치슨의 압박은 즉각 효력을 발생했다. 이승만은 애치슨의 경고서한을 국회의원 전원에게 돌렸다. 국회는 4월 말, 새해 예산안을 통과시켰고 이를 위한 조세와 가격조치를 승인했다. 이승만은 국회의원 선거를 5월말로 정했다. 선거운동과 투표는 유엔 한국위원회와 미국고문단의 감독 하에 이루어졌다. 지역구 당 열 명이 넘는 후보가 등록했다. 이 가운데 70% 가까이 무소속 후보였다. 정당에서 공천 받은 후보자들 중에 절반 정도가 친정부 성향을 띠었다.

그런데 친정부 정당이 4개나 되었기 때문에 대부분의 지역구에서 여당 성향의 후보끼리 맞대결하는 웃지 못 할 광경이 펼쳐졌다. 선거유세는 유권자들의 열기로 달아올랐다. 선거에 대한 높아진 대중적 관심을 반영하듯 투표율 역시 92%로 아주 높았다. 선거결과는 대체로 유권자의 정치적 의사가 공정하게 표현된 것으로 여겨졌다.

현역의원 210명 가운데 31명만이 재선에 성공했다. 무소속 의원이 126명으로 과반을 훌쩍 뛰어넘는 의석을 차지했다. 우익 정당들 가운데 가장 규모가 컸던 한민당 후신인 민국당은 154명의 후보들 중 24명만이 당선되었다. 물론, 민국당 계열의 무소속 당선자를 합산하면 40석 내외였지만, 제헌의회 당시의 76석에 비하면 정치적으로 큰 타격을 입었다. 우익과 이승만 세력의 패배가 분명했다. 이승만의 정치적 패배는 여기서 그치지 않았다. 대통령이 총리후보로 지명한 무소속 오하영 의원이 새로 구성된 국회에서 단 46표의 찬성을 얻는데 그쳐 국회인준을 받지 못했다(Stueck, 2005: 252-253).

5.30 선거결과를 커밍스처럼 무슨 혁명전야라도 되는 양 과장할 필요도 없겠지만 전반적 평가만큼은 상당히 타당하다. 커밍스에 따르면, 5.30 선거결과는 "이승만 정부에게 재앙에 가까운 손실을 안겨주었다. 국회 안에 이제 중도파와 중도좌파의 강한 결집체가 생겨났다. 그들 중 일부는 여운형 노선과 관련되어 있었으며, 대다수는 통일을 바라고 있었다"(Cumings, 1981: 484). 그러므로 5.30 총선결과가 하등 새로울 것이 없을 뿐만 아니라 이승만 체제를 오히려 강화시켜주었다는 김일영(2004: 126)의 주장은 사실에 전

혀 부합하지 않는다. 불과 2년 전에 치러진 5.10선거와 비교해도 5.30선거가 지닌 중대선거(重大選擧, critical election)로서의 의미는 뚜렷하다.

1948년 5월 10일 제헌의회 선거 결과, 단정과 우파의 양대 축인 이승만의 독립촉성중앙협의회(독촉)과 한민당이 전체의석 가운데 2/3를 차지했다. 이는 5.10 선거가 치러진 당시의 정치지형, 곧 전쟁 전 냉전 반공체제에 조응하는 것이었으며 이를 뒷받침한 권력집단의 형성을 의미했다(박찬표, 2007: 394-395). 이것과 비교한다면 1950년의 5.30 선거결과는 정부수립 단 2년만에 성취된 이승만 반대세력의 놀라운 약진이었다.

진보파가 전체 의석의 1/4에 지나지 않았다는 맥도널드(MacDonald, 1978: 282)와 메릴(Merrill, 1989: 171)의 보수적 평가를 수용한다 해도 전체 210석 가운데 53석이라는 적지 않은 의석에 해당한다. 그러므로 2년 전 제헌의회 선거와 비교했을 때 우익세력의 패배와 진보세력의 괄목할만한 원내 진출은 경향적으로 확인할 수 있는 대목이다. 남한 민중들은 보통선거를 도입한 지 채 2년도 되지 않아 '종이돌'(Paper Stones)로 알려진 투표용지를 이승만 체제에 저항하는 무기로 활용하는 법을 배워가고 있었다.

여기서 애치슨 선언의 또 다른 측면이라 할 수 있는 '문호개방과 자유민주주의'로 요약되는 미국식 국제주의 문법이 효력을 발휘했음을 확인할 수 있다. 남한에 대한 군사적 관점에서의 평가절하가 정치·경제적 무관심으로 곧장 연결되는 것은 아니었다. 따지고 보면, 트루먼 대통령과 애치슨 국무장관이 영도하는 민주당 행정부에는 프랭클린 루스벨트 대통령이 주창한 전후 국제주의의 흔적이 여전히 남아있었다.

한반도문제 해결에 있어 최상은 아니었는지 몰라도 트루먼과 애치슨 조합은 그다지 나쁘지 않은 정치적 조건을 형성했다. 특히, 애치슨 국무장관은 루스벨트 대통령을 따르던 국제주의 노선의 견결한 신봉자(Acheson, 1962;Stupak, 1969)였을 뿐만 아니라 덜레스류의 우익반공주의자도 아니었다. 결과적으로 한국전쟁은 남북한, 미국 모두에게 '잘못된 시기의, 잘못된 전쟁'이었다.

　　남과 북은 분단 상황에서도 정당성있는 국가 건설에 나름 성공한 것으로 간주해야 한다. 양 체제의 사회경제적 간극은 정치체제의 그것과 달리 그리 크지 않았다. 1948년 5.10 선거에서 남한의 거의 모든 정파들은 '토지는 농민에게, 공장은 노동자에게'라는 구호를 내걸었다. 〈제헌헌법〉 86조는 "농지는 농민에게 분배하며, 분배 방식과 소유 한도, 소유권의 내용과 한계는 법률로 정한다"고 토지개혁의 대원칙을 천명했다. 조선공산당 간부 출신의 조봉암이 지금의 기획재정부 장관격인 초대 농림부 장관에 임명된 사실만 놓고 보더라도 남북한 간의 사회경제적 간극이 생각보다 크지 않았음을 알 수 있다.

　　한국전쟁은 남북간의 정치적 차이가 사회경제적 대립을 규정하도록 만들었다. 상부구조와 토대, 정치와 경제의 전도양상은 어쩌면 일시에 그쳤을지 모를 분단을 체제유지를 위한 항구적 전쟁의 성격을 갖도록 만들었다. 이것이 한국전쟁이 끝난 후에도 남북간 대립이 더욱 격해지고 격멸의 이데올로기 투쟁으로까지 발전한 이유이기도 하다. 요컨대, 1950년 6월의 정세는 동족간 전쟁이 반드시 일어날 것 까지는 없던 그런 상황이었다. 한국전쟁에 대한 제대로 된 평가가 시급한 이유는, 남북 모두 반면교사(反面敎師)의 자세로 교훈을 얻을 수 있어야하기 때문이다.

• • • • •

제9장

한미동맹과 한반도 분단의 고착화

1. 아이젠하워 행정부의 뉴룩정책과 한미동맹의 탄생

한국전쟁이 장기화되고 휴전협정이 지지부진하자 미국 내에서 불만의 목소리가 터져 나왔다. 민주당은 미국 정치사에 보기 드문 20년간의 집권을 뒤로한 채 휴전협정의 조속타결을 약속한 2차세계대전의 군사영웅 아이젠하워에게 정권을 내주고 말았다. 트루먼 대통령의 재선을 가로막고 공화당이 집권한 데에는 한국전쟁의 장기화가 결정적 역할을 했다.

한국전쟁은 미국의 한반도 정책 우선순위를 일순간 바꿔놓았다. 한국전쟁 이전 미국의 한반도에 대한 주요 관심은 '신탁통치구상'과 '단정수립'에서 알 수 있듯이 정치적 관여에 집중됐다. 하지만, 정전협정 체결을 기점으로 군사안보문제로 한미관계의 무게중심이 이동했다. 주한미군의 규모 역시 증가했다. 이로부터 한미수호조약 이후 처음으로 미국의 동아시아정책과 한반도정책의 일치, 곧 커플링이 달성된 것이다.

미국의 동아시아정책과 한반도정책이 일치하게 된 결정적 계기는 중국의 한국전 참전이었다. 미국은 어쩔 수 없이 '중국 중시' 정책을 포기하고 일본과 한반도를 하나로 묶는 한미일 삼각안보동맹을 구축하기 시작했다. 한국전쟁을 계기로 미국은 일본과 남한을 연결하는 공산주의 봉쇄 방벽을

구상했다. 이 구상은 1951년 일본과 체결한 미일안보조약을 통해서 이미
징후가 나타났다.

한국전쟁 계기로 구상된 '한미일 공산주의 봉쇄 방벽'

냉전과 봉쇄에 입각한 미국의 신(新)동아시아 구상은 남한과 일본에서 반
공과 안보를 강조하는 정권이 동시에 수립된 데서 잘 드러난다. 일본 내 우
익세력이 한국전쟁이 끝나자 자민당을 결성해 장기집권에 들어설 수 있었
던 것과 마찬가지로 한반도에 대한 미국의 안보우선 정책이 이승만의 장기
집권에 초석을 놓았다. 요컨대, 정치에서 군사안보 우선으로 미국의 정책적
우선순위 변경이, 이승만으로 하여금 국가안보와 정권안보를 동일시 할 수
있는 기반을 마련해 주었다.

　단정수립을 너무 강조하다보면 1948년 정부수립부터 한국전쟁 전까
지의 민주주의에 비해서 한국전쟁 이후의 민주주의가 훨씬 후퇴했다는 사
실을 간과하게 된다. 1948년의 민주주의는 제헌헌법 제정과 농지개혁입법
에서 알 수 있듯이 자유민주주의 질서가 반공체제에 우선했다. 미국 또한
자유민주주의에 기반한 사회경제적 개혁 달성이 공산주의와의 체제경쟁에
서 우위를 점할 수 있다는 판단을 갖고 한반도문제에 임했다. 이러한 흐름
을 주도한 대표적 인물이 바로 애치슨 국무장관이었다.

　한국전쟁이 끝나자 반공이 자유민주주의와 동일시되기 시작했다. 미
국이 한반도문제를 군사안보적 관심사에 의해 다루는 한에서 이승만은 반
공의 화신으로 자리매김할 수 있게 됐다. 같은 이유로 선거를 통해 그를 대
통령직에서 물러나게 하는 일은 한층 요원해졌다.

　1953년 한미상호방위조약 체결과 미군의 영구주둔, 한마디로 한미동
맹의 탄생은 미국이 냉전과 봉쇄 강화라는 세계적 차원의 전략적 목표에 한
반도정책을 일치시킨 데 따른 것이다. 미국의 한반도 공약은 한미상호방위
조약과 한미합의의사록으로 구체화됐다. 물론, 이 공약은 아이젠하워 행정

부가 표방한 '새로운 시각' 쯤으로 번역할 수 있는 '뉴룩(New Look)정책'과 조정과정을 거쳐야 했다. '뉴룩정책'은 한국전쟁 참전으로 급격히 늘어난 군사비와 대외원조비용 감축을 통해 재정적자를 축소하겠다는 게 주된 목표였다. 뉴룩정책이 설정한 목표를 순조롭게 이행하기 위해서는 군사원조와 경제원조로 요약할 수 있는 한반도 안보비용을 줄일 수 있어야 했다.

뉴룩정책은 미국이 원하던 만큼의 한반도 안보비용을 감축하는 데는 결과적으로 실패했다. 그것의 가장 주된 이유는 냉전의 전초기지라는 남한의 전략적 특수성 때문에 발생했다. 한국전쟁으로 말미암아 남한은 냉전의 포로가 되었다. 미국 또한 냉전과 봉쇄정책이 지속되는 한 한반도에서 떠날 수 없게 됐다. 미국조차 예상치 못했던, 한국전쟁 이전과는 전혀 다른 사태 전개였다. 이승만의 장기집권은 이러한 국제상황에 편승한 것이었다 해도 지나치지 않다.

이승만 정권 내내 미국은 남한의 군사·경제 재정에 화수분 역할을 했다. 1950년대 남한의 국방비 가운데 40%, 그리고 전체 예산 가운데 40% 이상을 미국원조로 충당했다(박태균, 2010: 26). 휴전협정 체결 직후 남한을 방문한 덜레스 국무장관은, 향후 3-4년간 10억 달러를 지원하겠다고 약속했다. 그로부터 3년 후 덜레스가 남한을 다시 방문하기까지 약속했던 10억 달러 가운데 9억 달러 이상 집행됐다(Stueck, 2005: 264).

한미상호방위조약은 1953년 10월 1일 미국 워싱턴에서 변영태 외무장관과 덜레스 국무장관이 서명함으로써 이루어졌다. 아이젠하워 대통령은 1954년 1월 11일 미 상원에 이를 제출하고 조속한 비준을 요청했다. 미 상원 외교위원회는 "대외적인 무력공격이 있을 때만 상호 원조하는 책무를 진다"(군사편찬위원회, 2002: 566)는 내용을 조약에 삽입해줄 것을 요청했고, 수정 사항은 조약 제2조에 반영됐다. 미 상원은 1월 26일, 한미방위조약을 81 대 6이라는 압도적 지지로 통과시켰다. 이 조약은 미 상원 비준 10개월 후인 1954년 11월 17일 공식 발효되어 한미동맹의 법적 토대를 이루게 되었다.

한비방위조약 못지않게 한미간에 합의한 별도의 각서 역시 한미동맹 구축에 상당한 역할을 했다. 미국은 1954년 11월 채택한 '한미합의의사록'에 따라 20개 현역사단을 포함한 72만 명의 한국군 병력을 유지해주기로 합의했다. 국군에 대한 보급과 장비는 미국이 책임지며, 7억 달러 상당의 경제 원조를 공약했다. 예나 지금이나 국방비 가운데 최대지출은 인건비에서 발생한다. 그래서 미국은 군사원조비용을 축소하기 위해 10개 사단 규모의 감군(減軍)을 추진했다.

최종적으로 63만 명 선에서 병력 유지를 합의한 대신, 이에 대한 반대급부로 이승만 정권은 남한 내 전술핵 배치를 관철할 수 있었다(차상철, 2004: 82). 이는 핵우산 정책의 시작으로 정전협정을 완전히 위반한 조치였다. 북한은 핵전쟁 공포에 시달릴 수밖에 없었다. 어쩌면 이때부터 북한은 핵무장 필요성을 절감했을지도 모른다.

한국전쟁에도 불구하고 미국은 북대서양조약이나 미일안보조약에 준하는 강력한 동맹조약을 단독으로 남한과 체결할 의사가 없었다. 대표적으로 봉쇄정책의 아버지로 불렸던 케난(Kennan, 1984: 188-189)은 "현명하고 노련한 정치지도자는 불확실한 미래의 상황 때문에 정부의 행위를 제한할지 모르는 조약을 맺지 않도록 해야 한다"고 충고했다.

이 경고가 현실주의적 관점에서는 대단히 합리적이었는지 모르지만 미국은 현실주의 국제정치이론과는 다르게 행동했다. 한미동맹은 통상적 안보이론에 반할 뿐만 아니라 역사적으로 유례를 찾기 힘들 정도의 기이한 비대칭 동맹으로 한국전쟁이 아니었다면 결코 체결할 수 없었을 것이다. 그렇다면 미국은 왜 남한과 군사동맹을 맺었을까?

미국이 한미상호방위조약을 체결한 이유

1980-1990년대, 한국에서는 주로 수정주의 역사학의 입장에서 한미동맹을 대미 종속의 주된 근거로 제시했다. 그러다가 2000년대에는 진보적 역

사학자들을 중심으로 한미동맹에 대한 재평가가 이루어졌다. 재평가에 따르면, 한미간에 군사관계는 한미동맹의 시작단계부터 상당한 갈등을 노정했다는 것이다. 이승만 정부를 포함한 대부분의 한국정부는 단지 '제국'의 질서에 종속되어 미국의 정책에 순종한 정부는 아니었다(박태균, 2010: 37).

분단체제 하에서 표면적으로는 '안정'을 구가한 것처럼 보이지만 사실상 한미간에는 '민주화 전(前)'이건 '민주화 후(後)'건 바람 잘 날 없는 격동적 사건이 발생했다. 이러한 격동적 사건이야말로 한미동맹을 '긴장 속의 동맹'이나 '갈등하는 동맹'(박명림, 2010: 263)으로 규정하게 하는 주요 근거로 작용한다.

한미동맹은 한미방위조약이라는 비대칭 조약에 입각했지만, 그것의 구체적 적용에 있어서는 한국의 적극적 대응을 무시할 수 없다는 지적은 충분히 타당하다. 그럼에도 불구하고 그것은 미국의 정책적 관점에서 한미동맹의 형성 원인을 설명한 것은 아니다. 해방에서 한국전쟁 전까지의 한미관계가 주로 자유민주주의와 결합한 국제주의에 기반했다면 한국전쟁 이후 탄생한 한미동맹은 반공주의와 국제주의가 결합한 사례에 해당한다. 군사적 이익에 대한 고려뿐만 아니라 반공주의라는 이데올로기적 차원이 더해짐으로써 한미동맹의 성격은 한층 복잡해졌다. 반공주의를 장착한 국제주의는 베트남전에 미국이 본격 개입함으로써 다시 한 번 폭발할 예정이었다.

한미동맹의 이데올로기적 근거, 곧 남한에서 반공체제를 성립시킨 근본원인이 해소되지 않는 한 쉽게 사라지지 않을 사회심리적 요인이 한미동맹에 더해졌다. 그것은 바로 반공보다 더 지독한 반북(反北)심리다. 이러한 독특한 사회심리적 상태야말로 세계적 차원의 냉전질서가 붕괴했음에도 불구하고 유독 한반도에서만 민주화 이후에도 반공의식에 기반한 한미동맹이 아무 일 없었다는 듯이 유지·강화된 이유를 잘 설명해준다. 한국전쟁 이후 미국에서 매카시즘이 기승을 부리고, 그에 따라 이승만이 세계적인 반공의 아이콘으로 부상한 것은 결코 우연이 아니었다.

2. 닉슨독트린, 한반도문제 해결을 위한 기회의 창

베트남전 종식을 내걸고 당선한 닉슨 대통령의 등장으로 국제질서가 요동치기 시작했다. 역대 정부와 비교해봤을 때, 닉슨 행정부의 외교정책 상의 변화가 두드러졌다. 닉슨 행정부는 전후 미국 외교정책의 기본노선이었던 봉쇄정책에 입각한 냉전형 국제주의를 시어도어 루스벨트 대통령 이후 미국 외교무대에서 종적을 감춘 현실주의 관점에서 재해석했다. 이로부터 등장한 게 바로 키신저의 삼각 외교 구상이다.

삼각 외교와 같은 발상이 닉슨 행정부 때 처음 등장한 것은 아니었다. 우리는 여기서 1953년 애치슨 국무장관이 애치슨라인 선언에서 대만을 제외한 의미를 복기할 필요가 있다. 애치슨 국무장관이 대만을 애치슨라인에서 제외했던 이유는 중국내에서 발생한 중국 공산당정권 등장이라는 정치변화를 고려해서 이에 대해 발 빠르게 대처할 필요성을 인정했기 때문이다. 이는 여건만 허락한다면 중국 공산당과의 관계개선을 통해 제2의 문호개방을 달성하겠다는 의지의 표현이었다(Kissinger, 2012: 155-159). 하지만 한국전쟁의 발발로 애치슨의 구상은 실현되지 못했다.

애치슨선언과 키신저의 삼각외교는 정치적, 이론적 배경 측면에서 다소 차이가 있다. 애치슨이 애치슨라인에서 대만을 제외했던 이유는 단지 장제스 국민당 정권의 힘이 약해져서가 아니라 대만정권이 부패하고 민주적 가치를 상실했기 때문에 미국이 더이상 방어할 의무가 없다고 판단했기 때문이다. 한마디로, 전형적인 국제주의 문법에 입각한 결정이었다. 이에 반해, 키신저의 삼각외교는 1960년대 들어 군사적 충돌까지 불사하며 악화일로를 걷던 중소분쟁을 그 배경으로 했다.

새로운 정세변화에 대한 키신저의 국제질서 구상은 핵전력을 포함하여 양국의 압도적인 군사력 우위를 기반으로 형성된 미소간 양극체제가 더이상 지속하기 어려울 것이라는 판단에 따른 것이었다. 핵무기를 보유한 중국의 등장으로 다극체제로의 전환이 불가피해졌다. 그렇다면 변화된 국제정세 속에서 미국의 전략적 입지를 어떻게 구축할 것인가가 키신저의 주된 고민이었다. 요컨대, 닉슨과 키신저는 미중관계 개선을 지렛대로 미국에 유리한 국제적 세력균형 구도를 만들고자 했다(마상윤·박원곤, 2010: 76).

키신저의 삼각외교는 과거 비스마르크가 오스트리아-헝가리 제국과 제정러시아를 상대했던 방식에서 아이디어를 얻었다. 비스마르크는 유럽에서 독일의 전략적 우위를 확보하기 위해 한편으로는 오스트리아와 군사동맹을 맺고, 다른 한편으로 러시아의 안전보장을 독일이 약속해주는 방식으로 러시아와의 '재보장 조약'에 서명했다. 비스마르크의 삼각외교 구상이 갖는 의미는 독일이 오스트리아와 러시아 가운데 어느 한 쪽을 군사적으로 지원하지 않는다면 오스트리아와 러시아 사이의 전쟁은 발생하지 않을 것이며, 이런 형태의 세력균형을 지속하는 한에서 독일의 전략적 우위는 물론 유럽 평화 역시 달성할 수 있을 것이라는 고도의 외교적 판단에 따른 것이었다.

키신저의 삼각외교 구상 역시 이와 유사했다. 미국이 중소분쟁을 활용하여 중소 양국과의 관계 회복은 물론 협력관계를 동시에 구축함으로써 중국과 소련 어느 한 나라에 비해 전략적 우위에 설 수 있다는 현실주의적 판단에 따른 것이다. 이럴 경우, 미국은 유럽과 동아시아에서 세력균형을 구축하는 문제에 있어 양국보다 항상 유리한 위치에 설 수 있으며, 천문학적 군사비용을 소모하지 않고서도 외교를 통해 전략적 우위를 확보할 수 있다는 계산이 나온다.

이것이 1970년대 들어 미국이 소련과의 긴장완화(Detente) 시도와 함께 중국과의 관계개선에 적극 나서게 된 배경이다. '핑퐁외교'로 상징되는 중국과의 관계 정상화 시도는 놀랄만한 외교적 성공을 거뒀다. 존 헤이의 '문호개방선언' 이래 2차세계대전 전까지 동아시아에서 구축했던 전략적 입지를 상당부분 회복했다. 이는 곧 중국 우선의 동아시아 정책을 재천명하는 계기로 작용했다.

닉슨 행정부의 중국 우선정책으로의 복귀는 냉전을 주도했던 봉쇄형 국제주의 노선과는 상당한 차별성이 있었다. 미국은 곧 중국 공산주의 체제를 공식 승인하고 대만과는 단교를 선언했다. 중국과의 국교수립에 이은 관계정상화는 미국이 전후 냉전시대를 통해 표방해온 가치 중심 외교와는 양립하기 어려웠다. 닉슨행정부의 중국과의 관계개선은 한마디로 현실주의 관점에서 시도된 것으로 동아시아에서의 세력균형이 주요 목표였다.

패닉에 빠진 박정희 정권

'괌 선언'으로 알려진 '닉슨독트린'이 한반도 정책전환의 신호탄이었다. 자본주의와 공산주의 진영의 이념 대결에 기초해서 유지돼온 전후 동아시아 질서에 닉슨독트린이 던진 충격은 가히 메가톤 급이었다. 특히, 한반도는 다른 동아시아 국가들보다 충격이 더 클 수밖에 없었다. 그 이유는 한국전쟁을 거치며 남한의 재정과 안보가 미국원조와 주한미군의 존재에 전적으로 의존해왔기 때문이다.

닉슨독트린은 안보정책 상의 중대한 변화를 예고했다. 그 핵심은 자국의 안보는 자국 스스로의 힘으로 해결할 수 있어야 한다는 것이다. 미국은 다른 나라의 운명에 미국이 개입할 의사가 없음을 선언했다. 한반도 공약과 관련하여 닉슨독트린이 갖는 함의는 미국이 한반도문제에 군사적으로 관여하지 않겠다는 의지를 천명한 것이다. 따라서 주한미군 철수가 일정에 오르는 것은 시간문제의 일로 여겨졌다.

닉슨독트린은 미국의 악화된 경제상황에 더해서 대통령, 의회 선거결과 등 워싱턴 정치의 향배에 따라 한미동맹의 해체로까지 이어질 수 있었다. 닉슨행정부의 초기 행동은 미군철수에 이어 한미동맹 해체까지 염두에 둔 게 사실이었다. 다급해진 박정희 정권은 패닉에 빠졌다. 박정희 정권은 닉슨독트린과 데탕트 시대의 도래로 요약할 수 있는 국제적 환경변화를 국내적 억압 수준을 제고하는 계기로 활용했다. 이 시기에 삼선개헌이 시도된 건 결코 우연이 아니었다. 이는 곧 유신체제라는 괴물을 낳았다.

　　박정희 정권은 국가안보와 정권안보를 동일시했다. 국가안위를 핑계로 박정희 정권은 안보위기론을 역설했다. 일방적으로 통보된 주한미군 철수와 때마침 터져준 월남패망이 안보위기론에 기름을 부었다. 박정희는 미군철수와 한미동맹해체라는 정권 최악의 시나리오에 대비해 핵무장과 남한의 군비를 단시일에 급격히 끌어올리는 '군 현대화계획'을 통해서 유신체제의 위기를 돌파하려 했다. 무리한 군사력 증강 시도를 위해 부가세인 방위세가 도입됐다. 국민들의 세 부담은 대폭 늘어났고 이에 비례해 민생고 역시 가중될 수밖에 없었다.

　　박정희 정권의 핵무장과 자주국방론에 대해 미국 정부는 심각한 우려를 표했다. 특히, 핵무장 계획에 대해서는 CIA 공작 차원에서 철저하게 대응했다. 결국, 플루토늄을 추출할 수 있는 재처리시설을 포기하는 대가로 미군철수계획 연기와 원자력발전소 건설이라는 당근책을 제시함으로써 독자적인 핵무장 계획을 무산시킬 수 있었다. 자주국방론에 대해서도 박정희 정권의 중화학공업화 계획이 세계적인 공급과잉을 초래하여 만성불황에 시달리던 국제경제의 위기를 가속화하는 계기로 작용할 것으로 간주하여 반대 입장을 분명히 했다.

　　미국이 박정희 정권의 자주국방론에 대해 신경질적으로 반응한데는 1970년대 오일쇼크로 인한 세계경제의 불안정성 증대와 종전 이후 세계적 차원의 공공재 공급 국가로서의 미국의 지위 하락이 주된 요인이었다. 고정환율제에서 변동환율제로의 변동을 가져온 달러의 태환정지 선언은 달러화를 유일기축통화로 정립한 '브레튼우즈 체제'(Bretton Woods system)의 붕괴를 상징했다. 이는 미국이 종전 후 도맡아왔던 국제경제적 공공재를 창출하는 역할을 더이상 할 수 없음을, 따라서 거시경제관점에서 국제경제체제를 관리할 수 없게 됐음을 의미했다.

미국은 박정희 정권의 핵무장계획은 철회시킬 수 있었다. 하지만 중공업으로의 산업구조 전환을 통한 자주국방 계획에 대해서는 일정정도 용인할 수밖에 없었다. 왜냐하면, 박정희의 중공업 중시 정책은 '잘살아보세'로 상징되는 남한사람들의 오랜 부강입국의 꿈과 연결됨으로써 대중적 호소력을 지니고 있었기 때문이다. 이런 측면에서 "유신과 중화학 공업화는 동일한 모반에서 탄생한 이란성 쌍둥이"(김형아, 2005)라는 지적은 어느 정도 근거가 있는 얘기다. 하지만, 급속한 중공업화는 고속성장을 지속해온 남한경제가 일찍이 경험해보지 못한 경제 불황을 야기하면서 박정희 정권을 붕괴시키는 사회경제적 요인으로 작용했다.

닉슨독트린과 키신저의 삼각외교로 상징되는 미국의 한반도 디커플링 정책은 언제나 그랬듯이 남한과 북한을 접근시키는 구심적 요인으로 작용했다. 남한과 북한은 동아시아 정세변화에 대응하기 위해서 최고위급 수준의 접촉을 시도했다. 그 결과로 나온 게 바로 '7.4공동성명'이다. 유신체제의 등장으로 빛이 바라긴 했지만, '자주, 평화통일, 민족대단결' 삼 원칙을 천명한 '7.4공동성명'은 남북이 한반도문제에 공동으로 대응할 수 있음을 보여준 긍정적 시도로 여겨졌다(Oberdorfer and Carlin, 2014).

닉슨독트린에 대응하기 위한 박정희정권의 안보위기론은 적실했는가? 1970년대 중반 남북한의 군사력 수준을 비교해보면 남한은 북한에 비해 결코 열세에 놓여있지 않았다(함택영, 1998: 179). 수치상으로도 남한의 군사력은 북한을 추월하며 상회하기 시작했음에도 불구하고 박정희 정권은 극단적 형태의 반공주의를 통한 안보위기론을 설파함으로써 정권 위기에서 벗어나려 했다.

박정희 정권의 안보위기론이 남한 대중들에게 일정한 호소력을 지닐 수 있었던 이유는 당시의 기성세대 대부분이 한국전쟁을 경험했기 때문이다. 전쟁의 상흔에 따른 냉전적 반공이데올로기가 이들의 정치의식을 지배했다. 그래서 닉슨독트린에 대한 대응 역시 어떤 건설적 논의도 봉쇄한 채

주한미군 철수반대로만 표출됐다. 닉슨독트린으로 상징되는 국제환경 변화를 한반도문제 해결의 기회로 삼을 수 있는 정치적 상상력의 부재를 절감하는 대목이다. 일본조차 미중수교로 상징되는 돌이킬 수 없는 동아시아 지역의 변화를 감지하여 1970년대에 이미 중국과의 국교정상화 시도에 적극적으로 나섰음에도 불구하고 말이다.

미국은 닉슨독트린이 제시한 미군철수를 끝까지 관철하지 못했다. 워터게이트 사건 파문으로 주한미군철수를 주도한 닉슨이 대통령직에서 물러났기 때문이다. 하지만 보다 근본적으로 키신저의 삼각외교는 비스마르크의 그것만큼이나 복잡하고 현란했기 때문에 양극화된 국제질서에는 잘 들어맞지 않았다. 폴 케네디(Paul Kennedy)는 "키신저가 그의 비스마르크식 곡예(juggling act)를 얼마나 계속 할 수 있을지 의문이 들었다"(Kennedy, 1989: 409)고 당시 상황을 회고했다.

이어 등장한 카터, 레이건 행정부는 닉슨의 현실주의에서 가치·이념 중심의 냉전형 국제주의 노선으로 복귀했다. 그럼에도 카터 행정부와 레이건 행정부 사이에는 정책적 차이가 있었다. 레이건 행정부는 인권외교를 중시한 카터 행정부와 달리 '힘에 기반한 국제주의'를 통해 소련과의 대결정책을 모색했기 때문이다. 군사력 우위에 입각한 소련의 팽창 억제를 목표로 하는 레이건 행정부의 외교안보정책은 1980년대 들어 신냉전을 초래했다.

레이건 행정부의 '힘에 기초한 국제주의'가 소련에 미친 가공할 위력은 10년 후의 공산권 붕괴로 여실히 드러났다. 레이건의 '힘에 기초한 국제주의'는 2차세계대전이 끝났을 당시, 새로운 국제질서를 모색하는 과정에서 미국의 외교정책으로 키신저가 적극 추천한 내용과 대동소이했다. 2차세계대전을 통해 조성된 미국의 압도적 힘에 기초해서 소련의 팽창을 단순 저지 할 게 아니라 후퇴시킬 수 있었다면 굳이 냉전으로 갈 것까지 없었다는 게 키신저의 주된 논거였다(Kissinger, 1994: 470-472). 이런 입장에 근거해서 키신저는 전후 미국의 봉쇄정책을 절반의 성공과 절반의 실패로 규정했던 것이다.

레이건의 힘에 기초한 국제주의 천명으로 미국의 동아시아정책과 한반도정책은 다시 결합(coupling)됐다. 레이건 행정부는 한미동맹을 한미일 삼각안보동맹으로 한층 업그레이드함으로써 동아시아 지역에서 소련에 군사적으로 밀리지 않겠다는 의지를 분명하게 드러냈다. 이로부터 남북한 사이의 적대와 냉전의식은 한층 더 강화됐다.

3. 주한미군 철수 논쟁과 한반도 평화

1882년 임오군란으로 청나라 군대가 들어온 이래 한반도에는 일본군, 소련군, 미군 등 주변 4강 군대가 번갈아가며 모두 주둔했다. 140년 가까운 기간이니 한반도의 얄궂은 운명이 아닐 수 없다. 특히, 미군은 1948년 정부수립 이후 철수했다가 한국전쟁이 발발하면서 지금까지 주둔하고 있다. 어찌보면 외군군대 주둔의 역사만으로도 한반도문제의 복잡성을 그대로 보여준다고 할 수 있다.

외국군대의 한반도 주둔 목적은 동일하지 않다. 이 가운데 미군은 해방 직후 점령군으로 들어왔다가 한국전쟁 이후에는 한미방위조약을 체결하고 동맹군 자격으로 남한에 머무르고 있다. 주둔 목적과 주둔군 성격이 급격히 변화된 사례에 해당한다. 한미상호방위 조약은 미군의 주둔 목적과 주둔 연한을 명확히 규정하고 있지 않다. 하지만, 미군의 주둔 요구가 있을 경우, 이를 거부할 수 없게 해 놓았다. '한미상호방위조약' 4조는 남한 내 미군의 기지설치 요구를 한국정부가 허락하고 미국이 이를 수락한다는 식으로 기이하게 규정함으로써 주한미군의 주둔시한을 무기한 허용한 셈이다.

해방 이후부터 정부수립 후 일 년의 철수 기간만 제외하고 80년 가까이 주둔하고 있으니 이쯤 되면 경험적으로도 미군이 영구주둔하고 있는 것이나 다름없다. 미군이 항상 주둔하고 있었기 때문에 한미간에는 큰 갈등이 없었던 것처럼 비쳐지지만 내부적으로는 주한미군 철수 문제를 둘러싸고 논란이 끊이지 않았다. 이렇게 본다면 주한미군 철수 문제가 한미관계에 최대 쟁점 가운데 하나였음이 분명해 보인다.

미군철수 문제가 지속적으로 부각된 가장 큰 이유는 다른 무엇보다 미군이 애초에 한반도에 주둔할 생각이 별로 없었다는 데서 비롯한다. 태평양전쟁이 끝나고 종전계획에 따라 점령군 자격으로 남한에 진주했지만 '계속 머무르기 위해서'가 아니라 정해진 임무를 마치고 '나가기 위해' 들어온 것이다. 그렇다면 여기서 쟁점이 되는 것은 미군은 왜 남한에 주둔하지 않고 곧장 철수하려 했는가 하는 점이다. 대부분의 연구는 주한미군이 일본이나 독일주둔 미군과 달리 끊임없이 철수나 감군 대상이 된 대표적 이유로 이들 나라들에 비해 한반도의 전략적 이해가 크지 않았기 때문이었던 것으로 간주한다(이춘근, 1996: 51-52).

이 견해는 미국의 대외정책에 대한 피상적 이해가 기초한다. 미국이 아무리 초강대국이라 해도 의회가 정한 국방예산 안에서 미군의 해외주둔 여부를 결정해야하기 때문에 군사전략적 고려에 의거해서 주둔지역 우선순위를 정하는 것은 주지의 사실이다. 하지만 미군의 해외 주둔지 선정은 단순히 군사적 고려에 의해서만 결정되지 않는다. 군사전략은 포괄적 의미에서 미국 외교정책의 하위범주에 속한다. 따라서 단순히 군사적 가치가 있다고 해서 미군이 모두 주둔하는 것은 아니며, 미군이 주둔하지 않는다고 해서 그 나라의 대외적 가치, 한마디로 정치적 가치가 반드시 떨어진다고 간주할 수 없다.

단적인 예로 미군이 일본에 주둔한 이유는 군사적 고려가 압도적이었다. 이에 비해 독일에 주둔한 것은 군사적 고려만큼이나 정치적 고려 역시 크게 작용했다. 한반도의 경우, 미군이 해방 직후 남한에 들어온 이유는 군사전략적 가치가 낮았음에도 불구하고 종전계획에 따라 점령군으로 주둔했

다. 한마디로, '무조건 항복론'을 관철하기 위한 정해진 점령목표에 따라 주
둔한 것이다.

정부 수립 이후 한반도의 정치적 가치를 높이 평가했음에도 미군이 철
수한 이유는, 봉쇄정책에 의거하여 일본을 군사적 기지국가로 만들겠다는
미국의 동아시아 정책이 확고해진 상황에서 주일미군만으로도 한반도에서
의 전쟁 억지력을 충분히 발휘할 수 있다는 판단에 따른 것이다. '애치슨선
언'으로 잘 알려진 애치슨 국무장관의 기자클럽 회견 연설을 읽어보면 미국
의 이러한 의도가 잘 드러나 있다.

미 육군 제24군단 소속의 7만 2000명 병력이 해방과 함께 남한에 주
둔한 이래 지금까지 총 다섯 차례의 미군 철수와 감군조치가 있었다. 제1차
철수는 1948년 9월부터 1949년 6월까지 495명의 군사고문단을 제외한 전
면적 철수였다. 1948년 8월 15일 정부수립 이후 미국은 일방적으로 그리고
비밀리에 주한미군 철수작업을 단행했다.

남한정부 수립 1년 전인 1947년부터 미국은 주한미군 철수 문제를 심
도있게 논의했다. 미군철수 문제를 두고 국무부와 전쟁부 사이에는 다소 입
장차가 있었다. 다만, 철수 시기와 방법의 문제였을 뿐 전면 철수라는 큰 방
향에 있어서만큼 별다른 이견이 없었다. 미군 철수를 둘러싼 정책검토는 3
개 부서에서 동시에 이뤄졌다. 국무부, 전쟁부, 해군부로 구성된 3부정책조
정위원회(SWNCC) 산하 '한국특별위원회(Ad Hoc Committee)'와 '웨드마이
어 사절단(Wedemeyer Mission)' 그리고 합동참모부(JCS)의 '합동전략조사위
원회(Joint Strategic Survey Committee)'가 바로 그것이다.

이 3개부서는 미군철수가 향후 한반도 안보에 미칠 영향에 대해 상이
한 평가를 하였다. 하지만, 미군철수라는 큰 방향에서는 동의가 이루어졌
다. 그 가운데 '합동전략조사위원회'는 남한의 낮은 전략적 가치와 병력부
족을 이유로 조기철수의 긴급성을 강조했다. 이에 비해 1947년 9월 19일
작성된 〈웨드마이어 보고서〉와 3부정책조정위원회 산하 '한국특별위원회'

가 작성한 〈SWNCC-176/30〉 보고서는 조기 철군이 초래할 위험을 지적하면서 이에 대한 보완 장치를 마련할 것을 건의했다.

위 논의를 배경으로 국가안전보장회의는 1948년 제9차, 제36차 국가안보회의에서 '주한미군철수에 관한 미국의 입장'을 다뤘다. 이를 통해 NSC-8(1948.8.2.), NSC-8/1(1949.3.16.), NSC-8/2(1949.3.22.) 등 세 종류의 문서가 작성됐다. 주한미군 철수를 다루고 있는 대표적 문서인 NSC-8은 결론부에서 미국이 취할 수 있는 행동방침으로 (a), (b), (c) 세 종류 대안을 나열한 후, 그 가운데 국무부와 총참모부의 절충안인 (b)안을 대통령에게 최종 건의했다.

> "(b) 악영향을 최소화하면서 한국에서 미국의 인적, 경제적 공약의 경감을 촉진하는 하나의 방침으로서 실제적 및 달성 가능한 범위 안에서 남한에 수립된 정부에 대한 지원 조건을 확립한다. 이와 같은 계획을 미국이 실행에 옮길 경우 북한군 또는 외국군에 대한 명백한 침략행위 이외의 어떤 다른 침략행위로부터도 남한의 안전을 수호할 능력을 갖춘 남한 군대를 구축하기 위해 미국은 철군에 앞서 남한 군대의 훈련 및 장비에 관한 필수적 조치를 취해야 한다(……)또한 남한경제의 붕괴를 방지하기 위해 남한에 대한 경제 원조를 제공해야 할 것이다"(MacDonald, 2001: 29).

NSC-8은 두 가지 이유에서 (b)안이 바람직하다고 판단했다. 첫째, 미국의 재정부담 경감이 가능하다. 둘째, 철군할 수 없을 정도로 남한에 깊이 관여하는 위험에서 벗어날 수 있다. 동 문서는 (b)안의 실현을 위한 구체적 조건으로 다음 두 가지 방안을 제시했다. ① 북한 또는 외국군대에 의한 명백한 침략행위 외의 모든 침략행위로부터 남한의 안전을 실질적, 효과적으로 방어하는 하나의 방법으로 남한 국방경비대의 확충, 훈련, 장비보급 등의 계획을 신속히 완수한다. ② 남한의 경제적 붕괴를 방지하기 위해 1949년도에 계획했던 "점령지역에서의 통치와 구제계획" 및 경제부흥계획을 완수한다. 이를 위해 미군 철수 이후 육군부가 충당했던 예상외 세출에 대한 의회승인을 요청한다. 이 외에도 NSC-8은 미군의 철수 시한을 1948년 12월 31일로 정하고 철군의 보완조치로서 한국군의 전신인 국방경비대 5만 병력에 대한 조직과 훈련, 장비 이양을 규정했다(MacDonald, 2001: 30).

한편, NSC-8/2는 1949년 3월 22일 제36차 국가안전보장회의에서 채택한 NSC-8/1을 수정한 것으로, 1949년 3월 23일 트루먼 대통령의 최종재가를 받았다. 전반적 정책목표는 동일했지만 NSC-8/2는 1948년 12월 31일까지 미군 철수 완료 일정에 대한 기존 계획을 수정해야 한다는 것을 주요 내용으로 다뤘다(MacDonald, 2001: 30). 이는 로벳(Robert A. Lovett) 국무차관이 국가안전보장회의에 주한미군 철수 재검토를 제안함으로써 NSC-8은 새로운 정책문서인 NSC-8/2로 대체하게 된 것이다.

국무부는 1949년 1월 25일 미군 철수의 완료시점을 연기하도록 육군부에 요청했다. 이에 따라 합동참모부도 맥아더 극동군 사령관에게 주한미군 철수 완료시점에 대한 의견을 구했다. 맥아더 장군은 회신에서, "미국은 한국군이 공산주의자들이 도발하는 국내 소요와 전면적 침략에 대처할 수 있을 정도의 수준으로 장비 및 훈련을 보장할 수 있는 능력을 갖추지 못했다"고 평가하면서도 "만약 심각한 군사적 위협이 발발할 경우, 미국은 한국군에 대한 적극적인 군사지원을 포기해야 할 것"이라고 보고했다. 이어서 잔류미군을 제헌의회 선거 1주년인 1949년 5월 19일까지 완전 철수할 것을 건의했다(Sawyer 1962: 37). 결국 주한미군 최종 철수시한을 둘러싼 논의는 1949년 3월 NSC-8/2에서 재논의에 들어갔다. 심의 결과, NSC-8/2는 국무부의 철수연기론에 따라 주한미군 철수 최종완료 시한을 NSC-8이 정한 1948년 12월 31일에서 1949년 6월 30일로 6개월 연기했다.

미국은 1949년 3월 22일 NSC 8/2를 통해 주한미군의 완전 철수를 결정했음에도 불구하고 이승만 대통령에게는 5월 17일에야 수주일 내에 철군 할 것임을 일방 통보했다. 그에 따라 당시 3만 명에 달했던 주한미군은 3차례에 걸쳐 본격적인 철군을 단행하여 1948년 말 1만 6000명으로 감축, 1949년 1월 7500명으로 재감축, 그리고 6월 30일 철수를 최종 완료했다(이원덕, 1990: 229).

주한미군 철수 사례 가운데 한미간 가장 논란이 컸던 철수 조치는 닉슨 행정부 시기의 세번째, 그리고 카터 행정부 시기의 네 번째 철수에 해당한다. 여기서 흥미로운 부분은 주한미군 철수를 단행한 이유에 있어 닉슨 행정부와 카터 행정부 간에는 상당한 차이가 있었음에도 한국정부는 미군 철수를 미국의 한반도 안보 공약 포기로 동일하게 해석했다는 점이다(마상윤·박원곤, 2010).

닉슨독트린과 3차 주한미군철수

닉슨 행정부에서 단행된 3차 주한미군 철수(1969-1971) 계획과 실행은 한반도는 물론, 동아시아 전체의 국제정치지형을 흔드는 일대 사건이었다. 무엇보다 닉슨 행정부의 주한미군철수 계획은 키신저 안보보좌관이 주도한 미국 외교 전략의 전반적 수정을 통해 이뤄진 것이기에 치밀했고 체계적이었으며, 따라서 그런 만큼 다른 어느 때보다 실행가능성이 높아 보였다.

1969년에 시작해서 1971년 3월에 완료된 제3차 주한미군 철수는 닉슨독트린에서 비롯했다. 일명 '괌 선언'으로 알려진 닉슨독트린이 발표된 1969년 7월 25일은 인류 최초로 달 착륙에 성공한 미국 왕복우주선 아폴로11호가 지구로 귀환한 날이었다. 이날 닉슨 대통령은 미국의 호네트(Hornet) 항공모함 선상에서 아폴로11호가 귀환하는 광경을 지켜본 후 미국령 괌에 도착했다. 그리고는 사전 예고도 없이 수행기자단과 회견을 갖고 아시아 전반에 대한 자신의 구상을 피력했다. 이것이 바로 '닉슨독트린'이다.

"앞으로 세계평화에 대한 가장 중대한 위협이 아시아에서 올 가능성이
높습니다. 이는 주로 침략정책을 추구하는 중공과 북한, 베트남 등에서
오는 위협이 될 것입니다. 아시아 국가들은 침략에 대비해 대미의존도
를 버리고 스스로 집단안보체제를 확립해야 할 것입니다(……)아시아
국가들이 자립하여 국내안보와 자국의 국방문제를 해결하게 되길 바랍
니다(……)미국은 아시아에서 철수하지 않고 계속 우방으로 남아 적절
한 경제원조를 지속할 것입니다. 그러나 미국의 군사 개입 및 군 지원계
획은 점차 축소할 예정입니다"(군사편찬연구소, 2002: 694).

'괌 선언'으로 통칭되고 있는 닉슨의 이날 발언은 1969년 1월 취임 후
키신저 안보보좌관과 함께 줄곧 구상해 온 아시아정책이 완성돼 가고 있
음을 의미했다. 아시아 지역에 대한 군사개입을 축소하려는 닉슨독트린은
1970년 2월 18일, '1970년대 외교정책'에 관한 백서를 통해 "어떤 나라의
안보도 경제도 미국 혼자서 떠맡을 수 없다. 세계 각국, 특히 아시아와 중남
미 국가들은 자국의 안보를 책임져야한다"고 선언했다.

닉슨은 이 백서에서 미국은 아시아 및 극동에 있어 첫째, 군사적 개입
빈도를 줄일 것이며, 둘째 우방국이 핵공격이 아닌 형태의 공격을 당할 경
우 미국은 군사 및 경제원조만 제공하며, 셋째 당사국은 미 지상군 병력을
기대하지 말고 1차 방위책임을 맡아야 한다고 천명했다(Trofimenko, 1989).
요컨대, 미국은 한국전쟁이나 베트남전쟁에서 한 것과는 다르게 아시아에
서 발생한 분쟁에 미 지상군을 투입하지 않겠다는 의지를 표현한 것이다.
주한미군 철수는 이러한 논리의 당연한 귀결이었다.

주한미군철수 계획에 대한 평가

닉슨이나 카터가 구상한 미군철수가 과연 한반도에 중대한 안보위기를 초
래할 정도였는가? 한미동맹의 문제를 단지 군사동맹의 관점에서만 파악하

는 게 올바른 접근일까? 한반도 안보의 문제를 이제 군사적 관점에서만이 아니라 정치경제, 생태환경 및 인간복지라는 포괄적 맥락에서 새롭게 정의 할 필요가 있는 것은 아닐까?

주한미군 철수문제와 관련해서 일정한 패턴이 존재했음을 알 수 있다. 먼저, 미군철수가 발표되면 이에 대한 후속조치로 남한 측에 상당한 반대급 부가 뒤따랐다. 닉슨행정부 시기 단행된 1971년도 미군철수의 경우, 주한 미군을 감축하는 조건으로 한국군 현대화를 위해 향후 5년간 15억 달러의 군사원조 제공 합의가 이루어졌다.

한미간에 합의한 '한국군 현대화 5개년 계획'에는 ① 탱크 500대에서 800대로 증강, ② 나이키, 어네스트 존 등 지대공 및 지대지 미사일 200기 인도, ③ 보병용 M-1 소총을 M-16 소총으로 대체하고 M-16의 한국 내 자 급공장 건설과 생산 승인, ④ F-86 전투기 130기를 F-5A 전투기로 전면 개선하는 등의 내용이 포함됐다(이상철, 2004: 241).

카터 행정부 시기에는 지상군 완전철수 계획에 따라 8억 달러 규모의 미 2사단 군사장비의 무상이전과 당시로서는 최첨단을 자랑하던 F-4 전투 기 1개 대대를 증강시킨 공군과 해군의 계속 주둔, 정보·통신·병참 관련부 대와 병력 유지, 미국 무기판매에 있어 한국에게 우선권 부여를 포함한 총 6 개 항의 보완조치에 합의했다.

1970년대에 추진된 두 차례의 주한미군 철수 역시 최초의 미군철수와 마찬가지로 한국정부와 아무 협의 없이 미국이 일방적으로 결정하고 사후 통보로 단행되었다는 특징을 지닌다. 이에 비해 남한에서 민주화가 진행된 1987년 이후에는 미 의회의 입법과정을 통해 철수계획의 법적 근거를 확 보하려 했다는 점에서 일정한 변화를 보였다. 탈냉전기인 1990년대 초반, 주한미군의 다섯 번째 철수계획이 '넌-워너 수정안(Nunn-Warner Amend-ment)'을 통해 마련됐다.

1989년 11월 미국 상하원 합동회의에서 민주당의 샘 넌(Sam Nunn)

의원과 공화당의 존 워너(John W. Warner) 의원이 공동 제출한 '넌-워너 수정안(주한미군감축 타당성 보고법안)'이 채택됐다. 이 수정안은 1990년 회계연도 국방예산 수권법에 포함된 부속 법안이다. 넌-워너 수정안은 미 행정부에 동아시아 및 한국 주둔 미 군사력의 위치와 구조, 그리고 임무를 재평가하고 한국 정부에는 스스로의 안보를 위해 보다 많은 책임과 비용을 부담하도록 요청한다는 것을 전제로, 주한미군의 부분적·점진적 감축 방안을 작성하여 의회에 보고하도록 요구했다. 그에 따라 1990년 4월 미 국방부가 3단계로 이뤄진 주한미군 철수계획을 담은 〈21세기를 향한 동아시아 전략구상〉을 제출했다.

동 보고서에서 미 국방부는 한국의 방위에서 주한미군이 맡아 온 '주도적 역할(leading role)'을 '지원적 역할(supportive role)'로 전환하겠다고 밝혔으며 주한미군의 시기별 3단계 감축 계획을 제시했다. 나아가 5년에서 최대 10년 내의 3단계 감축안에 따라 미군철수계획을 성공적으로 추진한다면 억제목적의 소규모 미군만 잔류시키고 한미연합사 해체를 검토했다(U.S. Department of Defense, 1990).

〈21세기를 향한 동아시아 전략구상〉에 따른 1단계 조치로 주한 미 공군 기지 3개를 폐쇄했으며 4만 4000명이던 주한미군은 1992년 말까지 6987명 철수하여 3만 7413명까지 감소했다. '넌-워너 수정안'에 따른 미군철수 계획에 있어서도 한국정부와의 형식적 협의절차만 있었을 뿐, 일방적으로 미군철수를 단행했다. 이때도 방위비 분담 문제를 일방적으로 결정했다는 점에서 이전 네 차례 철수계획 때 보였던 미국의 행동 패턴과 별 차이가 없었다.

위 사실을 종합해 봤을 때 다음과 같이 정리할 수 있다. 첫째, 주한미군 철수는 미국 정부의 전결사항이다. 둘째, 주한미군 철수에 따른 반대급부는 더이상 주어지지 않을 것이다. 셋째, 한반도 안보와 관련하여 한국정부의 책임이 더 커졌을 뿐만 아니라 미군의 주둔비용 대부분을 떠안아야 할 것이다. 결론적으로 한국정부는 주한미군 주둔 문제를 군사적 관점에서 접근해왔지만 사실은 대단히 정치적 문제였음을 발견할 수 있다.

정부수립에 이은 미군 철수를 포함하여 1970년대 미군 철수시기에도 남한과 북한 사이에 정치적으로 활용할 수 있는 열린 공간이 존재했음에도 불구하고 이를 제대로 활용하지 못했다. 미국이 한반도의 군사안보적 가치를 높게 평가할 때마다 남한에는 억압적 형태의 권위주의 정권이 집권했다는 역설을 직시할 필요가 있다. 요컨대, 주한미군 문제는 단순한 안보이슈가 아닌 한국의 민주화 의제와 직결되는 사항이다.

그간 한국사회에서는 주한미군 철수를 거론하는 것 자체로 무슨 금기라도 되는 양 여겨왔다. 한마디로, 주한미군 철수 문제는 일종의 성역과 같았다 해도 과언이 아니다. 이러한 사정은 민주화 이후에도 크게 달라 보이지 않는다. 주한미군 철수문제는 '넌-워너 수정안'에서 알 수 있듯이 부시 행정부 때, 10년 이내의 완전 철수로 가닥을 잡았었다. 그러다가 북핵 이슈가 돌출하면서 철수계획 역시 전면 중단됐다.

결국, 우리가 원하든 원하지 않던 간에 미국 내 정치·경제사정과 북핵문제의 진전에 따라 주한미군 철수에 대한 논란은 계속 제기될 수밖에 없다. 다른 건 몰라도 이제 확실한 것은 미군이 철수한다 해도 과거처럼 한국군 현대화를 위해서 반대급부를 더이상 제공하지 않을 것이라는 점이다. 그러기는커녕 미군 주둔비용 대부분을 오히려 남한 측에 전가하려 들 것이다. 이전 트럼프 행정부가 주한미군 문제를 다루는 태도 역시 이와 크게 달라 보이지 않았다. 위 두 가지 사항은 트럼프 행정부만의 문제가 아니라 '넌-워너 수정안'에서도 알 수 있듯이 주한미군과 관련한 민주당과 공화당 사이의 초당적 합의에 기초했기 때문이다.

이 시점에서 우리는 한반도 안보와 관련한 주한미군, 특히 미 지상군의 역할에 대해 재고해 볼 필요가 있다. 왜냐하면, 북한 핵이 완성단계에 도달하고 대륙 간 미사일이 미국 본토를 타격할 수 있는 기술적 수준을 갖춘 상태에서 미 지상군의 전쟁 억지력은 과거의 그것과는 큰 차이를 보일 수밖에 없기 때문이다. 게다가 북핵문제가 완전히 해결된 것은 아니지만, 적어도 2018년과 2019년 두 해에 걸쳐 미국은 대규모 한미연합훈련과 그에 따른 전략자산 전개를 중단했다. 북한 역시 핵실험 및 대륙간 탄도탄 발사시험을 중단한 상태였다.

문재인 정부 시기 세 차례의 남북정상회담이 열렸다. 전후 처음으로 두 차례의 북미정상회담이 개최됐다. 따라서 그 어느 때보다 한반도 평화를 위한 군비축소 문제에 대해 남북미 상호신뢰 속에서 진지하게 논의할 수 있는 우호적 여건이 마련된 셈이다. 이제 한반도의 항구적 평화를 위해 바람직한 주한미군의 역할이 무엇인지에 관해 우리 스스로에게 물어야 할 시간이 점점 다가오고 있다.

남한은 주한미군이 아니더라도 비율 면에서 세계 최고의 군사력 증강국에 속한다. 국방비 규모가 세계 5-6위권에 속하여 미국보다도 빠른 속도로 군비를 증강해온 것으로 알려졌다. 과연 무엇을, 그리고 누구를 위한 군비증강이란 말인가? 한반도 평화시대에 주한미군의 역할과 함께, 남북한의 군비축소 문제를 진지하게 고려해야 하는 이유가 바로 여기에 있다.

4. '주한미군지위협정'과 치외법권(治外法權)

주한미군지위협정(SOFA)의 조약적 근거

한미방위조약이 다른 방위조약과 구별되는 특징은 4조에서 미국에게 반(半)영구적으로 미군을 한국에 주둔시키는 권리를 인정하고 있다는 점이다. 미국의 한국에 대한 안보공약의 구체적 수단을 실제화하고 있는 4조는 "상호합의에 의해 결정된 바에 따라 미합중국의 육군, 해군과 공군을 대한민국의 영토 내와 그 주변에 배치하는 권리를 대한민국은 이를 허여하고 미합중국은 이를 수락한다"라고 규정해 유엔군과는 별도로 미군의 한국주둔의 법적 근거를 제공하고 있다. 그런데 4조는 미군이 한국의 모든 영토를 군사적 용도로 사용할 수 있도록 규정하여 '전 국토 기지 공여주의'를 채택하고 있다.

동 조약에 따라 제공된 미국 공여지는 주한미군 측에 일정한 시설과 구역에 대한 사용권을 공여한 토지로서, 미군이 배타적 사용권을 가진 '전용공여지'와 원래의 토지사용 용도에 지장이 없는 범위 내에서 미군이 사용권을 행사하는 '지역공여지', 군사훈련을 위해 임시로 미군에 사용권이 부여되는 '임시공여지'로 구분할 수 있다. 이는 주둔 미군 기지를 지도에 표식해서 특정 지역으로 한정하고 있는 일본의 경우와는 대조적이다. 주한미군의 존재로 파생하는 문제가 다양한 측면에서 발생함에 따라 주한미군의 법적 지위를 구체적으로 규율할 필요성이 한미방위조약체결 직후부터 지속적으로 제기됐다.

주한미군지위협정의 정의

한미행정협정으로 약칭되는 '주한미군지위협정(SOFA: Status of Forces Agreement)'은 각 국가간 군사협력과 동맹관계에 따라 군대의 파견 및 접수가 활발해지면서 군대의 파견국과 접수국간 외국군대의 주둔으로 야기되는 제반사항을 규정하기 위해 체결되는 국가간 행정협정을 의미한다. 보다 구체적으로 SOFA는 외국군대가 당사국의 동의를 얻어 그 국가에 주둔하는 경우 국제법상 일정한 특권과 면책을 인정받게 되는 데, 이 경우 주둔하는 군대 및 그 구성원의 법적 지위 등에 양국이 합의하는 협정을 지칭한다.

역사적으로 SOFA는 제2차세계대전 이후 냉전 대결구도 하에 미군이 동맹국 영토에 주둔하면서 군대 파견 및 접수에 관해 제도적으로 규율할 필요성에서 나온 것이다. 거시적 측면에서 주둔군지위와 관련한 국가간 행정협정은 UN헌장 제8장이 규정한 지역협력 체제의 발전과 군사기지 제도의 등장으로 발생한 문제를 해결하는 장치라 할 수 있다(이석우, 1995: 15).

SOFA가 규정하고 있는 내용은 주로 출입국관리체계, 조세 및 관세 면제, 형사재판권과 민사재판권에 관한 사항이다. 국제법상으로 외국 군대는 주둔국의 법률질서에 따라야하지만, 주둔국에서 수행하는 특수한 임무의 효율적 수행을 위해 쌍방법률이 허용하는 범위 내에서 일정한 편의제공을 보장하는 것이 곧 SOFA인 것이다. SOFA는 기본적으로 외국군대의 법적 지위문제에 관한 내용이 주종을 이룬다. 이는 전시 점령과 달리 2차세계대전 후에는 관련국들 간의 공동방위조약, 기타 군사기지협정에 따른 우호적 합의에 의해서 평시에도 미군이 타국 영토에 장기 주둔하는 일이 발생했기 때문이다.

주한미군지위협정(SOFA)의 체결 필요성: 치외법권 논란

미 군정시기와 한국전쟁 이후 한국에 주둔했던 미군을 비롯한 외국군이 저지른 민, 형사 상 범죄행위에 대한 한국의 사법권 행사는 매우 중대한 문제였다. 이에 더해 주둔 외국군이 한국의 시설과 토지를 이용하는 문제, 군인의 입·출국, 외국군대에 대한 관세, 세금 및 여타 특권과 면제 등에 대한 문제들이 제기되었다.

미군정 시기 주한미군의 지위를 규정하기 위한 한미간 최초협정은 1948년 8월 24일 체결된 '과도기에 시행될 잠정적 군사안전에 관한 행정협정'이다. 이 협정은 대한민국 정부가 수립됨에 따라 주한미군의 법적 지위문제가 제기되면서 체결한 것이다. 협정의 핵심 내용은 다음과 같다. 첫째, 미군 철수 완료시까지 주한미군사령관은 공동 안보를 위해 또는 한국군의 조직, 훈련 및 장비를 운용하기 위해 필요하다고 인정하는 한국군에 대한 전반적인 작전상의 통제를 행사하는 권한을 보유한다. 둘째, 미국 점령군의 철수를 완수하기 위해 필요하다고 인정하는 중요지역과 시설에 대한 통제권을 보유한다. 셋째, 미국 군인 및 군속, 그들 가족에 대한 전속 재판권을 미국 당국이 행사한다.

이 협정에 따라 출범 초기부터 한국군의 무기·장비 조달 및 군사훈련
은 미국의 지원에 의존할 수밖에 없었으며, 주한미군사령관은 한국군의 지
휘권과 기지 및 시설 사용권을 확보할 수 있었다. 또한 동 협정에 의해 위험
구역으로 규정된 38선으로부터 남쪽으로 5마일 이내 전 지역을 미군이 감
시, 관리하는 관할권을 행사하게 함으로써 이 지역에서의 한국의 행동은 제
한받게 되었다. 1949년 주한미군 철수 직후 주한 미 군사고문단이 미 외교
사절단과 함께 파견되었고 외교적 특권을 부여받았다.

한국전쟁에의 군사개입 직후 미국은, 미군 범죄행위에 대한 재판권을
포함하여 일체의 사법권을 미국에게 배타적으로 부여하는 각서를 교환하자
고 이승만 대통령에게 요청했다. 그에 따라 1950년 7월 12일, '대전(大田)협
정'으로 불리는 '주한미군 군대의 형사재판권에 관한 한미협정'이 체결됐다.

대전협정의 핵심은 미군 당국에게 배타적인 형사재판권을 부여한 것
이다. 대전협정은 한국 내에서의 미 군사조직 소속원의 범법행위에 대해 미
군법회의가 일방적인 사법권을 행사하며, 미군 또는 그 구성원에 대한 범법
행위로 인해 미군이 한국인을 체포할 경우 이 한국인들은 가급적 조속히 한
국측 사법당국에 이첩될 것임을 규정했다. 이 협정에 따라 주한미군은 미군
정 당시 미군이 행사했던 치외법권적 지위를 다시 보유하게 되었다.

한편, 1952년 5월 24일 체결된 유엔사령부와의 경제조정에 관한 협
정인 '마이어(Mayer) 협정'은 미군을 포함한 유엔사령부에 속한 개인과 기
관의 임무 수행에 필요한 특권과 면제 및 편의 제공의 권한을 부여했다. 대
전협정과 마이어 협정은 공통적으로 전시 상황에서 감내할 수밖에 없었던
불평등한 한미관계에서 파생한 미군의 특권적 지위를 인정한 사례였다. 무
엇보다 한국 전쟁 중에 미군 당국이 미군범죄에 대한 재판권을 배타적으로
행사할 수 있도록 허용했다. 1950년 대전협정과 1952년 마이어협정 등 불
평등 협정은 1966년 한미 SOFA가 체결될 때까지 그대로 유지됐다(외무부,
1966: 3).

　　1953년 이승만 대통령으로부터 정전협정 승인을 얻어내기 위한 양보의 일부로 덜레스 국무장관은 대한민국과 주한미군지위협정을 체결하겠다고 공개적으로 약속했다. 그러나 SOFA 체결은 한미 상호방위조약 체결 이후 13여년에 걸친 수많은 협상 끝에 1966년이 돼서야 이루어졌다. SOFA 협상을 요청하는 최초의 한국 외무부 문서가 1954년 말 미국에 처음 전달된 이후 13년 동안 주한미군 지도자들은 미군에 대해 한국의 사법권에 따르게 하거나 한국의 재산권에 복종하게 하는 어떤 형태의 구속력있는 행정협정 체결에 반대했다. 워싱턴 당국도 한국의 법률 및 사법절차가 적절치 못하고 미 의회와 여론이 반대하고 있다는 점을 거론하면서 협상에 소극적인 태도를 취했다.

　　미국이 SOFA 체결에 미온적 데는 보다 근본적 이유가 있었다. 비단 한국에서뿐만 아니라 독일 등 유럽이나 일본 주둔 미군의 지위와 관련한 SOFA 협정 일체에 대해 미국은 부정적 태도를 보였다. 나토 창설 당시부터 미군이 주둔한 지역의 국가와 미군의 지위와 관련한 별도의 행정협정을 체결할 것인가와 관련해 미국 안에서는 이미 상당한 정치적 논쟁이 있었다. 그것을 주도한 사람은 바로 브리커 상원의원이었다. 브리커 상원의원은 나토를 포함한 연방정부의 조약체결권을 제한하기 위한 헌법수정안을 수차례 제출한 전례가 있던 인물이었다.

　　사실, 나토를 창설한 이유만 놓고 본다면 유럽안보가 미국 안보와 긴밀히 연관된다는 현실 인식아래 양 지역의 공동 이익을 실현하기 위한 것이었다. 따라서 나토가 원활하게 작동하기 위해서는 미국과 유럽 모두, 주권의 일정한 포기 내지 일부 주권의 침식은 피할 수 없는 일로 여겨졌다. 하지만 유권자를 상대해야 하는 미국 정치권의 목소리는 이와는 사뭇 달랐다. 그들의 논리는 미군의 유럽주둔은 서유럽국가들을 방어하기 위한 것이지 미국의 안보이익과는 별 상관이 없다는 것이었다.

　　고립주의 성향의 미국 정치인들은 해외 주둔 미군 역시 미국헌법에 따라 시민적 자유와 권리를 유보 없이 누릴 수 있어야하기에 해외 주둔 미군의 지위 또한 미 국내법 근거에 따라 행사되어야 한다고 목소리를 높였다. 예를 들어, 유럽 주둔 미군이 범죄를 저지를 경우, 동맹국이 아닌 미국의 사법 시스템에 따라 재판받을 수 있어야 한다는 것이다. 이 주장은 유럽에 주둔하고 있는 미군 지위와 관련하여 '치외법권(治外法權, extraterritoriality)'을 요구한 것이나 다름없었다(Kaplan, 1992: 22).

아이젠하워 대통령은 브리커 상원의원의 치외법권 주장을 일축했다. 왜냐하면, 나토조약에 따른 유럽주둔 미군은 점령군이 아니라 미국과 유럽의 공동안보를 실현하기 위해 존재하는 것이었기 때문이다. 요컨대, 주둔군지위협정에 담긴 정치적 의미는 미군이 주둔한 국가에서 다소의 주권의 유보는 동맹의 실현을 위해 치러야 할 비용이라는 것이다. 해외 주둔 미군의 지위와 관련하여 독일이나 일본, 한국 할 것 없이 크고 작은 사고는 물론, 정치적 잡음이 끊이지 않았다. 하지만, 주둔군지위협정 자체만 놓고 봤을 때는 미국과 주둔국 사이의 이익의 균형을 확보하기 위해 양측 모두 주권을 일정 부분 양보했다는 사실을 이해할 수 있다.

SOFA 체결과 관련한 미국 조야의 입장이 변화함에 따라, 한국정부는 1959년 6월 한국 내 미군 시설과 구역에 관한 협정을 논의하자고 제안했다. 미 의회는 1961년 3월, 덜레스 장관이 약속한 대로 주한미군지위협정을 조기에 체결할 것을 결의했다. 왜냐하면 한미방위조약 가(假)조인 당시 주한미군 지위와 관련한 문제는 한미방위조약과는 별도로 교섭하기로 합의한 전례가 있었기 때문이다. 이에 기초하여 한미당국은 1962년 9월 20일 제1차 실무자회의부터 1966년 제82차 회의까지 총 82회에 달하는 장기 협상 끝에 최종합의에 도달했다. 그 결과, 1966년 7월 9일 한미 양국이 주한미군 지위협정에 서명했다. 동 협정 체결로 1950년에 맺어진 대전(大田)협정과 1952년의 마이어협정은 자동 폐기됐다.

4년여의 협상과정에서 주요 쟁점은 사법권과 유엔군이 사용한 한국내 자산에 대한 보상 문제였다. 사법권 문제에 있어서 한국은 미국이 일본, 대만, 필리핀과 체결한 협정과 비교함은 물론 절대적으로도 동등한 주권의 보장, 그리고 미군 범죄행위의 통제수단을 요구했다. 결국 이러한 쟁점에 관해 독일 행정협정 원칙에 따르기로 합의했다. 1966년 7월 9일, '시설과 구역 및 대한민국에서의 미군의 지위에 관한 협정(SOFA)'이 체결되어 1967년 2월 9일 발효했다. 흔히 '한미행정협정'으로 일컬어지는 동 협정은 전문과 본문 31개 조항 외에 합의의사록, 합의의사록에 대한 양해각서 등 3개의 부속합의서와 함께 주한미군의 법적 지위에 관한 한미간 합의를 문서화했다.

한미 SOFA 개정 요구

한미 SOFA는 한미동맹체제의 법적 근간인 상호방위조약을 구체화하기 위한 협정이라는 점에서 그 중요성이 인정되었다. 한미 SOFA는 주한미군이 군사작전에 대한 원활한 임무수행을 위해 일정 범위의 특권과 면제를 규정한 것이다. 그러나 NATO 협정의 틀과 크게 다를 바 없는 협정 본문과 달리 합의의사록과 양해사항의 내용이 본 협정을 제한한다는 측면에서 문제가 제기되어 한국은 SOFA 개정을 지속적으로 요구했다.

한미 SOFA가 체결된 1960년대 한미관계는 미국의 압도적 영향력으로 특징 지워지는 시기였다. 따라서 한미행정협정의 불평등 조항에 관해서 한국측은 이의를 제기할 엄두조차 내지 못했다. 하지만 1970년대와 1980년대를 거치면서 한국은 급속한 경제성장과 함께 민주화가 진전되고 시민의식이 발전하면서 불합리한 조항 개정문제를 제기하게 되었다. 그 주된 이유는 주한미군 병사들에 의한 지속적인 범죄사건으로 인해 한미 SOFA가 한미동맹관계를 저해하고 있다는 비판이 제기되었기 때문이다. 이러한 국민적 요구에 따라 한국정부는 다양한 관점에서 불평등조항에 대한 개정을 촉구함으로써 SOFA 개정에 관한 한미간 협의가 이루어졌다. 일련의 협의 과정을 거쳐 1991년 2월 1차 개정이, 그리고 2001년 4월 2차 개정이 이루어졌다.

한미 SOFA 1차 개정(1991)

1991년 2월 1일 1차 개정된 한미 SOFA는 한국측이 개별사건에 대해 능동적으로 재판권 행사 의사를 표명하지 않는 한 미국측이 재판권을 행사한다는 교환각서를 폐기한 내용이 핵심이다. 개정합의서는 종전의 한미 SOFA와 합의의사록을 그대로 두되 합의양해사항과 교환각서를 폐기하고 이를 '개정양해사항'으로 대체했다. 따라서 교환각서에서 규정한 형사재판권의 자동 포기조항이 폐지됐다. 또한 계엄 하에서 미국이 주한미군의 구성원, 군속 및 가족에 대한 배타적 재판권을 행사할 권리를 가졌던 이전 내용을 한국의 재판권 행사요청이 있을 경우, 우호적으로 고려하도록 개정했다.

한미간 SOFA 개정협의와 관련해 형사재판 관할권을 비롯한 여러 분야가 현안으로 대두했다. 먼저 형사재판 관할권과 관련해서는 SOFA 제22조는 타방 당사국으로부터 재판권 행사에 관해 권리포기 요청이 있을 경우, 이 요청에 대해 호의적으로 고려한다고 되어 있다. 그런데 합의의사록에는 미군 요청이 있으면 한국은 재판권을 행사할 1차적 권리를 포기한다는 내용을 그대로 두고 있어 미군 범죄에 대한 한국당국의 적극적인 사법권 행사가 방해받고 있다고 할 수 있다. 다만, 개정 양해사항을 통해 한국측의 사법권 행사 결정 및 포기 절차를 구체화함으로써 미국이 요청하면 재판권이 자동으로 포기되는 것이 아님을 분명히 한 점은 특기할 사항이다.[52] 또한 미

---

52 "양해사항 제3항 (다) 1. 일방 당사국이 타방 당사국의 일차적 관할권 포기를 요청하고자 할 경우, 해당 범죄의 발생을 통보받거나 달리 알게 된 후 21일을 넘지 아니하도록 가능한 한 빠른 시일 내에 이를 서면으로 요청하여야 한다. 2. 일차적 관할권을 가지는 당사국은 서면 요청을 접수한 후 28일 이내에 동 요청에 대한 결정을 하고, 이를 타방 당사국에게 알려 주어야 한다. 3. 특별한 이유가 있을 때, 일차적 관할권을 가지는 당사국은 본래의 28일의 기간이 종료되기 전에 당해 사안을 확인하면서 통상 14일을 넘지 아니하는 특정 기간의 연장을 요구할 수 있다. 4. 일차적 관할권을 가지

군 범죄자에 대해 구속수사를 할 수 없게 한 제22조 5항이나 1심에서 무죄로 판결나면 한국 검찰이 항소나 상고하지 못하도록 한 합의의사록과 미군의 공무 상 범죄에 대해 한국이 재판권을 행사할 수 없게 한 제22조 3항의 규정은 대한민국의 사법권을 침해하는 불평등한 조항으로 지적할 수 있다.

민사청구권의 내용은 1991년 개정에서는 논의조차 되지 않았다. 한미 SOFA 제23조는 미군 주둔에 관하여 한미간 상호 호혜 원칙에 입각해 일정 경우 민사청구권을 포기해 책임을 상호 면제토록 했다. 하지만 주한미군 경상경비에 대해 일정비율을 한국측이 부담하고 있는 사실을 감안했을 때 미군 책임이 명백한 경우 미국이 일체 부담한다는 원칙규정을 둬야하며, 책임이 불분명하거나 한국과 책임이 중복되는 경우 일본 사례처럼 상호협의를 통해 처리하는 방향으로 개정이 이뤄져야 한다는 비판이 제기됐다.

미군 시설 및 기지 사용에 관한 문제에 있어서는 한미방위조약과 한미 SOFA에 의해 주한미군에게 기지, 훈련장, 탄약고 등의 용도로 공여된 토지는 1969년 당시 277개소 4억3천300만평에 달했다가 2002년 3월 기준으로 96개소 7천440만평으로 대폭 축소됐다. 이 가운데 주한미군이 전용시설로 사용하는 부지가 약 4천만 평, 그 이외 지역권으로 사용하는 것이 약 1천만 평, 임시 사용하는 것이 약 3천만 평이다. 그런데 주한미군기지 대부분이 도심지역에 위치하고 있어 시민들의 불만과 민원을 야기했으며, 사유지 소유주들의 토지반환과 임차료 지불 요구가 지속적으로 증가했다.

부지사용과 관련하여 일본의 경우, 사유지 임대보상에 의한 지원인데 반해 한국은 무상공여 형식을 취하고 있다. 또한 주한미군이 한국군 소유의 훈련장, 부두, 공군기지 등을 사용하는 데 있어 시설의 운영유지비 부담을

는 당사국이 관할권을 행사하지 아니하기로 결정하거나 연장 기간을 포함하여 정하여진 기간 이내에 그 결정을 타방 당사국에 통보하지 아니할 때에는 요청 당사국이 경합적 관할권을 행사할 수 있다.”

면제하고 있다. 한미 SOFA 제2조 3항은 합동위원회 합의조건에 따라 유휴지 반환을 규정하고 있다. 이 규정에 따라 1991-1994년간 미군이 반환한 땅은 약 250만평이고 한국측의 신규 공여지는 약 30만평 가량이다.[53] 그런데 미군이 사용하지도 않으면서 반환하지 않은 땅이 있다는 문제점이 지적되었다. 따라서 한미공동조사를 통해 사용하지 않은 땅은 반환받을 수 있도록 하는 조항개정이 요구되었다.

특례조항에 관한 사항으로, 일반적으로 동맹국에 주둔하는 외국군이 향유하는 특권과 면제에는 접수국의 형사 및 민사관할권을 면제받는 것 외에도 노무, 출입국, 통관, 관세, 과세 등에 대한 특혜와 면제가 포함된다. 노무와 관련해 주한미군 내 한국인 노동자에 대한 미군 당국의 부당한 권리 침해 문제는 노동자의 권익보호라는 차원에서 재검토할 필요성이 제기됐다.

한미 SOFA 2차 개정(2001)

1991년 2월 한미 SOFA 개정합의안에서는 불평등 성격의 양해사항과 교환공한을 폐기하는 등 일부 내용을 변경했으나, 주한미군 범죄에 관한 형사재판권 문제를 중심으로 한국사회의 개정 요구가 강력히 제기됐다. 특히, 1992년 윤금이 양 살해사건, 1995년 서울 지하철 난동사건 등으로 SOFA의 전면개정 여론이 비등해졌다. 1995년 11월부터 개시되었던 개정협상이 일시 중단됐다가 2000년 이태원 여종업원 살인사건, 매향리 사격장 문제, 독극물 방류 사건 등이 터지면서 협상이 재개되어 형사재판권, 한국인 노동자 권익보호, 주한미군 환경문제 등 한미 SOFA 전반에 걸친 포괄적 논의를 통해 2001년 4월 1일 SOFA 2차 개정이 이뤄졌다.

2차 개정된 SOFA 내용을 분야별로 살펴보면 다음과 같다. 첫째, 재판

---

53 한국이 미군기지로 공여한 토지 등 자산규모에 대해서는 자세한 내용은 이상철(2004, 130-132) 참조

관할권과 관련, 미군의 재산과 안전, 미군 구성원의 재산과 신체에 대한 범죄 및 공무 집행 중의 과실에 한해 미국이 1차적 재판권을 행사하고 기타 범죄에 대해서는 한국이 1차적 재판권을 행사토록 하고 있다. 피의자의 신병 인도시기와 관련하여 살인, 강간, 방화, 마약거래 및 제조 등 12개 중대 범죄에 대해 재판 종결 후 인도에서 기소 시점 인도로 개정했고, 체포 시 계속 구금권 규정 및 대물 교통사고 형사입건 규정을 신설했다.

하지만 미군 범죄자의 신병인도 시기가 기소 시점으로 앞당겨졌음에도 불구하고 12개 중대형 범죄에 한정해 있고, 체포 시 계속 구금권 관련해서도 "살인과 같은 흉악범죄 또는 죄질이 나쁜 강간죄를 범하였다고 믿을 상당한 이유가 있고, 증거인멸·도주 또는 피해자나 잠재적 증인의 생명·신체 또는 재산에 대한 가해 가능성을 이유로 구속하여야 할 필요가 있는 때"('합의의사록' 제5항 (다)에 관하여-2)로 조건을 까다롭게 해 놓아 구금권 행사를 사실상 유명무실하게 한 측면이 있다.

2002년 6월 양주군에서 미군 전차 훈련도중 발생한 여중생 사망 사건과 같이 '공무중 범죄'라고 주장하는 사건에 대해서는 미군 측이 1차 재판권을 무조건 행사하게 되어 있다는 문제점이 여전히 남아있다. 청구권과 관련해서도 공무 집행 중 양국 군대의 재산에 대해 발생한 손해나 양국 군대의 구성원이 공무집행 중 입은 부상과 사망에 관해서는 상호 간 청구권을 포기하며, 미군이 민간재산 및 인원에 손해를 가한 경우는 한국 법령에 의거하여 청구권을 제기하여 심사 및 재판을 행사하도록 했다.

둘째, 한국측 요구로 환경조항이 신설됐다. 합의의사록을 통해 미국측은 한국의 환경법령을 존중하며, 양국 환경법령 가운데 보다 엄격한 기준에 따라 미군 환경관리지침의 2년 또는 수시로 검토·보완하고, 환경관련 정보 공유 강화 및 공동조사를 위한 미군기지 출입절차 마련, 정기적인 환경관리 실적 평가 및 주요 오염의 처치 및 치유 등을 규정하고 있다. 그러나 환경 피해 발생 시 구체적인 변제책임을 미군 측에 요구할 수 없다는 근본적 한계에 대한 비판이 지속적으로 제기되고 있다.

셋째, 미군부대 내 한국인 노동자의 근로조건과 관련하여 한국 노동법령의 적용 배제 규정의 구체화, 노동쟁의의 신속한 해결 보장, 정당한 사유 이외 해고 금지, 한국인 노동자의 독점적 고용보장 등 고용안정을 위한 법적 근거 마련 등 상당부분 개정이 이뤄졌다. 기타, 민사 소송절차와 관련해 소송서류 송달, 법정 출석 및 증거 수집, 강제집행 등의 규정 및 SOFA 합동위원회 합의절차에 따라 미군의 부식(副食) 용도 동·식물에 대한 공동검역 규정을 신설했다.

넷째, 시설 및 구역의 공여 및 반환과 관련해 한미상호방위조약 제4조에 따라 시설 및 구역 사용을 주한미군에게 공여하고 있다. 2차 개정 SOFA는 SOFA 합동위원회 산하의 '시설구역분과위원회'가 더이상 필요 없는 시설 및 구역을 반환할 목적으로 년 1회 이상 모든 공여지에 대해 합동으로 실사하도록 했고, 공여지 용도 변경 시 통보 및 협의 등 사용하지 않거나 사용계획이 없는 경우에는 반환하고, 공여지 침해 방지 및 공여지 내 시설 건축 시 사전 통보 규정을 신설했다.

요약하면, 2차에 걸쳐 개정된 현행 SOFA는 형사재판 관할권, 환경조항 신설 등 한국측 주장이 상당부분 반영되었다. 하지만, 신설된 환경조항과 같이 SOFA 내용이 선언적, 추상적이고 전제조건 등으로 왜곡되어 있어 실제 운용 면에서 큰 변화를 기대하기 어렵다는 비판이 제기됐다. 오히려 미군 피의자의 법적 권리보호를 명분으로 미국측의 편의와 특혜를 상당 정도 인정했다는 점과 공여지가 침해된 경우에도 한국측이 침해 제거조치를 취하고 미국측에 행정지원을 제공하기로 한 것은 한국에게 불리한 규정이라고 지적된다.

1991년과 2001년, 두 차례에 걸쳐 개정된 한국의 SOFA는 1960년 1월 체결되어 오늘에 이르고 있는 일본 SOFA나 1959년 8월 체결 이후 개정된 독일 SOFA와 비교할 때 유사한 내용과 수준을 담고 있다. 형사재판권이나 환경 및 시설·구역 공여 및 반환 규정만 놓고 본다면, 한국 SOFA가 두 나라의 그것에 비해 한국측에 다소 유리한 편이다. 하지만, 미군 기지를 지도에 표식해서 특정 구역에 한정하고 있는 독일, 일본과 달리, 우리나라는 국토 전체를 미군기지로 사용할 수 있도록 양허한 관계로 그만큼 양국 간에 조정해야 할 현안이 다수 발생할 수밖에 없다는 면에서 어느 정도는 불가피한 것이다.

현재 미국은 세계 80여개 나라와 SOFA 협정을 체결한 상태이다. 미군이 주둔하고 있는 개별 나라들의 법과 제도는 국가 별로 차이가 나고 고유한 특징을 지니고 있으므로 나라별로도 당연히 SOFA에 차이가 있기 마련이다. 그러므로 국가별로 SOFA를 일률적으로 비교하여 불평등 여부를 따지는 것은 큰 의미가 없다. 다만, 현 SOFA 규정에서 비판이 제기되고 있는 형사 및 민사재판권 문제, 공여지 문제 등 SOFA 자체의 불합리한 조항으로 지적받고 있는 사항에 대해서는 대한민국의 주권과 국민정서를 존중하는 방향으로 합리적이고 점진적으로 개선할 필요성이 있다.

깨어있는 시민의식이 무엇보다 중요하다. 미군 훈련 도중 궤도차량에 의해 사망한 미선효순 양 사건 및 사고를 저지른 미군들에 대한 불공정한 재판과정에 항의하기 위해 모여든, 2002년 12월 전국 규모의 대규모 촛불집회를 계기로 대대적인 SOFA 개정운동이 전개됐다. 여론조사 결과 미국에 대한 호감도가 최악으로 내려앉았고 반미감정 역시 최고조에 달했다.

일반시민들까지 참여한 대규모 항의 시위에 사에 화들짝 놀란 한미당국은 'SOFA 운영개선 특별대책반'을 구성·운영하고 SOFA의 형사재판권, 환경, 교통, 동식물 검역, 연합토지관리 계획 등 SOFA 이행분야에서 제기되고 있는 각종 문제점을 개선해 나가기로 합의했다. 한미 당국은 2002년 12월부터 SOFA 운영개선을 논의한 결과, 2003년 5월 30일 한미 SOFA 합동위원회를 개최하여 SOFA 운영개선 방안과 관련하여 다음과 같은 양측 합의사항을 발표했다.

첫째, 주한미군 훈련 중 발생한 여중생 사망사고와 관련하여 미군 측에서는 주한미군 부대의 훈련 및 차량이동시 사전 통보를 의무화하고, 미군 부대 이동에 대한 규정을 보완하며 장비의 개선조치를 취하기로 했다. 이에 한국측에서는 주한미군 훈련장 주변 도로를 확장하고 보수하는 개선조치와 함께 교통안전시설을 보강하기로 합의했다.

둘째, 환경분과위에서는 '연합 토지관리계획(LPP: Land Partnership Plan) 협정'[54]에 의해 반환되는 주한 미군기지의 환경에 대해 공동조사하고, 환경오염 문제의 처리절차를 제도화하고 오염제거의 책임이 미군 측에 있다고 규정하는 등 오염 치유절차에 대해 합의했다.

셋째, 형사분과위에서는 초동수사의 협조 강화 방안으로서 사고현장에 공동으로 접근하며, 미군 측 대표의 24시간대기 및 1시간 출석에 합의했다.

넷째, 민사청구분과위에서는 미군이 공무중이 아닌 상황에서 사건, 사고 발생 시 치료비와 장례비 등을 신속하게 우선 지급하도록 했다.

다섯째, 교통분과위는 주한미군의 개인 소유차량에 대한 관리개선조치로서 SOFA 번호체계를 일반차량 번호체계와 통합하고, 차량의 책임보험 가입을 의무화했으며, 차적 전산자료를 한국측이 통합 관리하도록 했다.

여섯째, 노동분과위에서 한국인 노동자의 노동쟁의 관련하여 중앙노동위에서의 세부 조정절차 마련에 합의했다. 또한, 한국측은 주한미군의 물

---

[54] 2002년 3월 29일, 한국 국방부 장관과 주한미군사령관 간에 주한미군이 사용하고 있는 시설 및 훈련지역을 재조정하기 위한 '연합 토지관리계획 협정'을 체결하여 전국 28개 주한미군기지와 시설 214만평, 훈련장 3개 지역 3,900만평 등 총 4,100여만 평이 단계적으로 한국에 반환되고 한국은 미군기지 통폐합을 지원하기 위해 신규 토지 154만평을 미군 측에 공여하기로 합의했다. 2011년까지 10년 동안 장기적으로 추진되는 LPP에 따라 한국은 이전을 요구한 9개 기지의 대체 시설에 대해 건설 및 부지를 제공하며, 한국군 훈련장을 미군과 공동사용하게 되었으며, 현재 총 7,400여만 평의 주한미군 공여지는 2011년까지 3,200만평으로 조정되는 한편, 주요 미군기지는 2010년까지 전국 41개에서 23개 기지로 통폐합됐다.

㈬ 이용 부담금 부과, 동식물 검역 등에 대한 문제를 SOFA 합동위의 협의 과제로 제기하여 협의하기로 했다.

정리하면, 한미동맹의 법적 근거가 되고 있는 한미상호방위조약은 세계 최강대국 미국의 입장에서는 그다지 체결 필요성을 느끼지 않은 조건에서 체결한 것이다. 그래서 한국이 외적으로부터 침공 당할 경우 미군이 자동 개입할 근거조항을 마련해 놓지 않았던 반면, 미군은 대한민국 영토에 영구 주둔할 수 있는 법적 근거를 확보했다. 당시의 안보상황 상 불가피한 측면이 있었지만, 한미방위조약이 그 성격에 있어 비대칭 또는 불평등조약임은 주지의 사실이다.

향후 한반도 외교·안보상황이 개선되어 주한미군의 주둔 필요성에 대한 명분이 약화될 경우 한국 국민들로부터 현 방위조약의 개정 내지 새로운 조약체결 요구가 제기될 가능성이 크다. 이 점을 고려하여 한국과 미국 정부는 미래 한미동맹의 성격과 역할·기능·지휘구조 등을 설계하는 과정에서 새로운 한반도 안보상황을 반영하는 형태로의 현행 한미상호방위조약의 개정, 폐지 내지 새로운 조약 체결문제를 다각적으로 검토하고 전향적으로 대처할 필요성이 있다.

한미상호방위조약

본 조약의 당사국은,

모든 국민과 모든 정부가 평화적으로 생활하고저 하는 희망을 재확인하며 또한 태평양 지역에 있어서의 평화기구를 공고히 할 것을 희망하고,

당사국중 어느 1국이 태평양 지역에 있어서 고립하여 있다는 환각을 어떠한 잠재적 침략자도 가지지 않도록 외부로부터의 무력공격에 대하여 자신을 방위하고저 하는 공통의 결의를 공공연히 또한 정식으로 선언할 것을 희망하고

또한 태평양 지역에 있어서 더욱 포괄적이고 효과적인 지역적 안전보장조직이 발달될 때까지 평화와 안전을 유지하고저 집단적 방위를 위한 노력을 공고히 할 것을 희망하여 다음과 같이 동의한다.

제1조

당사국은 관련될지도 모르는 어떠한 국제적 분쟁이라도 국제적 평화와 안전과 정의를 위태롭게 하지 않는 방법으로 평화적 수단에 의하여 해결하고 또한 국제관계에 있어서 국제연합의 목적이나 당사국이 국제연합에 대하여 부담한 의무에 배타되는 방법으로 무력으로 위협하거나 무력을 행사함을 삼가 할 것을 약속한다.

제2조

당사국중 어느 1국의 정치적 독립 또는 안전이 외부로부터의 무력공격에 의하여 위협을 받고 있다고 어느 당사국이든지 인정할 때에는 언제든지 당사국은 서로 협의한다. 당사국은 단독적으로나 공동으로나 자조와 상호원조에 의하여 무력공격을 저지하기 위한 적절한 수단을 지속하며 강화시킬

것이며 본 조약을 이행하고 그 목적을 추진할 적절한 조치를 협의와 합의하
에 취할 것이다.

제3조

각 당사국은 타 당사국의 행정 지배하에 있는 영토와 각 당사국이 타 당사
국의 행정 지배하에 합법적으로 들어갔다고 인정하는 금후의 영토에 있어
서 타 당사국에 대한 태평양 지역에 있어서의 무력공격을 자국의 평화와 안
전을 위태롭게 하는 것이라고 인정하고 공통한 위험에 대처하기 위하여 각
자의 헌법상의 수속에 따라 행동할 것을 선언한다.

제4조

상호적 합의에 의하여 미합중국의 육군해군과 공군을 대한민국의 영토내와
그 부근에 배치하는 권리를 대한민국은 이를 허여하고 미합중국은 이를 수
락한다.

제5조

본 조약은 대한민국과 미합중국에 의하여 각자의 헌법상의 수속에 따라 비
준되어야 하며 그 비준서가 양국에 의하여 워싱턴에서 교환되었을 때에 효
력을 발생한다.

제6조

본 조약은 무기한으로 유효하다. 어느 당사국이든지 타 당사국에 통고한 후
1년 후에 본 조약을 종지시킬 수 있다.

이상의 증거로서 아래 전권위원은 본 조약에 서명한다.

본 조약은 1953년 10월 1일에 워싱턴에서 한국문과 영문으로 두벌로 작성됨.

대한민국을 위해서 변 영 태

미합중국을 위해서 존 포스터 덜레스

【미합중국의 양해 사항】

어떤 체약국도 이 조약의 제3조 아래서는 다른 나라에 대한 외부로부터의 무력 공격의 경우를 제외하고는 그를 원조할 의무를 지는 것이 아니다. 또 이 조약의 어떤 규정도 대한민국의 행정적 관리 아래 합법적으로 존치하기로 된 것과 합중국에 의해 결정된 영역에 대한 무력 공격의 경우를 제외하고는 합중국이 대한민국에 대하여 원조를 공여할 의무를 지우는 것으로 해석되어서는 안된다.

The Parties to this Treaty,

Reaffirming their desire to live in peace with all peoples and an governments, and desiring to strengthen the fabric of peace in the Pacific area,

Desiring to declare publicly and formally their common determination to defend themselves against external armed attack so that no potential aggressor could be under the illusion that either of them stands alone in the Pacific area,

Desiring further to strengthen their efforts for collective defense for the preservation of peace and security pending the development of a more comprehensive and effective system of regional security in the Pacific area,

Have agreed as follows:

ARTICLE I

The Parties undertake to settle any international disputes in which they may be involved by peaceful means in such a manner that international peace and security and justice are not endangered and to refrain in their international relations from the threat or use of force in any manner inconsistent with the Purposes of the United Nations, or obligations assumed by any Party toward the United Nations.

ARTICLE II

The Parties will consult together whenever, in the opinion of either of them, the political independence or security of either of the Parties is threatened by external armed attack. Separately and jointly, by self help and mutual aid, the Parties will maintain and develop appropriate means to deter armed attack and will take suitable measures in consultation and agreement to implement this Treaty and to further its purposes.

ARTICLE III

Each Party recognizes that an armed attack in the Pacific area on either of the Parties in territories now under their respective administrative control, or hereafter recognized by one of the Parties as lawfully brought under the administrative control of the other, would be dangerous to its own peace and safety and declares that it would act to meet the common danger in accordance with its constitutional processes.

ARTICLE IV

The Republic of Korea grants, and the United States of America accepts, the right to dispose United States land, air and sea forces in and about the territory of the Republic of Korea as determined by mutual agreement.

ARTICLE V

This Treaty shall be ratified by the United States of America and the

Republic of Korea in accordance with their respective constitutional processes and will come into force when instruments of ratification thereof have been exchanged by them at Washington.

ARTICLE VI

This Treaty shall remain in force indefinitely. Either Party may terminate it one year after notice has been given to the other Party.

IN WITNESS WHEREOF the undersigned Plenipotentiaries have signed this Treaty.

DONE in duplicate at Washington, in the English and Korean languages, this first day of October 1953.

UNDERSTANDING OF THE UNITED STATES

[The United States Senate gave its advice and consent to the ratification of the treaty subject to the following understanding:]

It is the understanding of the United States that neither party is obligated, under Article III of the above Treaty, to come to the aid of the other except in case of an external armed attack against such party; nor shall anything in the present Treaty be construed as requiring the United States to give assistance to Korea except in the event of an armed attack against territory which has been recognized by the United States as lawfully brought under the administrative control of the Republic of Korea.

• • • • •

제10장

국제주의와 불승인주의 그리고 "민주평화론"

20세기 미국의 외교정책을 이해하는 최근의 시각은 크게 두 가지로 대별해 볼 수 있다. 하나는 키신저의 견해이고 다른 하나는 미어샤이머의 견해이다. 키신저와 미어샤이머는 국제정치학적 관점에서 현실주의 학파에 속해 있는 인물들이다. 그럼에도 불구하고 두 사람은 20세기 미국 외교정책의 주류(主流, main stream)가 무엇인지를 놓고 상반된 견해를 보인다.

양자 사이의 관점의 차이를 이해하는 가장 좋은 방법은 동일한 주제에 관해서 어떤 입장차를 나타내는 가를 살펴보는 것이다. 두 사람 모두 미국과 영국의 외교정책의 특징에 대해 고찰한다. 키신저는 외교에 접근하는 양국의 차이점에 주목한 반면 미어샤이머는 공통점을 강조하고 있는 데서 두 사람 간의 차이를 발견할 수 있다.

미어샤이머는 미국의 외교정책이 이상주의적이며 미국의 지도자들이 세력균형에 충분한 관심을 보이지 않았다고 지적한 케난의 비판은 오류이며, 실제로 미국의 외교정책은 대체로 현실주의 논리를 따랐다고 주장한다 (Mearsheimer, 2004: 77-78). 미어샤이머에 따르면, 미국은 영국과 마찬가지로 해외균형자 역할에 충실했다는 점에서 공통성을 보인다.

19세기 영국과 20세기 미국 모두 유럽에서 패권을 차지하려 하지 않았다. 다만 자국 안보가 위협에 처했다고 판단되는 경우에만 군사적으로 개입해서 세력균형을 달성하는 역할을 수행했다. 한마디로, 미국과 영국 어느 나라도 유럽대륙을 지배하려 시도하지 않았고, 양국 모두 유럽대륙에 대한 최후의 균형자 역할을 담당했다는 것이다.

"영국도 미국과 마찬가지로 결코 유럽대륙을 점령하려고 시도한 적이 없었는데, 유럽대륙 밖에 서 군사력을 통해 거대한 제국을 건설했던 나라가 영국이었다는 관점에서 보면 이는 상당히 놀라운 일이라 말할 수 있겠다. 더구나 영국은 미국과는 달리 유럽의 강대국이었다. 그러므로 19세기 중반 영국은 엄청난 부를 군사력으로 전환하고 이를 통해 지역 패권국의 길을 추구했을 것이라고 기대할 수 있었다. 그러나 영국이 그렇게 하지 못한 이유는 미국이 그렇게 하지 못한 이유와 동일하다. '바다의 차단성' 때문이었다. 미국과 마찬가지로 영국도 고립적인 나라였다. 영국은 상당한 폭의 바다(영국해협)를 사이에 두고 유럽대륙과 떨어져 있었다. 이는 영국이 유럽을 점령하고 통치하는 일을 거의 불가능하게 만든 요인이다"(Mearsheimer, 2004: 452).

미어사이머의 견해를 한마디로 요약하면, 영국과 미국이 유럽을 점령하고 통치하는 일을 불가능하게 만든 주요 요인은 두 나라와 유럽대륙을 가로 막고 있는 바다의 차단성 때문이라는 것이다. 미어샤이머가 영국이 유럽대륙의 문제에 무관심하게 만든 이유로 든 "상당한 폭의 바다"인 영국 도버해협(35km)과 미국과 유럽대륙 사이에 가로놓인 대서양(5600km)을 과연 미국과 영국이 해외균형자(offshore balancer)로서의 역할을 자임한 채 패권을 추구하지 않은 지정학적 요인으로 동등하게 취급할 수 있을지에 대해 상식적으로 의문이 드는 대목이다. 게다가 영국은 유럽대륙에 무관심할 수 있었을지 모르나 나폴레옹 전쟁이나 2차세계대전에서 알 수 있듯이 유럽 국가들은 영국에 무관심할 수 없었다.

여기서 보다 중요하게 다뤄야 할 주제는 과연 영국과 미국이 추구한 외교정책이 얼마나 유사한지 여부이다. 키신저는 이 문제에 대해 미어샤이머의 주장과는 상당한 차이를 보인다. 키신저에 따르면, 영국은 예상을 훨씬 뛰어넘는 국제질서상의 대격변이 오지 않는 한 외부 상황 변화에 영향받지 않을 것이라고 느꼈다는 측면에서 안보에 관한 영국의 시각은 미국의 고립주의와 크게 다르지 않았다.

미어샤이머가 지적한 대로 영국 역시 유럽 대륙과 바다로 차단되어 있었기 때문에 미국처럼 고립정책이 가능할 수 있었을지 모른다. 하지만 평화와 국내 체제 간의 관계를 바라보는 관점에 있어 미국과 영국은 중대한 차이를 드러낸다. 대부분의 미국 정치가들과는 달리 영국 지도자들은 어떤 의미에서건 국내 정치제도, 곧 민주주의와 대의제도의 확산이 평화에 이르는 핵심 수단이라고 간주하지 않았다.

영국과 미국은 국제문제에 일상적으로 개입하지 않고 거리를 둔다는 점에서는 공통점을 지녔지만 영국이 자국의 고립정책인 "영광스런 고립(Splendid Isolation)"을 정당화하는 논리는 미국의 그것과는 상당한 차이가 있었다. 영국은 대의제를 자국에 독특한 정치제도로 여겼기 때문에 타국의 정치체제에 무관심한 채 자국의 외교 정책의 관점에서만 다른 나라들을 판단했다. 이에 비해서 미국의 지도자들은 그들 조국의 민주제도가 세계 각국이 모범으로 삼아야 할 사례라고 선언했다. 영국은 그들의 의회제도가 다른 사회에 적합하지 않다고 간주했다. 유럽대륙에 관한 영국의 외교정책은 이데올로기가 아니라 국익의 관점에서 정당화되었다. 미국은 민주주의의 확산이 평화를 보장할 것이라고 믿었다. 반면, 영국은 특정한 국내제도를 선호하기는 했지만 이를 다른 나라가 받아들여야만 한다고 주장하는 위험을 무릅쓰려 하지 않았다(Kissinger, 1994: 101).

영국 지도자들은 구체적인 상황이 벌어지면 영국의 국가이익이 무엇인지를 인식할 수 있을 것이라고 확신했기 때문에 이를 미리 정교하게 정의

할 필요성을 느끼지 않았다. 달리 말하면 영국은 특정 상황에 따라 어떻게 행동할 것인지를 판단할 권리를 확고하게 유지하고, 오직 국가이익을 기준으로 삼겠다는 것이다. 따라서 영국에게 동맹은 부수적이거나 무의미한 존재에 지나지 않았다(Kissinger, 1994: 95). 같은 이유에서 영국은 상대국 정치체제의 합법성을 문제 삼아 외교관계를 수립하거나 단절하는 식의 불승인주의를 공식 외교노선으로 채택한 적이 없었다.

미국의 외교적 접근법은 영국의 그것과는 사뭇 달랐다. 키신저가 보기에 앵글로색슨을 대표하는 미국과 영국 두 나라 사이에는 대외인식과 외교 관념에 있어 중대한 차이가 존재했다. 19세기 초반, 영국의 대표적인 국제주의자로 메테르니히(Klemens, Fürst von Metternich)와 함께 비엔나체제를 설계한 캐슬레이(Robert Stewart, Viscount Castlereagh) 외무장관은 자신과 같은 시대를 살았던 사람들뿐만 아니라 근대 영국 외교 정책 전체와도 불화를 빚었다. 그가 영국 외교에 남긴 유산은 존재하지 않았고, 캐슬레이를 모델로 삼았던 영국의 정치가도 없었다. 반면 윌슨의 국제주의는 미국을 움직이는 열정의 원천에 응답했을 뿐만 아니라 이를 더 높고 새로운 수준으로 끌어 올렸다. 이후 미국의 정치가들은 정도의 차이는 있겠지만 모두 윌슨주의자였으며, 그가 제시했던 원리가 이후의 미국 외교 정책을 정당화 했다(Kissinger, 1994: 91).

영국에서 케슬레이의 국제주의가 이슬처럼 사라졌다면, 미국에서 그런 운명을 맞은 외교노선은 시어도어 루스벨트의 현실주의였다. 1919년 루스벨트의 죽음과 함께 그가 주창한 현실주의 접근법 역시 사라졌다. 그 이후 외교 정책과 관련한 미국의 주요 학파 중에서 그의 사상을 불러일으키려고 노력한 시도는 없었다. 루스벨트의 가르침을 구체화하는 외교정책을 구사하려했던 닉슨 대통령마저 자신이 누구보다 윌슨의 국제주의를 실천하는 적임자임을 자처했다. 닉슨이 국무회의 장소에 1차세계대전 중 대통령을 역임한 윌슨의 초상화를 걸어두었던 사실은 윌슨이 거둔 사상적 승리를 단적으로 보여준다.

미국은 세력균형이라는 관념을 경멸했고, '현실정치'의 수행을 비도덕으로 간주했다. 미국이 지녔던 국제질서의 기준은 민주주의와 집단안보 그리고 민족자결이었다. 이전 시기에 유럽의 갈등을 해결했던 기준들과 아무런 관련이 없었다. 미국인들은 그들의 철학과 유럽의 사상 사이에서 발견되는 불일치야말로 미국의 믿음이 우월하다는 점을 보여주는 증거라고 생각했다. 윌슨은 구세계의 규범과 경험으로부터 완전히 벗어나겠다고 선언했다.

윌슨이 제안했던 세계질서는 지정학적 판단이 아니라 도덕에 기초하여 침략행위에 저항하는 질서였다. 세력균형을 경멸했던 윌슨은 미국의 역할이 "우리의 이기심을 증명하는 것이 아니고, 우리의 위대함을 증명하는 것"(Kissinger, 1994: 47)이라고 주장했다. 그것이 진실이라고 한다면, 미국에게는 자신의 가치를 국내에서만 간직할 권리가 없었다. 일찍이 1915년부터 윌슨은 미국의 안보가 전세계 인류 '모두'의 안전과 분리될 수 없다는 외교원칙을 제시했다. 이는 국제주의의 원형으로 부를 만한 것으로 이후 미국이 지구 '어디서든' 호전적 침략 행위에 대해 반대하는 것을 자국의 의무로 삼겠다는 결의를 함축했다.

"정의와 자유의 원칙에 입각하여 스스로의 삶을 개발하고 결정하는 일을 방해하거나 교란하지 말 것을 요구합니다. 우리는 호전적인 행위를 결코 하지 않으며, 따라서 세상의 어느 곳에서 벌어지든 호전적인 행위에 대해 분노할 것입니다. 우리는 스스로 선택한 국가 발전 선상의 경로를 추구하는 데서 안보가 확보되기를 요청합니다. 하지만 우리는 그 이상을 요구합니다. 다른 국가들 역시 우리가 원하는 바를 확보하기를 바라기 때문입니다. 개인의 자유 및 국가의 자주적인 발전에 관한 정열을 우리의 상황이나 활동에만 국한하지 않을 것입니다. 인간이 살아가는

곳이라면 어디서나 그러한 이상이 실현되기를 바랍니다. 우리는 독립과
정의를 향한 어려운 길을 걷고자 합니다."(Kissinger, 1994: 47).

요컨대, 전세계에서 선량한 경찰 역할을 수행하는 미국을 구상한 윌슨
의 견해가 2차세계대전 이후 전개될 봉쇄정책의 전조(Kissinger, 1994: 47)였
다. 키신저의 이 언급은 미국 국제주의의 빛과 그림자를 여과없이 드러내주
고 있다는 측면에서 탁견이 아닐 수 없다. 나아가 윌슨이 제창한 도덕과 법
률에 기반한 국제주의가 미국 동아시아정책의 근간인 불승인주의의 근원을
이룬다는 이 글의 핵심 주장을 뒷받침한다.

1. 국제주의와 "민주평화론"

윌슨이 창안한 국제주의는 특정 정치체제와 평화의 상관성, 곧 민주주의를
평화와 등치시켰다는 점에서 국제정치이론으로서의 "민주평화론"을 예시한
것으로 간주할 수 있다.

> "자결권을 부여받은 민족은 더이상 전쟁을 벌이거나 타인을 억압할 이
> 유를 지니지 않는다. 전세계의 모든 민족이 일단 평화와 민주주의의 달
> 콤한 축복을 맛본다면, 그들은 그들이 얻은 것을 방어하기 위해 떨쳐 일
> 어설 것임이 분명하다"(Kissinger, 1994: 221-222).

민주주의 체제와 평화의 인과관계를 확립하려 한 윌슨식 민주평화론
을 전후 새로운 국제주의 모델로 수립하려 했던 대표적 인물로 애치슨 국무
장관을 꼽을 수 있다. 그에 따르면, 미국 외교정책의 목표는 "자유진영 국가
들의 활동체제를 결정함에 있어 방위에 필요한 무력, 경제적 발전에 필요한

준비, 그리고 정치적 결속에 필요한 이상과 목적의 통일 등등을 가지고 자발적으로 지도권을 갖고 이들 나라들을 이끌어 가는 것"(Acheson, 1962: 3-4)이어야 한다.

애치슨은 민주주의와 평화, 그리고 그것을 실현하는 수단으로서의 집단안전보장을 미국 외교정책의 근간으로 확정함으로써 윌슨이 창안한 국제주의의 사도로서의 역할에 충실했다. 애치슨(1950b: 87)은 1949년 3월 18일 라디오연설을 통해 나토의 역사적 의미를 "외부공격이 있을 때, 집단적 방위를 통해 즉각적이고도 효과적으로 맞서는 데 있다"고 정의하는 가운데, 다음과 같이 부연했다.

"민주주의와 개인의 자유, 그리고 법의 지배와 같은 원칙들이 대서양을 가로지른 공동체 안에서 번영해왔습니다. 그 원칙들은 보편타당할 뿐만 아니라 정당합니다. 대서양 바깥의 자유민주주의 나라들은 이 원칙들을 공유하며 유엔헌장이라는 보편적 토대 위에서 그 표현을 발견합니다. 그것은 유엔 구성원들이 유일하게 합의에 도달할 수 있다고 판단한 원칙이며, 평화와 인류공영에 이바지 할 수 있는 요소입니다. 이처럼 심오하고 중요한 이해의 기초에 더해서 또 다른 결속요인이 있는데, 그것은 바로 대서양이 가져다주는 공동생활의 효과입니다. 대서양은 사람들을 분리시키는 것이 아니라 무역과 여행, 상호이해와 공동의 이익을 통해 그들의 삶이 함께할 수 있도록 연결합니다"(Acheson, 1950b: 92).

민주주의와 평화, 집단안보를 한묶음으로 이해하는 국제주의 노선은 21세기 미국 외교정책의 근간으로써 여전히 자리하고 있다. 그것의 최신 버전이 바로 "민주평화론"으로 불리는 국제정치 이론이다. "민주평화론"은 현시점에서 미국의 외교정책을 정당화하는 데 가장 적합한 논리체계이다. 이 주장을 뒷받침 하는 최근 사례로 2021년 서방 7개국 정상회의에서 채택된 공동선언을 들 수 있다. 영국 콘월에서 개최된 2021년 G-7 정상회의에서 우리나라를 포함한 10개국 정상들은 '열린사회 공동성명(Open Societies Statement)'을 채택했다.[55]

> "우리 영국, 캐나다, 프랑스, 독일, 이탈리아, 일본, 미국, 유럽연합, 호주, 인도, 대한민국 및 남아프리카공화국 정상들은 열린사회, 민주적 가치 및 다자주의와 같은 공유된 신념이 존엄성, 기회, 모든 사람을 위한 번영 및 책임 있는 세계 관리를 위한 토대임을 거듭 확인한다. 세계 민주주의 국가 인구의 절반 이상을 차지하는 국가의 정상들로서, 국제 규칙과 규범에 대한 존중을 포함하여 우리를 하나로 묶는 민주적 가치들을 재확인하고 여타 국가들이 이러한 가치들을 도입하도록 권장하는 것이 절대적으로 필요하다고 믿는다."

'열린사회 공동성명'에는 '민주주의'라는 말이 자그마치 다섯 차례나 등장했을 뿐만 아니라 향후 G7을 우리나라를 포함한 '민주주의 10개국 정상회의(D10)'로 확대할 가능성까지 언급함으로써 "민주평화론"이 21세기 미국을 위시한 서방사회 및 민주주의 국가를 결속시키는 유력한 정치이데올로기임을 과시했다. G7 회의 전날인 6월 14일, 바이든 미국 대통령과 존슨 영국 총리는 루스벨트와 처칠의 '대서양헌장'을 연상케 하는 '신(新)대서양헌장(The New Atlantic Charter)'을 채택했다.[56] 여기서도 가장 중요한 화두는 역시 민주주의였다.

55　'열린사회 공동성명' 전문은 https://www.gov.uk/government/publications/2021-open-societies-statement 참조

56　'신대서양 헌장' 내용에 대해서는 https://www.whitehouse.gov/briefing-room/statements-releases/2021/06/10/the-new-atlantic-charter/ 참조

　　"우리는 민주주의 원칙, 가치, 제도와 열린사회를 수호할 것을 결의한다. 우리는 민주주의가 우리 시대의 중요한 도전을 해결할 수 있다고 확신한다. 우리는 투명성, 법치주의, 시민 사회, 독립된 언론을 지지한다. 우리는 불공정과 불평등에 맞서고 모든 개인의 존엄성과 인권을 수호할 것이다."

　　현시점에서 국제주의의 적자라 할 수 있는 "민주평화론"이란 무엇인가? 한마디로, 민주주의 정치체제를 채택하고 있는 나라들끼리는 전쟁하지 않으며 평화를 지속한다는 주장으로 요약 가능하다. 이는 다른 말로 전쟁이 발생한다면 민주주의 나라들과 반민주주의 또는 비민주주의 나라 사이에서만 가능할 것이라는 함의를 지닌다.

　　이 글은 민주평화론에다 인용부호("")를 두른다. 일종의 의문표시이다. 그 이유는 냉전시기 서방진영을 결속시키는 과정에서 공산주의 진영과의 항구적 대립을 정당화하는 식의 정치적 편향(political bias)를 드러냈기 때문이다. 요컨대, "민주평화론"은 일반(universal)명사가 아니다. 몇 해 전에 '기생충'을 연출한 봉준호 감독이 오스카상에 대해 지적한 바와 같이 "민주평화론" 역시 고유(local)명사에 지나지 않는다.

　　이는 "민주평화론"이 국제사회에서 보편적 함의 내지 전반적 지지를 획득하고 있지 못함을 의미한다. 냉전시기 공산주의 진영을 포함한 제3세계 등 지구촌 사람들의 절반 이상이 "민주평화론"에 동조하지 않았다. 탈 냉전기 이슬람 사회의 분열과 갈등, 중국의 부상, 북한 핵문제 등 "민주평화론"의 시각만으로는 해결할 수 없는 국제적 갈등 역시 여전히 지속되고 있다.

　　"민주평화론"에 입각해 전후 국제질서를 주도해온 대표적 국가가 바로 미국이다. 미국은 2차세계대전 이후 국제질서를 재편하는 과정에서 소련을 축으로 하는 공산진영을 봉쇄하고 서방진영을 결속할 필요성에 직면했다. 게다가 오랫동안 미국의 외교정책을 떠받쳐온 고립주의 이념을 포기하고 전세계적 문제에 개입할 수 있는 새로운 외교정책이 요청됐다. 이것이 바로 신(新)외교정책으로서 '국제주의' 외교노선이다.

미국의 국제주의 외교정책을 떠받치고 있는 핵심이념 가운데 하나가 바로 "민주평화론"이다. "민주평화론"과 국제주의 외교정책은 동전의 양면과 같다. 1941년 2차세계대전 당시, 처칠 영국 수상과 대서양 헌장을 공동 작성한 루스벨트 행정부에서 현 바이든 행정부에 이르기까지 한 세기 가까이 국제주의와 "민주평화론"은 초당적으로 유지되었다.

탈냉전 및 '미국제일주의(America First)'를 주창한 트럼피즘의 등장으로 다소 부침이 있었다 할지라도 이러한 사정은 크게 달라 보이지 않는다. 특히, 민주평화론"은 중국의 '신형대국관계(New type of Great-power Relations)' 수립 요구에 대처하는 데 있어 미국과 동맹국들을 결속시켜 줄 뿐만 아니라 "민주평화론"의 재해석을 통한 중국 봉쇄전략의 유용한 근거를 제공한다.

쿼드 결성 등 인도태평양 전략의 발진은 "민주평화론"에 입각한 미국 주도의 새로운 군사동맹전략의 일단을 드러냄과 동시에 그간 중국의 '핵심이익(vital interest)'으로 불문 시 돼온 대만문제에 대한 미국과 일본의 관여 언급은 동아시아·태평양 지역 내 긴장을 촉발하는 계기로 작용할 가능성이 충분하다. 이 경우, 역내 주요국 가운데 하나인 대한민국 역시 미국과 중국 사이의 외교 갈등과 군사적 긴장 격화에서 자유로울 수 없다.

미국 주도의 인도태평양 전략에 동참을 강요받을 경우, 우리나라는 심각한 외교적 딜레마에 직면할 가능성이 높다. 해방 이후 지금까지 민주주의를 국시로 간주할 정도로 민주주의는 한국에서 국민적 충성도가 대단히 높은 정치이념이다. 이는 민주성과 투명성으로 요약되는 K-방역 성공 등으로 수년간 이어져온 코로나 팬데믹 사태에서도 그 위력을 여실히 드러냈다. 따라서 민주주의 가치를 신봉해온 우리 입장에서 국제적 민주주의 진영에서 이탈할 가능성은 대단히 낮다. 다른 무엇보다도 대다수 국민들이 동의하지 않을 것이기 때문이다. 그렇다고 냉전 시대를 풍미한 "민주평화론"에 기반한 미국, 일본 주도의 인도태평양 전략에 힘을 마냥 싣는다면 중국, 러시아 등 주변국들과의 원만한 대외관계 유지 및 향후 남북관계 개선에도 상당한 걸림돌로 작용할 것이다.

결론적으로, 우리나라는 민주주의에 입각한 국제관계 및 외교 전략을 펼쳐가면서도 한반도 평화를 위해 새로운 정치적 근거를 마련하는 게 절실히 필요하다. 여기에 두 개의 선택지가 있다. "민주평화론"를 냉전이데올로기로 배격할 것인가, 아니면 "민주평화론"의 핵심가치를 보존하면서 우리의 국익과 형편에 맞게 좀 더 혁신적 형태로 수정·보완할 것인가? 이 글은 후자의 관점에서 "민주평화론"의 정치적 함의를 칸트의 '영구평화론'과의 비교를 통해 비판적으로 탐색하는 가운데, 존 롤스의 '만민법' 사례를 제시하여 "민주평화론"의 진화가능성을 모색해보고자 한다.

2. 현실주의와 "민주평화론"

"민주평화론"의 가설은 아주 간단하다. 민주주의 가치와 제도를 공유하고 있는 나라들끼리는 전쟁을 하지 않는다는 것이다. 이 가설은 지난 200년간의 역사 속에서 경험적으로도 입증됐다(Griffiths and O'Callghan. 2002: 66). 그럼에도 문제가 전혀 없지 않다. "민주평화론"의 아킬레스건은 민주주의 국가 사이에는 평화가 유지될 수 있지만, 민주주의 국가와 비민주주의 국가 사이의 전쟁은 가능하며, 같은 이유로 전 지구적 평화는 여하히 보장할 수 없다는 사실에 있다. 한마디로 "민주평화론"이 주창하는 민주적 평화의 가치가 아무리 숭고하다 한들 결국 국제관계 전반을 아우를 수 없는 반쪽 평화에 머물 수밖에 없다는 딜레마에 봉착한다.

이러한 딜레마가 역사에서 처음은 아니다. 가치를 공유하는 정치 집단

내지 민족들 사이에서만 평화를 유지할 수 있다는 신념은 서구세계에서 새로울 게 없다. 왜냐하면, 유럽인들은 장기간 '기독교 보편질서(Catholic)' 안에서 평화를 유지해왔기 때문이다. 중세 유럽을 하나의 공동체로 떠받치며 천년 가량 평화를 유지할 수 있었던 비결이 바로 기독교라는 가치공동체의 역할이었다. 실제로도 서구인들은 유럽 내부에서의 전쟁은 자제했다. 반면, 십자군 전쟁을 포함해서 오스만튀르크 등 가치를 공유하지 않던 이슬람 세계와의 전쟁은 대규모 원정까지 불사했다.

기독교인들끼리는 전쟁을 하지 않지만, 이교도와의 전쟁은 타협이 불가한 총력전이라는 사고는 아우구스티누스(Aurelius Augustinus)의 '정의의 전쟁론'에 의해 처음 정당화됐다. '정의의 전쟁' 개념에는 향후 "민주평화론"의 토대가 되는 '분리된 평화'가 내재해 있었다. 한마디로, 다름과 차이를 공존의 토대로 인정하는 동양적 세계관과 달리 서구, 특히 기독교적 세계관은 종교적 차이를 절멸의 대상으로 간주하는 근본주의적 사고가 일찍부터 자리 잡았다. 이는 교리다툼으로 시작한 유럽의 종교전쟁이 30년 이상 참상으로 장기화한 대표적 이유이기도 하다.

"인간이 하느님을 섬기지 않는다면 인간 내부에 정의(正義)에서 우러나는 것이 무엇이 있다고 하겠는가? 하느님을 섬기지 않는다면 정신이 육체에 정의로운 명령을 절대로 내리지 못하고 인간 이성이 악덕에 정의로운 명령을 내리지 못한다. 또 그런 인간 안에 어떠한 정의도 존재하지 않는다면 그런 인간들로 구성되는 인간들의 집단 안에는 여하한 정의도 존재하지 않으리라는 것은 의심의 여지가 없을 만큼 분명하다(……)하느님의 정의(正義)가 없는 곳에서는 어느 국민의 공화국이라고 부를만한, 국민이라는 것이 아예 없다는 사실이 드러난다"(Augustinus, 2004: 2223).

영원할 것만 같던 유럽의 평화는 기독교 사회 내부의 분열로 종지부를 찍었다. 20세기의 두 차례 세계대전과 가장 흡사했던 전쟁사례를 든다면 30년 전쟁으로 일컬어지는 종교전쟁이다. 종교전쟁은 유럽 전체를 총력전으로 몰아넣은 17세기판 국제 전쟁이었다. 전쟁의 참화 속에서 새로운 유럽질서가 탄생했다. 그것의 가장 주된 합의는 이전과 같이 기독교라는 공동의 가치에 기반한 유럽질서는 더이상 불가하다는 사실이다. 기독교 보편질서를 대체한 새로운 국제질서의 핵심은 주권으로 일컬어지는 다수의 국민국가 체제, 곧 '베스트팔렌조약 체제(Peace of Westphalia)'였다(Kissinger, 2014b: 23-31).

보편 유럽질서는 해체되고 그것의 마지막 잔재였던 신성로마제국은 흔적도 없이 사라졌다. 이를 대체한 영국, 프랑스 등 민족국가는 개별나라의 독립과 주권을 지상과제로 설정했다. 모든 국가가 자국의 독립과 안전, 곧 주권을 절대시하다보니 인접한 이웃나라를 잠재적 적국으로 간주하는 안보딜레마에 항구적으로 직면할 수밖에 없었다.

베스트팔렌조약이 체결되면서 교황의 권한은 교회의 기능으로 제한되고 주권 평등 원칙이 지배했다. 그렇다면 어떤 사상이 세속적인 정치 질서의 기원을 설명하고 주권의 절대성을 정당화할 수 있었을까? 베스트팔렌조약이 체결된 지 3년 만인 1651년, 홉스(Thomas Hobbes)가 쓴 『리바이어던(Leviathan)』이 지금까지 흔들림 없이 유지되고 있는 주권성립의 정치적 근거를 제시했다.

홉스는 과거의 '자연 상태'에서는 권력의 부재로 인해 '만인의 만인에 대한 투쟁'이 발생했다고 생각했다. 그는 사람들이 '평화의 부재'로 인해 발생하는 견딜 수 없는 불안감에서 벗어나기 위해 자신의 권리를 국가에 양도하면 국가, 곧 주권은 영토 안에 내에 사는 사람들의 안전을 보장해 준다는 이론을 제시했다. 주권국가의 권력독점은 끔찍한 죽음과 전쟁에 대한 영원한 두려움을 극복하는 유일한 방법으로 인정받았다. 하지만 홉스는 "칼에 의해 생명과 안전을 보장"받는 사회계약을 국경 너머로는 적용하지 않았다. 질서와 평화를 보장하는 주권은 국가를 초월해서는 존재할 수 없기 때문이다.

> "흔히 국제법에서 이해하는 식의 주권국가들 간의 지위와 관련하여 여기서 별도로 언급할 필요성을 느끼지 못한다. 왜냐하면 국제법과 자연법은 같기 때문이다. 모든 주권국가는 개별적 인간이 자신의 생명을 지키는 권리를 갖듯이 인민의 안전을 확보하는 데 있어서도 마찬가지의 권리를 지닌다"(Hobbes, 1994: 233).

홉스적 세계관을 국제정치이론으로 번역하면 현실주의가 등장한다. 현실주의 국제정치관에 따르면, 국제적 무정부상태에서 국가들은 언제나 갈등할 수밖에 없다. 모든 국가는 자국의 안보를 지상과제로 추구하며 따라서 서로를 의심하고 경계한다. 공격적인 현상타파 국가가 설령 존재하지 않는다 해도, 다시 말해서 대부분의 나라가 현상유지를 목표로 한다 해도, 국가보다 상위의 권위체가 존재하지 않는 무정부라는 국제체제의 속성 상 국가들은 우위에 서기 위해 경쟁할 수밖에 없다.

현실주의에 의하면 국제정치와 국가의 행동을 결정하는 유일 변수는 개별국가가 보유한 상대적 힘(power)이다. 또한 그 상대적 힘이 국제체제에 어떻게 배분되어 있는가에 따라서 국제체제의 구조가 결정된다. 이러한 논리에서 본다면 개별국가의 국내적 특성, 곧 정치제제는 변별력이 없다. 특정한 나라가 공화정인지 군주정인지, 자본주의국가인지 공산주의국가인지, 기독교국가인지 이슬람국가인지, 그리고 민주주의국가인지 독재국가인지는 국제정치에 어떤 차이도 낳지 않는다. 국제적 무정부 상태에서 개별국가의 행동패턴은 동일하며, 오직 상대적 힘에서만 차이가 있을 뿐이다(이근욱, 2009: 143-144).

요약하면, 국가간의 영역을 안전하게 만들 수 있는 세계정부는 존재할 수 없고 현실적으로 어떤 것도 설립할 수 없었기 때문에 국제관계는 자연 상태를 벗어나지 못하고 무질서하다. 따라서 각 국가는 구조적으로 힘이 가장 중요한 요인인 세계에서 자국의 이익을 가장 우선시 할 수밖에 없다는 게 현실주의자들의 공통된 믿음이다(Morgenthau, 1967;Waltz, 1978;Mearsheimer, 2004).

모든 조건이 같다면, 군사력과 경제력이 국제사회에서 한 국가의 힘과 역량을 평가하는 핵심 토대로 작용할 것이다. 이런 견지에서 보았을 때 영국의 '영광스런 고립정책(splendid isolation)'이나 비스마르크의 '철혈정책(blood-and-iron policy)'이 현실주의 외교정책의 대표사례에 해당한다. 국가이익이야말로 모든 국가가 추구해야할 지상과제로서 세력균형은 근대의 국제질서를 이해하는 유일한 안내자이다. 정의 상 세력균형에는 이념적 중립과 변화하는 상황에 대한 적응이 필요하다. 19세기 중반, 영국 총리를 오랫동안 역임한 파머스턴은 이 개념의 기본 원칙을 다음과 같이 표현했다.

> "우리에게는 영원한 동지도, 영원한 적도 없다. 우리의 이익만이 영원할 뿐이며, 그 이익을 지키는 것이 우리의 의무이다(……)사람들은 내게 이른바 공식 외교정책이라는 것이 무엇인지 물어본다. 나는 외교정책이 제기될 때마다 국가이익을 정책의 지도 원리로 삼아 최선의 일을 하는 것이라고 답해 줄 수 있을 뿐이다"(Kissinger, 2014b: 67).

현실주의 국제정치론은 강점만큼이나 한계 역시 뚜렷하다. 현실주의의 핵심은 세력균형에 입각해 있기 때문에 항구적 동맹관계에 들어가는 것을 배격한다. 한마디로, 그때그때의 구체적 상황에 따라 파트너가 바뀌기 때문에 적과 동지를 구분하지 않는다. 따라서 정치적으로 유연자재하게 대응할 수 있다. 방어전쟁으로서의 제한전과 전쟁을 정치의 연속으로 간주하는 클라우제비츠의 '전쟁관'이 19세기에 유럽사회에 보편화된 것도 동일한 맥락에서이다.

현실주의의 가장 큰 문제점은 이론과 현실의 괴리가 극심하다는 것이다. 모든 국가를 동등한 주체로 대우한다는 이론적 보편성과 세계전쟁을 방지하지 못한 역사적 비현실성을 중대 한계로 지적하지 않을 수 없다. 현실주의가 말하는 세력균형은 21세기 현대적 조건에서는 도달할 수 없는 미망(迷妄)에 가깝다.

칸트(Kant, 1991b: 92)는 일찍이 세력균형을 아무리 정교히 설계한다한들 참새 한 마리에도 무너질 수 있는 집에 불과하다고 비판했다. 정치이론에는 그것의 존재 이유 및 근거를 되묻는 비판적 성찰 작업이 필수적이다. 국제정치학으로 말한다면 그 역사적 계기가 바로 두 차례의 세계전쟁이었음은 주지의 일이다. 하지만 현실주의에는 세력균형이나 세력전이, 그리고 제한전과 같은 자기 이론의 핵심명제에 대한 비판적 성찰이 누락돼 있다.

세력균형 이론은 통상적으로 다음과 같은 두 가지 경우, 흔히 말하는 '세력전이' 상황에서 요동치기 시작하지만 조정 가능한 합의를 통해서 새로운 균형에 도달한다고 전제한다. 첫번째는 주요 강대국이 패권을 잡겠다고 위협적인 수준까지 힘을 키우는 경우이다. 두번째는 지금까지는 강대국이 아니었던 국가가 강대국의 지위에 오르기 위해 다른 강대국들의 보완적 조정을 유발함으로써 새로운 균형이 수립되거나 전체적인 대격변이 일어날 때 발생한다(Kissinger, 2014b: 33).

실제 역사는 현실주의자들이 조정가능하다고 판단한 세력균형의 유형을 그 근저에서 송두리째 흔들어 놓았다. 그렇게 시작된 현실주의의 위기가 곧 "민주평화론"이 등장한 역사적 계기이기도 하다. 두 차례의 세계전쟁이 바로 그것이다. 핵무기까지 등장한 2차세계대전은 홉스주의적 국제질서관에 일대 타격을 가한 사건으로 현실주의를 대체할 새로운 국제정치이론의 등장 이유를 제공했다. 이 흐름을 주도한 나라가 바로 미국이다.

미국이 "민주평화론"에 입각한 국제주의를 제창할 수 있었던 특수한 사정은 양 대양에 둘러싸여 외부 침략에 비교적 안전한 지정학적 근거에 더해 국가건설의 토대 안에 "민주평화론"의 이념적 토대를 내장하고 있었기 때문이다(마상윤, 2005). 미국 예외주의와 청교도적 선민주의에 바탕을 둔 '자유주의적 공화주의'가 바로 그것이다. "민주평화론"은 윌슨의 14개 평화원칙을 계기로 역사적으로 그 모습을 드러냈지만, 정치사상적 견지에서는 서구사회를 지탱해온 계몽철학, 특히 칸트의 '영구평화론'을 통해 이미 예비하고 있었다.

3. "민주평화론"의 사상적 기초: 칸트의 '영구평화론'

계몽시대 최고의 철학자라 할 수 있는 칸트는 영구평화라는 세계질서 개념을 수립함으로써 '만국의 만국에 대한 투쟁'이라는 홉스적 국제정치관을 비판할 수 있는 대안적 사상의 초석을 놓은 것으로 평가된다.[57] 프로이센의 옛 수도였던 쾨니히스베르크(Königsberg)[58]에서 세상에 대해 곰곰이 생각하던 칸트는 일반적인 격변 속에서 희미하지만 더욱 평화로운 새로운 국제질서가 시작되는 것을 감지했다. 그래서 그는 프랑스 혁명정부와 프로이센이 체결한 '바젤조약(Peace of Basel)'의 추이를 유심히 지켜봤다.

칸트는 20대 중반에 '7년 전쟁'을 경험했다. 1756년 프랑스, 오스트리

---

[57] 칸트의 영구평화론에 대한 연구로는 김원식(2021), 김종국(2000), 김순석(2014), 박배형(2016), 배성민(2017), 이재현(2013;2014), 이혜정(2008), 임미원(2010), Bernasconi(2001). Brown(2005), Caranti(2006), Cavallar(2001), Desch(2011), Doyle(1983a;1983b;1986), Harrison(2002;2004) Hurrell(1990), Jahn(2005). Lynch(1994), MacMillan(2006), Pojman(2005), Russett and Starr(2000), Martin(2003) 참조.

[58] 쾨니히스베르크는 발트 해에 연한 항구도시로 현재 지명은 칼리닌그라드이다. 원래는 독일영토였지만 얄타협정에서 소련에 양도됐다. 러시아의 유일한 역외 영토이다.

아, 작센, 스웨덴 그리고 러시아는 군사동맹을 맺어 프로이센, 하노버공국, 그리고 영국과의 전쟁에 돌입하여 1763년에 파리조약을 체결했다. 전쟁 결과는 참혹했다. 칸트는 제국주의 식민 지배 소식도 가슴 아프게 들었다. 그러했기에 칸트는 1775년 미국 독립전쟁을 적극 지지하고 옹호하는 활동을 했다. 그는 프랑스 혁명에 지대한 관심을 표명했다. "프랑스 인민은 정복을 목표로 삼는 전쟁을 시작하는 것을 포기"하며 "프랑스 인민은 다른 어떤 인민의 자유에 대항하여 프랑스 인민의 힘을 사용하지 않을 것"이라고 전쟁 반대를 천명한 '1791년 프랑스 헌법'에도 크게 감명했다.

프랑스 혁명이후 전쟁이 벌어지자 유럽의 정치상황은 칸트의 소망과는 전혀 다른 방향으로 전개됐다. 프로이센은 오스트리아, 스페인과 함께 프랑스 혁명에 개입하며 1792년과 1793년에 각각 프랑스와의 전쟁에 돌입했다. 초기에는 프랑스가 불리했으나 곧 반격하여 전세가 뒤집혔다. 양측은 1795년 강화협상에 들어갔고 그해 가을, 바젤조약을 체결했다. 바젤조약으로 프로이센은 프랑스 혁명정부를 승인했고 10년간 중립을 지킬 것을 약속했다.

바젤조약에는 라인강 지역의 프로이센 영토를 평화가 회복될 때까지 프랑스의 점령 하에 둔다는 조항이 있었다. 그런데 실제로는 라인강 지역의 프로이센 영토를 프랑스에 양도한다는 비밀조항을 포함했다. 영토할양에 관한 비밀조항이 공개되면서 프로이센 시민들의 정부에 대한 분노와 프랑스에 대한 증오가 폭발했다. 평화조약이 오히려 계속적인 전쟁의 빌미와 명분을 제공하는 역설적 상황이 연출된 것이다. 그에 따라 영원한 평화를 갈망하는 칸트의 고뇌는 더욱 깊어 갈 수 밖에 없었다.

'영구평화론'의 세 가지 확정조항
칸트는 『영구평화를 위하여: 하나의 철학적 기획』이라는 소논문에서 국가간의 영구평화를 위한 초안을 작성했다.[59] 이 저술은 1795년 프랑스와 프로이센 사이의 바젤조약 직후 쓰여진 것으로 영구평화를 위한 조약형태로 쓰여졌다. 그래서 글의 구성 또한 예비조항, 확정조항 및 비밀조항을 가지는 당시의 평화조약 형식을 그대로 따랐다.

칸트에 따르면, 인간의 모든 소질을 계발시키기 위해 자연이 사용하는 수단은, 이러한 대립이 사회의 합법칙적인 질서의 원인으로 작용하는 한에서, 인간사이의 '적대(antagonism)'이다.

"여기서 '적대'란 인간의 비사회적인 사회성(unsocial sociability)을 의미한다. 곧 끊임없이 사회를 파괴하려고 위협하는 항구적 저항들과 결합해 있으면서도 사회를 이루고 살려는 인간의 근본적 성향 말이다"(Kant, 1991a: 36).

"비사회적 사회성"이 역사 속에서 발현된 결과는 이중적이다. 이것은 인간들을 한데 결합시켜 안전과 복지에 필요한 것들을 수행하게 만들지만, 동시에 사람들로 하여금 사회적 산물의 분배와 지배를 놓고 대립하게 한다. 하지만 중장기적 관점에서 보았을 때, 폭력을 동반한 자연적 진화는 자유평화를 향해 나아가는 경향을 지닌다.

"비사회적 사회성"은 불가피하게 공화제를 가져오고 공화제는 자유평화의 근원을 이룬다. "비사회적 사회성"은 공화제뿐만 아니라 대안적인 국제질서를 창출하는 데도 근원을 이룬다. 국제질서의 문제는 "인류가 해결하

---

59 『영구평화를 위하여』는 짧은 글임에도 불구하고 시대를 앞선 통찰력으로 가득차 있다. 평화로운 국제 정치질서에 대한 희망과 세계시민주의적인 이상을 담고 있는 서양 근대의 대표적 저술로 알려져 있으며, 이 저술로 칸트는 "영구평화를 위한 체계적 논변을 제시한 최초의 철학자"(Pojman, 2005: 62)로 평가되기도 한다.

기에 가장 어려운 최후의 문제"에 속한다. 인간은 국가를 만들어서 그들의 열정을 억제할 수 있었지만, 국가들은 그렇지 않다. 마치 자연 상태에 있는 사람들 마냥 개별국가는 "흉폭한 무법 상태"를 겪는 희생을 치르고서라도 자국의 절대적인 자유보존을 추구했다.

그런데 국가간 충돌로 인해 "대대적인 파괴와 격변, 심지어 내부적으로 완전히 힘이 고갈되는 상황"이 발생한다면, 사람들은 새로운 대안을 모색할 수밖에 없다. 따라서 인간은 "인류의 거대한 무덤"이 초래하는 평화냐 아니면 합리적인 구상에 의한 영구평화냐의 선택에 직면한다. 칸트는 이런 조건에서 상호 적대하지 않고 국내외적으로 투명하게 행동하겠다고 약속하는 공화국들의 자발적 연합, 곧 국제연맹이 유일한 해결책이라고 주장했다 (Kant, 1991a: 40).

공화정만이 국가간 권력추구 수단으로서 전쟁권을 포기하고 항구적 평화를 달성할 수 있는 국내적 기초이다. 바로 여기서 훗날의 "민주평화론"에 가장 큰 영향을 줬다고 평가할 수 있는 "각 국가에서 시민적 (헌정)체제는 공화적이어야 한다"는 영구평화를 위한 제1확정조항이 도출된다. 공화국의 시민들은 전쟁을 생각할 때 독재적인 통치자들과는 달리 자신들이 전쟁의 모든 고통을 짊어진다고 생각하기 때문에 평화를 염원할 것이다.

> "전쟁을 해야 할지 말아야 할지를 결정하는 데 국가시민들의 동의가 요구될 때, 국가시민들은 그들에게 닥칠 전쟁의 모든 고통들, 곧 전쟁이 있게 되면, 자신들이 전투를 해야 하고, 전쟁비용을 그들 자신에서 치러야 하고, 전쟁이 남길 황폐를 고생스럽게 보수해야 하고, 넘쳐나는 재앙에 결국은 평화자체를 씁쓸하게 만드는, (가까이 있는, 늘 새로운 전쟁으로 인하여) 결코 변제할 수 없는 채무 부담 자체를 떠맡는 일을 각오하지 않으면 안되기 때문에, 그토록 고약한 놀음을 시작하는 것에 매우 신중하리라는 것보다 자연스런 일은 없다"(Kant, 1991c: 100).

이러한 이유에서 칸트는 통치방식으로서 공화제에 의존하는 정치체제만이 국가들 사이의 평화를 가능케 한다고 전망했다. 공화제를 영구평화의 근거로 하는 제1 확정조항을 보완하는 제2 확정조항이 바로 "국제법은 자유로운 국가들의 연방제에 기초해 있어야 한다"는 것이다. 이 조항은 공화제를 바탕으로 하는 국가들의 평화연맹으로서 기존의 평화조약과는 구별된다. 칸트에 따르면, 평화조약은 단지 하나의 전쟁을 종식하기 위해 존재하는 것인데 반해, 평화연맹은 모든 전쟁의 종식을 의도하기 때문이다.

칸트는 평화연맹에 기초한 국제법 만으로 영구평화를 충분히 달성할 수 없다는 사실을 인정하여 이를 넘어선 세계의 모든 시민을 결합하는 세계시민법이 필요함을 역설했다. 영구평화를 위한 세번째 확정조항은 세계시민법과 관련한 것으로 앞의 두 조항과 달리 공법(公法)이 아닌 사법(私法)적 형식을 취한다. 왜냐하면 "세계시민법의 경우 보편적 우호의 조건에 국한할 필요"가 있기 때문이다.

칸트는 세계시민법에 대해 "외국인이 다른 나라에 도착했을 때 적대적으로 취급받지 않을 권리를 요구하지만 이 권리는 그들이 그 지역 주민들과 통상관계를 맺으려고 노력하는 것을 넘어서는 것은 아니"(Kant, 1991c: 106)라고 분명히 말한다. 우호와 환대는 외국인이 추방당했을 때 갈 곳이 없는 경우가 아니면 시민권이나 영주권을 줄 것을 요구하지 않는다. 세계시민법은 타 국가 또는 타 지역을 방문할 권리에 한정하기 때문에 외국인이 요구하거나 주장할 수 있는 별도의 체류권을 보장하는 것은 아니다. 다시 말해서, 그 땅의 주인을 이루고 사는 원주민의 권리를 침해해서는 안되는 것으로 이는 훗날 윌슨의 민족자결론의 토대를 형성한다.

지금까지의 논의를 정리하면, 칸트의 영구평화론의 핵심은 첫째, 대의제와 입헌질서에 기반을 둔 공화정체, 둘째, 국가간 불간섭 원칙이 적용되는 자유국가들의 평화연맹, 셋째, 국가들에 의해 존중되는 세계시민으로서의 사적 권리를 집약한 세계시민법으로 요약할 수 있다.

칸트의 '평화사상'이 새롭게 조명받게 된 계기는 1980-90년대, 국제
정치학 분야에서 '영구평화론'이 "민주평화론"의 옷을 입고 등장했기 때문
이다. 칸트의 '영구평화론'은 국제정치학계는 물론, 정치사상, 철학, 법학 등
각 분과에 영향을 미치며 논의를 재생산해왔다. 이 가운데 대표 주자가 바
로 국제정치학 분야의 "민주평화론"이다.[60] 칸트의 '영구평화론'에 관한 논
의가 "민주평화론" 논쟁과 자연스럽게 연동될 수밖에 없는 이유이다.

공화정의 평화애호는 선험(先驗)적인가?

칸트의 '영구평화' 구상과 관련하여 가장 논란이 되는 지점은 '영구평화론'
의 골격이라 할 수 있는 제1확정조항에 대한 평가이다. 칸트의 제1확정조
항은 이론과 실제의 괴리뿐만 아니라 이론 내적으로도 상당한 모순이 존재
한다. 그 가운데, 특히 칸트의 '공화정'에 대한 이해가 그러하다.

먼저, 칸트와 동시대에 공화정 또는 대의제를 채택한 나라가 미국, 영
국, 네덜란드 외에 거의 없었다는 사실을 강조할 필요가 있다. 다시 말해,
칸트가 참조할 만한 공화정의 실증사례, 한마디로 공화정에 관해 충분히 연
구할만한 개체수가 너무 적었다고 할 수 있다. 그게 칸트로 하여금 '영구평
화론'에서 공화정에 관한 이론을 제대로 적시하지 못한 이유였다.

공화정과 민주정의 차이에 관한 그의 관점은 현대 민주주의의 관점에
서 보자면 대단히 편향적이며 학문적 근거를 상실한 독단에 가깝다. 칸트는
통치방식에 따른 정체 분류를 선호했다. 이 분류방식은 통치형태로서 입헌
주의 유무에 기초하는 데, 구체적으로 국가가 자기의 권력을 어떻게 사용하

---

60   국제정치학계에서 "민주평화론"에 대해 국내외적으로 논의가 활발히 이루어졌다. 이러한 연
구로는 김범석(2005), 김석우(1997:2011), 김재천(2004:2009), 마상윤(2005), 신욱희(2002), 오영
달(2018), 이혜정(2008), 이호철(2004), 현인택(2004), Kim(2010), Barkawi and Laffey(2001),
Barnett(2006) Brown et al.(1996), Carothers(2006), Chan(1997), Chernoff(2004), Huh and
Chang(2006), Ish-Shalom(2006), Rosato(2003), Russett(1993), Gowa(1999) 참조

는가 하는 방식에 관한 것이다. 이 관점에서 보자면, 정치체제는 공화정 아니면 전제정 둘 중 하나이다.

> "공화정은 정부의 통치권력, 즉 집행권 내지 행정권을 입법권에서 분리하는 국가원리이다. 전제정은 국가 자신이 수립했던 법률들을 국가가 독단적으로 집행하는 국가원리이다. 그러니까 공적 의지는 통치자에 의해 그의 사적 의지로 취급되는 한에서 공적 의지인 것이다. 세 가지 국가형태, 즉 독재정(군주권력), 과두정(귀족권력), 민주정(인민권력) 가운데서 민주정의 형식은 낱말의 본래적 뜻에서 필연적으로 전제정이다. 왜냐하면 어떤 결정에 동의하지 않는 반대자가 있다 해도 형식에 있어 모두가 결정하는 식의 단일한 행정권을 민주정은 창설하기 때문이다. 이때 결정을 내리는 모두가 온전히 전부는 아닌 까닭에 민주정은 일반의지는 물론 자유와도 모순된다"(Kant, 1991c: 100).

칸트가 보기에 "대의제이지 않은 모든 통치형식은 불구"이다. 따라서 "대의제를 통해서만 공화적 통치방식이 가능하고 이 제도가 없는 통치방식은 그 헌정체제가 무엇이 됐든 간에 전제적이고 폭력적"(Kant, 1991c: 102)이다. 왜냐하면, "입법자가 동일한 인격에서 동시에 자기의지의 집행자일 수는 없기 때문이다." 이러한 논리적 전제 하에 칸트는 입헌적 대의제와는 거리가 멀어도 한 참 멀던 프로이센을 공화정과 유사한 범주에 포함시키는 논리적 비약을 선보였다.

> "민주정 외에 군주정이나 귀족정 등 다른 두 국가체제가 대의적이지 않는 통치방식에 여지를 주는 한에서 언제나 결함이 있다고 할지라도, 이 체제들이 대의제의 정신에 맞는 통치방식을 받아들이는 일은 그 체제에서 적어도 가능하다. 가령 최소한 프리드리히 2세(Friedrich II)가 자

기는 한낱 국가의 최상위 종복일 따름이라고 말한 것과 같이 말이다. 이에 반해 민주주의 체제는 이런 일을 불가능하게 만든다. 왜냐하면, 민주주의 체제에서는 모든 사람이 지배자이고자 하기 때문이다. 그래서 사람들이 말할 수 있는 바는, 국가권력을 행사하는 인원, 곧 지배자의 수가 적으면 적을수록, 그에 반해 국가권력의 대의성이 크면 클수록, 국가체제는 그만큼 더 공화제의 가능성에 일치하고 국가체제는 점진적인 개혁을 통해 공화제로 고양될 것을 희망할 수 있다는 것이다. 이런 이유로 해서 이러한 완전하게 합법적이며 정당한 공화적 헌정체제에 이르는 길이 왕정보다 귀족정안에서 이미 더 어렵고 민주정 안에서는 폭력적인 혁명 외에는 아예 불가능하다"(Kant, 1991c: 101).

위 언급 속에 얼마나 큰 논리적 모순이 있는지에 대해 눈썰미있는 독자라면 알아차렸을 것이다. 민주제를 전제정으로 분류한 칸트의 입장은 현대적 관점에서는 수용하기 어려운 주장이다. 칸트의 주장대로 민주정이 단일한 집행권을 창설하기 때문에 전제정으로 비판받아야 한다면, 다른 정체는 복수의 집행권을 창설하는가를 되묻지 않을 수 없다. 현대의 대표적 대의정체인 의원내각제야 말로 집행권과 입법권을 한데 결합하고 있지 않은가?

대의제의 핵심은 결국 무엇을 그리고 누구를 대표할 것인가의 문제로 귀결한다. 따라서 대의제가 공화정인 한에서 민주정과 가장 친화성이 있다고 할 수 있다. 칸트의 주장대로라면, 국가권력을 행사하는 인원, 곧 지배자의 수가 적고 국가권력의 대의성이 큰 조건을 충족시키는 정치제제는 바로 현대의 민주정체, 곧 민주공화정이기 때문이다. 칸트가 살던 시대의 프로이센은 아무리 좋게 보아도 당시의 러시아와 함께 계몽 전제군주제로 분류하는 게 타당하다. 왜냐하면, 당시의 프로이센은 입헌정체도 대의제도 아니었기 때문이다. 그럼에도 칸트는 프리드리히 황제 스스로 공복을 자임한다고 해서 공화제에 가장 가깝다고 말하고 있는 것이다.

"공화정이 영구평화로 이끌 수 있는 유일한 체제"이며 "공화적 헌정체제는 법 개념의 순수한 원천에서 발생한 그 근원의 순정성외에 바라마지 않던 결과에 대한, 곧 영구평화에 대한 전망 또한 지닌다"(Kant, 1991c: 99)는 칸트의 언급은 적어도 정치학적 관점에서는 근거가 대단히 부실한 추론이다. 공화정을 전제로 한 제1확정조항과 제2확정조항은 적어도 칸트가 살았던 18세기 말의 역사적 조건에서는 실현가능성이 거의 없던 미래의 기획이거나 사실상 하나의 공상에 가까운 주장이었다 해도 지나치지 않다.

칸트가 언급한 전쟁 발발에 관한 공화정과 비공화정의 정치적 동기 역시 그다지 적실성을 지녔다고 볼 수 없다. 공화정은 구성원들의 동의가 필요하기에 전쟁 발생의 유인이 낮지만 공화정이 아닌 나라들은 지배자가 전쟁을 일종의 유희로 간주하기에 전쟁을 쉽게 도발할 수 있다는 전제[61]는 역사에 대한 몰이해에 가깝다. 군주정이나 비공화정, 심지어 전제정조차 권력자 자의에 의해서 마음대로 전쟁을 일으키는 것은 아니다. '제한전'의 사고를 담은 클라우제비츠의 『전쟁론』이 반동적 군주정이 우글대던 1830년대의 유럽 한복판에서 등장한 것도 바로 같은 맥락에서다.[62]

61　칸트는 다음과 같이 말한다. "신민이 시민이 아닌, 따라서 공화정이 아닌 헌법 아래서는 전쟁을 결정한다는 것은 세상에서 제일 간단한 일이다. 왜냐하면, 국가의 원수는 동료시민이 아니고 국가의 소유주이기 때문이다. 전쟁을 한다고 해서 그가 즐기는 파티, 사냥, 별궁, 궁중연회와 같은 것을 조금도 희생할 필요가 없다. 그러므로 대수롭지 않은 이유에서, 예컨대 일종의 유희처럼 전쟁을 결정하고는 아무 걱정 없이 전쟁의 정당화는 언제나 그런 일을 할 준비가 돼 있는 외교관들에게 떠넘길 수 있다"(Kant, 1991c: 100).

62　칸트와 달리 프로이센의 장군이자 군사전략가였던 클라우제비츠는 전쟁과 정치체제와는 별 관련이 없는 것으로 간주했다. 전쟁은 단지 정치 자체와 관련이 있을 뿐이다. "전쟁은 정치의 수단이다. 전쟁은 반드시 정치의 성격을 지녀야 하며 정치의 척도로 재야한다. 그래서 전쟁을 수행하는 일은 그 주요윤곽을 볼 때 정치 그 자체이다. 이때의 정치는 펜 대신에 칼을 들지만 정치 그 자체의 법칙에 따라 생각하는 일을 멈추지는 않는다"(Clausewitz, 2009: 182).

칸트의 소망과 달리 유럽 국가들은 공화국들 간의 평화연맹을 건설하지 못했을 뿐 더러 두 차례의 처참한 세계전쟁마저 서슴지 않았다. 실제 유럽 역사에서 오랜 평화를 가져다 준 국제질서는 현실주의적 권력정치와 세력균형에 기반을 둔 비엔나 체제(Vienna Concertation)였다. 특히, 기독교와 정통왕조를 공통분모로 하는 오스트리아, 프로이센, 러시아가 신성동맹을 체결해 유럽의 질서를 회복하고 안정을 가져왔다(Kissinger, 1994: 82-91).[63]

칸트의 영구평화 구상 가운데 제1, 제2확정조항은 당대에는 실현 불가능했고, 120여년 후, 윌슨의 자유주의적 국제주의를 통해 부분적으로나마 실현가능했던 미래의 계획이었다.[64] 요컨대, 칸트는 정치체제로서의 공화정에 관해 그다지 정통하지 못했다고 할 수 밖에 없다. "법 개념의 순수한

---

63 키신저(2014a)는 자신의 박사학위 논문이기도 한 『회복된 세계』에서 나폴레옹의 패망원인을 군사력이 약해서가 아니라 외교정책의 실패에서 찾고 있다. 나폴레옹이 엘바섬 탈출에 성공하여 권력에 복귀하자 오스트리아의 메테르니히 재상은 현상유지를 전제로 프랑스와 군사동맹을 은밀히, 때론 공개적으로 타진했으나 나폴레옹은 일언지하에 거절했다. 왜냐하면 나폴레옹의 전쟁목표는 세력균형이 아니라 유럽 전역에 공화주의 제국을 건설하는 것이었기 때문이다. 한마디로, 나폴레옹은 전쟁에 진 게 아니라 스스로 붕괴했다는 게 키신저의 최종 전언이다.

64 이현휘(2016: 10)는 끊임없이 외부압박에 의한 체제전환, 곧 레짐체인지를 강요하는 대표적 국제정치이론을 윌슨주의로 통칭되는 자유주의적 국제주의로 지목한다. 윌슨주의의 요체는 지구상에서 민주주의 국가가 확산되어야만 평화를 보장할 수 있다는 것이다. 전쟁은 결국 비민주적 국가가 조장하는 것이기 때문이라는 것이다. 그래서 윌슨주의는 결국 무력을 수단으로 비민주적 국가를 민주적 국가로 변환시키는 '레짐 체인지' 정책으로 귀결된다. 그는 윌슨주의의 철학적 기반이 칸트의 영구평화론에 놓여 있다고 주장한다. 윌슨주의의 철학적 기원을 거슬러 올라가면 칸트의 '영구평화론'과 만나게 된다. 하지만 칸트의 영구평화론은 국제정치 현실과 동떨어진 칸트의 이성 중심 철학에 입각해서 입론된 것이었다. 칸트는 자신의 영구평화론을 추구하는 과정에서 치러야 할 영구전쟁의 참상(perpetual war for perpetual peace)을 전혀 예상하지 못했다. 프랑스 혁명처럼 실제 현실에서 존재하는 비공화정을 공화정으로 급격하게 변화시킬 때 무자비한 폭력이 파생될 수 있다는 사실에 몽매했기 때문이다. 대쉬(Desch, 2007/2008;2011나 베르나스코니(Bernasconi, 2011)와 같은 학자들이 칸트의 영구평화론을 자유주의적 제국주의(liberal imperialism), 자유주의적 비자유주의(liberal illiberalism), 전면전(total war)의 원천 등으로 비판하는 것도 바로 이러한 이유 때문이라는 것이다.

원천에서 발생한 그 근원의 순정성" 관점에서 바라본 칸트의 공화정 개념은 마땅히 그래야 한다는 것을 강조하는 정언명령 내지 이상적 윤리준칙에 가깝다. 칸트는 공화정을 심지어 "천사들의 세계에서나 가능한 너무나 고귀한 목적을 지닌 헌정체제"(Kant, 1991c: 112)로 이상화했다.

실제 역사에서 발전한 공화정은 이와는 다른 종류의 것이었다. 물론 칸트가 주장한 공화정의 내용이 적실성이 없다고 해서 칸트의 평화사상 전체가 훼손되는 것은 아니다. 마찬가지로, 현대의 "민주평화론" 역시 칸트의 공화정 이론에 반드시 근거할 필요는 없다. "민주평화론"은 오히려 역사적 발자취를 따라 발전해온 현대 민주주의의 이론에 기초하는 게 적절하다. 역사를 통해 발전한 현대 공화정의 기초는 이성이나 도덕적 원칙이 아닌 욕망에 기초한 이해관계였다. 칸트가 '영구평화론'을 저술한 1895년은 미국 연방헌법 제정기와 시대적으로 거의 일치한다. 따라서 미국헌법의 저자라 할 수 있는 매디슨의 공화정에 대한 이해와 칸트의 그것을 함께 비교하는 것은 나름 의미가 있다고 여겨진다.

연방헌법 비준을 위해 해밀턴, 제이와 함께 공동작성한 『페더럴리스트 페이퍼』에서 매디슨은 권력분립과 연방제를 미국 공화정의 핵심제도로 간주했다. 매디슨이 새로운 공화정체를 창설하는 과정에서 가장 심각히 고려해야 할 대상은 바로 '파당(派黨)'의 문제였다. 그에게 파당은 공화주의적 덕성과는 대척점에 있는 개념이었다. 덕성이 개인의 사적 이익보다 공공의 이익을 선호하는 반면, 파당은 사리를 공익보다 우위에 두기 때문에 공화정에 중대한 악영향을 끼친다.

"파당의 잠재적 원인은 인간의 본성에 그 씨가 뿌려져 있다. 그리고 우리는 파당의 원인이 어디에서나 시민사회의 상이한 환경에 따라서 상이한 정도의 활동을 하게됨을 본다"(Hamilton, Madison & Jay, 1961: 79).

매디슨은『페더럴리스트 페이퍼』10편에서 미국인들이 파당의 위험으로부터 완전히 벗어나지 못했음을 지적했다. 아니, 벗어날 수 없었다고 보는 게 더 타당하겠지만 말이다. 매디슨이 보기에, 민주정 및 공화정 등 소위 '인민의 정부'가 최종적으로 맞닥뜨리게 되는 위험이 바로 파당이었다. 그러므로 공화정이 시민의 덕성에만 의존한다고 믿는 것은 대단히 순진한 발상이다. 다만, 그가 강조하고자 했던 내용은 기존의 시민적 덕성과 애국심에 더해서, 야망과 욕구라는 인간의 본성에 기반하여 이전까지는 볼 수 없었던 완전히 새로운 공화정 체제의 기초를 마련할 수 있어야 한다는 것이다.

매디슨은 공화정 설립을 위한 새로운 발상을 연방헌법에 의해 세워질 국가가 지니는 장점, 곧 이해관계의 다양성에서 비롯된 정치적 갈등의 완화효과에서 발견했다.[65] 이 목표를 달성하기 위해 미국 헌법이 도입한 정치제도가 바로 광역공화국으로서의 연방제와 삼권분립에 기초한 대의제이다. 한편, 미국의 공화정은, 달(Dahl, 2004)에 따르면, 19세기를 거치면서 정당제도의 발전과 1인1표제를 핵심으로 하는 보통선거권의 도입 등 '민주혁명'에 의해 민주공화정으로 전환했다. 토크빌의 유명한『미국의 민주주의』는 민주혁명의 파고가 거세게 밀어닥친 1830년대의 아메리카 전역을 여행하고 남긴 미국 정치체제의 특징에 대한 가감 없는 기록이다.[66] 이처럼 공화

---

65 매디슨이 보기에 공화정은 이성보다는 감정의 욕망에서 솟아난 정치체제였다. 그래서『페더럴리스트 페이퍼』51편에서 "야망은 다른 야망으로 억제(중화)해야 한다(ambition must be made to counteract ambition)"고 언급한 것도 같은 이유에서였다. 매디슨의 이러한 주장이 스피노자의 에티카 에서 "어떤 정서도 그것과 대립하는 더 강한 정서에 의하지 않고서는 억제될 수 없으며, 각자는 더 큰 해악이 두려워 해악을 행하기를 피할 것이다"(Spinoza. 2002: 341)와 같은 명제에서 영향 받았을 것이라는 견해로는 스미스(Smith, 2005: 23) 참조

66 토크빌(Tocqueville, 2002: 59)은 미국 민주주의의 가장 큰 특징으로 '개인들의 평등한 사회 조건'과 여기서 연유한 강한 평등의식을 꼽았다. 그 이유는 경제적 상승의 기회가 많고 다양한 이민 집단으로 구성되었기 때문이다. 평등의식은 독립과 자유에 대한 강한 의식을 낳았으며, 이것은 다시 인민주권과 민주주의의 기반이 되었다. 하지만 시장제도 하에서의 강한 평등의식은 부정적 효과를

정과 민주정의 융합으로 실현된 미국의 공화정은 칸트가 이해한 공화제의 그것과는 사뭇 달랐다.

미국의 초기 외교정책 또한 칸트가 영구평화의 두번째 확정조항으로 표명한 '평화연맹'과 같은 이상주의 정책 추구에 대한 기대를 저버렸다. 프랑스 공화정이 대혁명 이후 나폴레옹 전쟁을 통해 단일 유럽국가 건설을 목표로 정복전쟁에 나선 반면, 대서양 건너편에 위치한 신생 공화국 미국이 채택한 대외정책은 '고립주의'였다. 워싱턴의 대통령직 고별연설에서 기초가 마련된 '고립주의'는 퀸시 애덤스 국무장관의 손을 거쳐 1823년 작성된 '먼로독트린'으로 구체화됐다.

미국이 고립주의를 주창하게 된 보다 뿌리 깊은 이유는 예외주의 신조에서 비롯된다. 곧, 미국의 공화정체는 인류역사에서 대단히 특수하고 예외적 사건으로 구체제 유럽에서는 애당초 성립 불가하다는 것이었다. 따라서 '평화연맹'이건 '세력균형'이건 유럽 문제에 개입하거나 가능하면 엮이지 말라는 게 건국시조들의 충고였다. 칸트의 바람과 달리, 당시 대표적 공화정 국가였던 미국은 평화연맹 건설에 어떤 관심도 표명하지 않았다. 그들은 오히려 고립주의를 대외정책의 지침으로 천명했으며, 이 기조는 한 세기 이상 지속됐다.

그러다가 두 차례의 세계전쟁을 통해 국제정치의 혁명이라 할 만한 갑작스런 대전환의 시대가 찾아왔다. 전세계적 차원의 격동이 발생했다. 이러한 국제정치적 계기를 통해서 윌슨주의가 등장했다. 칸트가 '영구평화론'에서 표방한 세 가지 확정조항을 실현할 만한 조건이 마련된 것이다. 민주공화정이 국제평화를 실현할 수 있는 유일한 정치체제라는 신념 아래 윌슨 대

가져 올 수도 있다. 평등의식은 사회구성원들을 서로 고립시키고 극단적인 이기심과 물질적 탐욕에 빠뜨릴 수 있기 때문이다. 또한 경제적 기회의 평등, 보통선거권, 인민주권론에 구현된 평등의식은 대중을 때로는 광폭한 다수로 만들어 '다수독재'를 낳을 수 있다는 게 토크빌의 결론이었다.

통령은 요즘 '레짐 체인지(regime change)'라 일컫는 '정치체제의 전환'을 주요한 전쟁 목표로 설정했다. 나아가 칸트의 평화연맹 주장과 대단히 유사한 국제연맹의 건설을 통해 집단안전보장을 구현하려 했으며, 민족자결을 통해 세계시민법의 토대를 형성하려 시도했다.

4. "민주평화론"의 아킬레스건, '분리된 평화'

이론과 역사적 현실 사이의 '시간지체(time-lag)'의 관점에서 칸트의 세 가지 확정조항과 민주평화론의 핵심 명제를 이해할 필요가 있다. 두 세기에 걸친 미국 대외정책의 전개과정과 '영구평화론'의 세 가지 확정조항을 비교해보면 대단히 흥미있는 결과가 도출된다. 칸트의 영구평화를 위한 세 가지 확정조항 가운데 실현 가능성의 측면에서 난이도가 가장 높은 확정조항은 '국제 평화연맹'과 관련된 두번째 조항이다. 반면, 상대적으로 용이한 조항은 역설적으로 세번째 확정조항인 국제시민법의 설립이다.

미국의 외교정책은 건국과 함께 고립주의 정책을 채택했고 이를 대외적으로 천명한 것이 바로 먼로독트린이다. 하지만 20세기에 들어서 상황이 일변했다. 미국은 대서양에서 태평양까지 영토를 확장했고, 급속한 경제발전에 힘입어 해외시장을 찾아 나설 수밖에 없었다. 미국에게는 두 개의 선택지가 존재했다. 하나는 유럽열강이나 일본과 마찬가지로 식민지 확보와 이를 통해 세력권을 추구하는 제국주의 정책이다. 다른 하나는 무역과 상업의 자유만 확보할 수 있다면 교역 상대국의 행정권과 영토주권을 인정한다는 칸트의 세계시민법 내용과 대단히 유사한 성격의 정책 추구이다. 여기서 미국은 후자의 길을 선택했다. 그것이 바로 1900년 존 헤이 국무장관이 추진한 '문호개방정책'이다.

두 차례의 세계전쟁을 겪으면서 미국은 도전자가 거의 없는 세계 초강대국으로 국가적 지위가 상승했다. 이 과정에서 미국은 변형된 형태이긴 하지만 칸트가 영구평화를 위한 두번째 확정조항에서 언급한 국제평화연맹의 건설과 유사한 형태의 국제주의 외교 노선을 천명했다. 이러한 국제주의 외교정책의 대명사가 바로 윌슨의 평화14개조 안(案)과 프랭클린 루스벨트의 대서양선언, 2차 세계대전2차세계대전 직후의 트루먼독트린이라 할 수 있다. 결과적으로 칸트가 언급했던 영구평화를 위한 세 가지 확정조항은 동시에 달성되지 못하고 역사적 현실과의 일정한 시간지체를 수반할 수밖에 없었다. 그럼에도 불구하고 미국 대외정책의 발전이라는 관점에서 본다면 칸트가 언급한 세 가지 확정조항의 내용과 미국의 대외정책은 대체로 일치하여 전개되었음을 확인할 수 있다.

지금까지의 논의를 토대로 칸트의 '영구평화론'과 "민주평화론"을 둘러싼 최대 쟁점이라 할 수 있는 이른바 '분리된 평화'에 대한 논쟁을 평가해 보기로 하자. 구체적으로 영구평화의 제1확정조항을 통해 공화정 국가들 사이에는 전쟁이 발생하지 않는다거나 제2확정조항을 통해 평화연맹은 공화국 내지 자유로운 국가들에게만 '회원자격(membership)'을 부여하는지에 대한 유추해석이 가능한지 여부이다.

칸트가 '영구평화론'에서 문자그대로의 '분리된 평화'를 주장하지 않았음은 명백하다. 왜냐하면, 그가 언급한 세 가지 확정조항은 분리해서 설명할 수 없고 동시적으로 건설해야 평화를 온전하게 지속할 수 있기 때문이다. 하지만, 세 가지 확정조항을 동시에 충족하는 형태의 영구평화란 실제 현실에서는 도달하기 어려운 아포리아(aporia)에 가깝다. 그렇기에 실제의 역사적 현실에서 '영구평화'를 구현하기 위해서는 첫째, 이 세 가지 조항 가운데 어느 하나가 선행하거나 후행하는가 여부를 구분하고, 둘째, 어떤 조항이 '영구평화'를 위해 더 필수조건인가를 분리해서 논의할 수밖에 없다. 바로 이 지점에서 칸트의 '영구평화론'을 계승하면서도 시대상황의 변화에 맞게 재구성하려 했던 "민주평화론"의 문제의식이 도출된 것으로 여겨진다.

지금까지의 논의를 바탕으로 '민주평화론자'들이 '분리된 평화' 주장을 통해 칸트를 왜곡시켰다는 일부의 비판에 대해 보다 정확한 평가를 내릴 필요가 있다. "민주평화론"에 대한 비판자들에 따르면, 칸트의 '영구평화론'을 재해석하여 "민주평화론"을 도입한 대표적 학자인 도일(Michael Doyle)의 경우, 칸트의 제1확정조항의 공화정을 서구에 실재하는 "자유주의적 공화정"과 등치시킴으로써 제2확정조항에 해당하는 평화연방의 구성원을 공화정으로 제한하는 오류를 범했다. 그 결과, 공화정의 평화연합에서만 가능한 '존중의 보장'을 '발견'하여 '분리된 평화론(separate peace)'을 창안했다고 비판한다. 레비(Levy, 1989)와 같은 학자는 "분리된 평화"의 틀에서 강조되는 민주주의 국가들 사이의 전쟁의 부재 원칙이 현실주의 국제정치이론이 강조하는 세력균형에 버금갈 정도의 국제정치의 법칙으로까지 격상시켰다고 주장한다.

도일에 따르면, 칸트의 자유주의는 공화정들 사이의 평화와 이들과 비공화정 간의 전쟁을 동시에 설명한다. 여기서 도일이 분리된 평화와 전쟁에 대한 칸트의 설명으로 제시하는 것은, 공화정은 다른 공화정에 대해서는 "우호감"에, 비공화정에 대해서는 "적대감"에 기반해 행동한다는 것이다(이혜정, 2008: 136). 하지만 칸트가 언급한 평화연맹을 구성하는 자유국가들은 독립적인 주권국가의 의미이지 도일의 해석처럼 민주주의 나라들에 한정된 것은 아니다(MacMillan, 2006). 그러므로 자유주의 이념과 결합된 도일의 사회과학적 '의지'가 칸트의 텍스트를 무시하고 칸트 평화사상의 도덕적 명령을 배반하며, 평화연맹 '안'과 '밖'의 전쟁의 대립구도를 확립했다(Hurrell, 1990)는 게 이들 비판의 요지이다.

그렇다면 도일이 주창한 "민주평화론'은 칸트의 '영구평화' 사상을 왜곡한 것일까? 다음 언급에서 알 수 있듯이, 칸트는 "공화정이 영원한 평화를 이끌 수 있는 유일한 체제"로 "영원한 평화에 대한 전망을 갖는다"(Kant, 1991c: 100)고 명시했다. 왜냐하면, "공화정만이 인간의 권리에 완전하게 부합하는 유일한 체제"이기 때문이다. 평화연맹이 성립되는 역사적 메커니즘에 관해서도 세 가지 확정조항 사이에는 시간지체가 불가피하며, 따라서 세 가지 확정조항을 동시에 달성할 수 없기 때문에 일정기간 "분리된 평화"가 성립할 수 있음을 암시했다.

> "서서히 팽창하여 모든 국가를 포괄함으로써 영구평화에 이르게 된다는 연방주의 아이디어가 실현가능하고 객관적 실체를 포함하고 있다는 것은 증명할 수 있다. 다행히도 어떤 막강하고 계몽된 나라가 (그 본성상 영구적인 평화로 향할 수밖에 없는) 공화정을 채택하게 되면 다른 나라들 사이에 연방적 통일의 중심점을 제공할 수 있기 때문이다. 이들 국가는 연방의 구심을 형성한 최초의 국가와 함께 동맹을 결성함으로써 국제법의 이념에 맞게 각국의 자유를 보장하고, 이러한 방식의 더 많은 결합을 통해 점점 더 널리 확산해 나갈 것이다"(Kant, 1991c: 105).

도일, 러셋 등 "민주평화론" 주창자들이 칸트를 의도적으로 왜곡하거나 자신들의 이해에 맞게 재단했다고 여겨지지는 않는다. 롤스 또한 "민주평화론"을 다룬 도일의 논문이 훌륭하며, 특히 칸트의 대한 도일의 해석이 적절하다고 지적했다(Rawls, 2000: 87). 다만, '민주평화론자'들이 칸트가 살던 시대와는 전혀 다른 역사적 조건, 곧 200년이 지난 세기의 전환기에서 '영구평화론'의 특정요소인 제1 확정조항을 타 조항에 비해 보다 강조할 수밖에 없었을 것으로 여겨진다. 또 그게 '영구평화론'이 지닌 고유한 특징이기도 하다. 하지만, 이러한 상황적 이유만으로 "민주평화론"이 "분리된 평화" 주장을 별다른 성찰없이 고수하는 양상에 대해서는 비판할 필요가 있다.

"민주평화론"의 이론적 한계는 곧 현대 국제정치학계 논의 지평의 한계이기도 하다. 이 한계는 국제정치이론 내부의 논의만으로는 극복하기 어렵다. 필자가 롤스의 '만민법'에 주목하는 이유도 이와 동일하다. 철학과 법학, 정치사상분야에서는 롤스의 '만민법' 주장을 칸트의 '영구평화론'과 관련지어 다루고 있지만 국제정치학 분야에서는 롤스의 '만민법' 관련 논의가 전무한 실정 역시 이러한 사정을 반영한다. 요컨대, 칸트의 '영구평화론'의 역사적 의의는 이론적 정교함이나 실천적 적실성에 있지 않다. '영구평화론'의 진정한 위대함은 홉스적 세계관에 입각한 정치현실주의에 안주하지 않았던 발상의 대전환과 두 세기 후에 펼쳐질 국제관계 질서를 예견한 비범한 통찰력에 있다.

칸트의 국제정치에 대한 관점이 현실주의인가 아니면 이상주의인가 여부에 대해 일찍이 논란이 있어왔다. 결론적으로 칸트는 혼종, 곧 하이브리드 사상가이며, 비교사상사적 관점에서는 이상주의(idealism)에 보다 가깝다고 할 수 있다. 그의 '영구평화론'은 자유주의적 국제관계의 핵심을 최초로 체계화했다 해도 지나치지 않다. 또 그게 칸트 평화사상의 정확한 자리매김이기도 하다. E. H. 카 또한 칸트를 자유주의적 이상주의의 창시자 가운데 하나로 지목했다. 그 이유는 칸트가 전쟁이란 자신의 이익만 챙기고 국민들의 이익은 돌보지 않는 군주들이 일으키는 것이기 때문에 공화정에서는 전쟁이 발생하지 않을 것이라고 주장했기 때문이다(Carr, 1964).

이와 달리 신현실주의자로 잘 알려진 월츠는 칸트 국제정치 사상의 '현실주의' 측면에 주목하여 칸트를 '권력 정치(power politics)'를 대변하는 학자로 간주했다. 월츠(Waltz, 1962: 331)에게 칸트는, 자연상태에서 국가는 "조화와 평화"가 아니라 "적대와 전쟁" 상태에 존재한다고 보았으며, 국제관계에서 "권력정치"를 불가피한 것으로 받아들인다는 점에서 "당시 유행하던 자유주의 외피를 두름으로써 자신의 마키아벨리적 아이디어를 감췄던 권력정치 이론가"였다.

월츠의 이러한 지적은 일면적이고 편향된 것이다. 우리는 칸트가 정치사상가나 국제정치 이론가가 아니었다는 점에 주목할 필요가 있다. 그의 본업은 계몽주의에 기반한 독일 관념철학이었다. 따라서 그의 정치이론은 성과만큼이나 한계 역시 뚜렷하다. 다만, 도덕철학자였기에 칸트는 동시대의 현실주의 정치이론가들이 간과한 현실 너머의 지평을 성찰할 수 있었다.

칸트의 '영구평화론' 또한 공화정체를 가진 국가들 사이에서만 평화가 온전히 유지될 수 있다는 핵심 명제로 인해 "민주평화론" 만큼이나 반쪽 평화에 지나지 않았다는 비판에 직면할 수밖에 없다. "민주평화론"의 '분리된 평화' 주장의 지적 뿌리는 칸트가 명시적으로 그렇게 주장했는지에 상관없이, 칸트의 영구평화 사상 안에 내재했다. 사정이 이렇다 하더라도 칸트의 영구평화 구상을 평가절하 할 수 없음을 분명히 하고자 한다. 전쟁의 항구적 종식과 세계평화를 향한 칸트의 일념과 진정성을 몰각해서는 안되기 때문이다. 그의 언명대로, "정의가 사라진다면 더이상 인간이 지구상에 살 가치가 없을 것"(Rawls, 2000: 203)이다.

5. '분리된 평화'와 불승인주의

칸트의 '영구평화론'은 근본적 딜레마에 직면했다. 그것은 다름아닌 공화제 국가들 사이에서는 평화상태를 유지하기 위한 국제연맹체를 수립할 수 있지만, 비공화제 나라들과는 어떤 관계를 유지할 것인가의 문제이다. 공화정이 아닌 국가들과의 전쟁은 불가피한 것인가? 만일 그렇다면 영구평화는 어떻게 달성할 수 있을까? 상황이 이렇다면, 영원한 평화만큼이나 영원한 전쟁이라는 주장 또한 가능하지 않은가? 이러한 물음에 칸트는 애매한 해결책을 내놓았다. 그는 전쟁 그 자체는 부정하지 않지만 체제전환을 목표로 하는 '정당한 전쟁'은 가능하지 않은 것으로 보았다. 왜냐하면, 칸트는 '영구평화론'의 다섯 번째 예비조항에서 "어떤 국가도 다른 국가의 헌정체제와 정부에 폭력으로 간섭해서는 안된다"(Kant, 1991c: 96)고 분명히 언급했기 때문이다.

칸트 사후 유럽의 정치현실은 영구평화와는 거리가 멀어도 한참 멀다 했을 정도로 대단히 비관적이었다. 영구평화에 대한 그의 열망과 달리 두 차례의 세계전쟁이 발생했다. 이후에도 인류는 반세기 가까이 미국과 소련 사이에 핵전쟁의 위험이 항구적으로 도사린 냉전을 경험했다. 사정이 이렇다면 결국 칸트의 '영구평화론'은 실천적 적실성을 상실한 공상적 산물에 지나지 않은 것은 아닌가? 국내적으로 어떤 정치체제를 취하느냐에 상관없이 모든 국가를 동등한 실체로 취급하는 현실주의와 달리 '보편이론'이 될 수 없지 않은가? 칸트의 '영구평화론'에 자극받은 '자유주의적 국제주의'[67]에 대해서 월츠(Waltz, 1978), 브레진스키(Brzezinski, 2000), 미어샤이머(2004) 등 현실주의자들의 평가는 냉담한 편이다.

> "국가들 사이의 갈등은 피할 수 없으며, 전쟁은 하나의 자연법칙처럼 반복된다. 국제정치의 무정부성이 가져오는 압력은 압도적이기 때문에 국내정치적 차이로는 극복할 수 없다. 국내정치로 국가의 행동과 국제정치를 설명하려는 시도는 일종의 환원주의로서, 개별사안에 국한한 서술이지 일반적인 현상을 분석하고 예측하는 보편이론은 아니다"(이근욱, 2009: 143-144).

---

[67] 도일은 자유주의 국제관계 사상을 슘페터에 영향받은 자유주의적 평화주의, 마키아벨리 사상이 그 뿌리인 자유주의적 국제주의, 칸트의 '영구평화론'에 공명하는 '자유주의적 국제주의'로 구분한다. 이에 대해서는 도일(Doyle, 1986) 참조. 이에 달리 칸트를 제국주의자로 보는 시각 역시 존재한다. 박배형(2016)은 칸트의 평화사상에 제국주의 이데올로기를 정당화하는 요소가 들어있음을 부정해서는 안 된다고 주장한다. 대쉬(Desch, 2011)와 같은 학자는 칸트의 사상에 제국주의적 성격이 내재해 있는 것으로 간주한다. 그는 자유주의(liberalism)와 비서구사회에 대한 폭력적 개입은 양립 가능할 뿐만 아니라 흔하게 위대한 자유주의 사상가들과 연결되며, 이제 그 사상가들의 목록에 칸트를 추가해야만 한다고 주장한다. 반면, 잔(Jahn, 2005)에 따르면 칸트의 영구평화 사상은 굳건한 반제국주의적 자유주의에 기초한다.

이 비판은 일면 타당한 것이긴 하지만, 정치의 목적이 '인간의 선(善, goodness)의 달성'에 있다는 관점에서 보았을 때는 그다지 적실하지 않다. 왜냐하면 영구평화를 주장하는 것과 영구전쟁을 주장하는 것의 의미와 그 현실적 결과는 전혀 다르기 때문이다. 따라서 무정부적 국제정치구조 하에서 주권국가들에게 국가이익과 세력균형을 목표로 하는 제한적 전쟁권을 인정한다 하더라도 '전쟁' 그 자체로 올바르고 정당한 것인가의 가치판단에 대한 질문은 여전히 계속될 수밖에 없다.

칸트의 지적 후예라 할 수 있는 "민주평화론"은 현실주의에서 제기된 비판에 유의하면서 20세기 내내 반복된 전쟁과 평화의 부침 현상을 설명하고 평화가 유지되는 안정적인 세계질서의 수립의 문제를 이론 속에 담아내려 노력했다. 현대의 "민주평화론"에는 두 갈래의 논의가 있다고 여겨진다. 하나는 국제정치학파로서의 "민주평화론"이다.[68] 다른 하나는 칸트의 '영구평화론'에 내재한 인식론적 의미를 계승한 정치철학으로서의 "민주평화론"이다. 대표적으로 롤스의 '만민법(Law of Peoples)' 구상이 여기에 속한다.[69]

칸트의 '영구평화론'이 공화제 정부 형태의 제도적 특징으로부터 도출되는 연역적 추론에 근거했다면, 현대 국제정치학의 "민주평화론"은 전쟁과

68　이 글에서는 국제관계이론에서 논의되고 있는 "민주평화론"의 세부사항에 관해 상세히 다루지는 않을 것이다. 그 이유는 "민주평화론" 학파에 다양한 지류가 있지만 앞서 언급한 두 가지 핵심테제를 수정할만한 이론적 진전 내지 새로운 해석적 관점이 보이지 않기 때문이다. 차이가 있다면, 칸트의 '영구평화론'에서 착안한 두 가지 핵심테제(Doyle, 1983a;1983b)에 더해, 규범을 보다 강조하는가(Maoz and Russett, 1993) 아니면 국내 정치제도 등 구조에 강조점을 두는가(Schultz, 1998;Mesquita et. al., 1999)의 차이, 민주주의 가치에 추가해서 상호무역, 국제기구가 평화를 가져온다는 소위 '평화의 삼각구도(Russett and Oneal, 2001) 주장, 그리고 민주평화 현상을 설명함에 있어 국가자체의 속성에 기인하는가(Bremer, 1992) 아니면 국가관 관계의 속성, 곧 국가 쌍 속성에 기인하는가(Mesquita and Lalman. 1992)를 다루는 정도이다. "민주평화론"의 쟁점과 유형을 정리한 글로는 이호철(2004), 이혜정(2008) 참조.

69　롤스의 '만민법'에 대한 논의로는 박정원(2014), 장동진(2001), 장동진·장휘(2003) 정원섭(2012), 정태욱(2018) 참조

민주주의에 관한 데이터의 다양한 통계적 분석으로부터 도출된 경험적 규칙성에 근거한다. 가장 폭넓게 받아들여지고 있으며, 공리 수준의 "민주평화론"의 핵심명제(core thesis)는 다음과 같다.

① 민주주의 국가는 상호 전쟁을 하지 않는다.
② 민주주의 국가도 비민주주의 국가가 전쟁을 하는 것만큼 비민주주의 국가와는 전쟁을 한다(이호철, 2004: 371).

전쟁 그 자체를 혐오한 칸트의 '영구평화론'과는 달리, 민주국가들은 "민주평화론"을 통해 비민주국가와 전쟁을 벌일 수 있는 근거를 발견할 수 있었던 것으로 여겨진다. 그래서 고와(Gowa, 1999) 같은 학자는 민주주의가 평화를 가져오는 게 아니라 거꾸로 평화가 민주주의를 가능하게 하는 것이기에 평화와 민주주의의 상관관계에 있어 인과성의 방향이 바뀌어야 한다고 주장한다. 이러한 주장이 일리가 있긴 하지만 그렇다고 해서 의문점을 완전히 해소해주는 것은 아니다.

평화가 민주주의를 촉진한다고 한다면, 평화를 초래하는 요인은 도대체 무엇인가? 현실주의자들은 힘에 기초한 세력균형이라 할 것이며, 자유주의자들은 민주주의의 확산이라고 답할 것이다. 뫼비우스 띠처럼 물고 물리는 도돌이표다. 결국, 이 문제의 해결책은 토마스 쿤이 정의한 대로, 최상의 이론적 전제를 수용하는 패러다임의 선택 과정과 대단히 유사하다. 어떤 이론도 완벽할 수는 없다. 만물이 그러하듯이 "민주평화론"에도 양지와 음지가 공존하기 마련이다.

"민주평화론"은 학계보다 국제정치 현장에서 먼저 출현했다. 국제사회를 '만인이 만인에 대립하는' 자연상태와 유사한 무정부적 구조로 이해한 현실주의적 세계관과 달리 민주주의의 보편적 확산에 의해서 평화가 달성될 수 있다고 주장함으로써 국제정치의 혁신을 이뤘다. 그 대표적 성과가 바로 윌슨의 민족자결에 근거한 집단안전보장 구상이다.

"민주평화론"은 그것의 효시라 할 수 있는 윌슨의 14개조선언과 이를 계승한 루스벨트와 처칠의 대서양선언, 국제연합 창설 등 미국의 국제주의 외교노선으로 구체화됐다. 국제주의는 한반도의 해방과 대한민국의 성립에도 크게 기여했다. 일제의 패망과 한국전쟁에서 미국주도의 유엔군 파견 역시 "민주평화론"에서 연유한 자유주의적 국제주의의 성과라 해도 지나치지 않다.

하지만 2차세계대전이 끝나자마자 "민주평화론"과 국제주의는 근본적 딜레마에 봉착했다. 독일, 일본, 이탈리아 등 팽창주의적 침략국가와의 전쟁을 승리로 이끈 마당에 앞으로의 세계는 전쟁이 부재한 채로 평화만 가득할까? 미국은 이미 1928년, 전쟁을 국가간국가간 분쟁해결 수단으로 인정하지 않는 '켈로그-브리앙 협정', 곧 '부전조약'으로 잘 알려진 '전쟁포기에 관한 조약' 체결을 주도한 적이 있다. 일본조차 부전조약의 정식 체약국이었으며 국제연맹의 상임이사국이었다. 그런데 이후 어떤 일이 발생했는가? '전쟁포기에 관한' 부전조약은 휴지조각이 돼버렸고, 인류는 1차세계대전보다도 더 큰 전쟁의 참화를 겪지 않았는가?

이에 대한 미국의 해결책은 민주주의 국가가 전쟁을 할 수 있는 예외적 조건을 보다 명확히 하는 것이었다. 이 전략은 비민주주의 국가에 대해서는 군사력 우위를 확고히 함으로써 전쟁을 방지할 수 있다는 힘의 억지전략과 동전의 양면이다. 여기서 문제는 2차세계대전 이후 등장한 비민주주의 국가가 2차세계대전에서 연합군의 일원으로 추축국에 맞섰던 소련을 위시한 공산주의 진영이었다는 사실로부터 발생했다.

상황이 일변하자, 국제주의는 한편으로는 윌슨과 루스벨트의 '민주평화' 외교정책을 계승하면서, 다른 한편으로는 진영논리에 입각한 기독교적 전쟁관을 부활했다. 한마디로, 우적관계에 입각한 정의의 전쟁론이 '민주평화'의 이름으로 호명됐고, 미국은 전세계인들의 자유를 수호하는 십자군 역

할을 자임했다. 봉쇄정책에 입각한 미국의 냉전전략, 베트남 전쟁, 이라크
전쟁, 테러와의 전쟁은 이러한 선과 악의 이분법적 대결구도 하에서 치러졌
다 해도 과언이 아닐 것이다.[70]

레이건은 소련을 "악(惡)의 제국"으로 비난했다. 조지 부시는 이라크,
이란, 북한을 "악(惡)의 축"으로 경멸했다. 유엔에 가입한 엄연한 주권국가
들이었는데 말이다. 자유주의와 공산주의의 역사적 대결구도로 탈냉전과정
을 묘사한 프란시스 후쿠야마의 '역사의 종언'이나 사무엘 헌팅턴의 '문명
충돌론'은 냉전적 세계관의 21세기 버전에 가깝다.[71]

70　이혜정(2008: 130)에 따르면, "민주평화론"은 냉전종식 이후 미국 패권의 지구적 확산을 정당
화하는데 이용됐다. 9.11 테러 이후에는 테러의 근본원인을 미국이 구현하는 민주주의와 자유주의
적 근대성의 부정으로 간주하는 부시 행정부에 의해 대테러전쟁의 궁극적 승리를 보장하는 전략적
지침으로까지 설정됐다(신욱희, 2002; 전재성, 2006; Zelikow 2003). 이러한 입장이 일견 타당해
보이지만, 테러와의 전쟁을 "민주평화론" 탓으로 돌리는 것은 부당하다. 부시 이전 클린턴 행정부 역
시 '관여와 확장(Engagement and Enlargement)' 전략 하에서 민주주의와 시장경제의 확산을 외
교정책 목표로 설정함으로써 "민주평화론"에 입각한 외교정책을 추진했다. 나아가 세르비아, 코소
보 사태에서 발생한 '인종청소'를 규탄하며 '인도주의적 개입(humanitarian intervention)'을 천명
했다. 오바마 행정부는 부시 행정부처럼 노골적으로 '레짐체인지'에 의한 민주주의 체제 이식을 전
쟁목표로 삼지는 않았지만, 은밀한 방식으로 '재스민 혁명'이라는 미명 아래 리비아 가다피 정권을
붕괴시켰다. 한마디로, 인도적 개입이건 노골적인 레짐체인지 방식이건 민주적 자유 확대는 탈냉전
이후 미국의 초당적 외교목표로 자리 잡았다. 미국 상하 양원은 9.11사건 직후 애국법을 제정했으
며, 허위정보에 입각하여 이라크전쟁 결의안을 만장일치로 통과시켰다. 미어샤이머(Mearsheimer,
2004)와 같은 '공격적' 현실주의자들은 이라크전쟁을 일종의 '예방전쟁(preventive war)'으로 간주
한다. 그에 따르면 미국이 아무리 강대국이라 하더라도 새롭게 부상하는 위협세력에 항구적인 안보
위기에 처할 수밖에 없다. 따라서 자국의 안보를 지키기 위한 최선의 방안으로 선제적인 군사력 사
용은 정당한 일이다.

71　'서구중심주의'와 '오리엔탈리즘'의 관점에서 헌팅턴의 '문명충돌론'을 비판하는 강정인(2004)
의 주장 역시 이러한 문제의식과 궤를 같이한다고 할 수 있다. 과거 자유주의와 공산주의 사이에 이
념에 따른 우적관이 동양 대 서양, 기독교 대 이슬람교의 대립으로 바뀌었을 뿐 냉전적 세계관이 그
대로 유지되고 있다. 이때 다시 뿌려진 황화론(黃禍)論, Yellow Perils)의 씨앗은 20년 후 미국과 유
럽에서 아시아인 혐오(嫌惡) 현상으로 열매 맺고 있다.

　　"민주평화론"에 내장된 전쟁과 평화의 관점은 자칫 선과 악의 이념 대결로 비화할 경우, 전쟁의 한도를 설정할 수 없다는 점에서 '현실주의'에 근거한 세력균형보다 가공할 폭력적 결과를 발생시킬 수 있다. 일례로 맥아더는 한국전쟁에 중공군이 개입하자 중국 본토로의 진공과 핵무기 사용을 주장하며 공산주의와의 '최후의 일전'을 벌이려 했다. 트루먼 행정부의 발빠른 대처로 맥아더는 즉각 해임됐고 국제적 위기는 잦아들었다. "민주평화론"에 내재한 두 가지 상반된 해석이 일찍이 정면으로 충돌한 것이다.

　　역사를 통해 발견할 수 있는 흥미있는 사실은 20세기에 미국이 벌인 대규모 전쟁이 대부분 동아시아에서 발생했다는 점이다. 미국은 '만주사변'을 기화로 급기야 일본과 세계대전급의 태평양전쟁을 치렀고, 잇달아 한국전쟁과 베트남 전쟁을 치렀다. 1940년대에서 1970년대까지 30년이라는 비교적 짧은 기간 동안 미국은 일본, 북한, 중국, 베트남 등과 대규모 전쟁을 치렀다. 이에 반해 이 기간에 유럽과 라틴 아메리카는 물론 아프리카 전쟁터에서도 '엉클 샘(Uncle Sam)' 깃발은 거의 찾아볼 수 없었다. 우연이라고 하기에는 너무나 기막힌 우연 아닌가?

　　일본과의 전쟁에서 미국은 두 가지 전쟁논리를 개발했다. 하나는 만주국을 합법적인 정치실체로 인정하지 않는 스팀슨독트린, 곧 불승인주의다. 다른 하나는 포츠담 선언에서 명문화된 무조건 항복론이다. 미국 외교사에서 불승인주의를 적용한 사례는 대부분 아시아 지역에 몰려 있으며, 유럽 국가들에게 적용된 사례는 단 한 차례도 없다.

　　동아시아·한반도문제와 관련하여 지금까지 조성되고 있는 군사적 긴장은 미국이 일본에 적용한 불승인주의 전통에서 그 기원을 발견할 수 있다. 중국이 한국전쟁에 인민지원군 형태로 참전한 데는 1949년 수립한 중국공산당 정부에 대한 미국의 불승인주의가 크게 작용했다. 북한과 지금까지 적대적 관계를 지속하는 것 역시 평양정권에 대한 불승인이 주요 원인이라 할 수 있다. 한마디로, 불승인주의는 현시점에서도 동아시아의 긴장과 대립을 이해하는 키워드로 간주할 필요가 있다.

"민주평화론"의 '분리된 평화' 주장은 미국의 동아시아 외교정책의 상징과도 같은 '불승인주의'를 국제정치학적 측면에서 새롭게 정립한 것이라 할 수 있다. 멀리 갈 것도 없이, 조지 부시 대통령 시대를 풍미했던 '깡패국가(rogue states)', '악(惡)의 축(Axis of evil)' 발언은 불승인주의와 '분리된 평화'의 결합을 상징하는 용어들이다. 21세기 들어 미국이 벌인 최초의 전쟁인 이라크 전쟁 역시 '분리된 평화'와 불승인주의의 결합이 아니고서는 그 전개과정을 제대로 이해할 수 없다. 이라크는 유엔에 정식 가입한 주권국이었을 뿐만 아니라 후세인 정권 역시 미국과 오랫동안 우호적 관계를 유지해왔기 때문이다.

역사적 경로의존의 관점에서 볼 때, 앞으로 인류에게 대규모 전쟁이 발생한다면 주전장터는 유럽이 아닌 동아시아가 될 가능성이 높다. 희한하게도 미국과 소련은 냉전 기간 내내 직접적인 군사 충돌을 한 차례도 벌이지 않았다. 이 글을 쓰고 있는 동안 러시아와 우크라이나는 여전히 전쟁 중이다. 미국이 우크라이나 전쟁에 직접적으로 개입할 가능성이 비교적 낮다고 전망하는 이유 가운데 하나는 다른 무엇보다 전쟁터가 유럽이기 때문이다.

불승인주의는 "민주평화론"의 '분리된 평화'에 더해 비서양인에 대한 인종주의와 서구문명을 우월시하는 문명등급론이 착종돼 있는 일종의 문화 아비투스에 가깝다. 한반도 분단의 계기가 된 신탁통치론이 그 단적인 예이다. 불승인주의는 단지 이념적 갈등의 문제가 아니다. 미국이 불승인주의를 지속하는 한 '다름과 차이'를 인정하지 않는 불관용이 외교정책의 기저를 형성하고 있기 때문에 동아시아에서 군사적 긴장과 정치적 대립은 항존할 수밖에 없다는 결론에 이른다.

6. "민주평화론"의 진화가능성: 존 롤스의 '만민법(Law of Peoples)' 사례

"민주평화론"은 더이상의 적실성을 상실한 이론인가, 아니면 비판적 진화과정을 통해 선용 가능한 이론일까? "민주평화론"이 명실상부 평화의 이론으로 불려지기 위해서는 일차적으로 민주주의 국가들끼리는 서로 전쟁을 하지 않는다는 주장을 경험에 근거한 공리가 아닌 보다 엄밀한 논증을 통해 확인할 필요가 있다. 현재와 같이 경험적이고 실증적인 역사 데이터에 입각해 귀납적으로 주장하는 것은 그다지 설득력이 없어 보인다.

　　다음이 보다 중요한 과제이다. 민주주의 국가가 상호전쟁을 하지 않는 것만큼이나 비민주주의 국가와 전쟁을 하지 않고 평화에 도달할 수 있는 설득력 있는 평화이론을 분명하게 정초할 필요가 있다. 이 점에서 평화와 전쟁의 조건을 엄밀히 확정하려 했던 롤스의 '만민법' 논의는 향후 "민주평화론"의 진화과정에 있어 좋은 길잡이로 활용할 가치가 있다고 여겨진다.[72] 롤스는 자유민주주의 사회와 비자유주의 사회, 곧 자유주의적 전통을 갖지 않은 "질서정연한 위계사회"가 동일한 만민법에 합의할 수 있으며, 이럴 경우 만민법은 자유와 인권에 관한 서구적 전통의 특징에 반드시 의존하지 않음을 예고한다.

> "정의에 관한 자유주의적 관점은 우리가 우리 자신의 사회에서 시작했던 것이며 적절한 숙고에 따라 건전한 것으로 간주한 관점이다. 위계적 만민의 적정한 공동선관은 최소한의 개념이다. 어떤 사회가 적정수준을

---

[72]　롤스는 전쟁이 가능한 경우를 '정의의 전쟁원칙'에 한정했다. 그가 말한 '정의의 전쟁'은 엄밀한 의미에서 팽창주의적 침략을 시도했던 무법국가와의 전쟁 사례에 해당한다. 그가 규정한 다섯 가지 국가분류 가운데 무법국가의 역사적 사례는 2차세계대전 당시, 추축국에 해당하는 독일, 일본, 이탈리아가 대표적이다. 롤스의 '정의의 전쟁원칙'에 관한 논의로는 롤스(Rawls, 2000: 144-169) 참조

실현했다는 것은 그 사회의 제도가 관용할 만한 가치가 있다는 것을 나타낸다. 적정수준의 위계적 이념들을 충족시키는 광범위한 제도적 형태들이 있을 수 있다. 그러나 나는 그것들을 연구하려고 하지 않을 것이다. 나의 목적은 비록 자유주의적 정의관과는 상당히 거리가 있다 할지라도 다음과 같은 정의관의 개요를 그리는 것이었다. 즉, 이 정의관은 합당한 만민의 사회의 훌륭한 성원이 되기 위해서 필연적으로 요구되는 그러한 적정수준(decent)의 도덕적 지위가 부여될 수 있는 특징들을 그렇게 규정된 사회가 지니고 있어야 한다(……)인권을 보장해주는 만민법에 대한 합의는 자유주의 사회들에만 국한되는 합의가 아니라는 것을 이해하는 것이 중요하다. 나는 이점을 확실하게 하려고 한다"(Rawls, 2000: 111-112).

자유주의 국가들이 합의할 수 있는 만민법은 따라서 질서정연한 위계사회의 대표자들에 의해서도 합의 또는 채택될 수 있다. 롤스에 따르면, 합당한 국제사회의 구성원이 되기 위한 요건을 충족할 경우 만민법은 위계사회로까지 확대 가능하다. 그리고 이러한 확대과정에서 원초적 입장과 공적 이성은 자유주의적 사회들 간의 합의과정에서와 마찬가지로 중요한 기능을 담당한다.

원초적 입장에서는 각 국가의 대표자로서의 당사자들은 상호 동등한 조건하에 놓이게 된다. 이 경우, 그가 대표하는 사회 안에서는 기본적 불평등이 허용될지라도 국제적 차원에서는 평등을 요구할 권리를 인정받는다. 설령 한 사회에 기본적 평등이 결여되어 있다고 해도 그 사회가 다른 국가들에 대한 권리의 주장에서 평등을 요구하는 것이 부당한 일은 아니다(Rawls, 2000: 115). 따라서 비자유주의 사회의 대표들도 원초적 입장에서 평등한 자유의 원칙에 합의할 수 있게 된다.

롤스의 '만민법' 구상에 특별히 주목하는 이유는 선험적 우월성에 근거한 자유민주주의 가치를 다른 국가나 사회에 일방적으로 강요할 수 없다는 사실을 분명히 하고 있다는데 있다. 요컨대, 만민법의 객관적 타당성은 결코 그 시간과 공간 또는 탄생 문화에서 비롯하는 것이 아니라 그것이 상호성의 기준을 만족시키고 자유주의적 및 적정수준의 만민 사이의 공적 이성과 합치하는가에 달려 있다.

"만민법을 보면 그것이 상호성의 기준을 만족시키고 있음을 알 수 있다. 만민법은 열등한 위치나 지배의 위치에 예속되지 않고 단지 자신들이 합당하게 받아들일 수 있는 것만을 다른 사회들에게 받아들이기를 요구한다. 여기서 만민법이 적정수준의 사회들에게 이들의 종교적인 제도들을 포기 또는 수정하고 대신 자유주의적인 것들을 채택하라고 요구하지 않는다는 점은 아주 중요하다. 우리는 적정수준의 사회들이 정의로운 자유주의적 사회들 간에 적용되는 동일한 만민법을 승인할 것이라 가정한 바 있다. 이것이 바로 만민법을 보편적으로 적용할 수 있게 한다. 그렇게 되는 이유는 만민법은 다른 사회들에게 모든 사회들과 공정한 평등의 관계를 유지할 준비가 되었을 때 단지 자신들이 합당하게 수용할 수 있는 것만을 이들에게 요구하기 때문이다. 그들이 다른 만민과 평등한 관계에 놓인다는 것이 서구적 사고라고 주장할 수 없다. 이외에 한 민족과 그 정치체제가 합당하게 기대할 수 있는 관계란 어떤 것이 있겠는가?"(Rawls, 2000: 193).

롤스의 만민법 구상에서 주목할 만한 또 다른 지점은 그의 독특한 '관용관'이다. 그는 만민법을 비자유적 만민에게로 확장하는데 있어 비자유적 만민을 어느 정도 관용해야 하는지를 상술하는 게 주요한 이론적 작업임을 인정한다. 여기서 "관용한다는 것은 한 국민의 고유방식을 변화시키기 위해 정치적 제재—군사적, 경제적 또는 외교적—의 행사를 자제하는 것을 의미한다. 나아가 관용한다는 것은 또한 이러한 비자유적 사회들을 만민의 사회의 우호관계에 참여하는 동등한 성원으로 인정하는 것을 의미한다"(Rawls, 2000: 98).

"자유적 사회들은 우호관계에 있는 모든 만민과 협력하고 원조해야 한다. 만약 모든 사회들이 자유주의적이어야 한다는 것이 요구된다면 정치적 자유주의의 개념은 사회를 규율하는 다른 용인할 만한 방식들에 대해(내가 가정하는 것처럼 그러한 것이 존재한다면) 적절한 관용을 표현하는 데 실패하게 될 것이다. 포괄적 교리들이 합당한 정치적 정의관과 그것의 공적 이유들과 양립할 수 있는 방식 내에서 추구된다는 것을 전제한다면 우리는 자유적 사회가 그 시민들의 포괄적 교리들—종교적, 철학적 또는 도덕적—을 존중해야 한다는 것을 인정한다. 마찬가지로 비자유적 사회의 기본제도가 어떤 구체적인 정치적 옳음과 정의의 조건들을 충족시키고 그 만민들로 하여금 만민의 사회를 위한 합당하고 정의로운 법을 존중하도록 유도한다는 것이 전제된다면, 자유적 만민은 그 사회를 관용하고 수용해야만 한다고 말할 수 있다"(Rawls, 2000: 99).

그러므로 "비자유적 사회들이 이성, 지성, 그리고 도덕 등의 모든 능력을 지니고 있는 사람들을 진실로 자유롭고 평등한 존재로 취급하고 있지 않다는 데 동의"한다고 해서 "비자유적 사회들은 경우에 따라 특정유형의 제재—정치적, 경제적, 심지어 군사적—를 언제나 적절히 받아야 한다"고 말하는 것은 올바르지 않다고 할 수 있다. 왜냐하면 "이런 견해에 대한 자유주의적 외교정책의 지침 원칙은, 결과적으로 (이상적인 경우에) 모든 사회가 자유롭게 될 때까지 자유적 사회가 되지 못한 사회들을 자유적 방향으로 점진적으로 변화시키는 것"이기 때문이다. 따라서 다음과 같은 언급이 중요하다.

"합당한 만민법을 고안해내려 하기 전에 다른 조건이 같다면, 비자유적 사회들이 항상 정치적 제재를 받아야 할 적절한 대상인지를 우리가 어떻게 알 수 있단 말인가? 만민법의 원칙들이 자유적 만민을 위해 선택되는 두번째 원초적 입장에 있는 주장을 논의함에 있어 우리가 살펴보았던 것처럼, 계약당사자들은 평등한 만민의 대표들이며, 그리고 평등한 만민은 상호간에 이러한 평등을 유지하기를 원할 것이다"(Rawls, 2000: 100).

롤스의 '만민법' 논의가 지니는 결정적 함의는 호혜원칙에 입각한 공존·공영의 국제정치적 원리를 모색하는 일이다. 따라서 자유세계에 포괄되지 않는 나라들에 대한 외부적 충격에 의한 정변 시도와 같은 불승인주의에 기초한 비외교적 발상은 채택될 수 없다. 왜냐하면, '만민법'이 지향하는 '민주평화'는 전세계에 분포한 다층적 사회 간의 합의에 의해 모두가 받아들일 수 있는 공통의 행동준칙을 구성해가는 정치적 합의 과정이기 때문이다.

'관용'과 '정치적 다원주의'에 기초한 롤스식의 '민주평화론'은 한반도 평화와 남북화해를 위한 방법론적 측면에서 경청할 가치가 있다. '만민법' 구상의 목적이 '국제정치에서의 정의실현'이라고 롤스 스스로 밝힌 저술의 도를 고려했을 때, 그의 연구가 다른 무엇보다도 탈냉전과 함께 찾아온 국제사회에서 이슬람 세계의 등장과 중국의 부상을 설명하기 위한 것이었음을 미뤄 짐작할 수 있다.

롤스가 언급한 '질서정연한 위계사회'는 일당독재의 위계적 정치체제를 오랫동안 보유했음에도 국제사회와 더불어 살아갈 준비를 하던 중국사회를 암묵적으로 설명하기 위한 것이다. 이 관점에서 보았을 때, 위력에 의한 외부로부터의 체제붕괴를 목표로 하지 않는 한, 중국, 베트남, 쿠바 등과 유사한 정치체제를 가지고 있는 북한 역시 '질서정연한 위계사회'로 설정할 수 있다. 미국이 주도하는 국제사회의 경제제재가 있기 전까지 우리나라와

견실한 외교관계를 유지한 이란 역시 '질서정연한 위계사회'에 포함될만한 자격이 있다.

롤스의 '만민법' 구상을 준거로 "민주평화론"의 한계를 보완하면서 동시에 동아시아, 한반도 평화에 기여할 수 있는 공동행동의 준칙을 구상해볼 수 있다. 한반도에 살고 있는 우리는 두 가지 가치와 그에 따른 외교적 목표를 동시에 달성해야 하며, 하나를 위해 다른 하나를 포기할 수 없는 절박한 위치에 놓여있다. 하나는 민주주의가 평화를 가져온다는 "민주평화론"의 가치다. 다른 하나는 북한과의 무력충돌을 방지하고 주변국들과 공존, 공생을 도모해야 하는 '동아시아·한반도평화론'의 가치다. 비유컨대, "민주평화론"이 '체'(体, body)라고 한다면 한반도평화 실현은 '본'(本, soul)이다. 둘 중 어느 하나도 포기할 수 없으며, "민주평화론"을 통해 '한반도 평화실현'이라는 목표를 달성해야 한다.

대한민국은 전후 '미국의 범위'(박명림, 2010: 260)라 일컫는 '분리된 평화'의 경계 안에서 경제발전과 민주주의의 진전을 동시에 이룩했다. 세계사에서도 유례를 찾기 힘들 정도의 놀라운 성취가 아닐 수 없다. 하지만 분단 해소와 남북평화체제 구축으로 요약할 수 있는 한반도문제 해결은 '분리된 평화' 내부가 아니라 그것의 외부에 존재하는, 또 하나의 국민·주권국가인 북한 사회주의 체제를 상대해야 하는 정교한 외교 사안이다. 달리 표현하면, 한반도문제는 민주주의와 경제발전이라는 체제 내부의 동학을 통해서는 해결할 수 없는 국제정치적 난제로 전환했다. 따라서 대한민국은 향후 '분리된 평화' 내부와 외부에서 작동하고 있는 국가능력 간의 심각한 불균형과 비대칭을 시급히 개선할 필요가 있다.

20세기 미국이 추구한 동아시아 정책의 양대 지주는 문호개방원칙과 불승인주의였다. 미국이 불승인주의 외교원칙을 지속하는 한 한반도문제의 해결은 요원할 뿐 더러 북미간 군사적 긴장의 증대 역시 명약관화한 일로 여겨진다. 이 경우, 한반도문제 해결은 영구 미제로 남을 가능성이 대단히 높다. 한반도의 교착상태가 장기화하여 파국이 초래된다면 대한민국이 최대 피해자로 남게 될 가능성이 크다. 이러지도 저러지도 못하는 사면초가(四面楚歌)의 난국을 피하려면 북한에 대한 불승인주의 폐지가 선행해야할 것으로 여겨진다. 롤스의 '만민법' 논의에서 확인했듯이 "민주평화론"은 북한에 대한 불승인주의 철회를 충분히 담아낼 수 있는 이론적 도구이다. 그것이 또한 다름과 차이를 인정하는 민주주의 가치의 본래적 의미가 아닌가.

"민주평화론"은 한반도의 항구적 평화실현이라는 가치를 포용할 수 있을 때만이 의문부호를 떨쳐내고 명실상부 일반이론의 지위를 획득할 수 있을 것이다.[73] 이 관점에서 본다면, 정치적 통일 내지 민족내부의 통일방안인 국가연합(방)제 실현에 앞서 남북이 주도하고 미국, 중국 등 유관국들이 참여하는 다자간 동북아 평화연합 형성을 잠정적인 전략 목표로 설정하는 것도 한반도 평화실현의 한 가지 방안으로 여겨진다.

이때 평화연합을 구성하는 제1원칙은, 롤스(Rawls, 2000: 49)의 만민법 구상을 빌려 표현한다면, 동북아 평화연합의 주권을 합당한 만민법에 입각해서 재구성하고 전통적 전쟁권과 무제한적인 국내적 자율성을 해당 참여국들에게 부여할 수 없다는 점을 분명히 하는 일에서 출발해야 한다. 이러

---

[73] "민주평화론'의 적용이 한반도 혹은 동아시아 지역 틀 안에서 과연 적실한 것인가의 물음에 대해 크게 두 가지 응답이 감지된다. 하나는 "민주평화론"의 핵심인 "분리된 평화" 방안을 북한을 포함한 중국 등 동아시아 지역 확대·적용해야 한다는 입장이다. 이 입장에 따른 정책적 처방은 '다름과 차이'를 인정하고 이질적 체제 간 공존을 모색하기보다 자유·민주주의·시장경제·인권의 가치는 그 자체로 보편적이기에 이러한 제도와 가치를 북한에 점차 확산시켜 개방을 강제할 수 있는 수단이어야 한다(현인택, 1998). 이와 달리 신욱희(2006)는 "민주평화론"이 현재 시점에서 동아시아 지역에 과연 적실한 대안인가에 의문을 제기한다. 그에 따르면, 새로운 보편성을 대변하는 미국의 민주평화론의 입장은 장기적 전망에서는 긍정적인 결과를 도출할 수 있지만 중단기적으로는 동북아시아에서 선순환의 계기로 작용하기에는 한계를 지닌다. 이는 한편으로는 미국의 자유주의가 갖는 현실주의적 속성에 기인하며, 다른 한편으로는 동북아 국제관계의 각 단위가 보여주는 특수성에 그 원인을 두고 있다. 그러므로 동북아에서는 중국, 대만 사이의 양안관계, 일본, 그리고 한반도에서 "민주평화론"과는 다른, 별도의 2차적 상징에 대한 대안 모색이 요청된다고 주장한다.

한 합의에 도달하기 위한 전제 조건이 불승인주의 폐지와 한반도문제를 해결하기 위해 남북 공히 합의에 이를 수 있는 '절차적 정당성' 확보에 놓여 있음은 명백하다.

미국의 세기에 인류는 얼마나 행복해졌나?

20세기는 미국의 세기로 잘 알려져 있다. 21세기가 어느 정도 지난 현시점에서도 외관상으로는 미국의 세기가 여전히 지속하고 있는 것으로 여겨진다. 본격적인 미국의 세기는 종전, 그러니까 1945년 이후부터 시작되었다고 보는 게 정확한 표현일 듯싶다. 미국이 지금과 같은 전후 세계 최강대국으로 성장하는 데 가장 크게 기여한 인물 하나를 꼽으라 한다면 딘 애치슨 국무장관을 드는데 주저하지 않을 것이다.

애치슨은 루스벨트 행정부 시절부터 국제연합 창설, 종전 후 패전국 처리·식민지 문제 해결 등 전후 설계 계획에 직·간접적으로 관여했다. 트루먼 행정부에서는 국무장관 서리와 국무장관을 역임하며 마셜 플랜, 나토 창설, 한국전쟁 지상군 파견 및 북한·중국과의 휴전협상 등 미국 주도의 세계를 만들어 나가는 데 있어 중추 역할을 담당했다.

애치슨은 우리나라와도 인연이 깊은 편이다. 잘 알려진 애치슨라인 선언 외에도 해방 직후 번즈 국무장관이 런던과 모스크바에서 개최된 연합국 외무장관 회담으로 4개월가량 자리를 비우는 바람에 애치슨은 국무장관 서리 자격으로 미군정에 도맡아서 훈령을 보냈다. 요컨대, 애치슨 국무장관을 국제주의의 화신(化身)이자 전후 국제질서의 창설자로 부른다해도 지나침이 없다.

애치슨이 보기에 종전 후 미국은 군사력과 경제력에 있어서는 세계 모든 나라들을 합친 것보다도 우세했지만 새로운 국제질서를 설계하고 안착시킬 수 있는 지도력(leadership)과 통치능력(governability)에 있어서는 미숙했다. 애치슨은 평화로운 세계질서를 만드는 데 있어 가장 위협이 되는 세력으로 소련을 꼽았다. 애치슨은 소련의 본성을 팽창주의로 규정했다. 굳이 공산주의가 아니라 하더라도 소련은 제정러시아 시절부터 끊임없이 팽창해 왔으며, 직접 팽창이 여의치 않다면 대리정권을 세우는 간접 팽창 방식으로 자국의 세력권을 유지하려한다는 게 애치슨의 추론이었다. 따라서 미국의 대응전략은 전세계 차원에서 소련의 팽창을 저지하는 것, 곧 물샐 틈 없는 봉쇄에 맞춰졌다.

봉쇄전략을 창안한 인물은 조지 케난이었을지 몰라도 그것을 직접적으로 실행에 옮긴 사람은 애치슨 국무장관이었다. 애치슨은 봉쇄전략을 통해 전후 미국 주도의 세계질서를 설계한 인물이었다 해도 과언이 아니다. 봉쇄전략은 1990년대 소련체제의 갑작스런 붕괴로 결과적으로는 목적을 달성했음에도 세상의 모든 이치가 그러하듯이 국제정치와 세계평화의 향방에 있어 빛과 그림자를 동시에 남겼다.

국제주의 외교·안보 정책의 일환으로 기획한 봉쇄전략의 공과는 뚜렷한 편이다. 그것은 세계를 안과 밖으로 분리했다. 한마디로, 국제관계에 보이지 않는 만리장성을 쌓은 것이다. 봉쇄전략 안의 세계는 미국의 지원으로 온기가 감돌았다. 달러와 해외주둔 미군으로 요약할 수 있는 국제적 공공재가 공급됐다. 국제통화기금(IMF) 및 '관세와 무역에 관한 일반협정(GATT)'을 양대 축으로 새로운 국제금융·무역질서를 창설함으로써 인류사에서 찾아보기 힘들 정도의 유례없는 경제번영과 민주주의의 확산을 도왔다. 서세동점 시대의 탐욕적인 제국주의 열강의 그것과 달리 상대적으로 관후(寬厚, benevolent)한 미국의 국제주의 전략을 통해 우리나라를 비롯한 신흥공업국들이 성장할 수 있는 발판이 마련됐으며, 그 결과 시민적 자유로 요약할 수 있는 민주주의 국가가 많이 늘어났다.

봉쇄전략 바깥에서는 내부와 다르게 시종일관 한기(寒氣)로 채워졌다. 그런 의미에서 전후 미국과 소련의 관계를 냉전(冷戰, cold war)으로 명명한 것은 여러 모로 적확한 표현이다. 미국은 소련과 중화인민공화국을 중심으로 하는 공산주의 블록을 봉쇄하기 위해 엄청난 비용을 지불했으며 때로는 국지적 제한전 마저 불사했다.

전후 미국의 외교·안보 정책은 바로 소련을 봉쇄하기 위한 힘의 우위를 확보하기 위해 설계됐다. 이러한 목적을 실현하기 위한 방안이 바로 나토를 비롯한 전세계적 차원의 다자간 혹은 쌍무적 형태의 군사동맹이었다. 다시 말해서, 봉쇄전략의 바깥에서는 미국의 불승인주의와 분리된 평화 구상이 주종을 이뤘다. 그 결과, 군사안보전략이 외교정책의 자리를 대신했다.

문제는 소련의 팽창주의와 미국의 봉쇄정책, 그리고 냉전만으로는 다 설명할 수 없는 국제정치의 회색지대가 분명 존재했다는 사실이다. 그것은 바로 종전과 함께 식민지에서 해방된 신생독립국가들이었다. 이들 나라 대부분은 미국이 주도한 군사동맹이나 소련의 블록체제 어디에도 가담하지 않겠다는 의지의 표현으로 스스로를 제3세계(the third world)로 불렀다. 여기에는 대표적으로 중국, 인도, 인도네시아, 베트남, 이집트, 가나, 쿠바 그리고 북한 등이 포함됐다. 제3세계 국가의 공통점은 대체적으로 식민지 시절부터 반제(反帝) 독립투쟁을 주도한 세력이 권력의 핵심을 담당했다는 사실이다. 집권세력은 자연스럽게 강렬한 민족주의 정치성향을 띠었고 시민적 자유보다는 국가의 자유를 강조하는 '민족자결론'에 공명했다.

미국의 봉쇄정책은 소련 공산주의의 팽창을 저지할 목적으로 설계된 대전략이다. 그러다보니 미세한 계가(計家)에서 허점을 드러냈고 제3세계 국가들과의 원만한 외교적 관계형성에 실패했다. 미국은 제3세계를 소련에 동조하는 공산주의 블록의 아류(亞流) 쯤으로 확증편향(確證偏向, Confirmation bias)을 갖고 대했으며, 외교적 방식이 아닌 군사적 수단을 통해 해당

지역문제에 개입하려 했다. 미국은 공산주의 이상으로 제3세계 민족주의에
도 적대적이었음을 몸소 실천한 셈이다. 그 결과, 미국은 전세계 거의 모든
지역에서 민족주의 정권과 정치·군사적으로 파열음을 냈다.

미국이 제3세계 나라들을 상대하는 데 있어 보다 유연하고 적극적인
외교 접근법을 채택했더라면 한국전쟁이나 베트남전쟁, 중동전쟁은 발생하
지 않았거나 불필요한 국력손실은 물론, 적어도 막대한 인명피해 만큼 최소
화할 수 있었을 것이다. 미국은 시민적 자유 증진을 목표로 하는 민주주의
체제만큼이나 국가적 자유를 우선시하는 민족주의 체제가 평화로운 국제질
서를 창출하는 데 있어 무시할 수 없는 정치세력으로 성장했을 뿐만 아니라
국제사회의 주요 구성부분으로 자리매김했음을 깨달았어야 했다. 과거 제3
세계로 불리던 국가들은 현재 영토나 인구면에서 압도적 크기를 지니고 있
다. 따라서 향후 정치·경제적 측면에서도 영향력을 가일층 키워나갈 전망
이다.

미국이 타의 추종을 불허하는 압도적인 경제력이나 군사력에만 의존
하여 전후 세계질서를 이끌어왔다고 판단하는 것은 오산이다. 미국이 전후
새로운 국제질서를 창출할 수 있었던 것은 그러한 힘에 더해 20세기 초반
부터 유럽의 구시대 질서와는 다른 시각의 국제주의 정치문법을 창안하여
새로운 국제질서를 설계하고 기획할 수 있었기 때문이다.

미국은 존 헤이 국무장관을 필두로 우드로 윌슨, 프랭클린 루스벨트,
해리 트루먼, 조지 마셜, 딘 애치슨으로 이어지는 세계질서의 설계자들을
배출해왔다. 그 결과, 의도했건 의도하지 않았던 건 간에 미국은 헤게모니
국가로 우뚝서게 됐으며 원했든 원하지 않았던 간에 세계질서와 국제평화
의 보증자로서의 역할을 떠맡을 수밖에 없었다. 미국의 세기란 그렇게 해서
만들어진 것이다.

여기서 인류의 미래를 설계하는 데 있어 강대국의 책임과 국제관계 아
이디어의 중요성을 강조할 필요가 있다. 문호개방원칙에서 시작해서 민족

자결론, 집단안보, 불승인주의, 국제주의, 봉쇄정책, 그리고 나토에 이르기까지 이 모든 게 미국이 아니었다면 탄생하기 어려웠을 새로운 국제정치 아이디어 내지 기획이었다고 할 수 있다. 그렇다면 미국의 아이디어는 인류의 행복과 복지에 얼마나 기여했을까?

미국의 국제관계 아이디어는 새로운 세계질서를 만들어내는 데는 결정적으로 기여했지만, 그 구체적 효과에 있어서는 차별적이고 불균등하게 작용했다. 애치슨이 고백했듯이, 전후 국제질서의 주요 목표는 강대국간의 협조를 통한 세계전쟁 방지에 맞춰졌다. 갈등과 대립은 마치 풍선효과처럼 미국 외교정책의 약한 고리에서 터져 나왔다. 우리나라와 같은 신생독립국이 그 대가를 치러야 했다. 대표적으로 신탁통치를 들 수 있다. 우리민족의 최대 비극인 분단과 한국전쟁 모두 미국의 신탁통치 구상에서 발원한 것이다. 그런데 신탁통치안은 윌슨의 민족자결론에 정면으로 위배될 뿐만 아니라 대서양 헌장 내용에도 반하는 정책이었다.

미래에도 미국의 세기는 지속할 수 있을까? 현재로서는 비관적 전망을 내놓을 수밖에 없다. 미국은 과거에 비해 세계질서를 창출할 수 있는 힘과 능력을 점차 상실하고 있는 것으로 여겨진다. 그 원인에 대해서는 다양한 분석이 가능하겠지만, 전세계에서 차지하는 미국 자체의 상대적 힘, 특히 경제력 약화를 핵심 원인으로 지목할 수 있다. 문제는 경제적 힘의 약화가 모든 것이 아니라는 사실이다.

미국이 전후 세계질서를 창출할 수 있었을 뿐만 아니라 국제적 모범으로 자리매김할 수 있던 가장 매력적 요인은 시민적 자유와 다원주의에 입각한 민주주의 확산에 힘입은 바 크다고 할 수 있다. 국제평화와 세계질서를 주도할 수 있는 힘 역시 시민적 자유에 바탕을 둔 소통과 토론, 그리고 거기에서 연원하는 창발(創發)적 상상력에서 비롯한다. 그런데 미국 자체로 민주주의의 위기를 경험하고 있지 않은가?

세계질서에 대한 미국의 접근법 역시 구시대의 그것을 답습하는 경향을 보이고 있다. 트럼피즘으로 대표되는 공화당은 마치 신고립주의 시대를 연상하게 하는 모습을 드러냈다. 이에 반해 민주당은 그 대상만 달라졌을 뿐 냉전시기의 봉쇄정책으로 회귀하는 행태를 보이고 있다.

새로운 세계질서를 만들어 내는 일과 그것을 여하히 유지하는 것 사이의 괴리 및 어려움을 인류는 일찍이 경험했다. 비엔나협조체제가 그랬고 비스마르크의 세력균형체제, 윌슨의 집단안전보장체제가 모두 그러했다. 결국에는 위기가 닥쳤고 그 위기의 끝자락엔 비극적인 세계전쟁이 자리했다.

20세기 세계질서는 얄타체제와 냉전 질서를 통해 만들어진 것이다. 냉전 질서의 해체는 미국이 봉쇄정책을 성공적으로 유지한 탓도 있지만 보다 중요하게는 소련체제의 구조적 허약성에 기인한 바가 더 크다고 할 수 있다. 냉전 질서의 해체는 이전과 달리 세계전쟁으로 귀결하지 않은 것을 위안으로 삼아야 할지 모르겠지만 미국은 세계적 격변에 걸맞는 새로운 국제주의 기획을 제시하지 못했다.

미국은 현재 봉쇄정책이 활개치던 냉전 시대의 사고 수준과 정치적 상상력에서 벗어나지 못하고 있다는 인상을 지울 수 없다. 지난 한 세기 동안 세계는 달라졌고 나날이 변화하고 있지 않은가? 봉쇄정책과 불승인주의는 더이상 통하지 않는다. 중국은 과거의 소련이 아니다. 이미 세계질서와 국제분업구조 내부 깊숙이 자리하고 있으며, 그 지분 역시 나날이 커져가고 있는 형국이다. 그럼에도 불구하고 중국이 미국의 자리를 대체하는 것은 불가능해 보인다. 중국은 주변 역내 국가들과 영토분쟁을 벌이고 있을 뿐만 아니라 체제 그 자체로 국수주의 성향을 드러냄으로써 세계인들로 하여금 자연스럽게 매력을 느낄 수 있게끔 하는 유인을 제공하고 있지 못하다. 이 점에서 확실히 미국은 지정학적, 문화적 이점을 보유하고 있다.

이제 이 책의 종착역에 다다랐다. 20세기에 미국이 설계한 국제질서 구상은 점차 효능감을 상실하고 있지만 미국의 국제주의 아이디어를 대체하거나 그보다 나은 대안은 현시점에서 출현하고 있지 않다. 이는 마치,

금-달러 태환(兌換)정지를 선언한 닉슨 행정부 시대의 재판(再版)을 연상하게 하는 대목이다.

미국은 1970년대를 전후로 경제적 패권을 상실했음에도 불구하고 다른 나라들과의 협력을 통해 최고 경제대국의 지위를 유지할 수 있었다. 전전(戰前)의 블록경제가 대안이 될 수 없는 이상 미국 경제의 급격한 위상 하락이 세계경제의 안정성을 해치며 특정 국가의 국민경제에도 도움이 되지 않을 거라는 사실을 대부분의 나라들은 잘 알고 있었기 때문이다. 닉슨의 태환정지 선언을 통해 금-달러 본위제는 폐지됐으나 미국의 달러 패권은 오히려 강화되는 역설적 결과가 초래됐다. 미국 경제에 이미 닥쳤던 일, 지연된 위기가 국제정치 영역에서도 점차 다가오고 있는 인상이다.

미국의 일방적 정책 선언, 곧 독트린 외교 시대는 더이상 가능하지 않을 것이다. 보다 정확히 말하면, 세계질서를 미국이 도맡아 기획·설계하던 시대는 저물고 있으며, 능력 밖의 일일뿐더러 바람직하지도 않다. 따라서 유관국들과의 협조를 통한 공동통치 능력을 키워가는 것이 미국에게도 절실히 필요한 시점이다. 이제 미국의 외교 전략에 기대서만 한반도문제 해결의 단초를 발견할 수 없다. 대한민국의 국제정치적 기회를 강화할 수 있는 다차원적 접근의 필요성이 제기된다. 세계평화라는 거시적 관점에서 신(新)국제질서를 설계하는 데 주도적으로 참여 할 수 있어야 할 뿐만 아니라 이에 기반해서 한반도문제 해결을 위한 새로운 접근법을 도출할 수 있는 능력을 키워나가는 것이 무엇보다 중요하다. 대한민국은 이제 그럴만한 힘과 역량을 지닌 나라이다.

한반도 통일 구상 역시 '하나의 민족, 하나의 국가'를 답습하는 형식에 벗어나 상호인정과 항구적 평화를 제도화할 수 있는 방향으로 정치적 상상력을 발휘할 필요가 있다(최형익, 2022). 특별히 주권문제에 대한 재해석이 필요하다. 주권 개념은 여전히 국제정치를 이해하는 핵심요소임에는 틀림없지만 그 의미가 영원불변한 것은 아니다. 주권은 하나의 국민국가 내지 민족국가가 탄생하는 독립시기에는 절대적 의미를 지닐 수밖에 없다. 하지만 국제사회와의 교류 및 상호이해가 활발히 이뤄질 경우 절대적 국민주권에서 상호의존 내지 상호지배적(inter-governed) 주권으로, 단일주권에서 복합주권으로 그 의미가 변화하기 마련이다. 심지어 전후 헤게모니를 행사해온 미국조차 주권을 완전히 행사할 수 없는 게 오늘날의 국제정치 현실이다.

분단 80년은 결코 짧은 시간이 아니다. 남북은 물론, 미국을 비롯한 유관국 모두 윈-윈(win-win) 할 수 있는 한반도 평화전략은 가능할 뿐만 아니라 우리 세대에 반드시 실현해야 하는 정언명제에 해당한다. 그런 방향으로 나아가기 위해서는 남북이 머리를 맞대고 현시대에 통일은 무엇을 의미하는지부터 새롭게 논의하는 일에서 시작할 필요가 있다. 인류의 미래는 꿈꾸는 자의 몫이다.

참고문헌

강정인. 2004. "문명충돌론." 우철구·박건영 편. 『현대 국제관계이론과 한국』. 사회평론.

구태훈. 2010. 『일본제국 무너지다』. 재팬리서치 21.

국방부전사편찬위원회. 1981. 『국방조약집 1945-1980』 제1집. 국방부.

국사편찬위원회. 2014. 『주한미군사 1』. 도서출판 선인.

국회사무처 의사국. 2007. 『미국의회 의사규칙』. 국회사무처.

군사편찬연구소. 2002. 『한미군사관계사 1871-2002』. 국방부 군사편찬연구소

권용립. 1997. 『미국 대외정책사』. 민음사.

______. 2010. 『미국외교의 역사』. 삼인.

______. 2016. "조지 워싱턴의 고별사: 틈새약소국 외교철학의 텍스트." 『미국사연구』 제 44집.

김기정. 2003. 『미국의 동아시아 개입의 역사적 원형과 20세기 초 한미 관계 연구』. 문학과지성사.

______. 2009. "미국외교의 이념적 원형과 현대적 의미." 이범준 외. 『미국외교정책: 이론과 실제』. 박영사.

김기조. 2010. "태평양전쟁에서의 일본의 종전전략과 한반도의 38도선 분할." 이창훈·이원덕 편. 『한국 근·현대정치와 일본 II』. 선인.

김범석. 2005. "대만민주화와 양안관계의 변화: 민주평화론을 적용하여." 『국제정치논총』 45집 2호.

______. 2020. "칸트는 자유주의 국제관계론의 주창자인가?: 체계적 성격과 국가주의적 성격을 중심으로 재해석한 칸트의 국제관계론." 『국제정치논총』 60권 3호.

김봉중. 2007. "미국 초기 외교의 이상과 현실: 토마스 페인과 상식의 영향을 중심으로." 『미국사연구』 제26집.

김석우. 1997. "민주적 평화와 안보협상." 『국제정치논총』 37집 1호.

______. 2011. "민주주의와 국제관계의 인과성에 관한 연구." 『한국정치외교사논총』 32집 1호.

김성호 외. 1989. 『한국농지개혁사연구』. 한국농촌경제연구원.

김영흠. 1988. 『미국의 아시아 외교 100년사: 20세기 미국·아시아 관계』. 신구문화사.

김용구. 2004. 『세계외교사』. 서울대학교출판부.

김원모. 1979. 『근대한미교섭사』. 홍성사.

______. 1982. "한미전쟁사." 『군사』 제4호.

______. 1993. "슈펠트-이홍장의 조선개항 교섭시말(1882)." 『국사관논총』 제44집.

______. 2002. 『한미외교관계 100년사』. 철학과 현실사.

김원식. 2021. "한반도 평화, 칸트에게 길을 묻다." 『사회와 철학』 41호.

김일영. 2004. 『건국과 부국: 현대한국정치사 강의』. 생각의 나무.

김재천. 2004. "민주평화론과 비밀전쟁: 미국의 대칠레 비밀전쟁 연구를 중심으로." 『한국정치학회보』 38집 3호.

______. 2009. "민주평화론: 논의의 현주소와 동북아에서의 민주평화 담론." 『21세기 정치학회보』 19집 2호.

김정은. 2011. "후기 워싱턴 행정부의 외교정책과 고별사." 『역사학연구』 제41집.

______. 2018. "1796년 워싱턴 고별사의 사상적 기원." 『역사학연구』 제70집.

김종국. 2000. "이성에 의한, 자연을 통한 평화: 칸트의 평화 개념." 『철학』 63집.

김준석. 2014. "칸트 평화 사상의 재조명." 『21세기정치학회보』 24집 3호.

김형아. 2005. 『유신과 중화학공업: 박정희의 양날의 선택』. 일조각.

김형인. 2003. 『미국의 정체성』. 살림.

도진순. 2010. "한국전쟁의 기본개념으로서 제한전의 성립과 분화." 한국역사연구회 현대사분과 편. 『역사학의 시선으로 읽는 한국전쟁』. 휴머니스트

동아시아연구원 한미동맹태스크포스. 2008. 『변환시대의 한미안보협력』. 동아시아연구원.

량치차오. 2013[1901]. 『리홍장 평전』. 박희성 외 옮김. 프리스마.

마상윤. 2005. "미국의 대외정책과 민주주의 전파동기와 딜레마." 『국가전략』 1권 4호.

마상윤·박원곤. 2010. "데탕트기의 불편한 동맹: 박정희-닉슨·카터정부 시기." 한국역사연구회 현대사분과 편. 『역사학의 시선으로 읽는 한국전쟁』. 휴머니스트

문일평. 2016[1939]). 『한미오십년사』. 탐구당.

문창극. 1994. 『한미 갈등의 해부』. 나남.

미 국무성 비밀외교문서. 1984. 『해방 3년과 미국, 미국의 대한정책, 1945-1948』. 김국태 옮김. 돌베게.

미국사연구회. 1992. 『미국역사의 기본자료』. 소나무.

박명림. 2010. "순응과 도전, 적응과 저항."『갈등하는 동맹: 한미관계 60년』. '역사비평' 편집위원회 엮음.『갈등하는 동맹: 한미관계 60년』. 역사비평사.

박배형. 2016. "영원한 평화 그리고 제국주의: 칸트의 평화론과 비서구 세계."『헤겔연구』39권.

박보균. 2005.『살아 숨쉬는 미국역사』. 랜덤하우스 중앙.

박일근. 1968.『근대한미외교사』. 박우사.

______. 1986.『미국의 대외정책과 외교관계』. 일조각.

박정원. 2014. "국제적 정의에 관한 소고: 롤스의 만민법을 중심으로."『법학논총』38권 4호.

박찬표. 2007.『한국의 국가형성과 민주주의: 냉전 자유주의와 보수적 민주주의의 기원』. 후마니타스

박태균. 2010. "잘못 끼운 첫 단추: 이승만-아이젠하워 시기." '역사비평' 편집위원회 엮음.『갈등하는 동맹: 한미관계 60년』. 역사비평사.

배성민. 2017. "칸트를 넘어선 칸트."『철학논총』87호.

서인모. 1989.『병인·신미양요사』. 국방부전사편찬위원회.

송병기. 1987.『근대한중관계사 연구: 19세기말의 연미론과 조청교섭』. 단국대출판부.

신기석. 1967.『한말외교사 연구』. 일조각.

______. 1983.『동양외교사』. 탐구당.

신욱희. 2002. "민주적 평화론과 미국의 21세기 전략."『미국학』25집.

______. 2006. "다변화된 2차적 상징: 민주평화론과 동북아시아."『한국사회과학』28권 1·2호.

안소영. 2006. "태평양전쟁기 미 국무성의 전후 극동정책 형성과정에 관한 일고찰: 일본 전문가 볼튼(H.Borton)의 '한국문제' 처리안을 중심으로."『일본사연구』제24호.

______. 2010. "태평양전쟁기 미국의 전후 대일·대한정책 및 점령통치 구상." 이창훈·이원덕 편.『한국 근·현대정치와 일본 II』. 선인.

안종철. 2006. "태평양전쟁기 휴 보튼의 대일정책 구상과 한국문제 인식."『역사학보』제189집.

오영달. 2016. "남북한 정치체제와 인권 그리고 한반도 평화."『사회과학연구』27권 2호.

외무부. 1966.『시설과 구역 및 대한민국에서의 합중국 군대의 지위에 관한 협정: 해설

및 협정문』. 외무부.

유영익. 1982. "미국 군사교관 용빙시말 편고."『군사』4호.

유용태 편. 2014.『동아시아의 농지개혁과 토지혁명』. 서울대학교출판문화원.

유홍림. 2010. "현대자유주의와 인권의 보편성." 김비환 외.『인권의 정치사상』. 이학사.

이광린. 1965. "미국 군사교관의 초빙과 연무공원."『진단학보』제28호.

______. 1981.『한국개화사 연구』. 일조각.

이광수. 1981[1922]. "민족개조론."『논문집 '민족개조론'』. 우신사.

이근욱. 2009.『왈츠 이후: 국제정치이론의 변화와 발전』. 한울.

이민식. 2001.『근대한미관계사』. 백산자료원.

이삼성. 2009.『동아시아의 전쟁과 평화. 2』. 한길사.

이삼성. 2014.『제국』. 소화.

이상철. 2004.『안보와 자주성의 딜레마』. 연경문화사.

이석우. 1995.『한미행정협정연구』. 도서출판 민.

이선근. 1981. "신미양요의 재음미."『군사』제2호.

이양자. 2019.『감국대신 위안스카이: 좌절한 조선의 근대와 중국의 간섭』. 한울.

이원덕. 1990. "한국전쟁 직전의 주한미군 철수." 하영선 편.『한국전쟁의 새로운 접근: 전통주의와 수정주의를 넘어서』. 나남.

이재현. 2013. "칸트 영구평화론 연구: 하나의 철학적 기획."『평화학연구』14권.

______. 2014. "칸트 영구평화 연구."『사회과학연구』30권 4호.

이춘근. 1996. "미국의 신동아시아 전략과 주한미군." 강성학 외.『주한미군과 한미안보 협력』. 세종연구소.

이케다 마코토(池田 誠). 1985. 중국현대혁명사. 한선모 옮김. 청사.

이해영. 2019.『임정, 거절당한 정부』. 글항아리.

이현휘. 2016. "북한 레짐 체인지? 칸트의 영구평화론, 윌슨주의, 그리고 국제정치적 파 국."『정치와 평론』18호.

이혜정. 2008. "민주평화론의 패러독스: 칸트 평화사상의 왜곡과 오용."『한국정치외교 사논총』29집 2호.

이호철. 2004. "민주평화론." 우철구·박건영 편.『현대 국제관계이론과 한국』. 사회평론.

임미원. 2010. "칸트의 영구평화론."『법철학연구』14권.

임병직. 1964.『회고록: 근대조선 외교의 이면사』. 여원사.

자오징화. 2022. "후쿠자와 유키치 '문명론'의 등급구조와 그 원류." L. Liu 외. 『세계질서와 문명등급: 글로벌 히스토리의 시각에서 본 근대 세계』. 차태근 옮김. 교유서가.

장동진. 2001. "롤즈의 국제사회 정의관." 『국제정치논총』 41집 4호.

장동진·장휘. 2003. "칸트와 롤즈의 세계시민주의." 『정치사상연구』 9권.

장박진. 2013. "미국의 전후처리와 한반도 독립 문제: '근거 없는 독립'과 전후 한일관계의 기원." 『아세아연구』 제56권 3호.

전재성. 2006. "21세기 미국의 변환외교." 하영선·김상배 편. 『네트워크 지식국가』. 을유문화사.

전재성·박건영. 2004. "국제관계 이론의 한국적 수용과 대안적 접근." 우철구·박건영 편. 『현대 국제관계이론과 한국』. 사회평론.

정용욱·이길상 편. 1995. 『해방 전후 미국의 대한 정책사 자료집』 제1권. 다락방.

정원섭. 2012. "인권의 현대적 역설: 롤즈의 민주적 평화론에서 인권." 『철학』 112호.

정태욱. 2018. "롤즈의 만민법과 한반도 '평화와 인도주의 연합.'" 『법철학연구』 21권 1호.

차상철. 1991. 『해방전후 미국의 한반도 정책』. 지식산업사.

______. 2004. 『한미동맹 50년』. 생각의 나무.

최동희. 2004. 『조선의 외교정책』. 집문당.

최문형. 2001. 『한국을 둘러싼 제국주의 열강의 각축』. 지식산업사.

최형익. 2015. "'제국의 위안부'는 소설이다." 〈서울신문〉 2015.12.25. http://www.seoul.co.kr/news/newsView.php?id=20151225031008

______. 2022. "이원적 정당성: 새로운 통일·평화담론 형성을 위한 시론." 『정치사상연구』 제28집 2호.

하세가와 쓰요시(長谷川毅). 2019. 『종전의 설계자들: 1945년 스탈린과 트루먼, 그리고 일본의 항복』. 한승동 옮김. 메디치.

한용섭 편. 2004. 『자주냐 동맹이냐: 21세기 한국 안보외교의 진로』. 오름.

함택영. 1998. 『국가안보의 정치경제학: 남북한의 경제력. 국가역량, 군사력』. 법문사.

현인택. 2004. "민주평화와 동아시아의 미래." 이상우 편. 『21세기 동아시아와 한국 I』. 오름.

황쭌셴. 2007[1880]. 『조선책략』. 김승일 편역. 범우사.

〈프레시안〉 2018.06.15 "브루스 커밍스, 미치광이 트럼프가 옳다." http://www.pressian.com/news/article/?no=200486#09T0

Abernethy, B. 2000. *The Dynamics of Global Dominance: European Overseas Empire 1415-1980*. New Haven: Yale University Press.

Acheson, D. 1950a. "Crisis in Asia: An Examination of United States Policy." *Department of State Bulletin 22.551*(23 January).

__________. 1950b. *Strengthening the Forces of Freedom: Selected Speeches and Statements*, February 1949-April 1950. Washington: U. S. Govt. Print. Off.

__________. 1962.『힘과 외교』. 박태진 옮김. 문화당.

Allison, G. 2018.『예정된 전쟁: 미국과 중국의 패권 경쟁, 그리고 한반도의 운명』. 정혜윤 옮김. 세종서적.

Ambrose, S. 1996.『국제질서와 세계주의』. 권만학 옮김. 을유문화사.

Augustinus, A. 2004.『신국론』. 성염 옮김. 분도출판사.

Bailey, T. 1934. *Theodore Roosevelt and Japanese-American Crisis*. Stanford: Stanford Univ. Press.

Bandow, D. 1996. *Tripwire: Korea and U.S. Foreign Policy in a Changed World*. Washington, DC: CATO Institute.

Bandow, D and T. Carpenter. 2007.『한국과 이혼하라』. 유종근 옮김. 창해.

Barkawi, T., and M. Laffey (ed.s) 2001. *Democracy, Liberalism, and War*. Boulder: Lynne Rienner.

Barnett, M. 2006. "Building a Republican Peace: Stabilizing States after War." *International Security* Vol.30 No.4.

Benn, W. 2004. "Neo-conservatives and Their American Critics." *International Affairs* Vol.80 No.5.

Bernasconi, R. 2001. "Who invented the Concept of Race? Kant's Role in the Enlightenment Construction of Race." in Robert Bernasconi, ed. *Race*, Oxford: Blackwell.

__________. 2011. "Perpetual Peace and the Invention of Total War." in Christopher S. Yates and Nathan Eckstrand, eds. *Philosophy and the Return of Violence: This Widening Gyre.* New York: Continuum International.

Bourdieu, P. 2006. 『구별짓기: 문화와 취향의 사회학 (상)』. 최종철 옮김. 새물결.

Boyle, P. 1990. "America Hesitant Road to NATO." in J. Smith(ed.). *The Origins of NATO.* Exter, U.K.: University of Exter Press.

Bremer, S. 1992. "Dangerous Dyads: Conditions Affecting the Likelihood of Interstate War, 1816-1965." *Journal of Conflict Resolution* Vol. 36.

Brinkley, A. 2005. 『있는 그대로의 미국사』 제1권. 황혜성 외 옮김. 휴머니스트

Brown, G. 2005. "State Sovereignty, Federation and Kantian Cosmopolitanism." *European Journal of International Relations* Vol.11 No.4.

Brown, M., S. Lynn-Jones, and S. Miller. (ed.s). 1996. *Debating the Democratic Peace.* Cambridge: MIT Press.

Brzezinski, Z. 2000. 『거대한 체스판: 21세기 미국의 세계전략과 유라시아』. 김명섭 옮김. 삼인.

__________. 2009. 『미국의 마지막 기회: 세 대통령이 초래한 제국의 위기를 넘어서』. 김명섭 외 옮김. 삼인.

Bush, G. 2003. President Bush Discusses Progress in Iraq. https://georgewbush-whitehouse.archives.gov/news/releases/2003/07/20030723-1.html

Caprio, M. 2022. "(Mis)-Interpretations of the 1943 Cairo Conference: The Cairo Communiqué and Its Legacy among Koreans During and After World War II." *International Journal of Korean History* Vol. 27 No.1.

Caranti, L. 2006. "Perpetual War for Perpetual Peace? Reflections on the Realist Critique of Kant's Project." *Journal of Human Rights* Vol.5.

Carothers, T. 2006. "The Backlash Against Democracy Promotion." *Foreign Affairs* Vol.85 No.2.

Carr, E. 1964[1939]. *The Twenty Years' Crisis 1919-1939.* New York: Harper and Row.

Cavallar, G. 2001. "Kantian Perspectives on Democratic Peace: Alternatives to

Doyle." *Review of International Studies* Vol.27.

Chan, S. 1997. "In Search of Democratic Peace: Problems and Promise." *Mershon International Studies Review* Vol.4 No.2.

Chandler, D. 2006. "Back to the Future? The Limits of Neo-Wilsonian Ideals of Exporting Democracy." *Review of International Studies* Vol.32.

Chernoff, F. 2004. "The Study of Democratic Peace and Progress in International Relations." *International Studies Review* Vol.6.

Clausewitz, C. 2009[1830]. 『전쟁론』. 김만수 옮김. 갈무리.

Clifford. G. 1994. "'They don't come out where you expect': Institutions of American Diplomacy and the Policy Process." in G. Martel (ed.). *American Foreign Relations Reconsidered. 1890-1993*. London: Routledge.

Clyde, P. 1966[1928]. *International Rivalries in Manchuria, 1689-1922*. New York: Octagon Books.

Combs, J. 1970. *The Jay Treaty: Political Battleground of the Founding Fathers*. Berkeley: University of California Press.

Congress Hearings. 1951. Military Situation in the Far East. 82nd Congress. 1st session Part 2.

Conklin, A. 1997. *A Mission to Civilize*. Stanford: Stanford University Press.

Corwin. E. 1957. *The President*: *Office and Powers 1787-1957*. New York: New York University Press.

Cullinane, M. and A. Goodall. 2017. *Open Door Era*. Edinburgh: Edinburgh University Press.

Cumings, B. 1981. *The Origins of the Korean War*. Princeton, N.J.: Princeton University Press.

__________. 2010. *Dominion from Sea to Sea: Pacific Ascendancy and American Power*. New Haven: Yale University Press.

__________. 2017. 『브루스 커밍스의 한국전쟁: 전쟁의 기억과 분단의 미래』. 조행복 옮김, 현실문화.

Dahl, R. 2004. 『미국헌법과 민주주의』. 박상훈 외 옮김. 후마니타스

Dennett, T. 1922. "American Good Office in Asia." *American Journal of International Law* Vol. 16. No.1.

_________. 1923. "Early American Policy in Korea, 1883-1887." *Political Science Quarterly* Vol.38(March) in 문일평. 2016[1939]. 『한미오십년사』. 탐구당.

_________. 1933. *John Hay: From Poetry to Politics.* New York: Dodd, Mead.

_________. 1963. *Americans in Eastern Asia: A Critical Study of the Policy of the United States with Reference to China, Japan and Korea in the 19th century.* New York: Barnes & Noble.

Dennis, A. 1928. *Adventures in America Diplomacy, 1896-1906.* New York: E. P. Dutton & Co.

Desch, M. 2007/2008. "America's Liberal Illiberalism: The Ideological Origins of Overreaction in U.S. Foreign Policy." *International Security* Vol. 32 No. 3.

_________. 2011. "Benevolent Cant? Kant's Liberal Imperialism." *The Review of Politics* Vol.73.

Dobbins, J. (ed.). 2003. *America's Role in Nation-Building: From Germany to Iraq.* Santa Monica, CA.: Rand.

Dowart, J. 1975. "The Independence Minister: John M. B. Sill and the Struggle against Japanese Expansion in Korea, 1894-1897." *Pacific Historical Review* 44(Nov.).

Doyle, M. 1983a. "Kant, Liberal Legacies and Foreign Affairs, Part I." *Philosophy and Public Affairs* Vol.12 No.3.

_________. 1983b. "Kant, Liberal Legacies and Foreign Affairs, Part II." *Philosophy and Public Affairs* Vol.12 No.4.

_________. 1986. "Liberalism and World Politics." *American Political Science Review* Vol.80 No.4.

Elleman, B. 2015. *International Competition in China, 1889-1991: The Rise, Fall, and Restoration of the Open Door Policy.* London and New York: Routledge.

Esthus, R. 1959. "The Changing Concept of the Open Door, 1899-1910." *Mississippi Valley Historical Review* 46. no 3.

________. 1967. *Theodore Roosevelt and Japan*. Seattle: University of Washington Press.

Field, F. 1931. *American Participation in the China Consortium*. Chicago: University of Chicago Press.

Frank. R. 1999. *Downfall: The End of the Imperial Japanese Empire*. New York: Random House.

Gilbert, F. 1970. *To the Farewell Address: Ideas of Early American Foreign Policy*. Princeton: Princeton University Press.

Gong, G. 1984. *The Standard of "Civilization" in International Society*. Oxford: Clarendon Press.

Gowa, J. 1999. *Ballots and Bullets: The Elusive Democratic Peace*. Princeton: Princeton Univ. press.

Griffis, W. 2019[1882]. 『은자의 나라, 한국』. 신복룡 옮김. 집문당.

Griffiths, M., and T. O'Callghan. 2002. *International Relations: The Key Concepts*. London: Routledge.

Griswold, W. 1962[1938]. *The Far Eastern Policy of the United States*. New Haven and London: Yale Univ. Press.

Guinsburg, T. 1994. "The Triumph of Isolationism" in G. Martel (ed.). *American Foreign Relations Reconsidered 1890-1993*. London and New York: Routledge.

Harrington, F. 1982. 『개화기의 한미관계: 알렌박사의 활동을 중심으로』. 이광린 옮김. 일조각.

Harrison, E. 2002. "Waltz, Kant and Systemic Approach to International Relations." *Review of International Studies* Vol.28.

________. 2004. "Kant and Systemic Theory: A Reply to Weber." *Review of International Studies* Vol.30.

Henderson, G. 1968. *Korea: the Politics of the Vortex*. Cambridge: Harvard Univ. Press.

Hobbes, T. 1994[1651]. *Leviathan*. Indianapolis: Hackett.

Holmes, J. 2007. *Theodore Roosevelt and World Order: Police Power in International Relations*. Washington, D.C.: Potomac Books.

Hopkins, M. 2012. "Dean Acheson and the Place of Korea in American Foreign and Security Policy, 1945-1950." 『미국학』 35권 2호.

Horsman, R. 1981. *Race and Manifest Destiny: The Origins of American Racial Anglo-Saxonism*. Cambridge: Harvard University Press.

Huh, Tae-hoi, and Woo-young Chang. 2006. "The Implications of the Democratic Peace Theory for the Korea Peace-Building." 『북한연구학회보』 10권 1호.

Hunt, M. 1987. *Ideology and U.S. Foreign Policy*. New Heaven and London: Yale University Press.

________. 1994. "Tradition of American Diplomacy." in G. Martel (ed.). *American Foreign Relations Reconsidered 1890-1993*. London and New York: Routledge.

Huntington, S. 2016. 『문명의 충돌』. 이희재 옮김. 김영사.

Hurrell, A. 1990. "Kant and the Kantian Paradigm in International Relations." *Review of International Studies* Vol.16.

Ichihashi, Y. 1932. *Japanese in the U.S.* Stanford: Stanford Univ. Press.

Iriye, A. 1967. *Across the Pacific: An Inner History of American · East Asian Relations*. New York: Harcourt, Brace and World.

________. 1991. "Culture and International History." *Explaining in the History of American Foreign Relations*. New York: Cambridge Univ. Press.

________. 1999. 『20세기의 전쟁과 평화』. 조진구 옮김. 을유문화사.

Isaacson, W. and E. Thomas. 1986. *The Wise Men: Six Friends and the World They Made, Acheson, Bohlen, Harriman, Kennan, Lovett, McCloy*. New York: Simon and Schuster.

Ish-Shalom, P. 2006. "Theory as a Hermeneutical Mechanism: The Democratic Peace Thesis and the Politics of Democratization." *European Journal of International Relations* Vol.12 No.4.

Jahn, B. 2005. "Kant, Mill, and Illiberal Legacies in International Affairs." *International Organization* Vol.59 No.1.

______. 2006. "Classical Theory and International Relations in Context." J. Beate. (ed.). *Classical Theory in International Relations.* Cambridge: Cambridge University Press.

Johnson, P. 2016. 『미국인의 역사』 제1권. 명병훈 옮김. 파주: 살림.

Johnson, R. 1994. *On Cultural Ground: Essay in International History.* Chicago: Imprint Publications

Kant, I. 1991a[1784]. "The Idea of a Universal History with a Cosmopolitan Purpose." H. Reiss, ed. *Kant's Political Writing.* Cambridge: Cambridge University Press.

______. 1991b[1793]. "On the Common Saying." H. Reiss, ed. *Kant's Political Writing.*

______. 1991c[1795]. "Perpetual Peace: A Philosophical Sketch." H. Reiss, ed. *Kant's Political Writing.*

Kaplan, L. S. 1992. "After Forty Years: Reflections on NATO as a Research Field." in J. Smith(ed.). *The Origins of NATO.* Exter, U.K.: University of Exter Press.

Kegley, Jr., C. and E. Wittkopf. 1996. *American Foreign Policy: Pattern and Process.* 5th ed. New York: St. Martin's Press.

Kennan, G. 1984. *The Fateful Alliance: France, Russia, and the Coming of the First World War.* New York: Pantheon.

______. 2012[1951]. *American Diplomacy 1900-1950.* Chicago: University of Chicago Press.

Kennedy. P. 1989. *The Rise and Fall of the Great Powers: Economic Change and Military Conflict from 1500 to 2000.* New York: Vintage Books.

Kim, Dongsoo. 2010. "Is Democratic Peace Really Hurt by Its Reversed Causation?" 『한국정치학회보』 44권 5호.

Kissinger, H. 1994. *Diplomacy.* New York: Simon & Schuster.

______. 2012. 『중국 이야기』. 권기대 옮김. 민음사.

__________. 2014a. 『회복된 세계』. 박용민 옮김. 북앤피플.

__________. 2014b. *World Order*. New York: Penguin Press.

Lee, Yur-Bok. 1970. *Diplomatic Relations between the United States and Korea, 1866-1887*. New York: Humanities Press.

__________. 1999. "A Korean View of Korean-American Relations." in Yur-Bok Lee and Wayne Patterson (ed.s). *Korean-American Relations, 1866-1997*. Albany: State University of New York Press.

Levy, J. 1989. "The Causes of War: A Review of Theories and Evidence." in Philip E. Tetlock, Jo L. Husbands, Robert Jervis, Paul S. Stern, and Charles Tilly, eds. *Behavior, Society, and Nuclear War*: Volume II. New York: Oxford University Press.

Link, A. 1956. *Wilson: The New Freedom*. Princeton: Princeton University Press,

Lipset. M. 1982. 『미국사의 구조: 국민형성과 민주주의의 사회적 조건』. 이종수 옮김. 한길사.

__________. 2006. 『미국예외주의: 미국에는 왜 사회주의정당이 없는가』. 문지영 외 옮김. 후마니타스

Liu, L. 2022. "국제법의 사상계보: 문야의 구분에서 전지구적 통치까지." 리디아 류 외. 『세계질서와 문명등급: 글로벌 히스토리의 시각에서 본 근대 세계』. 차태근 옮김. 교유서가

Lynch, C. 1994. "Kant, the Republican Peace, and Moral Guidance in International Law." *Ethics and International Affairs* Vol.8.

MacDonald, D. S. 1978. *Korea and the Ballot: The International Dimension in Korean Political Development as seen in Elections*. Ph. D. dissertation. George Washington University.

__________. 2001. 『한미관계 20년사: 1945-1965년』. 한국역사연구회 1950년대 반 옮김. 한울아카데미.

MacMillan, J. 2006. "Immanuel Kant and the Democratic Peace." B. Jahn. (ed.). *Classical Theory in International Relations*. Cambridge: Cambridge University Press.

Madison, J., A. Hamilton and J. Jay. 1961[1788]. *The Federalist Papers*. New

York and Toronto: The New American Library.

Mann, M. 2001. "Democracy and Ethnic War." Barkawi and M. Laffey, (ed.s). *Democracy, Liberalism, and War. Boulder*: Lynne Rienner Publishers.

Maoz, Z. and B. Russett. 1993. "Normative and Structural Causes of Democratic Peace, 1946-1986." *American Political Science Review* Vol. 87.

Matray, J. 1989. 『한반도의 분단과 미국: 미국의 대한 정책, 1941-1950』. 을유문화사.

________. (ed.). 1991. *Historical Dictionary of the Korean War*. New York: Greenwood Press.

________. 2002. "Bunce and Jacobs: U.S. Occupation Advisors in Korea, 1946-1947." in Bonnie B. C. Oh (ed.). *Korea Under the American Military Government, 1945-1948*. Westport, Connecticut: Preager.

Mearsheimer, J. 2004. 『강대국 국제정치의 비극』. 이춘근 옮김. 나남.

________. 2012. "An New Introduction." in G. F. Kennan. *American Diplomacy 1900-1950*. Chicago: University of Chicago Press.

Merrill, J. R. 1989. *Korea: The Peninsular Origins of the War*. London and Toronto: Associated University Press.

Mesquita, B. and D. Lalman. 1992. *War and Reason*. New Haven: Yale University Press.

Mesquita, B., D. James, M. Randolph, M. Siverson and A. Smith. 1999. "An Institutional Explanation of the Democratic Peace." *American Political Science Review* Vol. 93 No.4.

Middlekauff, R. 2017. 『위대한 대의: 미국혁명 1763-1789』. 이종인 옮김. 사회평론.

Moore, G. 2017. *Defining and Defending the Open Door Policy*. Lanham: Lexington Books.

Morgenthau, H. 1973. *Politics among Nations: The Struggle for Power and Peace*. New York: Alfred A. Knoff.

Neu. C. 1967. *An Uncertain Friendship: Theodore Roosevelt and Japan, 1906-1909*. Cambridge. MA: Harvard University Press.

Nordlinger. E. 1995. *Isolationism Reconfigured: American Foreign Policy for a New Century*. Princeton: Princeton University Press.

Notter, H. A. 1975. *Postwar Foreign Policy Preparation, 1939-1945*. Westport, Connecticut: Greenwood Press.

Nye, J. S. 1990. *Bound to Lead*: *The Changing Nature of American Power*. New York: Basic Books.

Oberdorfer, D. and R. Carlin. 2014. *The Two Koreas*: *A Contemporary History*. New York: Basic Books.

Paine, T. 1995[1776]. "Common Sense." *Rights of man, Common Sense, and other Political Writings*. Oxford: Oxford University Press.

Park, Il-Keun (ed.). 1982. *Anglo-American Diplomatic Materials Relating To Korea(1866-1886)*. Seoul: Shin Mun Dang.

Paterson, T. G., J. G. Clifford & K. J. Hagan. 1977. *American Foreign Policy: A History*. Lexington, MA: D.C. Heath.

Plokhy, S. 2020. 『얄타: 8일간의 외교전쟁』. 허승철 옮김. 고양: 역사비평사.

Pojman, L. 2005. "Kant's Perpetual Peace and Cosmopolitanism." *Journal of Social Philosophy* Vol.36.

Rawls, J. 2000. 『만민법』. 장동진 외 옮김. 이끌리오

Rosato, S. 2003. "The Flawed Logic of Democratic Peace Theory." *American Political Science Review* Vol.97 No.4.

Rossiter, C. 1966. *1787: The Grand Convention*. New York: Macmillan.

Russett, B. 1993. *Grasping the Democratic Peace*: *Principles for a Post Cold War World*. Princeton: Princeton University Press.

Russett, B. and H. Starr. 2000. "From Democratic Peace to Kantian Peace: Democracy and Conflict in the International System." M, Midlarsky. (ed.). *Handbook of War Studies Ⅱ*. Ann Arbor: University of Michigan.

Russett, B. and J. Oneal. 2001. *Triangulating Peace*: *Democracy, Trade, and International Organization*. New York: W. W. Norton.

Schmitt, C. 1995. 『대지의 노모스: 유럽 공법의 국제법』. 최재훈 옮김. 민음사.

Schultz, K. 1998. "Do Democratic Institutions Constrain or Inform?" *International Organization* Vol. 53.

Schumann, W. (et. al.). 1982. *Deutschland im Zweiten Weltkrieg*. Berlin: Akademie-Verlag.

Schwabe, K. 1992. "The Origins of the United States' Engagement in Europe, 1946-1952." in F. H. Heller and J. R. Gillingham(ed.s.) *NATO: The Founding of the Atlantic Alliance and the Integration of Europe*. New York: St. Martin Press.

Sergent, A. 1981[1878]. "한미수교를 위한 서전트 미 상원의원의 결의안." 동아일보 『한미수교 100년사』. 동아일보사.

Smith, G. 1985. *American Diplomacy during the Second World War, 1941-1945*. New York: Alfred A. Knopf.

Smith, S. 2005. "What Kind of Democrat was Spinoza." *Political Theory* Vol. 33 No. 1.

Sobjerg, L. 2007. "Trusteeship and the Concept of Freedom." *Review of International Studies* Vol.33.

Spinoza, B. 2002[1677]. "Ethics." in *Complete Works*. Samuel Shirley(tran.). Indianapolis: Hackett.

Stueck, W. 2005. 『한국전쟁과 미국 외교정책』. 서은경 옮김. 나남.

Stupak, R. J. 1969. *The Shaping of Foreign Policy: The Role of the Secretary of State as seen by Dean Acheson*. New York, N.Y.: Odyssey Press.

Tocqueville, A. 2002[1835]. 『미국의 민주주의 Ⅰ』. 임효선·박지동 옮김. 한길사.

Tomimas, S. 1919. *Open-Door Policy and the Territorial Integrity of China*. New York: A. G. Seiler.

Treat, P. 1938. *Diplomatic Relations Between the U.S. and Japan, 1895-1905*. Stanford: Stanford Univ. Press.

Trofimenko, G. 1989. 『미국의 군사교리』. 강성철 옮김. 일송정.

U.S. Department of Defense. 1990. *A Strategic Framework for the Asia Pacific Rim: Looking toward the 21 Century*. Washington D.C.: US GPO.

U.S. News & World Report. 1959. "The Story Gen. Marshall Told Me." as reported by John P. Sutherland. Nov. 2.

Vander Harst, J. 1992. "From Neutrality to Alignment: Dutch Defence Policy 1945-1961." in F. H. Heller and J. R. Gillingham(ed.s.) *NATO: The*

       Founding of the Atlantic Alliance and the Integration of Europe. New York: St. Martin Press.

Waltz, K. 1962. "Kant, Liberalism, and War." *American Political Science Review* Vol. 56.

________. 1969. *Man, the State, and War.* New York: Columbia University Press.

________. 1978. *Theory of International Politics.* Boston: McGraw-Hill.

Weber, M. 2003. "Keeping it Real? Kant and Systemic Approaches to IR: A Reply to Harrison." *Review of International Studies* Vol.29.

Williams. W. 1972. *The Tragedy of American Diplomacy.* New York: Delta.

Zakaria, F. 1998. *From Wealth to Power: The Unusual Origins of America's World Role.* Princeton: Princeton Univ. press.

Zelikow, P. 2003. "The Transformation of National Security: Five Redefinitions." *The National Interest* Vol.71.